# Ostseestädte

## Kreuzfahrten zwischen Kiel, St. Petersburg und Kopenhagen

Beate Kirchner, Jonny Rieder, Renate Wolf

**4-Bett-Kabine je Person ab € 1.199,-**
**Doppelkabine je Person ab € 1.749,-**

| 2012 | | Hafen | An | Ab | Ausflugsangebot |
|---|---|---|---|---|---|
| | | *Anreise nach* | | | |
| Sa | 12.05. | Bremerhaven | – | 19:00 | |
| So | 13.05. | Nord-Ostsee-Kanal | - Durchfahrt - | | |
| Mo | 14.05. | Visby/Gotland ® | 12:00 | 20:00 | Westküstentour, Visby und die Zeit der Hanse |
| Di | 15.05. | Stockholm/Schweden | 08:00 | 17:00 | Stadtrundfahrt, Bootsfahrt, Vasamuseum |
| | | Kreuzen in den Schären | – | – | |
| Mi | 16.05. | Helsinki/Finnland | 11:00 | 17:00 | Stadtrundfahrt, Bootsfahrt, Porvoo |
| Do | 17.05. | Insel Kronstadt | - Passage - | | |
| | | St. Petersburg/Rußland [1] | 08:00 | – | Stadtrundfahrt, Peterhof, Bernsteinzimmer/Puschkin, Abendveranstaltung |
| Fr | 18.05. | St. Petersburg/Rußland [1] | – | 18:00 | Eremitage, Peter-Paul-Festung |
| Sa | 19.05. | Tallinn/Estland | 07:00 | 14:00 | Stadtrundfahrt, Freilichtmuseum, Adel und Landleben |
| So | 20.05. | Kreuzen im Unterlauf der Daugava | – | – | |
| | | Riga/Lettland | 10:00 | 18:00 | Stadtrundfahrt, Jurmala & Altstadt Riga |
| Mo | 21.05. | Klaipeda/Litauen | 11:00 | 21:00 | Klaipeda & Palanga, Kurische Nehrung, Wanderung in den Dünen |
| Di | 22.05. | Gdansk/Polen | 07:00 | 17:00 | Danzig & Oliwa, Marienburg, Kaschubische Schweiz |
| | 23.05. | Urlaub auf See | – | – | |
| | | Nord-Ostsee-Kanal | - Durchfahrt - | | |
| | 24.05. | Bremerhaven | 09:00 | – | |
| | | *Rückreise* | | | |

chiff auf Reede, Ausbooten wetterabhängig
andgang nur in Verbindung mit dem Ausflugsprogramm (Stand Oktober 2010)

Trescher Verlag

4., aktualisierte Auflage 2012

©Trescher Verlag Berlin
Reinhardtstraße 9
10117 Berlin
www.trescherverlag.de
post@trescherverlag.de

ISBN 978-3-89794-215-8

Herausgegeben von Detlev von Oppeln und
Bernd Schwenkros

Reihenentwurf und Gesamtgestaltung:
Bernd Chill
Lektorat: Corinna Grulich
Stadtpläne und Karten: Johann Maria Just,
Martin Kapp, Bernd Schwenkros
Autor Kaliningrad-Kapitel: Volker Hagemann

Das Werk einschließlich seiner Teile ist urheberrechtlich geschützt. Jede Verwertung ist ohne Zustimmung des Verlages unzulässig. Dies gilt insbesondere für den Aushang, Vervielfältigungen, Übersetzungen, Nachahmungen, Mikroverfilmung und die Einspeicherung und Verarbeitung in elektronischen Systemen.
Alle Angaben in diesem Buch wurden sorgfältig recherchiert und überprüft, trotzdem kann für die Richtigkeit keine Gewähr übernommen werden. Hinweise und Informationen unserer Leserinnen und Leser nimmt der Verlag gerne entgegen. Bitte schreiben oder mailen Sie unter obiger Adresse.

Gedruckt auf chlorfrei gebleichtem Papier

Printed in Germany

| | |
|---|---|
| **Stadtrundgang** | 136 |
| Hohes Tor | 136 |
| Stockturm | 136 |
| Goldenes Tor | 136 |
| Langgasse | 137 |
| Rechtstädtisches Rathaus | 137 |
| Langer Markt | 137 |
| Artushof | 138 |
| Grünes Tor | 138 |
| Mottlau-Ufer | 138 |
| Krantor | 139 |
| Marienkirche | 139 |
| Großes Zeughaus | 139 |
| Gdańsk-Informationen | 141 |
| | |
| Westerplatte | 145 |
| Stutthof | 146 |
| | |
| Sopot | 146 |
| Fußgängerzone Monciak | 147 |
| Plac Konstytucji 3 Maja | 147 |
| Klaus Kinskis Geburtshaus | 147 |
| Krummes Haus | 148 |
| Neues Kurhaus | 148 |
| Alter Leuchtturm | 148 |
| Seebrücke | 148 |
| Sopot-Museum | 148 |
| Waldoper | 148 |
| | |
| Gdynia | 150 |
| Ein Rundgang | 151 |
| Museumsschiffe | 151 |
| Aquarium | 151 |
| Strandpromenade | 151 |

# Kaliningrad 154

| | |
|---|---|
| **Stadtgeschichte** | 156 |
| Stadtrundgänge | 159 |
| Dominsel, Fischmarkt und Friedländer Tor | 159 |
| Königsberger Dom | 159 |
| Fischdorf | 160 |
| Friedländer Tor | 162 |

| | |
|---|---|
| Südbahnhof | 162 |
| Börse | 162 |
| Hafen, Bernsteinmuseum, Siegesplatz und Zoo | 163 |
| Maritime Museen | 163 |
| Haus des Sowjets | 164 |
| Universität | 164 |
| Geschichtsmuseum | 165 |
| Bernsteinmuseum | 165 |
| Königstor und Sackheimer Tor | 165 |
| Siegesplatz | 166 |
| Stadttheater | 166 |
| Zoo | 167 |
| Königin-Luise-Gedächtniskirche | 167 |
| Kaliningrad-Informationen | 168 |
| | |
| Seebäder | 172 |
| Jantarnyi | 172 |
| Svetlogorsk | 174 |
| Zelenogradsk | 174 |
| Kurische Nehrung | 175 |

# Klaipėda 178

## Stadtgeschichte 181

## Stadtrundgang 185

| | |
|---|---|
| Altstadt | 185 |
| Theaterplatz | 185 |
| Museum der Geschichte Klein-Litauens | 186 |
| Aukštoji gatvė | 186 |
| Markt und jüdischer Friedhof | 186 |
| Künstlerhof | 186 |
| Schmiedemuseum | 186 |
| | |
| Nördlich der Danė | 187 |
| Altes Rathaus | 188 |
| Uhrenmuseum | 188 |
| Hauptpostamt | 188 |
| Domšaitis-Galerie | 188 |
| Mažvydas-Skulpturenpark | 189 |
| | |
| Alter Hafen und Smiltinė | 189 |

# Inhalt [ 9 ]

| | |
|---|---|
| Ordensburg | 189 |
| Smiltynė | 190 |
| Klaipėda-Informationen | 191 |
| Nida auf der Kurischen Nehrung | 194 |
| Palanga | 195 |

## Riga — 196

### Stadtgeschichte — 198

### Stadtrundgang — 201

| | |
|---|---|
| Freiheitsdenkmal | 202 |
| Basteiberg und Pulverturm | 202 |
| Rahmerturm und Schwedentor | 202 |
| St. Jakobskirche und die ›Drei Brüder‹ | 203 |
| Schloss | 203 |
| Mater-Dolorosa- und Anglikanerkirche | 204 |
| Dom und Herder-Denkmal | 204 |
| Katzenhaus | 204 |
| Große und Kleine Gilde | 205 |
| Konventhof | 208 |
| Eckescher Konvent | 208 |
| St. Johanniskirche | 208 |
| St. Petrikirche | 209 |
| Haus Mentzendorff und Rathausplatz | 210 |
| Schwarzhäupterhaus | 210 |
| Okkupationsmuseum | 210 |
| Riga-Informationen | 211 |
| Jūrmala | 216 |
| Der Gauja-Nationalpark | 217 |

## Tallinn — 218

### Stadtgeschichte — 220

### Stadtrundgang — 224

| | |
|---|---|
| Freiheitsplatz | 224 |

| | |
|---|---:|
| Auf dem Domberg | 224 |
| Aleksandr-Nevskij-Kathedrale und Parlament | 225 |
| Domkirche zu St. Marien | 226 |
| Aussichtsterrassen | 226 |
| | |
| Die Unterstadt | 227 |
| Abstecher zur Dicken Margarete | 227 |
| Die Gildehäuser auf der Pikk | 228 |
| Dominikanerkloster | 229 |
| Katharinenpassage | 231 |
| Rathaus | 231 |
| St. Nikolauskirche | 231 |
| Tallinn-Informationen | 232 |
| | |
| Pirita | 237 |
| Kadriorg | 238 |
| Rocca al mare | 238 |

# St. Petersburg 240

## Stadtgeschichte 242

## Stadtrundgang 247

| | |
|---|---:|
| Nevskij-Prospekt | 248 |
| Kazaner Kathedrale | 249 |
| Singerhaus | 249 |
| Erlöserkirche | 249 |
| Peter-und-Paul-Kirche | 249 |
| Stroganov-Palais | 251 |
| Abstecher zu den Kanälen | 251 |
| Haus der Künste | 251 |
| | |
| Der Palastplatz | 251 |
| Peter-und-Paul-Festung | 252 |
| | |
| Neva-Ufer | 253 |
| Admiralität | 253 |
| Dekabristenplatz | 253 |
| Isaaks-Kathedrale | 254 |
| | |
| Der südliche Nevskij-Prospekt | 254 |
| Gostinyj Dvor | 254 |
| Aničkov-Brücke | 254 |

| | |
|---|---|
| Nevskij-Kloster | 255 |
| Heumarktviertel | 255 |
| St.-Petersburg-Informationen | 257 |
| Carskoe Selo | 262 |
| Peterhof | 262 |

# Helsinki 264

## Stadtgeschichte 266

## Stadtrundgang 270
| | |
|---|---|
| Marktplatz Kauppatori | 271 |
| Senatsplatz | 271 |
| Aleksanterinkatu | 272 |
| Katajanokka | 272 |
| Kappeliesplanadi | 273 |
| Pohjoisesplanadi | 273 |
| Mannerheimintie | 274 |
| Alleestraße Bulevardi | 274 |
| Ausgehmeile Eerikinkatu | 274 |
| Jugendstil in Kamppi | 276 |
| Finlandia-Halle | 276 |
| Abstecher zum Sibelius-Park | 276 |
| Museum für Zeitgenössische Kunst Kiasma | 276 |
| Hauptbahnhof | 277 |
| Helsinki-Informationen | 278 |
| Kaivopuisto | 284 |
| Suomenlinna | 285 |
| Seurasaari | 286 |

# Stockholm 288

## Stadtgeschichte 290

## Stadtrundgänge 293
| | |
|---|---|
| Die Altstadt | 294 |
| Riddarholms Kirche | 294 |
| Wrangel-Palast | 294 |
| Evert-Taube-Terrasse | 294 |
| Ritterhaus | 294 |

[ 12 ] Inhalt

| | |
|---|---|
| Västerlånggatan | 294 |
| Deutsche Kirche | 295 |
| Stortorget | 295 |
| Dom | 295 |
| Königliches Schloss | 296 |
| Helgelandsholmen | 297 |
| Blasieholmen, Skeppsholmen, Kastellholmen | 297 |
| Strömkajen | 297 |
| Skeppsholmen | 297 |
| Kastellholmen | 299 |
| Djurgården | 299 |
| Aquaria | 300 |
| Gröna Lund | 300 |
| Junibacken | 300 |
| Liljevalchs | 300 |
| Nordisches Museum | 300 |
| Skansen | 300 |
| Vasa-Museum | 301 |
| Der östliche Teil | 303 |
| Stockholm-Informationen | 303 |
| Skulpturenpark Millesgården | 309 |
| Waldfriedhof Skogskyrkogården | 310 |
| Schloss Drottningholm | 310 |

## Visby auf Gotland  312

**Stadtgeschichte**  314

**Stadtrundgang**  317
Donnersplats  317
Gotland-Museum  317
Kunstmuseum  317
Hauptplatz  317
Dom St. Maria  318
Klinttorget  318
Adelsgatan  319
Kirchenruine St. Hans  319
St. Hansgatan  319

Stadtmauer und Park  320

| | |
|---|---|
| Südtor | 320 |
| Kaiserturm | 320 |
| Osttor | 321 |
| Dalmansturm | 321 |
| Botanischer Garten | 321 |
| Skogränd und Fiskarsgränd | 321 |
| Almedalen | 322 |
| Visby-Informationen | 322 |
| Wikingerdorf | 328 |
| Künstlerhaus Villa Muramaris | 328 |
| Freizeitpark Kneippbyn | 328 |

## Rønne auf Bornholm 330

### Geschichte 332

### Stadtrundgang 336
| | |
|---|---|
| Hafenschmiede | 337 |
| Toldboden | 337 |
| Johnsens Gård | 339 |
| St. Nikolaikirche | 339 |
| Hauptwache | 339 |
| Theater | 340 |
| Store Torv | 340 |
| Erichsens Gård | 340 |
| Kommandantgården | 340 |
| Hjorths Fabrik | 340 |
| Rønne-Informationen | 341 |
| Allinge | 344 |
| Hasle | 345 |
| Rundkirchen | 345 |
| Gudhjem | 345 |
| Nexø | 346 |
| Christianshøj | 346 |

## Kopenhagen 348

### Stadtgeschichte 351

### Stadtrundgang 355
| | |
|---|---|
| Szeneviertel Vesterbro | 356 |

[ 14 ] Inhalt

| Frederiksberg | 356 |
| Tivoli und Rathausplatz | 356 |
| Nytorv und Gammeltorv | 357 |
| Frauenkirche und St. Petrikirche | 358 |
| Nørrebro | 358 |
| Universität | 359 |
| Runder Turm | 359 |
| Schloss Rosenborg | 361 |
| Gråbrødretorv und Amagertorv | 361 |
| Gammel Strand | 363 |
| Bertel-Thorvaldsen-Museum | 363 |
| Schloss Christiansborg | 363 |
| Von der Schlossinsel zur kleinen Meerjungfrau | 364 |
| Kongens Nytorv | 364 |
| Nyhavn | 365 |
| Hafenfront | 365 |
| Amalienborg | 365 |
| Christianshavn | 367 |
| Christiania | 367 |
| Kopenhagen-Informationen | 368 |
| Humlebæk | 373 |
| Frederiksborg | 373 |
| Roskilde | 374 |
| Malmø | 374 |
| Bornholm | 374 |

## Sprachführer 375

| Die polnische Sprache | 375 |
| Die russische Sprache | 376 |
| Die litauische Sprache | 379 |
| Die lettische Sprache | 380 |
| Die estnische Sprache | 381 |
| Die finnische Sprache | 382 |
| Die schwedische Sprache | 383 |
| Die dänische Sprache | 384 |

## Reisetipps von A bis Z 385

| Fähren | 385 |
| Reiseveranstalter | 386 |

| | |
|---|---|
| Polen-Reisetipps | 388 |
| Russland-Reisetipps | 390 |
| Litauen-Reisetipps | 394 |
| Lettland-Reisetipps | 397 |
| Estland-Reisetipps | 400 |
| Finnland-Reisetipps | 403 |
| Schweden-Reisetipps | 406 |
| Dänemark-Reisetipps | 409 |
| | |
| Die Ostseestädte im Internet | 412 |
| Literaturtipps | 413 |
| Über die Autoren | 416 |
| Danksagung | 416 |
| Ortsregister | 417 |
| Personen- und Sachregister | 423 |
| Bildnachweis | 427 |
| Kartenlegende und -register | 432 |

## Essays

| | |
|---|---|
| Klaus Störtebeker – Robin Hood der Ostsee? | 33 |
| Verbindungen schaffen – Die Ostsee als gemeinsamer Wirtschaftsraum | 40 |
| Rezepte rund um die Ostsee | 47 |
| Alle Kieler lernen segeln | 71 |
| Marzipan | 84 |
| Der Stein der Hanse | 89 |
| Der Strandkorb | 110 |
| Bad mit Robben | 125 |
| Solidarität! | 134 |
| Bernstein | 173 |
| Im Zeichen des Kreuzes | 182 |
| Stadt des Jugendstils | 206 |
| Leuchttürme | 230 |
| Fëdor Dostoevskij | 256 |
| Rauch und Birkenpeitschen – finnische Saunakultur | 275 |
| Die Bergung der Vasa | 302 |
| Hey, Pippi Langstrumpf! | 329 |
| Pelle der Eroberer | 347 |
| Dänisches Design | 360 |

# Vorwort

Wie Europa war auch die Ostsee ein halbes Jahrhundert lang durch den Eisernen Vorhang geteilt. Heute, wo mit Ausnahme Russlands alle Anrainerstaaten der Europäischen Union angehören, führt das Meer jene Länder wieder zusammen, die einst in regem Austausch verbunden waren. Und anders als zu den großen Zeiten der Hanse strebt nun keine Großmacht mehr nach Vorherrschaft in der Region. Die Ostsee verbindet wieder. Nie war es leichter, ihre Menschen, Kulturen und Landschaften kennenzulernen, sei es im Rahmen einer Kreuzfahrt oder als Individualreisender mit eigener Reiseroute.

Die ausgewählten Städte geben Einblicke in die bewegte Vergangenheit dieser Region und spiegeln in ihrer Verschiedenheit die kulturelle Vielfalt rund um die Ostsee wider. Das Autorenteam begleitet den Leser auf eine große Europareise durch neun Länder und vierzehn Städte:

- Kiel, das Zentrum des Segelsports
- Lübeck, die ›Königin der Hanse‹ mit ihrer gotischen Backsteinarchitektur und dem weltberühmten Marzipan
- Rostock und sein berühmtes Seebad Warnemünde
- Gdańsk mit seiner vorbildlich restaurierten Altstadt
- Kaliningrad, die geschichtsträchtige Stadt am Pregel
- Klaipėda mit den riesigen Wanderdünen und dem Thomas-Mann-Haus auf der Kurischen Nehrung
- Riga mit einer Vielzahl von Jugendstilbauten
- Tallinn mit seinem mittelalterlichen Zentrum, verwinkelten Gassen und der Stadtmauer mit Wehrtürmen
- St. Petersburg, dessen barock-klassizistische Innenstadt mit seinen venezianischen Kanälen wieder im alten Zarenglanz erstrahlt
- Helsinki, die Stadt mit funktionalistischem Design und nostalgischen Bars
- Stockholm mit seinen kleinen Inseln und großen Parks
- Visby, die mittelalterliche Stadt auf der Insel Gotland
- Rønne auf der Insel Bornholm, die den Besucher mit dem gesamten Spektrum nordischer Naturschönheiten überrascht
- Kopenhagen, das seine Besucher mit lässiger Lebensweise, romantischen Kanälen und königlichen Prachtbauten empfängt

Das Autorenteam wünscht viel Freude beim Entdecken der Ostseestädte!

*Gammel Strand in Kopenhagen*

# Hinweise zur Benutzung des Reiseführers

Ein einleitendes Kapitel informiert über **Natur, Geschichte und Kultur** der Ostseeregion. **Ländersteckbriefe** geben einen Überblick über die neun Anrainerstaaten der Ostsee.

Die **Städteporträts** unterteilen sich in geschichtliche Hintergründe, detaillierte Stadtrundgänge und Tipps zu Unterkünften, Restaurants und Kulturangeboten. Ausflugsvorschläge für die nähere Umgebung schließen sich an.

Kleine Sprachführer erleichtern die ersten Worte. Die **Reisetipps von A bis Z** enthalten nützliche Tipps zu jedem Reiseland. In den Kapiteln zu Russland wird die wissenschaftliche Transliteration verwendet. Bei ungewohnt erscheinenden Transliterationen wird die vertrautere deutsche Schreibweise in Klammern wiedergegeben, zum Beispiel Chruščëv (Chruschtschow).

Die in Schweden verwendete Abkürzung ›S:t‹ wurde durch das hierzulande gebräuchliche ›St.‹ ersetzt.

- Anreise mit der Bahn
- Busverbindung
- Schiffsfahrten
- Aussichtspunkte
- Hotels
- Campingplätze
- Restaurants
- Cafés
- Bars, Clubs
- Museen
- Veranstaltungen
- Einkaufstipps
- Fahrradverleih

## Verwendete Abkürzungen

| | |
|---|---|
| ul. | ulica (Straße, russisch, polnisch) |
| pl. | ploščad (Platz, russisch) |
| pr. | prospekt (Prospekt, russisch) |
| per. | pereulok (Gasse, russisch) |
| g. | gatvė (Straße, litauisch) |
| mnt. | maantee (Landstraße, estnisch) |
| pst. | puiestee (Allee, estnisch) |
| EZ | Einzelzimmer |
| DZ | Doppelzimmer |

## Zeichenlegende

- Allgemeine Informationen
- Anreise mit dem Auto

*Strand in Travemünde*

# Das Wichtigste in Kürze

## Vorwahlen
| | |
|---|---:|
| Deutschland: | 00 49 |
| Polen: | 00 48 |
| Russland: | 007 |
| Litauen: | 003 70 |
| Lettland: | 003 71 |
| Estland: | 003 72 |
| Finnland: | 003 58 |
| Schweden: | 00 46 |
| Dänemark: | 00 45 |

## Geld
In allen Ländern kann Geld an Geldautomaten in der Landeswährung abgehoben werden (EC-Karte). Gängige Kreditkarten, vor allem Eurocard, Mastercard und Visa, werden vor allem in touristisch relevanten Städten in größeren Hotels, Restaurants und Geschäften akzeptiert.
**Deutschland:** 1 Euro=1,51 SFr.
**Polen:** 1 Złoty=100 Groszy. 1 Euro=4,12 Złoty, 1 SFr=2,73 Złoty.
**Russland:** 1 Rubel=100 Kopeken. 1 Euro=41,19 Rubel, 1 SFr=28,08 Rubel. Zunehmende Akzeptanz von EC-Karten. Bei Bargeldabhebung mit Kreditkarten in Banken hohe Gebühren. Geldumtausch (Euro) in Banken und Wechselstuben.
**Litauen:** 1 Litas=100 Centa, 1 Euro=3,45 Litas, 1 SFr=2,35 Litas. Bei einigen Geldautomaten muss für die Kartenrückgabe ein Knopf betätigt werden.
**Lettland:** 1 Lats=100 Santimu. 1 Euro=0,71 Lats, 1 SFr=0,48 Lats.
**Estland:** Seit Januar 2011 ist in Estland der Euro Landeswährung.
**Finnland:** Euro. Euroschecks werden nur noch selten akzeptiert.
**Schweden:** 1 schwedische Krone (Einzahl: krona, Mehrzahl: kronor)=100 Öre). 1 Euro=9,87 Kronen, 1 SFr=6,73 Kronen. Euroschecks werden nicht mehr angenommen.
**Dänemark:** 1 dänische Krone =100 Øre. 1 Euro=7,44 Kronen, 1 SFr=5,07 Kronen, Kurs an den Euro gebunden.

## Notfallnummern
**Deutschland:** Feuerwehr/Notarzt 112, Polizei 110.
**Polen**: Polizei 997, Feuerwehr 998, Notarzt 999, zentrale Notrufnummer 112.
**Russland:** Feuerwehr: 01, Polizei: 02, Notarzt: 03.
**Litauen:** Feuerwehr 01, Polizei 02, Notarzt 03, zentrale Notrufnummer 112.
**Lettland:** Feuerwehr 01, Polizei 02, Ambulanz 03; mobil 112.
**Estland:** Feuerwehr 112, Polizei 110, Notarzt 112.
**Finnland, Schweden:** landesweite Notrufnummer für Polizei, Feuerwehr, Krankenwagen und Notarzt 112.
**Dänemark:** Notruf: 112, Polizei: 114.
**Sperr-Notruf für Kredit-, Geld- und Handykarten:** (00 49)116 116.

## Reisezeit
Die beste Reisezeit für eine Kreuzfahrt auf der Ostsee sind die Sommermonate von Mai bis September.

## Sicherheit
Es wird zu den üblichen Vorsichtsmaßnahmen geraten: Kopien von Dokumenten anfertigen, nichts Wertvolles demonstrativ zur Schau stellen, Vorsicht bei Gedränge. Informationen zu den einzelnen Ländern gibt es beim Auswärtigen Amt, www.auswaertiges-amt.de.

**Ausführliche Informationen siehe Reisetipps von A bis Z, Seite 385.**

Die Ostseeküste mit ihren vielfältigen Landschaftsformen bot schon sehr früh gute Bedingungen für Ansiedlungen, und das eher ruhige Meer eignete sich für die Seefahrt. Dem Austausch und Handel zwischen den Anrainern, der in der Gründung der Hanse seinen Höhepunkt fand, kommt heute wieder eine große Bedeutung zu.

# Länder und Leute

# Die Ostsee als Naturraum

Im Gegensatz zur Nordsee handelt es sich bei der Ostsee um ein eher stilles Gewässer, im Winter allerdings peitschen heftige Stürme hohe Wellenberge auf. Das Klima ist gemäßigt und feucht, es gibt nur geringe Oberflächenströme, und die Gezeiten sind kaum wahrnehmbar. Dieses verhältnismäßig ruhige Meer war schon für die Seefahrt unter einfachen Bedingungen gut geeignet, weshalb sich im Ostseeraum früh ein reger Handel zwischen den Küstenstädten entspann. Ein Problem war allerdings die häufige, durch den geringen Salzgehalt bedingte Vereisung. Eisfreie Häfen waren stets ein Zankapfel der Großmächte.

## Geographische Gliederung

Die Ostsee wird durch Skandinavien und Dänemark fast vollständig von der Nordsee und damit vom Atlantik getrennt. Es existieren nur drei flache Verbindungen mit der Nordsee: der Øresund mit 7, der Große Belt mit 26 und der Kleine Belt mit 18 Metern Tiefe. Die durchschnittliche Tiefe der Ostsee ist mit 52 Metern eher gering, es gibt jedoch einige Becken im zentralen Bereich, die auf bis zu 460 Meter unter dem Meeresspiegel abfallen. Die Nord-Süd-Ausdehnung beträgt 1300 Kilometer, die Ost-West-Ausdehnung ungefähr 1000 Kilometer. Neben der eigentlichen Ostsee umfasst das Randmeer als Nebenarme den Kattegat (das Gebiet zwischen Jütland und Schweden), die Rigaer Bucht sowie den Finnischen und den Bottnischen Meerbusen.

*Düne auf der Kurischen Nehrung*

*Im Schärengarten: Tausende kleine und winzige Inseln säumen die Küste vor Stockholm*

Die Küste selbst ist stark gegliedert und die Landschaft außerordentlich vielfältig. Neben tief ins Land eingeschnittenen Förden und flachen Bodden finden sich hochaufragende Kliffe und Steilküsten. Breite Flussdeltas ergießen sich ins Haff, Nehrungen tauchen ihre spitzen Finger in die See, Wind und Meer formen eigenartige Dünenlandschaften.

## Nehrungen und Haffe

Bei einem Haff handelt es sich um einen flachen Meeresteil, der vom offenen Wasser getrennt ist, entweder durch eine Nehrung, einen flachen Landstreifen, der durch Sandanspülungen entstanden ist, oder durch vorgelagerte Inseln. Meist mündet ein großer Fluss in das Haff, weshalb das Wasser einen nur geringen Salzgehalt aufweist und die Nehrung das Haff nicht vollständig vom Meer abtrennt, da das Wasser ablaufen muss – wie im Kurischen Haff, Stettiner Haff und im Frischen Haff südlich von Kaliningrad.

## Förden und Bodden

Förde bezeichnet eine tiefe, langgezogene Bucht, die weit ins Land hineinreicht. Sie wurde während der letzten Eiszeit von Gletschern ausgehobelt und später überflutet. Beispiele sind die Flensburger Förde, die Kieler Förde und die Eckernförder Bucht.

Bodden nennt man eine breite, zergliederte Bucht mit einer schmalen Verbindung zum Meer. Ursprünglich waren diese flachen Randgewässer Seen, die durch Endmoränenwälle vom Meer getrennt waren. Diese Moränenzüge wurden durchbrochen und so eine Verbindung zur Ostsee geschaffen. Bodden haben nur geringen Zufluss durch Bäche und Flüsse und verlanden allmählich, so etwa der Greifswalder Bodden, Saaler Bodden und Kubitzer Bodden.

Inselwelt

Im westlichen und nördlichen Teil der Ostsee befinden sich zahlreiche Inseln. Fehmarn, Rügen, Hiddensee, Usedom und Wolin haben schon zahlreiche Künstler inspiriert. Die dänischen Inseln Fünen, Lolland und Seeland liegen wie Trittsteine zwischen Norddeutschland und Schweden. Die schwedischen Eilande Gotland und Öland zeigen mit ihrer südlichen Spitze auf das dänische Bornholm. An der Westküste Estlands schieben Hiiumaa und Saaremaa der Rigaer Bucht einen Riegel vor, und die finnischen und schwedischen Küsten sind gesprenkelt mit unzähligen Felseninseln, den Schären, die für die nördliche Ostseelandschaft charakteristisch sind.

# Entstehung der Ostsee

Zu formen begann sich die Ostsee am Ende der letzten Eiszeit, der Weichseleiszeit, vor rund 13000 Jahren. Die Eismassen, die weite Teile Europa bedeckt hatten, wichen durch die allmählich steigenden Temperaturen nach Norden zurück. Das Schmelzwasser sammelte sich in der Baltischen Senke, in die auch zahlreiche Flüsse mündeten.

## Durchbruch in die Nordsee

Nachdem sich der Gletscher über Mittelschweden vollständig zurückgezogen hatte, kam es vor etwa 10000 Jahren zu einem Durchbruch der Ostsee in den Ozean, der vorher wesentlich höhere Wasserspiegel des Eis-Stausees glich sich mit dem des Weltmeeres aus. Nachdem das Süßwasser abgeflossen war, drang im Gegenzug Salzwasser ins Ostseebecken ein. Die Erdkruste im Bereich Skandinaviens hob sich allmählich wieder auf ihre ursprüngliche Höhe, nachdem sie von den Eismassen befreit war. Die Verbindung des neuen Meeres über das Kattegat zur Nordsee wurde immer flacher, bis sie schließlich vor etwa 9000 Jahren ganz unterbrochen wurde.

## Vom Süßwasser- zum Salzwassersee

Das Schmelzwasser der schrumpfenden Gletscher ergoss sich weiterhin in die Ostsee, der Pegel stieg weit über den Meeresspiegel, bis das Binnenmeer überfloss. Vor etwa 8000 Jahren war der Wasserspiegel zwischen Ozean und Ostsee ausgeglichen, eine warme Klimaperiode setzte ein, auch der Wasserspiegel der Weltmeere stieg an. Gleichzeitig hob sich die skandinavische Landmasse weiter,

*Gotlands Westküste, südlich von Visby*

das Ostseewasser ›wanderte‹ nach Süden, und über Øresund, Kleinen und Großen Belt floss Salzwasser in die Ostsee. Seit etwa 4000 Jahren existiert die Ostsee in ihrer heutigen Ausdehnung und Gestalt. Die Meerengen bilden noch heute die natürliche Grenze zwischen Ostsee und Nordsee.

Brackwassermeer

Nach wie vor liegt der Salzgehalt der Ostsee weit unter dem der Weltmeere. Während die Nordsee einen Salzgehalt um drei Prozent aufweist, nimmt er in der Ostsee von Nordwest nach Ost ab, wo Flüsse wie die Oder, Wisła (Weichsel), Nemunas (Memel), Daugava (Düna) und Neva für Süßwasserzufuhr sorgen. Beträgt der Salinitätsgrad im Kattegat in der Nähe der Nordsee noch mehr als 2,5 Prozent, sinkt er im Finnischen Meerbusen unter 0,2 Prozent. Bei einem Salzgehalt von unter 1 Prozent spricht man von Brackwasser. Diese Werte gelten lediglich für die Wasseroberfläche. Weil salzhaltiges Wasser schwerer als Süßwasser ist, sinkt es zu Boden. In den Tiefenlagen der Ostsee steigt der Salzgehalt deutlich an.

# Labiles Ökosystem

Die natürlichen Gegebenheiten bedingen eine geringe Artenvielfalt, denn ein Wechsel der Salzkonzentration des Wassers stellt für Organismen eine große Belastung dar. Nur wenige Arten sind in der Lage, sich daran anzupassen. Zusätzlich werden die Lebensbedingungen der Meeresbewohner durch den Menschen und klimatische Bedingungen verschlechtert.

*Hafenanlagen in Kaliningrad*

*Fischer in Warnemünde*

## Luft- und Wasserverschmutzung

Die Ostsee ist mit ihren neun Anrainerländern Deutschland, Polen, Russland, Litauen, Lettland, Estland, Finnland, Schweden und Dänemark und den geschätzten 85 Millionen Menschen, die in seinem Einzugsbereich leben, ein ›Ballungsraum‹. Der Schiffsverkehr auf der Ostsee hat seit der politischen Wende 1989 stark zugenommen, die Hafen- und Ölumschlagkapazitäten wurden ausgebaut. Die zahlreichen Industrieansiedlungen in Küstennähe stellen durch die Luftverschmutzung – Stickstoff löst sich direkt aus der Luft im Wasser – und Einleitung von Abwasser eine große Belastung für das ökologische Gleichgewicht dar. Dazu kommen aus Kunstdünger gelöste Phosphate und Nitrate, die über Flussläufe in die Ostsee gelangen und in Küstennähe und Buchten zu erhöhtem Algenwachstum führen. Zudem sind die Selbstreinigungskräfte der Ostsee beschränkt. Ein kompletter Wasseraustausch findet wegen des begrenzten Zuflusses vom Atlantik schätzungsweise nur alle 50 Jahre statt.

## Kommerzieller Fischfang

Schwere Kritik von Umweltverbänden erhält auch die Grundschleppnetzfischerei, mit der auf dem Meeresgrund lebende Tiere wie Schollen, Seezungen und Krebse gefangen werden. Dabei pflügen riesige Netze den Meeresboden regelrecht um und vernichten einen Großteil der darauf lebenden Organismen. Diese industrielle Fangmethode ist neben der permanenten Überfischung die Ursache für den Rückgang der Fischbestände, da so zudem viele Jungfische und nicht kommerziell verwertbare Arten als Beifang vernichtet werden.

### Natürliche Schwachstellen

Besonders während heißer Sommer herrscht Sauerstoffarmut im Tiefenwasser, was der Unterwasserfauna und -flora schwer zu schaffen macht. Durch die zunehmende Sonneneinstrahlung erhöhen sich die Temperaturen in der oberen Schicht des Wassers, in der sich verstärkt Plankton ansammelt. Die Algen (Phytoplankton) vermehren sich dann explosionsartig, bis die Nährstoffe im Wasser verbraucht sind. Pflanzenfressende Kleinlebewesen (Zooplankton), die in dieser Zeit ebenfalls stark zunehmen, weiden die Algen ab. Das abgestorbene Plankton sinkt auf den Meeresboden, zersetzt sich in anorganische Bestandteile und zehrt dabei von dem in den unteren Schichten ohnehin schon knappen Sauerstoff. Erst in der kalten Jahreszeit gibt es durch starke Winde wieder einen intensiven Austausch zwischen Oberflächen- und Tiefenwasser, wobei Sauerstoff in die bodennahen Bereiche gelangt.

### Meerespolitik

Die Ostsee gilt als eines der am stärksten beanspruchten und zugleich schmutzigsten Gewässer der Welt. Mit einer durchschnittlichen Wassertiefe von nur 55 Metern ist sie besonders sensibel für Schadstoffeinträge aller Art. Die Belange des Umweltschutzes in der Ostseeregion stellen einen Schwerpunkt der EU-Ostseestrategie dar.

Bei der Ostseeparlamentarierkonferenz in Berlin 2007 wurde zum Ziel erklärt, die Ostsee zum saubersten und sichersten Meer Europas zu machen. Bis zum Jahr 2021 soll die Ostsee laut Aktionsplan der Helsinki-Kommission einen guten Umweltstandard erreichen. Bis heute ist man allerdings noch weit von diesen Zielen entfernt.

## Die Tierwelt

Obwohl nicht so artenreich wie andere Meere, bietet auch die Ostsee ein breites Spektrum von Wasser- und Luftbewohnern, von denen hier nur einige stellvertretend genannt sind.

### Fische, Krebse und Muscheln

Den größten Anteil an den Fischvorkommen in der Ostsee hat der Hering, gefolgt von Sprotte und Dorsch. Letzterer ist für die Ostseefischerei am wichtigsten, sein Bestand ist jedoch durch Überfischung gefährdet. Daneben leben noch Plattfische wie Flunder, Scholle und Steinbutt in den Tiefen des Meeres. Auf dem Grund haben sich Miesmuscheln, Wattschnecken, Herzmuscheln und Sandklaffmuscheln angesiedelt.

In den Brackwasserzonen finden sich je nach Salzgehalt süßwassertolerante Arten aus dem Meer und salzwassertolerante Arten aus dem Süßwasser wie Flunder, Hecht und Zander. Auch Weichtiere wie Miesmuscheln, Schlickkrebse und Wollhandkrabben haben sich an diese spezielle Lebenswelt angepasst.

## Robben und Wale

Neben wenigen Seehunden in Dänemark und Südschweden gibt es in der nordöstlichen Ostsee auch vereinzelt Kegelrobben sowie kleine Populationen von Ringelrobben. Ringelrobben sind zum Beispiel im Bottnischen und im Finnischen Meerbusen sowie in der Rigaer Bucht heimisch. Durch den Klimawandel sind diese Bestände allerdings gefährdet, da Ringelrobben ihren Nachwuchs auf dem Packeis großziehen und die Eisdecke in den vergangenen Wintern teilweise sehr dünn war.

Auch Wale gibt es – Schweinswale, besser bekannt als Kleine Tümmler, allerdings sind sie stark bedroht. Schätzungsweise nur noch rund 1000 dieser rund 1,60 Meter langen delfinähnlichen Meeressäuger leben heute vor allem vor den Küsten Dänemarks und Deutschlands sowie vereinzelt auch vor Schweden, Finnland und Polen. Viele Schweinswale sterben als unerwünschter Beifang in den dünnen Kunststoffnetzen der Fischfangflotten, die sie weder mit Echolot orten noch sehen können und in denen sie sich verheddern und ersticken. Auch machen ihnen Schadstoffe und Unterwasserschall zu schaffen.

## Kormorane, Fischreiher und Seeadler

Für Vögel ist die Ostsee ein bedeutendes Brut- und Überwinterungsgebiet. Die arktischen Eisenten nutzen die Boddenlandschaft als Brutrevier, skandinavische Zugvögel wie Kraniche, Kormorane, Haubentaucher, Seeschwalben und Wildgänse machen auf ihrem Weg in den Süden halt. Bereits vor mehr als 100 Jahren wurde an einer der Zugrouten in Rybačij (Rossitten) im russischen Teil der Kurischen Nehrung eine heute noch bestehende Vogelflugwarte eingerichtet, um diese Wanderungsbewegungen zu erforschen. Ihren dauerhaften Wohnsitz an der Küste haben neben den Möwen und dem selten gewordenen Seeadler auch Fischreiher.

*Besucher willkommen: Robbenforschung in Warnemünde*

# Geschichte der Ostseeregion

Die Anrainer der Ostsee befanden sich stets einerseits im Bemühen um freien Austausch von Waren, andererseits in harter Konkurrenz. Die Christianisierung und die Zeit der Reformation waren für die gesamte Region ebenso prägend wie die Vormachtstellungen einzelner Staaten. Die meisten Hafenstädte sind Gründungen der Hanse, der mittelalterlichen Kaufmannsgemeinschaft, zu deren Zeit sich über das Meer ein Wirtschaftsraum spannte, der die Städte auch kulturell verband.
Seit 1991 wächst das kleine Meer wieder zusammen, wirtschaftlich und politisch: Alle Anrainerstaaten gehören – mit Ausnahme Russlands – zur Europäischen Union.

## Die Wikinger

Sie tauchten mit ihren schnellen und wendigen Booten an der Küste oder entlang schiffbarer Flüsse auf, plünderten Städte und Klöster sogar in England, Irland, Frankreich und Spanien und verschwanden so schnell wieder, wie sie gekommen waren. Mit dieser Taktik konnte man zwar einen guten Schnitt machen, aber kein Land einnehmen.

Bei den Wikingern, die auch als Nordmannen oder Normannen bezeichnet wurden, handelte es sich nicht um eine geschlossene Volksgruppe. Sie setzten sich vielmehr aus in der Nähe der Küste siedelnden bäuerlichen Gemeinschaften zusammen, die einen entscheidenden Vorsprung im Schiffsbau erreicht hatten. Runensteine, die in Jütland und Schonen (Südschweden) gefunden wurden, weisen darauf hin, dass viele Beutefahrten von dort aus starteten, aber auch von Got-

*Die Insel Gotland war ein wichtiger Stützpunkt der Wikinger*

land, Öland, Bornholm und Norwegen aus gingen Wikinger auf Fahrt. Doch der Großteil der Wikinger war sesshaft. Viele trieb bei den Beutefahrten jugendliche Abenteuerlust, später führten sie ein geregeltes Leben als Bauern oder Fischer.

Dass viele von ihnen geschickte Handwerker und Kaufleute waren, zeigen archäologische Ausgrabungen der jüngeren Zeit. Birka in der Nähe der heutigen schwedischen Hauptstadt Stockholm war eine bedeutende Handelssiedlung der Wikinger und zwischen dem 8. und 10. Jahrhundert der wichtigste Handelsplatz Skandinaviens. Die Siedlung lag im Malärsee, einem See, der damals noch eine Bucht an der Ostsee war. Der Handel mit Süd- und Westeuropa und sogar arabischen Ländern wurde auf dem Wasserweg abgewickelt. Bernstein, Pelze, Geweihe und Eisen wurden gegen Glasbecher und -perlen, Silbermünzen, Schmuck, Seide, Gewürze und Keramik getauscht.

Im 11. Jahrhundert hatten dann die Beutezüge der Wikinger ein Ende. In Norwegen, Schweden und Dänemark begannen sich Königreiche zu formieren, was die lokalen Herrscher schwächte, die Christianisierung und damit auch die Verbreitung eines neuen kulturellen Musters schritt voran. Bei Schiffbau und Nautik waren die Wikinger von anderen Völkern längst eingeholt worden.

## Dänisches Ostseereich, Deutscher Orden und Hanse

Im Gefolge der Christianisierung entstand ein dänisches Ostseereich, das außer Holstein, Hamburg und Lübeck auch Mecklenburg, Pommern, Rügen und Estland umfasste, aber nach der Schlacht von Bornhöved (1227) auseinanderbrach. Eine Koalition aus norddeutschen Adeligen und Lübecker Bürgern besiegte damals den dänischen König Waldemar II.
Gleichzeitig hatte der Deutsche Orden bis 1283 Preußen erobert, in der Folge entstanden viele neue Hafenstädte, Memel und Königsberg etwa entwickelten sich aus Burgen des Deutschen Ordens. Schon seit Beginn des 12. Jahrhunderts war die Bevölkerung im deutsch-römischen Kaiserreich gewachsen, Bauern kamen auf der Suche nach Land in die befriedeten Gebiete im Osten, Kaufleute fanden neue Absatzmärkte.

### Anfänge der Hanse

Bereits im Jahre 1159 hatte Heinrich der Löwe mit der Neugründung Lübecks den Grundstein für ein neues Handelszentrum gelegt, das einmal politischer Mittelpunkt der Hanse werden sollte. Das lübische Markt- und Münzrecht wurde zum Modell der deutschen Siedlungen: 1218 wurde es in Rostock eingeführt, danach in Wismar und Stralsund.
Die Kaufleute an der Ostsee erkannten bald, dass eine Bündelung ihrer Interessen wirtschaftlichen Erfolg bedeutete. So entstand 1161 die Genossenschaft deutscher Gotlandfahrer. Die schwedische Insel Gotland war damals das Zentrum des Ostseehandels. Bald begnügten sich die Mitglieder des losen Bündnisses nicht mehr damit, den Warenumschlagplatz Gotland anzusteuern, sondern mischten auch kräftig im vorher von Dänemark dominierten Handel mit Russland mit. Die dort erstandenen

enormen Getreidemengen machten die Osterlinge, wie die Ostseehändler genannt wurden, auch an der Nordsee zu begehrten Partnern. Sie tauschten ihre Waren gegen flandrische Tuche und Wolle aus England.

Transportiert wurden die hanseatischen Handelsgüter mit bis zu 100 Tonnen fassenden Segelschiffen, den Hansekoggen, die andere Schiffstypen an Fassungsvermögen und Hochseetauglichkeit weit übertrafen. Insgesamt besaß die Flotte der Hanse im 14. Jahrhundert eine Ladekapazität von 100 000 Tonnen.

Lübeck nutzte seine günstige Lage und stieg zur Führungsmacht in der Hanse auf. Um 1300 kontrollierte die Stadt den Salz- und Pelzhandel und gemeinsam mit Hamburg den Landweg von Ost nach West. Die Handelsprivilegien wurden mit militärischen Mitteln verteidigt, und der Erfolg ließ die Mitglieder der Hanse enger zusammenwachsen. Kontore in London, Brügge, Antwerpen, Bergen und Novgorod wurden gegründet. Verbindungen mit Frankfurt am Main, Nürnberg, Augsburg und Straßburg dienten dem Handel mit Gütern aus dem Mittelmeerraum und aus dem Orient.

Mehr als 100 Städte, nicht nur Ostseeanlieger, schlossen sich dem Bündnis an. 1350 stand der Hansebund auf dem Höhepunkt seiner Macht. Ab 1356 wurden Hansetage im Lübecker Rathaus abgehalten. Dabei erörterten die Delegierten nicht nur Wirtschaftsfragen, sondern entschieden auch über Krieg und Frieden. So beschloss die Hanse 1367, gegen Dänemark Krieg zu führen. 1370 folgte nach schweren Kämpfen der Frieden von Stralsund, der die Herrschaft der Hanse über die Ostsee festigte. Die Kaufmannsvereinigung erhielt das Mitspracherecht bei der dänischen Thronfolge.

1398 gelang der Hanse im Verbund mit dem Deutschen Orden ein weiterer Coup: Sie vertrieben die berühmtesten Seeräuber, die Vitalienbrüder, von Gotland. Das bedeutete das Ende der Piraterie in der Ostsee.

*So könnte er ausgesehen haben: Rekonstruktion des vermeintlichen Störtebeker-Kopfes im Hamburgmuseum*

# Klaus Störtebeker – Robin Hood der Ostsee?

1388: Klaus Störtebeker und seine Vitalienbrüder haben wieder eine Hansekogge geentert. Gold, Silber, Schmuck, Tuche, Fässer mit Wein und Bier, Tonnen voller Heringe fallen in die Hände der Piraten. »Bei allen Heiligen! Verdammt möchte ich sein, ist mein Treiben nicht ehrlicher als das der Reichen und Mächtigen dieser Erde. Gottes Freund, aller Welt Feind! Den Schlachtruf sollen sie fürchten lernen«, sagt Klaus Störtebeker in dem gleichnamigen Hörspiel. Die Legende hat aus dem Seeräuber einen Edelpiraten gemacht, einen Seehelden: verwegen, schlau, nahezu unbesiegbar, voller Idealismus und mit einem Herz für die Armen. Störtebeker – ein Robin Hood der Meere?

Gegen Mitte des 13. Jahrhunderts wurde die Ostsee zur großen Bühne der Piraten. Begünstigt wurde die Seeräuberei durch den wachsenden Handelsverkehr und durch die Rivalitäten zwischen den Ostseeanrainern. Landesfürsten stellten den Piraten Kaperbriefe aus, die die Piraten berechtigten, Schiffe anderer Länder oder Fürsten zu kapern. Ein Teil der Beute ging an den Aussteller des Kaperbriefes. Durch die Kaperbriefe erweiterten die Fürsten quasi ihre Kriegsflotte, ohne diese bezahlen zu müssen. Die Piraten wiederum fanden Schutz in den Häfen ihrer Auftraggeber und entlohnten sich selbst mit der Beute der gekaperten Schiffe. Zudem galten sie bei Gefangennahme als Kriegsgefangene und durften auf ein milderes Urteil hoffen als gewöhnliche Seeräuber.

Eine ganze Reihe der Seeräuber, die von Mitte des 13. bis Mitte des 14. Jahrhunderts die Ostsee unsicher machten, kamen aus gutem Hause. Sie hatten eine militärische Laufbahn durchschritten oder sogar Universitätsabschlüsse wie Störtebekers Freund Magister Wigbold. Andere waren Kaufleute, die nach einem Piratenangriff vor die Wahl gestellt wurden, zu den Seeräubern überzulaufen oder über Bord zu gehen. Viele Piraten rekrutierten sich aus Marinesoldaten, die in Friedenszeiten nicht gebraucht wurden. Die Piraterie war eine Variante des Krieges mit dem Unterschied, dass sich bei den Piraten auch einfache Matrosen über die Beute freuen konnten. Auf Piratenschiffen ging es oft demokratischer und humaner zu als auf staatlichen Kriegsschiffen und Hansekoggen.

Klaus Störtebeker lebte in der zweiten Hälfte des 14. Jahrhunderts. Mit Kaperbriefen der mecklenburgischen Herzöge kämpfte er gegen die Vormacht Dänemarks unter Königin Margarete I. Als die Unterstützung seiner Verbündeten nachließ, war Störtebeker als freischaffender Seeräuber aktiv. Die Hanse rüstete eine Kriegsflotte und jagte die Piraten. Gegen Ende des 13. Jahrhunderts verlagerte sich die Piraterie von der Ostsee in die Nordsee. Auch Störtebeker verlegte seinen Stützpunkt nach Marienhafe im Emsland, später nach Helgoland, wo man ihn um 1400 gefangen nahm und auf dem Hamburger Grasbrook öffentlich enthauptete. Doch sollte es noch weitere 30 Jahre dauern, bis die Hanse auch in der Nordsee einigermaßen ungestört Handel treiben konnte.

Vor einigen Jahren wurde versucht, anhand eines 600 Jahre alten Schädels das Gesicht Störtebekers zu rekonstruieren. Allerdings konnte nicht geklärt werden, ob der Schädel wirklich Störtebeker gehörte. Zu seinem Leben ist wenig bekannt. Vielleicht besser so: Neuere Forschungen zweifeln sogar daran, dass der Pirat Klaus Störtebeker jemals existiert hat, vielmehr soll Störtebeker ein Danziger Kaufmann gewesen sein. Wer möchte noch Legenden von einem tollkühnen Seeräuberhauptmann hören, wenn die Wissenschaft herausgefunden hat, dass Störtebeker in Wirklichkeit lieber um Waren feilschte als sich mit dem Schwert in den Kampf zu stürzen?

## Reformation und Dreißigjähriger Krieg

Doch im Zuge der Entdeckungsfahrten nach Übersee und der europäischen Besiedlung Amerikas verlagerte sich das Zentrum des Handels aus der Ostsee ab dem 15. Jahrhundert allmählich westwärts. England und Holland erstarkten wirtschaftlich und politisch und drängten bald in den Ostseehandel. Die Hanse verweigerte den Ländern zunächst die Handelsprivilegien. Finanziell und militärisch unterlegen, konnte sie ihre Vormachtstellung jedoch nicht halten. Zudem wurde der Hanseverbund durch die Reformation gelockert, denn die katholische Kirche verlor an Einfluss, und beide Institutionen hatten im Ostseehandel bislang eng zusammengearbeitet. Mit dem Niedergang des Deutschen Ordens verfiel auch die Hanse zusehends. Das endgültige Ende der Hanse besiegelte jedoch erst der Dreißigjährige Krieg (1618–1648).

Knapp ein Jahrzehnt nach der Verkündigung von Luthers Thesen 1517 war nahezu der gesamte Ostseeraum evangelisch-lutherisch, zunächst mit Ausnahme von Polen und Litauen. In Schweden setzte der König aus innenpolitischen Gründen die Reformation von oben gegen Widerstände teilweise gewaltsam durch. Er wollte seiner noch ungesicherten Herrschaft eine solide Grundlage verleihen, ordnete die Staatsfinanzen neu und löste sich so aus der finanziellen und wirtschaftlichen Abhängigkeit von Lübeck. So führte die Reformation zu tiefgreifenden Veränderungen. Und in der Tat wurde durch die Enteignung von Kirchengütern sowie den wirtschaftlichen Aufschwung die Macht der Krone gestärkt. In der Folge nahmen die Expansionsbestrebungen zu. So griffen Schweden und auch Dänemark, einst kaum mehr als Handelsprovinzen der hansischen Kaufmänner, als bedeutende Mitstreiter in den Machtkampf um die deutsche Mitte Europas ein.

*Salzspeicher in Lübeck*

*Das Schwedentor in Riga erinnert an die schwedische Besetzung*

## Kampf um Livland

Das nördliche Baltikum, die historische Provinz Livland, damals Besitz des Deutschen Ordens, wurde zum Schauplatz des Kampfs zwischen Schweden, Polen, Dänemark und Russland um die Vormacht an der Ostsee. Nach dem Livländischen Krieg (1558–1583) wurde Estland der schwedischen Krone zugeschlagen. Zuvor hatte Schweden im Nordischen Siebenjährigen Krieg (1563–1570), in dem sich Dänemark und Schweden gegenüberstanden, im Frieden von Stettin seine Besitztümer in Livland abgeben müssen. Es konnte jedoch auch nach dem Schwedisch-Polnischen Krieg um Livland (1600–1629) wieder zahlreiche Territorien gewinnen. Riga wurde zur zweiten Hauptstadt Schwedens erklärt.

## Schwedens Eintritt in den Dreißigjährigen Krieg

Damit nahm seinen Anfang, was später unter dem Schlagwort Kampf um das dominium maris balitici (Herrschaft über das Baltische Meer) in die Geschichte einging. Denn der Eintritt Schwedens (1630) in den Dreißigjährigen Krieg (1618–1648) offenbarte seine weiteren territorialpolitischen Interessen: Der westliche Ostseeraum war nun Ziel der Eroberungen. Schweden erleichterte Dänemark unter anderem um Gotland, brachte Vorpommern, Teile von Hinterpommern, die Insel Poel sowie andere Territorien im Rahmen des Westfälischen Friedens unter seine Herrschaft. Nach dem Nordischen Krieg (1655–1661) musste Dänemark ein Drittel seines Kernlandes an Schweden abtreten, das damals seine historisch größte territoriale Ausdehnung erreichte.

Schwedens Stellung als Großmacht war in fast 100 Jahren erfolgreicher Kriegsführung begründet. Doch die blutigen Auseinandersetzungen hatten ihre Spuren hinterlassen. Das Land zählte um 1700 einschließlich Finnland keine zwei Millionen Einwohner mehr und war eigentlich zu schwach, um die herausragende Stellung in der europäischen Politik wahrzunehmen, die es innehatte.

## Vom Aufstieg Russlands bis zur Revolution

Ende des 17. Jahrhunderts reiste Zar Peter I. (1672–1721) nach Westeuropa, um sich militärisches, kulturelles und technisches Wissen anzueignen. Ferner suchte er Verbündete gegen die Schweden. Im Jahr 1700 erklärte Zar Peter I. Schweden den Krieg, der als Großer Nordischer Krieg (1700–1721) in die Geschichte eingehen sollte. An seiner Seite kämpften Dänemark und Sachsen gegen Karl XII. (1682–1718).

1703 eroberte Peter I. die schwedische Festung Nyenschanz und ließ im Mündungsdelta der Neva die neue Reichshauptstadt St. Petersburg erbauen, die ein ›Tor zur Welt‹ sein sollte. Sie bedeutete direkten Zugang zur Ostsee sowie die völlige Kontrolle der Neva, über die Angreifer ins Landesinnere gelangen konnten. 1709 erlitt Schweden in der Schlacht bei Poltawa eine vernichtende Niederlage und musste 1721 unter anderem Estland, Karelien und Ingermanland – den Landstrich um St. Petersburg – an Russland abtreten. Es dauerte noch über zehn Jahre, bis eine Reihe von Verträgen zwischen den Kontrahenten das Ende der Feindseligkeiten besiegelte und Russland Schweden als Hegemonialmacht in der Ostseeregion ablöste.

*Denkmal Peters I. vor der Isaakskathedrale in St. Petersburg*

# Machtkampf in Europa

Langfristig veränderte sich die politische Landschaft: Russland war nun politische und militärische Großmacht in Europa, und die Machtverhältnisse der europäischen Diplomatie wandelten sich in ein System der Pentarchie (Fünferherrschaft): Frankreich, Großbritannien und Österreich als bereits etablierte Mächte und Preußen und Russland als aufsteigende Mächte im Osten. Dieses System war die Grundlage der europäischen Politik während des 18. und 19. Jahrhunderts.

Ende des 18. Jahrhunderts, in den Jahren 1772, 1793 und 1795, teilten die Nachbarmächte Russland, Preußen und Österreich Polen-Litauen untereinander auf, wobei Russland am Ende Kurland gewann, womit es die gesamte Ostseeküste von Memel bis zum Finnischen Meerbusen beherrschte. Zudem verlor Schweden 1809 Finnland an Russland, das russisches Großfürstentum wurde, jedoch seinen eigenen Landtag behielt. Nach der Niederlage Napoleons übernahm das russische Reich die Vorherrschaft auf dem europäischen Festland.

*Die Alexandersäule in St. Petersburg erinnert an den Sieg über Napoleon*

Mitte des 19. Jahrhunderts begann in den Ostseeländern der Prozess der Industrialisierung: Wichtige Zweige waren in Dänemark die Nahrungs- und Genussmittelbranche, in Schweden Holz und Eisen, in Finnland ebenfalls Holz und die baltischen Länder wurden mit Metall-, Gummi- und Chemieindustrie zu wichtigen Standorten Russlands. Die deutsche Ostseeküste blieb abgesehen vom Schiffsbau und der Marine hinter der Entwicklung der anderen Staaten zurück.

## Aufstrebender Nationalismus

Mit den europäischen Revolutionen von 1848/49, der Entstehung von Parlamenten und dem aufstrebendem Nationalismus änderte sich zunehmend das politische Klima. 1905 kam es zu Massendemonstrationen gegen die zaristische Fremdherrschaft in den Städten der baltischen Staaten, denen in der Folge Selbstverwaltungsrechte zugesprochen wurden.

Während des Ersten Weltkriegs erlebte die Zarenherrschaft einen dramatischen Verfall ihrer Autorität, und so kam es im Oktober 1917 zur Machtübernahme durch die Bolschewiken im Winterpalais in St. Petersburg.

# Die Ostsee zur Zeit der Weltkriege

Während des Ersten Weltkriegs war die Ostsee Schauplatz zahlreicher bedeutender Schlachten. Ein sensationeller Fund machte im Oktober 2009 Schlagzeilen: Das Wrack des U-Boots ›E18‹, das Großbritannien 1916 in die Ostsee entsandt hatte, um die Eisenlieferungen von Schweden nach Deutschland zu stören und die russische Marine zu unterstützen, wurde nahe der estnischen Insel Hiiumaa geborgen.

Auf der St. Petersburg vorgelagerten Festungsinsel Kronstadt fand gegen Ende des Kriegs der Matrosenaufstand gegen die russische Revolutionsregierung statt. Die Revolte wurde unter Einsatz von Kriegsschiffen blutig beendet. Auch die deutschen Marineeinheiten in den Häfen von Kiel und Flensburg meuterten gegen den Befehl der Obersten Heeresleitung.

Nach dem Niedergang des russischen Zarenreichs wurden Finnland sowie die baltischen Staaten unabhängig, und es entstanden fünf neue Nationalstaaten (Finnland, Estland, Lettland, Litauen und Polen).

Im Zweiten Weltkrieg wurden in der Ostsee viele Kämpfe zwischen deutschen und sowjetischen Flotten- und U-Boot-Verbänden ausgefochten. Zu Kriegsende war fast die gesamte schiffbare Fläche vermint, die Personenschifffahrt musste eingestellt wurde. Als tragisches Ereignis ging die Versenkung des Schiffes ›Wilhelm Gustloff‹, das fast nur Zivilisten an Bord hatte, in die Geschichte ein. Das Schiff sank nach mehreren Treffern sowjetischer Geschosse und riss schätzungsweise 9000 Menschen in den Tod, die entweder ertranken oder im eiskalten Wasser erfroren.

*Das finnische U-Boot ›Vesikko‹ aus dem Zweiten Weltkrieg*

## Kalter Krieg und Zerfall der politischen Blöcke

Nach dem Zweiten Weltkrieg wurden die baltischen Staaten der Sowjetunion einverleibt, Polen und Ostdeutschland im Warschauer Pakt militärisch und im Rat für gegenseitige Wirtschaftshilfe (RGW) wirtschaftlich und politisch an die Sowjetunion gebunden. So bildete die Ostsee eine der Nahtstellen der potentiellen Blockkonfrontation zwischen NATO und Warschauer Pakt. Die Ostsee wurde in diesen Jahren militärisch von der Sowjetunion kontrolliert, die Meerausgänge hingegen von den NATO-Staaten überwacht. Dänemark und Norwegen gehörten zur NATO, Schweden und Finnland blieben blockfrei. Finnland war es, das sich durch die Anregung des KSZE-Prozesses (Konferenz über Sicherheit und Zusammenarbeit in Europa) um Verständigung in diesem Spannungsfeld bemühte.

Mit dem Ende der Sowjetunion 1991 änderte sich das politische Szenario der Ostsee. Lettland, Litauen und Estland wurden unabhängig. Handel und Warenaustausch konnten nunmehr ungehindert fließen, was zum Beispiel Finnen und Esten (der Weg über die Ostsee zwischen beiden Staaten beträgt nur 80 Kilometer) zu enger Zusammenarbeit motivierte. Anfang der 1990er Jahre investierten die Finnen intensiv in die desolate estnische Infrastruktur. Nach dem Vorbild der nordischen Nachbarn setzte das Land auf die moderne Kommunikationstechnik, und heute boomt die ehemalige Sowjetrepublik als E-Estland. Im Gegenzug verdienen die Finnen durch Niederlassungen finnischer Kaufhausketten und den Ausbau des Mobiltelefonnetzes am prosperierenden Staat mit. Nach diesem Modell nahmen Handel und Verkehr zwischen vielen Anrainerstaaten zu.

## Politische und wirtschaftliche Zusammenarbeit

Nicht nur wirtschaftlich, sondern auch politisch bildete sich eine Fülle transnationaler Netzwerke, Organisationen und Institutionen. Der 1992 gegründete Ostseerat stellt eine Art übergeordnetes Gremium dar. Er umfasst heute elf Mitglieder: Dänemark, Deutschland, Estland, Finnland, Island, Lettland, Litauen, Norwegen, Polen, Russland und Schweden. Die Europäische Kommission ist gleichberechtigt vertreten. Neben den jährlichen Außenministerbegegnungen treffen sich auch die Fachminister der Ressorts Verkehr, Kultur, Energie, Bau, Wirtschaft und Inneres unter dem Dach des Ostseerates, der eine Koordinierungsfunktion für die gesamte Regierungszusammenarbeit seiner Mitglieder innehat. Doch mit der EU-Erweiterung verlor der Rat an politischer Bedeutung. Seit dem Beitritt der vier osteuropäischen Länder 2004 wird die Ostsee von Politikern oft als ›Binnenmeer der Europäischen Union‹ bezeichnet, acht Ostseerat-Staaten gehören zur EU, nur Russland, Norwegen und Island nicht. Für die militärische Sicherheit ist die NATO zuständig, die wirtschaftliche Kooperation regelt die EU. Der Ostseerat beschäftigt sich mit Themen wie Umwelt, wirtschaftliche Entwicklung, Energie, Bildung und Kultur sowie zivile Sicherheit. 2011 übernahm Deutschland für zwei Jahre die Präsidentschaft.

## Verbindungen schaffen – Die Ostsee als gemeinsamer Wirtschaftsraum

Der Warenaustausch über die Ostsee hat seit Anfang der 1990er Jahre rasant zugenommen. Eine wichtige Voraussetzung für das Zusammenwachsen dieser erstarkenden ökonomischen Region sind gut ausgebaute Verkehrswege. Bei den geographischen Gegebenheiten des Ostseeraumes ist ein wichtiger Schritt dabei auch der Brückenschlag zwischen den teils nur durch schmale Meeresarme getrennten Ländern. So ist die dänische Halbinsel Jütland – und damit auch Norddeutschland – bereits seit 1970 über eine Autobahnbrücke, die Kleine-Belt-Brücke, mit der dänischen Insel Fünen und von dort über die 1998 eröffnete Große-Belt-Brücke mit der dänischen Hauptinsel Seeland verbunden. Von dem auf Seeland liegenden Kopenhagen aus wurde dann im Jahr 2000 mit der Øresundbrücke eine feste Verbindung zwischen Dänemark und Schweden errichtet. Damit war die Øresundregion geschaffen, die neben der südschwedischen Provinz Schonen auch die dänischen Inseln Seeland, Lolland, Falster und Møn umfasst.

Das nächste ehrgeizige Bauprojekt soll der Øresundregion den grenzüberschreitenden Warenaustausch auch in südlicher Richtung erleichtern. Bisher gelangt man vom südschwedischen Malmö auf dem Landweg nur bis Rødby an der Südspitze Lollands. Von dort verkehrt eine Fährlinie zwischen Dänemark und Puttgarden auf der ostholsteinischen Insel Fehmarn, die ihrerseits wiederum über eine Brücke mit dem deutschen Festland verbunden ist. Mit einer festen Fehmarnbeltquerung soll Schweden nun einen direkten Anschluss über den Landweg an die westeuropäischen Märkte erhalten. Die Fehmarnbeltquerung wurde bereits 2007 per Staatsvertrag vereinbart und 2009 vom deutschen und vom dänischen Parlament genehmigt. Nach längerer Diskussion entschied sich das dänische Parlament 2011, nicht, wie ursprünglich beabsichtigt, eine Brücke, sondern einen Tunnel zu bauen. Hierbei will Dänemark die Baukosten übernehmen, soll dafür aber die gesamten Mauteinnahmen erhalten. Der Baubeginn ist für 2014 anvisiert, und die Inbetriebnahme soll 2020 erfolgen.

*Die Øresundbrücke verbindet Dänemark und Schweden*

## Die Rolle Russlands

Russland nimmt eine Sonderstellung ein. Zwar ist das Land an enger Zusammenarbeit interessiert, schließlich erzielt das Land bis zu 50 Prozent seiner Gewinne im Auslandsgeschäft durch den Handel mit den umliegenden EU-Staaten, politische Konzessionen werden jedoch bis dato wenige gemacht. In der Vergangenheit hat sich besonders die Ostseeparlamentarierkonferenz (BSPC) auf parlamentarischer Ebene darum bemüht, die Zusammenarbeit zu intensivieren. In der BSPC sind Landes- und Regionalparlamente gleichberechtigt vertreten. So investierte etwa das Bundesland Schleswig-Holstein viel in die Zusammenarbeit mit Kaliningrad, mit Austauschprogrammen zwischen der Gebietsduma und dem Landtag in der Partnerstadt Kiel. Doch seit Russland hauptsächlich zentral von Moskau aus kontrolliert wird, hat die lokale Duma kaum noch Einfluss und Handlungsspielräume.

## Grenzüberschreitender Arbeitsmarkt

Da die Ostseeregion die Schnittstelle zwischen einigen der reichsten und einigen der ärmeren Staaten Europas bildet, ist das sozioökonomische Gefälle nach wie vor enorm. So betrug die Arbeitslosigkeit bei den unter 25-jährigen im Jahr 2011 9 Prozent in Dänemark und 33,6 Prozent in Lettland. Jedoch haben der EU-Binnenmarkt sowie die zunehmende wirtschaftliche Verflechtung im Norden Europas zur Bildung wachsender grenzüberschreitender Arbeitsmärkte geführt. Nach Schätzungen gibt es 70 000 bis 120 000 Grenzpendler in der Ostseeregion. Um über die vielfältigen sozial-, arbeits-, tarif- und steuerrechtlichen Fragen im Zusammenhang mit der Arbeitsaufnahme in einem anderen Ostsee-Anrainerstaat aufzuklären, wurden im westlichen wie nördlichen Teil der Ostseeregion bereits Informationszentren eingerichtet.
Seit 2011 gilt die volle Arbeitnehmerfreizügigkeit in der Europäischen Union. Mit dem ECVET-System (European Credit System for Vocational Education and Training) wurden unter anderem Verfahrensregeln für die internationale Anerkennung von beruflichen Bildungsabschlüssen erarbeitet.

# Gemeinsame Projekte

In den letzten Jahren sind viele Projekte im Ostseeraum entstanden, die alle zum Ziel haben, aus der Region einen wirtschaftlich prosperierenden Standort zu machen. Seit 2005 besteht mit ScanBalt Campus ein internationales Modellprojekt zur gemeinsamen Nutzung universitärer Strukturen. Projektpartner sind 31 Universitäten, regionale Netzwerke (BioRegionen), Technologietransfer-Einrichtungen und Firmen aus elf Ländern an der Ostsee, der Scanbalt BioRegion. ScanBalt legt das bislang größte regionale Forschungstransferprogramm in Europa auf, Smart Growth – Kluges Wachstum. Informationen zu den Projekten gibt es unter www.scanbalt.org. Des weiteren gibt es eine Reihe EU-geförderter Projekte wie ›Eco Region‹ (2009–2013), das die Ostseeregion zu einer weltweit

*Bauwerke verschiedener Jahrzehnte in der Tallinner Skyline*

führenden Region machen soll (www.baltic-ecoregion.eu), oder das Projekt BALADAPT (2010–2013), das Anpassungsstrategien an den Klimawandel für die gesamte Ostseeregion entwickelt. Und mit dem Projekt Bioenergy Promotion (2009–2012) soll Biomasseproduktion und -nutzung im baltischen Raum forciert werden (www.bioenergypromotion.net).

## Gaspipeline

Das größte Projekt in der Region ist die Gaspipeline Nord Stream (www.nord-stream.com), die ab Ende 2012 russisches Erdgas durch die Ostsee nach Deutschland leiten soll (bis zu 55 Milliarden Kubikmeter Gas jährlich, die über 26 Millionen Haushalte mit Energie versorgen sollen). Während das Vorhaben vor allem von Russland und Deutschland vorangetrieben wurde, stößt es bei den Anrainern auf enorme vor allem umwelttechnische Bedenken. Etwa beschloss Estlands Parlament im Herbst 2009, den Bau der Gaspipeline nicht zu genehmigen. Doch da die Streckenführung der Pipeline nicht durch Estlands Hoheitsgewässer verläuft, hat der Beschluss keine aufschiebende Wirkung. Seit September 2011 fließt bereits russisches Gas nach Deutschland, unter Umgehung der Transitländer.

# Ländersteckbrief Polen

Etwa 38 Millionen Einwohner leben auf rund 310 000 Quadratkilometern, das ergibt eine Bevölkerungsdichte von 120 Menschen pro Quadratkilometer, nur etwa halb so viele wie in Deutschland. Im Norden hat Polen eine 530 Kilometer lange Ostseeküste und grenzt an die russische Enklave Kaliningrad, Nachbar im Nordosten ist Litauen, im Osten sind es Weißrussland und die Ukraine, im Süden die Slowakei und Tschechien, und im Westen Deutschland.

Der höchste Gipfel (Rysy, 2499 Meter) liegt im 80 Kilometer langen Karpatenabschnitt Hohe Tatra, den sich Polen mit der Slowakei teilt. Die wichtigsten Flüsse sind Oder und Weichsel. Beide münden in die Ostsee. Zu den touristischen Highlights zählen Städte wie Kraków (Krakau), Wrocław (Breslau), Gdańsk (Danzig) und Warszawa (Warschau) und Landschaften wie Masuren mit seinen Seen und Wäldern sowie die Ostseeküste mit ihren feinen Sandstränden.

Aus der Volksrepublik Polen ging 1989 die sogenannte Dritte Polnische Republik hervor – nach der Adelsrepublik (16.–18. Jahrhundert) und der kurzen Zweiten Polnischen Republik (1918–1939). Seither hat sich Polen stark nach Westen orientiert, wurde 1999 Mitglied der NATO und 2004 der EU als sechstgrößtes Land (Fläche und Einwohner). Seit 1997 hat Polen eine neue Verfassung. Das Parlament besteht aus zwei Kammern, der Sejm mit 460 Abgeordneten und dem Senat mit 100 Abgeordneten, bestimmt durch Verhältniswahl (Sejm) und direkte Wahl (Senat). Stärkste Partei bei der Parlamentswahl 2011 wurde erneut die konservativ-liberale Bürgerplattform (Platforma Obywatelska, PO), trotz kleiner Verluste. Sie stellt zusammen mit der ebenfalls konservativen Polnischen Volks- beziehungsweise Bauernpartei (Polskie Stronnictwo Ludowe, PSL) erneut die Regierung unter Ministerpräsident Donald Tusk (PO).

Die Umwandlung von der Planwirtschaft zur Marktwirtschaft ist Polen nach schmerzhaften ersten Jahren erstaunlich schnell und gut gelungen, auch der

*Hier ging Oskar baden: Stogi Plaża alias Heubude bei Gdańsk*

EU-Beitritt gab der polnischen Wirtschaft einen weiteren Schub. Der anfangs höchst inflationäre Złoty ist heute eine vergleichsweise stabile Währung, und selbst die jüngste globale Wirtschaftskrise hat Polen recht gut abgefangen. Die Arbeitslosigkeit ist im Jahr 2010 auf 9,5 Prozent gesunken und liegt damit knapp unter dem EU-Durchschnitt. Problematisch für Polen ist die hohe Zahl von Auswanderern, die in anderen EU-Ländern ihr Geld verdienen. Die Öffnung des deutschen und österreichischen Arbeitsmarktes am 1. Mai 2011 könnte diese Entwicklung noch verstärken.

Innerhalb der polnischen Wirtschaft wuchs der Dienstleistungssektor auf einen Anteil am Bruttoinlandsprodukt von fast 65 Prozent – auf Kosten von Industrie (31 Prozent) und Landwirtschaft (4,5 Prozent). Wichtigster Handelspartner (Import und Export) ist Deutschland. Die Amtssprache ist Polnisch. Die wichtigsten nationalen Minderheiten sind Deutsche, Weißrussen und Ukrainer. Bei den Konfessionen dominiert immer noch der römisch-katholische Glaube, der Rest verteilt sich auf Polnisch-Orthodoxe, Protestanten, Altkatholiken und Juden. Über 60 Prozent der Polen leben in Städten, die meisten in der Hauptstadt Warschau mit über 1,7 Millionen Einwohnern.

Die polnische Küche ist eher deftig: Eintöpfe (zum Beispiel Bigos), kräftige Suppen wie Żur, Teigwaren wie Piroggen, Wurst, Käse, Pilze, Kraut, Wild, Fisch, aber auch Gebäck und Kuchen. Durch die ständige Teilung und die Lage in Mitteleuropa kamen viele kulinarische Einflüsse ins Land. Böhmen und Österreich brachten die süßen Schmankerln ins Land. Die Zugehörigkeit zur slawischen Völkerfamilie findet in der reichlichen Verwendung von Sahne und der Liebe zu Süßsaurem ihren Ausdruck. Daneben gibt es viele Gerichte jüdischen Ursprungs wie gefüllten Fisch, zurückzuführen auf die Einwanderung europäischer Juden ab 1349, die unter dem Schutz eines Gesetzes von König Kazimierz die größte jüdische Gemeinde der Welt bildeten. Getrunken wird gerne Wodka (wódka) – eiskalt – und Bier (piwo). Bekannte Marken sind Wyborowa und Żubrówka, beim Bier Lech, Okocim, Tyskie und Żywiec. Seit Ende 2010 gilt in Polen ein Rauchverbot, unter anderem in öffentlichen Verkehrsmitteln, Hotels, Restaurants und Bars – sofern keine separaten Räume zur Verfügung stehen.

Küste, Wald, Seen und Berge nutzen die Polen gerne zum Wassersport, Skifahren und Wandern. Der wichtigste Wintersportort ist Zakopane in der Tatra, im Sommer dominieren die Ostseeküstenorte und die masurische Seenplatte. Im Sommer 2012 sind Polen und die Ukraine Gastgeber der Fußball-Europameisterschaft.

## Ländersteckbrief Russische Föderation

Die Russische Föderation ist mit 17 Millionen Quadratkilometern der größte Staat der Erde. Von Norden nach Süden erstreckt sich Russland über 4000 und von Westen nach Osten – über elf Zeitzonen – über 9000 Kilometer. Landesgrenzen bestehen zu zwölf Staaten: Norwegen, Finnland, Lettland, Estland, Weißrussland, Ukraine, Georgien, Aserbaidschan, Kasachstan, Mongolei, China und Nordkorea. Darüber hinaus hat das Kaliningrader Gebiet, eine Exklave des russischen Territoriums, eine Grenze mit Polen und Litauen.

*Die Fontanka in St. Petersburg*

Russland lässt sich von West nach Ost in fünf Großlandschaften auffächern: das osteuropäische Tiefland zwischen Russlands Westgrenzen und dem Ural, der Ural, das westsibirische Tiefland zwischen dem Ural und dem Jenissej, das mittelsibirische Bergland zwischen den Flüssen Jenissej und Lena sowie das ostsibirische Bergland. Drei Klimazonen bestimmen die Wetterlage in Russland: mäßig kontinentales Klima in der osteuropäischen Ebene, kontinentales Klima in der westsibirischen Niederung sowie extrem kontinentales Klima in Ostsibirien.

Die Küstenlinie ist mehr als 37 000 Kilometer lang. Die wichtigsten Häfen sind im Nordwesten St. Petersburg und Baltijsk/Kaliningrad, der einzige ganzjährig eisfreie russische Hafen an der Ostsee. 100 Kilometer westlich von St. Petersburg, in Ust-Luga, wurde 2007 ein neuer Tiefwasserhafen teilweise in Betrieb genommen. Novorossijsk am Schwarzen Meer ist der größte Handelshafen im Süden. Im Norden bleibt in Murmansk, der größten Stadt nördlich des Polarkreises, durch den Einfluss des Golfstroms der Hafen das ganze Jahr über eisfrei. Den bedeutendsten Hafen im Osten hat Vladivostok, Militärstützpunkt und Endstation der Transsibirischen Eisenbahn.

Die Russische Föderation ist eine föderative demokratische Republik mit einem Zweikammerparlament aus Staatsduma (Unterhaus) und Föderationsrat (Oberhaus). Staatsoberhaupt ist Dmitri Anatoljewitsch Medwedew, Vladimir Putin ist Regierungschef. 2012 kandidiert er wieder für das Präsidentenamt.

Gegliedert ist das Territorium in 21 Republiken, 49 Gebiete (russisch: Oblast') mit gewählten Gouverneuren und 6 Bezirke (Kraj). Hinzu kommen zehn autonome nationale Kreise (Okrug), die dem jeweiligen regionalen Oblast oder Kraj unterstehen, dazu die jüdische autonome Region Birobidžan sowie die eigenständigen Städte Moskau und St. Petersburg.

Laut der letzten Volkszählung 2010 leben in der Russischen Föderation knapp 143 Millionen Menschen, Tendenz rückläufig. Seit 2002 ging die Bevölkerung um über zwei Millionen Menschen zurück. Über 73 Prozent der Bürger leben im europäischen Teil, zehn Prozent in und um Moskau. Elf Städte haben mehr als eine Million Einwohner, allen voran die Hauptstadt Moskau mit über 11 Millionen und St. Petersburg mit 4,8 Millionen Einwohnern. Die Ostseestadt Kaliningrad hat 424 000 Einwohner.

Neben den Russen, die mit knapp 79,8 Prozent die Mehrheit der Bevölkerung stellen, leben noch 160 ethnische Gruppen auf dem Gebiet des Landes. Größere Minderheiten sind die Tataren, die Tschuwaschen und die Baschkiren. Etwa 72 Millionen Menschen sind orthodoxe Christen, 13 Millionen Muslime, eine Million Buddhisten, eine Million Katholiken sowie eine halbe Million Juden, Protestanten und Angehörige anderer Glaubensrichtungen.

Während im Jahr 2002 die Arbeitslosenquote 8,6 Prozent betrug, lag sie 2008 bei 6,6 Prozent. In den ersten Monaten des Jahres 2009 stieg die Arbeitslosenquote mit der Wirtschaftskrise wieder auf 8,1 Prozent und sank 2011 auf 7,6 Prozent. Durchschnittlich verdiente ein Arbeitnehmer im Jahr 2010 etwa 500 Euro. In Städten kann aber von wesentlich mehr ausgegangen werden, in Moskau von etwa 990 Euro. Zum Vergleich: Das Existenzminimum in Moskau wurde 2008 auf 5790 Rubel, das sind etwa 150 Euro, festgelegt.

An erster Stelle der Freizeitvergnügen steht das Fernsehen – gleichwohl ist eine russische Wohnung ohne Bücher nach wie vor unvorstellbar. Kulturelle Veranstaltungen und Museen verzeichnen jedoch angesichts hoher Eintrittspreise einen Besucherrückgang. Russen sind leidenschaftliche Spieler, überall findet man Lotteriebuden, und in Moskau und St. Petersburg gibt es Spielbanken. Aber auch Schach und Domino erfreuen sich großer Beliebtheit. Beim Sport steht in erster Linie Fußball hoch im Kurs. Im Winter läuft man Ski, meist Langlauf, oder geht zum Schlittschuhlaufen und Eisfischen; im Sommer fährt man zum Paddeln, Zelten oder Angeln. Eine wichtige Rolle spielt die Datscha, das Sommerhaus in der Umgebung der Städte. Ungefähr ein Drittel der Moskauer besitzt ein Stück Land außerhalb der Stadt.

Die russische Küche gilt als bäuerlich-deftig. Auch hierzulande bekannte Gerichte auf der Speisekarte sind Boršč (Suppe aus roter Bete), Šči (Suppe aus Sauerkraut oder Weißkohl) oder Pirogi (gefüllte Teigtaschen). Als Getränke werden mit Vorliebe Čaj (schwarzer Tee), Kvas (durch Gärung aus Schwarzbrot und Rosinen gewonnenes Getränk), Wodka und Sekt gereicht.

*Das neugebaute ›Fischdorf‹ in Kaliningrad*

# Rezepte rund um die Ostsee

## Riga: Rote-Beete-Suppe
Für 4 Personen
Zutaten: 4 mittelgroße Rote Beete, 1 Handvoll Reis, 2 mittelgroße Kartoffeln, 1 l Fleischbrühe, 4 hartgekochte Eier, geschält und grob gehackt, 1 Becher (200 g) saure Sahne, Salz und Pfeffer
Zubereitung: Rote Beete gründlich waschen und die Wurzeln entfernen. In einen Topf geben und mit Wasser bedecken. Je nach Größe in 1/2 bis 1 Std. gar kochen. Wasser abgießen und Rote Beete auskühlen lassen. In der Zwischenzeit die Kartoffeln schälen und in etwa 1 cm große Würfel schneiden. Die Fleischbrühe zum Kochen bringen, die Kartoffelwürfel und den Reis dazugeben und so lange kochen, bis die Kartoffeln und Reis weich sind. In der Zwischenzeit die Rote Beete schälen – am besten unter fließendem Wasser oder mit Küchenhandschuhen, da sich die Hände sonst rot verfärben. In grobe Stücke schneiden und im Mixer oder mit dem Pürierstab zerkleinern. Rote Beete zu der Brühe geben und unter Rühren erhitzen, evtl. mit Salz und Pfeffer abschmecken. In vier Suppenteller je ein gehacktes Ei und einen Esslöffel saure Sahne geben, die Teller mit der Suppe auffüllen und sofort servieren.

## Kiel: Dorsch mit Senfsoße
Für 4 Personen
Zutaten: 8 Rückenfilets vom Dorsch, 1 Zitrone, 1 Bund Suppengrün, 2 Schalotten, 0,5 l Weißwein, 3 Lorbeerblätter, 3 Gewürznelken, 1 TL Pfeffer, Salz, außerdem Mehl, Sahne, Butter, Curry, Senf und Kartoffeln.
Zubereitung: Den gewaschenen Dorsch trockentupfen, etwas Zitrone und Salz dazutun und kühlstellen. Das grob zerkleinerte Suppengrün mit Schalotten in 1 l Wasser und dem Weißwein aufsetzen. Die Gewürznelken und 2 TL Salz dazugeben. 15 Min. muss der Sud mindestens im geschlossenen Topf kochen. Das Suppengrün und die Schalotten herausnehmen und den Sud nochmal aufkochen. Die Fischfilets hineinlegen und auf kleinster Hitze 8 bis 10 Min. ziehen lassen. Die Senfsoße traditionell mit Mehlschwitze und Sahne zubereiten. Mit einer guten Portion Butter, etwas Curry und zusätzlichem Dijonsenf abschmecken. Den Dorsch mit der Senfsoße anrichten. Dazu Salzkartoffeln servieren.

## Schweden: Saffranspannkaka, Safranpfannkuchen
Für 1 Pfannkuchen (1 bis 2 Personen)
Zutaten: 75 ml Rundkornreis, 150 ml süße Sahne, 350 ml Milch, Salz, 1 bis 2 EL Butter, 2 EL Zucker, 1/4 TL Safran, 2 Eier, gehackte Mandeln, etwas Zimt
Zubereitung: Milch und Sahne aufkochen, Reis, Salz und Butter dazugeben und bei schwacher Hitze 35 bis 40 Min. kochen lassen, gelegentlich umrühren. Abkühlen lassen. Wenn die Masse zu dick ist, etwas Milch dazugeben. Zucker, Safran, Mandeln und Eier einrühren und die Masse in eine gebutterte Form geben. Bei 200 °C für 30 bis 45 Min. backen. Warm mit Schlagsahne oder Heidel- bzw. Brombeermarmelade servieren. Saffranspannkaka wird in Schweden zu festlichen Anlässen wie Hochzeiten oder Weihnachten serviert.

## Rostock: Kartoffelpuffer mit Räucherlachs und Honig-Senf-Soße

Für 6 Personen

Zutaten: 250 Gramm Kartoffeln, 150 Gramm Crème fraîche, 1 Teelöffel mittelscharfer Senf, 1 Teelöffel Dijonsenf, 1 Teelöffel Honig, 3 Esslöffel Schlagsahne, etwas Zitronensaft, Salz, Pfeffer, 1 Bund Schnittlauch, Fett, 12 Scheiben Räucherlachs oder 250 Gramm Graved Lachs

Zubereitung: Für die Honig-Senf-Soße Crème fraîche mit Senf, Honig und Sahne verrühren. Mit Zitronensaft, Salz und Pfeffer kräftig würzen.

Kartoffeln schälen und grob raspeln, mit Eigelb vermengen und Salz und Pfeffer würzen. Fett in Pfanne erhitzen und darin sechs Kartoffelpuffer braten. Kartoffelpuffer mit dem Lachs und Senfsoße anrichten, mit geschnittenen Schnittlauch bestreuen und servieren.

Tipp: Wer den Lachs selbst beizen möchte, bestreut ein Kilogramm Lachsfilet mit Haut mit je 1 EL Salz, Pfeffer und Zucker und 8 EL gehacktem Dill. Die Filets werden zusammenklappt, in Folie gewickelt und mit einem Gewicht beschwert zwei bis drei Tage kalt gestellt.

## Gdańsk: Gołąbki, polnische Kohlrouladen

Für 4 Personen

Zutaten: 1 großer Weißkohl, 400 g Hackfleisch, 250 g Reis, 1 große Zwiebel, gehackt, Salz, Pfeffer, Öl, 250 ml Brühe, 40 g Tomatenmark, 1/8 l Sahne

Zubereitung: Strunk aus dem Kohl herausschneiden, Blätter vorsichtig abtrennen. Kohlblätter in einem großen Topf mit kochendem Salzwasser 5 Min. kochen lassen. Herausnehmen, abtropfen und abkühlen lassen.

Reis 10 Min. in Salzwasser kochen und abtropfen lassen. Zwiebel anbraten und mit Reis und Hackfleisch vermischen, salzen und pfeffern.

Jedes Blatt mit der Füllung belegen und einwickeln, evtl. mit Küchengarn festigen. In einen Bräter legen und mit der Brühe begießen. Im Backofen bei etwa 175 °C 45 bis 60 Min. braten. Etwa 10 Min. vor Ende der Garzeit die Soße mit Tomatenmark und Sahne abschmecken.

Das polnische Wort ›Gołąbki‹ bedeutet übrigens ›Täubchen‹.

## Tallinn: Eier-Vanille-Pudding

Für 4 Personen

Zutaten: 4 Eier, 100 g feiner Zucker, Mark einer halben Vanilleschote oder 1 Päckchen Vanillinzucker, 80 g Stärkemehl, eine Prise Salz, Saft einer 1/2 Zitrone, 2 TL abgeriebene Zitronenschale, 50 g gemahlene Haselnüsse, eine Messerspitze Backpulver, Butter und Paniermehl zum Ausfetten der Form.

Zubereitung: Backofen auf 130 °C vorheizen. Eier trennen, Eigelb mit Zucker und Vanillinzucker schaumig rühren. Eiweiß sehr steif schlagen. Stärkemehl sieben und mit Salz, Zitronensaft und -schale, Nüssen und Backpulver zugeben und unterrühren. Zuletzt das Eiweiß vorsichtig unterheben.

Die Masse in eine gefettete und mit Paniermehl ausgestreute Form geben und etwa 45 Min. backen, bis die Masse gestockt ist.

# Ländersteckbrief Litauen

Litauen stellt mit 65 300 Quadratkilometern den größten und mit 3,2 Millionen Einwohnern den bevölkerungsreichsten der drei baltischen Staaten dar. Im Norden grenzt es an Lettland, im Osten an Weißrussland, im Südwesten an die russische Exklave Kaliningrad, im Süden an Polen und im Westen an die Ostsee. Hauptstadt ist das fast an der weißrussischen Grenze gelegene Vilnius mit 550 000 Einwohnern, weitere wichtige Städte sind Kaunas und Klaipėda, das den einzigen Ostseehafen des Landes besitzt.

An der Küste finden sich feine Sandstrände und Dünen, zum Landesinneren schließt sich eine sanfte Hügellandschaft mit ausgedehnten Wäldern an. Als größter Fluss bildet der Nemunas (Memel) die Grenze zur russischen Exklave Kaliningrad und mündet in das Kurische Haff. 2800 Seen, die teilweise miteinander verbunden sind, überziehen das Land. Wärmster Monat ist der Juli mit Durchschnittstemperaturen von 20 Grad Celsius, den Gegenpol bildet der Januar mit Werten um den Nullpunkt.

Landessprache ist Litauisch, eine indogermanische Sprache, die mit dem Lettischen verwandt ist. Neben den rund 80 Prozent Litauern umfasst die Bevölkerung als größte Minderheiten Polen (6 Prozent) und Russen (5 Prozent) die ihre eigenen Sprachen pflegen. Die überwiegende Mehrheit der Bevölkerung bekennt sich zum katholischen Glauben, viele Einwohner aus der ehemaligen Sowjetunion gehören der russisch-orthodoxen Kirche an.

Nach der 1990 errungenen politischen Unabhängigkeit von der Sowjetunion wurde Litauen 1991 eine Republik mit einer parlamentarischen Demokratie. Regierungschef ist seit 2008 Ministerpräsident Andrius Kubilius von der konservativen Partei Vaterlandsunion/Litauische Christdemokraten. Nach dem

*Auf der Kurischen Nehrung*

schwierigen Übergang von der sozialistischen Plan- zur Marktwirtschaft hat sich die Wirtschaft nicht zuletzt durch den EU-Beitritt 2004 mittlerweile stabilisiert und konnte bis zur Finanzkrise hohe Zuwachsraten verzeichnen. Pfeiler des ökonomischen Wachstums sind unter anderem die Möbel- und Elektrogeräteherstellung sowie die Textil- und Nahrungsmittelindustrie. Auch dem Seehafen Klaipėda kommt eine große Bedeutung als Wirtschaftsmotor zu. Von hier wird russisches Erdöl verschifft.

Mit rund 600 Euro sind die durchschnittlichen Monatsgehälter immer noch sehr niedrig und werden sich wohl auf absehbare Zeit nicht dem westeuropäischen Niveau angleichen. Die Renten liegen meist weit unter dem Lohnniveau, und unter den Rentnern ist Armut weit verbreitet. Die Arbeitslosigkeit schwankt stark zwischen der Stadt und dem Land, das in der wirtschaftlichen Entwicklung weit hinterher hinkt. Überhaupt ist in Litauen der Gegensatz zwischen Stadt und Land noch sehr stark ausgeprägt. Während sich Klaipėda und Vilnius zum Beispiel immer mehr in Städte westlichen Zuschnitts verwandeln, droht auf dem Land Überalterung, da viele Junge nur in der Stadt eine Perspektive für sich sehen. Der EU-Beitritt hat zudem zu einer massiven Abwanderung qualifizierter Arbeitskräfte nach Dänemark, Großbritannien und Irland geführt.

Als die Italiener des Baltikums werden die Litauer gerne bezeichnet. Von ihren beiden ruhigeren nördlichen Nachbarn unterscheidet sie ihre verhältnismäßig ausgeprägte Kontaktfreudigkeit. Und vor allem wenn die Basketballnationalmannschaft internationale Erfolge erringt, kennt der Jubel kaum Grenzen. Neben Basketball stellt das Angeln einen weiteren Volkssport dar. Im Winter erfreut sich auch Eisangeln großer Beliebtheit.

Die landestypische Küche kann nicht mit besonderer Raffinesse punkten, ist sie doch in erster Linie eine bäuerliche Küche. Eine wichtige Rolle bei den herzhaften und üppigen Gerichten spielen Kartoffeln und Sauerkraut, auch ein ordentliches Stück Schweinefleisch darf nicht fehlen. Das Ganze wird oft noch mit Sahne angereichert. Lecker schmeckt der geräucherte Fisch, den man in Meeresnähe kaufen kann. Das Nationalgericht Cepelinai (Zeppeline), längliche Kartoffelklöße mit Fleischfüllung in einer Specksoße, bildet eine ausgezeichnete Grundlage für das von den Litauern gern getrunkene Bier, das vergleichsweise bitter und stark ausfällt. Beliebteste Marken sind Švyturys und Kalnapilis. Daneben bereichern Midus, also Met, der in der Landesvariante allerdings sehr stark daherkommt, und litauischer Wodka (zum Beispiel Kvietinė) das Angebot an geistigen Getränken.

*In Klaipėda*

# Ländersteckbrief Lettland

Lettland, der mittlere der drei baltischen Staaten, der wie seine nördlichen und südlichen Nachbarn Estland und Litauen seit dem 1. Mai 2004 EU-Mitglied ist, grenzt im Westen an die Ostsee, im Osten an Russland und im Südosten an Weißrussland. Seit der Unabhängigkeit 1991 ist Lettland eine parlamentarische Demokratie. Innenpolitisch hatte das Land immer wieder mit Skandalen zu kämpfen. So gilt die Korruption in Wirtschaft und Politik als weit verbreitet, was auch für die heftigen Turbulenzen im Gefolge der Weltwirtschaftskrise verantwortlich gemacht wurde, die das Land an den Rand des Staatsbankrotts brachten. Der Unmut über die desaströse Wirtschaftslage, die großteils der Unfähigkeit und Bestechlichkeit der Politiker angelastet wurde, entlud sich im Januar 2009 in heftigen Protesten. Um dem Bankrott zu entgehen, musste Lettland einen Milliardenkredit bei der EU und dem Internationalen Währungsfonds aufnehmen. Im Gegenzug verpflichtete sich die Regierung zum Sparen. Dies bewerkstelligte der lettische Premier Valdis Dombrovskis vor allem durch Kürzungen bei den Renten und Gehältern, was zusammen mit der hohen Inflationsrate und Steuererhöhungen sehr schmerzhafte Einschnitte für die Bevölkerung zur Folge hatte.

Das Landesterritorium umfasst knapp 65 000 Quadratkilometer, auf denen rund 2,3 Millionen Einwohner leben. Davon konzentrieren sich allein in der Hauptstadt Riga 730 000, im gesamten Ballungsraum 1,2 Millionen Menschen. Die größte Religionsgemeinschaft sind die Protestanten; die russische Minderheit, die knapp ein Drittel der Bevölkerung stellt, bekennt sich zur russisch-orthodoxen Kirche.

Die fast 500 Kilometer lange Küstenlinie ist geprägt von feinsandigen Stränden im Wechsel mit felsigen Abschnitten. Die flache Küstenebene geht in ein sanftes Hügelland über, das von breiten Ebenen unterbrochen wird. Charakteristisch für

*Eckescher Konvent und Johanniskirche in Riga*

*Gasse in Riga, im Hintergrund der Dom*

das Landesinnere sind die vielen Seen und Wasserläufe, knapp die Hälfte des Gebietes ist mit Kiefern- und Mischwäldern bestanden – idealer Lebensraum für Hirsche und Rehe, aber auch für Elche, Biber und sogar Rentiere.

Das gemäßigte Klima weist hohe Temperaturschwankungen zwischen Sommer und Winter auf. Mit einer Durchschnittstemperatur von 16 Grad Celsius und Höchsttemperaturen bis 30 Grad ist der Juli der wärmste Monat. Am unteren Ende der Temperaturskala liegt der Januar mit durchschnittlich minus 1,5 Grad.

Mit Riga, Liepāja und Ventspils verfügt Lettland über drei Ostseehäfen, die von zentraler Bedeutung für die Wirtschaft des Landes sind. Neben der Hochseefischerei spielen der Maschinenbau sowie Möbel- und Textilindustrie eine wichtige Rolle. Mit Deutschland, Russland, Großbritannien und Finnland unterhält Lettland intensive Handelsbeziehungen.

Die Lebenshaltungskosten vor allem in Riga steigen stetig, und die Wohnungssituation ist im EU-Vergleich miserabel. Ein monatliches Durchschnittsgehalt von etwa 700 Euro wird zur Hälfte schon von der Miete aufgefressen, und nicht selten haben die Leute mehrere Jobs, um über die Runden zu kommen.

Die Landessprache ist Lettisch, daneben gibt es vor allem in den Städten einen großen Anteil russischsprechender Bewohner. Die jüngere Generation und im Tourismussektor Beschäftigte beherrschen meist Englisch; Deutsch spielt eine untergeordnete Rolle.

Die Letten wirken auf den ersten Blick etwas reserviert, zeigen sich aber sehr gastfreundlich. Von reserviertem Verhalten kann allerdings keine Rede mehr sein, wenn es um den Nationalsport Eishockey geht. Im Jahr 2006 wurde die Weltmeisterschaft in Lettland ausgetragen.

Die landestypische Küche ist einfach, mit Gewürzen wird eher sparsam umgegangen. Die Zutatenliste führen Schweinefleisch, Hering, Kartoffeln, Kümmelkäse und saure Sahne an. Zu jeder Mahlzeit wird neben Salat dunkles Roggenbrot gereicht. Beliebt sind Pīrāgi, mit Schinken und Zwiebeln gefüllte Pasteten, und im Sommer Skāba putra, eine kalte Suppe aus Graupen, Buttermilch und saurer Sahne. Zu dieser herzhaften Küche passt das gute lettische Bier, die beliebtesten Marken heißen Aldaris, Cēsis und Lāčplēsis. Am Rīgas Melnais Balzams (Rigaer schwarzer Balsam), einem dickflüssigen Likör mit Kräuterextrakten, scheiden sich die Geister, aber als Mixgetränk entwickelt er oft erstaunliche Geschmacksnuancen.

Die Bandbreite des kulturellen Lebens reicht von traditionellem Chorgesang und Tanz über klassische Musik und Oper, experimentelles Theater und moderne darstellende Kunst bis zur umtriebigen Clubszene.

# Ländersteckbrief Estland

Estland ist der nördlichste und kleinste der drei baltischen Staaten. Im Osten grenzt er an Russland und im Süden an Lettland, im Westen und Norden an die Ostsee. Die Entfernung von Tallinn über den Finnischen Meerbusen nach Helsinki beträgt nur 80 Kilometer. Das Landesterritorium umfasst etwa 45 200 Quadratkilometer, auf denen 1,34 Millionen Menschen leben. Hauptstadt ist Tallinn mit rund 400 000 Einwohnern. Die Esten stellen einen Bevölkerungsanteil von über 68 Prozent, die Russen knapp 26 Prozent, der Rest setzt sich überwiegend aus Ukrainern, Weißrussen und Finnen zusammen. In den Städten ist der Anteil der Russen weit höher, in Tallinn macht er nahezu 40 Prozent aus. Die größte religiöse Konfessionsgruppe stellt die evangelisch-lutherische Kirche, daneben gibt es eine russisch-orthodoxe Minderheit. Neben der Landessprache Estnisch sprechen viele junge Esten in den Städten Englisch, Deutsch eher selten.

Seit 1991 ist Estland eine Republik mit einer parlamentarischen Demokratie. Nach der Verfassung von 1992 besteht das estnische Parlament aus 101 Abgeordneten mit vierjährigem Mandat, aus deren Mitte der Ministerpräsident gewählt wird. Seit März 2011 führt Andrus Ansip in der dritten Amtszeit die Koalitionsregierung mit der Reformpartei, der er angehört, und der konservativen IRL. In der Opposition sind die Zentrumspartei und die Sozialdemokraten. Staatsoberhaupt ist seit Oktober 2006 Toomas Ilves. Wirtschaftlich erlebte das Land seit den frühen 1990er Jahren einen großen Boom, der sich nach dem Eintritt in die EU 2004 verfestigte. Zu den wichtigsten Wirtschaftszweigen gehören Finanzdienstleistungen, Transport und Logistik, Telekommunikation, Tourismus, Handel sowie die Immobilien- und Baubranche. Land- und Forstwirtschaft sowie Fischerei spielen heute eine untergeordnete Rolle. Moderne Technologien sind in Estland weit verbreitet. Das Land ist stolz auf innovative Projekte wie e-learning oder e-government, das erstmals bei den

*Im Schlosspark Kadriorg*

*Blick auf die Türme von Tallinn*

Kommunalwahlen im Oktober 2005 erfolgreich zum Einsatz kam. Seit Beginn der Weltwirtschaftskrise erlebt die estnische Wirtschaft einen massiven Abschwung, im Jahr 2008 von minus 3,6 Prozent, 2010 konnte Estland bereits wieder ein Plus von 3,1 Prozent verbuchen. Der monatliche Durchschnittsverdienst lag im zweiten Quartal 2011 bei etwa 800 Euro. Der Lebensstandard zwischen Bewohnern von Stadt und Land weist bis heute jedoch erhebliche Differenzen auf. Am 1. Januar 2011 führte Estland den Euro als Landeswährung ein.

Die ausgedehnten Sandstrände an der Westküste gehen an der Nordküste in steil aufragende Kalksteinfelsen über, davor liegen mehr als 1500 Inseln. Die flache Küstenebene im Westen und Nordwesten setzt sich im Landesinneren fort. Im Norden und Süden gibt es hügelige Abschnitte. Eine große Anzahl von Seen und im Westen ausgedehnte Moorgebiete überziehen das Land. Rund ein Drittel der Fläche ist bewaldet, dort haben neben Hirschen, Rehen und Ottern auch Wildschweine, Elche, Bären und Luchse ihren Lebensraum. Auf den Inseln sind zahlreiche Vogelarten beheimatet.

Das Klima ist gemäßigt mit kurzen heißen Sommern und langen, tageslichtarmen Wintern. Die wärmsten Monate sind Juli und August mit Höchsttemperaturen von 30 Grad Celsius, der Herbst ist niederschlagsreich, der Frühling relativ mild.

Die Esten sind im Umgang mit Fremden zurückhaltend und können etwas steif wirken. Ein wichtiger Bestandteil der estnischen Volkskultur ist der Chorgesang. Alle fünf Jahre findet auf dem Tallinner Liederfeld ein großes Sängerfest mit mehreren zehntausenden Mitwirkenden statt.

Die estnische Küche ist bestimmt durch für den Mitteleuropäer ungewöhnliche Zusammenstellungen. So wird Milch mit Fisch kombiniert, zum Beispiel als Suppe. Die traditionelle Küche verarbeitet, was das Land bietet: Graupen, Kartoffeln, Kohl, Wurzelgemüse, Pilze, Erbsen, Strömlinge, Heringe, Schweinefleisch. Das bevorzugte alkoholische Getränk ist Bier, die größten Brauereien heißen Saku und A. le Coq. Im Land wird auch Wodka produziert, zum Beispiel Viru Valge; für experimentierfreudige Gaumen gibt es Vana Tallinn, einen süßen Likör, der es in sich hat.

# Ländersteckbrief Finnland

Der viertgrößte Ostseeanrainer bringt es auf eine Fläche von etwa 340 000 Quadratkilometern. Im Osten grenzt Finnland an Russland, im Norden an Norwegen und im Westen an Schweden. Die Ostseeküste gliedert sich in den Bottnischen und den Finnischen Meerbusen und misst einschließlich der Buchten 4600 Kilometer. Im Norden trennt Finnland ein schmaler Streifen Norwegen vom europäischen Nordmeer. Vor der Südwestküste liegt das größte europäische Archipel: Die Åland-Inseln (Ahvenanmaa) sind eine autonome finnische Provinz mit schwedischsprachiger Bevölkerung. Finnland ist noch dünner besiedelt als Schweden. Auf einem Quadratkilometer leben durchschnittlich nur etwa 15 Menschen. Die große Mehrheit der 5,4 Millionen Einwohner konzentriert sich im Süden, allein 20 Prozent leben im Großraum Helsinki. Im Süden liegen auch die fünf größten Städte: Helsinki, Espoo, Tampere, Vantaa und Turku – Vantaa und Espoo sind mittlerweile mit Helsinki zusammengewachsen. Je weiter man nach Norden kommt, desto weniger Menschen und desto mehr Rentiere trifft man an. Die Bevölkerung besteht zu 90 Prozent aus Finnen, 5,5 Prozent sind Schweden. Im verbliebenen Prozent behaupten sich Russen und Lappen, Samisch (Lappland) gilt als Minderheitensprache. Finnland ist offiziell zweisprachig: In größeren Städten sind die Straßen zweisprachig benannt, finnisch und schwedisch.

In Finnland herrscht kontinentales Klima, das bedeutet warme Sommer und kalte Winter. Der wärmste Monat ist der Juni mit einer Durchschnittstemperatur von 19 Grad Celsius. Kältester Monat ist der Januar mit durchschnittlich minus 6 Grad.

Fast 70 Prozent der finnischen Landesfläche sind mit Wald bedeckt, zumeist Kiefern, Fichten und Birken. Die restliche Fläche teilen sich landwirtschaftliche Nutzfläche, Städte und bebautes Land. Zehn Prozent der Fläche nehmen

*Straßenmusiker in Helsinki*

Gewässer ein, vor allem Seen. Angesichts der errechneten Zahl von mehr als 180 000 Seen klingt der Name ›Land der tausend Seen‹ wie bestes britisches Understatement. Die wichtigsten Vertreter der finnischen Fauna sind Moskitos, Rentiere, Elche, Braunbären und Wölfe – in dieser Reihenfolge. Aufgrund der großen Wälder hat die Holzindustrie traditionell einen hohen Stellenwert. Nach der schweren Wirtschaftskrise Anfang der 1990er Jahre auf Grund des Zusammenbruchs der wirtschaftlichen Beziehungen mit der ehemaligen Sowjetunion investierte der Staat umfangreich in die Hochschulbildung im Hochtechnologiebereich und machte die Mikroelektronik, mit Nokia als einem der weltweit größten Anbieter von Mobiltelefonen, zum Motor der Wirtschaft. Finnland gehört heute zu den wohlhabenden Ländern innerhalb der Europäischen Union. 2007 betrug die Arbeitslosenquote durchschnittlich 6,9 Prozent, 2011 nach den Folgen der Wirtschaftskrise 7,8 Prozent.

Finnland ist eine parlamentarische Demokratie und seit 1995 Mitglied der EU. Als Währung gilt der Euro, Münzen zu 1 und 2 Cent werden aber so gut wie nie benutzt. Einen König hat Finnland nicht, es verfügt aber über einige skurrile und exzentrische Stars, darunter die Popband Leningrad Cowboys, die Hardrocker Lordi, der Filmregisseur Aki Kaurismäki, die Schriftstellerin Rosa Liksom (›Crazeland‹) sowie M. A. Numminen, der finnische Helge Schneider.

Auch die Küche ist alles andere als langweilig: Fisch wird in allen erdenklichen Varianten zubereitet, und finnische Suppen und Aufläufe sind eine wahre Fundgrube an Einfallsreichtum. Auch wer dunkles Brot schätzt, hat die Qual der Wahl. Bier (olut) ist ein beliebtes Getränk, die bekanntesten Marken heißen Lapin Kulta (Lappengold) Koff und Olvi. Mutige sollten unbedingt Minttu viina probieren, einen Schnaps, der wie flüssiges Hustenbonbon schmeckt. Und echte Helden kombinieren es mit heißer Schokolade: Minttu kaakao.

*Dom und Senatsplatz in Helsinki*

## Ländersteckbrief Schweden

Eine Landesfläche von etwa 450 000 Quadratkilometern macht Schweden zum zweitgrößten Ostseeanrainer nach Russland – allerdings mit der längsten Küste: etwa 3200 Kilometer; die Inseln mitgerechnet sind es sogar 7600 Kilometer. Im Norden und Osten grenzt Schweden an Finnland, in Norden und Westen an Norwegen. Mit seinen skandinavischen Nachbarn teilt Schweden eine für Europa sehr niedrige Einwohnerdichte: Rund neun Millionen Menschen leben dort, also nur 20 Einwohner pro Quadratkilometer – in Deutschland leben auf derselben Fläche etwa elfeinhalbmal so viele Menschen. Selbst Schwedens Hauptstadt Stockholm wirkt mit seinen 780 000 Einwohnern nie wirklich überfüllt. Ganz im Norden (Lappland) leben rund 20 000 Samen, die man als skandinavischen Ureinwohner betrachten kann. Die meisten Einwanderer kommen aus Finnland (175 000), Irak (110 000), den Staaten Ex-Jugoslawiens (70 000), Polen (65 000) und Iran (60 000). Amtssprache ist Schwedisch, in Lappland wird zudem Samisch gesprochen sowie in Regionen mit relativ hohem Anteil an Finnen auch Finnisch. Als wichtige Fremdsprachen lernen die Schweden Englisch und Deutsch oder Französisch.

Schweden nennt sich offiziell parlamentarisch-demokratische Monarchie. Was wie ein Widerspruch klingt, beschreibt nur den typischen Übergang von der Monarchie zur Demokratie, wobei das Königshaus für Repräsentationszwecke erhalten bleibt. Staatsoberhaupt König Carl XVI. Gustaf ist in etwa mit dem deutschen Bundespräsidenten zu vergleichen. Stärkste religiöse Gemeinschaft ist die (evangelische) Schwedische Kirche mit rund 82 Prozent Bevölkerungsanteil. In der Europäischen Wertestudie 2008 bezeichneten sich allerdings nur 39 Prozent der Schweden als religiös.

Die Rolle als soziales und ökonomisches Musterland hat Schweden noch nicht aufgegeben, obgleich die Rundumfürsorge des einstigen Wohlfahrtsstaats nach der Krise der 1980er Jahre stark beschnitten wurde. Die durchschnittliche Arbeitslosigkeit lag im Jahr 2010 bei 8,4 Prozent. Trotzdem gehört Schweden nach wie vor zu den stabilsten und wirtschaftlich gesündesten EU-Staaten. Wichtige Industrien sind Holz und Papier, Eisen und Stahl, Maschinen- und Fahrzeugbau, chemische und pharmazeutische Produkte, Elektronik und Hightech sowie Lebensmittel. Die bedeutendsten Seehäfen sind Helsingborg, Göteborg, Malmø und Stockholm, wichtigste Handelspartner sind Deutschland, Norwegen, USA (Export) und Dänemark (Import). 1995 trat Schweden der EU bei, konnte sich jedoch nicht zur Teilnahme an der Währungsunion entschließen. Mit der Einweihung der Øresundbrücke zwischen der dänischen Stadt Helsingør und dem schwedischen Helsingborg im Jahr 2000 leistete Schweden jedoch einen anderen praktischen Beitrag zum europäischen Zusammenwachsen.

Wie beim östlichen Nachbarn Finnland dominieren in Schwedens Landschaft vor allem zwei Elemente: Wald und Wasser. Über 50 Prozent des Landes sind bewaldet, und fast 10 Prozent nehmen Flüsse und Seen ein – kleine Seen

*Schwedens größte Sammlung für Kunst und Design: das Nationalmuseum in Stockholm*

unter einem Hektar Größe nicht mitgerechnet. In der Tierwelt tummeln sich Braunbären, Wölfe, Luchse, Wildschweine, Vielfraß, Rotwild, Elche und weiter nördlich auch Rentiere. Im Sommer leisten den Mücken auch viele Zugvögel Gesellschaft. Dank des Golfstroms und lauer Westwinde ist das schwedische Klima relativ mild. Im Norden sind die Temperaturschwankungen zwischen Sommer und Winter extremer als im Süden. Die vier Jahreszeiten sind überall sehr ausgeprägt, im Süden noch mehr als im Norden. Der sonnigste Monat ist der Juni, am wärmsten ist der Juli mit einer Durchschnittstemperatur von 21 Grad Celsius. Am kältesten ist es im Februar mit durchschnittlich minus 7 Grad. Die Sonne scheint am häufigsten auf der Insel Gotland, die meisten Niederschläge verzeichnet der Südwesten. Etwa 15 Prozent Schwedens liegen nördlich des Polarkreises und haben deshalb im Sommer etwa zwei Monate lang rund um die Uhr Tageslicht, dafür im Winter entsprechend zwei Monate durchgehend Nacht.

Entgegen einem weit verbreiteten Glauben kennt die schwedische Küche durchaus Varianten zu Hering und Knäckebrot: Natürlich ist Fisch (Lachs, Zander, Hering, Krabben) ein wichtiger Bestandteil, aber ebenso landen Elch und Rentier auf dem Tisch sowie Hagebuttensuppe und viele Süßspeisen, allen voran Safranpfannkuchen und Käsekuchen mit Heidelbeeren. Schweden gehören zu den eifrigsten Kaffeetrinkern weltweit. Wesentlich zurückhaltender sind sie beim Bier (schwedisch: ›Öl‹) – sicher eine Folge der hohen Alkoholsteuern. Die Biersorten unterscheiden sich nach Alkoholklassen. Bier bis 3,5 Prozent Alkohol bekommt man im Supermarkt, stärkeres Bier gibt es nur im staatlichen Alkoholgeschäft (Systembolaget).

# Ländersteckbrief Dänemark

Dänemark ist mit rund 43 000 Quadratkilometern das kleinste Land Skandinaviens. Zu 80 Prozent besteht es aus der Halbinsel Jütland, zu 20 Prozent aus über 400 Inseln unterschiedlicher Größe. Die beiden größten Inseln, Seeland (mit Kopenhagen) und Fünen, sind durch die Storebælt-Brücke miteinander verbunden, die über den Großen Belt gespannt wurde. Die Insel Fünen wiederum ist durch den Kleinen Belt von Jütland getrennt, der ebenfalls überbrückt wurde. Die dritte Meeresstraße auf dieser Breite ist der Øresund, der Seeland von Schweden trennt. Auch hier verbindet seit 2000 eine mehr als sieben Kilometer lange Øresundquerung mit Brücke, künstlicher Insel und Tunnel Kopenhagen mit Malmø an der Südspitze Schwedens.

Drei Inseln, Fanø, Rømø und Mandø, befinden sich in der Nordsee. In der Ostsee, rund 250 Kilometer östlich der Hauptstadt Kopenhagen, liegt die Insel Bornholm vor der Südküste Schwedens. An der Nordseeküste ist Jütland von drei Fjorden zerschnitten. Der größte ist der bis in die Ostsee schiffbare Limfjord. Dänemarks Landschaft besteht hauptsächlich aus fruchtbarem Flachland, Heidelandschaft, Birkenwäldern, kleinen Seen und Fjorden. Wälder gibt es nur wenige, da sie in früheren Jahrhunderten abgeholzt wurden, um Weideland zu gewinnen. Das Klima ist nicht so niederschlagsreich, wie

*Am Kopenhagener Nyhavn*

man es für ein Land vermuten könnte, das zwischen Nord- und Ostsee liegt. Die Sommer sind warm, und im Winter führt der mildernde Einfluss des Nordatlantikstroms dazu, dass die Temperaturen nur ein paar Grad unter den Gefrierpunkt sinken.

Im Süden grenzt Dänemark an Deutschland. Grönland und die Färöer-Inselgruppe im Nordatlantik stehen unter der Oberhoheit des dänischen Königshauses, haben jedoch eine eigene Verwaltung. In Dänemark leben gut fünf Millionen Menschen, eineinhalb Millionen davon im Großraum Kopenhagen. 95 Prozent der Dänen sind evangelisch-lutherischen Glaubens.

Dänemark ist seit 1953 eine parlamentarische Monarchie. Oberhaupt ist seit 1972 Königin Margrethe II., Regierungschefin die seit 2011 regierende sozialdemokratische Ministerpräsidentin Helle Thorning-Schmidt.

Dänemark ist EU-Mitglied. In der Volksabstimmung vom 28. September 2000 hat sich das Land mit knapper Mehrheit gegen den Beitritt zur europäischen Währungsunion entschieden. Dänemark präsentiert sich als moderner Industriestaat mit den fünf großen Häfen Kopenhagen, Fredericia, Ålborg, Århus und Esbjerg. Seit den 1990er Jahren hat sich die dänische Wirtschaft sehr positiv entwickelt. Sie ist überwiegend mittelständisch geprägt, und die Mehrwertsteuer beträgt 25 Prozent. Der Lebensstandard ist allgemein hoch, der Dienstleistungssektor sehr ausgeprägt.

Die Amtssprache ist Dänisch, doch viele Dänen sprechen Deutsch, Englisch oder Französisch. Auf der Färöer-Inselgruppe dient Färöisch als Amtssprache. Beliebte Sportarten in Dänemark sind Fußball und Badminton. Eine Schwäche haben die Dänen auch für schöne Formen. Ob Küchenlampe, Eierlöffel oder Wohnzimmerstuhl, jeder Gebrauchsgegenstand wird zum Designobjekt.

Und auch das Essen kommt nicht zu kurz: Zur Mittagszeit gibt es Smørrebrød, mit Wurst, Fisch oder Käse belegte und üppig garnierte Roggenbrotscheiben. Kaltes Büffet (Koldt Bord) mit Selbstbedienung wird in zahlreichen Restaurants angeboten. Wichtiger Bestandteil der dänischen Küche sind Meeresfrüchte, süßsauer marinierte oder geräucherte Heringe, Makrelen, Kabeljau, Dorsch, Seelachs, Scholle und Krabben. Herzhafte Spezialitäten sind Schweinekrustenbraten mit Rotkohl, Leberpastete mit gerösteten Zwiebeln und dänischer Höhlenkäse. Auch Süßigkeiten aller Art sind sehr beliebt: Blätterteiggebäck mit Sahnefüllung und Zuckerguss, Sahneeis mit Frucht- oder Schokoladensoße, Lakritz, Pfefferminzpastillen und bunte Bonbons. Dänische Brauereien wie Carlsberg und Tuborg produzieren zahlreiche Sorten Bier. Das Nationalgetränk Aquavit (Akvavit), auch ›Snaps‹ genannt, rundet jedes deftige Essen ab. Aquavit wird eiskalt serviert und zu kalten Mahlzeiten mit Bier getrunken. Doch Alkohol ist extrem teuer. Überhaupt liegt das Preisniveau deutlich über dem deutschen. So sind sieben Euro für ein Bier (Øl), 20 Euro für einen Mittagssnack oder 100 Euro für ein komfortables Hotelzimmer durchaus üblich.

*Haus in Rønne auf Bornholm*

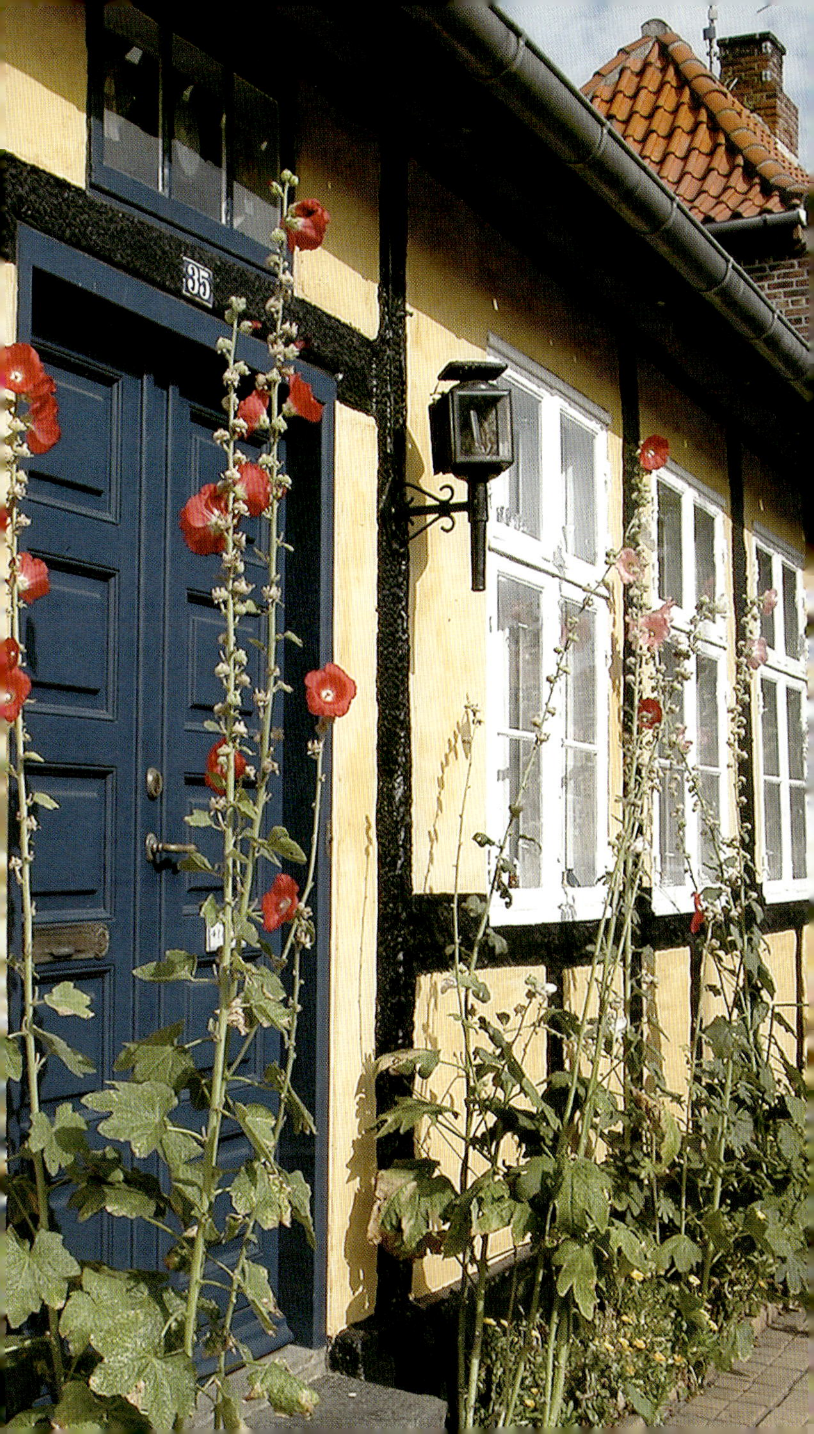
35

Spötter haben ein leichtes Spiel, diese Stadt aus Klinkerbauten zu schmähen. Doch sie ist viel mehr als eine ›Sprungchance in die Ostsee‹, wie die Zyniker sagen. Kiel ist meine Heimatstadt. Die Stadt wird unterschätzt. Sie ist großartig.

*Feridun Zaimoglu, Schriftsteller*

# Kiel

Schlendert man durch die Kieler Fußgängerzone, blitzt am Ende der Seitenstraßen immer wieder das Meer hervor, davor erheben sich die mächtigen Passagierfähren, die aus Norwegen und Schweden täglich anlegen – in Kiel reicht die Ostsee bis ins Herz der Stadt. Stundenlang kann man am Wasser entlanggehen, etwa an der Kiellinie, der Promenade vor den Villen in Düsternbrook, die bis zu den Stränden reicht. Kiel lebt am Wasser und vom Wasser: vom expandierenden ›Cruise & Ferry Center‹ etwa, von den Werften, die den neuesten Stand der Schiffstechnik in alle Welt liefern. Am Leibniz-Institut für Meereswissenschaften haben die Forscher Themen wie ›Marine-Ökologie‹ und ›Dynamik des Ozeanbodens‹ zum Schwerpunkt. Und die Schleusen des Nord-Ostsee-Kanals sind das Tor zur meistbefahrenen künstlichen Wasserstraße der Welt.

Nicht zuletzt verdankt die Stadt ihr Renommee dem Weltklassewassersport. Die Kieler Woche ist die weltweit größte Segelveranstaltung und Europas größtes Sommerfest, auf dem sich die drei Millionen Besucher das Feiern nicht nehmen lassen. Auch den Rest des Jahres prägt weltoffenes Flair die Stadt: Private Galerien, die Kunsthalle und die Universität mit über 30 000 Studenten sorgen für regen Betrieb in den Cafés, Kneipen und Discos der Stadt. Bei so viel Lebensqualität stört es auch nicht mehr, dass es keine ›malerische Altstadt‹ gibt, denn die wurde im Zweiten Weltkrieg nahezu zerstört.

## Stadtgeschichte

Im 13. Jahrhundert nutzte Graf Adolf IV. von Holstein die günstige Lage und ließ auf der Halbinsel des Fördearms, dem heutigen ›Kleinen Kiel‹, die ›Hols-

*Am Tiessenkai*

tenstadt tom Kyle‹ errichten. Etwa bei einem Blick von der Aussichtsplattform des Rathausturms auf 67 Metern Höhe ist der ursprüngliche Grundriss der Stadt noch gut zu erkennen – nämlich dort, wo sich heute noch der Alte Markt und die Nikolaikirche befinden. Der Gründungsvater zog sich später als Mönch in ein Franziskanerkloster in der Stadt zurück, seine Söhne, die Grafen Johann I. und Gerhard I., übernahmen die Regierungsgeschäfte.

20 Jahre nach der Gründung lebten rund 1500 Menschen in der Stadt. Viele Kaufleute trieben Handel in der Stadt, bis Wismar, Roskilde und Hamburg reichten ihre Geschäftsbeziehungen. Obwohl Kiel über 200 Jahre lang Mitglied der Hanse war, blieb die Bedeutung regional begrenzt, da keine gute Landverbindung, etwa nach Hamburg, bestand und es an einer Binnenwasserstraße fehlte. Gehandelt wurden Fleisch, Butter, Getreide und Hopfen, und mitunter gab es bis zu 35 Brauereien.

*Der Kleine Kiel*

## Der Kieler Umschlag

Nach den verheerenden Folgen der Pest im 14. Jahrhundert zogen Angehörige namhafter holsteinischer Familien in die Fördestadt. Der neue ›Unternehmeradel‹ gründete 1431 den Kieler Umschlag (vom niederdeutschen Wort ›umneslag‹, was Tausch, Handel, Markt, Geschäft bedeutet). Händler und Krämer kamen in die Stadt, die so zum überregionalen Markt wurde. Dieser fand auf dem Alten Markt statt, in den Hallen des Rathauses und in den Buden der Holstenstraße. Im 16. Jahrhundert war Kiel ein zentraler Geldmarkt, auf dem auch Hamburger und Lübecker Geschäfte tätigten. Noch heute erinnert die Stadt alljährlich im Februar mit einem großen Volksfest an diese Zeit.

## Von der Universitätsstadt zur florierenden Handelsstadt

Im Jahr 1526 hielten die Ideen der Reformation Einzug, und so wurde 1530 das Franziskanerkloster, in das sich schon der Gründer Kiels zurückgezogen hatte, säkularisiert und als Schule sowie als Hospital genutzt. Die Rivalität von königlicher und herzoglicher Macht in den Herzogtümern Schleswig und Holstein prägt die Geschichte der Stadt in der Frühen Neuzeit.

1544 kam es zur für Kiel folgenschwersten Landesteilung zwischen König Christian III. und seinen Brüdern Johann und Adolf. Kiel wurde dem herzoglich-gottorfischen Anteil Herzog Adolfs I. zugeordnet. Wichtiges Ereignis der Gottorfer Zeit war die Gründung der Kieler Universität, die 1665 im ehemaligen Franziskanerkloster feierlich eröffnet wird – benannt nach Herzog Christian Albrecht von Schleswig-Holstein-Gottorf. Die Hochschule beeinflusste das geistige Klima der Stadt. In dieser Zeit entstand auch das Kieler Schloss, in dem 1727 bis 1739 der nun nur noch über Holstein regierende Gottorfer Herzog Karl Friedrich residierte. 1728 wurde sein Sohn, der spätere russische Zar Peter III., geboren. Peters Witwe, die Zarin Katharina die Große, überließ 1773 die Reste des Herzogtums, und damit auch Kiel, dem dänischen König. Die Stadt stand nun unter dänischer Herrschaft.

Von 1777 bis 1784 entstand der Eiderkanal, der die Nordsee mit der Ostsee verband und ein Vorläufer des Nord-Ostsee-Kanals war. Die Eisenbahnstrecke Kiel–Altona, die den Handel auf dänischem Gebiet vorantrieb, wurde 1844 eingeweiht. Die Geschäfte florierten, die Bevölkerung der Stadt hatte sich nahezu verdoppelt, und die meisten hatten ein gutes Auskommen.

## Kiel wird Marinehafen

Doch Unruhen in Frankreich im Jahr 1848 sowie der aufflammende Nationalismus zerrütteten das gute Verhältnis zwischen den Dänen und den Deutschen, und im deutsch-dänischen Krieg 1864 wurde Schleswig-Holstein durch Preußen und Österreich erobert. 1865 ordnete der preußische König die Verlegung der Ostsee-Marinestation von Danzig nach Kiel an. Von nun an entwickelte sich Kiel rasant: Mit der Marine kam die Norddeutsche Werft nach Kiel. 1866 wurde Kiel endgültig preußisch, 1871 zum Reichskriegshafen erklärt. 1895 weihte Kaiser Wilhelm II. den ›Kaiser-Wilhelm-Kanal‹ ein, den heutigen Nord-Ostsee-Kanal. Kiel wuchs zur Großstadt, um 1900 hatte die Stadt 100 000 Einwohner.

## Zwei Weltkriege

Kurz vor Ende des Ersten Weltkriegs meuterten die Kieler Matrosen, und am Abend des 4. November 1918 befand sich die ganze Stadt in den Händen von Aufständischen. Sie bildeten den ersten Arbeiter- und Soldatenrat, viele deutsche Städte folgten dem Beispiel, was zum Ende des Kaiserreichs führte. Die Kriegsfolgen, darunter der weitgehende Abbau der Marine, waren verheerend für die Stadt. Die Wirtschaft brach zusammen.

Die Hochrüstung unter dem NS-Regime zielte erneut auf militärische Produktion ab. Als zentraler Militär- und Rüstungsstandort war Kiel im Zweiten Weltkrieg Hauptangriffsziel der Alliierten: 90 Luftangriffe, 2600 Todesopfer, nahezu 80 Prozent der Stadt zerstört – 1945 liegt Kiel in Schutt und Asche.

## Wirtschaftswunder, Hightech und Forschung

Unter britischer Besatzung wurde Kiel 1946 Hauptstadt von Schleswig-Holstein. Während der Wiederaufbau der Stadt rasch voranging, gestaltete sich die Wiederbelebung der Wirtschaft schwieriger, jegliche Nutzung der Werftgelände war bis 1950 untersagt. Die

*Das Bismarckdenkmal im Hiroshima-Park erinnert an die preußische Zeit*

Howaldtswerke (heute HDW), die als einzige der Demontage entgingen, profitierten in den folgenden Jahren vom Wirtschaftswunder und sorgten 1964 mit dem von Kernenergie angetriebenen Schiff ›Otto Hahn‹ für Furore.
Heute werden hier modernste U-Boote gebaut. Neben den Werften und der Marine setzt die Stadt auf Zukunftstechnologien wie Medizin-, Bio-, Umwelttechnik sowie Wissenschaft und Forschung, unter anderem mit dem herausragenden Institut für Weltwirtschaft. Von den über 237 000 Kielern sind heute etwa drei Viertel der Beschäftigten im Dienstleistungs- und Bildungsbereich tätig.

# Stadtrundgang

Kiel ist bequem zu Fuß zu erkunden, alle wichtigsten Sehenswürdigkeiten liegen im Stadtzentrum. Wer ein bisschen mehr Zeit hat, dem ist ein Abstecher an die Kiellinie zu empfehlen: Ein Spaziergang führt immer am Wasser entlang und kann mit der Einkehr in der Seebar abgeschlossen werden.

## ■ Hauptbahnhof

Die Erkundungstour startet man am besten vom Hauptbahnhof. Vom Vorplatz hat man gleich einen fantastischen Blick zur Kieler Förde, auf der anderen Seite ragen die blauen und orangefarbenen Krähne der Howaldtswerke (HDW) in den Himmel. Wenige Meter von der Bahnhofsbrücke liegt der **Norwegenkai**. Hier legen die Kreuzfährschiffe nach Norwegen ab. Gegenüber wächst auf der ehemaligen Werft- und Industriebrache der neue Stadtteil am Wasser: Kai-City Kiel heißt das Projekt. Hier entstehen Wohnungen, Bürogebäude und eine Uferpromenade mit riesigem Freizeitangebot. Gleich gegenüber vom Bahnhof sticht ein roter Klinkerbau ins Auge, untergebracht ist dort das moderne Einkaufszentrum ›Sophienhof‹.

## ■ Holstenplatz

Die breite Hauptstraße Sophienblatt Richtung Norden wird nach der Ampel zur Andreas-Gayk-Straße, benannt nach dem Kieler Oberbürgermeister, der nach dem Zweiten Weltkrieg gegen den Demontageplan der Engländer kämpfte und Kiel mit einem Branchenmix aus Lebensmittel- und Textilindustrie zum ›wirtschaftlichen Tausendfüßler‹ machen wollte.

Gleich am Anfang der Andreas-Gayk-Straße auf der rechten Seite im **Neuen Rathaus** befindet sich die Tourist-Information und die Stadtgalerie. Überquert man hier die Straße, gelangt man zum Holstenplatz und ist praktisch in der Innenstadt angekommen. Außer der **Landwirtschaftskammer**, erbaut in den 1920er Jahren, wird man hauptsächlich von Neubauten empfangen.

Wer Orientierung an klassischen Denkmälern sucht, muss sich auf wenige beschränken: das Rathaus mit dem 106 Meter hohen Turm, die ursprünglich aus

*Straßencafé am Holstenplatz*

[ 68 ] Kiel

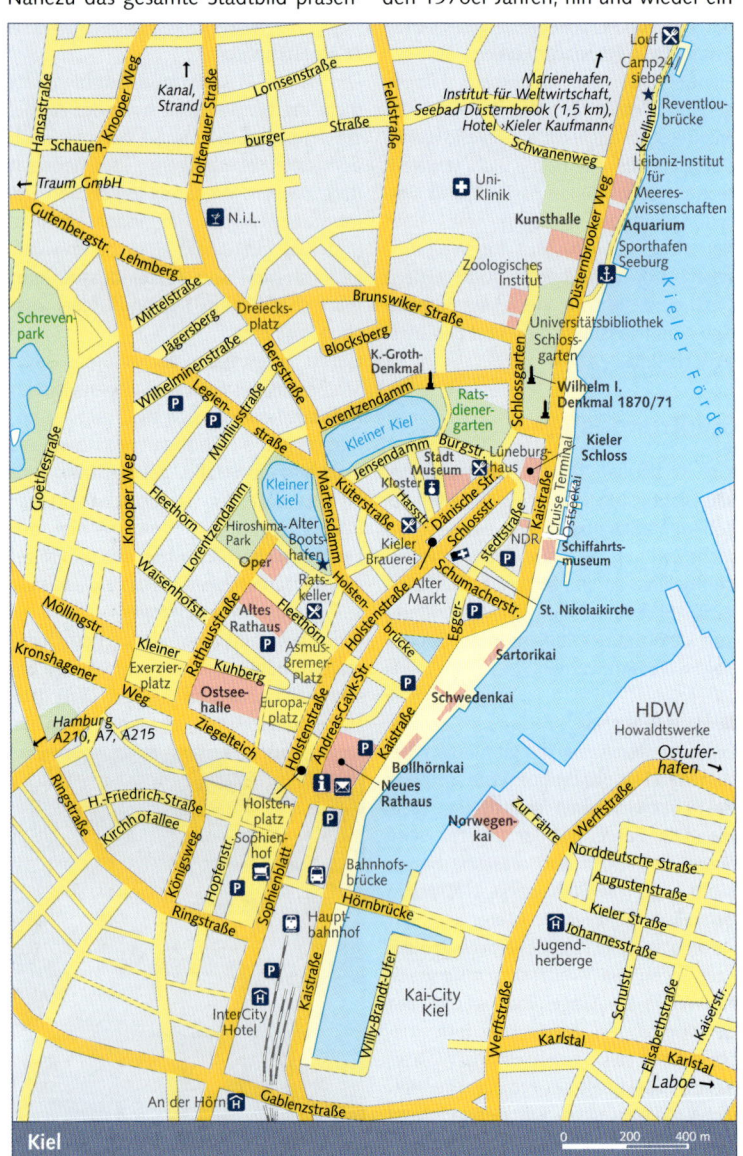

dem 13. Jahrhundert stammende Nikolaikirche und das Kieler Kloster. Der Rest wurde im Zweiten Weltkrieg zerstört. Nahezu das gesamte Stadtbild präsentiert sich mit Gebäuden aus verschiedensten Nachkriegsepochen: Bauten aus den 1960er Jahren, Betonbauten aus den 1970er Jahren, hin und wieder ein

modern-avantgardistisch anmutendes Gebäude, dazwischen Klinkerbauten. Kein Architekturmix, der begeistert, doch die Kieler lieben ihre Stadt nicht wegen der schönen Plätze, sondern wegen der Lage, der Nähe zum Wasser.

### ■ Holstenstraße
Vom Holstenplatz geht es in die älteste Fußgängerzone Deutschlands, die Holstenstraße. Auf den Firmenschildern liest man die Namen aller gängigen großen Filialen, Cafés laden ein.

### ■ Europaplatz
Der erste Platz, der sich links öffnet, der Europaplatz, wird dominiert von der **Sparkassen-Arena** in Stahl und Beton, in der 13 000 Besucher Platz finden. Regelmäßig finden hier die Spiele des Handballclubs THW Kiel statt, die auf Grund des Erfolgs des Teams in den letzten Jahren immer restlos ausverkauft sind.

### ■ Asmus-Bremer-Platz
Ein Stück weiter sitzt auf einer runden Bank unter einer Eiche in Bronze gegossen Kiels Bürgermeister Asmus Bremer (1652–1720). Dort war zu seiner Amtszeit sein Lieblingsplatz, und so bleibt er den Kielern als besonders volksnah in Erinnerung. Am nächsten Platz, dem Asmus-Bremer-Platz, befindet sich das Gebäude der ›Kieler Nachrichten‹, Kiels Tageszeitung.

### ■ Holstenbrücke
An der nächsten Ecke ist auf dem Straßenschild ›Holstenbrücke‹ zu lesen. Früher verband hier in der Tat eine Brücke die Altstadtinsel mit dem Festland. Auf der rechten Seite entdeckt man Segelboote – mitten in der Stadt: der Alte Bootshafen existiert seit über 100 Jahren. Dahinter öffnet sich der Blick auf

*An der Holstenbrücke*

den **Schwedenkai**, von dem Fähren täglich ins schwedische Göteborg übersetzen.

### ■ Alter Markt und Nikolaikirche
Geradeaus ist schon die Nikolaikirche am Alten Markt zu sehen. Der gotische Hallenbau aus dem 13. Jahrhundert mit der neugotischen Fassade aus dem 19. Jahrhundert wurde während des Zweiten Weltkrieges schwer beschädigt und nach dem Krieg nur teilweise im alten Stil wieder aufgebaut. Innen sind ein Altar und ein Taufbecken aus dem Mittelalter sehenswert.

Vor der Kirche wacht der **Geistkämpfer**, eine Bronzeplastik von Ernst Barlach. Die übrigen Gebäude, die den Platz umrahmen, sind weniger schöne Verkaufspavillons. Eine gute Adresse zur Stärkung ist die ›Kieler Brauerei‹, wo selbst gebrautes naturtrübes Kieler Bier und ein deftiger Imbiss serviert werden.

### ■ Dänische Straße
Weiter in Richtung Süden geht es in die Dänische Straße. Die schönste Straße der Stadt ist zugleich die Nobel-Shoppingmeile: Boutiquen, Parfümerien, ein edles

*Der ›Geistkämpfer‹ vor der Nikolaikirche*

Hutgeschäft. Am Ende passiert man auf der rechten Seite das **Museum Warleberger Hof für Stadtgeschichte**, das in einem ehemaligen Adelssitz aus dem 17. Jahrhundert untergebracht ist. Früher stand in dieser Straße eine ganze Reihe von Residenzen, die Adelige aus dem Umland errichtet hatten. Geradeaus erblickt man nun das Kieler Schloss, das heute mit einem Palast wenig gemein hat. Es wurde im Zweiten Weltkrieg nahezu vollständig zerstört, erst 1965 war das ›neue‹ Kieler Schloss aus Backstein mit einem flachen Dach fertig. An das ›wahre‹ Schloss erinnert nur noch der westlich gelegene restaurierte Rantzau-Bau.

### ■ Abstecher zur Kiellinie

Wer etwas mehr Zeit hat, kann nun einen Abstecher ans Wasser machen. Es geht zunächst am ›Cruise Terminal Ostseekai‹ vorbei. Südlich befindet sich das **Schifffahrtsmuseum**. In einer stillgelegten Fischhalle am Kieler Hafen kann man sich hier über die Geschichte der Kieler Schifffahrt kundig machen.

In nördlicher Richtung geht es durch den Schlossgarten mit dem Reiterdenkmal für Wilhelm I. zur **Kunsthalle**, von der man über eine Fußgängerbrücke zur Kiellinie gelangt. Die Straße führt direkt am Wasser entlang. Man passiert den Sporthafen Seeburg, das Leibniz-Institut für Meereswissenschaften und den noblen Yachthafen, das **Aquarium** und das **Seehundbecken**, das Institut für Weltwirtschaft und die Gebäude der Landesregierung. Wer will, kann bis zum **Seebad Düsternbrook** laufen und dort ein bisschen in der Sonne dösen oder ein Bad im Meer nehmen, wie es die Kieler tun. Auf dem Weg gibt es immer wieder gigantische Kreuzfahrtschiffe zu bestaunen, die aufs offene Meer hinausfahren, oder luxuriöse Segelboote am Hafen. Zwischendurch kann man im schicken Restaurant ›Louf‹ einkehren oder es sich einfach in einem Liegestuhl bequem machen, die riesigen Schiffbaukräne auf der anderen Seite bestaunen oder den vielen Booten nachschauen, die vorbeischippern: mal eine Nussschale, dann wieder ein Zweimaster aus dem vorigen Jahrhundert.

*Das Schifffahrtsmuseum*

# Alle Kieler lernen segeln

Das maritime Aushängeschild für die Landeshauptstadt Kiel ist das bundesweit einmalige Segelprojekt Camp 24|sieben. Das soziale, öffentliche und nicht kommerzielle Gemeinschaftsprojekt der Kiel-Marketing GmbH und der Stadtwerke Kiel AG mit Unterstützung von über 90 weiteren Partnern aus Wirtschaft und Vereinen hat zum Ziel, insbesondere Kindern, Jugendlichen und Familien Spaß und Freude am Wassersport zu vermitteln, über 30 Schnupperangebote locken Kieler und Besucher.

Von Mai bis September können Kinder und Jugendliche auf Optimisten, O'pen-BIC-Booten, C55-Jollen und Skippi-Yachten unter der Anleitung erfahrener Segeltrainerinnen und Segeltrainer ihre Leidenschaft für den Segelsport entdecken. Für Schulklassen oder integrative Gruppen gibt es so die Möglichkeit, einen ›Wandertag‹ auf dem Wasser zu erleben.

In den Sommerferien stehen Segel-Specials auf dem Programm. Bei der gesegelten Badetour an den Falckensteiner Strand oder dem Laboe-Törn können Jungen und Mädchen in der Ferienzeit während Tagestrips die Schönheit der Ostsee erleben. ›Sunset-Sailing‹ auf Skippi-Yachten oder C55-Jollen heißt das Motto, wenn die Erwachsenen Kurs Richtung Sonnenuntergang nehmen.

Am Wochenende kann man sich spontan vor Ort im Segelcamp für einen Schnuppertörn anmelden. Weitere Highlights sind eine gesegelte Stadtrundfahrt sowie das Eltern- und-Kind-Segeln (Anmeldung vorab im Internet).

Wer lieber festen Boden unter den Füßen hat, kann sich auf der Beach-Volleyball-Fläche des Camps direkt an der Kiellinie im heißen Sand austoben.

Im Rahmen des Projektes Camp 24|sieben haben mittlerweile seit dem Start im Jahr 2003 mehr als 55 000 Kinder, Jugendliche und Gäste erste Erfahrungen mit dem Segelsport gemacht. Jährlich werden über 150 000 Besucherinnen und Besucher an Land begrüßt.

Veranstaltungsort: Reventlouwiese, Kiellinie, Kieler Innenförde; erreichbar mit den KVG- Buslinien 51,41, 42. Infos unter www.camp24sieben.de, www.kiel-sailing-city.de.

*Leinen los!*

### ■ Kleiner Kiel

Für die Eiligen geht es rechts in die Burgstraße, die am Ratsdienergarten vorbeiführt. Das 1240 errichtete **Kieler Kloster** befindet sich in der Falckstraße gleich um die Ecke. Beim Jensendamm beginnt der von Bäumen und Grünanlagen umgebene Kleine Kiel, der ehemalige Fördearm, der bei Spaziergängern beliebt ist. Der Lorentzendamm führt um den kleinen Kiel herum, bis zum bezaubernden kleinen **Hiroshimapark**. Er entstand Anfang des 20. Jahrhunderts, als ein Teil des Kleinen Kiels zugeschüttet wurde. Immer am 6. August wird im Park der Opfer des Atombombenabwurfs in Hiroshima gedacht, in der Mitte erinnert das Bismarck-Denkmal an die preußische Zeit von Kiel. Und an schönen Tagen kann man es sich auf einem Liegestuhl bequem machen und beim Blick auf den Brunnen des dänischen Künstlers Jeppe Hein eine kleine Pause einlegen. Vom anderen Ende des Parks offenbart sich ein interessanter Blick auf Rathaus und Oper.

### ■ Rathaus und Oper

Auf der linken Seite sind das Rathaus und die Oper zu sehen, die sich beide im Jugendstil präsentieren. Der Rathausturm, von dem aus man eine grandiose Sicht über die Stadt und die Kieler Förde hat, ist dem Campanile San Marco in Venedig nachempfunden. Architektonisch im krassen Kontrast dazu mutet gleich daneben die schwarzverspiegelte moderne Glasfassade des Opernhaus-Anbaus an. Die beiden historischen Gebäude sind Zeugnisse der aufstrebenden Großstadt, die Kiel zu Beginn des 20. Jahrhunderts war. Das mittelalterliche Rathaus, das sich zu der Zeit am Marktplatz befand, entsprach ebenso nicht mehr den Anforderungen wie das alte Theater. Während das Rathaus den Krieg nahezu unbeschadet überstand, musste die Oper wieder aufgebaut werden, Anbau inklusive. Vom Feethörn, die das Rathaus flankiert, gelangt man über den Asmus-Bremer-Platz zurück zur Holstenstraße und von dort zurück zum Bahnhof.

▲ *Im Hiroshimapark*

# Kiel-Informationen

Die meisten Kreuzfahrtschiffe legen am modernen Cruise Terminal Ostseekai oder am Sartorikai an. Von allen Terminals ist die Kieler City in wenigen Minuten zu erreichen.

## Allgemeine Informationen
**Vorwahl**: 0431.
**Website**: www.kurskiel.de.
**Tourist-Information Kiel**, Andreas-Gayk-Str. 31, Tel. 679100. Mo–Fr 9.30–18 Uhr, Sa 10–14 Uhr. Unter anderem gibt es hier Tickets für Veranstaltungen, Theater, Konzerte.

## An- und Abreise
### ■ Mit dem Auto
Mit dem Auto erreicht man Kiel über die Autobahnen A7, A210, A215, die beim Bordesholmer Dreieck an die A7 von Hamburg nach Flensburg anschließt, oder über die B404, A21, die bei Bargteheide an die A1 von Hamburg nach Lübeck anschließt.

### ■ Anreise mit dem Flugzeug
Vom 85 km entfernten internationalen **Flughafen Hamburg-Fuhlsbüttel** gelangt man mit dem Bus-Shuttle ›Kielius‹ (www.kielius.de) nach Kiel.

### ■ Mit der Bahn
Ab Hauptbahnhof Kiel bestehen täglich ICE- und IC-Direktverbindungen über Hamburg ins Rheinland, nach Süddeutschland und nach Berlin und Dresden (www.bahn.de).
Regionale Bahngesellschaften bieten stündliche Verbindungen nach Hamburg, Lübeck, Husum und Flensburg, Die Fahrzeit beträgt jeweils etwa 80 Minuten.

### ■ Mit dem Schiff
Fährverbindung von Kiel nach **Göteborg** (Schwedenkai, www.stenaline.de) und **Oslo** (Norwegenkai, www.colorline.com), die Schiffe legen direkt in der Innenstadt an.
Fähren nach **Klaipėda** (www.scandlines.de) fahren ab dem Ostuferhafen. Von dort gelangt man von der Haltestelle ›Grenzstraße‹ mit der Buslinie 11 zum Hauptbahnhof (etwa 20 Minuten). Vom Ostuferhafen gibt es auch Frachtfähren nach **Turku**, **St. Petersburg**, **Kaliningrad** und **Tallinn**, die Fahrgäste mitnehmen.
Infos zu sämtlichen Schiffsverbindungen erteilt der Seehafen Kiel, www.port-of-kiel.de, Tel. 89220.

### ■ Mit dem Rad
Kiel liegt am Ostseeküsten- und am Nord-Ostsee-Kanal-Radweg. In allen Regionalzügen Schleswig-Holsteins können Fahrräder mitgenommen werden, wenn Platz vorhanden ist. Informationen zur Fahrradmitnahme unter Tel. 0180/5996633, tägl. 8–20 Uhr.

## Unterwegs in Kiel
### ■ Stadtrundgänge und -fahrten
**Stadtrundgang am Wasser und in der Altstadt**, Treffpunkt Tourist-Information; Mai–Sept. Mi ab 14 Uhr, ca. 1,5 Stunden, 9 Euro. Inklusive Brotzeit in der Kieler Brauerei.
**Bus-Stadtrundfahrt**, Abfahrt an der Tourist-Information; Mai–Sept. Sa 14 Uhr, ca. 2 Std., 15 Euro, Kinder 7,50 Euro. Mit Besichtigung der Schleusen am Nord-Ostsee-Kanal.
**Hafenrundfahrt**, Abfahrt Bahnhofsbrücke; tägl. außer Fr 11, 13 und 15 Uhr, ca. 2 Std., 11 Euro. Mit dem

*Eine Fähre mitten in der Stadt*

Fördeschiff wird der bedeutende Ostseehafen erkundet, Stationen sind u. a. das Segelschulschiff ›Gorch Fock‹, das U-Boot U 995 von 1943 sowie die modernen Werften.
**Gesegelte Stadtrundfahrt**, Buchung Tel. 901 25 73; Mai–Sept. Sa/So 11– 13 Uhr, www.camp24sieben.de.
**Rathausturm-Fahrt** mit Führung, Treffpunkt am Haupteingang, Rathausplatz; Mi und Sa 12.30 Uhr. 3 Euro, Kinder (4–12 Jahre) 1,50 Euro.

■ **Öffentliche Verkehrsmittel**
Die Buslinien des **VRK** (Verkehrsverbund Region Kiel) treffen sich am Hauptbahnhof. Zentrale Linien sind auf dem Westufer die 501/502 von Molfsee nach Strande, auf dem Ostufer die 100 nach Laboe. Das Busangebot wird ergänzt durch die **Fördefähren**. Fahrplanauskunft Tel. 594 12 34, www.vrk-sh.de; Tageskarten ab 4,20 Euro.
**Tageskarte**: 9,70 Euro, 24 Stunden freie Fahrt auf allen öffentlichen Verkehrsmitteln (inkl. Schiffe und Fahrt nach Laboe, plus Bordzuschlag), kostenlose Mitnahme von drei Kindern bis fünf Jahre.

## Unterkunft
**Hotel Kieler Kaufmann**, Niemannsweg 102, Tel. 881 10, www.kieler-kaufmann.de; DZ ab 165 Euro. Das Romantik-Hotel hat seinen Sitz in einer im Neobarockstil erbauten Bankiersvilla aus dem Jahr 1911, umgeben von einem Park, der sich bis ans Ufer der Kieler Förde hinstreckt; jedes Zimmer ist individuell im englischen Landhausstil eingerichtet. Mit Pool, Fitness- und Saunabereich.
**InterCityHotel Kiel**, Kaistr. 54–56, Tel. 66 43 200, www.intercityhotel.com; DZ ab 103 Euro, inkl. ÖPNV-Ticket. Das 3-Sterne-Hotel liegt direkt am Hauptbahnhof. Viele der 124 Zimmer haben einen tollen Blick zum Hafen. Sehr freundliches Personal, gutes Frühstück und nette Bar.
**Hotel An der Hörn**, Gablenzstraße 8, Tel. 66 30 30, www.an-der-hoern.de; DZ ab 88 Euro. Das kleine gemütliche Hotel liegt zentral, alle Zimmer sind hübsch eingerichtet und haben zum Teil einen schönen Blick auf die Kieler Fjorde. Mit Bar und Restaurant.
**Jugendherberge Kiel**, Johannesstr. 1, Tel. 73 14 88, www.jugendherberge.

de. 500 m vom Hauptbahnhof, erreich-bar zu Fuß über die Hörnbrücke. 258 Betten in Ein- bis Vierbettzimmern ab ca. 19 Euro.

## Gastronomie

**Kieler Brauerei**, Am Alten Markt 9, Tel. 90 62 90, www.kieler-brauerei.de; tägl. 10 –23, Fr, Sa 10 –1 Uhr. Im Traditionslokal mitten in der Innenstadt wird das naturtrübe Kieler Bier serviert, dazu gibt es deftige Speisen.
**Restaurant Ratskeller**, Fleethörn 9 –11, Tel. 97 10 0 05, www.ratskeller-kiel.de; tägl. ab 11 Uhr. Norddeutsche Spezialitäten direkt am Alten Rathaus.
**Lüneburghaus**, Dänische Str. 22, Tel. 982 60 00, www.lueneburghaus.com; Mo –Sa 9 –23 Uhr. Gehobene Küche in gediegenem Ambiente, leckere Fischgerichte.
**Louf**, Reventloualle 2, Tel. 55 11 78, www.louf.de; im Sommer tägl. ab 10, Okt.–März ab 11.30 Uhr. Restaurant, Café, Biergarten und Bar in entspannter Atmosphäre. Mit Liegestühlen und Strandkörben auf der Terrasse, schöner Blick auf die Kieler Innenförde.
**N.i.L.**, Holtenauer Straße 40 c, Tel. 259 69 68, www.nil-kiel.de; Mo –Fr 9 –24 Uhr, Sa ab 9 Uhr, So ab 10 Uhr. Café und beliebter Szene-Treffpunkt.

■ **Nachtleben**

Über Konzerte, Filme und Veranstaltungen informiert das Kieler Stadtmagazin ›station to station‹, kostenlos in Kneipen und Geschäften, www.station.de oder unter www.kiel-magazin.de.
**Traum GmbH**, Grasweg 19, Tel. 54 44 50, www.traumgmbh.de; Mo –Sa ab 17.30 Uhr, So ab 10 Uhr Frühstücksbuffet. Buslinien 81/82, 200, 201, Haltestelle ›Christian-Kruse-Straße‹. Partylocation in ehemaliger Fabrik. Disco, Konzerte, Independent-Kino und ein Restaurant mit Holzofenpizza.
**Astor Bar**, Holstenplatz 1–2, Tel. 930 17, Mo –Sa ab 19 Uhr; unter dem Dach des ›Astor‹-Hotels im 70er-Jahre-Ambiente. Leckere Cocktails mit wunderschönem Blick auf die Innenstadt und die Kieler Förde.

## Kultur

■ **Museen**

**Nikolaikirche**, Alter Markt, Tel. 950 98, www.st-nikolai-kiel.de; Mo-Sa 10 –18 Uhr, Eintritt frei. Wertvolle Ausstattungsstücke aus verschiedenen Jahrhunderten.
**Stadtmuseum Warleberger Hof**, Dänische Str. 19, Tel. 90 13 4 25, www.museen-sh.de; 16. Apr.–14. Okt. tägl. 10 –18, 15. Okt.–15. April Di –So 10 –17 Uhr. Wechselausstellungen zur Stadtgeschichte.
**Schifffahrtsmuseum**, in der ehemaligen Fischhalle, Wall 65, Tel. 90 13 4 28; 15. Apr.–14. Okt. tägl. 10 –18, 15. Okt.– 14. April Di-So 10 –17 Uhr; 3/1,50 Euro.
**Kunsthalle und Antikensammlung**, Düsternbrooker Weg 1, Tel. 880 57 56, www.kunsthalle-kiel.de; Di –So 10 –18 Uhr, Mi bis 20 Uhr; 6, ermäßigt 4 Euro, Antikensammlung Eintritt frei. Buslinie 41/42, Haltestelle ›Kunsthalle‹.
**Stadtgalerie Kiel**, Andreas-Gayk-Str. 31, www.stadtgalerie-kiel.de; Di, Mi, Fr, 10 –17 Uhr, Do bis 19 Uhr Sa/So 11– 17 Uhr. Zeitgenössische Kunst. Schwerpunkt: Norddeutschland und Ostseeraum, hauptsächlich von Kieler und schleswig-holsteinischen Künstlern.

## Veranstaltungen

Einen allgemeinen Veranstaltungskalender gibt es bei der Tourist-Information.
**Kieler Umschlag**, Februar, www.kieler-umschlag.de. Volksfest mit Mittelalterflair.
**Kieler Woche**, Juni, www.kielerwoche.de.
**Schleswig-Holstein Musik Festival**, Juli/August, www.shmf.de. Herausragendes Festival der internationalen klassischen Musikszene.
**Weihnachtsmarkt**, Dezember, auf dem Holstenplatz.

## Sport und Aktivitäten

### ■ Radfahren
**Rent a Bike Kiel**, Theodor-Heuss-Ring 64, Tel. 666 70 75, www.rentabike-kiel.de; Fahrradverleih ab 3,50 Euro pro Tag. Es können auch Tourenvorschläge eingeholt werden.

### ■ Baden
Bewachte Sandstrände in **Falckenstein** und **Schilksee**.
Die **Seebadeanstalt Düsternbrook**, Hindenburgufer, ist in der Sommersaison geöffnet.

### ■ Segeln und Windsurfen
**Kite- & Surfschule Westwind**, Falckensteiner Strand 87, Tel. 248 38 72, www.westwind-kiel.de. Surfboard- und Katamaranvermietung.
**Segelschule im Olympiazentrum**, Soling 38, Tel. 37 13 00. Verleih von Segeljollen.
**Camp24|sieben**, Kiellinie, Tel. 901-25 73, www.camp24sieben.de; Mai–Sept. Segelkurse für Kinder.

### ■ Bootfahren
Ruderboot- und Kanuverleih
**Schwentinetalfahrt Kühl**, An der Holsatiamühle, Tel. 72 24 28, www.schwentinetalfahrt.de.

### ■ Aquarium
**Aquarium Meereswelt Kiel**, Kiellinie, Tel. 600 16 37, www.aquarium-kiel.de; Apr.–Sept. tägl. 9–19, Okt.–März tägl. 9–17 Uhr, 3 Euro, ermäßigt 2 Euro. Buslinien 41, 42, Haltestelle ›Schwanenweg‹.

## Einkaufen

**Holstenstraße**: In der Fußgängerzone sind die Filialen aller großen Warenhäusern vertreten.
**Holtenauer Straße**, www.die-holtenauer.de. Viele kleine Läden, Designer, witzige Klamotten, Schuhe, Schmuck. Jeden ersten Freitag im Monat bei der ›Holtenauer Spätschicht‹ bis 22 Uhr.
**Einkaufspassage Sophienhof**, Sophienblatt, www.sophienhof.de; Mo-Fr 10–20, Sa 10–18 Uhr. Shoppingcenter mit riesigem Angebot, ›Schlemmerstadt‹ mit Köstlichkeiten aus aller Welt.
**Dänische Straße**, www.daenische-strasse.de. Exklusive Boutiquen, feine Antiquitäten- und Schmuckläden.
**Wochenmarkt**, immer vormittags, Mi und Sa auf dem Exerzierplatz, Mo und Do auf dem Blücherplatz.
**Flohmarkt**, auf dem Rathausplatz; Apr.–Sept. immer am ersten Sonntagvormittag.
**Crymbles**, Mühlendamm 1; Mo-Fr 10–18.30 Uhr, Sa 10–18 Uhr. Lässige Freizeitmode, Fashion Shoes in großer Auswahl. Mit Badehäuschen als Umkleidekabinen!

*Der Holtenauer Leuchtturm*

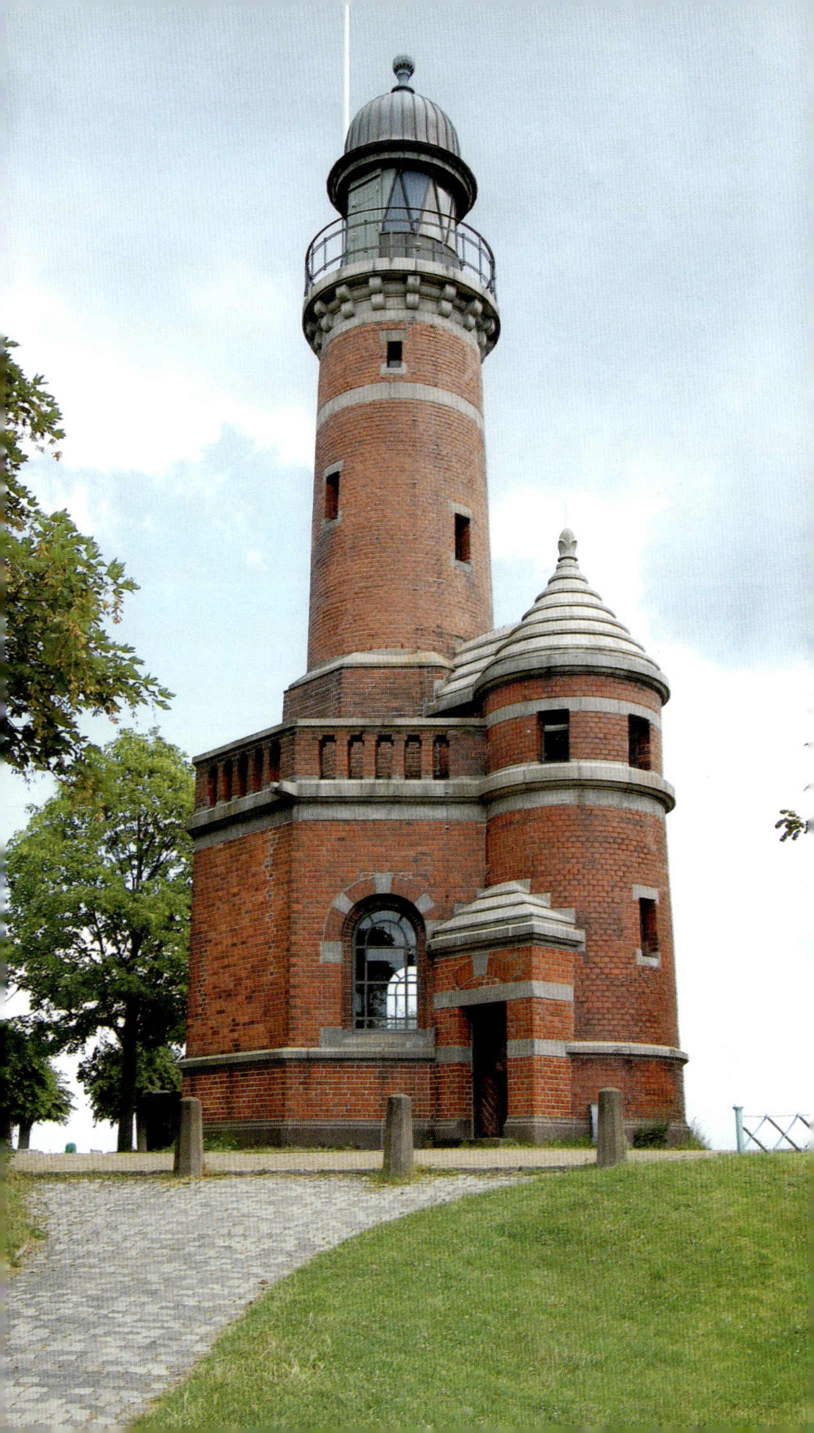

*Am Tiessenkai*

## Holtenau

Mit einer kleinen Personenfähre setzt man über auf die Nordseite des Nord-Ostsee-Kanals. Dort geht es zu Fuß weiter zunächst durch eine idyllisch von Bäumen gesäumte Straße vorbei an alten herrschaftlichen Klinkerhäusern mit bezaubernden Gärten.

An den **Holtenauer Schleusen** lohnt ein Stopp, um sich die Funktionsweise bei einer Besichtigung erklären zu lassen. Weiter geht es zum **Tiessenkai**, benannt nach dem Schiffsausrüster. Man passiert eine Reihe ehemaliger Fischerhäuschen. Am Kai legen historische Schiffe an, die be- und entladen werden für die Verpflegung der nächsten Chartergruppe.

Krönender Abschluss ist der **Holtenauer Leuchtturm** in romantischer Lage, in dem heute junge Leute im Sommer gerne heiraten. Bei der wohlverdienten Einkehr im ›Fördeblick‹ genießt man den Panoramablick auf die Ausfahrt des Nord-Ostsee-Kanals. Scheinbar in greifbarer Nähe ziehen Segler, Frachter, Ostseefähren und Kreuzfahrtschiffe vorbei.

### Holtenau

**Website**: www.holtenau-info.de.

Bus Nr. 91 (ab Hauptbahnhof) bis Kielwitz (ca. 20 Min), dann mit der Kanalfähre übersetzen.
**Führungen über die Schleuseninsel**, Wasser- und Schiffahrtsamt Nord, Schleuseninsel 2, Tel. 360 30; Führungen Apr.–Nov. tägl. 9, 11, 13 und 15 Uhr, sonst auf Anfrage.

**Schiffer Café**, Tiessenkai 9; ab Mitte April tägl. 10 Uhr–Sonnenuntergang, ab Mitte Oktober Fr-So 10–18 Uhr. Urige kleine Kneipe, es gibt Kaffee, Kuchen und Bier. So ab 16 Uhr Tango.
**Restaurant Fördeblick**, Kanalstraße 85, Tel. 237 65 66, www.foerdeblick-kiel.de; tägl. 11 bis 23 Uhr (Küche). Das Restaurant liegt direkt am Nord-Ostsee-Kanal neben dem Holtenauer Leuchtturm. Sehr gute Küche und Blick auf die Kieler Förde.

## Laboe

Bei schönem Wetter kann man mit dem Fördedampfer zum traditionellen Seebad Laboe am Ostufer der Kieler Förde übersetzen. Im kleinen Hafen haben Yachten, Fischerboote und Angelkutter ihre Liegeplätze. Hinter dem Strand erstreckt sich eine Promenade. Man kann das **Marine-Ehrenmal** und das **U-Boot U 995** besichtigen und dabei einen guten Eindruck vom Leben an Bord gewinnen. Vom 72 Meter hohen **Aussichtsturm** hat man bei klarem Wetter gen Norden einen grandiosen Blick bis Dänemark.

### Laboe
**Vorwahl**: 04343.
**Kurbetrieb Laboe**, Börn 2, Tel. 42 75 53 (Mo–Fr 10–14 Uhr), www.laboe.de.

**Förderundfahrt**, Fahrplan bei der Schlepp- und Fährgesellschaft Kiel (SFK), Kaistr. 51, Tel. 594 12 63, www.sfk-kiel.de; Mai–Okt. tägl. außer Fr 11, 13 und 15 Uhr ab Bahnhofsbrücke, ca. 2 Std.
Anfahrt auf dem Landweg: VRK-Buslinie 100 (ab Hauptbahnhof oder Holstenbrücke, etwa 40 Minuten).

**Marine-Ehrenmal Laboe**, Strandstraße 92, www.deutscher-marinebund.de; Nov.–März tägl. 9.30–16, Apr.–Okt. 9.30–18 Uhr.

## Freilichtmuseum Molfsee

Im größten Freilichtmuseum Norddeutschlands begibt man sich auf die Spuren der Kulturgeschichte des ländlichen Raums: Auf dem 60 Hektar großen Gelände mit Wiesen, Gärten, Feldern und Teichen sind historische Gebäude, Hofanlagen und Mühlen der Landschaften Schleswig-Holsteins mit Mobiliar, Hausrat und Arbeitsgeräten zu sehen.

### Freilichtmuseum Molfsee
**Schleswig-Holsteinisches Freilichtmuseum**, Hamburger Landstr. 97, Tel. 65 96 60, www.freilichtmuseum-sh.de; März–Okt. tägl. 9–18, Nov.–April nur So 11–16 Uhr. Bus 501 (ab Hauptbahnhof), Haltestelle ›Freilichtmuseum‹.

*Das Schiffercafé in den ehemaligen Räumen des Schiffsausrüsters Tiessen*

Es ist das Geschrei der Möwen im weiten, nordischen Himmel, das leuchtend warme Kupfergrün der Türme und Zinnen, das goldschimmernde, uralte Pflaster in der Nachmittagssonne.
Licht und Schatten spielen in den engen Gassen und Höfen und erzeugen magische Ecken und Winkel.

Über allem, wie die Masten eines großen Segelschiffes, die in kühlen, klaren Linien in den Himmel streben, ragen die Türme der Kirchen empor, die sich zugleich überall im Wasser spiegeln.

*Der Fotograf Thomas Radbruch über seine Heimatstadt Lübeck*

# Lübeck

Schon von weitem sind im flachen Schleswig-Holstein die sieben hoch aufragenden Backsteintürme der von Trave und Wakenitz umflossenen Altstadtinsel Lübecks sichtbar. Steil steigen die Straßen von den Ufern an bis zum höchsten Punkt, auf dem die zweitürmige Marienkirche thront. Die restlichen Türme stammen von den anderen vier gotischen Kirchen, von denen der Dom am Südende der Altstadt ebenfalls mit Doppeltürmen aufwartet.

Unverkennbar zeigt das historische Stadtbild auch mit der prächtigen Schaufassade des Rathauses und den stolzen Bürgerhäusern, dass Lübeck dank seiner günstigen Lage und seines Kaufmannsfleißes zur Zeit der Hanse eine der reichsten und mächtigsten Städte Europas war. Als ›Königin der Hanse‹ kontrollierte es den Handel auf der Ostsee und lenkte die politischen Geschicke der Region. Und noch heute prägt der Geist freier Bürger den Charakter der Stadt. Es ist unübersehbar, mit welchem Engagement die Lübecker ihre Geschichte pflegen und auch leben. Ihnen ist es zu verdanken, dass die Altstadt alles andere als museal wirkt. Zwischen imposanten Repräsentationsbauten reihen sich liebevoll gepflegte historische Häuser mit schönem Fassadenschmuck und blumengeschmückten Portalen aneinander.

## Stadtgeschichte

Gegründet wurde Lübeck 1159 von Heinrich dem Löwen als Kaufmannssiedlung. Er bestimmte, dass die Stadt von einem 24 Ratsherren umfassenden Stadtrat regiert wurde, der von den Kaufleuten bestimmt wurde. Dies hatte zur Folge, dass die Interessen der Fern-

▲ *An der Obertrave*

handelskaufleute die Stadtpolitik prägten. Und der Aufschwung, den die Stadt nun nahm, war rasant. Als äußeres Zeichen für Macht und Wohlstand begann schon kurze Zeit später der Bau der drei großen Kirchen der Stadt: Dom, Marien- und Petrikirche.

1226 erhielt Lübeck von Kaiser Friedrich II. die Reichsfreiheit, was bedeutete, dass die Stadt fortan direkt ihm unterstand. Da der römisch-deutsche Kaiser sich aber meist auf Sizilien aufhielt, konnte der Rat schalten und walten, wie er wollte. Dies, die günstige Lage an der Ostsee und die Entwicklung der Kogge, eines neuen Schiffstyps mit wesentlich größerer Ladekapazität, trugen wesentlich zum Aufstieg Lübecks bei.

*Das Lübecker Rathaus*

## Aufstieg zum Haupt der Hanse

Zu Beginn des 14. Jahrhunderts war Lübeck bereits das tonangebende Mitglied des Städtebundes der Hanse. 1340 erhielt die Stadt das Münzrecht, bald war die lübische Mark die Leitwährung im Ostseehandel, das lübische Stadtrecht galt in vielen Hansestädten wie Kiel, Danzig und Reval, dem heutigen Tallinn. 1356 fand der erste Hansetag, die Versammlung der Hansestädte, im Lübecker Rathaus statt.

Auf dem Höhepunkt ihrer Macht befand sich Lübeck nach dem zweiten Hanse-Dänemark-Krieg, der 1370 im Frieden von Stralsund endete. Haupthandelgut war damals Salz aus Lüneburg, das in Skandinavien zur Fischkonservierung benötigt wurde. Die Rückfracht bildeten Heringsfässer aus Dänemark und Stockfisch aus Norwegen. Aber auch Waren des täglichen Bedarfs wie Bücher – Lübeck war das Druckzentrum des Ostseeraums – und nicht zuletzt sakrale Kunstwerke fanden Abnehmer in den reichen Hansestädten. Wer in der Stadt zu Reichtum gelangte, zeigte dies auch. So entstand im 15. und 16. Jahrhundert zwischen St. Petrikirche und Dom ein Patrizierviertel, dessen Schaugiebel heute noch vom Kaufmannsstolz künden.

## Rivalität mit Dänemark

Aber der politische Rivale im Norden war nicht endgültig ausgeschaltet. Auch weiterhin prägten Konflikte zwischen der expandierenden territorialen Großmacht Dänemark, zu der auch Teile des heutigen Schweden gehören, und den Hansestädten, die den Handel in der Region dominierten, die Beziehungen. Aber erst zu Beginn des 16. Jahrhunderts geriet das Gleichgewicht ins Wanken.

Das dänische Königreich unterstützte die Bestrebungen der Niederländer, das Handelsmonopol der Hanse im Ostseeraum zu brechen. Im Gegenzug förderte Lübeck die Unabhängigkeitsbestrebungen der Schweden, was 1510/11, 1522/25 und 1534/36 zu Kriegen mit Dänemark führte. Am Ende war Lübecks politische und wirtschaftliche Vormachtstellung auf der Ostsee gebrochen.

# Marzipan

Auf den ersten Blick haben die Städte Lübeck und Kaliningrad, das frühere Königsberg, nicht allzu viele Gemeinsamkeiten, außer ihrer Lage an der Ostsee. Aber ein weiteres Verbindungsglied gibt es doch: Beide Städte haben als Zentren der Marzipanherstellung Berühmtheit erlangt.

Als Herkunftsgebiet des Marzipans gilt der Vordere Orient: Hier gedeihen die Mandelbäume, und bereits im 2. Jahrhundert nach Christus wurde das aus Indien stammende Zuckerrohr hier angebaut, wie ein Bericht des Arztes Galenos von Pergamon (129–199) besagt. Die früheste Erwähnung eines Gemisches aus Mandeln und Zucker, vielleicht der Vorläufer des späteren Marzipans, stammt ebenfalls von einem Mediziner, dem persischen Arzt Rhazes (850–923).

Orientalischen Ursprungs ist auch das Wort Marzipan. Es geht auf das altarabische Wort mautaban, der Sitzende, zurück. Der Begriff bezog sich ursprünglich auf byzantinische Münzbilder, die den auf einem Thron sitzenden Christus abbildeten – byzantinische Münzen waren im gesamten östlichen Mittelmeerraum verbreitet. Um 1200 ließ der venezianische Doge Enrico Dandolo dann ein Geldstück prägen, das gleichfalls auf einer Seite mit einer sitzenden Christusfigur versehen war. Dandolo wollte mit dieser Maßnahme die Handelsstellung Venedigs im Mittelmeerraum währungspolitisch untermauern. Um dies leichter zu erreichen, übernahm er von den Arabern den Namen (Matapan) und von den Byzantinern das Motiv.

Im 13. und 14. Jahrhundert wandelte sich der Begriff dann zu einer Maß- und Verpackungseinheit. In Venedig verstand man in jener Zeit unter ›marzapane‹ eine Dose oder auch Spanschachtel, die luxuriöse Dinge enthielt: Parfüm, Edelsteine, Schmuckstücke – vor allem aber eine wohlschmeckende, exotische Süßspeise, bestehend aus Mandeln, Puderzucker und Aromastoffen. Im 14. Jahrhundert wurde der Name des Behältnisses schließlich auf den Inhalt übertragen: Marzipan.

In Deutschland kam Marzipan wohl schon im 15. Jahrhundert auf die Tische der Reichen. Die erste Nachricht darüber stammt allerdings erst aus dem Jahre 1508, und zwar vom Leichenschmaus für Herzog Albrecht IV. den Weisen von Bayern. Es dauerte nicht lange, bis die Leckerei Eingang in alle Fürstenhöfe fand, aber auch in wohlhabende freie Reichsstädte wie Lübeck.

Wie das Marzipan nach Lübeck kam, darum ranken sich verschiedene Anekdoten. Eine versetzt uns in das Jahr 1407, als in der Stadt eine Hungersnot herrschte. Es gab kein Korn mehr. In dieser trostlosen Lage trug der Senat den Bäckern auf, aus den in den Speichern lagernden Mandelvorräten ein Brot herzustellen. Erstmals erwähnt wird ›Martzapaen‹ in den Lübecker Zunftrollen von 1530. Lübecks Ruf als Marzipanstadt wurde erst nach 1800 nachhaltig begründet. Der Konditormeister Johann Georg Niederegger (1777–1856) machte sich 1806 mit seiner Konditorei selbstständig, Charlotte Erasmi gründete 1845 die Firma ›Carstens Lübecker Marzipan‹.

Um die Geschichte des Hauses Niederegger rankt sich eine hübsche Anekdote: Johann Georg stammte ursprünglich aus Ulm, was den für die Gegend ungewöhnlichen Nachnamen erklärt. Auf der Wanderschaft kam er nach Lübeck und betrat das heute noch existierende Café ›Maret‹ am Markt. Am Tresen stand die hübsche Tochter des Hauses – und um die beiden war es geschehen. Nach anfänglicher Skepsis ließ sich

*Marzipanschweinchen bei Niederegger*

der Vater von den Rezepten des Wandergesellen überzeugen. Niederegger erhielt die Hand der Tochter und stieg in das Café ein, bevor er einen Katzensprung entfernt eine eigene Manufaktur gründete.

Nach den Vorschriften des deutschen Lebensmittelrechtes können auf 500 Gramm Marzipanrohmasse, in der bereits 35 Prozent Zucker enthalten sind, nochmals 500 Gramm Zucker zugesetzt werden. Diese Mischung ist eigentlich mehr eine Zuckerware denn Marzipan. Die Lübecker Hersteller erlegen sich selbst höhere Qualitätsansprüche auf: Sie verwenden für ihr Edelmarzipan 900 Gramm Rohmasse und nur 100 Gramm zugesetzten Zucker (90/10er Ware). Vereinzelt wird sogar auf weiteren Zucker verzichtet. Der Begriff ›Lübecker Marzipan‹ ist seit 1996 von der EU als geographische Herkunftsbezeichnung geschützt.

In Königsberg wurde Marzipan schon am Hofe des Herzogs Albrecht von Preußen (1490–1568) gereicht, wie Berichten von seiner Hochzeit im Jahr 1526 zu entnehmen ist. Zu Beginn des 19. Jahrhunderts kam – wie viele seiner Landsleute und Kollegen vor ihm – der Zuckerbäcker Wilhelm Pomatti aus dem graubündischen Ort Castasegna nach Ostpreußen. Er gründete 1809 in Königsberg die erste Marzipanfabrik und eröffnete im alten Posthaus beim Schloss am Altstädtischen Markt eine Konditorei. Pomattis Geschäft blieb nicht das einzige, das von Schweizern in Königsberg gegründet wurde: die ›Siegelsche Conditorei‹, die Konditorei ›Gelhaar‹, die Konditorei und Marzipanfabrik ›Plouda‹, die Konditorei ›Amende‹ und das Café ›Schwermer‹ folgten.

Der Marken- und Qualitätsbegriff vom Königsberger Marzipan wurde bereits 1820 geprägt. Das echte Königsberger Marzipan wird aus aromatischen Mittelmeermandeln, Rosenwasser und wenig Zucker hergestellt, zu liebevollen Figuren geformt und an der Oberfläche zartknusprig geflämmt – auf diese Weise entsteht die besondere Geschmacksnote.

## Reformation und Niedergang der Hanse

Hinzu kam, dass ab 1523 reformatorische Prediger in der Stadt Einzug hielten, was in der Folge zu einer innenpolitischen Schwächung führte, da der Rat und die darin vertretenen Patrizier versuchten, diese Bestrebungen zu unterdrücken, während die kleinen Kaufleute und Handwerker durchaus ein offenes Ohr für die Botschaft Luthers hatten. 1615 erhielt Lübeck eine Stadtbefestigung, übersteht die Wirren des Dreißigjährigen Krieges (1618–1648) aber unbeschadet. Die sich im Zuge des Krieges verlagernden Handelsströme beschleunigten allerdings den Niedergang der Hanse. 1669 traten die Städte der deutschen Hanse zum letzten Mal in Lübeck zusammen.

## 19. und 20. Jahrhundert

Wichtige Eckdaten der weiteren Jahrhunderte waren die französische Besatzung 1806 bis 1813 während der Napoleonischen Kriege und der Beitritt Lübecks zum Norddeutschen Bund 1866, woraufhin es 1871 selbstständiger Bundesstaat wurde.

Erst in der zweiten Hälfte des 19. Jahrhunderts hielt die Industrialisierung Einzug in Lübeck. 1905 wurde im industriell geprägten Stadtteil Herrenwyk ein Hochofenwerk gegründet, 1917 die Flender-Werft, die beide bis zu ihrer Schließung 1981 beziehungsweise 2002 wichtige Arbeitgeber waren.

Deutliche Spuren im Stadtbild hinterließ der Luftangriff auf Lübeck in der Nacht zum 29. März 1942, bei dem rund ein Fünftel der historischen Altstadt zerstört wurde. Die Marienkirche, der Dom und die Petrikirche brannten aus. Der Wiederaufbau zog sich weit bis in die Nachkriegszeit hinein. Der engagierte und verantwortungsvolle Umgang mit der historischen Bausubstanz wurde belohnt, als 1987 weite Teile der Lübecker Altstadt zum UNESCO-Welterbe erklärt wurden. Eine weitere Nachwirkung des Zweiten Weltkriegs war die Grenzlage Lübecks nach der deutschen Teilung 1949 – was allerdings auch bedingte, dass im Grenzgebiet, wie auf der Priwallhalbinsel und am Dummersdorfer Ufer am Unterlauf der Trave, seltene Tier- und Pflanzenarten ein Rückzugsgebiet fanden.

## Lübeck heute

Immer noch besitzt die Stadt mit rund 210 000 Einwohnern den bedeutendsten deutschen Ostseehafen und profitiert von dem sich rasch entwickelnden Wirtschaftsraum Ostsee. Ein wichtiger Teil der Lübecker Hafenanlagen, die sich an der Trave bis Travemünde ziehen, liegt heute in Herrenwyk, wo unter anderem ein neuer Containerterminal entstand. Umschlaggüter sind zum Beispiel Papier aus Finnland und Schweden. Auch dem Fährverkehr kommt große Bedeutung zu. Vom Skandinavienkai in Travemünde, der auf ›Roll-on-Roll-off‹-Verkehr spezialisiert ist, also Fracht, die per Lkw, Container oder Eisenbahnwaggon schnell an und von Bord rollt, werden jährlich mehrere hunderttausend Lkw nach Schweden, Finnland und ins Baltikum verschifft. Nicht zu vergessen sind natürlich die Passagiere: 2007 wurde der Skandinavienkai erweitert und ein großes Terminalgebäude errichtet.

Und ehrgeizig sind die Pläne für die Zukunft. So sollen die Lagergebäude auf der nördlichen Wallhalbinsel in Altstadtnähe nach dem Vorbild der Hamburger HafenCity umgebaut werden. Heute befinden sich dort schon in einem sanierten Speichergebäude die ›Media Docks‹, in denen unter anderem ein Regionalstudio des NDR untergebracht ist.

Stadtrundgang [ 87 ]

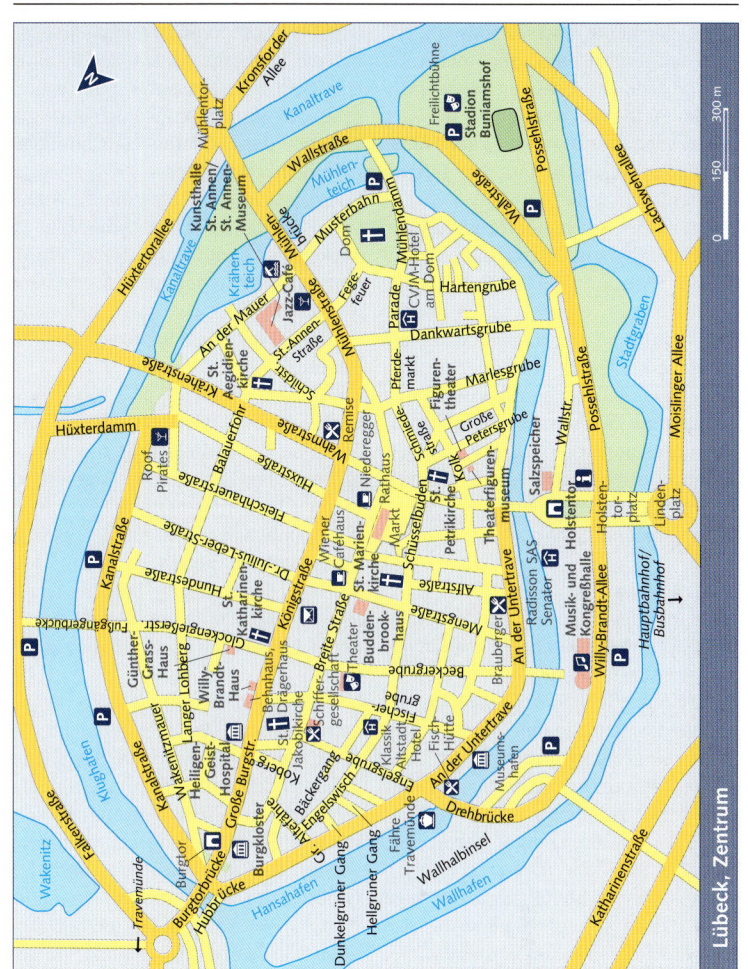

## Stadtrundgang

Wie wohl mittlerweile jede größere Stadt besitzt auch Lübeck eine zentral gelegene Fußgängerzone, die Breite Straße, die den Charme einer Bahnhofshalle verströmt. Dort reihen sich die gesichtslosen Geschäfte der großen Ketten aneinander. Diesen abweisenden ersten Eindruck vergisst man allerdings schnell, wenn man in die ruhigeren Seitenstraßen eintaucht, die von dieser zentralen Achse wegführen.

### ■ Markt

Ausgangspunkt für den Rundgang ist der zentrale Platz in Lübeck. Der weiträumige Markt mit seinen Straßencafés, der heute noch Marktplatz ist, wird dominiert von der mehrfach kunstvoll durchbrochenen Schaufassade des Rathauses mit seinen schwarz glänzenden Ziegeln, den in der Sonne blitzenden Wappen und den spitzen Türmen.

Im Laufe der Jahrhunderte wurde der 1230 begonnene Gebäudekomplex, der den Platz auf zwei Seiten begrenzt, immer wieder erweitert, um Macht und Wohlstand der Hansestadt zu demonstrieren. Heute präsentiert er sich in mehreren Stilepochen von der Romanik über die Gotik bis zur Renaissance. Nach wie vor ist dem Bau die Stadtverwaltung untergebracht, und er dient als Tagungsort von Bürgerschaft (Stadtparlament) und Senat.

### ■ St. Marien

Nicht minder imposant ist die linkerhand aufragende Kirche St. Marien mit den gotischen Strebepfeilern und den beiden mächtigen Spitztürmen, auf denen Wetterhähne in der Sonne blitzen. Durch eine Passage rechts vom Café ›Maret‹ gelangt man vom Markt direkt zum Portal der Kirche.

Hier fällt eine Bronzefigur neben dem Eingang auf, die einen schelmisch dreinblickenden Teufel zeigt. Der Sage nach hatten sich die Baumeister des Kirchenhauses mit ihm verbündet, um diese mächtige Bauleistung zu bewältigen, ihn aber in dem Glauben gelassen, es würde eine Vergnügungsstätte entstehen. Heute gilt die Figur als Glücksbringer, weshalb die Hörner blankgerubbelt sind.

St. Marien war die Hauptkirche der führenden Schicht der Stadt, also der Bürger und des Rates – was allein schon die Nähe zum Rathaus und zum Marktplatz belegt. Sie wurde als bewusster Gegenpunkt zum Dom gesetzt, der die kirchliche Macht des Bistums Lübeck in der Stadt repräsentierte, und sollte den Vormachtanspruch auch gegenüber den anderen Hansemitgliedern deutlich machen.

Erstmals wurde hier die gotische Architektur der französischen Kathedralen in Backstein, dem Baumaterial Norddeutschlands, umgesetzt. St. Marien wurde Vorbild für eine ganze Reihe von gotischen Backstein-Basiliken im Hanseraum.

Im Inneren der 1250 bis 1350 erbauten Kirche lenkt das hoch aufstrebende Gewölbe des **Mittelschiffs** mit seinen farbenfrohen Deckenmalereien den Blick nach oben. Sehenswert sind auch die in unterschiedlichen Stilen gestalteten **Seitenkapellen**, die von den Lübecker Ratsfamilien teils als Grablege genutzt wurden, und ein Antwerpener **Flügelaltar** in der Marientidenkapelle.

In einem Seitenschiff ist eine riesige **astronomische Uhr** untergebracht, die wie die beiden Orgeln allerdings eine Rekonstruktion ist, da die Originale 1942 nach einem Luftangriff verbrannten. Mühsam musste die Kirche wieder aufgebaut werden, und der Großteil der einst reichen Innenausstattung war zerstört. Der letzte Dachreiter wurde erst 1972 wieder aufgesetzt. An die Bombennacht erinnern heute noch zwei herabgestürzte Glocken, die im Südturm unverändert liegen blieben.

Der Marienkirchhof wird im Osten vom langgezogenen **Kanzleigebäude** aus dem späten 15. Jahrhundert begrenzt. Unter den Bogengängen an der Rückseite geht es zur Mengstraße, zum Buddenbrookhaus mit seiner weißen Rokoko-Fassade.

## Der Stein der Hanse

Der Backstein, obwohl typisch für die Architektur der Hansestädte, wurde nicht dort erfunden: Schon die Römer bauten mit Ziegeln, doch nach dem Untergang ihres Reiches geriet dieses Material im Norden in Vergessenheit. Erst im 12. Jahrhundert erlebte der gebrannte Stein eine Renaissance, denn Natursteinvorkommen gibt es im norddeutschen Tiefland nicht, und größere Bauten, wie sie in den aufstrebenden Hansestädten entstanden, waren allein mit Holz nicht zu realisieren.

Ganz so einfach, wie man vermuten könnte, war die Ziegelherstellung nicht. Erst wurde der Lehm einige Zeit in Wasser gelöst, anschließend gereinigt, mit Sand oder Ton versetzt, in die Form gestrichen, gestürzt, dann einige Wochen luftgetrocknet und schließlich in einem Kohlemeiler gebrannt. In einem zweiten Gang konnten die geformten Steine noch farbig glasiert werden. Die Ziegel des Lübecker Rathauses etwa verdanken ihre schwarze Tönung angeblich der Zugabe von Ochsenblut.

Mit dem Baumaterial der Hanse mussten sich die Architekten der Lübecker Marienkirche allerdings erst vertraut machen. Die Meister der französischen Kathedralen hatten bisher mit Naturstein gearbeitet und sahen sich nun vor die Aufgabe gestellt, eine gotische Kathedrale aus Ziegeln zu errichten. Statische Probleme dürften zu der langen Bauzeit von 1250 bis 1350 beigetragen haben. Diese wurden aber brillant gelöst, und noch heute besitzt die Marienkirche das mit fast 40 Metern höchste Backsteingewölbe der Welt. Die Backsteingotik war geboren. Aber nicht nur in Material und Konstruktion unterschied sich das Bauwerk von den französischen Vorbildern, auch die Fassadengestaltung musste überdacht werden. Figurative Elemente waren mit Backstein nicht möglich. Stattdessen gliederte man die Oberfläche durch verschiedene Ebenen, gemauerte Verzierungen und Muster sowie weiß gekalkte Flächen.

Die Marienkirche wurde stilprägend für viele Kirchen des Ostseeraums wie die Marienkirchen in Rostock und Danzig und die Nikolaikirche in Stralsund. Aber auch profane Monumentalbauten entstanden, so die Marienburg in Pommern (heute Malbork in Polen). Der größte Backsteinbau Europas diente 1309–1454 als Sitz des Deutschen Ordens.

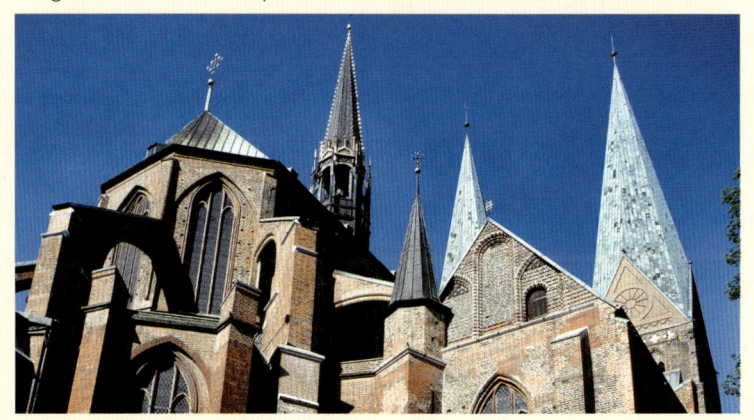

*Die erste gotische Backsteinkathedrale: St. Marien in Lübeck*

## Buddenbrookhaus

Das 1758 erbaute Kaufmannshaus in der Mengstraße 4 gehörte ab der Mitte des 19. Jahrhunderts der Familie Mann, deren wohl berühmtesten Sprösslingen Thomas (1875-1955) und Heinrich Mann (1871-1950) dieses Gebäude 1993 gewidmet wurde.

Im Erdgeschoss erzählen heute zahlreiche Bild- und Textdokumente vom Wirken der Künstlerfamilie, und im Obergeschoss wird die Welt der Buddenbrooks aus Thomas Manns gleichnamigem Roman zum Leben erweckt.

Wie ins 19. Jahrhundert versetzt fühlt man sich im Speisezimmer mit den Götterfiguren oder im Landschaftszimmer. Hier werden auch Führungen zu den Originalschauplätzen des nobelpreisgekrönten Romans angeboten.

Weiter geht es die abfallende Mengstraße hinunter, vorbei am Hauptportal von St. Marien über die Straßen Schüsselbuden und Schmiedestraße zur Kirche St. Petri, der nächsten Lübecker Backsteinkirche.

*Das Buddenbrookhaus*

*Blick auf die Große Petersgrube von St. Petri*

## St. Petri

Ebenso wie St. Marien wurde die Ende des 12. Jahrhunderts erbaute St. Petrikirche während des Luftangriffs 1942 zerstört und präsentiert sich deshalb zumindest innen in sehr reduzierter Ausstattung. Heute dient der Kirchenraum als Veranstaltungs- und Ausstellungsort.

Mit dem Aufzug geht es auf die 50 Meter hohe **Aussichtsplattform**, von der man einen oft recht windigen Rundumblick über die Stadt genießt. Im Südwesten fällt der Blick auf die beiden Türme des Holstentors und die unmittelbar am Ufer der Trave liegenden historischen Salzspeicher, die beiden nächsten Stationen.

Wieder unten, geht es über die Große Petersgrube hinunter zur **Trave**, wo die Boote für die Stadtrundfahrten und zahlreiche Restaurants mit Freisitzflächen auf Touristen warten. Am gegenüberliegenden Ufer unmittelbar neben der Holstenbrücke spiegeln sich die historischen Salzspeicher im Wasser.

■ **Salzspeicher**

Zu besichtigen sind die sechs Lagerhäuser, die zwischen Ende des 16. und Mitte des 18. Jahrhunderts errichtet wurden und Seit an Seit stehen, nur von außen. In den Speichern wurde das von der Lüneburger Saline auf der Alten Salzstraße und später auf dem Stecknitzkanal nach Lübeck geschaffte Salz zwischengelagert, bevor es nach Skandinavien verschifft wurde. Dort wurde es zum Konservieren der Heringe verwendet, die wegen der früher zahlreichen religiösen Fastentage reißenden Absatz fanden. Heute werden die Gebäude von einem Modehaus genutzt, das man auf dem Weg über die Holstenbrücke zum Holstentor passiert.

*Das Holstentor*

■ **Holstentor**

Das bekannteste Stadttor Deutschlands, eines der ehemals vier Zugänge zur Altstadt und früher Teil einer gewaltigen Befestigungsanlage, bildet mit seinen beiden schiefergedeckten Kegeldächern heute das Wahrzeichen der Stadt. Über dem Torbogen leuchten unter einem umlaufenden Terracottafries auf der Stadtseite die goldenen Lettern ›Concordia Domi Foris Pax‹ (Drinnen Eintracht, draußen Frieden). Auf der Feldseite verrät die Inschrift ›1477 S.P.Q.L. 1871‹, dass pünktlich zur deutschen Reichsgründung Restaurierungsarbeiten am 1464 bis 1477 erbauten Backsteintor abgeschlossen wurden.

Das trutzige Bauwerk, das seine Verteidigungsaufgabe niemals erfüllen musste, beherbergt hinter seinen meterdicken Mauern ein **Museum**, das die ›Macht des Handels‹, also die Grundlage für den Aufstieg Lübecks, in einer interaktiven Ausstellung vor Augen führt. Unübersehbar ist, dass sich das Tor auf eine Seite senkt, und auch die beiden Türme scheinen sich zueinander zu neigen. Die Fundamente aus dem 15. Jahrhundert, die auf morastigem Boden errichtet wurden, haben unter dem immensen Gewicht nachgegeben. Diese Bewegung wurde aber bei mehreren Restaurierungen gestoppt.

Wer möchte, kann auf einen Sprung in der benachbarten Touristeninformation vorbeischauen und sich mit einem Kaffee stärken, bevor es wieder zurück über die Trave geht, in das enge Gässchen Kolk Nummer 14 – zum unterhalb von St. Petri gelegenen Theaterfigurenmuseum, leicht erkennbar an den in den Fenstern ausgestellten Figuren.

■ **Theaterfigurenmuseum**

Das in einem der schönsten Teile der Altstadt gelegene Museum präsentiert eine umfangreiche Sammlung von Theaterpuppen, Puppenbühnen, Requisiten, Plakaten und Drehorgeln aus mehreren Jahrhunderten und Kontinenten. Zurück geht die Sammlung auf Fritz Fey, der aus einer Puppenspielerdynastie stammt. Von der Kasperlbühne über Bauchrednerpuppen bis hin zum indonesischen Schattenspiel reicht die thematische Bandbreite der Ausstellung.

Wer dem Zauber der Puppen erlegen ist, kann im ebenso sehenswerten Museumsladen mit Café Spielfiguren oder auch nur ein Plakat kaufen. Und wer die Puppen in Aktion sehen möchte, besucht im benachbarten **Figurentheater Lübeck** eine der Vorstellungen. Das Repertoire reicht vom Märchen über die Fabel bis hin zur Oper, da ist sicher auch etwas für große Kinder dabei.

Wieder in der realen Welt, geht es weiter in der Kolk, vorbei am Figurentheater und bergauf über Große Petersgrube, Schmiedestraße, Pferdemarkt und Parade zum Dom.

### ■ Dom

Die älteste Kirche Lübecks, die auf eine romanische Basilika zurückgeht, repräsentierte die Macht des Bistums Lübeck in der Stadt. Sie wurde von Heinrich dem Löwen gestiftet, nachdem Lübeck 1160 Bischofssitz geworden war, und 1230 fertiggestellt. Später kam noch die Paradies genannte spätromanische Vorhalle dazu, die als erstes ins Auge fällt, wenn man den Kirchhof betritt. Der Dom präsentiert sich heute als gotische Hallenkirche. Auch er wurde bei dem Luftangriff 1942 schwer beschädigt, und erst um 1960 wurde mit dem Wiederaufbau begonnen.

Den Innenraum dominieren das gewaltige Kreuz aus dem 15. Jahrhundert und die dahinter gelegene geschnitzte Lettnerverkleidung mit den überlebensgroßen Figuren, eine Arbeit des Lübecker Bildhauers Bernt Notke. Vom ehemals angeschlossenen Kloster ist nur mehr ein Teil des Kreuzgangs erhalten. Hier befindet sich die Freisitzfläche des Cafés ›Walbaum‹, das zum angrenzenden **Museum für Natur und Umwelt** gehört und das über die Musterbahn von außen zugänglich ist. Wer noch einen Blick auf die wirklich beeindruckende Domsilhouette werfen möchte, macht einen Abstecher über die Mühlenbrücke zum idyllischen **Mühlenteich**.

Andernfalls geht es weiter über das Fegefeuer in die St.-Annen-Straße zur Kunsthalle St. Annen.

### ■ Kunsthalle St. Annen und St.-Annen-Museum

Hier sind Alt und Neu eine gelungene Symbiose eingegangen. Das wird sofort deutlich, wenn man durch ein Kirchenportal in einen von einer Glasfassade begrenzten Vorhof tritt, hinter dem der Neubau turmartig an der Stelle der ehemaligen Klosterkirche aufragt.

Vorbei geht es an den Tischen des lichtdurchfluteten ›Kunst-Cafés‹, wo man sich nach dem Museumsbesuch stärken kann, in das in den ehemaligen Klostergebäuden aus dem 15. Jahrhundert untergebrachte St.-Annen-Museum mit seiner bedeutenden Sammlung sakraler

*Blick über den Mühlenteich auf den Dom*

Karte S. 87

*In der Straße Balauerfohr*

Kunst des Mittelalters mit zahlreichen Schnitzaltären. Oder aber in den Neubau, die Kunsthalle St. Annen, die sich der modernen Kunst nach 1945 verschrieben hat. Hier spannt sich der Bogen vom gesellschaftskritischen Realismus eines Harald Duwe bis zur abstrakten Malerei zum Beispiel von Rupprecht Geiger. Im zauberhaften historischen Innenhof von St. Annen haben auch die Originale der allegorischen Statuen der zwischen Bahnhof und Holstentor gelegenen Puppenbrücke eine Bleibe gefunden. Von der Kunsthalle geht es in der St.-Annen-Straße links weiter zu St. Aegidien.

### ■ St. Aegidien

Die kleinste und schlichteste der fünf Altstadtkirchen wurde im 14. und 15. Jahrhundert als Kirche der Handwerker und Kämmerer erbaut. Den Zweiten Weltkrieg überstand sie weitgehend unzerstört, und so blieben Teile der gotischen Ausmalung, der geschnitzte Lettner aus der Renaissance, der barocke Hochaltar und die Orgel unversehrt erhalten. Der Kirche gegenüber liegt der Aegidienhof, ein privates Wohnprojekt in historischen Gebäuden.

Weiter geht es durch den Balauerfohr mit seiner schönen Backsteinarchitektur und den sorgsam gepflegten Gärten und durch die Wahmstraße in die Königstraße. Über die Hüxstraße und die Fleischhauerstraße, beides schöne Einkaufsstraßen, gelangt man vorbei am **Katharineum**, einem Gymnasium, das 1531 in den Gebäuden des in der Reformation ausgelösten Katharinenklosters gegründet wurde, zu dessen ehemaliger Klosterkirche St. Katharinen.

### ■ St. Katharinen

Auch wenn der Sakralbau heute als Ausstellungsraum genutzt wird, lohnt ein Blick in das Innere. Neben der ›Auferstehung des Lazarus‹ von Jacopo Tintoretto zieht gleich am Eingang eine Nachbildung von Bernt Notkes Figurengruppe, die St. Jürgen im Kampf mit dem Drachen zeigt (1489), den Blick auf sich. Auffällig sind die Grabkapellen und die zahlreichen Grabplatten im Fußboden. Und beim Verlassen der Kirche sollte man nicht vergessen, die drei von Ernst Barlach noch vor seinem Arbeitsverbot 1933 gestalteten Nischenfiguren auf der linken Seite der Westfassade zu betrachten. Die weiteren sechs Figuren stammen aus der Hand von Gerhard Marcks, der diese nach Kriegsende hinzufügte. Weiter geht es in die Glockengießerstraße 21 zum Günter-Grass-Haus.

### ■ Günter-Grass-Haus

Dem grafischen und künstlerischen Werk des Schriftstellers gewidmet ist dieses ›Forum für Literatur und Bildende Kunst‹ seit 2002. Neben einer Dauerausstellung zu den Bilderwelten des

*Im Günter-Grass-Haus*

Künstlers mit Grafiken, Skulpturen, Aquarellen und Manuskripten gibt es wechselnde Ausstellungen zu Künstlern, die ebenfalls in mehreren künstlerischen Disziplinen Begabungen aufweisen.

Wer nicht noch im Museumsladen eine Originalgrafik oder ein Buch von Grass erstehen möchte, gelangt über den Museumsgarten direkt zum Willy-Brandt-Haus in der Königstraße 21.

### ■ Willy-Brandt-Haus

In der 2007 eröffneten Gedenkstätte lässt sich der politische Werdegang des 1913 in Lübeck geborenen Politikers auf äußerst vielfältige Weise nachverfolgen. Das moderne Museumskonzept legt keinen starren Rundgang fest, der Besucher wählt sich seine Stationen selbst, an denen er sich mit Text, Film- und Tondokumenten über die jüngste Geschichte Deutschlands informieren kann.

Ein Stück weiter zurück in die Geschichte führt das fast benachbarte Museum Behnhaus/Drägerhaus in der Königstraße 9–11.

### ■ Behnhaus und Drägerhaus

Imponierend ist nicht nur die klassizistische Fassade des in zwei prachtvollen Kaufmannshäusern untergebrachten Museums, das Gemälde vom 19. Jahrhundert bis zur Klassischen Moderne zeigt. Allein schon die repräsentative Innenarchitektur lohnt den Besuch.

Im Behnhaus gelangt man über die großzügige Diele in die mit klassizistischen Landschafts- und Illusionsmalereien ausgestatteten Wohnräume einer Kaufmannsfamilie des ausgehenden 18. Jahrhunderts. Heute dienen die Räume als Galerie und zeigen Werke so berühmter Künstler wie Caspar David Friedrich, Max Beckmann und Edvard Munch.

Die Königstraße führt weiter zum Koberg mit dem Heiligen-Geist-Hospital.

### ■ Heiligen-Geist-Hospital

Zentraler Bestandteil einer der ältesten Sozialeinrichtungen der Welt ist die Heilig-Geist-Kirche aus dem 13. Jahrhundert. Einen Eindruck von der ehemaligen Größe des fünftürmigen Klosterkomplexes, zu dem auch Wirtschaftsgebäude wie Kornhäuser, Brauhaus,

*Das Heiligen-Geist-Spital*

Viehställe, Scheunen sowie Badestube und Pilgerhospital gehörten, gibt dort ein Modell.

Das im Stil der Gotik ausgemalte Mittelschiff der Spitalkirche geht über in das ›Lange Haus‹, wo man noch heute die winzigen Bettkammern der Hospitalbewohner besichtigen kann, die bis zum Anfang des 20. Jahrhunderts aufgenommen wurden. Durch seinen umfangreichen Grundbesitz erwirtschaftete das von reichen Kaufmännern gegründete Hospital die Mittel für die Pflege von Kranken und die Aufnahme von Armen und Alten. Diese mussten sich im Gegenzug zu einem klosterähnlichen Leben verpflichten. Noch heute ist in den ehemaligen Kornhäusern ein Altersheim untergebracht. In den riesigen Kellergewölben des Hospitals befinden sich zwei Lokale, die über schöne Freisitzflächen verfügen.

*St. Jakobi*

### ■ Burgtor und Burgkloster

Wenn man vom Koberg in Richtung Norden blickt, sieht man am Ende der Großen Burgstraße das Burgtor, das zweite erhaltene mittelalterliche Stadttor Lübecks. Links daneben befindet sich mit dem Burgkloster (Hinter der Burg 2–6) eine weitere bedeutende mittelalterliche Klosteranlage. Nach der Reformation diente das Dominikanerkloster erst als Armenhaus, bevor es zum Gerichtsgebäude umfunktioniert wurde. Heute sind in den Gebäuden das Kulturforum Burgkloster und das Museum für Archäologie untergebracht. Schwerpunkte der Ausstellungen sind unter anderem die Geschichte der Hanse und des Ostseeraums sowie die mittelalterliche Alltagswelt. Von hier führt der Weg zurück zu St. Jakobi am Anfang der Breiten Straße, der letzten der großen Altstadtkirchen.

### ■ St. Jakobi und Schiffergesellschaft

Dieser Sakralbau aus dem 14. Jahrhundert sollte auf keinem Rundgang fehlen, ist er doch die Kirche der Seefahrer und Fischer, was auch sofort deutlich wird, wenn man den Innenraum betritt. Meeressymbole wie Fische finden sich als Ornamente in der Innenausstattung, und ein Rettungsboot in einer Kapelle erinnert an den Untergang des Segelschulschiffs ›Pamir‹, das 1957 auf der Rückreise von Argentinien während eines Orkans sank.

Auf der gegenüberliegenden Seite der Breiten Straße befindet sich folgerichtig auch gleich die Schiffergesellschaft mit ihrer auffälligen Treppengiebelfront, das historische Gasthaus der Schiffer, dessen Tradition bis ins 16. Jahrhundert zurückgeht. Heute noch kann man in der von Touristen gern frequentierten Kneipe in rustikalem Seemannsambiente oder aber im Innenhof speisen. Von hier lässt sich noch ein weiterer Abstecher zu den kleinen Ganghäusern unternehmen. Dazu geht man die Engelsgrube hinunter.

## Ganghäuser

Nach gut 100 Metern sieht man links den Bäckergang. Der schmale Hausdurchlass führt durch die Giebelfront direkt in den früheren Hinterhof des Kaufmannshauses. Taucht man aus dem Dunkel des Ganges (Kopf einziehen!), sieht man rechts und links eines gepflasterten Weges kleine Häuschen, Buden genannt, die von ihren Bewohnern liebevoll gepflegt werden.

Was heute mit viel Blumenschmuck so hübsch und putzig aussieht, ist allerdings aus der Not entstanden. Die aufstrebende Hansestadt Lübeck wuchs und wuchs, und da sie auf einer Insel gelegen ist, war der Raum begrenzt. Also musste man die langen Gärten, die sich hinter den schmalen Giebelhäusern erstreckten, zwangsläufig auch als Bauland nutzen. Um dieses von der Straße aus zugänglich zu machen, brach man einen Gang durch die gesamte Länge des Hauses. Da man möglichst wenig vom eigenen Wohnraum abtreten wollte, fielen diese Durchbrüche entsprechend niedrig und schmal aus. In den damals armseligen und dunklen Hinterhof-Quartieren wohnten Handwerker, wie schon manche Namen der Gänge verraten. Die ältesten erhaltenen Häuschen sind rund 400 Jahre alt.

Die schönsten und verschlungensten Gänge befinden sich nur ein paar Schritte weiter im rechts von der Engelsgrube abzweigenden Engelswisch. Dort sollte man im Hellgrünen und im Dunkelgrünen Gang den Kopf ganz besonders stark einziehen und aufpassen, dass man sich im Gewirr der Gänge nicht verläuft.

## Lübeck-Informationen

Kreuzfahrtschiffe legen in Lübeck-Travemünde an und ab, mit Bus oder Bahn benötigt man etwa eine halbe Stunde bis in die Lübecker Innenstadt.

Die neben dem Holstentor gelegene neue großzügige Touristeninformation bietet kompetente Hilfestellung. In der angegliederten Cafébar mit Terrasse kann man sich gleich für die Erkundungstour stärken oder im Internet surfen.

### Allgemeine Informationen
**Vorwahl Lübeck**: 0451.
**Touristeninformation**, Holstentorplatz 1, 23552 Lübeck, Info-Hotline 01805/ 882233 (0,14 Euro/Minute, tägl. 9–22 Uhr), www.luebeck-tourismus.de; Mo–Fr 9.30–18 Uhr (Juni–Sept. bis 19 Uhr), Sa 10–15 Uhr, an den Adventssonntagen und Juni–Sept. zusätzlich So 10–14 Uhr. Informationen zu geführten Touren, Zimmervermittlung, Ticketservice und Restauranttipps.

Mit der **HappyDayCard** für 10 Euro (24 Std.) 12 Euro (48 Std.) oder 15 Euro (72 Std.) gibt es freie Fahrt in allen Bussen und Nahverkehrszügen sowie Ermäßigungen in Museen, im Theater, in der Musik- und Kongresshalle sowie bei Kanal- und Hafenrundfahrten.

### An- und Abreise
■ **Mit dem Auto**
Mit dem Auto ist Lübeck über die A 1 von Hamburg aus zu erreichen, Ausfahrt: Lübeck-Zentrum.

■ **Mit der Bahn**
Ab Hauptbahnhof Lübeck bestehen ICE-Verbindungen nach **Hamburg** und **Kopenhagen**; Fahrzeit nach Hamburg ca. 45 Min. Die Fahrzeit nach Kiel beträgt ca. 80 Min.

## ■ Mit dem Schiff

Vom Skandinavienkai in Lübeck-Travemünde (→ S. 103) gibt es regelmäßige Verbindungen nach **Trelleborg**, **Malmø**, **Gdynia**, **Helsinki**, **Riga** und **St. Petersburg**.

Mit den Bussen der Linien 30, 31 und 40 gelangt man vom neuen Terminalgebäude in etwa 30 Minuten nach Lübeck. Alternativ kann man mit diesen Linien auch zum Bahnhof ›Skandinavienkai‹ fahren, von wo stündlich ein Regionalexpress nach Lübeck verkehrt (etwa 15 Minuten).

## ■ Mit dem Rad

**Radfahrer-Hotline der Deutschen Bahn**, Tel. 01805/99 66 33 (0,14 €/Min.) Mo–So 8–20 Uhr. Umfangreiche Informationen rund um Bahn & Bike bietet der ADFC unter www.fa-oeffentlicher-verkehr.adfc.de/Service.html.

In der Touristeninformation ist die Radkarte **Radfernweg Alte Salzstraße Lüneburg und Lübeck** erhältlich. Von Travemünde führt der **Ostseeküstenradweg** über Kiel weiter bis nach Flensburg (www.ostsee-schleswig-holstein.de).

## ■ Mit dem Flugzeug

Der **Flughafen Blankensee** liegt etwa 7 km südlich von Lübeck und wird von Ryanair und Wizz Air angeflogen. Ryanair bietet unter anderem Flüge nach Stockholm und Wizz Air nach Gdańsk an. Nähere Informationen unter www.ryanair.com und www.wizz-air.com oder direkt am Flughafen Lübeck, Blankenseer Str. 101, Tel. 58 30 10, www.flughafen-luebeck.de. Vom Flughafen Blankensee ist die Innenstadt in 25 Min. mit der Buslinie 6 zu erreichen. Der nächste größere Flughafen ist Hamburg-Fuhlsbüttel (60 km).

# Unterwegs in Lübeck

## ■ Stadtrundgänge und -fahrten

**Zweistündige Stadtführungen** ab Touristeninformation Mo–Sa 14 Uhr sowie Mai–Okt. zusätzl. 11 Uhr und Do–Sa 16 Uhr sowie So 11 Uhr, Nov.–März nur Sa 14 und So 11 Uhr.

Spannend sind auch die **Führungen durch die historischen Handwerker- und Seefahrerviertel**, Tel. 59 62 20, www.stadtfuehrungen-luebeck.de.

Neben den zahlreich angebotenen **Kanal- und Hafenrundfahrten** führt eine **Fahrt auf der Trave** vorbei an Hafenanlagen und idyllischen Uferlandschaften nach Travemünde. Die Boote legen von der Drehbrücke an der Untertrave ab. Tel. 280 16 35, www.koenemannschiffahrt.de; Apr.–Mitte Okt. 9.30, 14 und Juli–Sept. zusätzl. 18.15 Uhr.

## ■ Aussichtspunkte

Bequem geht es mit dem Aufzug zur **Aussichtsplattform in der St. Petrikirche** mit Rundumblick über die

*Einladung zur Hafenrundfahrt*

Stadt, Schüsselbuden 13, Tel. 397-73 24; tägl. 9–21 Uhr, Okt.–März 10–19 Uhr.

■ **Öffentliche Verkehrsmittel**
Einzelfahrscheine sind beim Busfahrer erhältlich, Mehrfahrten-, Tages- und Gruppenkarten beim Fahrer, im ServiceCenter am Zentralen Omnibusbahnhof (ZOB), Tel. 888 28 28 sowie in rund 65 Vorverkaufsstellen. Die in der Innenstadt gelegenen Vorverkaufsstellen können im Internet unter www.stadtverkehr-luebeck.de abgerufen werden.

## Unterkunft
■ **Hotels**
**Radisson SAS Senator**, Willy-Brandt-Allee 6, Tel. 1420, www.senatorhotel.de; DZ 180 Euro. Großzügiges Fünf-Sterne-Hotel an der Trave mit Blick auf das Altstadtpanorama.
**Klassik Altstadt Hotel**, Fischergrube 52, Tel. 70 29 80, www.klassik-altstadt-hotel.de; DZ 125 Euro. In dem Haus mit klassizistischer Fassade ist jedes der 28 Zimmer einem Lübecker Künstler gewidmet.
**CVJM-Hotel am Dom**, Dankwarts-grube 43, Tel. 399 94 10, www.cvjm-luebeck.de; DZ 74 Euro. Kleines Hotel in einem malerischen Winkel der Stadt. Auch ein Häuschen in den schmalen Gängen lässt sich mieten, Tel. 889 97 00.

## Gastronomie
■ **Restaurants**
**Historischer Weinkeller** unter dem Heiligen-Geist-Hospital, Koberg 6–8, Tel. 762 34; tägl. 12–23 Uhr. Gehobene Küche in stilvollem Ambiente; für den großen Hunger gibt es den zum Weinkeller gehörigen **Lübecker Kartof-**

*Lokal in Lübeck*

**felkeller**, der zahlreiche Gerichte auf Basis der Knolle serviert.
**Remise**, Wahmstr. 43–45, Tel. 777 73; Mo-Sa 9–24, So bis 22 Uhr. Schönes Bistro im Hinterhof der ›Neuen Rösterei‹.
**Brauberger**, Alfstr. 36, Tel. 714 44, www.brauberger.de; Mo-Do 17–24, Fr/Sa 17–1 Uhr. Einer der ältesten Bierkeller der Stadt mit Braukessel im Gastraum und Biergarten.
Den schnellen Hunger stillt die **Fisch-Hütte**, An der Untertrave/Drehbrücke, Tel. 733 78; tägl. 11–20, im Sommer bis 21 Uhr.

■ **Cafés**
**Konditorei-Café Niederegger**, Breite Str. 89, Tel. 530 11 26, www.niederegger.de; Mo-Fr 9–19, Sa 9–18, So 10–18 Uhr. Angeschlossen an das tra-

ditionsreiche Marzipan-Stammhaus sind ein Marzipanmuseum und ein Laden.
**Wiener Caféhaus**, Breite Str. 62, Tel. 296 98 95; Mo–Sa 9–19 Uhr, So 10–18 Uhr. Im sehenswerten historischen Kanzleigebäude, mit Terrasse.
**Kunst-Café**, St.-Annen-Straße 15, Tel. 889 84 04, im Vorraum des St.-Annen-Museums.
**Walbaumcafé**, Musterbahn 6, Tel. 88 99 83 08; Di–So 11–17 Uhr. AWO-Ausbildungscafé mit Freisitzfläche im Kreuzgang des Doms.

■ **Nachtleben**
**Roof Pirates**, Hüxterdamm/Ecke Kanalstraße, Tel. 790 74 30, www.roof-pirates.de; bei schönem Wetter 17 Uhr–open end. Freiluft-Szene-Club über den Dächern der Stadt.
**Jazz-Café**, Mühlenstr. 62, Tel. 707 37 34, www.jazzcafe-hl.de; Mo–Fr ab 11, Sa ab 12, So ab 9 Uhr. Der Ort für Freunde der Blue Notes.
Zahlreiche weitere Lokale finden sich auf der Mühlenstraße und Mühlenbrücke.

## Kultur
■ **Museen**
**Buddenbrookhaus**, Mengstr. 4, Tel. 122 41 90; Mo–So 10–18, Jan.–März. Mo–So 11–17 Uhr. Umfangreiche Ausstellung zu Leben und Werk der Künstlerfamilie Mann.
**Behnhaus und Drägerhaus**, Königstr. 9–11, Tel. 122 41 48; Di–So 10–17, Jan.–März 11–17 Uhr. Zwei zur Gemäldegalerie umfunktionierte, äußerst prachtvolle Kaufmannshäuser.
**Günter-Grass-Haus**, Glockengießerstr. 21, Tel. 122 42 30; Museum Mo–So 10–17, Jan.–März Di–So 11–17 Uhr. Thema ist die wechselseitige Beeinflussung von Literatur und bildender Kunst nicht nur im Werk des Nobelpreisträgers.
**Holstentor-Museum**, Mo–So 10–18 Uhr, Jan.–März Di–So 11–17 Uhr. Tel. 122 41 29; Die Ausstellung ›Die Hanse – Macht des Handels‹ hat schon zahlreiche Schulklassen mit dem traditionsreichen Beruf des Kaufmanns vertraut gemacht.
**Kunsthalle St.-Annen-Museum**, St.-Annen-Str. 15, Tel. 122 41 37; Di–So 10–17, Jan.–März 11–17 Uhr. Ausstellung sakraler Kunst des Mittelalters und moderner Kunst in einem sehenswerten Bau mit verstecktem Innenhof.
**Theaterfigurenmuseum**, Kolk 14, Tel. 786 26; tägl. 10–18, Nov.–März 11–17 Uhr. Marionetten und Spielpuppen aus vielen Jahrhunderten und fast allen Kontinenten.

*Theaterfiguren-Museum*

**Willy-Brandt-Haus**, Königstr. 21, Tel. 12 24 2 50; Apr.–Dez. tägl. 11–18, Jan.–März Di–So 11–17 Uhr. Richtet sich mit seinem modernen Museumskonzept vor allem an Kinder und Jugendliche, indem ihnen Zeitgeschichte anhand einer Politikerbiographie nahegebracht wird.

**Industriemuseum Geschichtswerkstatt Herrenwyck**, Kokerstr. 1–3 (Herrenwyck), Tel. 30 11 52; Fr 14–17 Uhr, Sa/So 10–17 Uhr. Reise in die Zeit, als in Lübeck Hochöfen standen; Schwerpunkt des Museums ist die Arbeits- und Alltagsgeschichte.

Weitere Informationen zu den Lübecker Museen gibt es unter www.dieluebecker-museen.de.

■ **Theater**

**Theater Lübeck**, Beckergrube 16, Tel. 39 96 00, www.theaterluebeck.de. Schauspiel, Musiktheater und Konzerte an drei Spielstätten.

**Figurentheater Lübeck**, Kolk 20–22, Tel. 700 60, www.figurentheaterluebeck.de; Vorstellungen 15 und 18 Uhr. Das Repertoire reicht von Märchen und Fabeln bis zur Oper, gespielt wird unter anderem mit historischen Marionetten, Handpuppen, Stabfiguren und Masken.

**Freilichtbühne**, Tel. 04194/75 64, www.buehne-luebeck.de. In den historischen Wallanlagen gibt es im Sommer nachmittags Kindertheater und abends Live-Konzerte und Kinoklassiker.

■ **Veranstaltungen**

**Schleswig-Holstein Musik Festival**, Anfang Juli–Ende August, Tel. 0431/23 70 70, www.shmf.de. Festival klassischer Musik mit jährlich wechselndem Länderschwerpunkt an teils ungewöhnlichen Spielorten.

**Konzerte** finden auch in den Kirchen Lübecks regelmäßig statt: www.kirchenmusik-luebeck.de.

## Sport und Aktivitäten

■ **Radfahren**

**Fahrradverleih die pedale**, Roonstr. 7–9, Tel. 640 48, www.die-pedale.de; Mo–Fr 9–13.30 und 15–18 Uhr, Sa 9–13 Uhr.

■ **Baden**

**Krähenteich**, An der Mauer 37; Ende Mai–Mitte Sept. 10–19 Uhr. Idyllisches Natur-Freibad am Rande der Innenstadt.

An den Sandstrand der Ostsee nach Travemünde geht es mit den halbstündlich verkehrenden Schnellbussen 30 und 40.

■ **Einkaufen**

Eine der schönsten Adressen zum Bummeln ist die **Hüx-Straße** mit originellen Geschäften, Restaurants und Cafés in historischen Häusern.

Etwas bescheidener, aber nicht weniger schön präsentieren sich die benachbarte **Fleischhauer- und die Wahmstraße**.

**Doehring Schokolade**, Kleine Petersgrube 10, Tel. 749 53; Do–Sa 14–17 Uhr. Selbstgemachte Schokoladen und Kuchen in einem versteckten Lädchen mit Stehcafé.

Den **Rotspon**, einen in Lübeck abgefüllten Bordeaux, testet man zum Beispiel auf der Gartenterrasse im **Nordischen Weinhaus**, Fleischhauerstr. 30, Tel. 727 60; Mo–Fr 10–19, Sa bis 16 Uhr.

**Wein-Castell**, Glockengießerstr. 21, Tel. 79 36 79. Für Fans gibt es hier den ›Grass-Wein‹ aus der Lombardei.

## Travemünde

Die ›schönste Tochter Lübecks‹ war von Beginn an von zentraler Bedeutung für die Geschäfte der Lübecker Kaufmänner. Ein freier Zugang zur Ostsee war die Grundlage des Handels. 1329 kauften die Ratsherren deshalb das kleine Fischerdorf, das seine Entstehung Graf Adolf III. von Schauenburg verdankt. Er gründete 1187 an der Mündung der Trave eine Burg, in deren Schutz rasch eine Siedlung entstand. Das Bollwerk wurde im Lauf der Jahrhunderte zur Seefestung ausgebaut, und ab 1539 wies ein steinerner Leuchtturm den Weg.

Friedlicher präsentierte sich Travemünde ab dem 19. Jahrhundert: 1802 wurde Travemünde nach Heiligenhafen und Norderney das dritte offizielle ›Seebad‹ im deutschen Reich. Schon 1825 wurde das Casino eröffnet, und Linien-Dampfer beförderten Spielwillige und Erholungsbedürftige aus Kopenhagen und St. Petersburg ins Seebad. Die Liste der illustren Ferien- und Casinogäste ist lang und reicht von Richard Wagner, Fëdor Dostoevskij, Ivan Turgenjev, den Mitgliedern der Familie Mann und Franz Kafka bis zu Aristoteles Onassis. Noch heute präsentiert sich Travemünde mit dem in alter Pracht neu erstrahlenden Casino im Hotel ›Columbia‹ und der Strandpromenade mondän, doch sind die Travepromenade und die Vorderreihe eine beliebte Flanier- und Vergnügungsmeile auch weniger betuchter Ausflügler und Urlauber.

Travemünde ist im Sommer ein sehr beliebtes Naherholungsziel nicht nur der Lübecker. Besonders an den Wochenenden kann es dann auf der Promenade und am Strand sehr voll werden. Aber auch für Naturliebhaber und Kulturfreunde hält das Ostseebad jede Menge Entdeckenswertes bereit.

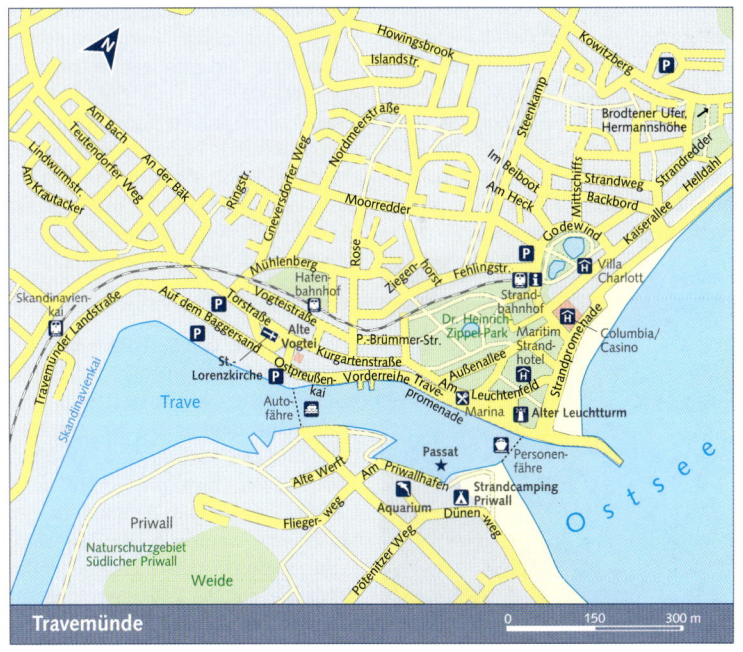

### ■ Strandpromenade

Wenn man mit Bus oder Bahn am Strandbahnhof (in dem sich auch die Touristeninformation befindet) ankommt, geht es geradeaus auf der geschäftigen Bertlingstraße vorbei am noblen Casino zur sehr großzügig bemessenen Strandpromenade. Sofort ziehen die riesigen Fährschiffe, die rechter Hand aus der Trave in die Ostsee gleiten, den Blick auf sich. Wer jetzt erst mal Seeluft schnuppern will, geht auf der Strandpromenade links, entlang am belebten Sandstrand mit den bunt gestreiften Strandkörben auf der See- und den vornehmen Villen auf der Landseite. Die Promenade mündet in einen Rad- und Wanderweg, der über dem Brodtener Ufer entlangführt. Nach etwa drei Kilometern mit weitem Ausblick über das Steilufer auf die Lübecker Bucht wartet mit der **Hermannshöhe** ein beliebtes Ausflugslokal.

Rechts dagegen führt die Strandpromenade vorbei am hoch aufragenden ›Maritim Strandhotel‹, auf dem in 115 Meter Höhe seit 1972 ein Leuchtfeuer die Aufgabe des alten Leuchtturms übernimmt. Am Ende der von Souvenirbuden gesäumten Promenade geht es rechts in die Travepromenade.

*Das Casino*

▲ *Am Brodtener Ufer*

### ■ Travepromenade und Priwallhalbinsel

Hier legt die Personenfähre auf die Priwallhalbinsel ab. Am gegenüberliegenden Priwallufer sieht man bereits die Passat, eine ausrangierte Viermastbark von 1911, die zu besichtigen ist. Gleich dahinter befinden sich ein Aquarium und das Naturschutzgebiet Südlicher Priwall, das durch Wanderwege erschlossen ist und wichtiger Rastplatz für Zugvögel ist.

Wieder zurück auf der Travepromenade kann man sich in einem der zahlreichen Lokale mit Freisitzflächen den Wind um die Nase wehen lassen – mit Blick auf die vorbeifahrenden Fährschiffe, die vom traveaufwärts zu sehenden Skandinavienkai ablegen.

### ■ Vorderreihe und St. Lorenz-Kirche

Wer an der Travepromenade nichts Passendes findet, wird spätestens in der Vorderreihe fündig, wo sich Lokal an Lokal und Geschäft an Geschäft reiht. Hier starten auch die Boote nach Lübeck. Ruhiger wird es am Ende der Vorderreihe, wenn man sich dem historischen Ortskern nähert. Gegenüber der Autofähre auf die Priwallinsel, neben der sich der Fischereihafen befindet,

*Am Strand von Travemünde*

liegt hier die **Alte Vogtei**, wo früher der Hafenkommandant residierte. Hinter deren einladender Giebelfassade mit ihrer prächtigen Rokokotür befinden sich heute ein Restaurant mit Café und eine sehenswerte Ladengalerie.

Nach der Alten Vogtei führt rechts die St.-Lorenz-Straße zur namensgebenden wuchtigen Kirche mit dem gedrungenen Turm aus dem Jahr 1557. Im Inneren der St. Lorenzkirche lohnen die bemalte Balkendecke, der Barockaltar und das Triumphkreuz vom Ende des 15. Jahrhunderts einen Blick. Umstanden wird der stille grüne Kirchhof von farbenfrohen Fischerkaten in Fachwerk-architektur, die liebevoll restauriert wurden. Kein Haus gleicht hier dem anderen.

Über die Jahrmarktstraße geht es entweder zurück zu einem schönen Platz am Ende der Vorderreihe oder aber über den Hirtengang zum nahen Hafenbahnhof, von wo Züge und Busse nach Lübeck verkehren.

### ℹ Travemünde

**Vorwahl**: 04502.

**Touristeninformation**, im Strandbahnhof Travemünde, Bertlingstr. 21, 23570 Travemünde, Tel. 0451/8889700, www.travemuende-tourismus.de; Nov.–Ostern Mo–Fr 9.30–18 Uhr, Ostern–31. Mai und Sept./Okt. zusätzlich Sa 10–15 Uhr, So 11–14 Uhr, Juni–Aug. zusätzlich Sa/So 10–17 Uhr. Mit Cafébar und Internetzugang. Die **HappyDayCard** (→ Lübeck) gilt auch für Fahrten zwischen Lübeck und Travemünde mit Bus oder Bahn.

### 🚗

Von Hamburg aus auf der A1 bis zum Autobahndreieck Bad Schwartau, auf die A226 Richtung Travemünde, die in die B75 übergeht.
Auf der A1 von Puttgarden kommend, empfiehlt sich die Fahrt entlang der Lübecker Bucht auf der B76 ab Scharbeutz.

### 🚆

Von Lübeck aus verkehren stündlich Regionalzüge nach Travemünde, in der Hauptsaison gibt es auch direkte Verbindungen mit IC und ICE von Hamburg aus.

### ⚓

Vom **Skandinavienkai** gibt es Passagierverbindungen nach Trelleborg, Malmö, Helsinki, Riga und St. Peters-

burg. Mit den Bussen der Linien 30, 31 und 40 gelangt man vom neuen Terminalgebäude in etwa 30 Minuten nach Lübeck.
Alternativ kann man mit diesen Linien auch zum Bahnhof ›Skandinavienkai‹ oder zum Strandbahnhof fahren, von wo stündlich ein Regionalexpress nach Lübeck verkehrt.

**Hotel Columbia**, Kaiserallee 2, 23570 Lübeck-Travemünde, Tel. 308-0, Fax -333, www.columbia-hotels.com. Traditionsreiches Luxushotel an der Strandpromenade, mit Casino und Wellnessangebot.
**Hotel Villa Charlott**, Kaiserallee 5, 23570 Lübeck-Travemünde, Tel. 8611-0, Fax -99, www.villa-charlott.de. Mittelklassehotel in einer Villa mit schöner historischer Bäderarchitektur, direkt beim Casino.

**Strandcamping Priwall**, Dünenweg 3, 23570 Travemünde, Tel. 2835, Fax 889801, www.strandcamping-priwall.de. Auf der Priwall-Halbinsel gelegener Campingplatz in unmittelbarer Strandnähe.

**Alte Vogtei**, Vorderreihe 7, Tel. 770868; tägl. 9–23 Uhr. Café und Restaurant im historischen Amtsgebäude des Stadtvogts; in dem renovierten Gebäude gibt es auch einen Weinladen und ein Teekontor.
**Marina**, Trelleborgallee 2a, Tel. 74347, www.marina-travemuende.de; 11–22 Uhr. Mediterrane und deutsche Gerichte, von der Terrasse Blick auf den Yachthafen.
**Erlebniscafé Hermannshöhe**, Hermannshöhe 1; Mai–Sept. tägl. 10–21 Uhr, Okt.–April Di–So 11–19 Uhr. Beliebtes Ausflugslokal in unschlagbarer Lage über dem Steilufer.

**Casino im Columbia Hotel**, Kaiserallee 2, Tel. 8410; großes Spiel Mo–Fr 17–2, Sa/So 15–2 Uhr, Automaten tägl. 11–1.30 Uhr. Jackettzwang, Ausweis nicht vergessen.
Bei schönem Wetter empfiehlt sich eine der zahlreichen Bars an den Promenaden, wie die **La Luna Bar**, Vorderreihe 64, Tel. 9998605; tägl. 10–2, So 10–22 Uhr.

**Passat**, Viermastbark von 1911, zu besichtigen am Priwallufer; 10–17 Uhr.
**Ostseestation Priwall**, Am Priwallhafen 10, Tel. 308705, www.ostseestation.de; Di–So 10–17, Nov.–April Do–So 10–17 Uhr. Im neben der ›Passat‹ gelegenen Aquarium erläutern Meeresbiologen die Lebensgewohnheiten von Quallen, Seeanemonen und Katzenhaien.

**Travemünder Woche**, zweite Julihälfte: Segelsportveranstaltung mit umfangreichem Festivalprogramm, Regattabüro/Organisation, Trelleborgallee 2a, Tel. 86900, www.travemuender-woche.com. Nach der Kieler Woche das weitgrößte Segelfest der Welt, mit umfangreichem Unterhaltungsprogramm.

*Das Lübecker Holstentor*

CONCORDIA DOMI FORIS PAX

Historisch auf Schritt und Tritt, dabei lebendig und studentisch, so ist der Eindruck in den Altstadtgassen der Hansestadt mit den schmalen Giebelhäusern, mal im Backsteinkleid, mal bunt getüncht. Rostock hat viel mitgemacht, wurde besetzt und zerstört, war reich und arm, ist kaufmännisch und industriell und entdeckt heute endlich sein touristisches Potential, das man in Warnemünde schon seit 200 Jahren pflegt.

## Ihre Reise Route 2

**Sehenswertes:** Helsinki: Kirche von Temppeliaukio; St. Petersburg: Peter-Paul-Festung; Klaipeda: Kurische Nehrung

### Reiseverlauf

Busanreise nach Bremerhaven

| Tag | Hafen | An | Ab |
|-----|-------|-----|-----|
| 01 | Bremerhaven | | 19.00 |
| 02 | Durchfahrt Nord-Ostsee-Kanal | | |
| 03 | Visby/Gotland *(Schweden)** | 12.00 | 20.00 |
| 04 | Stockholm *(Schweden)* | 08.00 | 17.00 |
| 05 | Helsinki *(Finnland)* | 11.00 | 17.00 |
| 06 | St. Petersburg *(Russland)*° | 08.00 | |
| 07 | St. Petersburg *(Russland)*° | | 18.00 |
| 08 | Tallinn *(Estland)* | 07.00 | 13.00 |
| 09 | Riga *(Lettland)* | 07.30 | 18.00 |
| 10 | Klaipeda *(Litauen)* | 11.00 | 21.00 |
| 11 | Gdansk *(Polen)* | 07.00 | 17.00 |
| 12 | Erholung auf See | | |
| 13 | Bremerhaven Ausschiffung & Busrückreise | 09.00 | |

* Schiff auf Reede, Ausbooten wetterabhängig
° Landgang nur in Verbindung mit dem Ausflugsprogramm

Länder und Leute

Kiel

Lübeck

Rostock

Gdańsk

Kaliningrad

Klaipėda

Riga

Tallinn

St. Petersburg

Helsinki

Stockholm

Visby auf Gotland

Rønne auf Bornholm

Kopenhagen

Sprachführer

Reisetipps von A bis Z

Anhang

# Inhalt

| | |
|---|---:|
| Vorwort | 17 |
| Hinweise zur Benutzung | 18 |
| Das Wichtigste in Kürze | 19 |

## Länder und Leute 20

### Die Ostsee als Naturraum 22
| | |
|---|---:|
| Geographische Gliederung | 22 |
| Entstehung der Ostsee | 24 |
| Die Tierwelt | 28 |

### Geschichte der Ostseeregion 30
| | |
|---|---:|
| Die Wikinger | 30 |
| Dänisches Ostseereich, Deutscher Orden und Hanse | 31 |
| Reformation und Dreißigjähriger Krieg | 34 |
| Vom Aufstieg Russlands bis zur Revolution | 36 |
| Die Ostsee zur Zeit der Weltkriege | 38 |
| Kalter Krieg und Zerfall der politischen Blöcke | 39 |
| Politische und wirtschaftliche Zusammenarbeit | 39 |
| Gemeinsame Projekte | 41 |
| Ländersteckbrief Polen | 43 |
| Ländersteckbrief Russische Föderation | 44 |
| Ländersteckbrief Litauen | 49 |
| Ländersteckbrief Lettland | 51 |
| Ländersteckbrief Estland | 53 |
| Ländersteckbrief Finnland | 55 |
| Ländersteckbrief Schweden | 57 |
| Ländersteckbrief Dänemark | 59 |

## Kiel 62

### Stadtgeschichte 64

### Stadtrundgang 67
| | |
|---|---:|
| Hauptbahnhof | 67 |
| Holstenplatz | 67 |
| Holstenstraße | 69 |
| Europaplatz | 69 |

| | |
|---|---|
| 69 | Asmus-Bremer-Platz |
| 69 | Holstenbrücke |
| 69 | Alter Markt und Nikolaikirche |
| 69 | Dänische Straße |
| 70 | Abstecher zur Kiellinie |
| 72 | Kleiner Kiel |
| 72 | Rathaus und Oper |
| 73 | Kiel-Informationen |
| 78 | Holtenau |
| 79 | Laboe |
| 79 | Freilichtmuseum Molfsee |

# Lübeck

| | |
|---|---|
| 80 | |
| 82 | **Stadtgeschichte** |
| 87 | **Stadtrundgang** |
| 87 | Markt |
| 88 | St. Marien |
| 90 | Buddenbrookhaus |
| 90 | St. Petri |
| 91 | Salzspeicher |
| 91 | Holstentor |
| 91 | Theaterfigurenmuseum |
| 92 | Dom |
| 92 | Kunsthalle St. Annen und St. Annen-Museum |
| 93 | St. Aegidien |
| 93 | St. Katharinen |
| 93 | Günter-Grass-Haus |
| 94 | Willy-Brandt-Haus |
| 94 | Behnhaus und Drägerhaus |
| 94 | Heiligen-Geist-Hospital |
| 95 | Burgtor und Burgkloster |
| 95 | St. Jakobi und Schiffergesellschaft |
| 96 | Gänghäuser |
| 96 | Lübeck-Informationen |
| 101 | Travemünde |
| 102 | Strandpromenade |
| 102 | Travepromenade und Priwallhalbinsel |

Vorderreihe und
St.-Lorenz-Kirche 102

## Rostock 106

**Stadtgeschichte** 108

**Stadtrundgang** 112
Die westliche Altstadt 112
Neuer Markt 112
Marienkirche 112
Universitätsplatz 113
Kloster zum Heiligen Kreuz 114
Kröpeliner Tor 114
Südwestliche Stadtmauer und
Wallanlagen 115
Steintor 115
Die östliche Altstadt 116
Kerkhoffhaus 116
Krahnstöverhaus 116
Kuhtor 116
Internationaler Klub der
Seeleute 116
Nikolaikirche 117
Petrikirche 117
Stadthafen 117
Hausbaumhaus 118
Lange Straße 118
Rostock-Informationen 118

Warnemünde 123
Am Strom 123
Leuchtturm und Teepott 123
Seepromenade 124
Alexandrinenstraße 124
Maritime Science Center 126
Markgrafenheide 127
Heiligendamm 129

## Gdańsk 130

**Stadtgeschichte** 132

# Rostock

Großes Staunen am kleinen Bahnhof: Ein Ozeanriese gleitet vorbei. Gleich hinter den Warnemünder Gleisen, leuchtend weiß und mit majestätischer Ruhe. Es riecht nach Meer und Freiheit. Welcher Kontrast zu den tristen Vorstadtsiedlungen entlang der Straßen und Schienen von Rostock nach Warnemünde. Das Ostseebad erscheint einem wie eine maritime Oase: der Leuchtturm, der wie ein Denkmal über die Seepromenade wacht, der endlose Sandstrand, wo man im Strandkorb sitzend Schiffen aus aller Welt zuwinken kann, die fetten Möwen, die über den Fischkuttern am Alten Strom auf Häppchen lauern, die prächtigen Bädervillen und die putzigen Fischerhäuschen, die Warnemünde selbst zur Hochsaison einen melancholischen Anstrich geben. Warnemünde ist nicht nur Rostocks Zugang zum Meer, es ist auch der Schlüssel zur Hansestadt. Rostock versteht man am besten vom Wasser aus, bei einer Fahrt auf der Warnow. Dann zeigt sich die alte Hansestadt als schier endloses Ensemble aus Kränen und Werften, ein Gewusel aus klobigen Tankern, schnittigen Segeljachten, bunten Ausflugsbooten und feudalen Kreuzfahrtschiffen. Erst dann ahnt man, dass Rostock in seiner knapp 800-jährigen Geschichte stets zum Meer ausgerichtet war.

## Stadtgeschichte

Rostock entwickelte sich aus einer slawischen Seehandelssiedlung. Der Name ›Roztok‹ bedeutet ›sich teilender Fluss‹. Gemeint ist die Gabelung der Warnow, die auf mittelalterlichen Darstellungen noch eingezeichnet war.

Mitte des 12. Jahrhunderts eroberte der sächsische Herzog Heinrich der Löwe das Mündungsgebiet. Deutsche Siedler verdrängten die Slawen. 1218 erhielt Rostock lübisches Stadtrecht wie viele andere Ostseestädte im Mittelalter, etwa Danzig (Gdánsk), Kiel und Reval (Tallinn). Nacheinander entstanden von Ost nach West eigenständige Teilstädte mit eigenen Zentren und Kirchen – daher die Namen Alter Markt und Neuer Markt.

▲ *Achtung: Ein Schiff fährt ein*

## Stadtgeschichte [ 109 ]

*Von Warnemünde nach Heiligendamm*

### Hansezeit
1259 verbündete sich Rostock mit den Ostseestädten Lübeck und Wismar gegen die wachsende Bedrohung durch Seeräuber und errichtete das Fundament für den Kaufmannsbund Hanse. Eine gemeinsame Stadtmauer vereinte die Rostocker Teilstädte – schönstes Überbleibsel ist das Kröpeliner Tor an der Westseite.

Mit dem Kauf des Seehafens Warnemünde im frühen 14. Jahrhundert sicherte sich Rostock den freien Zugang zum Meer. Wichtige Handelspartner waren Riga, Schonen – damals Dänemark, heute Schweden – und Visby auf Gotland. Vom ersten Hansetag 1356 bis zum letzten Hansetag 1669 war Rostock ein wichtiges Mitglied, wenn auch nie so einflussreich wie Lübeck. Vom großen Wohlstand zeugen prächtige Kaufmannshäuser wie das Kerkhoffhaus und das Hausbaumhaus ebenso wie die Universität von 1419, eine der ersten im Ostseeraum.

### Dreißigjähriger Krieg
Lange vor dem letzten Hansetag verlor der Städtebund seinen Einfluss zu Gunsten der Landesfürsten. Zudem war Rostock in zahlreiche Konflikte verwickelt. Im späten 16. Jahrhundert zwang ein verlorener Krieg Rostock unter die Hoheit des mecklenburgischen Fürsten. Im Dreißigjährigen Krieg 1618 bis 1648 wurde Rostock besetzt und geplündert. Ehe sich die Bürger erholen konnten, zerstörte ein Großbrand etwa ein Drittel der Häuser.

Die Einwohnerzahl sank auf ein Drittel und lag Ende des 17. Jahrhunderts bei rund 5000. Weitere Kriege verhinderten lange, dass Rostock sich wieder aufrappelte.

### Industrialisierung und Badezeit
Rostocks beste Tage erkennt man an den dominanten historischen Baustilen: die Backsteingotik des Mittelalters sowie Barock und Historismus – etwa die Rathausfassade und das Universitätsgebäude im Neorenaissancestil. Mit der Industrialisierung nahm auch der Handel wieder zu. Mitte des 19. Jahrhunderts war Rostocks Handelsflotte führend im Ostseeraum, der Schiffsbau florierte. Um 1830 wurden die alten Stadtgrenzen zu eng, die Stadtmauer wurde abgetragen. Im Süden entstand das Villenviertel Steintorvorstadt, im Westen das Arbeiterviertel Kröpeliner-Tor-Vorstadt.

Auch Warnemünde prosperierte. An der ganzen deutschen Ostseeküste sprossen Seebäder hervor. Den Anfang machte 1793 Heiligendamm, westlich von Rostock. Gut 25 Jahre später kamen die ersten Badegäste nach Warnemünde. Die Gründung des deutschen Kaiserreichs 1871 gab Rostocks Wirtschaft einen enormen Schub. Anfang des 20. Jahrhunderts zählte die Stadt 55 000 Einwohner.

## Der Strandkorb

»Der erste Strandkorb hat ausgesehen wie ein aufrecht gestellter Wäschekorb mit einem quer eingelegten Brett«, sagt Rudolf Bartelmann. Er ist der Enkel des kaiserlichen Hof-Korbmachers und Strandkorberfinders Wilhelm Bartelmann. Seinen Zweck erfüllte auch schon das einfache Pioniermodell von 1882. Bartelmann baute es für die rheumakranke Adelige Elfriede Maltzahn aus Rostock. Trotz ihres Leidens verbrachte sie ihre Ferien gerne an der See. Also entwarf Wilhelm Bartelmann einen Einsitzer, der die Dame vor dem rauen Wind und der stechenden Sonne schütze. Bald darauf konstruierte Johann Falck, ein Schüler Bartelmanns, den ersten Zweisitzer in Halblieger-Form. Die Rückwand ließ sich um 45 Grad nach hinten klappen. Kurze Zeit später organisierte Wilhelms Frau Elisabeth die erste Strandkorbvermietung nahe des Warnemünder Leuchtturms. In den 1920er Jahren war der Strandkorb schon an der ganzen Ostseeküste verbreitet.

Die erste Strandkorbfabrik wurde 1925 in Heringsdorf auf Usedom gegründet. Heute fertigen bei der Korb GmbH knapp 40 Mitarbeiter im Jahre 5000 bis 5500 Strandkörbe aus Kunststoff oder Rattan an, in verschiedenen Farben oder Naturtönen – alles in Handarbeit gefertigt. Acht bis zwölf Stunden arbeitet ein guter Korbflechter an jedem Exemplar. Die Basisvariante gibt es ab etwa 700 Euro. Zwei Grundmodelle werden unterschieden: Ostseekorb und Nordseekorb. Der Ostseekorb mit geschwungen Linien und abgerundeten Kanten wirkt eher gemütlich, verspielt, chic; der Nordseekorb mit seinen geraden Kanten wirkt vergleichsweise nüchtern und zweckmäßig. Es heißt, in den Formen der Strandkörbe spiegelt sich die Mentalität der jeweiligen Küstenbewohner. Neben den klassischen Modellen bieten die Strandkorbbauer auch allerlei Extravagantes: Hundestrandkörbe, Luxuskörbe mit integrierter Heizung, Massageeinheit und Kühlbox oder eingebautem CD-Spieler werden schon serienmäßig gebaut. Die teuersten Modelle werden für 3- bis 4000 Euro verkauft. Nur ein Drittel der Produktion wird den Zweck seiner ursprünglichen Bestimmung erfüllen: Wind und Wetter am Strand zu trotzen. Der größte Teil ziert als Möbelstück Terrassen, Gärten, Wintergärten, Lofts und Balkone.

*Über 5000 der bequemen Strandmöbel baut die Heringsdorfer Korb GmbH pro Jahr*

*Schiffsbau seit 1850*

## 20. Jahrhundert

In den 20er Jahren kamen mit ›Arado‹ und ›Heinkel‹ zwei Flugzeugwerke nach Warnemünde, die vornehmlich Rüstung produzierten. Nach der Machtergreifung durch die Nationalsozialisten produzierte auch die Rostocker Neptun-Werft mehr und mehr U-Boote und Kriegsschiffe. Noch vor dem Krieg wuchs Rostock auf 100 000 Einwohner an. Die Rüstungsindustrie schaffte Arbeit – und zum Kriegsende Zerstörung durch die Alliierten.

In der DDR wurde Rostock zum Zentrum des Schiffsbaus und Außenhandels, vor allem mit der Sowjetunion. 1960 wurde der erste Überseehafen eingeweiht. Im historischen Zentrum ließ die DDR-Regierung repräsentative Bauten anlegen. Typisches Beispiel ist die Lange Straße. Gleichzeitig wichen viele alte Gebäude dem Plattenbau. Kurz vor dem Ende der DDR erreichte Rostocks Einwohnerzahl ihren Höhepunkt: 250 000. Westlich der Warnow, zwischen Rostock und Warnemünde breiteten sich Wohnsiedlungen aus.

Nach dem Mauerfall brach die Schiffsindustrie ein. Rostock etablierte sich zumindest als Fährhafen mit Linien nach Gedser in Dänemark und Trelleborg in Schweden. Internationale Unternehmen siedelten sich an, darunter die Maschinenbaufirmen ›Caterpillar‹ aus den USA, und ›Liebherr‹ aus der Schweiz. 1992 machte Rostock Schlagzeilen, als Neonazis im Stadtteil Lichtenhagen ein Asylbewerberheim angriffen und anzündeten – unter dem Applaus einer schaulustigen Menge. Bis heute denkt man bei Rostock an diese Pogrome. Zehn Jahre nach dem Mauerfall zählte Rostock nur noch 200 000 Einwohner.

## Kultur und Tourismus nach 1989

Positive Signale setzt Rostock mit der Hanse Sail. Über eine Million Besucher jährlich lockt das maritime Volksfest, bei dem rund 300 große Segelschiffe im Stadthafen einlaufen, darunter die Gorch Fock. Auch Warnemünde hat ein jährliches Segelspektakel, die Warnemünder Woche, setzt aber mehr auf den sportlichen Wettbewerb.

Die Internationale Gartenausstellung (IGA) 2003 war ein wirtschaftlicher Flop, bescherte den Rostockern aber ein zusätzliches Erholungsgebiet direkt an der Warnow in Höhe des Warnow-Tunnels, der im selben Jahr den Betrieb aufnahm. Im Rostocker Stadtteil Hohe Düne, östlich von Warnemünde, eröffnete 2005 der neue Yachthafen mit Kongresscenter und weitläufiger Hotelanlage.

*Schiffe auf der Hanse Sail*

# Stadtrundgang

Zwei Stadtrundgänge bieten sich in Rostock an, einer führt durch die westliche Altstadt mit Marienkirche, Universität und Kloster zum Heiligen Kreuz, der andere durch die östliche Altstadt mit Kerkhoffhaus, Petrikirche und Hausbaumhaus. Schnittstelle beider Rundgänge ist der Neue Markt.

## Die westliche Altstadt

Praktischer Ausgangspunkt für einen Altstadtrundgang ist der zentrale Platz Neuer Markt. Hier treffen sich die Kröpeliner Straße aus Westen kommend und die Steinstraße aus Süden.

### ■ Neuer Markt

Der Neue Markt wirkt erstaunlich leer, als würde er gerade renoviert oder warte auf ein Volksfest. Immerhin verrät der unauffällige **Möwenbrunnen** von Waldemar Otto mit seinen müden Wassergöttern eine gewisse Nähe zum Meer. Seit Kriegsende ist der Platz auf der Nordseite unbebaut, eine Ausschreibung soll Abhilfe schaffen. Erst die Lange Straße setzt eine späte Begrenzung. Vor dem Krieg war der Neue Markt Rostocks Schmuckstück, komplett geschlossen mit prächtigen bunten Giebelhäusern wie auf der Westseite. Sie repräsentieren die zweite Blütezeit der Hansestadt, spätes 18. bis spätes 19. Jahrhundert.

Gegenüber steht das pinkfarbene **Rathaus** mit den sieben Backsteintürmchen. Im 13. Jahrhundert errichtet, erhielt es im Barock seine heutige Fassade mit Laubengang. Im Mittelalter war Rostocks Rathaus zugleich Handelszentrum. Einblick in die mittelalterlichen Gewölbe gibt es im **Ratskeller**, einer der ältesten Gaststätten Rostocks. Im Nordwesten des Neuen Markts sieht man die Rückseite der Marienkirche.

### ■ Marienkirche

Die wuchtige Marienkirche von 1440 markiert den Höhepunkt des Rostocker Hansewohlstands. Ein später Einsturz dehnte die Bauzeit auf 150 Jahre. Die Reste des ursprünglichen Baus erkennt man an den roten Backsteinen, den neueren Teil an den bunten Backsteinen. Auf den ersten Blick relativ schmucklos, offenbart die Marienkirche beim Rundgang einige Schätze: die hölzerne **Kanzel** aus der Renaissance, den mittelalterlichen **Taufkessel** und **die astronomische Uhr** aus dem 15. Jahrhundert – ein mechanisches Kunstwerk mit allen erdenklichen Kalendern. Jeweils zur vollen Stunde beginnt ein Glockenspiel und zweimal täglich ein sogenannter Apostelumgang, bei dem fünf Jünger an Jesus vorbeiziehen und gesegnet werden.

▲ *Möwenbrunnen am Neuen Platz*

Karte S. 113

Dem sechsten Jünger, Judas, wird der Segen verwehrt.

Weiter geht es die Kröpeliner Straße entlang in westlicher Richtung. So manche Läden und Firmen dieser Einkaufsmeile residieren hinter prächtigen historischen Fassaden. Eines der schönsten Exemplare ist das **Haus Ratschow** (Nr. 82), Heimat der Rostocker Stadtbibliothek. Das Haus zeigt sich in feinster Backsteingotik des 15. Jahrhunderts aus kunstvoll arrangierten roten und schwarzen Ziegeln. Ein Stückchen weiter mündet die Kröpeliner Straße in den Universitätsplatz.

### ■ Universitätsplatz

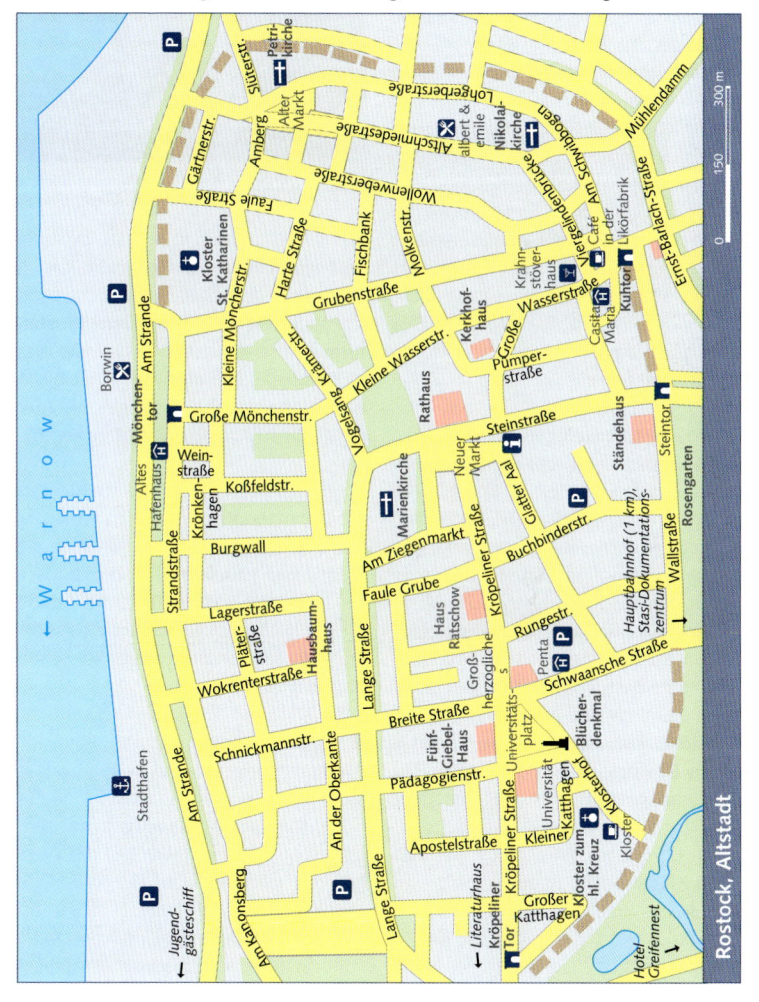

Der dreieckig geschnittene Platz ist ähnlich leer wie der Neue Markt, wirkt gleichwohl viel lebendiger. Vermutlich liegt es an dem beliebten **Brunnen der Lebensfreude**. Die Leute haben ebenso viel Spaß wie die schrillen Bronzeskulpturen von Jo Jastram und Reinhard Dietrich. Auch hier ist der Möwe eine Skulptur gewidmet, beinahe eine Konkurrenz für das Stadtwappentier, den Rostocker Greif.

Nach Westen schließt ein winziger Park an den Brunnen an, dahinter glänzt die rote Fassade des **Universitätshauptgebäudes** im Neorenaissancestil. Gegründet wurde die Uni schon Anfang des 15. Jahrhunderts als eine der ersten Deutschlands. Sie betreut heute rund 15 000 Studenten in über 70 Fachrichtungen. Unter den Studenten und Professoren waren der Schriftsteller Erich Kästner, der Physik-Nobelpreisträger Otto Stern und der Anthroposoph Rudolf Steiner. Über die südwestliche Ecke des Universitätsplatzes gelangt man durch ein Backsteintor ins Kloster zum Heiligen Kreuz.

*Im Kulturhistorischen Museum*

### ■ Kloster zum Heiligen Kreuz

Der Rummel der Kröpeliner Straße ist plötzlich wie verschluckt. Immer noch herrscht im ehemaligen Zisterzienserkloster erhabene Ruhe, besonders im grünen Innenhof. Im Hauptgebäude befindet sich das **Kulturhistorische Museum Rostock** mit Dauer- und Wechselausstellungen und einer großen Sammlung, darunter Kunsthandwerk, Möbel, Spielzeug, Gemälde und Münzen.

Im Klosterhof wartet das **Kempowski-Archiv Rostock** mit rekonstruierten Räumen und gesammelten Gegenständen des Rostocker Schriftstellers und deutschen Chronisten. Nebenan in der massiven **Klosterkirche** üben Theologiestudenten das Predigen.

Zur Stärkung lädt das nette **Café Kloster** mit Innenhof und Garten. In dem länglichen Bau aus dem frühen 18. Jahrhundert wohnten die Stiftsdamen. Gleich links neben dem Café haben Jochen und Christiane Lamberz ihre **Galerie Klosterformat**. Die Künstlerin verwendet das im Mittelalter gebräuchliche einheitliche Bausteinformat ›Klosterziegel‹ als Ausgangsform für ihre originellen Keramiken.

Über den Garten des Café ›Kloster‹ kommt man in einen kleinen Park, der sich üppig grün und blumenreich an die Stadtmauer schmiegt. Über die Nordseite der Klosterkirche führt die Straße Kleiner Katthagen zurück auf die Kröpeliner Straße. Von dort sieht man schon das Kröpeliner Tor.

### ■ Kröpeliner Tor

An dem kantigen Backsteinriegel endet die Kröpeliner Straße. Das 54 Meter hohe Tor entspricht weitgehend dem letzten Ausbau von 1400. Nur das Wappen mit dem Greif auf der Westseite kam im letzten Jahrhundert hinzu. Im Tor zeigt der Verein ›Geschichtswerkstatt Rostock‹ verschiedene Ausstellungen zur Stadtgeschichte. Südlich des Tors beginnt die südwestliche Stadtmauer.

■ **Südwestliche Stadtmauer und Wallanlagen**

Gut 450 Meter lang ist dieser Abschnitt der rekonstruierten historischen Stadtbefestigung zwischen Kröpeliner Tor und Schwaanscher Straße Ecke Wallstraße. Vom 13. bis zum frühen 19. Jahrhundert umschloss die Stadtmauer die gesamte heutige Altstadt, also alle drei ehemaligen Teilstädte zwischen der Warnow und der August-Bebel-Straße, zwischen Kanonsberg und Warnowstraße. Nach Abriss der Stadtmauer legte man südlich des Klosters einen Park an, die Wallanlagen. Gut 100 Jahre später wurden einige Abschnitte der ursprünglichen Stadtmauer wieder aufgebaut. An der Außenseite führt ein Weg durch die Wallanlagen in östlicher Richtung bis zur Schwaanschen Straße beziehungsweise Hermannstraße.

Man folgt der Wallstraße oder geht durch den **Rosengarten** direkt südlich entlang der Wallstraße bis zur nächsten Querstraße. Durch das Steintor gelangt man zurück in die Altstadt.

■ **Steintor**

Mit dem relativ hohen Spitze wirkt das Steintor wie ein abgesägter Kirchturm. Nach dem Zweiten Weltkrieg rekonstruierte man das Tor im niederländischen Renaissancestil des späten 16. Jahrhunderts. Im Mittelalter war das Tor viel höher und der wichtigste südliche Stadtzugang.

Einladender wirkt das Steintor auf der Altstadtseite mit dem eleganten Vorbau. Über dem Durchgang mahnt eine lateinische Inschrift: ›Sit intra te concordia et publica felicitas‹ – ›In deinen Mauern herrsche Eintracht und allgemeines Wohlergehen‹. Stadteinwärts mündet die Steinstraße in den Neuen Markt.

*Auf der Innenseite der Stadtmauer*

## Die östliche Altstadt

Der Neue Markt liegt auch ideal, um die östliche Altstadt zu erkunden. Grenze zwischen den alten Rostocker Teilstädten sind die Steinstraße und die nördliche Hälfte der Grubenstraße. Es empfiehlt sich, den Rundgang in den Abend zu verlegen, dann haben die meisten der netten Lokale geöffnet.

### ■ Kerkhoffhaus

Am östlichen Ende des Neuen Markts, wo die Große Wasserstraße beginnt, kann man noch schnell einen Abstecher nach Norden in die Pümperstraße machen. Dort steht auf der Rückseite des Rathauses das Kerkhoffhaus mit der lustigen Adresse ›Hinter dem Rathaus 5‹. Das Kerkhoffhaus von 1470, eines der schönsten gotischen Häuser Rostocks, ist benannt nach dem damaligen Bürgermeister Bartold Kerkhoff und heute Heim des Rostocker Standesamts und des Stadtarchivs, daher nur von außen zu besichtigen. Anhaltender Wohlstand der Besitzer verhalf dem Giebelhaus später zu Verzierungen aus bunten Kacheln und wiederkehrenden Keramikmotiven.

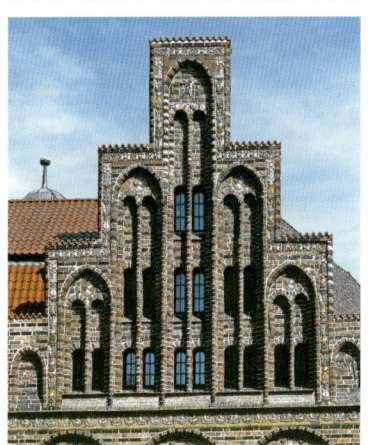

▲ *Gotisches Erbe: das Kerkhoffhaus*

Geht man die Große Wasserstraße ein Stück bergab, trifft man auf der linken Seite den nächsten alten und noblen Giebelbau: das Krahnstöverhaus, Große Wasserstr. 30.

### ■ Krahnstöverhaus

1876 erwarb der Likörfabrikant Julius Krahnstöver das mittelalterliche Haus und die dazugehörige Brennerei. Gleich zwei gute Adressen zum Ausgehen gibt es hier: die gemütliche **Krahnstövers Kneipe** mit Weinstube und Weinhandel und am Ende der Straße das **Café in der Likörfabrik**, das gekonnt alte Gemäuer und modernes Interieur verbindet. Blickt man von der Terrasse nach Süden, sieht man ein Stück Stadtmauer und ein ziegelrotes Stadttor.

### ■ Kuhtor

Als erstes Stadttor wurde das Kuhtor Mitte des 13. Jahrhunderts errichtet, später mehrfach umgebaut, rekonstruiert, restauriert. Es diente als Gefängnis, Wohnhaus, Filiale des DDR-Schriftstellerverbandes und von 2000 bis Ende 2009 als Rostocker **Literaturhaus**. Seinen Namen erhielt das Kuhtor nach dem Bau des benachbarten Steintors. Fortan wurden durch das Kuhtor nur noch die Kühe zu den Weiden und zurück gebracht.
Überquert man die Grubenstraße beim ›Café in der Likörfabrik‹, steht gleich an der Ecke – Am Wendländer Schilde 4 – ein etwas heruntergekommenes Haus mit erloschener Aufschrift in Leuchtbuchstaben: ›Internationaler Klub der Seeleute‹.

### ■ Internationaler Klub der Seeleute

So trostlos die Fassade, so amüsant sind die Gerüchte dahinter. Zu DDR-Zeiten lockt das heute leerstehende Haus seit 1956 mit einer Musikbar des Freien

Deutschen Gewerkschaftsbundes (FD-GJ) und angeblich auch mit einem staatlich organisierten Bordell, exklusiv für Seeleute. Den weiblichen Part besorgten demnach ausgewählte Studentinnen. Mit dem Ende der DDR schloss auch der Klub. Das Haus ist mittlerweile in Privatbesitz, stand Ende 2011 aber immer noch leer.

Folgt man der Straße Am Wendländer Schilde weiter, kommt man an der nächsten Kreuzung zur Nikolaikirche.

■ **Nikolaikirche**

So klobig ihr äußerlicher Eindruck, so bescheiden wirkt die Nikolaikirche von innen. Die mittelalterliche Kirche hat sich zu einem beliebten Veranstaltungsort gemausert. Regelmäßig gibt es Ausstellungen und Konzerte, zudem bietet die Kirche fünf Gästezimmer unter dem Dach. Bleibt man auf der Straße, die jetzt Altschmiedestraße heißt, findet man bei Nummer 28 das charmant-nostalgische **Restaurant albert & emile** mit französischer Küche.

■ **Petrikirche**

Am Ende der Altschmiedestraße liegen der **Alte Markt** und die Petrikirche mit dem auffällig spitzen Kirchturm. Im späten 16. Jahrhundert wurde der 117 Meter hohe und weithin sichtbare Turm als Landmarke in die Seekarten eingetragen. Rostocks älteste Kirche steht auf einem Hügel und gewährt einen weiten Blick über die Warnow. Noch besser ist die Sicht von der **Aussichtsplattform** des Kirchturms in 45 Metern Höhe. Hinter der Petrikirche steht noch ein Stück Stadtmauer.

■ **Stadthafen**

Vom Alten Markt führt die geschwungene Straße Amberg, später Beim Wai-

*In der Wokrenterstraße*

senhaus, in westlicher Richtung vorbei an der Hochschule für Musik und Theater Rostock, ehemals Katharinenkloster, und kreuzt schließlich die Grubenstraße. Auf der anderen Seite geht es in die Kleine Mönchenstraße über die Große Mönchenstraße, deren nördliches Ende das pinkfarbene **Mönchentor** von 1805 markiert, bis zur Weinstraße, die nach Norden abzweigt und dort in die Strandstraße mündet. Auf Nr. 93 steht das **Alte Hafenhaus**, eine romantische kleine Pension mit einer prächtigen stuckverzierten Barockfassade. Dahinter liegt der **Stadthafen**, bei Sonnenschein ein guter Ort zum Flanieren.

Die Strandstraße nach Westen läuft man vorbei an weiteren historischen Fassaden, etwa dem **ehemaligen Speicher** aus dem 19. Jahrhundert (Nr. 25, heute Bürohaus), bis zur Wokrenterstraße. Links, Richtung Stadtzentrum findet man am Ende der Straße auf der linken Seite das berühmte Hausbaumhaus, Nr. 40.

### ■ Hausbaumhaus

Das Giebelhaus mit den gotischen Spitzbögen stammt aus dem späten 15. Jahrhundert und ist größtenteils so erhalten geblieben. Namensgeber ist das tragende Eichenholzgerüst, das sich vom Keller durch die Obergeschosse zieht mit horizontalen Stützbalken wie Äste. Eine Kaufmannsfamilie nutzte das Haus als Wohnung und Lagerraum. Nach einer Restaurierung entsprechen die Innenräume wieder der ursprünglichen Gestaltung. Träger ist die Deutsche Stiftung Denkmalschutz. Über die Querstraße An der Oberkante gelangt man durch eine Passage im großen Gebäudeblock auf die Lange Straße.

### ■ Lange Straße

Die Hauptverkehrsstraße der Altstadt mit Straßenbahnlinie verläuft parallel zur Kröpeliner Straße. Im Krieg wurde die Lange Straße weitgehend zerstört, anschließend in einer stilistischen Symbiose aus Neobacksteingotik und sozialistischer Luxusarchitektur neu bebaut. Im Osten biegt die Lange Straße nach Süden und mündet in den Neuen Markt.

## Rostock-Informationen

Kreuzfahrtschiffe legen am Warnemünde Cruise Center an und ab. Per Schiff oder mit der S-Bahn geht es in 20 bis 45 Minuten weiter in die Rostocker Innenstadt.

### Allgemeine Informationen

**Vorwahl**: 0381.
**Touristeninformation** (Stadtzentrum), Neuer Markt 3, Rostock, Tel. 3812222, Fax 3812602, touristinfo@rostock.de; Nov.–April Mo-Fr 10–17, Sa 10–15, Mai-Okt. Mo-Fr 9–18, Sa/So 10–15 Uhr. Infos und Beratung, Zimmervermittlung, Verkauf von Reiseliteratur, Tagesfahrten, Angelberechtigungen und Souvenirs, www.rostock.travel.
**Zimmervermittlung**: Tel. 3812371 (Stadtzentrum).
Die **RostockCard** gibt es in zwei Ausführungen: 24 Stunden Gültigkeit (8 Euro) und 48 Stunden (13 Euro). Beide gelten als Fahrschein für alle öffentlichen Verkehrsmittel in Rostock und Warnemünde. Für Schifffahrten gibt es jeweils 50 Prozent Ermäßigung. Weitere Vergünstigungen mit der Rostock-Card erhält man in diversen Museen, Gaststätten, Stadtführungen, Freizeit- und Wellness-Angeboten, zum Beispiel Fahrradverleih und Massagen.

### An- und Abreise

#### ■ Mit dem Auto

Rostock erreicht man über die A 19 (Rostock-Wittow) aus Berlin und über die Ostseeautobahn A 20 (Lübeck–Kreuz Uckermark) aus Hamburg.

#### ■ Mit der Bahn

Direkte Verbindungen (IC, RE) gibt es mehrmals täglich z. B. aus Berlin, Hamburg und Schwerin.

#### ■ Mit dem Schiff

Regelmäßige internationale Fährverbindungen von/nach Rostock/Warnemünde: **Gedser/Dänemark** (Fahrtzeit ca. 2 Std.), **Gdynia/Polen** (13 Std.), **Helsinki/Finnland** (26 Std.) und **Trelleborg/Schweden** (5–7,5 Std.).
Aktuelle Infos gibt es bei der Hafen-Entwicklungsgesellschaft Rostock, Tel. 3500, www.rostock-port.de.

*Gaststättenschiff am Hafen*

**Boot**: Linienverkehr zwischen Rostock (Stadthafen) und Warnemünde (Neuer Strom/Seekanal): **Blaue Flotte** (D. Schütt), Tel. 68 63 172, www.blaue flotte.de; Ostern–Okt. nach Fahrplan tägl. 10.30–15.30 ca. alle 30 Min., Nov.–Ostern Sa/So 11 u. 14 Uhr (bei eisfreier Warnow) und auf Anfrage. **Rostocker 7** (O. Schütt), Tel. 69 99 62, www.rostocker-flotte.de; Mitte März– Ende April und Nov. tägl. 11 und 14 (Rostock) bzw. 15 Uhr (Warnemünde), Mai–Okt. (→ Blaue Flotte), Rest des Jahres nach Absprache, Fahrzeit ca. 45 Min., Ticket (einfach) ca. 8 Euro.

Der Rostocker Stadthafen befindet sich nordwestlich der Altstadt. Geht man die Uferstraße ›Am Strande‹ bis zum Yachthafen ein Stück nach Osten und nimmt eine Nord-Süd-Straße, kommt man über die Lange Straße direkt zum Neuen Markt. Zwischen Hohe Düne und Warnemünde pendelt eine Autofähre.

■ **Mit dem Rad**
Der über 1000 km lange **Ostsee-Küsten-Radweg** (www.radnetz-deutsch land.de; D-Route 2) von Flensburg bis Ahlbeck auf Usedom führt auch über Rostock und Warnemünde, ebenso der 630 km lange **Radfernweg Berlin–Kopenhagen** (www.bike-berlin-copenhagen.com).

Zudem gibt es von Rostock schöne Radwanderungen ins Umland, etwa in die Rostocker Heide im Nordosten (ca. 55 km). Details und Karten bei der Touristeninformation und beim Allgemeinen Deutschen Fahrrad Club ADFC (www.adfc-tourenportal.de).

■ **Mit dem Flugzeug**
Linienflüge nach Rostock-Laage bieten derzeit Germanwings (www.germanwings.com) direkt von Köln/Bonn und Stuttgart, mit Umsteigen auch von Friedrichshafen, München, Wien und Zürich. Lufthansa (www.lufthansa.com) fliegt direkt von Frankfurt.

Der **Flughafen Rostock–Laage** (www.rostock-airport.de) liegt ca. 30 km südlich des Zentrums am Autobahnkreuz A 19/A 20. Aiport-Shuttle-Busse (www.flymv.de) verbinden den Flughafen mit Rostock (Linie 127, einfache Strecke ca. 10 Euro) und vielen Küstenorten, z. B. Warnemünde, Heiligendamm, Kühlungsborn, Rügen, Stralsund und Binz.

## Unterwegs in Rostock
■ **Stadtrundgänge und -fahrten**
**Führungen für Gruppen und Individualtouristen**:
**Altstadt**, Mai–Okt. Mo–Sa 14, So 11 Uhr, Mai–Sept. auch Do 18 Uhr, Nov.-April Sa 14 Uhr. Karten bei der Touristeninformation.
Außerdem thematische Führungen wie **Spuren der Hanse**, **Sagen und Märchen**, **Nachtwächter-Rundgang**.

Weitere thematische Stadtrundgänge (4 Euro) bietet die **Rostocker Geschichtswerkstatt**, Tel. 12 16 41 5, Kröpeliner Tor, www.geschichtswerkstatt-rostock.de.
**Hafenrundfahrten** (auch als Charter für Gruppen) ab Rostock (Stadthafen) und Warnemünde (Alter Strom), z. B. von **Wolfgang Heckmann**, Tel. 66 99 80, www.gelbe-flotte.de und **Käpp'n Brass**, Tel. 541 72, www.fahrgastschifffahrt.de (Linienverkehr: → An-/Abreise mit dem Schiff).

■ **Aussichtspunkte**
Aussichtsplattform auf dem **Turm der Petrikirche** (45 m), Alter Markt, Tel. 211 01, www.petrikirche-rostock.de; Mai–Okt. 10–19, Nov.–Apr. 10–16 Uhr, Treppe und Lift. (Eintritt: 2 Euro).

## Unterkunft
**Penta Hotel Rostock**, Schwaansche Str. 6, Tel. 497 00, www.pentahotels.com/de/rostock; EZ ab 89 Euro, DZ ab 104 Euro, Frühstück 15 Euro/Pers. Sehr schickes Designerhotel, 2008 komplett renoviert, 152 Zimmer, nahe Universitätsplatz, Altstadt.
**Altes Hafenhaus Rostock**, Karin Ahrens, Strandstr. 93, Tel. 493 01 10 (10–12 und 17–19 Uhr), www.alteshafenhaus.de; DZ 99 Euro. Gemütliche Pension in denkmalgeschütztem Haus aus dem Spätbarock (1796), nahe Stadthafen.
**Casita Maria**, Maria Pistor, Beginenberg 2, Tel./Fax 490 57 16, mobil 0179/5065348, www.casita-maria.de; ab 44 Euro/Tag. Drei nette Ferienwohnungen in der östlichen Altstadt mit Garten.
**Hotel Greifennest**, August-Bebel-Str. 49 b, Tel. 8775618, www.greifennest.de; EZ ab 45 Euro, DZ ab 56 Euro, Frühstück 6 Euro. Ende 2008 eröffnetes Backpackerhotel in Altstadtnähe, 26 Zimmer, Waschmaschine, Internetterminals, Gemeinschaftsküche, Bar.
**Jugendherberge Rostock** (Jugendgäs-teschiff), Am Stadthafen 72/73, (Straßenbahn-Haltestelle ›Am Kabutzenhof‹), Tel. 670 03 20, www.jugendgaesteschiff-rostock.jugendherberge.de; Ü/F im Mehrbettzimmer ab 19 Euro/Pers. für DJH-Mitglieder. Das denkmalgeschützte ehemalige Frachtschiff ›Georg Büchner‹ (1950) bietet außerdem Zimmer als Hotel- und Tagungsschiff (DZ mit Frühstück ab 49 Euro) (▸ Karte S. 128).
**Kirchliches Zentrum Nikolaikirche**, Tel. 493 41 15, www.nikolaikirche-rostock.de, 5 Gästezimmer; EZ 25 Euro, DZ 35 Euro, inkl. Bettwäsche und Handtücher. Mal was anderes: Übernachten im Dach der Rostocker Altstadtkirche.

## Gastronomie
**albert & emile**, Altschmiedestr. 28, Tel. 493 43 73; Di–Sa 18.30–23 Uhr, Mo nach Absprache, www.albert-emile.info. Französisches Altstadt-Restaurant mit kreativen Gerichten in nostalgischem Ambiente.
**Borwin**, Am Strande 2, Tel. 490 75 25; tägl. ab 12 Uhr. Hafenrestaurant am Stadthafen. Nettes Lokal mit täglich frischen Fischgerichten.

■ **Cafés**
**Café in der Likörfabrik**, Grubenstr. 1, Tel. 377 76 54, www.cafes-in-rostock.de; Mo–Sa 9.30–1 Uhr, So 10–1 Uhr. Modernes Café in historischem Gebäude mit großer Kaffee-Auswahl.
**Café Kloster**, Klosterhof 6, Tel. 375 79 50, www.cafe-kloster.de; Mo–Sa 11–19, So 13–17 Uhr Schönes

*Das Restaurant ›albert & emile‹*

Gartencafé in historischem Gebäude nahe der Altstadtmauer.

■ **Nachtleben**
**Weineck Krahnstöver**, Kneipe und Weinladen, Große Wasserstr. 30, Tel. 4902004; Mo und Fr 10–23, Di–Do 17–23, Sa 10–14 und 17–23 Uhr. Uriges Weinlokal mit großer Weinkarte und kleinen Gerichten wie Soljanka.

## Kultur
■ **Museen**
**Kulturhistorisches Museum Rostock** (Kloster zum Heiligen Kreuz), Klosterhof 7, Tel. 203590; Di–So 10–18 Uhr, Eintritt frei; www.kulturhistorisches-museum-rostock.de; Sammlung mit Gemälden, Grafiken, Schmuck, Handwerkskunst, Möbel und Spielzeug aus dem Ostseeraum sowie wechselnde Ausstellungen zu Rostock- und Ostsee-Themen.

**Kunsthalle Rostock**, Hamburger Str. 40, Reutershagen, Tel. 3817000, 3817008 (Kasse), www.kunsthallerostock.de; Di–So 10–18, Eintritt frei (Sammlung). Malerei und Plastik der ostdeutschen und klassischen Moderne (→ Karte S. 128).

**Literaturhaus Rostock**, im Peter-Weiss-Haus, Doberaner Str. 21, Tel. 492-5581, www.literaturhaus-rostock.de. Ausstellungen, Lesungen und literarische Stadtspaziergänge.

**Dokumentations- und Gedenkstätte in der ehemaligen Stasi-Haftanstalt**, Hermannstr. 34B (Zugang über Augustenstr./Grüner Weg), Tel. 4985651/2, dug-rostock@bstu.de; März–Okt. Di–Fr 10–18, Sa 10–17, Nov.–Feb. Di–Fr 9–17, Sa 10–17, Führungen Mi u. Sa 14 Uhr, Eintritt frei. Im ehemaligen Stasi-Knast wurden von 1960 bis 1989 ca. 4800 Menschen inhaftiert, meist aus politischen Gründen. Beklemmender Einblick in die Zellen und Gänge (→ Karte S. 128).

**Kempowski-Archiv Rostock**, Klosterhof, Haus 3, Tel. 2037540, www.kempowski-archiv-rostock.de; Di–So 14–18, Do 9.30–12 Uhr. Manuskripte, Gegenstände und rekonstruierte Räume des 2007 verstorbenen Schriftstellers und Chronisten Walter Kempowski.

**Hausbaumhaus**, Wokrenter Str. 40, Tel. 4582142 (Deutsche Stiftung Denkmalschutz); Mo–Fr 10–12 und 13–16 Uhr. Spätgotisches Kaufmannshaus.

**Geschichtswerkstatt Rostock e.V.**, im Kröpeliner Tor, Tel. 1216415, www.geschichtswerkstatt-rostock.de; Mo–So 10–17 Uhr. Eintritt Tor 1 Euro; Stadtführung 4 Euro. Der Rostocker Verein im historischen Stadttor organisiert Ausstellungen und thematische Stadtrundgänge.

## ■ Veranstaltungen

August

**Hanse Sail**, August, Büro Hanse Sail, Warnowufer 65, Tel. 208 52 33, www.hansesail.com. Großes Schaulaufen der schönsten Segelschiffe (4 Tage).

**Kultur aus dem Hut**, August, www.kultur-aus-dem-hut.de. Kleinkunstfestival am Universitätsplatz mit Gauklern, Zauberern und Akrobaten; Eintritt frei, Spenden erwünscht.

## ■ Zoo

**Zoo Rostock**, Rennbahnallee 21, Eingänge: Barnstorfer Ring und Trotzenburg, www.zoo-rostock.de; Okt.–März 9–17, Apr.–Sept. 9–19 Uhr (Kassenschluss: Winter 16, Sommer 17/18 Uhr), Eintritt: 11,50 Euro. 250 Tierarten in einer weitläufigen Parklandschaft, Streichelzoo und Abenteuerspielplatz.

## Einkaufen

**Easy Way**, Universitätsplatz 8, Tel. 45 41 73, www.easy-way.org; Mo–Sa 10–20 Uhr. Originelle Schuhe für Frauen und Männer.

**Galerie Artquarium**, Große Wasserstr. 1, Tel. 01522/985 63 77, www.artquarium-rostock.de, Di–Fr 11–18 Uhr, Sa 12–16 Uhr. Ausstellung und Verkauf von Kunst und Kunsthandwerk – witzig und ausgefallen.

**Galerie Klosterformat**, Klosterhof 5, Tel. 510 85 77, www.klosterformat.de; Di–Sa 11–18 Uhr. Kunstgalerie und Verkauf von Bildern und originellen Objekten aus Holz und Keramik.

**Pesto Peter**, Strandstr. 1, Tel. 2037919, www.pestopeter.de; Mo–Do 11–16, Fr 11–20 Uhr. Kreative Pesto-Varianten wie Rucola-Kerbel-Pesto, Pistazien-Mohn-Pesto und Ingwer-Butter.

*Die Galerie ›Artquarium‹*

# Warnemünde

Der schönste Weg von Rostock nach Warnemünde führt über die Warnow. Am Rostocker Stadthafen – Schauplatz der Hanse Sail – legen mehrmals täglich Boote ab. Als Orientierung dient der historische Holzkran am Yachthafen. Meist wird die Aussicht auf der Fahrt kommentiert, und man erhält zugleich ein kleine Geschichte der Werften und der Besiedlung entlang der Warnow. Nach etwa 40 bis 50 Minuten legt das Boot am Hafen von Warnemünde an.

Die S-Bahn braucht nur etwa halb so lang und hält auch am IGA-Park (Lütten-Klein), dafür ist die Aussicht nicht halb so prächtig. Über eine Kanalbrücke mit Holzplanken kommt man vom S-Bahnhof und Fährhafen in den Ort.

*Fischmarkt in Warnemünde*

### ■ Am Strom

Warnemündes belebteste Meilen sind links und rechts des Kanals Am Strom. Besonders an den Fischmarktwochenenden kommt man in dem Gewusel entlang der Buden kaum voran. Geduld lohnt sich, Fisch und Meeresfrüchte sind vom Feinsten! Auf der Landseite der Promenaden locken Cafés, Restaurants und Modegeschäfte. Südlich der kleinen Strombrücke verliert sich der Rummel, aber hier sind einige bezaubernde Fischerhäuschen zu bewundern, auch parallel dazu in der Alexandrinenstraße. Einige Fischerhäuschen lassen sich als Ferienwohnungen mieten.

Im **Edvard-Munch-Haus** lebte und malte der norwegische Expressionist im Sommer 1907 und 1908. Besuchern bleibt leider nur der Blick durchs Fenster. Richtung Norden geht der Strom bis zur grünen Westmole. Von dort sieht man die Fähren und Kreuzfahrtschiffe im Kinoformat ein- und auslaufen.

### ■ Leuchtturm und Teepott

Einträchtig stehen die beiden Warnemünder Wahrzeichen nebeneinander. Der 32 Meter hohe Leuchtturm von Ende des 19. Jahrhunderts und der Teepott. Der Bau mit dem geschwungenen Dach ersetzt seit 1968 den im Krieg zerstörten Teepavillon und behielt dessen Spitznamen. Der Blick vom Leuchtturm reicht über die östliche Stromseite und den Seekanal bis zu den Werften entlang der Warnow. Auf der anderen Seite überblickt man den Strand und die Strandpromenade.

Im Teepott sind mehrere Restaurants untergebracht, darunter das gemütliche **Panorama-Terrassen-Restaurant Teepott**, sowie eine Dauerausstellung mit den Fundstücken des Hamburger Weltenbummlers Reinhold Kasten. Architekt des prägnanten Betonschalen-Baus ist Ulrich Müther, Schöpfer des futuristischen Rettungsturms im Seebad Binz auf Rügen und diverser Kirchen und Planetarien.

### ■ Seepromenade

Am Leuchtturm beginnt die lange Seepromenade und der Warnemünder Strand mit seinen sortierten Abschnitten für Textilbaden, FKK, Hunde und Feuerstellen. Kolonien von Strandkörben leuchten blau und weiß in der Sonne. Entlang der parallelen Seestraße erinnern die Fassaden an die großen Seebad-Sommer: das **Hotel Bellevue** und die Jugendstil angehauchte **Villa Hübner** und das 1928 eröffnete **Kurhaus** mit Spielbank am Ende der Seestraße. Die frivole **Plastik Liebespaar** von Wilfried Fitzenreiter wurde noch zu DDR-Zeiten an der Seepromenade aufgestellt.

Unübersehbar ragt das schneeweiße **Hotel Neptun** 19 Stockwerke in den Himmel. Innen bietet das Panorama-Café ›Skybar‹ den schönsten Ausblick von Warnemünde. Im Westen lugt die Spitze des Warnemünder Wasserturms aus den Bäumen, heute eine Fünf-Sterne-Jugendherberge. Zurück in den Ort kommt man über die Kurhausstraße zwischen Hotel Neptun und dem Kurhaus mit Kurpark und der klassizistischen Stadtbibliothek.

### ■ Alexandrinenstraße

Vorbei an alten Villen gelangt man zur Mühlenstraße. Schon von weitem zeigt sich die neugotische **Warnemünder Kirche** von 1870. Dahinter wird die Mühlenstraße zur Kirchenstraße. Zusammen bilden die beiden Straßen eine weitere belebte Warnemünder Meile mit Cafés, Läden und Restaurants. Die Kirchenstraße führt direkt auf die Strombrücke. Die Alexandrinenstraße kreuzt die Kirchenstraße kurz vor dem Strom. Sie ist nicht so belebt wie der Kanal und die Seepromenade, aber man findet dort witzige Läden und gemütliche Restaurants und Kneipen wie das Café ›Birnbom‹ sowie das liebevoll gestaltete Warnemünder **Heimatmuseum**. Erinnerungsstücke wie historische Bademode und eine alte Schulbank wecken nostalgische Gefühle.

*Blick von Hohe Düne auf Seekanal und Warnemünde*

# Bad mit Robben

An der Ostmole, am nördlichen Ende des Warnemünder Yachthafens Hohe Düne liegt einsam ein weiß-blaues Schiff, wie man es von Hafenrundfahrten kennt. Manche Spaziergänger auf dem Weg zum roten Leuchtturm gehen vorbei, ohne es richtig wahrzunehmen. Die eigentliche Attraktion sieht man erst vom Deck des Schiffes. Neun Seehunde, die elegant durchs Wasser gleiten und sich weit weniger elegant über den hölzernen Steg schleppen. Sie sind die Stars des Marine Science Center. Neben dem Schiff ist ein Bassin, 60 Meter lang, 40 Meter breit, 6 Meter tief.

Während die Wissenschaftler im Wasser und an Land das Orientierungsverhalten der Robben studieren, können sich Besucher ein Bild davon machen. Sogar Übungen und Tauchen mit den Robben werden angeboten. Die Forschungsarbeit werde durch die Besucher nicht gestört, versichert Guido Dehnhardt, Leiter des Robbenforschungszentrums der Universität Rostock. Seit Juni 2009 ist die Anlage öffentlich zugänglich. Die Seehunde lernen hier keine Kunststücke. Mit den Übungen wollen die Wissenschaftler herausfinden, wie sich die Tiere im Meer zurechtfinden, wie ihre Sinne funktionieren und wie sie

*Besuchergruppe im Marine Science Center*

Informationen verarbeiten. Oft ist das Wasser zu trüb oder zu dunkel, um etwas zu sehen. Dann ›tasten‹ sich die Seehunde mit ihren Barthaaren durchs Wasser. Mit ihren Erkenntnissen hoffen die Forscher auch ungeklärte Verhaltensweisen zu verstehen, etwa die immer wieder beobachtete massenhaften Strandung von Walen. Ein anderer Nutznießer der Robbenforschung könnte die Robotertechnik sein. Bionische Sensoren sollen dann in der Lage sein, feinste Wasserbewegungen zu erkennen, ähnlich wie die Robbenbarthaare.

Die Öffnung des Instituts für Besucher ist nicht nur ein schönes Beispiel dafür, wie transparente Forschung aussehen kann. Es dient auch dem örtlichen Tourismus und nicht zuletzt dem Institut selbst: Mit den Eintrittsgeldern kann das Institut einen Teil der Forschungsausgaben decken, das bedeutet weniger Abhängigkeit von staatlichen Zuschüssen. Auch die Robben haben Spaß. Ihr neues Gehege ist mehr als zehnmal so groß wie das alte im Kölner Zoo, nur ein Netz trennt sie von der Ostsee. »Die beste Zeit für Besucher ist am Abend«, sagt Denhardt, »dann räkeln sich die Robben in der Sonne.«

Die Alexandrinenstraße endet nach Norden am Leuchtturm, nach Süden mündet sie in die Promenade Am Strom.

### ■ Maritime Science Center

Auf die östliche Seite des Seekanals kommt man mit der Autofähre vom Warnemünder Stadthafen. Weitläufig und luxuriös präsentiert sich die Fünf-Sterne-Siedlung des Yachthafens Hohe Düne.

Am nördlichen Ende des Yachthafens, auf dem Weg zur roten Ostmole, liegt die **Robbenforschungsstation** des Maritime Science Center. Besucher können den Meeresbiologen der Uni Rostock bei der Arbeit zusehen, Wissenschaft zum Anschauen und Anfassen. Sogar Tauchgänge mit den Robben sind möglich. Auf dieser Seite des Seekanals liegt auch der Strand Markgrafenheide (→ S. 127).

### Warnemünde

**Vorwahl**: 0381.
**Touristeninformation**, Am Strom 59 (Ecke Kirchenstraße), 18119 Rostock-Warnemünde, Tel. 54800-0, Fax -30, Zimmervermittlung Tel. -10, www.warnemuende.travel; Nov.–März Mo–Fr 10–17, April/Mai und Sept./Okt. Mo–Fr 10–18, Sa 10–16, Juni–Aug. Mo–Fr 9–18, Sa/So 10–16 Uhr.
**Stadtführung Warnemünde**; Apr.–Okt. Do 11 Uhr, Mai–Okt. Di 18 und Sa 11 Uhr, Nov.–April Di 16 Uhr. Dauer ca. 1,5 Std., Preis 4 Euro (plus Eintritt Leuchtturm).

**Hafenrundfahrten** gehen täglich halbstündlich bis stündlich ab Rostock (Stadthafen) und Warnemünde (Alter Strom/Neuer Strom), zum Beispiel angeboten von **Wolfgang Heckmann**, Tel. 669980, www.gelbe-flotte.de und **Käpp'n Brass**, Tel. 54172, www.fahrgastschifffahrt.de (Linienverkehr → S. 119).

**Leuchtturm Warnemünde**, 32 m, Tel. 5192626; Mai–Sept. tägl. 10–19 Uhr, 2 Euro.
**Café Panorama**, im Hotel ›Neptun‹ (→ Cafés).

**Hotel Neptun**, Seestr. 19, Warnemünde, Tel. 7770, www.hotel-neptun.de; EZ ab 85, DZ ab 150 Euro (mit Frühstück). Warnemündes größtes Hotel steht direkt am Strand. Das Hotel-Spa hat sich auf Thalasso-Therapie spezialisiert. Erhaben ist der Ausblick vom Panorama-Café im 18. Stock und von der ›Sky-Bar‹. Kultig ist die schon zu DDR-Zeiten beliebte Grillstube ›Broiler‹.
**Pension Birnbom**, Alexandrinenstr. 30, Tel. 548160, www.birnbom.de; EZ ab 60 Euro, DZ ab 80 Euro, Nette kleine Pension mit Café, teilweise WLAN-Nutzung und Fahrradverleih (4,50 Euro/Tag).
**Jugendherberge Warnemünde** (Wetterturm), Parkstr. 47 (Strand, Höhe Feuerstellen), Tel. 548170, www.warnemuende.jugendherberge.de; Ü/F im DZ ab 27,50 Euro (DJH-Mitgliedschaft erforderlich!). Die einzige Jugendherberge in Mecklenburg-Vorpommern mit fünf Sternen ist zugleich die größte mit 228 Betten.

**Chezann**, Mühlenstr. 28, Tel. 5107177, www.chezann.de; Di–So 18–24 Uhr. Elegantes Fischrestaurant mit feiner französischer Gourmetküche (1 Michelin-Stern).

**Teepott-Restaurant**, Seepromenade 1, Tel. 54 84 588, www.teepott-restaurant.de; tägl. 11–24 Uhr. Fischgerichte, Suppen und Salate in freundlicher Atmosphäre. Es gibt eine Terrasse und einen Panorama-Blick auf den Warnemünder Strand und Westmole.

**Café Panorama**, Hotel Neptun, Seestr. 19, Tel. 77 70, tägl. 13–18 Uhr, www.hotel-neptun.de. Panorama-Cafe im 70er-Jahre-Stil.
**Cafe Birnbom**, in der Pension ›Birnbom‹ (→ Hotels).
**Sky-Bar**, Hotel Neptun, Seestr. 19, Tel. 77 70, Fr/Sa ab 21 Uhr, www.hotel-neptun.de. Tanz und Live-Musik mit Panorama.

**Leuchtturm Warnemünde**, Seepromenade 1, Tel. 51 92 6 26; Mai–Sept. tägl. 10–19 Uhr, Eintritt: 2 Euro.
**Heimatmuseum Warnemünde**, Alexandrinenstr. 30/31, Tel. 526 67, www.heimatmuseum-warnemuende.de; Apr.–Sept. Di–So 10–17, Okt.–März Mi–So 10–17 Uhr, Eintritt 3 Euro. Nostalgische Ausstellung zu Handwerk, Brauchtum und Badekultur in Warnemünde.
**Edvard-Munch-Haus**, Am Strom 53, Tel. 548 66 08, www.edvard-munch-haus.de. In der zeitweiligen Wohnung des Malers logieren Kunst-Stipendiaten, ein Besuch ist nur auf Anfrage und bei öffentlichen Veranstaltungen möglich.

**Leuchtturm in Flammen,** 1. Januar, www.leuchtturm-in-flammen.de, Feuerwerk und Licht-Show mit Musik rund um den Warnemünder Leuchtturm.
**Warnemünder Woche**, Juli, www.warnemuender-woche.de. Segelregatta mit buntem Begleitprogramm wie Shantychören, Drachenbootfestival und Waschzuberrennen (eine Woche lang).
**Stromfest**, Anfang September. Maritimes Fest zum Saisonausklang mit der Wahl des Dorschkönigs, Musik, Feuerwerk.

**Marine Science Center**, Yachthafen Warnemünde, Hohe Düne (Ostmole), www.msc-mv.de; tägl. 10–16 Uhr. Kontakt: Petra Schumann (Führungen), Tel. 50 40 81 81, petra.schumann@uni-rostock.de, Olaf Götz (Tauchen), Tel. 50 40 80 20. Europas größte Robben-Forschungsstation steht seit Juni 2009 auch Besuchern offen. Geboten werden einstündige Führung mit Wissenschaftlern, Schwimmen und Tauchen mit Robben (auf Anfrage).

## Markgrafenheide

Das Seebad nordöstlich von Warnemünde und Hohe Düne ist für viele Rostocker der schönste Strand im Stadtgebiet: feinster Sand und endlos lang.
Wie in Warnemünde ist auch hier der Strand in Abschnitte geteilt: FKK, Textil, Hunde und Feuerstellen. Durch den nahtlos an den Strand angrenzenden Wald fühlt man sich mitten in der Natur.
Wer's gern aktiv mag, kann auf beschilderten Wegen wandern und Rad fahren oder sich im Klettergarten Hohe Düne durch die Bäume hangeln.

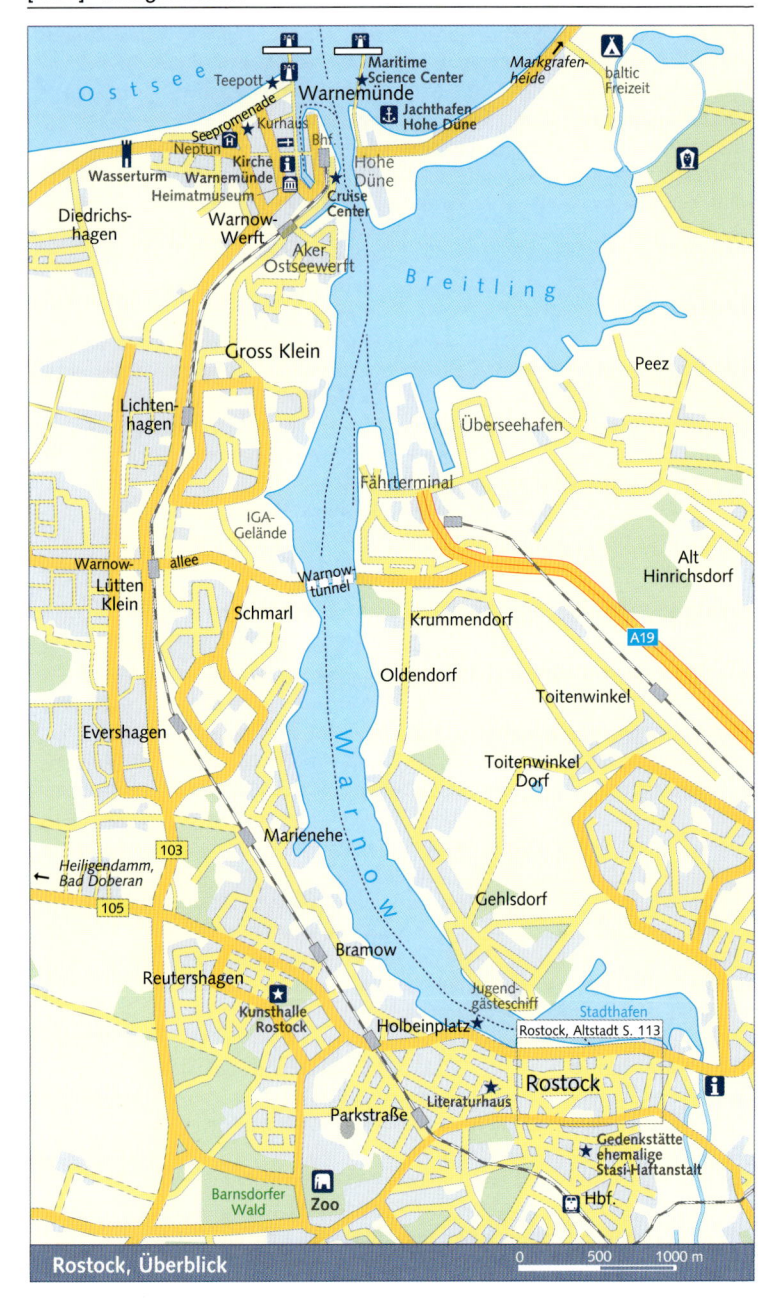

# [ 128 ] Markgrafenheide

## Rostock, Überblick

## Markgrafenheide

**Vorwahl**: 03 81.
**Info**: → Rostock-Touristeninformation.

Man erreicht Markgrafenheide am besten von Warnemünde aus mit der Autofähre nach Hohe Düne und dann weiter auf der Straße Hohe Düne. Von der Fähranlegestelle fahren die Buslinien 17 und 18 nach Markgrafenheide.

**Camping- und Ferienpark baltic Freizeit**, Budetannenweg 2, Tel. 66 10 (Rezeption), 045 44/800 30 (Buchung), www.baltic-freizeit.de. Ferienhäuser und Camping am Strand.

## Heiligendamm

Einst brachten Pferdekutschen hochadelige Badegäste aus ganz Europa in diese Idylle. Frisch renoviert glänzt Deutschlands ältestes Seebad mit schneeweißer klassizistischer Bäderarchitektur, einer 200 Meter langen Seebrücke und einem langen Strand. Die historische Bäderbahn Molli verbindet Heiligendamm mit Bad Doberan und Kühlungsborn. In Bad Doberan lockt neben dem berühmten Münster mit seiner mittelalterlichen Ausstattung jedes Jahr im August ein Frank-Zappa-Festival Gäste in den Ort.

### Heiligendamm/Bad Doberan

**Vorwahl**: 03 82 03.
**Heiligendamm/Bad Doberan**, Info-Tel. 62154, www.heiligendamm.de, www.bad-doberan.de.

Heiligendamm liegt ca. 20 km (Bad Doberan 15 km) westlich von Rostock, ist über die B 105 mit Rostock verbunden und mit Bus und Bahn erreichbar.

**Bäderbahn Molli**, Am Bahnhof, Tel. 03 82 93/43 13 31, www.molli-bahn.de; Apr.–Okt. tägl. mehrere Fahrten, im Winter seltener.

**Bad Doberaner Münster**, Klosterstraße 2, Tel. 627 16, www.muenster-doberan.de.
**Zappanale**: Bad Doberan, Ostseerennbahn, www.zappanale.de.

*Teepott und Leuchtturm in Warnemünde*

Nach Jahrzehnten hinter der Mauer erwachte Gdańsk in der Mitte Europas. Seither erinnert sich die Stadt an ihre besten Zeiten, als Handelsschiffe zu den weit verstreuten Kontoren der Hanse segelten und Sopot eines der schönsten Ostseebäder war. Und doch sind es die Anzeichen der Veränderung, die diesen Ort so spannend machen und seine große Vergangenheit hoffentlich in eine große Zukunft verwandeln.

# Gdańsk

Gdańsk, Danzig – diese Stadt weckt Bilder: schwarz-weiße Flimmerbilder vom Kriegsbeginn 1939, Bilder von einem blonden Knirps, der mit seiner rot-weißen Blechtrommel durch die Altstadtgassen läuft, Bilder von streikenden Werftarbeitern 1980 und einem kämpferischen Lech Wałęsa, von einer Straßenbahnfahrt zum Strand – und immer öfter auch die Bilder einer mustergültig originalgetreu wiederaufgebauten Stadt und ihrer architektonischen Symbole wie Krantor, Neptunbrunnen und Marienkirche. Und auch bald Bilder der neuen Skyline, in der sich Kirchtürme neben den Kränen der Werften und den Hochhäusern des 21. Jahrhunderts reihen.

Als **Dreistadt** (Trójmiasto) mit dem wieder erblühenden Seebad Sopot und dem Überseehafen Gdynia bildet Gdańsk ein abwechslungsreiches urbanes Potpourri. Gewaltige Investitionen sollen dafür sorgen, dass die Dreistadt auch in naher Zukunft attraktiv bleibt. In den kommenden Jahren entstehen unter anderem eine Fußballarena im Stadtteil Letnica zwischen der Altstadt und dem Fährhafen Nowy Port, rechtzeitig zur Fußball-Europameisterschaft 2012 in Polen und der Ukraine, ein Theater wie zu Zeiten von Shakespeare im historischen Teil von Gdańsk, wie es schon im 17. Jahrhundert eines gab, eine neue Sport- und Showhalle für 15000 Zuschauer an der Grenze zwischen Gdańsk und Sopot und ein neuer Stadtteil auf einem Abschnitt des Werftgeländes an der Mottlau: die Hafenstadt oder Young City (Młode Miasto) mit einem Mix aus Büros, Geschäften und Freizeitangeboten.

Die Öffnung und die wachsenden globalen Einflüsse merkt man auch den Menschen an. Man trifft zwar durchaus noch auf klassisch mürrische Ostblockmentalität, viel öfter jedoch auf freundliche und sprachgewandte junge Menschen – offen für alles, was da kommt, und gleichzeitig verliebt in ihre wunderbare Stadt.

## Stadtgeschichte

Erste schriftliche Erwähnung fand Gdańsk in den Schriften eines Mönchs um 980 nach Christus, damals noch eine urbane Siedlung der Pruzzen vom Volksstamm der Balten, mit Burg und einem befestigten Hafen. Mehr und mehr Handwerker und Kaufleute aus dem Westen ließen sich nieder. Im 13. Jahrhundert ging Danzig von Pommern an Polen und erhielt lübisches Stadtrecht – wie viele andere zukünftige Hansestädte.

### Hansezeit

100 Jahre später trat Danzig der Hanse bei. Marienkirche und Stadtmauer prägten das neue Stadtbild. Zu jener Zeit stand die Stadt noch unter der Herrschaft des Deutschen Ordens. Erst Mitte des 15. Jahrhunderts gelang es den Danzigern, die Ordensritter zu vertreiben. Die Zugehörigkeit zu Polen sicher-

▲ *Blick auf die Werft vom Milleniumskreuz*

te Gdańsk weitere Privilegien wie das Münzrecht und ehemalige Besitztümer des Deutschen Ordens, darunter die Große Mühle (Wielki Młyn), eine der größten Fabriken des Mittelalters. Das Handelsmonopol bescherte Danzig ungeheure Reichtümer. Auf der heutigen Mottlau-Insel entstand die Speicherstadt zur Zwischenlagerung der Waren. Mitte des 16. Jahrhunderts erstritt sich das überwiegend protestantisch geprägte Danzig für seine Bürger das Recht auf freie Religionsausübung. Verfolgte und Angehörige religiöser und ethnischer Minderheiten fanden in der liberalen Stadt eine neue Heimat. Durch finanzielle Zuwendungen an potentielle Bedroher entzog sich Gdańsk immer wieder Angriffen und Fremdbestimmung.

## Preußen und Franzosen

Nach rund 300 Jahren endete Danzigs goldene Ära. Eine neue freie Verfassung nach französischem Vorbild sollte die Krönung sein. Doch der entmachtete polnische Adel bat den russischen Zaren um Hilfe. Polen hatte sich 1791 eine von aufklärerischem Gedankengut beeinflusste Verfassung gegeben und war fortan eine konstitutionelle Monarchie. Die russische Zarin Katharina II. sah ihre regionale Vormachtstellung dadurch gefährdet und marschierte in Polen ein. Russland besiegte Polen, und das Land wurde 1793 ein zweites Mal geteilt. In der ersten Teilung 1773 war Danzig noch ungeschoren davongekommen, aber nun fiel es an Preußen. Nach dem Einmarsch Napoleons 1807 erfreute sich Danzig für kurze Zeit wieder am Status der Freien Stadt. 1817 ging Danzig erneut an Preußen, ein Beschluss der Großmächte Russland, Preußen, Österreich und Großbritannien auf dem Wiener Kongress, nachdem sie Frankreich besiegt hatten.

Bis Mitte des 19. Jahrhunderts ging es nun steil bergab mit Danzig.

## 20. Jahrhundert

Der Versailler Vertrag von 1919 stellte die Freie Stadt Danzig unter den Schutz des Völkerbundes. Doch schon vor dem Angriff Nazideutschlands terrorisierten Danziger Faschisten in den 1930er Jahren die Stadt.

Mit Schüssen vom Leuchtturm Neufahrwasser und vom deutschen Kriegsschiff ›Schleswig-Holstein‹ auf das polnische Munitionsdepot der Halbinsel Westerplatte begann am 1. September 1939 der Zweite Weltkrieg. Gleich nach dem Einmarsch bauten die Nazis das Konzentrationslager Stutthof (Sztutowo) etwa 35 Kilometer östlich von Danzig und ermordeten dort mindestens 65 000 Menschen, viele davon aus Danzig. Nach dem Einmarsch der Roten Armee 1945 lag die von den Deutschen erbittert verteidigte Stadt in Trümmern. Umso verblüffender ist die Leistung der Bürger und Restauratoren, die der Stadt in den folgenden Jahren und Jahrzehnten ihr schönes Gesicht zurückgaben. Auch die sowjetische Herrschaft provozierte den Freiheitssinn der Gdańsker Bürger. Beim Streik 1970 schossen Polizei und Militär auf die Arbeiter. Zehn Jahre später ging aus einem weiteren Streik der Werftarbeiter die Gewerkschaft Solidarność hervor. Sie forderte neben verbesserten Bedingungen für Arbeiter auch generelle Bürgerrechte wie Pressefreiheit. 1990 wählten die Polen den Gdańsker Streikführer Lech Wałęsa zu ihrem ersten demokratischen Staatspräsidenten. Seit 2004 ist Polen Mitglied der Europäischen Union. Bei der Fußball-Europameisterschaft 2012 in Polen und der Ukraine gehört auch Gdańsk zu den Spielstätten.

## Solidarität!

Jener Streik im August 1980 sollte die Welt verändern. Auf der Gdańsker Lenin-Werft protestieren Arbeiter gegen die jüngsten Preiserhöhungen für Lebensmittel und die Entlassung der Werftarbeiterin Anna Walentynowicz. Volker Schlöndorff verfilmte deren Lebensgeschichte 2007 unter dem Titel ›Strajk – Die Heldin von Danzig‹. Innerhalb von zwei Wochen breitet sich der Streik über die Stadt aus und erfasst schließlich ganz Polen. Es ist der erste große Arbeiteraufstand nach 1956 und 1970. Damals gingen Polizei und Militär mit großer Brutalität gegen die Arbeiter vor.

Diesmal wollen die Streikenden nicht klein beigeben und sind zudem besser organisiert. Ein Streikkomitee unter der Führung von Lech Wałęsa erarbeitet 21 Forderungen, von denen einige weit über die Interessen der Arbeiter hinausreichen, etwa Anerkennung freier, unabhängiger Gewerkschaften, Gewährleistung der Rede-, Druck- und Publikationsfreiheit, Wiedereinstellung aller entlassenen Streikenden und Freilassung aller politischen Häftlinge und Wirtschaftsreformen und Information über die tatsächliche Lage im Lande. Es geht um ein Stück Demokratie. Unterstützung erhalten die Streikenden von Intellektuellen und der Kirche. Nach langen Verhandlungen akzeptiert die polnische Regierung weite Teile der Forderungen.

Mit der Gründung der freien Gewerkschaft Solidarność unter Vorsitz Lech Wałęsas setzen die Arbeiter der neuen Freiheit ein Denkmal. Zehn Millionen Polen treten bei. Ein Jahr später ist der Frühling zu Ende. Der neue polnische Ministerpräsident und ehemalige General Wojciech Jaruzelski verhängt das Kriegsrecht. Panzer rollen durch die Straßen. Die wichtigsten Köpfe der Solidarność werden verhaftet. Schrittweise wird die Gewerkschaft verboten, arbeitet aber im Untergrund und Exil weiter. Die Solidarność erhält mehr und mehr Unterstützung in westlichen Ausland. 1983 geht der Friedensnobelpreis an Lech Wałęsa, und Papst Johannes Paul II. besucht seine polnische Heimat. Die Solidarność erhält neuen Mut. 1984 wird der katholische Priester Jerzy Popiełuszko vom polnischen Geheimdienst ermordet. Popiełuszko hatte sich für Solidarność engagiert und ihr Verbot öffentlich kritisiert. Zu seiner Beerdigung kommen mehr als eine Million Menschen.

Überraschend wählt die Kommunistische Partei der Sowjetunion (KPdSU) 1985 einen Reformer an ihre Spitze: Michail Gorbačov. Das politische Tauwetter im Osten untergräbt die Autorität der polnischen Regierung. Ein massiver Streik gegen Preiserhöhungen zwingt die Kommunisten 1988 zu neuen Verhandlungen mit der Solidarność. Die Gewerkschaft wird wieder zugelassen, es kommt zu Neuwahlen – allerdings sind 65 Prozent der Sitze für die Kommunistische Partei reserviert. Die frei verteilbaren Sitze gehen vollständig an das Bürgerkomitee Solidarność. Noch vor dem Fall der Mauer wird in einem Ostblockland ein nicht-kommunistischer Kandidat zum Ministerpräsident gewählt, Tadeusz Mazowiecki, Schriftsteller und Kandidat der Solidarność. Ein Signal, das wenige Monate später, im November 1989, das Ende des Kommunismus in Osteuropa besiegelt. Damit ist auch die Basis der Solidarność dahin. Bei seinem Amtsantritt als polnischer Staatspräsident gibt Lech Wałęsas den Vorsitz der Gewerkschaft ab. Noch während der Regierungsbeteiligung von 1989 bis 1993 endet die Geschlossenheit, die Solidarność zerfällt in konkurrierende Lager.

Vier Jahre später beteiligt sich die Solidarność erneut bei den Parlamentswahlen, diesmal als Wahlbündnis AWS (Akcja Wyborcza Solidarność) einer zweistelligen Zahl von Gruppierungen, überwiegend nationalistischer und konservativer Prägung. Als stärkste Partei beteiligt sich die AWS an einer Koalitionsregierung, die nur drei Jahre hält. Für die Wahlen 2001 formiert sich ein neues Wahlbündnis, AWSP, das praktisch nur noch aus rechten Spinnern besteht. Die AWSP scheitert an der Acht-Prozent-Hürde, die für Parteienbündnisse gilt. Von der einstigen Bürgerbewegung ist praktisch nichts mehr übrig geblieben. Die schlechte Regierungsarbeit im Namen der Solidarność ruiniert auch das Image der Gewerkschaft. 20 Jahre nach der Gründung zählt die Solidarność nur noch ein Zehntel der Mitglieder.

Kaum ein anderes ehemaliges Ostblockland ist heute so wenig gewerkschaftlich organisiert wie Polen, 2007 waren nur noch elf Prozent der Beschäftigten Gewerkschaftsmitglieder. Auch, weil Polen die Maximen der neoliberalen Ökonomie mit besonderem Eifer durchsetzt. Mitbegründer Lech Wałęsa ist längst ausgetreten, ebenso wie Anna Walentynowicz. Ausgerechnet zum 20. Jahrestag der ersten freien Wahlen im Juni 1989 demonstrieren Arbeiter in Gdańsk gegen den Abbau und Verkauf der Werften.

Sehr anschaulich nachvollziehen lässt sich die Geschichte der Solidarność in der Ausstellung ›Roads to Freedom‹ (Wege zur Freiheit) im Keller des Europäischen Solidarność-Zentrums in Gdańsk: Ausstellungsstücke erzählen vom tristen Alltag mit leeren Geschäften, zeigen die Zellen für politische Gefangene, es gibt Filmaufnahmen vom großen Streik und die hölzernen Wandtafeln, auf denen die Solidarność ihre 21 Forderungen notierte. Die Tafeln haben mittlerweile Eingang gefunden in das Weltdokumentenerbe der UNESCO. Vor dem Eingang zur Ausstellung stehen zwei Stücke Mauer, im schrägen Winkel einander zugewandt. Über die eine Mauer kletterte Lech Wałęsa 1980, um zu den Streikenden auf das abgeriegelte Werftgelände zu kommen, die andere Mauer stand in Berlin und fiel neun Jahre später.

*Zwei historische Mauerstücke führen zur Ausstellung ›Roads to Freedom‹*

# Stadtrundgang

Ausgangspunkt des Stadtrundgangs ist das **Hohe Tor** (Brama Wyżynna) am westlichen Ende der Langgasse (Długa). Westlich des Tors verläuft in Nord-Süd-Richtung die Schnellstraße ul. Oktopowa/ul. Wały Jagiellońskie. Brama Wyżynna ist zugleich eine Tram-Haltestelle.

Der Begriff Altstadt bezeichnet im folgenden Stadtrundgang das gesamte Gebiet des historischen Stadtkerns und verzichtet auf eine Unterscheidung zwischen Altstadt und Rechtstadt.

## ■ Hohes Tor

So hoch wie der Name vorgibt, ist das Tor gar nicht. Es war das Stadttor zum Hügelland im Westen der Stadt, den Danziger Höhen. Ursprünglich war es noch mit Graben und Zugbrücke gesichert. Das aktuelle Erscheinungsbild mit den Wappen-Reliefs über dem Durchgang stammt aus dem 16. Jahrhundert. Königlicher Besuch betrat die Stadt durch das Hohe Tor und folgte dem ›Königsweg‹ durch die Langgasse und den Langen Markt. Eine lateinische Inschrift auf der Fassade des Stadttors gab den Monarchen noch einen Rat mit auf den Weg: ›Gerechtigkeit und Frömmigkeit sind Grundlage aller Königreiche.‹

## ■ Stockturm

Wesentlich höher als das Hohe Tor ist der backsteinrote Stockturm (Wieża Więzienna) direkt dahinter. Bis ins frühe 17. Jahrhundert war er Teil der städtischen Verteidigungsanlage, danach fand er Verwendung als Gefängnis und Folterkammer. Über den Komfort in den damaligen Zellen informiert das dort ansässige kleine **Stadtmuseum**.

Ebenfalls im Stockturm ist das **Bernsteinmuseum**. Es zeigt Funde mit sogenannten Inklusen, eingeschlossenen Insekten und Spinnen, sowie Exemplare, die durch ihre schiere Größe, Form und Farbe beeindrucken. Außerdem gibt es Bernsteinschmuck, Kunst, Design und Kitsch vom Mittelalter bis heute zu sehen.

## ■ Goldenes Tor

Durch das blau gestrichene Goldene Tor (Złota Brama, auch Langgassentor) gelangt man schließlich in die heutige Fußgängerzone, die Langgasse. Mit den Säulen und den Figuren auf dem Dach hat das Tor etwas von einem Triumphbogen. Der nördlich angrenzende Backsteinbau aus dem 15. Jahrhundert nennt sich **St.-Georg-Halle** (Dwór Bractwa św. Jerzego) und diente der St.-Georgs-Bruderschaft als neuer Versamm-

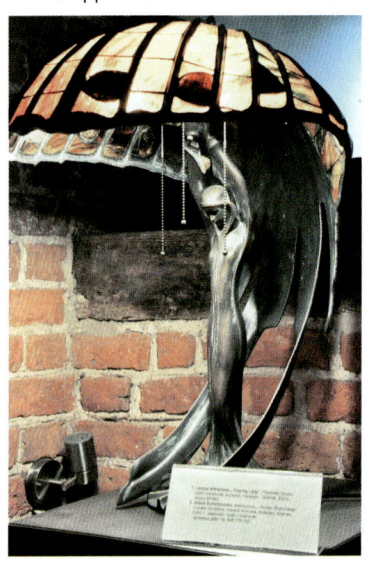

▲ *Modernes Design im Bernsteinmuseum*

*Außen klobig, innen elegant: Das Rechtstädtische Rathaus in der Langgasse*

lungsraum, nachdem die Stadt Gdańsk den Artushof übernommen hatte.

### ■ Langgasse

Gleich einem Laufsteg der vornehmsten Patrizierhäuser verläuft die Hauptstraße der Altstadt (ul. Długa) über gut 450 Meter leicht gebogen bis zum gegenüberliegenden Grünen Tor an der Mottlau. Im Gewusel der Touristen und Stadtbummler übersieht man schon mal die ein oder andere Fassade, zumal auf Augenhöhe Cafés, Restaurants und die verführerischen Auslagen der Geschäfte locken. Wer die Fassaden in aller Ruhe genießen will, sollte sich früh auf den Weg machen. Wie so ein Bürgerhaus im 18. Jahrhundert innen aussah, erfährt man im **Uphagenhaus** (Dom Uphagena), ul. Długa 12, mit der rot-weißen Fassade. Namensgeber war Johann Uphagen, ein Kaufmann und Ratsherr.

### ■ Rechtstädtisches Rathaus

Das markanteste Gebäude der Langgasse besteht aus einem 82 Meter hohen Backsteinturm und einem sonderbar proportionierten schmalen Haus im selben manieristischen Baustil. Das älteste Rathaus (Ratusz Głównego Miasta) stammt eigentlich aus dem 13. Jahrhundert, als Danzig lübisches Recht erhielt, das heutige Aussehen erhielt das Rathaus erst Mitte des 16. Jahrhunderts. Wesentlich harmonischer ist die Innengestaltung: Fresken, Möbel und Gemälde im Roten und Weißen Saal zeugen vom Danzigs goldenem Zeitalter.

### ■ Langer Markt

Ab dem Rathaus verbreitert sich die Langgasse zum Langen Markt (Długi Targ) mit dem **Neptunbrunnen** (Fontanna Neptuna) aus dem 17. Jahrhundert, der längst zu einem Wahrzeichen der Stadt geworden ist. Einer Legende nach schuf die Statue des Meergottes eine wichtige Zutat zum Kräuterlikör ›Danziger Goldwasser‹. Verärgert über die Münzen, die ein betrunkener Kaufmann in den Brunnen warf, zerstieß Neptun sie mit seinem Dreizack zu winzigen

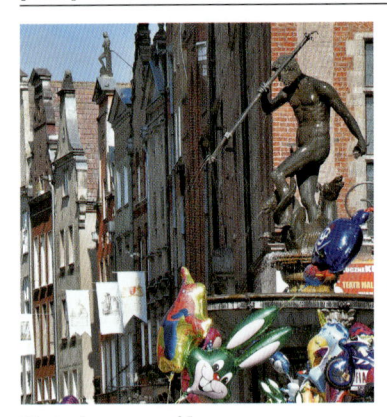

*Neptunbrunnen und Langgasse*

feinen Goldplättchen und warf sie in ein Weinfass im Keller des heute noch existierenden Wirtshauses ›Zum Lachs‹. Als die Einwohner Danzigs von einer schweren Krankheit befallen wurden, entdeckte der Wirt, dass das Goldwasser heilende Wirkung hat.

### ■ Artushof

Direkt nördlich des Neptunbrunnens sticht ein weißer Palast aus den noblen Fassaden der Bürgerhäuser hervor, mit Kirchenfenstern neben und über dem Portal, der Artushof (Dwór Artusa). Im 14. Jahrhundert war er Treffpunkt der reichen Kaufmannsbruderschaften, der Name entstand in Anlehnung an König Artus' Tafelrunde. Gleichzeitig wurde dort gehandelt. Artushöfe gab es auch in anderen Hansestädten, etwa in Königsberg (Kaliningrad) und Riga. Nach dem Umzug der Gilden diente der Artushof unter anderem als Getreidebörse.

Eines der Schmuckstücke ist der über zehn Meter hohe Kachelofen. Jede der 520 Kacheln ziert das Porträt geistlicher Prominenter des 16. Jahrhunderts. Seine neugotische Fassade erhielt der Artushof im 19. Jahrhundert. Im **Neuen Schöffenhaus** (Dom Ławników) gleich rechts daneben vergnügte sich die Kaufleute in einer Art Salon. Täglich um 13 Uhr blickt ein Mädchen aus dem Fenster – in Erinnerung an das Danziger Bürgermädchen Hedwig, das im 17. Jahrhundert dort von seinem Onkel eingeschlossen worden war.

### ■ Grünes Tor

Der Lange Markt endet im Osten mit dem Grünen Tor (Brama Zielona), einem schlossartigen blassen Bau aus dem 16. Jahrhundert, damals noch mit grüner Fassade. Hier sollten eigentlich die Könige logieren, quasi am Ende des Königsweges, dies geschah jedoch nur ein einziges Mal. Dafür hat heute Lech Wałęsa ein Büro im Grünen Tor. Weitere Räume nutzt das **Polnische Nationalmuseum** für Ausstellungen.

### ■ Mottlau-Ufer

Durch das Tor kommt man zur Mottlau (Motława beziehungsweise Stara Motława). Über die Brücke gelangt man zunächst in die Speicherstadt und schließlich zum Stadtteil Langgarten (Długie Ogrody), an dessen Ufer auch der Yachthafen liegt.

*Historische Wegmarken: Museumsschiff Sołdek und Krantor*

Dieser Rundgang folgt allerdings dem Uferweg Długie Pobrzeże und Rybackie Pobrzeże, vor der Brücke links, vorbei an den Ausflugsschiffen, den Restaurants und Bernsteinständen zur Westerplatte. Den schönsten Blick auf die Packhäuser hat man natürlich von der gegenüberliegenden Flussseite. Wer den Umweg über Brücke und Speicherinsel scheut, kann gegen einen kleinen Obolus vom Krantor aus die Fähre nehmen, die zur Insel Ołowianka (Bleihof) übersetzt. Dort befinden sich auch das **Meeresmuseum** und die **Philharmonie**. Außerdem ankert dort das **Museumsschiff MS Sołdek** – das erste Schiff, das auf der Gdańsker Werft nach 1945 gebaut wurde.

■ **Krantor**
Auch das weithin sichtbare Stadttor mit dem hölzernen Kranvorbau (Żuraw) aus dem 15. Jahrhundert gehört zu den Wahrzeichen von Gdańsk. Ein Blick ins Innere offenbart die Technik, bei der Arbeiter treten und ziehen mussten, um die riesigen Räder der Seilwinde in Bewegung zu setzen. Im Krantor befinden sich zudem Räume des Polnischen Schifffahrtsmuseums mit einer sehr abwechslungsreichen Ausstellung zur Hafengeschichte.

■ **Marienkirche**
Durch das Krantor geht es zurück in die Altstadt gleich links in die Gasse Mydlarska, dann rechts in die **Frauengasse** (ul. Mariacka). Hier haben die Hauseingänge Terrassen mit breitem Treppenaufgang, sogenannte Beischläge. Im Mittelalter war diese Bebauung typisch für Hansestädte und zog sich durch die ganze Danziger Rechtstadt. Im Sommer ist die ganze kurze Gasse Ausstellungsfläche der dort ansässigen Juweliere und Kunstgalerien.

*Altarbild in der Marienkirche*

Am anderen Ende wartet die riesige mittelalterliche Marienkirche (Bazylika Mariacka). Außen im schlichten Backstein, innen nur auf den ersten Blick karg – offenbaren sich doch beim Rundgang jahrhundertealte Schätze wie die **astronomische Uhr** (ähnlich jener in der Rostocker Marienkirche), Hans Memlings **Triptychon Das Jüngste Gericht** und ein opulentes geschnitztes Altarbild von Michael Schwarz. Knapp 400 Stufen sind der sportliche Preis für einen weiten Blick vom Kirchturm über die Altstadt, die Mottlau und die Werften.

■ **Großes Zeughaus**
Auf der Südseite der Marienkirche liegt die Gasse ul. Piwna mit einigen netten Cafés und Restaurants. Am westlichen Ende der ul. Piwna stößt man auf das Große Zeughaus (Zbrojownia), bei oberflächlicher Betrachtung fast eine Kopie des Grünen Tors. Hinter der noblen Fassade im niederländischen Manierismus warteten jedoch keine Gemächer für hohe Gäste, sondern Waffen und Munition. Einige Räume werden jetzt von der Kunstakademie genutzt. Nach Süden kommt man wieder zum Hohen Tor, dem Ausgangspunkt des Rundgangs.

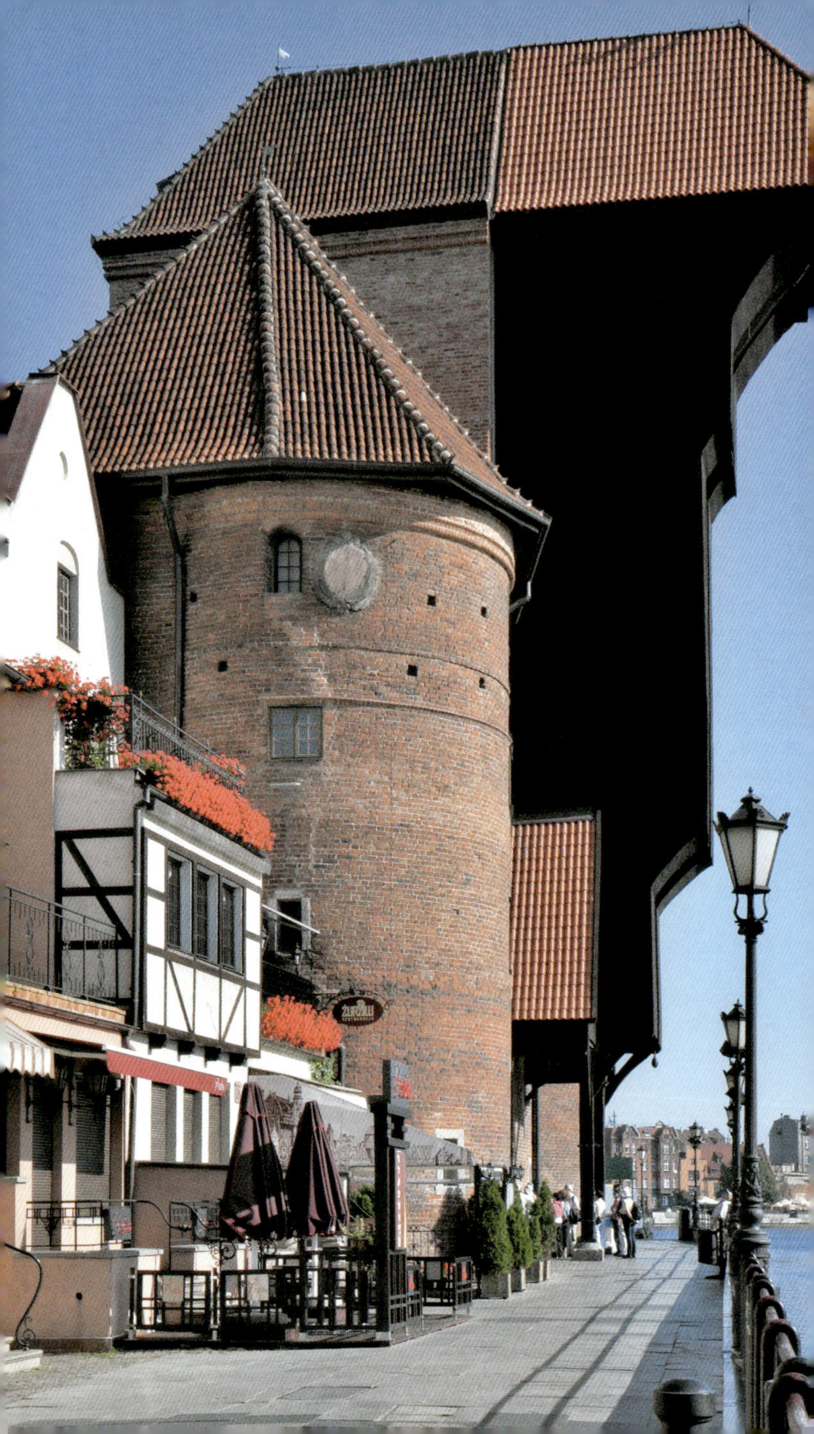

# Gdańsk-Informationen

Kreuzfahrtschiffe legen in Gdynia an. Wer auf eigene Faust in die Stadt möchte, fährt mit der S-Bahn nach Sopot und Gdańsk.
Die Touristeninformation liegt sehr günstig vis-à-vis des Rechtstädtischen Rathauses auf der westlichen Seite des wichtigsten Platzes, dem ul. Długi Targ, zugleich Teil der Fußgängerzone zwischen Grünem Tor und Goldenem Tor bzw. Hohem Tor.

## Allgemeine Informationen
**Vorwahl Polen:** 0048.
**Vorwahl für die ganze Dreistadt:** 058 (aus dem Ausland fällt die 0 weg).
**Touristeninformation**, Długi Targ 28/29, Tel. 301 43 55, www.de.gdansk.gda.pl; Mo-Sa 9-17, So 9-16 Uhr, im Sommer länger. Infos und Adressen gibt es auch unter www.gdansk4u.pl.
Die **Tourist Card** bietet 24 Std. oder 72 Std. freie Fahrt mit Bus und Bahn, freien Eintritt in viele Museen und Preisnachlass bei 130 Partnern (Ausflüge, Geschäfte, Hotel, Restaurants) in Gdańsk, Sopot und Gdynia; Info: www.gdansk4u.pl; Verkaufsstellen: u. a. Flughafen, Hauptbahnhof, Touristen-Information.

## An- und Abreise
### ■ Mit dem Auto
Nordroute: Über Rostock oder Berlin–Szczecin (Stettin)–Koszalin–Słupsk–Gdynia–Gdańsk (ab Stettin die Schnellstraße S 6). Über Berlin–Frankfurt/Oder–Poznań–Gniezno–Bydgoszcz (bis Poznań Autobahn A 2, dann S 5 und A 1).

### ■ Mit der Bahn
Es gibt von Deutschland derzeit keine Direktverbindung nach Gdańsk. Die schnellste Zugverbindung (mit Umsteigen) von Berlin dauert um die 7 Std.

### ■ Mit dem Schiff
Regelmäßige internationale Fährverbindungen von/nach Gdańsk: Nynäshamn bei **Stockholm** (Fahrtzeit: ca. 18 Std.), **Baltijsk bei Kaliningrad** (ca. 4,5 Std.). Infos: www.ferrylines.com, für Gdynia → S. 152).
Vom Gdańsker **Fährhafen Nowy Port**, ca. 7 km nördlich des Zentrums (gegenüber Westerplatte), fährt die Tram Nr. 10 zum Hauptbahnhof (Dworzec Glówny). Wahlweise Bus 148 bis Zugstation ›Gdańsk-Żabianka‹ und von dort die S-Bahn (SKM), die Gdańsk, Sopot und Gdynia verbindet, bis Gdańsk-Hauptbahnhof (Dworzec Glówny). Es bestehen außerdem regelmäßige Schiffsverbindungen von Nowy Port nach Sopot (Mole) und zur Halbinsel Hel.

### ■ Mit dem Flugzeug
Linienflüge nach Gdańsk (www.airport.gdansk.pl) bieten u. a. Lufthansa (www.lufthansa.com) von Frankfurt und München; Ryanair (www.ryanair.com) von Bremen und Wizz Air (www.wizzair.com) von Dortmund, Köln/Bonn und Lübeck. Der **Flughafen Lech Wałęsa** liegt nur ca. 8 km westlich von Gdańsk. Der Linienbus B fährt zum Hauptbahnhof (30-40 Min.); Taxis in die Stadt kosten ca. 50 Złoty (12 Euro); das Tourismusamt empfiehlt Taxis der Firma ›City Plus Neptun‹.

*Zugkräftiges Wahrzeichen: Das Krantor am Mottlau-Ufer*

### ■ Mit dem Rad

Im Rahmen des Euro-Velo-Projekts sollen zwölf transeuropäische Radwege entstehen, darunter die **Ostsee-Radroute** (Hanse-Rundweg) mit etwa 8000 Kilometern Länge, einschließlich der polnischen Ostseeküste. Der polnische Abschnitt des Ostseeküsten-Radwegs ist derzeit nur abschnittsweise als reiner Radweg ausgebaut, weite Strecken verlaufen auf ruhigen Nebenstraßen und Waldwegen. Durchweg einheitlich ist die Beschilderung **R 10** (dazu grünes Fahrrad auf weißem Grund) von der deutsch-polnischen Grenze bis etwa 215 km nordwestlich von Gdańsk, danach ist sie eher sporadisch. Geführte Rad-Touren gibt es beispielsweise von Usedom bis Gdańsk (ca. 10 Tage).

**Karte/Radtourenbuch**: Bikeline ›Ostseeküsten-Radweg 3‹ (Ahlbeck–Danzig) und ›Europa-Radweg Eiserner Vorhang Teil 1‹ (unter anderem von Gdańsk bis zur polnisch-russischen Grenze); beide vom Esterbauer Verlag, www.esterbauer.com. Weitere Infos: European Cyclists' Federation, www.ecf.com und www.ostsee-radweg.de.

## Unterwegs in Gdańsk

### ■ Stadtrundgänge und -fahrten

**Stadtführer** vermittelt die Touristeninformation. Eine Liste privater Anbieter – auch für Ausflüge und Sport – findet sich auf der Website www.de.gdansk.gda.pl, ebenso Vorschläge zu Themenrouten auf eigene Faust, etwa ›Günter Grass‹ und ›Route der Backsteingotik‹.

**Hafenrundfahrten** und Schiffsausflüge in die nähere Umgebung, z. B. Westerplatte und Halbinsel Hel sowie nach Sopot und Gdynia gibt es regelmäßig von der Uferpromenade Długie Pobrzeże und Rybackie Pobrzeże auf der Altstadtseite der Mottlau (Stara Motława).

**Öffentlicher Nahverkehr**: Die Dreistadt Gdańsk-Sopot-Gdynia ist durch eine S-Bahn-Linie (SKM) verbunden. In Gdańsk fährt man am besten mit der Tram – auch zu den beiden Stränden Stogi Plaża (Heubude) im Osten (Linie 8) und Jelitkowo (Glettkau) im Westen (Linien 2, 6, 8).

### ■ Aussichtspunkte

Vom 80 m hohen Turm der **Marienkirche** (Bazylika Mariacka) überblickt man die Altstadt und den Lauf der Mottlau; ul. Podkramarska 5, Apr.–Okt. Mo–Sa 9–17, So 13–17 Uhr, im Sommer länger, Turmaufstieg oder Liftfahrt.

Noch weiter und erhellender ist der Blick vom **Hagelsberg** (Góra Gradowa), einer früheren Befestigung nordwestlich der Altstadt mit inzwischen restaurierten Kasematten und einem scheußlichen Millenniumskreuz, ul. 3 Maja 9 a, Stadtteil Neugarten (Nowe Ogrody), ganzjährig zugänglich.

## Unterkunft

Achtung: Während der Fußball-EM 2012 in Polen und der Ukraine (8. Juni.–1. Juli) erhöhen manche Hotels ihre Preise um 100 Prozent! Die angegebenen Euro-Preise dienen nur der groben Orientierung. Zum einen sind die Preise vieler Hotels ganzjährig flexibel, zum anderen basiert die Umrechnung von Złoty in Euro auf einem flexiblen Wechselkurs.

### ■ Hotel

**Hotel Gdańsk**, ul. Szafarnia 9, Yachthafen, Altstadtrand, Tel. 300 17 17, www.hotelgdansk.com.pl; DZ 150 Euro (HS). 4-Sterne-Boutique-Hotel in restauriertem Speicher mit eigener Brauerei!

**Hotel Wolne Miasto**, ul. Św. Ducha 2, Altstadt, Tel. 32 2 24 42, www.hotel wm.pl; DZ ab ca. 103 Euro (HS). 3-Sterne-Hotel im nostalgischen 1920er-Jahre-Stil.

**Hotel Podewils**, ul. Szafarnia 2, Altstadtrand, beim neuen Yachthafen an der südlichen Brücke zur Mottlau-Insel Ołowianka, Tel. 300 95 60, www.podewils.pl; DZ ab ca. 140 Euro (April–Okt.). Eleganter kleiner 5-Sterne-Palast mit feinstem Barockambiente. Eines der schönsten Hotels in Gdańsk.

**Dom Muzyka**, ul. Łąkowa 1/2, Altstadtrand, beim neuen Yachthafen, Tel. 326 06 00, www.dom-muzyka.pl; DZ ab ca. 80 Euro (Mai–Sept.). Die Musikakademie Gdańsk bietet 87 preiswerte und wunderschöne Gästezimmer in einem renovierten Bau aus dem 19. Jahrhundert.

**Gryf Hotel**, ul. Jana z Kolna 22/26, am Plac Solidarności, in Gehweite zur Altstadt, Tel. 300 01 30, www.owgryf.pl; DZ ab ca. 57 Euro (Mai–Sept.). Preiswertes, neues Hotel ohne großen Luxus.

■ **Camping**

**Camping Stogi Nr. 218**, ul. Wydmy 9, Nahe Strand ›Stogi Plaża‹ (Tram 8, 13), Tel. 307 39 15, www.campinggdansk.pl; Ende Apr.–Anf. Okt. Bewachter Campingplatz im Kiefernwald am Meer.

## Gastronomie

■ **Restaurants**

**Pod Łososiem**, ul. Szeroka 52/54, Tel. 301 76 52, www.podlososiem.com.pl; tägl. 12–23 Uhr. Im Traditionsrestaurant wurde der Legende nach das Goldwasser erfunden. Spezialität ist der namensgebende Lachs vom Grill. Beliebte Einkehr für prominente Gäste.

**Goldwasser**, Długie Pobrzeże 22, Tel. 301 88 78, www.goldwasser.pl; tägl. 12–23 Uhr. Sehr schönes altes Restaurant am Mottlau-Ufer, benannt nach dem Gewürzlikör mit den Goldblättchen, den man dort selbstverständlich kosten kann.

**Czerwone Drzwi**, ul. Piwna 52/53, Tel. 301 57 64, www.reddoor.gd.pl; tägl. 10–24 Uhr (bzw. letzter Gast). Nettes, gemütliches Café-Restaurant in einem historischen Bürgerhaus hinter dem Dom mit kleiner Terrasse. Sehr leckere Piroggen!

**Republika Café Bar & Grill**, ul. Dziana 5/6, Eingang Długie Pobrzeże, Tel. (0)512/48 30 20; tägl. 10–24 Uhr. Preiswertes Terrassenlokal am Mottlau-Ufer.

■ **Cafés**

**Café Ferber**, ul. Długa 77/78, Tel. 301 55 66, www.ferber.pl; So–Do 9.30–1, Fr/Sa 9.30–2 Uhr. Traditionscafé in der Fußgängerzone, das mit seinem Club viele junge Leute anzieht. Große Kaffee- und Cocktailkarte.

**Mon Balzac**, Piwna 36/39, Tel. 682 25 25, www.monbalzac.pl; tägl.

*Im Tortenhimmel*

8–3 Uhr. Halb schicke Bar, halb urige Kneipe, immer gut gefüllt.
**Yesterday**, ul. Piwna 50/51, Tel. 3013924, www.yesterday-klub.pl; tägl. 11–24 Uhr. Sympathisches Retro-Café mit Memorabilien der Sixties an den Wänden.

■ **Nachtleben**
**Café Kamienica**, ul. Mariacka 37/39, Tel. 3011230, So–Do 11–23, Fr/Sa 11–1 Uhr. Das nostalgisch angehauchte Café liegt auf halbem Weg zwischen Alter Mottlau und Marienkirche. Die hölzerne Gemütlichkeit auf zwei Etagen und im idyllischen Hinterhof ist bei Globetrottern beliebt.
**Yesterday**, zum gleichnamigen Café gehöriger Club mit Sixties-Beschallung, nebenan im Keller; So–Do 19–2, Fr/Sa 19–4 Uhr.

## Kultur
■ **Museen und Kirchen**
**Rechtstädtisches Rathaus** (Ratusz Głównego Miasta), Długa 47, Tel. 7679100; Di–Sa 10–16, So 13–16 Uhr. Die Ausstellung des Historischen Museums zeigt Möbel und Gemälde aus dem 16./17. Jahrhundert sowie das Stadtleben zwischen den Weltkriegen. Auch der Turm kann bestiegen werden.
**Artushof** (Dwór Artusa), Długi Targ 43/44, Tel. 3463358; Di–Sa 10–16, So 11–16 Uhr (Juli/Aug. auch Mo und jeweils länger geöffnet). Dauerausstellung zur Geschichte des Artushofs.
**Krantor** (Żuraw)/**Polnisches Schifffahrtsmuseum** (Centralne Muzeum Morskie), ul. Szeroka 67/68, Tel. 3016938, www.cmm.pl; Di–Fr 10–16, Sa–So 10.30–16.30, Juli/Aug. tägl. 10–18 Uhr. Ausstellung zur Hafengeschichte und Funktion des Hafenkrans.

**Roads to Freedom** (Drogi do Wolności), ul. Wały Piastowskie 24, nahe dem pl. Solidarność, Tel. 3084428, www.ecs.gda.pl/Ausstellung; Mai–Sept. 10–18, Okt.–Apr. 10–17 Uhr. Dauerausstellung zur Geschichte der polnischen Freiheitsbewegung von 1956 bis 1989 mit Schwerpunkt Solidarność.
**Bernsteinmuseum** (Muzeum Bursztynu), im Stockturm (Wieża Więzienna), Targ Węglowy 26, Tel. 3014733; Mo 10–15, Di–Fr, So 10–18, Sa 11–18 Uhr, außerhalb der Hauptsaison Mo geschlossen sowie kürzere Öffnungszeiten. Bernsteinfunde, Kunst und Schmuck aus Bernstein, Ausstellung zur Stadt- und Turmgeschichte.
**Uphagenhaus** (Dom Uphagena), Długa 12, Tel. 3012371; Di–Sa 10–16, So 11–16 Uhr, im Sommer auch Montags und jeweils länger geöffnet. Rekonstruierte Räume eines Bürgerhauses des 18. Jahrhunderts.
**Marienkirche** (Bazylika Mariacka), Piwna; Mo–Sa 9–17.30, So 13–17.30 Uhr, im Sommer auch Mo und jeweils länger geöffnet.

■ **Veranstaltungen**
**Shanty Festival** (Szanty pod Żurawiem), zwei Tage Anfang/Mitte Juli, www.szantypodzurawiem.pl. Bühne am Neptunbrunnen, Długie targ.
**Baltic Sail Gdańsk**, vier Tage Anfang/Mitte Juli, www.balticsail.pl. Wie in anderen Hansestädten auch treffen sich im Stadthafen Gdańsk historische Schiffe und schnittige Segler zum Schaulauf und zur Regatta.
**Shakespeare Festival** (Festiwal Szespirowski), zehn Tage Anfang August, Tickets: Wybrzeże Theatre ticket office, ul. Św. Ducha 2, Gdańsk, Tel. 3011328, www.festiwalszekspirowski.pl. Internationales Theaterfestival

mit modernen Shakespeare-Interpretationen in der ganzen Dreistadt.
**Gdańsk Jazz Night** (Gdańskie Noce Jazsowe), drei Tage Mitte August, Teatr Leśny, Jaśkowa Dolina 45, Gdańsk Wrzeszcz, www.teatrlesny.pl. Abwechslungsreiches Jazzfestival mit Künstlern aus Gdańsk und Umgebung.

## Einkaufen
**Bonbonmanufaktur** (Manufaktura słodyczy), Długa 64/65, Tel. 301 24 11, www.ciuciu.de; tägl. 10–20 Uhr. In dem Laden eines polnisch-deutschen Paars gibt es handgemachte Bonbons wie einst bei Oma. Regelmäßig Führungen durch die Backstube; auch Auftragsarbeiten werden angenommen.

**Galeria STYL**, Długie Pobrzeże 31, (zwei Häuser neben Krantor), Tel. 301 43 80; tägl. 10–19 Uhr. Bernsteinladen von Zbigniew Strzelczyk mit Werkstatt, wo auch Schmuck nach individuellen Vorlagen angefertigt wird.
**Galeria Swetra**, ul. Mariacka 9/10, Altstadt. Originelle Pullover, meist handgestrickt.
**Szafa Gdańska** (Danziger Schrank), ul. Garbary 14/1 (Querstraße zur Długa beim Goldenen Tor; Sommer Mo–Fr 10–18, Sa 10–21, So 10–20 Uhr, Rest des Jahres Mo–Fr 10–18, Sa 10–15 Uhr. Andenken aus Gdańsk mit meist historischen Motiven. Mal nicht der übliche Kitsch, sondern vor allem Reproduktionen historischer Accessoires wie Uhren, Karten und Geschirr.

## Westerplatte
Ihre Berühmtheit verdankt die Halbinsel an der Weichselmündung dem Beginn des Zweiten Weltkriegs. Leider gibt es nur wenig Historisches zu sehen. Das Museum mit der Ausstellung im ehemaligen Wachhaus ist winzig, das Denkmal selbst strotzt nur so vor sozialistischer Ästhetik. Kürzlich wurde das historische Gelände auf der Westerplatte saniert, einschließlich Denkmal und Museum (Wachhaus Nr. 1). Die Fahrt mit dem Schiff, der Spaziergang am Strand und die Aussicht vom Denkmalhügel auf den Hafen Nowy Port kann man dennoch empfehlen.
Eine Alternative ist die Fahrt zum Danziger **Leuchtturm Neufahrwasser** gegenüber der Westerplatte. Auch von dort wurde auf die Westerplatte geschossen. Der ziegelrote Leuchtturm von 1893 hatte zudem eine interessante Sonderausstattung, den Zeitball. Das Instrument erlaubte den Schiffen, ihre Chronometer vom Hafen aus genau zu stellen.

### Westerplatte/Neufahrwasser
**Ausflugsboote zur Westerplatte** fahren im Sommer mehrmals tägl. vom Altstadthafen, alternativ die Busse 106 und 158. **Anreise Leuchtturm Neufahrwasser**: Mit der Fähre F-3 vom Altstadthafen (Nowy Port/Sopot), Fähre von der Westerplatte, sowie Tram 10 Richtung Nowy Port, dann weiter zu Fuß, ca. 10 Min. oder mit Tram 15 bis Przemysłowa.

**Museum Wachhaus Nr. 1**; Mitte Apr.–Mitte Okt. tägl. 9–16 Uhr.
**Leuchtturm**, Przemysłowa 6A, Nowy Port, Fährhafen, Tel. 7601642, www.lighthouse.pl; Mai–Mitte Juni Sa/So 10–18, Mitte Juni-Aug. tägl. 10–18, Sept. Sa/So 10–17 Uhr. Der Zeitball fällt um 12, 14, 16 und 18 Uhr.

## Stutthof

Gleich nach dem Einmarsch in Danzig errichteten die Nazis bei Stutthof (Sztutowo), etwa 35 km östlich von Danzig inmitten einer landschaftlichen Idylle ein Lager und inhaftierten dort ›unerwünschte Elemente‹. Noch vor Kriegsbeginn hatten Danziger Nazis eine entsprechende Liste erstellt. Ab 1942 wurde Stutthof zum Konzentrationslager. In Stutthof starben über 65 000 Menschen, dennoch ist das Lager heute relativ unbekannt. Zumindest Dürrenmatt-Leser kennen es aus dessen Krimi ›Der Verdacht‹. Gegen Ende des Krieges zerstörten die Nazis große Teile des Lagers, um die Spuren ihrer Verbrechen zu verwischen. Die gesamte Anlage kann heute besichtigt werden, ferner informieren Ausstellungen und Dokumentarfilme. Für den Rundgang sollte man sich gute zwei Stunden Zeit nehmen.

Busse von der Busstation am Hauptbahnhof zum Museum (75 Min.).

**Museum Stutthof** (Muzeum Sztutowo), ul. Muzealna, Sztutowo, Tel. 055/247 83 53, www.stutthof.pl; Mai – Sept. tägl. 8 – 18, Okt. – Apr. 9 – 15 Uhr. Führungen nach Voranmeldung; Mo keine Führungen/Filmvorführungen, für Kinder unter 13 Jahren nicht geeignet.

## Sopot

Der Küste entlang nach Nordosten geht Gdańsk fast nahtlos in Sopot über. Und doch zeigt sich schnell: Sopot ist anders. Ein Seebad, modern und nostalgisch, frei von Industrie und urbaner Zweckmäßigkeit. Die ganze Stadt dient einzig der Erholung und dem Vergnügen. Im Zentrum steht die Seebrücke, der Kur- und Hotelkomplex mit Cafés, Bars und Strand, umgeben von Villen der Jahrhundertwende, Parks und Sportanlagen.

Anders als die meisten Ostseebäder zieht Sopot auch sehr viele junge Men-

*Auf der Sopoter Seebrücke*

schen an – vor allem aus Gdańsk. Etwa zwei Millionen Besucher amüsieren sich jedes Jahr in der 40 000-Einwohner-Stadt.

Die Entwicklung Sopots zum Seebad begann im 16. Jahrhundert, lange bevor man überall entlang der Ostsee das organisierte Baden entdeckte. Damals noch ein Fischerdorf, wandelte sich Sopot zu einem Erholungsort reicher Danziger mit einer wachsenden Zahl Sommervillen. In den 1820er Jahren bekam Sopot das erste Warmbad, gleich daneben ein Kurhaus, dort, wo seit etwa 80 Jahren das ›Grand Hotel‹ steht, und die erste Seebrücke.

Mitte des 19. Jahrhunderts stieg Sopots Einwohnerzahl auf 10 000 mit einer ähnlichen Zahl an Feriengästen. Einen weiteren Schub brachte ab 1870 die neue Bahnstrecke von Gdańsk nach Koszalin (Köslin) in Westpommern mit einem Bahnhof in Sopot.

Zur großen Zeit der Seebäder im 19. und frühen 20. Jahrhundert war Sopot eines der bekanntesten in Europa. Auch Kaiser Wilhelm II., in dessen Amtszeit Sopot auf deutschem Territorium lag, hatte dort ein Refugium. Zwischen den Kriegen war Sopot wieder Teil der Freien Stadt Gdańsk und wurde zur Spielwiese der Hautevolee, einschließlich Pferderennbahn, Kasino, Waldoper und der längsten Seebrücke Europas. Mit dem jährlichen Sopot Music Festival blieb dem Seebad auch während des Kommunismus ein bisschen Spaß erhalten. Seit dem Mauerfall gibt es eifrige Bemühungen, Sopot den Glanz seiner besten Tage zurückzugeben.

### ■ Fußgängerzone Monciak

Durch die Unterführung vom Hauptbahnhof Sopot gelangt man in östlicher Richtung direkt auf Sopots wichtigste Straße, die Promenade und Fußgängerzone Monciak alias ul. Bohaterów Monte Cassino (Straße der Helden von Monte Cassino). Links und rechts davon sind Cafés, Bars und Restaurants und an ihrem östlichen Ende beginnt die Seebrücke. Der Strand verläuft beidseitig der Mole.

### ■ Plac Konstytucji 3 Maja

Am westlichen Ende verbreitert sich die Fußgängerzone Monciak zum Platz Plac Konstytucji 3 Maja mit der **Kirche St. Georg**, dem neuen Hotel ›Rezydent‹ im Kurhausstil und dem ehemaligen Kaufhaus, in dem sich heute unter anderem das italienische Restaurant ›Tivoli‹ und nebenan auf der Nordseite eine Konditorei mit hervorragenden Torten befinden.

Die kleine Skulptur mit dem Regenschirm ist einem Sopoter Original gewidmet, Czesław Bulczyński, einem exzentrischen Regenschirmverkäufer (Parasolnik) und ehemaligen Clown. Er starb 1992.

### ■ Klaus Kinskis Geburtshaus

Klaus Kinski wurde 1926 als Klaus Günter Karl Nakszyński in Sopot geboren. Eine Tafel an seinem Geburtshaus in der ul. Tadeusza Kościuszki 10 erinnert an den prominentesten Sohn Sopots. Vom Kirchenplatz geht es in die ul. Dworcowa in südlicher Richtung und gleich beim Hotel ›Rezydent‹ links in die ul. Tadeusza Kościuszki. In der Nr. 4 ist die Touristeninformation untergebracht.

In Kinskis Geburtshaus kann zwar keine Wohnräume besichtigen, aber in der famos schummrigen, von einem Künstlerpaar eingerichteten **Bar Galeria Kinski** prima versumpfen. Das scheint ohnehin angemessener für einen Darsteller von Schurken, Psychopathen und anderen zwielichtigen Gestalten.

## Krummes Haus

Wieder zurück auf der Promenade ul. Bohaterów Monte Cassino in Richtung Mole, folgt linker Hand (Nr. 53) ein Haus, das aussieht, als habe es über den Durst getrunken. Inspiration für sein Krummes Haus (Krzywy Domek) holte sich Architekt Szotyńscy Zaleski unter anderem von einem polnischen Märchenbuch-Illustrator. Innen sind Cafés, Bars, Restaurants und Geschäfte.

Direkt gegenüber ist die sehr originell eingerichtete **Kneipe ›Der Blaue Pudel‹** (Błękitny Pudel).

## Neues Kurhaus

Die Promenade Bohaterów Monte Cassino mündet in einen großen Platz, den Plac Zdrojowy. Direkt gegenüber der Seebrücke steht seit 2009 das Neue Kurhaus. Das Alte Kurhaus (Nowy Dom Zdrojowy) am selben Platz wurde im Krieg zerstört. Neben dem Spa und Kongresszentrum sind im Neuen Kurhaus auch die Staatliche Kunstgalerie und eine Touristeninformation untergebracht, außerdem sind regelmäßige Events geplant.

## Alter Leuchtturm

Auf der Südseite des Plac Zdrojowy (Ecke Aleja Wojska Polskiego) ragt der Alte Leuchtturm (Stara Latarnia Morska) heraus. Anfang des 20. Jahrhunderts wurde er in das damalige Kurhaus integriert. Von der Aussichtsplattform überblickt man die Sopoter Seebrücke und die Promenade.

## Seebrücke

Sopots Highlight ist zweifellos die über 500 Meter lange hölzerne Seebrücke. Hier legen die Boote von und nach Gdynia und Gdańsk an. Im Sommer gibt es Open-Air-Kino.

## Sopot-Museum

Wer sich für die Geschichte des Seebads interessiert, macht einen Abstecher zum Sopot-Museum (Muzeum Sopotu).

Weiter geht es von der Seebrücke auf der Strandpromenade Aleja Wojska Polskiego etwa zehn Minuten in südlicher Richtung bis zur Querstraße Księcia Józefa Poniatowskiego. In der Gartenvilla an der Ecke befindet sich das Stadtmuseum.

## Waldoper

Eine schöne Dreingabe und zugleich ein weiterer Ausflug ins Sopot des frühen 20. Jahrhunderts ist ein Spaziergang zur Waldoper (Opera Leśna). Man erreicht sie, wenn man die Fußgängerzone ul. Bohaterów Monte Cassino in westlicher Richtung geht, also Richtung Bahnhof, dann durch die Unterführung der Gleise und der Hauptstraße 468, weiter die ul. 1 Maja und ul. Stanisława Moniuszki bis zum Ende.

Von 1909 bis 1944 gab es auf der Freilichtbühne Opernaufführungen vor einer spektakulären Naturkulisse. Viele Stars jener Zeit standen auf der Bühne und im Orchestergraben. Die jährlichen Wagner-Festspiele seit den 1920er Jahren behielten die Nazis bei. Während des Kommunismus gab es ein jährliches Popmusikfestival.

Nach einer umfangreichen Renovierung wurde die Waldoper 2009 wiedereröffnet.

---

### Sopot

Von der Fußgängerzone und Sopots Hauptpromenade Bohaterów Monte Cassino (Monciak) liegen zwei **Touristeninformationsbüros**, eines neben dem Hotel ›Rezydent‹ in der Quer-

straße ul. Dworcowa 4, das andere im Neuen Kurhaus, kurz vor der Mole.
**Touristeninformation**, ul. Dworcowa 4 (nahe der Fußgängerzone), Tel. 5503783, www.sopot.pl; Juni–Mitte Sept. tägl. 9–20, Mitte Sept.–Mai tägl. 10–18 Uhr. Infos zu Unterkünften, Souvenirs. Stadtführungen in Sopot vermittelt die Touristeninformation in Gdańsk (→ S. 141).

Von der ca. 25 m hohen **Aussichtsplattform des Alten Leuchtturms** (Stara Latarnia Morska) liegt einem Sopots Glamourmeile zu Füßen: pl. Zdrojowy, Sommer tägl. 9–22 Uhr, restliches Jahr tägl. 10–18 Uhr.

Sopot ist mit Gdańsk und Gdynia durch eine S-Bahn-Strecke verbunden. Von der Seebrücke fahren regelmäßig Schiffe nach Gdańsk (Stadthafen und Fährhafen) und zur Halbinsel Hel.

**Sheraton Sopot**, Conference Center & Spa, Powstańców Warszawy 10, Tel. 7671000, www.sheraton.pl/sopot; DZ ca. 215 Euro (Mittelsaison). Neues Fünf-Sterne-Hotel im Kurhausstil, direkt am Seesteg mit Restaurant, Bar, Spa und Fitnesscenter.
**Hotel Willa Marea**, ul. Parkowa 40, Tel. 5558480, www.marea.sopot.pl; DZ ab 80 Euro (HS). Schönes, elegantes Haus in ruhiger Lage und Gehweite zum Strand; 15 Zimmer und 3 Appartments.
**Villa Sedan**, ul. Pułaskiego 18-20, Tel. 5550980, www.sedan.pl; DZ ca. 105 Euro (HS). Stilvolles Hotel mit einem ausgezeichneten Restaurant in einer Villa aus den 1870er Jahren; in einer Seitengasse der Fußgängerzone.

In Sopot gibt es mehrere Campingplätze, der zentralste ist **Camping Nr. 67 Przy Plazy**, Bitwy pod Płowcami 73, etwa 20 Gehminuten von Sopots Fußgängerzone entfernt, an der Stadtgrenze zu Gdańsk, direkt am Strand, Tel. 5516523, www.camping67.sopot.pl; Mitte Juni–Ende Aug.; in der Nähe des Campingplatzes ist auch ein Windsurfcenter.

**Petit Paris**, ul. Grunwaldzka 12/16, Tel. 3419449, tägl. 13–23 Uhr. Gehobene französische, mediterrane und polnische Küche in elegantem Ambiente der 50er Jahre.
**Restaurant Rucola**, ul. Księcia Józefa Poniatowskiego 8, Tel. 5515046, tägl. 13–22 Uhr. In der Gartenvilla mit dem Sopot-Museum ist auch dieses exzellente und dabei preiswerte Restaurant mit orientalisch angehauchter Küche. Im Sommer mit Gartenplätzen, Reservierung empfohlen.

**Cyrano & Roxane**, ul. Bohaterów Monte Cassino 11, Tel. 0660/759594, tägl. 13–22 Uhr. Nettes und preiswertes französisches Restaurant mit französischem Chef im westlichen Teil der Fußgängerzone.
**Błękitny Pudel** (Der Blaue Pudel), Bohaterów Monte Cassino 44, Tel. 5511672; tägl. 11-24 Uhr. Witziges verwinkeltes Café mit dem Ambiente eines Trödelladens.

**Daily Blues**, ul. Wladyslawa IV 1a, Tel. 5513939, www.dailyblues.com.pl; Mo-Fr ab 16, Sa/So ab 14 Uhr, jeweils Open End. Verrauchter Jazz- und Blues-

Club nahe der Fußgängerzone, jeweils Do Jam-Sessions (Blues, Jazz, Funk).
**Galeria Kinski**, ul. Tadeusza Kościuszki 10, Tel. 55 11 7 56; tägl. 16–4 Uhr. Schummrige Bar mit Klaus-Kinski-Dekor im Geburtshaus des Schauspielers. Pflichtdrink: Tollwütiger Hund (wściekły pies), ein Cocktail aus Wodka, Himbeersaft und Tabasco.

**Waldoper** (Opera Leśna), Moniuszki 12, Tel. 555 84 40, http://bart.sopot.pl; Sommer tägl. 10–19 Uhr. Legendäre Freiluftopernbühne des frühen 20. Jahrhunderts.
**Sopot-Museum** (Muzeum Sopotu), Willa Ernsta Claaszena, ul. Księcia Józefa Poniatowskiego 8, Tel. 55 12 2 66, www.muzeumsopotu.pl; Di, Mi, Fr 10–16, Do, Sa, So 12–18 Uhr. Eine Dauerausstellung zeigt die teils rekonstruierten Innenräume der 1903 erbauten Villa, dazu gibt es wechselnde Ausstellungen zu Themen der Stadtgeschichte, dazu Sammlungen von Gemälden, Kunsthandwerk, Möbel, Plastiken, Fotos, Karten und Ansichtskarten. Im selben Gebäude befindet sich das empfehlenswerte Restaurant ›Rucola‹.
**Sopot Fort** (Skansen Archeologiczny Grodzisko), ul. Jana Jerzego Haffnera 63, Tel. 322 21 12, Mai–Okt. Di–So 10–18 Uhr. Bei Ausgrabungen wurden hier Gräber, Keramiken und Waffen aus der Steinzeit sowie Reste eines Forts aus dem frühen Mittelalter entdeckt. Im Freilichtmuseum steht eine vollständige Rekonstruktion des Forts.

**Sopot Hit Festival**, zwei Tage Anfang August, Polens größtes Schlagerfestival in der Waldoper.
Sopot Festival, zwei Tage Mitte/Ende August. Jährliches internationales Popfestival seit den 1970er Jahren, in der Waldoper.

**Kardamon**, ul. Haffnera 6 (Krummes Haus), Tel. 511 70 8 6 27; Mo–Fr 11–19, Sa 11–16, So 12–15 Uhr. Der orientalische Laden verkauft Kleidung, Gewürze, Musik und Schmuck.

## Gdynia

Gdynia (Gdingen) ist die jüngste der drei Städte. In den 1920er Jahren, als Gdańsk für kurze Zeit wieder freie Stadt war, baute Polen einen eigenen Ostseehafen an Polens damals einzigem Ostseezugang. Sowohl das Gebiet westlich als auch östlich der Danziger Bucht (Zatoka Gdańska) gehörten nach den Versailler Verträgen weiterhin zu Deutschland. Anstelle des Fischerdorfs Gdynia, das schon im Mittelalter existierte, entstand binnen weniger Jahre ein Industrie- und Militärhafen und gleich eine Stadt dazu. Bis zum Kriegsausbruch 1939 stieg die Einwohnerzahl von rund 1000 auf etwa über 100 000 Einwohner. Die Nazis vertrieben die Polen aus der Stadt oder ermordeten sie in den Konzentrationslagern. Hafen und Werften dienten nun der deutschen Marine, aus Gdynia beziehungsweise Gdingen wurde ›Gotenhafen‹. Die anrückenden Alliierten und die fliehenden Nazis zerstörten schließlich den Hafen. Nach 1945 wurden in Gdynia vor allem Schiffe repariert. 1970, bei einem Streik der Werftarbeiter in Gdańsk und Gdynia, töteten Polizei und Militär an die 100 Menschen. Seit dem Mauerfall ist Gdynia der wichtigste Fährhafen der Dreistadt und zugleich Polens größter Yachthafen. Gdynia ist nicht

# Gdynia

wirklich schön, dafür sehr lebendig. Besonders am Strand und am benachbarten Hafen mit seinen Museumsschiffen. Wassernah sind auch die meisten Museen und die wichtigsten Festivals, darunter einige Regatten.

### ■ Ein Rundgang

Dieser kleine Stadtrundgang beginnt beim Hauptbahnhof und endet an der Haltestelle Gdynia Wzgórze, eine S-Bahn-Station südlich des Hauptbahnhofs.

Verlässt man den Hauptbahnhof durch das Gebäude am Platz Plac Konstytucji, zeigt sich direkt gegenüber gleich das erste Zeichen des sogenannten Gdinger Modernismus, dem maritim angehauchten Architekturstil der 1930er Jahre – etwa schiffskörperähnlichen Gebäudeformen und bullaugenrunden Fenstern. Das Gerichtsgebäude von 1936 zeigt eine dieser avantgardistischen Spielformen.

Weiter geht es die Bahnhofsstraße Dworcowa in südöstlicher Richtung bis links (nach Osten) die Straße 10 Lutego abzweigt. Sie führt geradewegs zum Hafen. In der ul. 10 Lutego finden sich weitere Vertreter des Gdinger Modernismus, etwa das Bürohaus auf Nr. 24 (Ecke ul. 3 Maja) mit Touristeninformation. Nach der Querstraße Świętojańska, einer weiteren Hauptstraße mit Gebäuden des Gdinger Modernismus (zum Beispiel Nr. 44, 68 und 122), wird die Straße 10 Lutego zum Boulevard und heißt dann Skwer Kościuszki bis zum Hafen, dann entlang dem südlichen Seesteg (Mole) Aleja Jana Pawła II (Johannes-Paul-II.-Allee).

### ■ Museumsschiffe

Auf der Nordseite der Mole ankern zwei Museumsschiffe: Das türkisfarbene Kriegsschiff **ORP Błyskawica** (Blitz) ist ein polnischer Zerstörer und kämpfte im Zweiten Weltkrieg auf Seiten der Alliierten. Später stand die ORP Błyskawica in Diensten des Warschauer Pakts. Seit 1976 ist das Schiff ein Museum.

Fast 30 Jahre älter ist das weiße Segelschiff **Dar Pomorza** (Gabe Pommerns) direkt dahinter. Von 1909 bis 1982 war der Hamburger Dreimaster auf den Weltmeeren unterwegs. Zuletzt diente es als Schulschiff für die polnische Handelsflotte. Praktisch alle wichtigen Räume des Seglers können besichtigt werden.

### ■ Aquarium

Schräg gegenüber der beiden Schiffe, an der Südseite des Piers, wartet ein weiteres Beispiel des Gdinger Modernismus: das Haus des Polnischen Seglers. Typisch sind der runde turmartige Anbau und die direkt aneinander gesetzten Fenster. Kurz vor dem Krieg gebaut, diente es nie, wie ursprünglich geplant, als Segelzentrum. Unter anderem sind dort Räume der Gdinger Seeakademie (Akademia Morska w Gdyni), ein Planetarium und ein Schwimmbad untergebracht. Im äußersten Gebäude des Piers befindet sich ein Aquarium (Akwarium Gdyńskie MIR) mit einer riesigen Sammlung an lebenden und präparierten Wassertieren aus aller Welt. Ganz am Ende der Mole steht ein Denkmal für Joseph Conrad, den bekanntesten polnischstämmigen Schriftsteller.

### ■ Strandpromenade

Den Pier und dessen Verlängerung geht es zurück bis zum Brunnen mit den pilzförmigen blauen Wasserspeiern, etwa 50 Meter danach zweigt nach Süden eine schattige Allee ab. Sie mündet direkt in die Strandpromenade Bulwar

*Das Segelschiff Dar Pomorza*

Nadmorski. Auf der einen Seite liegt ein gut besuchter Sandstrand auf der anderen Seite zwei Museen, das Gdinger Stadtmuseum (Muzeum Miasta Gdyni) und das Marine-Museum (Muzeum Marynarki Wojennej), das einige seiner Schaustücke am Hang vor dem Gebäude geparkt hat.

Der Boulevard selbst ist kein Prachtstück, er wirkt wie ein Relikt aus der kommunistischen Zeit. Dennoch, der Blick auf das Meer, den Strand und die Hafenskyline hat seinen eigenen Reiz. Am Ende des Boulevards führt die Allee Aleja Marszałka Józefa Piłsudskiego nach Westen zurück zur S-Bahn-Linie, Haltestelle Gdynia-Wzgórze, ein kleines Stück südlich der Eisenbahnbrücke. An der Ecke zur ul. Świętojańska steht noch ein sehenswertes Exemplar des Gdinger Modernismus mit vollverglasten Wintergärten an der elegant abgerundeten Ecke.

### Gdynia

Zwei Touristeninformationen (Miejska Informancja Turystyczna) liegen auf dem Rundweg, beide zwischen Hauptbahnhof und Mole.

**Tourist Information Center**, ul. 10 Lutego 24 (Ecke ul. 3 Maja), Tel. 622 37 66, Mai–Sept. Mo–Fr 9–18, Sa/So 9–16, Okt.–Apr. Mo–Fr 9–17, Sa 9–15 Uhr.

**Baltic Information Centre**, Al. Jana Pawła II (Mole), Tel. 620 77 11, Mai–Sept. 9–18, Sa 10–17, So 10–16. www.gdynia.pl.

Regelmäßige internationale Fährverbindungen von/nach Gdynia: **Helsinki** (Fahrtzeit: ca. 19 Std.), **Baltijsk/Kaliningrad** (ca. 5–6 Std.), **Karlskrona/Südschweden** (ca. 10–11 Std.), **Rostock** (ca. 13 Std.). Infos: www.ferrylines.com.

Der **Gdinger Fährhafen** liegt in einer tiefen Bucht nordwestlich des Zentrums. Vom Fährterminal fährt Bus 150 zum Gdinger Hauptbahnhof (Gdynia Główna), von dort geht die S-Bahn nach Sopot und Gdańsk.

Für den hier beschrieben kleinen Gdynia-Rundgang ist der Hauptbahnhof auch ein geeigneter Ausgangspunkt.

**Hotel Willa Lubicz**, ul. Orłowska 43, Gdynia-Orłowo (im Süden Gdynias, Richtung Sopot, S-Bahn Gdynia-Orłowo), Tel. 668 47 40, www.willa lubicz.pl; DZ ca. 99 Euro (HS). Stilvolles 30er-Jahre Hotel in Gdynias Villenviertel Orłowo mit eigener Seebrücke.

**Villa Anna**, ul. Hetmańska 1, (etwas südl. des Zentrums), Tel. 622 26 00, www.willa-anna.eu; DZ ca. 65 Euro. Kleine Pension mit Zimmern und Appartments. Das neue Gebäude pflegt den Stil des Gdingener Modernismus und hat eine deutlich nautische Note.

### 🍴

**Eureka**, Aleja Zwycięstwa 96/98, Gdynia-Redłowo (südl. des Zentrums), Tel. 7351111, www.eurekappnt.pl; Mo–Do 8–20, Fr 8–22, Sa 12–22, So 12–20 Uhr. Modernes, preiswertes Restaurant mit Fossiliendekor im südlichen Stadtteil Redłowo, direkt am Pommerschen Wissenschafts- und Technik-Park (Pomorski Park Naukowo Technologiczny).

### ☕

**Cynamon**, ul. Świętojańska 49, Zentrum, Tel. 7813131; Mo–Sa 10–22, So 12–22 Uhr. Große Auswahl an Kuchen, kleinen Speisen und aromatischen Kaffeesorten in angenehm zeitlosem Ambiente.

**Cafe Strych**, Plac Kaszubski 7b, (Eingang von der östl. Parallelstraße Stefana Żeromskiego), nahe dem Hafen, Tel. 6203038, www.cafe strych.pl; tägl. 14–1 Uhr. Nostalgisches Omi-Café in mit antiken Möbeln und Dekor in Gdynias ältestem Gebäude, einem Fischerhaus aus dem 19. Jahrhundert.

### 🍸

**Charlie**, Aleja Jana Pawła II 9, Hafen, Tel. 500118896, www.chaplin.com.pl; Mi–Do 15–22, Fr 15–3, Sa 13–3, So 12–23 Uhr, Konzertbeginn meist 20 Uhr. Gemütliches Jazzlokal, ausstaffiert mit allerhand Charlie-Chaplin-Memorabilien. Regelmäßig Live-Konzerte.

### 🏛

**Dar Pomorza** (Pommerngabe), al. Jana Pawła II, Hafen, Tel. 6202371, www.cmm.pl; Sommer Di–So 10–18 Uhr, Herbst und Frühling 10–16 Uhr, Winter geschlossen.

**Gdynia Aquarium** (Akwarium Gdyńskie MIR), Aleja Jana Pawła II 1, Tel. 7326601, www.akwarium.gdynia.pl; tägl. 9–20 Uhr. Polens größtes Aquarium zeigt Reptilien, Amphibien, Fische und andere Wassertiere aus aller Welt und diverse Sonderausstellungen, etwa zum Lebensraum Ostsee.

### 🎵

**Open'er Festival**, vier Tage Anfang Juli, www.opener.pl. Auf dem Flugplatz (Lotnisko Babie Doły), nördlich des Hafens, Pop- und Rock-Festival (großteils internationale Independent-Bands).

**Ladies' Jazz Festival**, vier Tage im Juli, Musiktheater (Teatr Muzyczny), Plac Grunwaldzki 1, www.ladiesjazzfestival.pl. Jazzkonzerte ausschließlich weiblicher Jazzgrößen aus aller Welt.

**Polnisches Filmfestival** (Festiwal Polskich Filmów Fabularnych Gdynia), sechs Tage im Sommer, www.fpff.pl. Diverse Kinos der Stadt sowie Open-Air-Kino am Strand; zu sehen sind überwiegend aktuelle polnische Filme sowie Retrospektiven.

### 🛍

**Gemini** (Centrum Kultury i Rozrywki Gemini), ul. Jerzego Waszyngtona 21, (am Anfang der Mole mit den Museumsschiffen), www.geminicentrum.pl; So–Do 10–24, Fr, Sa 10–1 Uhr. Unter anderem Kunsthandwerk und Antiquitäten erhält man im Markt dieses Kulturzentrums mit Kino, Jazzclubs und Restaurants.

Kaliningrad ist die Fortsetzung der Stadt mit anderen Mitteln. Die Stadt vor 1945 hatte 700 Jahre Zeit zu wachsen, die Stadt nach 1945 nur 50. Die eine hat im wilden Pruzzenland begonnen, die andere in einem Land, das aus der mitteleuropäischen Hochzivilisation zurückgebombt worden war in die Barbarei.

›Hannah Ahrendts Stadt‹
*Karl Schlögel*

# Kaliningrad

Das alte Königsberg ist verschwunden. Es existiert nur noch auf Fotografien, in alten Filmen, und in der Erinnerung aller, die dort einmal gewohnt haben. In den Bombennächten des August 1944 wurden fast alle historischen Gebäude zerstört. Vieles von dem, was übrig geblieben war, wurde in der sowjetischen Periode der Stadtgeschichte dem Verfall preisgegeben. Das Königsberger Schloss wurde 1968 gesprengt. An seiner Stelle begann man, das 16-stöckige Haus der Sowjets zu errichten, um das herum ein neues Stadtzentrum entstehen sollte. Heute sind diese fast 40 Jahre alte Bauruine, der Königsberger Dom und die nagelneue russisch-orthodoxe Kathedrale am Siegesplatz die markantesten Gebäude in einer Stadt voller Widersprüche.

2005 wurde Königsberg 750 Jahre alt. Der Dom, das Königstor und andere historische Gebäude wurden renoviert. Im Friedländer Tor präsentiert man die Vergangenheit der Stadt in einer bewegenden Multimediashow. Der Siegesplatz wurde mit Kathedrale, Siegessäule und drei großen Einkaufszentren zum neuen Stadtmittelpunkt, am Hafen schuf man mit dem Museum des Weltozeans einen neuen Anziehungspunkt für Touristen. Ein sowjetischer Bauunternehmer versuchte mit dem Gebäudekomplex des Fischdorfs an hanseatische Traditionen anzuknüpfen.

Dass es nur Plattenbau und Elend gibt, ist ein Vorurteil: Es gibt auch Gourmetrestaurants, Sushi, schicke Läden und Kinopaläste. An lauen Sommerabenden bevölkert die Generation der unter Dreißigjährigen die Straßen. Kaliningrad ist eine junge Stadt, in jeder Beziehung, und sie ist gegenwärtig auf der Suche nach sich selbst. Genau das macht diese Ostseemetropole so interessant.

## Stadtgeschichte

Ursprünglich war das heutige Kaliningrader Gebiet von den Pruzzen bewohnt, einem baltischen Volksstamm, der 965 erstmals urkundlich erwähnt wurde. 1255 zerstörte der Deutsche Orden, dessen Ziel die Christianisierung Osteuropas war, die an der Stelle des heutigen Kaliningrad gelegene prussische Festung Tuwangste und errichtete eine Ordensburg. Rund um die Burg entstanden drei mittelalterliche Siedlungen, die der Hanse beitraten: Altstadt, Löbenicht und Kneiphof. 1457 verlegte der Deutsche Orden seinen Hauptsitz von der Marienburg, im heutigen Ostpolen gelegen, auf die Königsberger Burg. Zur Zeit der Reformation wuchsen Altstadt, Löbenicht und Kneiphof mit der Burg zu einer einzigen Stadt zusammen. Die Universität Königsberg, die Albertina, wurde 1544 von Markgraf Albrecht von Brandenburg mit einem Hintergedanken gegründet: Von dort aus sollte durch entsprechend ausgebildete Theologen die Reformation in Preußen verbreitet werden. Preußen wurde 1618 durch Personalunion mit Brandenburg vereinigt, und der Hauptsitz des Kurfürsten von Brandenburg wurde von Königsberg ins damals noch unbedeutende Berlin verlegt.

### Aufklärung

1701 krönte sich der brandenburgische Kurfürst Friedrich III. in Königsberg zum ersten preußischen König, Friedrich I. Im durch die Krönung neu entstandenen Königreich Preußen wurden die städtischen Rechte zugunsten der Zentralgewalt weiter beschnitten. Zwischen 1708 und 1711 wütete in Königsberg die Pest. Der Bevölkerungsrückgang wurde von Friedrich Wilhelm I., dem ›Soldatenkönig‹, durch die gezielte Ansiedlung

*Kants Königsberger Tischgesellschaft, Gemälde von Emil Doerstling, 1892*

von Protestanten ausgeglichen. So kamen 1732 unter anderem 1000 Exilanten aus Salzburg in die Stadt. Während des Siebenjährigen Krieges (1756–1763), von 1758 bis 1762, war Königsberg russisch besetzt und Hauptstadt eines russischen Gouvernements. Das 18. Jahrhundert war für Königsberg eine Zeit der wirtschaftlichen und kulturellen Blüte: Der Handel florierte, die Neubebauung erfolgte im Stil des Barock und Rokoko, Immanuel Kant wirkte und unterrichtete an der Universität.

## 19. Jahrhundert

Im Sommer 1807 ergab sich Königsberg kampflos den Truppen Napoleons. Die französische Besatzung endete 1813 nach Napoleons gescheitertem Russlandfeldzug. Es folgten 100 kriegsfreie Jahre, die durch einen enormen wirtschaftlichen und kulturellen Aufschwung geprägt waren: Mitte des Jahrhunderts entstanden die Neubauten der Universität und der Börse, unzählige bürgerliche Wohngebäude im Stil des Eklektizismus wurden errichtet, und 1853 wurde die direkte Bahnverbindung nach Berlin eingeweiht. Während in vielen Städten die Befestigungsanlagen zugunsten von Parkanlagen niedergerissen wurden, bekam Königsberg eine neue Stadtmauer im neugotischen Tudor-Stil. Das Königstor ist das berühmteste Bauwerk, das von dieser Anlage bis heute erhalten ist. Zur Jahrhundertwende wurde der Hafen ausgebaut, in den 1910er Jahren wurden die von Stadtvillen geprägten Stadtteile Amalienau und Maraunenhof als Gartenstädte angelegt. Kurz vor dem Ersten Weltkrieg hatte Königsberg 250 000 Einwohner.

## Erster Weltkrieg und Weimarer Republik

1914, zu Beginn des Ersten Weltkriegs, flohen knapp 400 000 Menschen aus ganz Ostpreußen in Richtung Westen über die Weichsel. Im August 1914 fügte Hindenburg in der Schlacht von Tannenberg (in Polen gelegen) der russischen Armee eine vernichtende Niederlage zu. Königsberg blieb während des Ersten Weltkriegs von einer Besetzung verschont. Nach dem Krieg wurde im Versailler Vertrag der Status

Ostpreußens als deutsche Exklave festgeschrieben. In der Zwischenkriegszeit folgte der Ausbau des Königsberger Hafens, die Grünanlagen wurden erweitert, und es entstanden bedeutende Bauten im Stil des Funktionalismus wie beispielsweise der Südbahnhof, von dem aus täglich fünf Züge in Richtung Berlin fuhren. Zwischen 1920 und 1941 fand in Königsberg die Deutsche Ostmesse statt: Die Messe öffnete deutschen Firmen Märkte in Osteuropa und stärkte die Verbindungen zwischen dem Deutschen Reich und der Exklave.

## Zweiter Weltkrieg

1932 wurde die NSDAP bei den Reichstagswahlen in Königsberg stärkste Partei. Erich Koch wurde 1928 Gauleiter Ostpreußens. In diesen Gebieten besaß er nahezu unumschränkte Macht; er war für einige der schlimmsten Kriegsverbrechen der Nationalsozialisten verantwortlich. 1941 dienten Ostpreußen und Königsberg als Aufmarschgebiet für den bevorstehenden Russlandfeldzug. Königsberg blieb von größeren Kriegshandlungen verschont, bis in den Nächten des 26. und 27. August 1944 britische Bomberverbände mit ihrem Flächenbombardement begannen. In den letzten Augusttagen brannte das alte Königsberg nahezu vollständig nieder. Im Januar 1945 erreichten sowjetische Truppen die Stadt. Die frühzeitige Evakuierung Königsbergs war von Gauleiter Erich Koch aus ideologischen Gründen verhindert worden. Zu einem Zeitpunkt, als Königsberg bereits von sowjetischen Truppen umschlossen war, hielt die Deutsche Wehrmacht einen Korridor nach Pillau (heute Baltijsk) frei, durch den viele Flüchtlinge in letzter Minute nach Deutschland fahrende Schiffe erreichten, die völlig überfüllt in See stachen.

## Sowjetische Zeit

Nach dem Krieg legten die Siegermächte im Potsdamer Abkommen vom 4. August 1945 fest, dass das nördliche ehemalige Ostpreußen dem Gebiet der Sowjetunion zugeschlagen werden soll.

Am 4. Juli 1946 wurde Königsberg nach einem Weggefährten Stalins in Kaliningrad umbenannt: Unter Stalin hatte Kalinin formell die Position des Staatsoberhaupts inne, und er war wesentlich am Aufbau des Gulag-Systems beteiligt. In Kaliningrad begann man unmittelbar nach dem Krieg mit der Anwerbung von umsiedlungswilligen Bürgern der Sowjetunion, die dazu bereit waren, in der völlig zerstörten und entvölkerten Stadt eine neue Existenz aufzubauen.

Im Oktober 1947 ordnete Stalin die Zwangsaussiedlung der noch etwa 100 000 in Ostpreußen lebenden Deutschen an; verwertbare Industrieanlagen aus ehemals ostpreußischen Unternehmen wurden ins russische Kernland verbracht. 1951 wurde das ehemalige Ost-

*Das restaurierte Königstor*

preußen, das nun Kaliningradskaja Oblast hieß, zum militärischen Sperrgebiet, das auch von Bürgern der Sowjetunion nur mit Sondergenehmigung betreten werden durfte. Das von Königsberg 30 Kilometer entfernte Baltijsk (früher Pillau) wurde zu einem der größten Marinehäfen der Sowjetunion.
In Kaliningrad wichen die Ruinen der Innenstadt neuen Plattenbauten. Für den Erhalt historischer Baudenkmale aus deutscher Zeit zeigte man aus ideologischen Gründen und aus Geldmangel wenig Engagement.

## Kaliningrad heute

Was genau die kulturellen Fundamente Kaliningrads sind, ist unklar: Die heute in Kaliningrad Geborenen gehören mehrheitlich zur Dritten Generation von Immigranten; die kulturelle Prägung der Elterngeneration ist sowjetisch. Vor allem die jüngere Bevölkerung ist auf der Suche nach einer eigenen Identität, die nicht mehr sowjetisch, nicht wirklich russisch und auch nicht europäisch ist – sondern irgend etwas Unbestimmbares dazwischen.
Kaliningrad wurde schon 1991 zur Freihandelszone erklärt, doch so etwas wie ein russisches Shanghai ist auch heute noch in weiter Ferne – obwohl beispielsweise große internationale Automobilkonzerne in Königsberg Zulieferindustrien aufgebaut haben.
Seit am 1. Mai 2004 Polen und die Baltischen Staaten in die EU aufgenommen wurden, ist Kaliningrad eine russische Exklave inmitten der Europäischen Union. Auf dem Landweg ist Russland nur mit einem Transitvisum erreichbar. Der 2006 fertiggestellte neue Fährterminal in Baltijsk wurde unter anderem ausgebaut, um den Warenauslausch mit dem russischen Kernland zu verbessern.

# Stadtrundgänge

Weil das Zentrum Kaliningrads recht weitläufig ist, gibt es in diesem Reiseführer zwei Stadtrundgänge: Der erste führt mit Besuchen im Königsberger Dom und im Friedländer Tor in die Vergangenheit der Stadt. Der zweite, längere, ist mit Besuchen in den neuen maritimen Museen, im Geschichtsmuseum und im Bernsteinmuseum auch für schlechtes Wetter gut geeignet. Am Siegesplatz ist das Zentrum Kaliningrads mit der neuen Erlöserkathedrale zu entdecken, wenige Meter in Richtung Westen erreicht man den Zoo sowie die Villenvororte Hufen und Amalienau.

## Dominsel, Fischmarkt und Friedländer Tor

Erster Anlaufpunkt für fast alle Touristen ist der Dom mit seinen Ausstellungen zu Immanuel Kant und zur Königsberger Geschichte. Im Dom gibt es mehrmals wöchentlich Konzerte auf der neu installierten Orgel, die eine hervorragende Akustik hat. Eine bewegende Multimediashow im Friedländer Tor zeigt, wie Königsberg vor dem Zweiten Weltkrieg aussah.

### ■ Königsberger Dom

Der Dom war einmal das zentrale Gebäude des dicht bebauten Stadtteils Kneiphof. Die Bebauung von Kneiphof, früher das unangefochtene Zentrum Königsbergs, fiel vollständig den Bränden der Bombennächte Ende August 1944 zum Opfer.
Bis 1992 eine eigens dafür gegründete Firma mit der Restaurierung des Doms begann, waren seine Überreste dem Verfall preisgegeben. Finanzielle Unterstützung kam unter anderem von der russischen Regierung, der Landsmannschaft

Ostpreußen und von der Stiftung der Wochenzeitung ›Die Zeit‹. Im Eingangsbereich des Doms gibt es heute eine russisch-orthodoxe und eine evangelische Kapelle. Über vier Stockwerke des Turms zieht sich eine historische Ausstellung, die sowohl die Geschichte Königsbergs als auch das Leben und Werk von Immanuel Kant thematisiert.

Der Innenraum des Doms ist wenig spektakulär: Durch den Brand und den anschließenden Verfall gingen die berühmte steinerne Kanzel und der Hochaltar verloren. Von den früher mehr als 100 Epitaphen des Innenraums sind nur noch wenige erhalten: Von kunstgeschichtlichem Wert sind das Epitaph der polnisch-litauischen Fürstenfamilie Radziwill und das Epitaph für Herzog Georg Albrecht I. von Brandenburg.

Seit 2008 gibt es im Dom wieder Orgelkonzerte, und die Konzerte bieten zurzeit die einzige Möglichkeit, außerhalb von organisierten Führungen in den Innenraum zu kommen. 2008 wurden im Dom zwei große Orgeln installiert, die auf dem neuesten Stand der Technik sind, in monatelanger Arbeit aufeinander abgestimmt wurden, und die zusammen ein wirklich herausragendes Klangerlebnis bieten.

*Schlösser an der Honigbrücke*

Immanuel Kant starb am 12. Februar 1804 in Königsberg; sein Grab liegt heute an der Nordostseite des Doms. Der Grabstätte des wichtigsten Philosophen der Aufklärung ist zu verdanken, dass die Ruine des Königsberger Doms zu sowjetischen Zeiten nicht gesprengt wurde. Die Gedenkstätte ist immer mit Blumen geschmückt, und sie ist für die Kaliningrader Bevölkerung ein willkommener Anknüpfungspunkt an die vorsowjetische Geschichte der Stadt. Dies zeigt sich unter anderem darin, dass sich Hochzeitspaare gerne vor Kants Grab fotografieren lassen, um ihre Verbundenheit mit den freiheitlichen Traditionen der Aufklärung und ihrer Stadt zum Ausdruck zu bringen.

### ■ Fischdorf

Die **Honigbrücke** führt an der Chorseite des Doms über den Pregel. Ihr Geländer

▲ *Junges Kaliningrad*

## Stadtrundgänge [ 161 ]

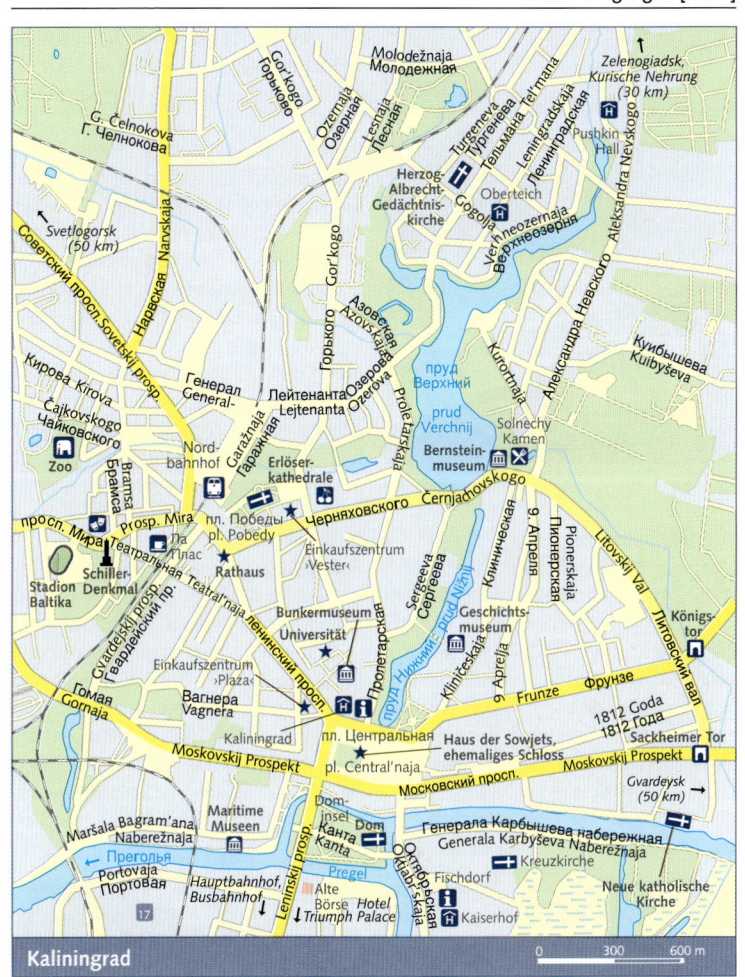

ist mit hunderten von Vorhängeschlössern geschmückt, die frisch Verheiratete dort angebracht haben. Die Schlüssel liegen im Fluss. Jenseits der Brücke ist in den letzten fünf Jahren das Fischdorf entstanden, ein Bauprojekt russischer Investoren, die mit historisierenden Fassaden und einem Leuchtturm an die hanseatische Tradition Königsbergs erinnern wollen. Im Leuchtturm gibt es eine kleine Ausstellung zu maritimen Themen und ein Café mit Ausblick. Neben dem Eingang zum Leuchtturm, an der Pregel-Promenade und im Hotel ›Kaiserhof‹ gibt es einige Straßencafés und Restaurants unterschiedlicher Ausrichtung.

An einer Anlegestelle fahren **Ausflugsschiffe** ab, die Rundfahrten durch Stadt und Hafen anbieten. Tickets gibt es vor Ort.

*Der Dom*

### ■ Friedländer Tor

Über die Brücke am Hotel ›Kaiserhof‹ kommt man in die Südstadt. Auf der dem Fischdorf gegenüberliegenden Seite des Pregel geht es nach links, dem Lauf des Pregel folgend geht es zur nächsten großen Brücke und dann die ul. Dzierżinskogo entlang zum Backsteinbau des am Rand eines Parks gelegenen Friedländer Tors. Der knappe Kilometer Fußweg lohnt sich: Im Friedländer Tor läuft stündlich eine sehr bewegende Multimediashow zu Königsberg, die zeigt, wie die Stadt vor dem Zweiten Weltkrieg aussah.

### ■ Südbahnhof

Vom Friedländer Tor aus führt die ul. Kalinina in Richtung Westen zum Südbahnhof. Nach etwa 500 Metern ist linker Hand eine Gedenkstätte für die Toten des Zweiten Weltkriegs zu sehen, auf der gegenüberliegenden Seite kommt man zur neugotischen katholischen Kirche ›Zur heiligen Familie‹, die heute als Konzertsaal der Philharmonie genutzt wird. Am Chor der Kirche vorbei käme man zurück zur Dominsel.

Wer den Rundgang durch die Südstadt fortsetzen will, geht zurück auf die ul. Kalinina; rechts herum einen Kilometer entfernt liegt der Südbahnhof. Ab dem frühen Abend kann diese Strecke etwas unangenehm sein, da sich dort der Straßenstrich befindet. Mit dem Bau des Südbahnhofs wurde noch vor dem Ersten Weltkrieg begonnen, fertiggestellt wurde er 1929. Die Fassade ist ein Beispiel für die von Jugendstil und Deutschem Werkbund inspirierte expressionistische Architektur der 1920er Jahre, die in diesem Fall auch Elemente der Backsteingotik zitiert. Die Eingangshalle ist sehr schlicht und monumental, beeindruckend ist auch der riesige Kronleuchter.

### ■ Börse

Vom Bahnhof aus geht es über den Leninskij pr. in Richtung Norden zurück zur Dominsel. Unmittelbar vor der Dominsel sieht man rechter Hand die Königsberger Börse, die 1875 im Stil der italienischen Neorenaissance errichtet wurde. Die Börse war nach den Bombennächten des August 1944 schwer beschädigt, doch da Stadtarchitekten und Politik meinten, im Gebäude Vorformen des sowjetischen

*Die Königsberger Börse*

# Stadtrundgänge [ 163 ]

Klassizismus entdeckt zu haben, wurde sie nicht gesprengt. Momentan gibt es im Gebäude eine Zwischennutzung durch freie Tanz- und Theatergruppen.
Weiter geradeaus erreicht man an der Dominsel vorbei das **Hotel Kaliningrad** und das Einkaufszentrum ›Plaza‹. Im Hotel gibt es ein Café mit Terrasse und ein vor allem bei der jüngeren Generation beliebtes Sushi-Restaurant. Das Einkaufszentrum lockt mit langen Öffnungszeiten, einem internationalen Warenangebot, dem größten Kinokomplex der Stadt sowie mit Bars, Diskotheken und Restaurants.

## Hafen, Bernsteinmuseum, Siegesplatz und Zoo

*Museumsschiff ›Vityaz‹ am Hafen*

Dieser Stadtrundgang führt zu den wichtigsten Museen der Stadt: Mit Meeresmuseum, Schifffahrtsmuseum und den Museumsschiffen am Ufer wurde eine Touristenattraktion ersten Ranges geschaffen. Das Königsberger Bernsteinmuseum zählt weltweit zu den bedeutendsten seiner Art. Der Siegesplatz mit der neuen russisch-orthodoxen Kathedrale ist das eigentliche Zentrum Kaliningrads. Etwas weiter westlich liegen der Zoo und die Villenvororte Hufen und Amalienau, die den Zweiten Weltkrieg ohne größere Schäden überstanden haben.

### ■ Maritime Museen

Kaliningrad hat einen sehenswerten **Museumshafen** mit drei Schiffen, einem **Schifffahrtsmuseum** und einem zoologisch ausgerichteten **Meeresmuseum**. Die Eintrittskarte gibt es im Museum an Land; sie gilt auch für die Schiffe.
Die Ausstellungshalle des Schifffahrtsmuseums wird von den Überresten des Rumpfs einer hanseatischen Kogge dominiert. Neben zahlreichen Exponaten zur Seefahrt gibt es eine umfangreiche Fotoausstellung zur maritimen Geschichte Königsbergs. Das Erdgeschoss des Meeresbiologischen Museums nimmt ein Aquarium ein, in einem Nebenraum ist das Skelett eines Schwertwals zu sehen. Wirklich interessant sind die Ausstellungen auf dem Museumsschiff Vityaz: 1939 in Bremen als Frachtschiff gebaut, wurde das Schiff, das damals ›Mars‹ hieß, schon ein Jahr später für kriegswichtige Aufgaben der deutschen Marine beschlagnahmt. Die ›Mars‹ war das letzte Schiff, das im Winter 1944 von Baltijsk (damals Pillau) aus Flüchtlinge von Königsberg nach Deutschland brachte. Nach dem Krieg wurde die ›Mars‹ von der englischen Marine beschlagnahmt und an Russland übergeben, wo sie zum Forschungsschiff umgebaut wurde. Russische Meeresbiologen unternahmen mit der ›Vityaz‹ 65 Forschungsreisen, darunter auch Polarexpeditionen. Die Ausstellung zieht sich über drei Decks und zeigt Exponate aus allen Epochen der bewegten Geschichte des Schiffs.
Wer immer schon einmal wissen wollte, wie ein U-Boot von innen aussieht und

*Das Haus des Sowjets*

wie eng es dort ist, sollte sich die wenige Meter weiter liegende B-413 ansehen. Am anderen Ende des Museumshafens kommt man zum Fischtrawler SRT-129. Entlang der Promenade liegen kleinere Boote unterschiedlichster Kategorien an Land. Der Industriehafen beginnt gleich hinter der markanten blauen, eisernen Hebebrücke stadtauswärts.

### ■ Haus der Sowjets

Vom Museumshafen aus führt der Rundgang zurück zum Hotel ›Kaliningrad‹. Unübersehbar ragt schräg gegenüber dem Hotel die Bauruine des 16-stöckigen Hauses der Sowjets in die Höhe. Es sollte einmal eine Mischung aus Rathaus und Behördenzentrum werden und steht an der Stelle, an der 1967 die Überreste des Königsberger Schlosses gesprengt wurden. Ein Teil des Fundaments wurde mittlerweile freigelegt, und obwohl die Mauerreste besichtigt werden können, erhält man bei deren Besichtigung weder einen Eindruck vom ehemaligen Schloss noch vom Lokal ›Blutgericht‹, dem Weinkeller des Schlosses, wo sich zu Zeiten des alten Königsberg Künstler und Prominenz ein Stelldichein gaben.

Das Schloss stand seit 1255, war die Keimzelle der Stadt Königsberg und Sitz der Hochmeister des Deutschen Ordens. In der Schlosskirche ließ sich Friedrich I. zum ersten deutschen Kaiser krönen. Der 83 Meter lange und 13 Meter breite Moskowiter Saal war jahrhundertelang der größte Festsaal Deutschlands. Vor dem Zweiten Weltkrieg befanden sich im Schloss die Gemäldegalerie und ein archäologisches Museum zur Früh- und Vorgeschichte Ostpreußens. Während des Zweiten Weltkriegs wurde im Museum Raubkunst aus russischen Museen eingelagert: Hier war der letzte bekannte Aufbewahrungsort des weltberühmten Bernsteinzimmers.

Was mit dem heute an Stelle des Schlosses errichteten Haus des Sowjets passieren soll, ist ungewiss, aber immerhin wurde die Bauruine mittlerweile gegen den Verfall gesichert.

### ■ Universität

Vom Hotel ›Kaliningrad‹ aus wenige Meter den Leninskij prospekt hoch, führt an einer stark frequentierten Bushaltestelle auf der rechten Straßenseite ein Durchgang in Richtung Universität. Auf dem Weg zur Universität erreicht man zunächst das im **Lasch-Bunker** untergebrachte historische Museum: In diesem Bunker unterzeichnete Otto Lasch, Kommandant der Wehrmacht in Königsberg, am 10. April 1945 die Kapitulation der Stadt. Wenige Meter weiter steht linker Hand der in den 1960er Jahren errichtete Neubau der Königsberger Universität, die zum Zeitpunkt ihrer Gründung im Jahr 1544 ›Collegium Albertinum‹ oder kurz ›Albertina‹ hieß. Von 1770 bis 1796 lehrte Immanuel Kant an der Albertina Logik und Metaphysik. Mitte des 19. Jahrhunderts boten die Räume auf der Dominsel nicht mehr genügend Raum für die zahlreicher werdenden Studenten. So wurde an der Stelle, an der die heutige Universität steht, 1862 ein großzügiger Neubau im Stil der italienischen Neorenaissance eingeweiht, der den Zweiten Weltkrieg nicht überstand. Im Juli 2005 wurde die Albertina in Anwesenheit des russischen Präsidenten Vladimir Putin und des deutschen Bundeskanzlers Gerhard Schröder in Immanuel-Kant-Universität umbenannt.

### ■ Geschichtsmuseum

An der Universität vorbei kommt man zum Schlossteich, links abbiegend erreicht man ein am Ufer stehendes Denkmal, das an die Bombennächte des August 1944 erinnert. Auf der anderen Seite einer über den Teich führenden Brücke steht ein **Alexander Iwanowitsch Marinesko gewidmetes Denkmal**: Er war Kommandant des sowjetischen U-Boots S-13, das im Winter 1944/45 die Passagierschiffe ›Wilhelm Gustloff‹ und ›Steuben‹ versenkte. An Bord der Passagierschiffe waren etwa 12 000 Zivilisten, mehrheitlich deutschstämmige Flüchtlinge aus Königsberg und Ostpreußen. Das Denkmal wurde 2002 aufgestellt, nachdem das offizielle Russland Marinesko kurz zuvor zum Kriegshelden erklärt hatte. Oberhalb des Denkmals befindet sich das Museum für Geschichte und Kunst. Im Museum sind unter anderem 25 000 Exponate der Prussia-Sammlung zu sehen, die einst mit rund 200 000 Exponaten die Vor- und Frühgeschichte Ostpreußens dokumentierte. Der Rest ging im Zweiten Weltkrieg beim Brand des Schlosses verloren.

### ■ Bernsteinmuseum

Dem rechten Ufer des Schlossteichs folgend erreicht man das Bernsteinmuseum. Neben Exponaten zu Geschichte und Geologie gibt es Bernsteinkunst aus allen nur denkbaren Epochen und Kulturen sowie aktuelles Schmuckdesign zu sehen. Das Bernsteinmuseum befindet sich im 1895 im neugotischen Stil gebauten **Dohnaturm**, der als wichtiger Teil der Königsberger Befestigungsanlage die Innenstadt nach Norden hin absicherte.

### ■ Königstor und Sackheimer Tor

Wer dem Ring des ehemaligen Befestigungswalls folgen will, muss über die vielbefahrene Kreuzung neben dem Museum in Richtung Südosten entlang der ul. Litovskij dem Autostau folgen – eigentlich lohnt sich der Weg für die Besichtigung der Stadttore nicht. An der Kreuzung mit der ul. Y. Gagarina steht das **Königstor**, das 2005 anlässlich des 750-jährigen Stadtjubiläums schön restauriert wurde und heute vor allem für

*Moderne Skulpur im Bernsteinmuseum*

Empfänge genutzt wird. 400 Meter weiter südlich steht das **Sackheimer Tor**, in dem es auch nichts zu sehen gibt.

Interessanter ist der Weg nach Westen, am Südufer des **Oberteichs** vorbei. Quer über den See erstrahlt nachts eine Strandpromenade ohne jede Infrastruktur in hellem Licht und kündet von einer leuchtenden Zukunft. Sie ist ein Geschenk Putins an Königsberg, das die Geburtsstadt seiner Frau ist. Nach einem knappen Kilometer liegt rechts der **Zentralmarkt** mit diversen Hallen und Freiflächen; ein Muss für alle, die noch nie einen russischen Markt gesehen haben. Etwa 500 Meter weiter erreicht man den Siegesplatz mit seinen großzügig angelegten Einkaufszentren.

### ■ Siegesplatz

Der Siegesplatz ist heute das unangefochtene Zentrum Kaliningrads. 2006 wurde die den Platz dominierende russisch-orthodoxe Christ-Erlöser-Kathedrale fertiggestellt, mit 73 Metern das zurzeit höchste Gebäude Kaliningrads. Großflächige farbige Kirchenfenster sorgen innen für außergewöhnliche Lichtstimmungen, der Grundriss ist achteckig und vollkommen symmetrisch. Die Kirche bietet Platz für 3000 Menschen. Im November 2007 wurden durch den Metropoliten Kirill die Reliquien Aleksandr Nevskijs in die neue Kathedrale gebracht. Aleksandr Nevskij hatte 1241 einen bedeutenden Sieg über den Deutschen Orden errungen, der ja Königsberg gegründet hatte.

Vor der Kathedrale steht eine kleine **Kapelle** mit einer beeindruckend schönen Ikonostase.

Auch die Siegessäule aus rotem Marmor wurde 2006 fertiggestellt. Sie erinnert an den Großen Vaterländischen Krieg gegen Deutschland. Ein Fresko zeigt den heiligen Georg im Kampf mit dem Drachen. Im Sockel findet sich eine Kapsel mit der Botschaft des 2006 amtierenden Bürgermeisters und des Gouverneurs des Kaliningrader Gebiets, dass sich Reichtum und Schönheit der russischen Erde im Herzen Europas vergrößern mögen. Nicht alle Kaliningrader stehen hinter diesem Bekenntnis zu Russland: Es gibt durchaus Autonomiebestrebungen, und etliche Kaliningrader fänden die Unabhängigkeit des Gebiets oder einen Beitritt zur EU deutlich besser als eine enge Bindung an Russland.

Am Siegesplatz findet man das Regierungsgebäude des Kaliningrader Gebiets. Im Erdgeschoss liegt das Café ›La Plac‹, das schickste der Stadt. Davor stehen abends Luxuslimousinen, innen präsentieren sich die Schönen der Stadt, Geschäftsmänner und Politiker.

### ■ Stadttheater

Das Stadttheater am Mira pr. mit seiner klassizistischen Fassade wurde 1912

▲ *Die Christ-Erlöser-Kathedrale*

*Das Stadttheater*

fertiggestellt und im Zweiten Weltkrieg schwer beschädigt. 1960 wurde der Spielbetrieb des russischen Ensembles aufgenommen, dessen Gründungsmitglieder von berühmten Moskauer Schauspielschulen stammten. Weiter den Mira pr. entlang erreicht man an der Seite des Theaters über eine Kellertreppe die **Touristeninformation** für Kaliningrad und das Kaliningrader Gebiet.

### ■ Zoo

Den Mira pr. weiter stadtauswärts liegt linker Hand das 15 000 Zuschauer fassende Fußballstadion, wenige Meter weiter findet man auf der rechten Straßenseite den Kaliningrader Zoo. Gleich am Eingang gibt es einen jahrhundertealten Ginkgobaum; auf dem Gelände stehen zahlreiche Tierskulpturen, die teils noch aus dem 19. Jahrhundert stammen. Wappentier des Zoos ist das Nilpferd Hans, das neben einem Esel, einem Damhirsch und einem Dachs das einzige Tier war, das im Zoo den Zweiten Weltkrieg überlebte.

### ■ Königin-Luise-Gedächtniskirche

Weiter stadtauswärts dem Mira pr. folgend, erreicht man den größten Park der Stadt, in dem die 1901 erbaute Königin-Luise-Gedächtniskirche steht. Sie sollte 1968 abgerissen werden, um einem Puppentheater Platz zu machen. Dass sie heute noch steht, ist dem Engagement des Architekten Juri Waganow zu verdanken: Um das Gebäude zu retten, schlug er vor, einfach das Innere der Kirche in ein Puppentheater zu verwandeln. Heute finden in der Luisenkirche gelegentlich auch Konzerte statt.

Jenseits des Parks findet man gut erhaltene Stadtvillen aus dem frühen 20. Jahrhundert. Die hier gelegenen Stadtteile **Hufen** und **Amalienau** wie auch **Maraunenhof** nördlich des Oberteichs wurden als Gartenstädte angelegt. Auch weil viele der Villen zu sowjetischen Zeiten von hohen Funktionären bewohnt wurden, waren sie nie in einem wirklich schlechten Zustand. Damals wie heute gelten diese Stadtteile als die besten Wohngegenden Kaliningrads.

## Kaliningrad-Informationen

Das **Terminal für Kreuzfahrtschiffe** befindet sich in Baltijsk (Pillau). Von Baltijsk zum Kaliningrader Busbahnhof verkehrt halbstündlich der Bus 162.

Die offizielle **Touristeninformation** für Kaliningrad und das Kaliningrader Gebiet befindet sich auf dem Mira pr., im Seitenflügel des Stadttheaters. Private Reisebüros und die Rezeptionen besserer Hotels erteilen ebenfalls Auskünfte.

## Allgemeine Informationen

In einigen Hotels und an populären Veranstaltungsorten liegt die zweiwöchentlich im Din-A-5 Format erscheinende russischsprachige Stadtzeitschrift **Бродвеи** (Baltiskij Broadway) aus. Der Inhalt besteht aus touristischen Informationen, einem umfangreichen Veranstaltungskalender und Berichten aus Kultur und Stadtleben. Seit 1993 erscheint jeden Mittwoch die Wochenzeitung **Königsberger Express** in deutscher Sprache, eventuell erhältlich in großen Hotels, www.koenigsberger-express.com.

### ■ Telefon

**Deutschland–Russland**: Vorwahl Russland 007, Kaliningrad 4012. Russische **Mobilfunknummern** beginnen immer mit einer 9. Für Anrufe nach Russland empfehlen sich Billigvorwahlen.

**Russland (Festnetz)–Russland**: 8 wählen, auf Dauerton warten, dann die mit der 9 beginnende Mobilfunknummer oder 401/Ortsvorwahl/Rufnummer.

**Russland–Deutschland**: 8 wählen, auf Dauerton warten, danach 1049 und die deutsche Rufnummer.

### ■ Zeit

Osteuropäische Zeit (MEZ +1). Am Bahnhof werden die Abfahrtzeiten der Züge in Moskauer Zeit angezeigt (MEZ +2). Wer das nicht beachtet, verpasst seinen Zug also um eine Stunde.

### ■ Geld

1 Euro sind ca. 42 russische Rubel. Es gibt zahlreiche Geldautomaten sowie Wechselstuben in den großen Hotels.

### ■ Touristeninformation

Die einzige offizielle Touristeninformation befindet sich im Seitenflügel des Stadttheaters und ist über eine Kellertreppe vom Mira pr. aus zu erreichen. Hier wird über Kaliningrad und das gesamte Kaliningrader Gebiet informiert. Die englische Version der Website ist (Stand Dezember 2011) ziemlich holprig, aber informativ und bietet eine gute erste Orientierung.

**Regional Tourist Information Center**, Kaliningrad, Mira pr. 4, Tel. 007/ 40 12/55 52 00, www.visit-kaliningrad.ru, info@visit-kaliningrad.ru, visit-kaliningrad@mail.ru

Eine Alternative zu den Touristeninformationen sind vor allem für Gruppen kommerzielle Reisebüros und private Fremdenführer, die auch Ausflüge und

*Cocktailbar am Leninskji prospekt*

Stadtrundgänge anbieten: **Swena Tours**, ul. Osjornaja 25a, Tel. 954399, www.swena.ru. Ein kenntnisreicher und gut deutsch sprechender Fremdenführer ist Juri Malinovski, Tel. mobil 007/921/2613575, malinovski@rambler.ru.

## An- und Abreise

Für die Ein- und Ausreise nach Kaliningrad braucht man ein **Visum**, das man sich am besten über eine Visaagentur oder einen Reiseveranstalter besorgen lässt. Ein einfaches Touristenvisum kostet derzeit (ohne Agenturgebühr) 35 Euro. Wer auf die litauische Seite der Kurischen Nehrung und wieder zurück will, braucht ein Visum, auf dem die Daten dieser Aus- und Einreise vermerkt sind.

### ■ Bahn

Derzeit fährt von Berlin-Lichtenberg aus in den Sommermonaten wieder ein Kurswagen eines Nachtzugs nach Kaliningrad. Informationen zum aktuellen Stand gibt es bei der Deutschen Bahn, oder besser bei einer der Ticketagenturen, die sich auf Osteuropazüge spezialisiert haben: **Kopfbahnhof**, Tel. 030/23638310, www.kopfbahnhof.info; **Die Bahnfüchse**, Tel. 030/65487271, 0761/383020, http://bahnfuechse.de, **Bahnagentur Schöneberg**, Tel. 030/76768398, www.bahnagentur-schoeneberg.de, **Gleisnost**, Tel. 0761/383020, www.gleisnost.de.

### ■ Bus

Über Stuttgart, Kassel, Hannover, Potsdam fährt mehrmals wöchentlich ein Reisebus von **Eurolines** nach Kaliningrad. Tickets und Informationen: www.touring.de.

### ■ Flug

Es gibt von Deutschland aus keine Direktflüge nach Kaliningrad. Gängige Zwischenstopps sind Warschau, Riga, Moskau und St. Petersburg. Der **Flughafen** liegt 20 Kilometer nördlich von Kaliningrad, Bus Nr. 138 fährt stündlich zum Kaliningrader Busbahnhof.

### ■ Auto

An den Grenzen zu Polen und Litauen sind lange Wartezeiten zu erwarten. Zusätzlich zum Visum braucht man eine Grüne Versicherungskarte.

## Verkehr vor Ort
### ■ Nahverkehr

Der öffentliche Nahverkehr ist gut ausgebaut, aber auch Busse und Straßenbahnen stecken oft im allgegenwärtigen Stau. Fahrkarten sind in Bussen und Straßenbahnen erhältlich. Weil der Nahverkehr teilprivatisiert wurde, ist das Streckennetz ziemlich unübersichtlich.

### ■ Mietwagen

Von den großen westlichen Ketten ist **Hertz** in Kaliningrad vertreten: Sovietskiy pr. 21a, Tel. 761555, www.hertz.com. Mietwagen lokaler Agenturen kann man an der Rezeption großer Hotels erfragen oder auf der Seite www.kaliningradcity.ru/de finden.

### ■ Taxi

Taxen gibt es reichlich. Ohne Russischkenntnisse bestellt man ein Taxi besser an der Hotelrezeption. Rufnummern für Taxen: 585858, 333333, 777766, 365666. Grundgebühr ungefähr 100 Rubel, Kilometerpreis ungefähr 20 Rubel. Die Preise sind nicht eindeutig festgelegt und sollten schon bei Antritt der Fahrt ausgehandelt werden.

*Sushi-Restaurant im Hotel ›Kaliningrad‹*

## Unterkunft

**Heliopark Kaiserhof,** Oktjabr'skaja 6A, Tel. 59 22 22, http://de.heliopark.ru; DZ ab 75 Euro. Neues Hotel gehobener Klasse am Fischdorf, österreichisch-ungarische Küche, Schwimmbad, Fitnesscenter.

**Triumph Palace,** pr. Bol'ševistskij 3, Tel. 77 77 33, www.triumph-palace.ru; DZ ca. 100 Euro. Neues Hotel der gehobenen Klasse in der Nähe des Südbahnhofs. Restaurant mit mediterraner Gourmetküche, Lobby-Bar mit roten Ledermöbeln, beliebtes Hotel russischer Geschäftsleute.

**Pushkin Hall,** Dostoevskogo 19, Tel. 007/40 12/36 57 52, www.pushkinhall.ru, DZ ca. 90 Euro. Sehr schönes, kleines und familiäres Hotel etwas abseits vom Zentrum nahe der Ausfallstraße in Richtung Kurische Nehrung.

**Hotel Oberteich,** ul. Verchneozernaja 11, Tel. 36 50 20, www.oberteich.com; DZ ab 70 Euro. Im ehemaligen Villenviertel Maraunenhof, ruhig, einige Zimmer mit Blick auf den Oberteich. Kein Restaurant, aber ein Café, in dem es bis 12 Uhr Frühstück gibt.

**Hotel Kaliningrad,** Leninskij pr. 81, Tel. 35 05 31, www.hotel.kaliningrad.ru; DZ ab 60 Euro. Zu Sowjetzeiten der Klassiker in Kaliningrad, inzwischen renoviert. Einzelzimmer gehen zur Straße und sind sehr laut, in den Doppelzimmern zum Hof hin ist es ruhig. Sehr zentral gelegen, gegenüber Einkaufszentrum mit Restaurants, Kinos und zwei Diskotheken.

## Gastronomie
■ **Restaurants**

**Triumph Palace,** pr. Bol'ševistskij 3, Tel. 77 77 33, www.triumph-palace.ru. Hotelrestaurant mit mediterran geprägter Gourmetküche, eines der besten Restaurants der Stadt.

**Nautilus,** Moskovskij pr. 40, Tel. 70 25 25. Im Erdgeschoss des ›Baltic Business Center‹ gelegenes Gourmetrestaurant, auch Fischspezialitäten.

**Solnechy Kamen,** Vasilevskogo 3, Tel. 53 91 04. Gilt als das beste Fischrestaurant der Stadt; neben dem Bernsteinmuseum, mit Blick auf den Oberteich.

**Papasha Beppe,** Pizzeria mit der besten Pizza der Stadt und drei Stand-

Kaliningrad-Informationen

orten: Leninskij pr. 12, Baltiskaja 6/12, Kosmonavta Leonova 66 a.

■ **Nachtleben**
**Bar**, Leninskij pr. 18, Tel. 535386. Eine modern eingerichtete, gute Cocktailbar mit entspannter Atmosphäre.
**Vagonka**, Stanočnaja 12, Tel. 95 66 77, www.vagonka.net. Eher alternativ ausgerichteter Club, den es schon seit 30 Jahren gibt. Wechselnde, teils internationale DJs. Indie, Techno, Hip Hop. Junges, studentisches Publikum.
**Zhara**, Leninskij pr. 30. Gegenüber dem Hotel ›Kaliningrad‹ auf der rechten Straßenseite vor der Brücke findet man den wohl schicksten Club der Stadt. Gespielt wird hauptsächlich Techno und House.

## Kultur
■ **Museen**
**Bernsteinmuseum**, pl. Maršala Vasilevskogo 1, Tel. 46 68 88, www.ambermuseum.ru; Di–So 10–19 Uhr.
**Museum des Weltozeans**, nab. Petra Velikogo 1, Tel. 34 02 44, www.worldocean.ru; Di–So 10–18 Uhr (Kassenschluss 17 Uhr).
**Dom- und Kantmuseum**, Königsberger Dom, Tel. 44 68 68; tägl. 9–17 Uhr.
**Museum für Geschichte und Kunst**, Kliničeskaja 21, Tel. 45 38 44, www. westrussia.org; Di–So 10–18 Uhr.
**Museum im Friedländer Tor** (Geschichtsmuseum), An der Kreuzung Kalinina/Džeržinskogo, Tel. 64 40 20, www.fvmuseum.ru; tägl. 10–18 Uhr.
**Lasch Bunker** (Geschichtsmuseum), ul. Universitetskaja, Tel. 53 65 93; tägl. 10–17 Uhr.

■ **Theater**
**Stadttheater**, Mira pr. 4., Tel. 21 24 22. Auf dem Programm des Stadttheaters stehen Schauspiel, Ballett und klassische Konzerte.
Das **Puppentheater**, das in der Luisenkirche im Park untergebracht ist, lohnt auch ohne Russischkenntnisse einen Besuch, Tel. 21 43 35.

■ **Klassische Musik**
Im Königsberger Dom werden mehrmals in der Woche **Orgelkonzerte** gegeben; Informationen an der Kasse des Doms.
Die **Philharmonie** Kaliningrads findet man in der ehemaligen katholischen Kirche ›Zur heiligen Familie‹, Tel. 64 34 51.

■ **Kino**
Den größten Kinokomplex Kaliningrads findet man im Einkaufszentrum gegenüber dem Hotel ›Kaliningrad‹; vorwiegend gibt es Hollywoodproduktionen: **Karo Film**, Tel. 53 54 54.
Das Arthousekino der Stadt heißt **Zarya**; dazu gehört ein nettes, zum Publikum passendes Lokal: Mira pr. 41/43, Tel. 21 59 70.

■ **Shopping**
Die Kaliningrader Innenstadt hat vier große **Shoppingcenter** mit internationalem Angebot. Drei liegen rund um den Siegesplatz und das vierte gegenüber dem Hotel Kaliningrad.
Einen großen, klassischen **Souvenirladen** gibt es vom Hotel ›Kaliningrad‹ gesehen auf der rechten Seite des pr. Leninskij, etwa auf der Hälfte der Strecke zum Siegesplatz.
Der **Markt** mit seinem für russische Märkte typischen Mix aus Lebensmitteln aller Art, günstigen Textilien und allen erdenklichen Arten von Billigware liegt auf der Hälfte der Strecke zwischen Siegesplatz und Bernsteinmuseum.

## Seebäder

Wenige Kilometer von Königsberg entfernt liegen Ostsee, Kurische Nehrung und Frisches Haff. Die an vielen Stellen von großen Dünen und Steilküsten geprägten Küsten sind von herausragender Schönheit, noch nicht touristisch überlaufen und gut erreichbar.

### ■ Jantarnyi

50 Kilometer nordwestlich von Kaliningrad liegt der Küstenort Jantarnyi (früher Palmnicken). Dort wird seit Mitte des 19. Jahrhunderts Bernstein im Tagebau gefördert, der größte Teil des in Europa erhältlichen Bernsteins stammt aus diesem Ort. Neben der Dorfkirche gibt es eine Bernsteinmanufaktur, die besichtigt werden kann. Dort wird das Rohmaterial zu Schmuck verarbeitet.

Der Strand von Jantarnyi liegt einen Kilometer nördlich der Ortsmitte. Neben Souvenirs und zwei Strandrestaurants gibt es dort eine Gedenkstätte, die an das Massaker von Palmnicken erinnert:

*Willkommen in Jantarnyi!*

Angesichts der vorrückenden sowjetischen Truppen trieben die Nationalsozialisten 5000 Juden von Königsberg in Richtung Palmnicken. 3000 überlebten den Gewaltmarsch, und es war geplant, die Überlebenden lebendig im Stollen der an diesem Strand liegenden Zeche Anna einzumauern, wogegen sich der damalige Bergwerksbesitzer erfolgreich wehrte. Am 31. Januar 1945 kam es dann zu einer Massenerschießung, deren Opfer unter Maschinengewehrsalven der SS in die eiskalte Ostsee getrieben wurden.

In naher Zukunft werden in Jantarnyi eventuell Großprojekte zum Aufbau der touristischen Infrastruktur verwirklicht: Der damalige russische Präsident Putin hatte 2006 ein Gesetz auf den Weg gebracht, nach dem Glücksspiel in Russland nur noch in vier Sonderzonen zulässig sein soll. Eine davon liegt bei Jantarnyi – aber zum Glück ist dort davon bis heute noch nichts realisiert.

Südlich und nördlich von Jantarnyi gibt es sehr einsame Strände, teils mit Steilküste.

*Am Strand von Jantarnyi*

# Bernstein

Seit der Antike ist der Bernstein ein beliebter Schmuckstein, dem aufgrund seiner Beschaffenheit auch mythische Eigenschaften zugeschrieben wurden: Er ist leichter als Wasser, brennbar und lässt sich elektrostatisch aufladen. An der baltischen Ostseeküste liegen 95 Prozent der heute weltweit bekannten Bernsteinvorkommens. Ein wirklicher Stein ist der Bernstein nicht: Er besteht aus dem gehärteten Harz der Wälder des Eozän, die sich vor 40 bis 50 Millionen Jahren zwischen Skandinavien und dem Ural erstreckten.

Als besonders wertvoll gelten Bernsteine mit Insekten- oder Pflanzeneinschlüssen. Der Handel mit Bernstein war schon für die vorchristlichen Kulturen des Ostseeraums von herausragender Bedeutung.

Nach der Christianisierung des Baltikums hatte zunächst der Deutsche Orden das Monopol auf den Bernsteinhandel. An der Ostseeküste wurde die lokale Bevölkerung zum ›Bernsteinfischen‹ gezwungen: Bei Sturm gelangte in Salzwasser schwimmender Bernstein mit Seetang vermischt an die Meeresoberfläche. Mit feinmaschigen Köchern schöpfte man das Gemisch ab und warf es an Land, wo es die Inspektoren des Deutschen Ordens an sich nahmen. Im Spätmittelalter kam das Königsberger Bernsteinkontor, über das der Rohstoffhandel mit baltischem Bernstein kontrolliert wurde, in den Besitz preußischer Fürsten.

Die künstlerische Arbeit mit dem leicht zu bearbeitenden Material war jahrhundertelang fester Bestandteil der Prinzenerziehung. Werke derjenigen Meister, die ihr Handwerk wirklich beherrschten, gingen an die führenden Höfe Europas. Das bekannteste Beispiel aus dieser Zeit ist das seit dem Zweiten Weltkrieg verschollene Bernsteinzimmer.

In Palmnicken wurde Mitte des 19. Jahrhunderte ein neues Kapitel der Bernsteingewinnung eingeleitet: Die Firma ›Stantien & Becker‹ errichtete Tagebaubergwerke an der Küste. Die größten Zechen hießen ›Anna‹ und ›Henriette‹, und das Hotel am Platz trug den schönen Namen ›Glück auf‹. Die Fördermenge baltischen Bernsteins stieg von etwa zehn Tonnen auf 400 Tonnen im Jahr, und vor allem die schweren, in Silber gefassten Bernsteinketten wurden zur Jahrhundertwende ein europaweit verbreitetes Massenprodukt.

Den Tagebau gibt es heute noch, und wer möchte, kann über einen Feldweg zur östlich von Jantarnyi gelegenen Bernsteinmine fahren. Für die Fahrt dorthin ist eine geringe Gebühr zu entrichten. Die wirkliche Bernsteinfabrik, nicht mit der blitzsauberen kleinen Manufaktur in der Ortsmitte zu verwechseln, ist für die Öffentlichkeit gesperrt und mit einem hohen Maschendrahtzaun gesichert. Der marode Plattenbau lässt eine Ahnung über die drinnen herrschenden Arbeitsbedingungen bei der Schmuckproduktion aufkommen. Um organisiertem Diebstahl und zuviel Kontakt zu den Arbeitern oder der Bevölkerung vorzubeugen, wird das Wachpersonal eigens aus St. Petersburg eingeflogen und alle zwei Wochen ausgetauscht.

Weiter den Feldweg entlang gelangt man zu einer Aussichtsplattform oberhalb der Mine, wo es einen Kiosk, Kaffee und Souvenirs gibt. Von oben sieht man, wie tief unten die den Bernstein enthaltene blaue Erde zu Tage gefördert und der Bernstein ausgewaschen wird.

### ■ Svetlogorsk

Svetlogorsk (früher Rauschen) war vor dem Zweiten Weltkrieg ein mondänes Seebad, was auch heute noch an teils gut erhaltenen Villen zu sehen ist, die inmitten von Kiefernwäldern stehen. Svetlogorsk hat eine etwa einen Kilometer lange Seepromenade mit Cafés und Restaurants. Sehenswert ist die große Sonnenuhr an ihrem Ostende.

Oben im Ort gibt es neben durchaus akzeptablen Restaurants, Pensionen und Hotels einen schön angelegten Stadtpark. Das 1908 nach Plänen von Wilhelm Kuckuck errichtete Warmbad mit seiner Sonnenuhr ist das Wahrzeichen des Seebads. Ein hässlicher Aufzug überbrückt die 30 Höhenmeter zwischen Ort und Seepromenade.

*An der Strandpromenade von Svetlogorsk*

### ■ Zelenogradsk

Zelenogradsk (früher Cranz) gilt als das Tor zur Kurischen Nehrung. Vor dem Krieg war Cranz das Seebad, in dem sich die Königsberger Aristokratie traf. Anders als in Svetlogorsk gibt es an der Strandpromenade kaum Cafés und Restaurants. Stattdessen lockt eine Fußgängerzone mit historischen Gebäuden, Einkaufsmöglichkeiten und Gastronomie. Zelenogradsk ist ein Kurort mit einer Quelle, die Wasser aus 240 Metern Tiefe nach oben befördert. Weil sich östlich des Ortes ein Moorgebiet ausbreitet, werden auch Moorbäder angeboten

### Seebäder

Busse und Bahnen in die Seebäder fahren stündlich oder öfter vom Kaliningrader Südbahnhof ab; einen Fahrplan findet man unter www.kalinin gradcity.ru/de/timetable.

---

**Hotel Bekker**, Sovjetskaja 72, 238580 **Jantarnyi**, Tel. 4102/565195, becker_h@bk.ru. Zum Hotel umgebautes Gutshaus, Eigentümer ist der Ururenkel des Gründers des Tagebaubergswerks. 16 Zimmer, Biergarten, Lokalbrauerei. 100 Meter zum Meer. DZ ab 50 Euro.
**Hotel Hoffmanns Haus**, Goffmann per. 4, 28560 **Svetlogorsk**, Tel. 4012/326698, www.hoffmannhouse.ru. Neues Hotel im Kiefernwald, 300 Meter zum Meer. Innen und im Garten stehen zahlreiche Skulpturen aus den Märchen von E.T.A. Hoffmann. 2 Luxuszimmer, 7 Doppelzimmer, Restaurant, Schwimmbad. DZ ab 80 Euro.
**Hotel Sambia**, Volodarskogo 20, 238530 **Zelenogradsk**, Tel. 40150/36331, www.sambiahotel.com. Großes, neues Hotel am Ende der Strandpromenade. Restaurant und Biergarten, Erlebnisbad im Haus, Wellnessangebote. DZ ab 60 Euro.

# Kurische Nehrung

Die Kurische Nehrung ist ein fast 100 Kilometer langer Landstreifen zwischen dem russischen Seebad Zelenogradsk und der litauischen Stadt Klaipėda. Er trennt die Ostsee vom dahinter liegenden Haff. Die dicht bewaldete Landschaft, an deren Küsten die höchsten Dünen Europas zu sehen sind, ist auf beiden Seiten der Grenze zum Nationalpark erklärt worden. Kurz hinter Zelenogradsk muss man an einem Schlagbaum eine Gebühr für Fahrzeug und Personen entrichten. Elf Kilometer weiter erreicht man **Lesnoe**, den ersten der drei Orte auf der russischen Seite der Kurischen Nehrung. Nördlich des Ortes befinden sich die mit 350 Metern schmalste Stelle des Landstreifens und ein Museum: In fünf Ausstellungsräumen werden Geschichte, Geologie und das Ökosystem der Nehrung vorgestellt.

Nach zehn Kilometern liegt rechter Hand die 1901 gegründete Vogelwarte von Rossitten (Rybačij). In der ältesten Vogelwarte des damaligen Deutschland versuchte man durch die Beringung von Vögeln hinter die Geheimnisse des Vogelzugs zu kommen. Heute gibt es Führungen von dort arbeitenden Ornithologen; Touristen können beim Beringen zusehen.

Von der Vogelwarte aus, zu Fuß an den Fangnetzen vorbei in Richtung Haff erreicht man eine einsame Landschaft mit sehr hohen Dünen. Nördlich der Vogelwarte liegt der Ort Rybačij (Rossitten), ein der Haffseite zugewandtes Fischerdorf, in dem es seit dem 19. Jahrhundert etwas Tourismus gibt. Rybačij ist aufgrund seiner geografischen Lage nie von Wanderdünen oder Flutkatastrophen bedroht gewesen. In den 1920er Jahren gab es in Rossitten einen Segel-

*Düne bei der Vogelwarte Rybačij*

*Der Tanzende Wald*

Fünf Kilometer nördlich von Rybačij führt ein Wanderweg durch einen Wald, dessen Bäume merkwürdig gebogene Stämme haben. Der **Tanzende Wald** dürfte weltweit einzigartig sein. Bis heute kann sich niemand erklären, warum die Stämme des in den 1960er Jahren auf einer Düne gepflanzten Waldes solch seltsame Formen angenommen haben.

Nach weiteren fünf Kilometern kommt man zu einem Wanderpfad, der auf die **Epha-Düne** führt, von der aus man einen schönen Blick auf das Fischerdorf **Morskoe** hat. Im Dorf bieten mehrere kleine Restaurants hervorragenden geräucherten Fisch an.

Nördlich von Morskoe führt ein weiterer Wanderweg durch Wald und Dünen zum höchsten Punkt auf der russischen Seite der Kurischen Nehrung. Von dort aus in Richtung Norden ist eine sehr ursprüngliche Dünenlandschaft zu sehen, die leider Grenzgebiet ist, und die man, um Ärger zu vermeiden, auf keinen Fall betreten sollte.

flugplatz. Der berühmteste Segelflieger seiner Zeit war Ferdinand Schulz, der mehrere Weltrekorde über Zeit und Strecke flog und im Jahr 1929 bei einer Flugshow mit einem Motorflugzeug abstürzte.

### Kurische Nehrung

In vielen Pauschalreisen ist ein Ausflug auf die Kurische Nehrung enthalten. Wer den litauischen Teil der Nehrung besichtigen will, muss sich bei der Ausstellung des russischen Visums einen entsprechenden Vermerk über Aus- und Wiedereinreise eintragen lassen. Wer mit dem eigenen Auto kommt, muss am Schlagbaum des Nationalparks, fünf Kilometer nördlich von Zelenogradsk, eine Gebühr von 250 Rubel für das Auto entrichten. Hinzu kommen 30 Rubel für jede Person.

**Hotel Altrimo**, ul. Pogranničnaja 11, 238535 Zelenogradsk raj., Rybačij, Tel. 401 50/411 39, www.altrimo.ru. Die ehemalige Jugendherberge des größten Ortes auf der russischen Seite der Nehrung wurde mittlerweile gründlich umgebaut und ist zu einem schicken Hotel direkt am Haff geworden. Restaurant, Kinderspielplatz, diverse Freizeitangebote. Viele der schönsten Stellen der Kurischen Nehrung sind weniger als zehn Kilometer entfernt.

*Abend auf der Kurischen Nehrung*

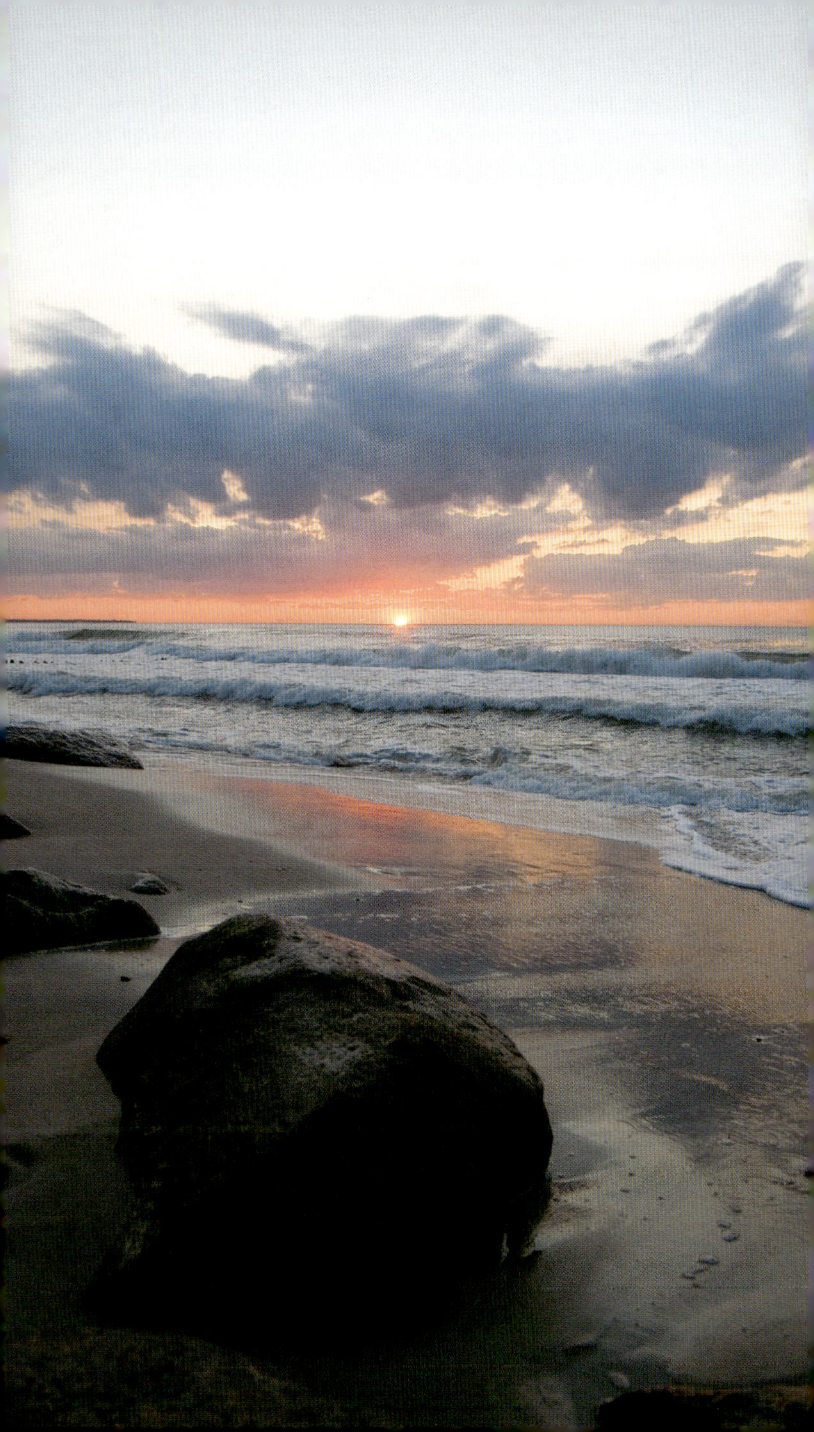

Irgendetwas fehlt dieser Stadt, denkt man sich, während man durch die historische Altstadt schlendert, die wirkt, als sei sie aus dem Dornröschenschlaf der Geschichte noch nicht richtig erwacht. Nicht Kirchtürme, sondern Hafenkräne prägen die Stadtsilhouette – ungewöhnlich für einen Ort mit einer so reichen Vergangenheit.
Aber Klaipėda war Spielball der europäischen Großmächte, und die sowjetische Besatzungsmacht legte nach dem Zweiten Weltkrieg schlicht keinen Wert auf die Wiedererrichtung der zerstörten Kirchen.

# Klaipėda

Das rund 180 000 Einwohner zählende Klaipėda liegt am Nordende des Kurischen Haffs, das die Kurische Nehrung vom Festland trennt. Die Entfernung zur litauischen Hauptstadt Vilnius beträgt 320 Kilometer. Als einziger bedeutender Hafen Litauens und eisfreier Hafen an der Ostsee spielt die Stadt eine wichtige Rolle als Warenumschlagplatz und Wirtschaftsmotor. Mehr als die Hälfte der Einwohner Klaipėdas lebt vom Hafen, sei es als Hafen- oder Werftarbeiter, Mitglied einer Schiffsbesatzung oder Verwaltungsangestellter. Daneben haben sich in der Stadt zahlreiche Industriezweige angesiedelt: Maschinenbaufirmen, Nahrungsmittelindustrie, Autoteilehersteller, Unternehmen aus der Informationstechnologie und Elektronik. Haupthandelspartner sind Deutschland, Polen, Dänemark, Russland und Schweden.

In der Altstadt südlich der Danė finden sich eine Reihe von neoklassizistischen Fassaden und Fachwerkhäusern. Nördlich der beschaulichen Altstadt gibt es breite kopfsteingepflasterte Straßen, die von alten Baumreihen gesäumt werden. Hier stehen alte Backsteinbauten, in denen zum Beispiel die 1991 gegründete Universität in der Nähe des Bahnhofs untergebracht ist, aber auch Bausünden meist sowjetischen Ursprungs. Im Norden der Stadt markiert ein Leuchtturm die Einfahrt von der Ostsee ins Haff, nordöstlich davon liegt der große Stadtpark (Miesto parkas), der zur Ostsee hin von dem beliebten Stadtstrand von Melnragė begrenzt wird. Entlang des Stadtgebietes erstrecken sich die Hafenanlagen über 15 Kilometer am Kurischen Haff.

*Fachwerkhaus in der Aukštoji gatvė*

*Auf dem Theaterplatz*

# Stadtgeschichte

Die Region um Klaipėda (Memel) war bereits mehr als 1000 Jahre lang von Kuren besiedelt, als Deutschordensritter im 13. Jahrhundert die Siedlung an der Mündung der Danė (Dange) und das angrenzende Memelland eroberten. Auf diese Weise hatten die Ordensritter eine Landbrücke nach Norden zwischen dem Territorium des Deutschen Ordens und dem des von Riga aus agierenden Schwertbrüderordens geschaffen. 1252 übernahm der Livländische Orden die Siedlung und errichtete in Klaipėda eine Burg im Kurischen Haff, die ›Memelburg‹ genannt wurde. Dieses Jahr gilt als offizielles Stadtgründungsdatum. Unter Historikern ist umstritten, ob der Orden einfach die Danė für die Memel (litauisch: Nemunas) hielt oder die Bedeutung der Memel für das Gebiet hervorheben wollte. Von hier aus sollte Litauen christianisiert und unter die politische Kontrolle des Ordens gebracht werden. Heute noch markieren Wallanlagen die Lage dieser Ordensburg, in deren Nachbarschaft sich heute Yacht- und Kreuzfahrthafen befinden (→ S. 189).

## Konflikt zwischen Deutschem Orden und den Balten

Im Jahre 1254 schon trat Memel der Hanse bei und bekam 1257 das lübische Stadtrecht verliehen. Bald entspann sich ein reger Handel mit nord- und westeuropäischen Städten. 1328 übernahm der Deutsche Orden Burg und Stadt, die in den Ordensstaat eingegliedert wurden, der damals weite Teile des heutigen Baltikums und Polens umfasste. Anfang des 14. Jahrhunderts vereinigten sich baltische Stämme, um die territoriale Ausweitung und den politischen Einfluss des Deutschen Ordens einzudämmen. Während der folgenden Jahrhunderte erschütterte eine Reihe von gewaltsamen Auseinandersetzungen die Region, die Stadt wurde dabei mehrfach geplündert und niedergebrannt.

## Reformation und preußische Herrschaft

1525 erreichte die Reformation Memel, die Stadt gehörte nun zum Herzogtum Preußen. Während des Dreißigjährigen Krieges regierten die Schweden von 1629 bis 1635, und 1678 brannten sie im Schwedisch-Brandenburgischen Krieg die Stadt nieder. Im Siebenjährigen Krieg wurde Memel von 1756 bis 1762 durch russische Truppen besetzt. Trotz aller Rückschläge gelang es der Stadt, sich immer wieder zu erholen, und in der zweiten Hälfte des 18. Jahrhunderts legten bis zu 1000 Schiffe jährlich im Hafen an. 1808 war Klaipėda sogar kurzzeitig Hauptstadt des Königreichs Preußen, als Napoleon Berlin besetzte. Ab 1812 hatte aber wieder der russische Zar das Sagen in der Stadt. Auch der verheerende Brand von 1854, der weite Teile der Stadt vernichtete und die Hafengebäude schwer in Mitleidenschaft zog, konnte das Fortschreiten der Industrialisierung nur kurzzeitig bremsen. Beim Wiederaufbau wurde nun, im Gegensatz zu den Holzkonstruktionen von früher, hauptsächlich Stein als Baumaterial verwendet.

Ab 1871 stand die Stadt wieder unter deutscher Kontrolle und 1875 wurde eine Eisenbahnlinie zwischen Memel und Tilsit, der heutigen Grenzstadt Sovjetsk in der Kaliningrader Exklave, in Betrieb genommen.

## Im Zeichen des Kreuzes

Gegründet wurde der Deutsche Orden 1190 während des 3. Kreuzzuges als Krankenpflegeorden. Schon 1198 entstand daraus ein Ritterorden, der die Kampfkraft der Kriegsherren mit der Enthaltsamkeit und Disziplin der Mönche verbinden sollte. An der Spitze der Hierarchie steht ein Ordenshochmeister. Die Aufgabe der Gemeinschaft bestand im Schutz und in der Krankenversorgung der Pilger, der Sitz befand sich in Akkon im Norden des heutigen Israel. Ordenszeichen ist ein schwarzes Kreuz auf weißem Grund, woraus sich später die Landesfarben Preußens ableiteten.

1291 fiel Akkon als letzte Kreuzfahrerbastion in Palästina. Nach einem vergeblichen Versuch der Sesshaftwerdung in Siebenbürgen im heutigen Ungarn folgten die Ritter 1225 der Einladung des polnischen Herzogs Konrad von Masowien, dem sie gegen die heidnischen Pruzzen beistehen sollten; dafür winkte als Belohnung das Kulmer Land östlich der Weichsel. Kaiser Friedrich II. und Papst Gregor IX. ermächtigten den Orden 1226 zur Unterwerfung und Missionierung der baltischen Stämme; das eroberte Gebiet sollte an den Orden fallen. 1237 vereinigte sich der Deutsche Orden mit dem in Riga ansässigen Schwertbrüderorden und gliederte Livland und Kurland im heutigen Lettland in sein Territorium ein. 1308 kam Pomerellen mit Danzig dazu, 1346 verkaufte der dänische König Nordostestland an den Orden, 1398 folgte Gotland und 1402 die Neumark östlich der Oder. Ein straff organisierter Ordensstaat war errichtet und deutsche Handwerker und Bauern als Siedler ins Land geholt worden. Bereits 1309 war der Sitz des Hochmeisters von Venedig, wo er seit 1291 offiziell residiert hatte, nach Marienburg (Malbork) im heutigen Polen verlegt worden.

Das Kriegsglück wendete sich, als sich die zum Christentum konvertierten Litauer – die ständigen Widersacher der Ritter – mit den Polen verbündeten und dem Deutschen Orden in der Schlacht von Tannenberg 1410 eine vernichtende Niederlage beibrachten. Die innere Stabilität des Ordensstaates schwand, Gebietsverluste folgten. Den vernichtenden Schlag führte dann die Reformation: Der Orden wurde säkularisiert und der Staat in das Herzogtum Preußen umgewandelt. Der Hochmeister residierte ab 1525 als weltlicher Herrscher Albrecht I. in Königsberg, das seit 1466 Ordenssitz war. Im selben Jahr zog die restliche Gemeinschaft nach Bad Mergentheim um. Napoleon löste den Orden 1809 auf, er konnte allerdings bis zu seiner Wiederzulassung 1834 in Österreich überdauern. Heute ist Wien Sitz des Hochmeisters des Deutschen Ordens. Nach dem Zweiten Weltkrieg gründete die Gemeinschaft wieder eine Handvoll Niederlassungen (Konvente) in Bayern und Hessen und ist heute vor allem in der Pfarrseelsorge tätig und Träger von rund 70 sozial-karitativen Einrichtungen in der Alten-, Behinderten-, Sucht- und Jugendhilfe.

*Die Wallanlagen der einstigen Ordensburg*

*Der Hafen von Klaipėda*

## Zankapfel der Großmächte

Nach dem Ersten Weltkrieg wurde das Memelgebiet unter französische Verwaltung gestellt und 1923 von Litauen besetzt. Militärischer Druck durch die Nationalsozialisten führte dazu, dass Litauen das Memelland im März 1939 an Deutschland abtrat. Bereits 1938 hatten etwa 8000 Juden die Stadt wegen der wachsenden Bedrohung verlassen. 1939 lebten noch 10 000 Juden in der Stadt, was einem Bevölkerungsanteil von knapp einem Fünftel entsprach. Die Hauptsynagoge, die in der Nähe des heutigen zentralen Marktes stand, wurde von den Nazis zerstört, ebenso der jüdische Friedhof am Ende der Sinagogų gatvė. Heute erinnert dort eine Tafel daran, dass 1941 94 Prozent der 235 000 Juden, die in Litauen gelebt hatten, ums Leben kamen.

Das Stadtgebiet von Memel war im Zweiten Weltkrieg schwer umkämpft und Ziel verheerender Bombardements, was heute noch im Stadtbild zu erahnen ist. Die überwiegend deutsche Bevölkerung floh im Herbst 1944 vor der Roten Armee, die im Januar 1945 in die Stadt einzog und sie besetzte.

## Unter sowjetischer Besatzung

Nach dem Zweiten Weltkrieg wurde Litauen als Sowjetrepublik in die Sowjetunion eingegliedert. Memel hieß nun offiziell Klaipėda. Lange war die Stadt militärisches Sperrgebiet, viele Industrieanlagen wurden angesiedelt, der Hafen ausgebaut. Er war der zentrale Ostseehafen der Sowjetunion und die wichtigste Verbindung ins sozialistische Bruderland DDR, wo Mukran auf Rügen als zentraler Warenumschlagplatz diente. Zahlreiche russische Arbeitskräfte fanden im Hafen von Klaipėda eine Beschäftigung, gefördert durch eine Bevölkerungspolitik, die durch demographische Umschichtungen die Russifizierung des Landes vorantrieb. So wurde zum Beispiel 1952 vom sowjetischen Ministerium für Schiffbau die Werft ›Baltijos Laivų Statykla‹ gegründet, ursprünglich für den Bau von Fischfangbooten. Viele Arbeiter aus den sowjetischen Teilrepubliken fanden hier Arbeit. Heute produziert der seit 1997 mehrheit-

[ 184 ] Klaipėda

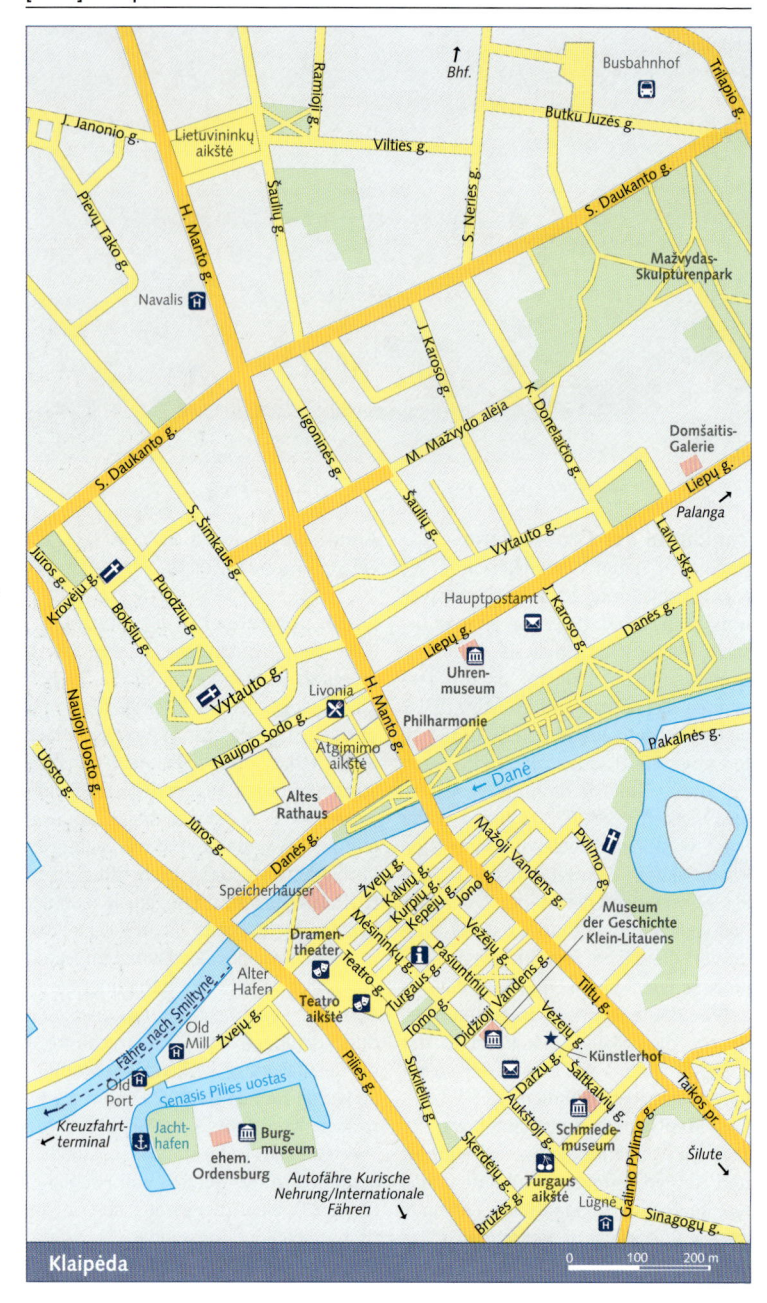

## Klaipėda

lich zur dänischen ›Odense Staalskibsværft‹ gehörende Betrieb unter anderem auch Schwimmdocks, Pontons und Bauteile für Containerschiffe.

## Nationale Eigenständigkeit und wirtschaftliche Neuausrichtung

Nachdem Litauen 1990 seine Unabhängigkeit erklärt hatte, wurde 1997 in Klaipėda eine freie Wirtschaftszone eingerichtet. Nach der schwierigen Umstellung auf ein neues ökonomisches System verzeichnete die Wirtschaft bald steile Zuwachsraten und erhielt erst durch die Finanzkrise 2008 einen schweren Dämpfer. Einher mit dem allmählichen wirtschaftlichen Aufstieg ging aber auch die Rückbesinnung auf die kulturellen Wurzeln. 1991 wurde in der Arbeiter- und Hafenstadt eine Universität gegründet, und lange vernachlässigte Kunstdenkmäler wie die ehemalige Kreuzritterburg am Alten Hafen wurden dem Vergessen entrissen. Auch die deutsch-litauischen Beziehungen, die die Stadt seit Jahrhunderten prägten, wurden wieder aufgefrischt.

*Ännchen von Tharau auf dem Theaterplatz*

# Stadtrundgang

Neben der kleinen Altstadt gibt es auch in den neueren Stadtvierteln nördlich der Börsenbrücke über die Danė und in dem auf der Kurischen Nehrung liegenden Stadtteil Smyltinė einiges zu entdecken.

## Altstadt

Verlaufen kann man sich im überschaubaren historischen Zentrum kaum, das schachbrettartige Straßennetz bietet eine gute Orientierung. Ausgangspunkt für die Tour ist der zentrale Platz der Altstadt in der Nähe des Alten Hafens.

### ■ Theaterplatz

Fast etwas verloren steht auf dem weiträumigen Theaterplatz (Teatro aikštė) Ännchen von Tharau auf ihrem Sockel über dem Simon-Dach-Brunnen. Die ursprüngliche Statue, die dem neoklassizistischen Dramentheater (Dramos teatras) von 1857 den Rücken kehrt, wurde 1912 im Gedenken an Simon Dach (1605–1659), einen Sohn der Stadt und Dichter des Volksliedes ›Ännchen von Tharau‹, errichtet. Während des Zweiten Weltkriegs verschwand die Statue, und erst 1989 wurde eine nach alten Fotos rekonstruierte Figur auf dem Sockel plaziert, auf dem zwischenzeitlich Lenin stand. Vom Balkon des Theaters verkündete Hitler am 23. März 1939 vor einer jubelnden Menge ›die Rückkehr des Memellandes ins Reich‹.

Ursprünglich war der Theaterplatz der Marktplatz der Stadt, schon im 18. Jahrhundert stand hier ein Theater, das aber 1854 beim großen Stadtbrand zerstört wurde und kurz darauf durch das heutige Theatergebäude ersetzt wurde. Auf der Westseite wird der Platz durch einen Theaterneubau von 1982 abgeschlossen. Macht man hier auf dem Absatz kehrt, gelangt man von der Sukilėlių gatvė gleich links in die Tomo gatvė und von dort quer über die Grünanlage – die unschwer als Bebauungslücke aus dem Zweiten Weltkrieg zu erkennen ist – zur Didžioji Vandens gatvė.

### ■ Museum der Geschichte Klein-Litauens

Am Anfang der Straße steht auf der rechten Seite ein kleines neoklassizistisches Gebäude mit einem Blumenbalkon, in dem das Museum der Geschichte Klein-Litauens (Mažosias Lietuvas istorijas muziejus) untergebracht ist. Klein-Litauen ist die Bezeichnung der Westlitauer für ihre Region, sie selbst nennen sich Lietuvininkai. Etwas bescheiden von den Ausmaßen, verblüfft im Inneren die Fülle der Exponate, die von archäologischen Ausgrabungsgegenständen über historische Kostüme bis hin zu Fotos aus der jüngeren Geschichte reichen. Leider gibt es nur teilweise englische Erläuterungen, es werden aber Führungen in englisch angeboten.

### ■ Aukštoji gatvė

Rechts beginnt die Aukštoji gatvė, wo der Fachwerkgiebel eines Kornspeichers aus dem 18. Jahrhundert hoch aufragt. Heute wird das Gebäude als Galerie genutzt. Diese aus Deutschland importierte vergleichsweise leichte Holzrahmenbauweise eignete sich besonders gut für den sumpfigen Untergrund, auf dem Klaipėda errichtet wurde. Der Stadtname bedeutet frei übersetzt ›im Marschland stehen‹. So wurden denn auch die ursprünglichen Bauten der Altstadt auf Pfählen errichtet. Bei den zahlreichen Stadtbränden wurden allerdings die meisten Fachwerkhäuser vernichtet und durch Steinbauten ersetzt.

*Kunsthof in der Daržų gatvė*

Folgt man der Aukštoji gatvė, passiert man ein paar weitere niedrige historische Häuser mit bemalten Fensterläden und Gauben und an der Straßenecke das alte geduckte Postamt, das immer noch seinen Dienst versieht.

### ■ Markt und jüdischer Friedhof

Geradeaus geht es zum farbenfrohen Markt am Turgaus aikštė, wo alles feilgeboten wird, was in Feld, Wald und Stall und Garten gerade ernte- oder schlachtreif ist. Hinter dem Markt beginnt die Sinagogų gatvė, an deren Ende rechts nur noch ein paar wenige Grabsteine auf dem umzäunten Gelände des von den Nationalsozialisten 1939 zerstörten jüdischen Friedhofes stehen.

### ■ Künstlerhof

Geht man dagegen vom kleinen Postamt über die ruhige Daržų gatvė, gelangt man bei Nummer 10 zum Künstlerhof, der sich bereits seit dem 18. Jahrhundert in diesen aufwändig restaurierten Fachwerkbauten befindet.

*Eingang zum Schmiedemuseum*

Heute sind in den Speichergebäuden Werkstätten von Kunsthandwerkern untergebracht. Ihr Wissen über ihr Handwerk vermitteln sie in Workshops, die auf reges Interesse stoßen. Von hier aus geht es zu einem kleinen Abstecher in die Šaltkalvių gatvė.

■ **Schmiedemuseum**
Über einen kleinen Hof mit eisernen Kreuzen, die zu einem Rad verschlungen sind, betritt man dort das Schmiedemuseum (Kalvystės muziejus). Hier wird das heiße Eisen noch wie von alters her an der offenen Feuerstelle in Form gebracht. Historische Meisterstücke dieses Handwerks sind in der Form von Kreuzen, Toren, Zäunen und Wetterfahnen zu besichtigen.

Zurück auf der Daržų gatvė geht es links in die Vežėjų gatvė. Hier sieht man noch einzelne Fachwerkhäuser. Auf der schon etwas geschäftigeren Turgaus gatvė, in der sich die Touristeninformation befindet, wendet man sich nach rechts und gelangt auf die Hauptgeschäftsstraße der Altstadt, die Tiltų gatvė. Links geht es weiter über die alte Börsenbrücke.

## Nördlich der Danė
Einer deutlich jüngeren Phase der Stadtentwicklung entstammen die Gebäude am Anfang der Herkaus Manto gatvė, die hinter der Börsenbrücke beginnt. Rechterhand befindet sich am Eingang eines kleinen Parks eine Granitskulptur, die an den Anschluss des Memelgebiets an Litauen im Jahr 1923 erinnert. Die Säule aus rotem Granit versinnbildlicht das Memelgebiet, die quadratische Eckkonstruktion Groß-Litauen. Die Abbruchkante links symbolisiert das Königsberger Gebiet, die heutige russische Exklave.

Hinter dem Denkmal erhebt sich ein wuchtiger grauer Komplex, in dem ein Musiktheater und die **Philharmonie** untergebracht sind. Links gegenüber befand sich einst das prächtige Börsengebäude, das allerdings im Zweiten Weltkrieg völlig zerstört wurde. Heute erstreckt sich hier der weiträumige Atgimimo aikštė (Platz der Wiedergeburt), hinter dem sich der Turm des Hotels ›Klaipėda‹ in moderner Backsteinarchitektur erhebt. Innen ist es weit einladender und komfortabler, als das Äußere vermuten lässt.

### ■ Altes Rathaus

Links schließt sich als Kontrast das neoklassizistische alte Rathaus neben der Danė an, das heute von der Stadtverwaltung genutzt wird. Eine Tafel erinnert daran, dass dieses Gebäude in den Jahren 1807 und 1808 das preußische Königspaar Wilhelm III. und Luise beherbergte, das vor der anrückenden Armee Napoleons im äußersten Norden des Reiches Zuflucht gesucht hatte. Ab der Mitte des 19. Jahrhunderts war hier das Rathaus untergebracht, und zwischen den beiden Weltkriegen tagte hier das Parlament des Memelgebietes.

Von der Manto gatvė führt rechts die Liepų gatvė (Lindenstraße) an einer Reihe klassizistischer Häuser vorbei. Aber auch Jugendstilelemente sind zu entdecken. Wie auch heute noch zu erkennen ist, war diese Allee im 19. Jahrhundert eine der schönsten Straßen der Stadt.

### ■ Uhrenmuseum

Eine besonders prächtige Säulenfront besitzt das Uhrenmuseum (Laikrodžių muziejus, Liepų gatvė 12), in dem früher eine Bank residierte. Hier wird die Entwicklung der Zeitmessung von den ersten Kalendern bis zu Atomuhren gezeigt. Aber nicht nur Technikfans kommen auf ihre Kosten. Es sind einige besonders schöne Uhrenmodelle ausgestellt, und im rückwärtigen Garten versehen Sonnenuhren ihren Dienst. Weiter geht es auf der Liepų gatvė.

*Das Uhrenmuseum*

### ■ Hauptpostamt

Schon von weitem sieht man den hoch aufragenden Turm des Hauptpostamtes (Centrinis paštas, Liepų gatvė 16) von 1893 in vollendeter Backsteingotik. Klaipėda war im 19. Jahrhundert eine wichtige Zwischenstation für den Postverkehr zwischen Europa und Russland, was sich in der Pracht und dem Ausmaß des Gebäudes manifestiert. Der Innenraum mit den geschnitzten Schalterverkleidungen und den Kronleuchtern ist unbedingt einen Blick wert. Am Samstag und Sonntag um 12 Uhr erklingt das berühmte Glockenspiel im 44 Meter hohen Turm.

### ■ Domšaitis-Galerie

Rund 500 Meter weiter folgt die Domšaitis-Galerie (Domšaičio Galerija) an der Liepų gatvė 33, die dem Maler Franz Domscheit (mit litauischem Namen Pranas Domšaitis), einem Sohn der Stadt, der 1965 im südafrikanischen Exil starb, gewidmet ist. Neben einer Sammlung seiner erst impressionistisch

## Stadtrundgang [ 189 ]

und dann expressionistisch geprägten Werke und anderer litauischer Kunst des 20. Jahrhunderts bietet das Museum wechselnde Ausstellungen.

### ■ Mažvydas-Skulpturenpark

Gleich hinter der Domšaitis-Galerie erstreckt sich der Mažvydas-Skulpturenpark (Martynas Mažvydo skulptūrų parkas) mit über 100 modernen Plastiken im Schatten hoher Bäume. Bis ins Jahr 1977 befand sich dort der größte Friedhof der Stadt. Als die Sowjets den Friedhof auflösten, konnten einige eiserne Kreuze gerettet werden, die im Hof des Schmiedemuseums ausgestellt sind. Die ehemalige Friedhofskapelle ist heute eine russisch-orthodoxe Kirche. Der Namenspatron des Parks, Martynas Mažvydas, verfasste 1547 das erste Buch in litauischer Sprache, den Katechismus. Auf dem Lietuvininkų aikštė an der Manto gatvė wurde ihm dafür 1997 ein Denkmal gesetzt – dafür musste ein Monument zu Ehren der Roten Armee weichen.

*Im Skulpturenpark*

### Alter Hafen und Smyltinė

Wenn man nach dem Rundgang durch die Altstadt nicht die Börsenbrücke passiert, sondern von der Tiltų gatvė in die Žveju gatvė einbiegt, sieht man bald rechts zwei ehemalige Speicherhäuser aus Backstein, die aus dem 19. Jahrhundert stammen und auf denen man noch verblasste deutsche Aufschriften erkennen kann. Vor einigen Jahren wurden sie einer modernen Nutzung zugeführt und mit Anbauten erweitert. In einem der historischen Gebäude befindet sich das Restaurant ›Memelis‹ mit integrierter Brauerei.

### ■ Ordensburg

Hundert Meter weiter liegt der Alte Hafen (Senoji perkėla), von dem die Fähre auf die Kurische Nehrung ablegt und neben dem noch die Wallanlagen der Ordensburg zu sehen sind. Von der 1252 errichteten Memelburg selbst ist leider bis auf ein paar Grundmauern nichts mehr erhalten. Mitte des 18. Jahrhunderts verlor die Burg ihre strategische Bedeutung und verfiel. 1821 standen nur noch zwei der ursprünglich fünf Burgtürme, und Ende des 19. Jahrhunderts wurden die restlichen Mauern geschleift.

In den Gewölben unter den Wallanlagen wurde 2002 ein kleines **Burgmuseum** eingerichtet. Informiert wird dort über die Geschichte der Burg sowie der Stadt Klaipėda. Dorthin gelangt man über die Pilies gatvė (Burgstraße).

Der Bereich um den Alten Hafen, der lange Zeit vernachlässigt wurde, hat in den letzten Jahren eine Aufwertung erfahren. Ein Yachthafen wurde im ehemaligen Festungsgraben der Burg angelegt, Hotels mit interessanter Architektur und Restaurants haben sich angesiedelt, entlang der Danė wurde eine Uferpro-

Klaipėda

*Im Meeresmuseum*

menade angelegt, auf der man zum Anlegekai der Kreuzfahrtschiffe gelangt. Hier kann man beobachten, wie die Fähren auf die Kurische Nehrung übersetzen, und wer bis zum Haff spaziert, hat einen guten Blick auf den Hafen und die Kurische Nehrung.

### ■ Smiltynė

Gut fünf Minuten dauert die Überfahrt vom alten Hafen zur Kurischen Nehrung, wobei man einen phantastischen Blick auf die Hafenanlagen hat.

Der nur aus ein paar Häusern bestehende Ort Smiltynė auf der Nehrung gehört zum Stadtgebiet von Klaipėda und verfügt über einen schönen Ostseestrand.

Zur Nordspitze der Nehrung, an der ein Meeresmuseum und ein Delfinarium liegen, gelangt man in einem rund anderthalb Kilometer langen Fußmarsch am Haff entlang. Dabei passiert man ein kleines **Naturmuseum des Nationalparks Kurische Nehrung** sowie ein **historisches Fischergehöft** und Museumsschiffe. Beliebt ist dieses Wegstück auch bei Anglern, die am Haff ihre Köder auswerfen.

Im **Meeresmuseum**, das in dem ehemaligen Fort Kopgalis untergebracht ist, das ab 1865 die strategische Aufgabe der Ordensburg übernahm, kann man die Unterwasserwelt der Ostsee und auch anderer Meere erforschen. Neben Fischen tummeln sich dort auch Seelöwen und Pinguine.

Im Rundbau gleich daneben befindet sich ein **Delfinarium**, das aber wohl bis Ende 2012 wegen Renovierungsarbeiten geschlossen sein wird. Das Meeresmuseum soll ab 2013 renoviert werden (Informationen zu Öffnungszeiten auf www.muziejus.lt).

# Klaipėda-Informationen

Klaipėda kann nicht mit spektakulären Architekturdenkmälern oder einem aufregenden Nachtleben punkten. Die Hafenstadt ist für viele nur eine Durchgangsstation auf ihrer Reise zur Kurischen Nehrung.
Die Anlegestelle für Kreuzfahrtschiffe (Kruizinių laivų terminalas) befindet sich direkt an der Mündung der Danė. Vom Kreuzfahrtdock sind es knapp zehn Minuten Fußweg über Žvejų gatvė und Pilies gatvė in die Altstadt; www.portofklaipeda.lt.

## Allgemeine Informationen
**Vorwahl aus dem Ausland**: 00370/46.
**Vorwahl innerhalb Litauens**: 846.
**Touristeninformation**, Turgaus gatvė 7, Tel. 412186, www.klaipedainfo.lt (dt.); Mo–Fr 9–19, Sa/So 10–16 Uhr; Sept.–Mai Mo–Fr 9–18, Sept./Mai auch Sa 10–16 Uhr. Hinweise zu Stadtführungen, Fahrradverleih und Internetcafé.

## An- und Abreise
### ■ Mit dem Auto
Der direkte Weg nach Klaipėda führt über die Kurische Nehrung, für den Kaliningrader Oblast benötigt man aber ein russisches Transitvisum, das vor Reiseantritt besorgt werden muss. Von Riga kommend führt erst die A 11 und dann die A 13 nach Klaipėda.

### ■ Mit der Bahn
Mehrmals tägl. verkehren Züge von Vilnius nach Klaipėda (4,5 Std. Fahrtdauer); Bahnhof Klaipėda, Geležinkelio stotis, Priestočies g. 1, Tel. 202253. Die Anreise ab Berlin dauert 22 Stunden und ist wegen Umsteigen und evtl. benötigter Transitvisa für den Kaliningrader Oblast oder Weißrussland beschwerlich.
Informationen unter www.bahn.de, siehe auch www.baltikuminfo.de oder www.litrail.lt. Bequemer und schneller reist man aber mit dem Bus.

### ■ Mit dem Bus
Vom knapp zwei Kilometer nördlich der Altstadt gelegenen **Busbahnhof**, Autobusų stotis, Butkų Juzės 9, Tel. 411547 (Info), 210248 (internat. Tickets), www.klap.lt, gibt es zahlreiche Verbindungen nach Riga, Vilnius und Kaunas sowie nach Kaliningrad. Eurolines-Busse fahren auch in viele deutsche Städte; www.eurolines.lt, www.ecolines.lt (engl.).

### ■ Mit dem Schiff
Lisco fährt sechsmal pro Woche nach Kiel (21 Std.) und dreimal pro Woche nach Sassnitz-Mukran auf Rügen (18 Std.); www.dfdsseaways.de.
Außerdem bestehen Verbindungen von Klaipėda nach Karlshamn in Schweden. Der internationale **Fährterminal** (Tarptautinė jūrų perkėla, Perkėlos g. 10, Tel. 395050) liegt an der südlichen Stadtgrenze. Mit Minibus 8a und Linienbus 1a geht es in die Innenstadt.

### ■ Mit dem Flugzeug
Der nächste Flughafen liegt im 25 km entfernten Palanga. Es gibt tägliche Verbindungen mit ›Air Baltic‹ über Riga in viele deutsche Städte sowie mit SAS nach Kopenhagen; www.airbaltic.de, www.flysas.com. Zwischen dem Flughafen und Klaipėda verkehren Shuttle-Busse, deren Abfahrtszeiten auf den Flugplan abgestimmt sind; www.palanga-airport.lt.

### ■ Mit dem Rad

Zwischen Nida auf der Kurischen Nehrung und Palanga besteht ein Radwanderweg. Klaipėda bietet sich auch als Ausgangspunkt für eine Tour entlang der Nemunas (Memel) nach Vilnius oder nach Riga an. Informationen und Karten in der Touristeninformation in Klaipėda bzw. unter www.balticcycle.eu.

## Unterwegs in Klaipėda

### ■ Stadtrundgänge und -fahrten

Themenführungen wie ›Die Stadt Memel im 19. Jahrhundert‹ und ›Die Geheimnisse des Bernsteinfangs‹ sind in der Touristeninformation zu buchen. Führungen mit dem Rad in Smiltynė auf der Kurischen Nehrung, Juni–Aug. tägl. 10.30 Uhr (nach Voranmeldung): Du Ratai, Naujoji uosto g. 3, Tel. 61 59 17 73, www.bicycle.lt; Mitte Mai–September 9–19 Uhr.

### ■ Öffentliche Verkehrsmittel

Von der Busstation (Autobusų stotis) in der Butkų Juzės g. 9 verkehren in kurzen Abständen Busse und Minibusse. Alle Buslinien sind in dem in der Touristeninformation erhältlichen kostenlosen Stadtplan eingezeichnet; www.klaipedatransport.lt.

Direkt neben der Altstadt, in der Žvejų g. 8, legt im Sommer von 5 Uhr bis Mitternacht zur vollen Stunde die Personenfähre zur Kurischen Nehrung (Kuršių Neriją keltai) vom alten Hafen (Senoji per-kėla) ab. Die Autofähre auf die Nehrung geht stündlich vom neuen Hafen (Naujoji perkėla) etwa zwei Kilometer südlich der Altstadt. Nemuno g. 8, Tel. 31 11 17, www.keltas.lt.

### ■ Taxi

Taxis sollte man per Telefon bestellen (z. B. Tel. 31 12 11, 34 33 33, 34 53 45), um nicht an schwarze Schafe des Gewerbes zu geraten. Bei längeren Strecken sollte man sich vorher nach dem ungefähren Preis erkundigen.

### ■ Aussichtspunkte

**Viva la Vita**, Naujojo Sodo g. 1 (im 20. Stock des Hotels ›Amberton Klaipėda‹), Tel. 22 88 00, www.ambertonhotels.com; 12–1 Uhr, Fr/Sa bis 3 Uhr. Restaurant und Bar mit Blick über das Haff, den Hafen und die Ostsee.

*Am Fährterminal*

## Unterkunft

**Hotel Navalis**, H. Manto g. 23, Tel. 40 42 00, www.navalis.lt (dt.); DZ ab 120 Euro. In modernem Design gestaltetes Hotel in einem Backsteinbau aus dem 19. Jahrhundert, an einer der Hauptgeschäftsstraßen. Hervorragendes Restaurant.

**Old Mill Hotel**, Žvejų g. 22, Tel. 21 92 15, www.oldmillhotel.lt; DZ ab 85 Euro.

**Old Port Hotel**, Žvejų g. 20. Tel. 474764, www.oldporthotel.lt; DZ ab 85 Euro. Zwei neu eröffnete Hotels am Yachthafen mit Blick auf das Haff; eines in einem Neubau mit Holzarchitektur (mit einem guten Restaurant), das andere in einer ehemaligen Mühle untergebracht.

**Lūgnė**, Galinio Pylimo g. 16, Tel. 41 18 84, www.lugne.com; DZ ab 55 Euro. In dem kleinen, am Rande der Altstadt gelegenen Hotel wird man vom Personal besonders freundlich umsorgt. Das Restaurant bietet gute und preiswerte Küche.

## Gastronomie
■ **Restaurants**

**Livonia**, Naujojo Sodo g. 1 (im Hotel ›Amberton Klaipėda‹), Tel. 22 88 22, www.livonia.lt; Mo-Fr 11.30-22 Uhr, Sa 14-22 Uhr. Kleinbrauerei mit Restaurant, das mit seiner thematischen Anlehnung an die Stadtgründung durch den Livländischen Orden vor allem deutsche Touristen anzieht. Am Wochenende Live-Musik.

**Keltininko namas**, im ›Old Port Hotel‹; 12-24 Uhr. Stylishes Restaurant am Ufer der Danė.

■ **Café**

**Pėda**, Café und Galerie für moderne Kunst, Turgaus g. 10, Tel. 41 07 10; 11-23, Fr/Sa 11-24 Uhr. Gleich neben dem Theaterplatz; ein paar Stufen führen hinab in ein kleines Café, das gleichzeitig als Kunstgalerie dient.

■ **Nachtleben**

**Memelis**, Žvejų g. 4, Tel. 40 30 40, www.memelis.lt; So/Mo 12-24, Di/Mi bis 2, Do-Sa bis 3 Uhr. In einem umgebauten Speichergebäude am Ufer der Danė, rustikal eingerichtet, erstreckt sich über drei Ebenen - Bar, Restaurant, Nachtclub - und besitzt einen eigenen Braukessel.

## Kultur
■ **Museen**

**Museum der Geschichte Klein-Litauens** (Mažosios Lietuvos istorijos muziejus), Didžioji g. 6, Tel. 41 05 27, www.mlimuziejus.lt; Di-Sa 10-18 Uhr. Das Museum in einem der ältesten Gebäude der Stadt besitzt einen ganz eigenen Charme und gibt Einblick in die Geschichte der Region Klaipėda.

**Burgmuseum**, (Pilies Muziejus), Pilies g. 4, Tel. 41 05 27, www.mlimuziejus.lt; Di-Sa 10-18 Uhr. Stadtgeschichte des 13. bis 17. Jahrhunderts, Außenstelle des Klein-Litauen-Museums in den restaurierten Gewölben der Bastei beim alten Hafen.

**Schmiedemuseum** (Kalvystės Muziejus), Šaltkalvių g. 2, Tel. 41 05 26, www.mlimuziejus.lt; Di-Sa 10-18 Uhr. In der noch voll funktionsfähigen Werkstatt und im Hof einer alten Schmiede werden historische Kreuze, Zäune, Tore und Windfahnen präsentiert.

**Uhrenmuseum** (Laikrodžių muziejus), Liepų g. 12, Tel. 41 04 13; Di-Sa 12-18, So 12-17 Uhr. Geschichte der Zeitmessung von der Sonnen- bis zur Quarzuhr und Meisterwerke aus Uhrmacherhand.

**Domšaitis-Galerie** (Domšaičio Galerija), Liepų gatvė 33, Tel. 41 04 16, 41 04 12, www.muziejai.lt; Di–Sa 12–18, So bis 17 Uhr. Litauische Kunst des 20. Jahrhunderts mit Schwerpunkt auf Pranas Domšaitis. In Smiltynė: **Meeresmuseum**, Smiltynės g. 3, Tel. 49 22 50, www.muziejus.lt (dt.); Juni–Aug. Di–So 10.30–18.30, April/Mai/Sept. Mi–So 10.30–18, Okt.–März Sa/So 10.30–17, Vorführung der Seelöwen Mai–Sept. 11.30, 13 und 15 Uhr.

■ **Veranstaltungen**
**Deutsche Kulturtage**, Mai–Juni, Deutsche Vereinigung Klaipėdas, Simon-Dach-Haus, Jūros g. 7, Tel. 31 14 81, www.vdd.lt. In Zusammenarbeit mit dem Goethe-Institut werden Literatur, Malerei, Filme, Theater und Musik auch auf Plätzen präsentiert.
**Meeresfest** (Jūros Šventė), letztes Juli-Wochenende, www.jurossvente.lt (engl.). Mehrtägiges Fest im Hafen und in der Altstadt mit Konzerten, Ausstellungen, artistischen Darbietungen und der Segelregatta ›Baltic Sail‹.
**PLArTFORMA**, erstes September-Wochenende, www.zuviesakis.lt. Internationales Festival zeitgenössischer Kunst im Hafen- und Schlossviertel.

## Sport und Aktivitäten
■ **Radfahren**
Fahrräder verleiht die Touristeninformation, dort auch Infos zu Radrouten.

■ **Baden**
Die schönsten Strände befinden sich auf der Westseite der Kurischen Nehrung, angefangen von Smyltinė im Norden bis hinunter nach Nida.

■ **Einkaufen**
**Marginiai**, Sukilėlių g. 4, Tel. 41 04 88; Mo–Fr 10–18 Uhr, Sa 10–15 Uhr. Leinenarbeiten, Holzschnitzereien, volkstümliche Kleidung.
**Gintarinė planeta**, Turgaus g. 2–18, Tel. 21 45 83; Mo–Fr 10–18 Uhr, Sa 10–15 Uhr. Bernsteinschmuck, Silber, Leinen.

# Nida auf der Kurischen Nehrung

Gleich vor der Haustür Klaipėdas, hinter dem hier nur wenige hundert Meter breiten Kurischen Haff (Kuršių marios), liegt die nördliche Spitze der Kurischen Nehrung (Kuršių nerija), eine einzigartige Kulturlandschaft mit großen Sanddünen, stillen Kiefernwäldern, endlosem Sandstrand an der Westküste und einer Handvoll ehemaliger Fischerdörfer an der Haffseite, die heute allesamt beliebte Ferienorte sind.

Ein auch bei Deutschen sehr beliebter Ferienort ist Nida (dt. Nidden) kurz vor der russischen Grenze. Die kräftigblauen Fischerkaten mit den liebevoll gepflegten Blumen- und Obstgärten inmitten der Dünenlandschaft zogen bereits Endes des 19. und Anfang des 20. Jahrhunderts Maler wie Max Pechstein, Lovis Corinth und Karl Schmidt-Rottluff an. Der Ort wird jedoch überwiegend mit Thomas Mann in Zusammenhang gebracht, der in seinem Haus auf dem sogenannten **Schwiegermutterberg**, zu dem vom Haff ein etwas versteckter Treppenweg hinaufführt, von 1930 bis 1932 die Ferien verbrachte.

An der Uferpromenade nördlich der Hafenmole befindet sich ein kleines **Bernsteinmuseum**, in dem kunstvoll gefertigter Schmuck verkauft wird. Südlich der Mole führt die Pamario gatvė vorbei am **Geschichtsmuseum**, das einen Einblick in die karge Lebenswelt der Hafffischer gibt.

Geradeaus weiter geht es vorbei an einem alten Fischergehöft durch einen Kiefernwald hinauf zur 50 Meter hoch aufragenden **Parniddener Düne** (Parnidžio kopa) mit Aussicht auf das Haff und Nida sowie die endlose Dünenlandschaft im Süden.

### Nida

**Touristeninformation**, Taikos g. 4, schräg gegenüber vom Busbahnhof, Tel. 8469/52345, www.visitneringa.com (dt.); Mo–Fr 9–19, Sa bis 18, So bis 15 Uhr; Mitte Sept.–Mitte Mai Mo–Fr 9–18 Uhr, Sa 10–15 Uhr.

Nach Smiltinė auf der Kurischen Nehrung gelangt man von Klaipėda aus in fünf Minuten mit der Fähre (→ S. 191). Direkt an der Anlegestelle der Passagierfähre wartet ein auf den Fährplan abgestimmter Bus für die knapp 50 Kilometer nach Nida.
Im Sommer gibt es von Klaipėda auch Bootsfahrten nach Nida, die von der Altstadt und vom Kreuzfahrtterminal ablegen; www.vandenstaxi.lt.

**Thomas-Mann-Haus** (Thomo Manno Namelis), Skruzdynės g. 17, Tel. 8469/52260, www.mann.lt; tägl. 10–18 Uhr, Sept.–Mai Di–Sa 10–17 Uhr.
**Bernsteinmuseum** (Gintaro Galerija), Pamario g. 20, Tel. 8469/52573, www.ambergallery.lt; Juni–Aug. 9–20 Uhr, April/Mai und Sept./Okt. 10–19 Uhr.
**Geschichtsmuseum** (Neringos Istorijos Muziejus), Pamario g. 53; Tel. 8469/51162; tägl. 10–18 Uhr.
**Altes Fischergehöft** (Žvejo Etnografinė Sodyba), Naglių g. 4, Tel. 8469/52372; tägl. 10–18 Uhr.

## Palanga

Das 18000 Einwohner zählende Palanga, der beliebteste Urlaubsort der Litauer, befindet sich etwa 25 Kilometer nördlich von Klaipėda.
Hauptsehenswürdigkeit des Ortes ist neben dem kilometerlangen breiten Sandstrand das in einem Schloss untergebrachte **Bernsteinmuseum** (Gintaro muziejus) inmitten eines Botanischen Gartens. Das Museum erreicht man nach ein paar hundert Metern über die Vytauto gatvė: Einfach am Turm der Maria-Himmelfahrts-Kirche hinter der Touristeninformation orientieren und daran vorbei in südliche Richtung gehen, bis rechts der Botanische Garten beginnt.

### Palanga

**Touristeninformation**, Kretingos g. 1, Tel. 8460/48811, www.palangatic.lt (engl.); Mo–Fr 9–18 Uhr; Sept.–Apr. Di–Fr 9–17, Sa 10–14 Uhr.

Palanga ist vom Busbahnhof in Klaipėda aus in einer halben Stunde mit Bus oder Minibus zu erreichen. Der Busbahnhof in Palanga befindet sich direkt im Zentrum neben der Touristeninformation.

**Bernsteinmuseum** (Gintaro Muziejus), Vytauto g. 17, Tel. 8460/53501, www.pgm.lt; Juni–Aug. Di–Sa 10–20, So 10–19 Uhr, Sept.–Mai Di–Sa 11–17, So 11–16 Uhr.

Die breiten baumgesäumten Boulevards und die ausgedehnten Parkanlagen verleihen Riga großstädtisches Flair und haben ihm den Beinamen ›Paris des Ostens‹ eingebracht. Mehr als die Hälfte des Stadtgebietes entfällt auf Gewässer und Grünflächen, nur ein kleiner Bruchteil auf Industriegebiete. Der Beiname bezieht sich aber nicht zuletzt auch auf das vielfältige Nachtleben und das abwechslungsreiche kulturelle Angebot.

# Riga

Riga, die an der Mündung der Daugava (Düna) in die Ostsee gelegene Hauptstadt Lettlands, ist mit ihren rund 700 000 Einwohnern die größte Stadt des Baltikums. Den Stadtkern bildet die zwischen der Daugava und dem Mitte des 19. Jahrhunderts ausgehobenen Stadtkanal gelegene historische Altstadt (Vecrīga). Daran schließt sich im Osten die Neustadt an, ein Geschäftsviertel mit zahlreichen Jugendstilbauten – aber auch einzelnen Gebäuden, die noch deutlich die Handschrift der früheren sowjetischen Besatzer tragen. In den Vorstädten haben sich im Laufe der Jahrhunderte Wohngebiete mit zum Teil erhaltener Holzarchitektur entwickelt. Die innerhalb des Stadtterritoriums gelegenen Seen und großen Waldgebiete dienen den Rigensern als Naherholungsgebiete.

Der historische Kern von Riga wurde 1997 in die Liste des Weltkulturerbes der UNESCO aufgenommen. Gotische Kirchen konkurrieren mit Renaissancefassaden, Barockgiebeln, neoklassizistischen Bürgerhäusern und Jugendstilvillen. Die Fassaden leuchten in sattem Blau, sanftem Ocker und kräftigem Siena, und der Reichtum der Figuren und Ornamente – von gotischen Wasserspeiern und allegorischen Darstellungen über Tierfiguren und stilisierte Blüten bis zu Sphingen – verblüfft.

Riga hat viele gegensätzliche Gesichter, und der besondere Reiz dieser Stadt liegt darin, dass sie sich nicht unter einem Etikett zusammenfassen lässt.

## Stadtgeschichte

Zum ersten Mal wurde Riga in der Chronik Heinrich des Letten 1198 erwähnt, als eine von livischen und altlettischen Stämmen bewohnte Siedlung, die wahrscheinlich schon im 10. Jahrhundert existierte. Ihren Namen verdankt die Stadt einem kleinen Fluss, der Rīdzene (Riege), der durch die heutige Altstadt verlief und in die Daugava (Düna) mündete. An dieser Stelle befand sich ein sicherer, natürlicher Hafenplatz, der auch von deutschen Händlern angelaufen wurde. Der aus Bremen stammende Bischof Albert handelte den Einheimischen um 1200 ein Stück Land ab und errichtete darauf eine Burg in der Nähe der heutigen St. Johanniskirche. Zur Missionierung der baltischen Stämme gründete er 1202 den Schwertbrüderorden, mit dem er sich allerdings bald überwarf. Die Ordensburg wurde in unmittelbarer Nähe des Bischofssitzes auf dem Gelände des heutigen Konventhofes errichtet.

### Entstehung einer Kaufmannssiedlung

Beweggrund für die deutsche Präsenz im Osten dürfte nicht in erster Linie die Verbreitung des christlichen Glaubens gewesen sein, sondern das Bestreben, sich eine strategisch wichtige Position im Ost-West-Handel zu sichern. Schon bald ließen sich die ersten deutschen Kaufleute nieder, und ein reger Handel mit den Nachbarländern entwickelte sich.

Nach kurzer Zeit begannen die Bürger gegen die strenge Herrschaft von Bischof und Orden aufzubegehren und errichteten als Zeichen ihrer Selbständigkeit 1209 in unmittelbarer Nachbarschaft zu Bischofssitz und Ordensburg ein eigenes Gotteshaus, die St. Petrikirche. Im Gegenzug siedelte Bischof Albert zwei Jahre später in den ein paar hundert Meter weiter nordwestlich erbauten Dom zu St. Marien aus und brachte sich damit im wahrsten Sinne des Wortes aus der Schusslinie.

## Aufbegehren gegen die kirchliche Herrschaft

Das bürgerliche Selbstbewusstsein wuchs: 1226 verfügte Riga über einen Stadtrat und erhielt das gotländische (visbysche) Stadtrecht, es trat als eines der ersten Mitglieder 1282 der Hanse bei. Auf der Gegenseite vereinigte sich der Schwertbrüderorden, der bei der Christianisierung auf erbitterten Widerstand der lokalen Fürsten stieß, 1237 auf päpstliches Geheiß mit dem Deutschen Orden und bildete unter dem Namen Livländischer Orden einen Ableger im Baltikum.

In den Jahren von 1297 bis 1330 schließlich revoltierten die Bürger gegen die Herrschaft des Livländischen Ordens. Nach anfänglichen Erfolgen unterlag die Bürgerschaft und musste die bis auf die Schlosskirche, die heutige St. Georgikirche, zerstörte Ordensburg außerhalb der Stadtmauern an der Stelle des heutigen Stadtschlosses neu errichten.

Ungeachtet des weiterhin schwelenden Konfliktes war Riga während der Blütezeit der Hanse im 14./15. Jahrhundert ein wichtiger Stützpunkt im Ost-West-Handel. In den Jahren 1484 bis 1491 kam es erneut zum Kampf zwischen dem Livländischen Orden und den Bürgern der Stadt; die Rigenser stürmen im ersten Kriegsjahr die Ordensburg, mussten jedoch 1491 kapitulieren.

## Wechselnde Herren

Die Reformation, die in den Jahren 1521/22 über die Stadt hinwegfegte, entzog der Herrschaft des Ordens die Grundlage. Doch zur Ruhe sollte die Stadt auch in den folgenden Jahrhunderten nicht kommen. Im Livländischen Krieg, der in der zweiten Hälfte des 16. Jahrhunderts zwischen Polen, Schweden und Dänemark tobte, schlug sich die damals freie Reichsstadt Riga 1581 auf die Seite des polnischen Königs Stephan IV. Báthory, einem Anhänger der Gegenreformation. Während des Polnisch-Schwedischen Krieges (1600–1629) musste sich Riga dann allerdings nach der Belagerung von 1621 dem schwedischen König Gustav II. Adolf ergeben, woraufhin Riga bis 1709 unter schwedische Herrschaft geriet.

Im Russisch-Schwedischen Krieg (1656–1661) trotzte die Stadt 1656 der Belagerung durch russische Truppen, und während des Großen Nordischen Krieges (1700–1721) schlug der schwedische König Karl XII. 1701 das sächsisch-russische Heer, das die Stadt bedrohte. Der Strapaze einer erneuten Belagerung waren die Rigenser aber 1710 nicht mehr gewachsen, sie kapitulierten nach einem Winter. Im Friedensvertrag von Nystad fiel Riga 1721 schließlich an Russland, und von 1796 an bildete Riga die Hauptstadt eines russischen Gouvernements.

*Portal der St. Petrikirche*

## Stadt des Jugendstils

Irgendwie fühlt man sich beobachtet, wenn man durch die Straßen Rigas schlendert. An den meist mit sich selbst beschäftigten Passanten kann es nicht liegen. Ein Blick nach oben verrät, woher dieses Gefühl kommt: Von manchen Fassaden blicken rätselhaft lächelnde Sphinxen, bizarre Masken und Löwen mit aufgerissenem Rachen herab. Neben Prag und Wien besitzt Riga eines der umfangreichsten Ensembles von Jugendstilgebäuden, insgesamt erzählen über 600 Häuser vom Einfallsreichtum ihrer Erbauer.

Der Jugendstil trat in den ersten beiden Jahrzehnten des 20. Jahrhunderts seinen Siegeszug durch Europa an. Damals herrschte durch die Industrialisierung und die sich rasch verändernde Lebenswelt eine Aufbruchstimmung. Neue künstlerische Ausdrucksformen entstanden, in die zum Teil Stilelemente aus früheren Epochen einflossen. Charakteristisch für die Formensprache des Jugendstils sind geschwungene fließende Linien sowie stilisierte Blumenornamente und Girlanden. Daneben finden sich oft symbolisch überhöhte Tiermotive und ausdrucksstarke Masken sowie Figuren, die meist nicht nur rein dekorativen Charakter haben, sondern bestimmte Tugenden repräsentieren. Schönheit spielt eine wesentliche Rolle. Frauen werden in verklärender Weise dargestellt, als engelsgleiche Wesen mit einer mystischen Aura. Jugendstil umfasst alle Kunstgattungen: Neben Architektur, Malerei, Bildhauerei und Glaskunst hat diese Strömung ihren Niederschlag nicht zuletzt in Einrichtungsgegenständen gefunden. Kunst sollte in die Alltagswelt integriert werden.

Riga war Anfang des 20. Jahrhunderts eine Stadt mit florierender Wirtschaft und einem wohlhabenden Bürgertum. Damit war die ökonomische Voraussetzung für das Entstehen repräsentativer Jugendstilbauten gegeben. Dass gerade in Riga so viele Gebäude aus dieser Epoche erhalten sind, hängt damit zusammen, dass unter der

*Eisenstein-Haus in der Elizabetes iela*

russischen Besatzung die Mittel fehlten, moderne Gebäude zu errichten. In vielen der großzügig geschnittenen Wohnungen wurden Gemeinschaftsunterkünfte nach sowjetischem Muster eingerichtet. Mittlerweile sind die meisten Gebäude, die nach der Unabhängigkeit an die Nachfahren der früheren Eigentümer zurückgegeben wurden, saniert, und zahlungskräftige Mieter wie international operierende Konzerne – darunter viele deutsche Firmen –, Banken, Kanzleien, Botschaften oder Bildungseinrichtungen ziehen ein.

*Detail eines Hauses in der Alberta iela*

Für einen Streifzug durch Riga im Zeichen des Jugendstils empfiehlt sich die Alberta iela nördlich des historischen Zentrums beim Kronvalda Park. Dieser Straßenzug wurde zwischen 1901 und 1908 fertiggestellt. Das vielleicht verblüffendste Gebäude trägt die Hausnummer 2a, im obersten Stockwerk strahlt der blaue Himmel durch die leeren Fensteröffnungen der reich verzierten Schaufassade, die das Dach um eine Etage überragt; oben spähen sechs Kriegerhäupter in die Ferne, bewacht von zwei Sphinxen am Eingang. Ausgedacht hat sich diesen prätentiösen Blickfang Michael Eisenstein, der Vater des russischen Regisseurs Sergej Eisenstein. Eisensteins Einfallsreichtum entsprangen unter anderem auch die geometrischen Fensterformen und die stolz auf dem Dach thronenden Löwenfiguren in der Alberta iela 4 – die dem kleinen Sergej große Angst eingejagt haben sollen – sowie die phantasiereiche Fassadengestaltung mit Masken, allegorischen Darstellungen, Erkern und Giebeln am Gebäude Alberta iela 13, in dem jetzt die rechtswissenschaftliche Fakultät der Rigaer Universität residiert. Mit dem eher ›modernen‹ Jugendstil Eisensteins kontrastiert der romantisch angehauchte Jugendstil des gegenüberliegenden Eckhauses in der Alberta iela 12 mit seinen gotisch inspirierten Türmchen. Etwas von seinem ursprünglichen Charme hat es leider eingebüßt, da es heute statt des ursprünglichen Ziegeldachs ein Blechdach trägt. Geplant wurde es von Konstantīns Pēkšēns, einem anderen bedeutenden Vertreter des Jugendstils in Riga. Hier hatte der Malers Janis Rozentāls seinen Wohnsitz. Ein prächtig ausgestaltetes Treppenhaus führt ins oberste Stockwerk, wo in dessen ehemaligem Apartment ein Museum eingerichtet wurde, das ihm und dem Schriftsteller Rūdolfs Blaumanis gewidmet ist. Der stilbildende Einfluss des Jugendstils auf Möbel, Porzellan, Kleidung, Poster und Gemälde ist hier eindrucksvoll an der original erhaltenen Einrichtung zu sehen. Im Erdgeschoss desselben Hauses wurde ein weiteres Museum eingerichtet, in den Räumen, die der Architekt des Gebäudes, Konstantīns Pēkšēns, bewohnte.

Weitere sehenswerte Gebäude befinden sich in der Elizabetes iela, wohin man über die Strēlnieku iela gelangt – den Eisenstein-Fans seien hier vor allem die Hausnummern 10 a/b und 33 empfohlen – und in der davon abzweigenden Vilandes iela. Aber selbst wenn man keiner festgelegten Route folgt, wird man auch in der historischen Altstadt immer wieder unvermittelt vor einer prächtigen Fassade stehen. Besonders wenn man durch die Audēju, Kalēju und Smilšu iela sowie durch die Jauniela geht.

## Konventhof

Eingefasst wird der Platz auf der linken Seite von den Außenmauern der Gebäude des Konventhofes (Konventa sēta), dahinter erhebt sich der kunstvoll aus Backstein gemauerte Spitzgiebel der St. Johanniskirche und rechts daneben die den Platz dominierende St. Petrikirche.

Bei den Gebäuden des Konventhofes zieht als erstes das **Museum für angewandte Kunst** (Dekoratīvi lietišķās mākslas muzejs) den Blick auf sich, in dem unter anderem von Art déco und Kubismus beeinflusstes lettisches Kunsthandwerk des 19. und 20. Jahrhunderts zu sehen ist. Zum Museum gehört nämlich auch die angrenzende ehemalige Burgkirche des Schwertbrüderordens aus gelbgrauem Sandstein, die **St. Georgikirche** (Svētā Jura baznīca). Hier befand sich die erste, 1202 errichtete Burg des Schwertbrüderordens, die Ende des 13. Jahrhunderts während der Kämpfe zwischen Orden und Bürgerschaft in Schutt und Asche gelegt wurde. Unbedingt sollte man auch einen Blick in das verwinkelte Innere des Konventhofes werfen, der neben einem Hotel und Lokalen auch ein **Porzellanmuseum** beherbergt. In Riga wurde von der Mitte des 19. bis zum Ende des 20. Jahrhunderts Porzellan hergestellt.

## Eckescher Konvent

Unmittelbar neben der Johanniskirche befindet sich das Gebäude des Eckeschen Konvents, der Mitte des 15. Jahrhunderts vom Magistrat zur Aufnahme Kranker erbaut wurde. Seinen Namen erhielt das Gebäude von dem Ratsherrn Nikolaus Ecke, der das Haus Ende des 16. Jahrhunderts umgestalten ließ. Beweggrund für diese karitative Aktion war der Wunsch, die Bevölkerung Rigas milde zu stimmen. Ecke hatte sich in der Vergangenheit mehrfach aus der Stadtkasse bereichert und war zu einem der reichsten Patrizier Rigas aufgestiegen, hatte aber die Bürger Rigas durch seine Machtgier und Willkür gegen sich aufgebracht und war mehrfach aus der Stadt gejagt worden. Ein Epitaph an der Fassade illustriert denn auch die Bibelszene mit Jesus und der Sünderin, in der dieser die Umstehenden ermahnt, dass derjenige den ersten Stein werfen solle, der ohne Sünde sei. Die heutige Fassadengestaltung stammt von 1777, und im Erdgeschoss sind ein Gebetsraum und eine Küche mit Mantelschornstein erhalten.

## St. Johanniskirche

Hinter dem Eckeschen Konvent führt eine schmale Gasse zum Portal der St. Johanniskirche (Svētā Jāņa baznīca), die zu einem ehemaligen Dominikanerkloster gehörte, von dem einzig das am Ende der Gasse gelegene Eingangstor mit seiner orientalisch geschwungenen Umrandung und der ehemalige Klosterhof, der

▲ *Im Konventhof*

*Der Eckesche Konvent*

**Johannishof** (Jāṇa sēta), erhalten sind. Die Stirnseite des Hofes wird von einem Rest der ehemaligen Stadtmauer mit einem überdachten Wehrgang begrenzt. An dieser Stelle stand auch die erste Bischofsburg von Riga.

Die St. Johanniskirche wurde 1297 erstmals schriftlich erwähnt, als die Bürger im Kampf gegen den Orden die Burg von hier aus unter Beschuss nahmen. Während der Reformation wurde sie 1523 geschlossen und diente als Zeughaus, bis das Gebäude ab 1582 als evangelische Kirche genutzt wurde. Im Inneren birgt die Kirche einen barocken Altar sowie ein reich verziertes Deckengewölbe. Um die Kirche rankt sich eine schaurige Legende. Angeblich ließen sich beim Bau zwei Mönche in die Südseite einmauern, die dann durch ein Fenster Nahrung erhielten, bevor sie eines zeitigen Todes starben. Auf diese Weise wollten sie ihre Heiligsprechung durch den Papst erreichen, der sich dadurch allerdings nicht erweichen ließ.

### ■ St. Petrikirche

Auch der Turm der die Stadtsilhouette prägenden dreischiffigen St. Petrikirche (Svētā. Pētera baznīca) diente den Bürgern Ende des 13. Jahrhunderts als Angriffsplattform auf die Ordensburg. 1209 erbaut, wurde das Gotteshaus 1523 evangelisch. Der ursprünglich hölzerne Turm, der heute ein beliebter Aussichtspunkt ist, wurde mehrfach durch Brände zerstört. Auffallend ist die barocke Hauptfassade an der Westseite mit den drei figurengeschmückten Portalen aus Kalkstein. Die Rekonstruktion der im Zweiten Weltkrieg größtenteils zerstörten Kirche wurde erst 1984 abgeschlossen. Im Inneren präsentiert sie sich heute weitgehend schmucklos, bemerkenswert sind die Epitaphe und einige Grabkapellen. Weiter geht es Richtung Daugava.

## Jūrmala

Der Bade- und Kurort Jūrmala (Meeresrand) mit 55 000 Einwohnern ist ein Zusammenschluss von einem Dutzend kleiner Ortschaften um den Hauptort Majori, der aus Hotels älteren und neueren Datums, Sanatorien, Restaurants, Geschäften und – inmitten von Kiefernwäldern – den landestypischen Sommerhäuschen mit ihrer zierlichen Holzarchitektur besteht. Davor zieht sich über mehr als 30 Kilometer ein feiner weißer Ostseesandstrand entlang, auf dem in einigen Abschnitten die blaue Flagge als Gütezeichen für die Reinheit des Wassers weht.

Schräg rechts gegenüber vom Bahnhof in Majori befindet sich die Touristeninformation neben einem kleinen Park. Dahinter beginnt die Jomas iela, eine in der Saison überlaufene Flaniermeile, an der sich auch zahlreiche Geschäfte, Restaurants und Straßencafés befinden. Geradeaus weiter dagegen geht es durch die im Schatten von Kiefern liegende Ferienhaussiedlung zum Sandstrand.

*Am Strand von Majori*

### ℹ️ Jūrmala

**Touristeninformation**, Lienes iela 5, Majori, Tel. 67 14 79 00, www.jurmala.lv; Mo–Fr 9–19, Sa 10–17, So 10–15 Uhr.

### 🚆

Die bereits 1877 eröffnete Bahnstrecke Riga–Tukums stellt die preiswerteste Verbindung nach **Majori** dar. Die zum Teil ›historischen‹ Waggons sind zwar nicht ganz so alt wie die Bahnstrecke, wirken aber mit ihren Holzbänken antiquiert. Züge Richtung **Dubulti** (eine Station nach Majori) fahren im 20-Minuten-Takt, die Fahrt dauert rund 30 Minuten.

### 🚗

Autofahrer nehmen die A 10 und müssen an der Brücke über die Lielupe 1 Lats Gebühr bezahlen.

### ⛴️

Bequemer als mit der Bahn und mit schöner Aussicht geht es mit dem Boot von Riga nach Jūrmala; tägl. 11 Uhr, Anlegestelle neben der Akmens-Brücke, Tel. 29 23 71 23, www.akvaparks.lv.

## Der Gauja-Nationalpark

Das Naturreservat liegt etwa 50 Kilometer nordöstlich von Riga und nimmt ungefähr die Fläche des Dreiecks Sigulda–Valmiera–Bērzkrogs ein.

Das Herzstück des Parks bildet das Urstromtal des Gauja, eine von vielen Nebenflüssen durchzogene Flusslandschaft mit Schluchten, Steilhängen und Höhlen, die ideale Bedingungen für Kanu- und Floßfahrten sowie Wandertouren bietet. Die beste Aussicht über die hügelige Landschaft hat man von der ein paar Kilometer nördlich von Sigulda gelegenen **Kreuzritterburg Turaida**.

### ℹ️ Sigulda/Gauja-Nationalpark

**Nationalpark-Besucherzentrum** (Gauja nacionālā parka apmeklētāju centrs), Turaidas iela 2 A, Tel. 26 65 76 61, www.gnp.lv; Mai–Okt. 9–19 Uhr, Nov.–April 10–16 Uhr.

### 🚗

Zu erreichen ist Sigulda von Riga aus mit dem Auto über die A 2, oder aber im Rahmen eines organisierten Ausflugs (Infos in der Touristen-Information in Riga).

### 🚆

Vom Bahnhof in Riga gibt es stündliche Verbindungen nach Sigulda (Strecke nach Cēsis/Valmiera); www.ldz.lv.

### ⛴️

**Makars tūrisma birojs**, Peldu iela 2, Tel. 29 24 49 48, www.makars.lv. Bootsverleih, der auch Kanu- und Raftingtouren durchführt.

*Im Gauja-Nationalpark*

Mittelalter wie aus der Puppenstube – das erlebt man in der UNESCO-geschützten Altstadt, bis heute vollständig umschlossen von der wuchtigen Stadtmauer.

Aus den grauen Sowjet-Zeiten ist nur wenig übriggeblieben, dafür gibt es jetzt angesagte estnische Modelabels – und ein bisschen mediterranes Flair.

# Tallinn

Zeit der Hanse: verzierte Gildehäuser, Giebelhäuser mit roten Dächern drängen sich eng an verwinkelte, kopfsteingepflasterte Gassen. Der Turm der St.-Nikolaikirche ragt in den Himmel, eingerahmt von den Spitzdächern der Wehrtürme an der Stadtmauer. Das Architekturensemble gehört seit 1997 zum UNESCO-Weltkulturerbe. Die Gebäude sehen alle noch aus wie damals, heute allerdings drängen sich am historischen Marktplatz Restaurants und Andenkenläden. Eine quietschrote Bimmelbahn wartet darauf, vollbesetzt mit Touristen abzufahren. Um die Ecke in den Gassen reihen sich Bierlokale mit Holzbänken im Freien aneinander, an denen junge Reisende gern feuchtfröhlich in den Tag hineinfeiern. Das klingt nach Disneyland; ist es auch.

Auf dem 50 Meter höher gelegenen ovalen Domberg thront die Domkirche zu St. Marien, der die russisch-orthodoxe Kathedrale die Stirn bietet. Hier ist es schon beschaulicher, und wenn man über den Harju-Park wieder in die Unterstadt schlendert, kommt man am brandneuen ›Hugo Boss‹-Shop vorbei. Mode ist in Tallinn überhaupt ein großes Thema. Die Modelle der estnischen Marke ›Hula‹ sind über die Grenzen hinaus bekannt, und sonst lassen sich die Kreationen der ambitionierten Modeszene an den Tallinnern bewundern, die schicke Lokale frequentieren. Vom Jazzclub bis zum Gourmetrestaurant gibt es mittlerweile alles.

## Stadtgeschichte

Erstmals schriftlich erwähnt wurde Tallinn von dem arabischen Geographen Al-Idrisi im Jahre 1154, der einen Ort namens Kolōvan auf seiner Weltkarte verzeichnete. 1219 eroberte der dänische König Waldemar II. die Ansiedlung. Die Esten bezeichneten den Ort deshalb fortan als ›Taani linn‹ (estn. Taani = dänisch, estn. Linn = Stadt), woraus im Laufe der Zeit der Name Tallinn entstand. Die Stadt hat über die Jahrhunderte verschiedene Namen getragen: Kolōvan, Reval, Tallinn. Als offizieller Name ist Tallinn erst seit Anfang des 20. Jahrhunderts in Gebrauch.

### Die geteilte Stadt

1248 verlieh der dänische König Erik IV. Tallinn das lübische Stadtrecht. Im 14. Jahrhundert entwickelte sich Tallinn zu einem wichtigen Stützpunkt auf der Handelsroute nach Osten. Um die 4000 Einwohner zählte die Stadt, etwa 40 Prozent Esten, 30 Prozent Deutsche, der Rest setzte sich aus Schweden, Finnen, Dänen und Russen zusammen. Die Esten bildeten in der städtischen Gesellschaft die Unterschicht. Während dieser Zeit entstanden zwei getrennte Stadt-

▲ *In der Katherinenpassage*

## Stadtgeschichte

*Auf dem Domberg*

bezirke: die Unterstadt und der Domberg. Der Domberg war der Sitz der Ritterschaft – der Feudalherren, die über die estnischen Bauern herrschten – sowie des Klerus; von hier aus wurde das Land regiert. Die Unterstadt war eine selbständige Handelsstadt, die zur Hanse gehörte. Offiziell wurden diese beiden ältesten Teile von Tallinn erst 1889 zusammengelegt.

## Reformation und Glaubenskriege

Die Reformation siegte in der Unterstadt 1525, in der Oberstadt erst 1565. Während der durch den Siegeszug der Reformation angefachten ›Glaubenskriege‹ machte sich die starke Befestigungsanlage Tallinns bezahlt. Im Livländischen Krieg (1558–1583) zwischen Russland, Schweden, Polen und Dänemark begab sich Tallinn 1561 freiwillig in schwedische Hand, um dem russischen Zaren Ivan dem Schrecklichen (Ivan IV.) nicht schutzlos ausgeliefert zu sein. Zwei Belagerungen durch russische Truppen blieben erfolglos.

Im Großen Nordischen Krieg (1700–1721), den Schweden gegen Russland, Dänemark und Polen führte, fiel Estland – und damit auch Tallinn – schließlich 1710 an Russland.

## Stadtentwicklung

Bereits Anfang des 16. Jahrhunderts entstand die älteste Vorstadt, Kalamaja, im heutigen Bezirk Põhja-Tallinn direkt hinter dem Hauptbahnhof (Baalti jaam). Im 19. Jahrhundert schritt die Industrialisierung zügig voran, 1870 wurde die Eisenbahnlinie zwischen Tallinn und St. Petersburg in Betrieb genommen. Fabriken entstanden, in denen sich estnische Bauern als Arbeiter verdingten.

Während der russischen Zarenherrschaft entstand zwischen 1718 und 1729 ein Sommerschloss Peters I. mit einer umfangreichen Parkanlage in Kadriorg. Der Hafen von Tallinn wurde zu einem großen Seehafen ausgebaut. Hatte die Einwohnerzahl im 18. Jahrhundert noch bei etwa 10 000 gelegen, stieg sie im Zuge der Industrialisierung bis 1870 fast auf das Dreifache, und 1917 zählte die Stadt rund 160 000 Einwohner. Das Ende des 19. Jahrhunderts war geprägt von einer ›Russifizierungspolitik‹. 1877 wurde Russisch Amts- und Unterrichtssprache. Als Reaktion darauf wuchs das estnische Nationalbewusstsein; diese intellektuelle Gegenströmung wurde aber nach dem Amtsantritt Zar Aleksandrs III. 1881 unterdrückt.

Nach dem Ersten Weltkrieg nutzte Estland die Gunst der Stunde, um die Fremdherrschaft des geschwächten und von der kommunistischen Revolution erschütterten Russland abzustreifen. Am 24. Februar 1918 wurde die Unabhän-

*Schloss Kaddriorg, das Sommerschloss Peters I.*

gigkeit erklärt, die nach einem Unabhängigkeitskrieg schließlich am 2. Februar 1920 von der Sowjetunion anerkannt wurde. Bei der anschließenden Landreform wurden die Gutsbesitzer enteignet und ihre Ländereien an die landlosen Bauern verteilt. Mehr als die Hälfte des Grundbesitzes hatte sich bis dahin in deutscher Hand befunden. Zahlreiche Adelige waren danach gezwungen, ihre Stadtresidenzen auf dem Domberg zu verkaufen.

## Zweiter Weltkrieg, russische Okkupation und Unabhängigkeit

Am 23. August 1939 unterzeichneten der russische Außenminister Molotow und der deutsche Außenminister Ribbentrop den ›Hitler-Stalin-Pakt‹, in dessen geheimem Zusatzprotokoll Osteuropa in Einflusssphären aufgeteilt wurde. Im Herbst 1939 beorderte Hitler die ›Baltendeutschen‹ ›heim ins Reich‹, was die meisten befolgten. Am 6. August 1940 gliederte dann die Sowjetunion Estland ihrem Staatsgebiet ein. Massendeportationen nach Sibirien wurden durchgeführt. 1941 eroberte die deutsche Wehrmacht Estland, eine drei Jahre andauernde Besatzung begann. Die meisten der 4000 estnischen Juden flohen nach Russland, von den verbleibenden wurden rund 1000 getötet. Während dieser Zeit flogen die Sowjets Luftangriffe auf Tallinn, den heftigsten am 9. und 10. März 1944. 20 000 Tallinner verloren dabei ihr Dach über dem Kopf, mehr als 700 Menschen kamen ums Leben. Ende September besetzte die vorrückende Rote Armee Estland, die jahrzehntelange Unterdrückung durch die Sowjetunion begann.

Während des Zweiten Weltkrieges wurden 53 Prozent der Wohnfläche Tallinns zerstört. Die sowjetische Besatzungsmacht legte wenig Wert auf die Wiederherstellung der alten Bausubstanz und errichtete nach dem Krieg in den Stadtteilen Kristiine und Kose Einfamilienhäuser mit normierten Grundstücksgrößen und Grundrissen. In den 1960er Jahren

entstanden die Plattenbausiedlungen Mustamäe, Õismäe und Lasnamäe, reine ›Schlafstädte‹, in denen sich viele Immigranten aus den Teilrepubliken der Sowjetunion ansiedelten. Arbeit fanden sie in den sowjetischen Fabriken.
1972 entstand als erstes Hochhaus das Hotel ›Viru‹ nahe der Altstadt. Rechtzeitig zu den Olympischen Spielen 1980 in Moskau – die olympische Segelregatta wurde im Tallinner Stadtbezirk Pirita ausgetragen – wurde das 84 Meter hohe Hotel ›Olümpia‹ fertig.
Jahrzehnte vergingen, bis das bröckelnde Sowjetimperium Estland freigab. Im Juni 1988 versammelten sich an mehreren aufeinanderfolgenden Tagen jeweils über 100 000 Menschen auf dem Tallinner Sängerfeld und gaben ihrem Nationalgefühl durch gemeinsames Singen Ausdruck: die ›Singende Revolution‹ war geboren. Am 20. August 1991 erklärte Estland seine Unabhängigkeit.

## Tallinn nach 1991

Die Altstadt wurde restauriert und erstrahlte in ihrer alten Pracht, der Tourismus boomte. Außerdem entstand eine Reihe prestigeträchtiger Neubauten wie Hotels, Bürohäuser und Einkaufszentren, etwa im modernen Geschäftsviertel, das im Osten an die Altstadt grenzt. 2001 wurde das ›Radisson Blu Hotel Tallinn‹ mit 103 Metern Höhe fertiggestellt. Nach dem EU-Beitritt Estlands im Jahr 2004 flossen im Zuge der EU-Subventionen verstärkt internationale Kapitalanlagen in die Stadt, 2006 wurden 60 Prozent des estnischen Bruttoinlandsprodukts in Tallinn erwirtschaftet. Die Stadt positioniert sich als Technologiestandort Nummer eins in den baltischen Staaten. 1996 wurde mit dem Programm ›Tiigrihüppe‹ (Tigersprung) begonnen, öffentliche Internetstationen einzurichten und Schulen ans Netz anzuschließen. Heute ist moderne Technik Teil des Alltags: Seit 2006 kann jeder Este online wählen, in Tallinn werden Bustickets oder Rechnungen im Restaurant per SMS bezahlt. In der Altstadt ist an den Hotspots der Internetzugang gratis. Die Softwarebranche in Tallinn erlebte einen gewaltigen Boom. Firmen wie ›Skype‹, die Pioniere der Internet-Telefonie, haben ihre Entwicklungsabteilungen in Tallinn, und das expandierende Unternehmen ›Playtech‹, das Spielesoftware anbietet, die in Tallinn entwickelt wird, ist seit 2006 an der Börse notiert.

Architektonisches Highlight der Stadt ist das 2006 eröffnete Kumu Art Museum, das der finnische Architekt Pekka Vapaavuori in einem eigenwilligen und futuristischen 5000-Quadratmeter-Bau untergebracht hat. Das Gebäude wurde vom Europäischen Museumsforum mit dem ›European Museum of the Year Award 2008‹ ausgezeichnet. Moderne Kunst und Design gewinnen in Tallinn in den letzten Jahren überhaupt an Bedeutung. So wurde 2003 das Designhotel ›The Three Sisters‹ eröffnet, das sich über drei historische Handelshäuser erstreckt. Estnische Designer wagen zunehmend den Sprung auf internationale Laufstege. Alle zwei Jahre wird von der Estonian Association of Designers der Gestalter-Preis ›Bruno‹ vergeben, alljährlich der Modedesignpreis ›Super Nova‹.

## Esten und Russen

Ein knappes Drittel der 400 000 Tallinner ist russischsprachig, Russen und Esten leben im Alltag heute nebeneinander her. Das früher angespannte Verhältnis manifestierte sich erneut im April 2007. Auslöser war die Verlegung des sowjetischen Kriegerdenkmals

›Bronzener Soldat‹, für die Russen Symbol für die Befreiung Estlands von den Faschisten. Als es demontiert und vom Vabaduse väljak (Freiheitsplatz) in der Innenstadt auf einen Soldatenfriedhof am Stadtrand umgesetzt wurde, wurden dabei auch die Leichen von 13 russischen Soldaten exhumiert. Bei Protesten und Straßenschlachten kam es zu 1200 Festnahmen, ein 20-jähriger russischer Staatsbürger mit estnischem Wohnsitz kam ums Leben. Das neue Denkmal, das seit Juni 2009 auf dem Platz steht, sorgt erneut für Streit: Das gigantische sogenannte Freiheitskreuz. Daneben steht die ›Freiheitsuhr‹. Sie zählt die Tage seit dem 28. August 1991, dem Tag, an dem Estland von der Sowjetunion unabhängig wurde. Das Kreuz am Denkmal selbst symbolisiert einen militärischen Orden, der im estnischen Freiheitskampf vergeben wurde. Kritiker fühlen sich durch das Motiv an die Nazi-Symbolik erinnert. So sieht die russische Seite im Denkmals einen Akt der Verherrlichung des Nazismus. Viele sind in erster Linie über die sieben Millionen Euro Herstellungskosten empört, in Zeiten der Krise eine gewaltige Summe.

## Nach dem Boom

Die meisten Russen – und im ganzen 70 Prozent der Tallinner – leben in den Plattenbausiedlungen Mustamäe, Õismäe und Lasnamäe nahe dem westlichen Industriegebiet. Die weltweite Krise trifft die Menschen in Tallinn am härtesten mit Arbeitslosigkeit. Im April 2008 noch mit 3,7 Prozent auf dem historischen Tiefststand, lag die Rate im Mai 2009 bei 13,9 Prozent. Doch 2011 war Tallinn Kulturhauptstadt Europas, und 2014 findet das nächste estnische Sänger- und Tanzfest statt, Ereignisse, die auf eine Erholung der Wirtschaft hoffen lassen.

# Stadtrundgang

Die Touristeninformation an der Ecke Niguliste/Kullassepa, gleich um die Ecke vom geschäftigen Rathausplatz, ist ein guter Startpunkt für Erkundungen. Die Tour geht zunächst in den ruhigeren Teil der Stadt, den oberen Domberg, um sich die kulturhistorischen Highlights der Unterstadt für den Schluss aufzuheben.

### ■ Freiheitsplatz

Anstatt links zum Ratshausplatz geht es zunächst rechts in die Harju. Bei Nummer 1 befand sich früher das Schriftstellerhaus, in dem zu Sowjetzeiten die Autoren unter einem Dach lebten, unter Kontrolle des KGB. Wenn man nun den neu gestalteten Platz der Freiheit betritt, fällt zunächst rechter Hand das riesige im Juni 2009 eingeweihte sogenannte **Freiheitskreuz** mit der ›Freiheitsuhr‹ auf. Das Denkmal erinnert an die Gefallenen im Unabhängigkeitskrieg Estlands gegen die Sowjetunion. Gegenüber befindet sich die **St.-Johanneskirche** und an der Nordseite das ehemalige legendäre Café ›Moskva‹, heute das ›Wabadus‹. Die Klientel hat sich allerdings nicht geändert. Wer sich besonders wichtig nimmt, trinkt hier seinen Aperitif.

## Auf dem Domberg

Die Treppen am Freiheitsdenkmal hinauf geht es durch einen kleinen Park zum Domberg (Toompea). Die Grünflächen rechts am Anfang gehören zur japanischen Botschaft, was die Jugend in den 1990ern gern ausnutzte, um ihre Punk-Gelage hier zu feiern, die estnische Polizei hatte hier keinen Zutritt. Rechter Hand beeindruckt der mächtigste Turm der alten Stadtmauer, der Kanonenturm **Kiek in de Kök**. Der Name heißt über-

**Tallinn, Altstadt**

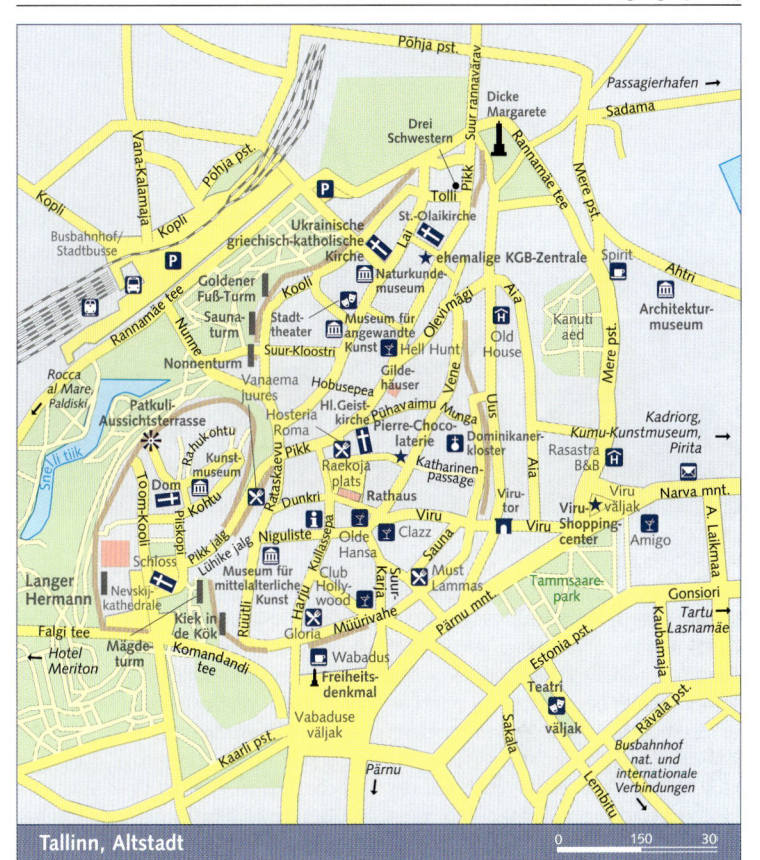

setzt ›Guck in die Küche‹ – weil man von dort durch die offenen Mantelschornsteine einen Blick in die Küchen der Unterstadt werfen konnte. Denn die Oberstadt war vom 13. Jahrhundert an Regierungssitz. Hier lebten die Bischöfe und die Ritter des Deutschen Ordens. Von dort wurde das Land beherrscht – mit Ausnahme der Unterstadt, in der sich freie Händler, Mitglieder der Hanse, niedergelassen hatten. Heute ist im Kanonenturm das **Militärmuseum** untergebracht. Unter der Befestigungsanlage befindet sich ein Labyrinth unterirdischer Tunnel von 380 Metern Länge, die seit 2007 für Besucher zugänglich ist. Auf der anderen Straßenseite im Harju-Park mit einem kleinen Pavillon fällt der Blick auf den Wehrturm **Langer Hermann** (Pikk Hermann), auf dem die schwarz-blau-weiße Nationalfahne Estlands weht.

### ■ Aleksandr-Nevskij-Kathedrale und Parlament

Weiter geradeaus mündet die Straße in einen großen Platz. Rechts erhebt sich die Aleksandr-Nevskij-Kathedrale (Alek-

*Die Aleksandr-Nevskij-Kathedrale*

sander Nevski Katedraal), deren goldene Turmkreuze in der Sonne leuchten. Sie wirkt mit ihrer überladenen Architektur wie ein dominanter Fremdkörper – und so war es auch beabsichtigt, manifestierte sie doch Ende des 19. Jahrhunderts den Machtanspruch des russischen Zaren. Auf Opulenz wurde auch bei der Innenausstattung mit ihren Mosaiken und Ikonen wert gelegt. Gegenüber befindet sich das **Schloss** auf dem Domberg (Toompea Loss), das auf Geheiß der russischen Zarin Katharina II. 1767 bis 1773 zu einem spätbarocken Palast ausgebaut wurde. Heute ist dort das estnische Parlament (Riigikogu-hoone) untergebracht.

■ **Domkirche zu St. Marien**
Folgt man vom Schlossplatz in nördlicher Richtung der Toom-Kooli, gelangt man zum Dom (Toomkirik), dessen Geschichte bis ins 13. Jahrhundert zurückgeht. Altarraum und Seitenwände sind mit hölzernen Wappen der Ritter behängt. Prachtvoll ist der Marmorsarkophag von Samuel Greigh, einem schottischen Kriegsherren und Liebhaber der russischen Zarin Katharina II. Nur wenige Schritte von der Domkirche entfernt liegt die ehemalige ›Domschule zu Reval‹. Hier in den Gassen geht es eher beschaulich zu. Die einstigen Stadthäuser des deutsch-baltischen Adels in der Kohtu sind heute in perfekt restauriertem Zustand Sitz von Botschaften oder Museen. Im Haus der Estländischen Ritterschaft war bis 2006 das **Estnische Kunstmuseum** (Kunstimuuseum) untergebracht.

■ **Aussichtsterrassen**
Am Museum vorbei geht es in die Rahukohtu, die durch einen Durchgang geradewegs zu der Aussichtsterrasse **Kohtuotsa** mit Blick auf den Hafen, die St.-Olaikirche und einen Teil der Stadtmauer führt.
Wieder zurück durch den Durchgang folgt man links der Kohtu zur Aussichts-

terrasse **Patkuli**. Junge Mädchen in altertümlicher Tracht verkaufen einheimische Süßigkeiten, in der Hochsaison gesellen sich jede Menge Andenkenverkäufer dazu. Von hier genießt man die Aussicht auf St.-Nikolaikirche, Rathausturm, Heiliggeistkirche, Olaikirche, die City sowie die Stadtteile Kadriorg und Pirita.

Geht man die Kohtu weiter, passiert man einige der ehemaligen **Stadtpaläste** des Adels, wie das neoklassizistische Gebäude an der Kohtu 8, das sich zur Straße mit einem Paradehof öffnet. Architekt war der Deutsche Carl Ludwig Engel (1778–1840), ein Schüler von Karl Friedrich Schinkel, der in Tallinn von 1809 bis 1814 arbeitete. Später lebte er in Helsinki und verlieh der neuen Hauptstadt des Großfürstentums Finnland im Auftrag des Zaren Aleksandr I. ihr neoklassizistisches Aussehen. Der Backsteinbau in der Kohtu 6, erbaut zwischen 1865 und 1868, stammt von Martin Gropius, einem Onkel von Walter Gropius, dem Bauhaus-Gründer.

*Durchgang zur Aussichtsterrasse*

## Die Unterstadt

An der Rückseite der Aleksandr-Nevskij-Kathedrale geht es nun entweder den breiten **Pikk jalg** (Langer Weg, eigentlich: Langes Bein) bis zum mächtigen Tor mit dem viereckigen Wehrturm in die Unterstadt. Hier bewegten sich im Mittelalter die Reiter, Wagen und Kutschen, während die Fußgänger den kürzeren Weg, den **Lühike jalg** (Kurzer Weg) über die Treppen benutzten. Die Beziehungen zwischen den Bürgern der Unterstadt und den adligen Bewohnern der Oberstadt waren von Konflikten geprägt, deshalb sicherten eine Mauer und Tortürme den Verbindungsweg.

Zu den Treppen des kurzen Dombergwegs geht es zunächst hinunter zu den Grünanlagen. Hier sind drei Türme der Stadtmauer besonders schön zu sehen. Von links nach rechts folgen der runde **Marstallturm** (Tallitorn), der im Mittelalter als Gefängnis genutzt wurde, der eckige **Mägdeturm** (Neitsitorn) und der **Kiek in de Kök**.

Über den Durchgang in der Stadtmauer beim Marstallturm gelangt man in den **Garten des dänischen Königs** (Taani kuninga aed). Hier hat angeblich der dänische König Waldemar sein Lager aufgeschlagen, nachdem er 1219 die Festung der Esten auf dem Domberg erobert hatte.

### ■ Abstecher zur Dicken Margarete

Wer ein bisschen mehr Zeit mitbringt, kann sich noch auf einen ruhigeren Spaziergang an das nördliche Ende der Altstadt begeben. Der Weg über die Kooli führt zunächst durch weniger herausgeputzte Straßen, an nicht weniger historischen Häusern und ein Stück an der alten Stadtmauer entlang. Skurril und sehenswert ist die winzige **ukrainische, griechisch-katholische Kirche** in der La-

*Blick auf die Dicke Margarete und die Olaikirche*

boratooriumi 22 (Verlängerung Kooli), deren Eingang sich in einer mittelalterlichen schiefen Fassade mit winzigen Fenstern versteckt.

Die **Dicke Margarete** (Paks Margareeta), ein 22 Meter hoher Kanonenturm mit einem Durchmesser von 25 Metern aus dem 16. Jahrhundert, bewacht das nördliche Stadttor. Der volkstümliche Name leitet sich von der dänischen Königin Margarete her, die die hölzernen Befestigungsanlagen der modernen Kriegstechnik anpassen ließ. Gleich hinter dem Stadttor beginnt die Pikk tänav, auf deren rechter Seite drei in leuchtendem Gelb erstrahlende, eng aneinandergebaute Kaufmannshäuser den Blick auf sich ziehen: die **Drei Schwestern**, in denen das Fünf-Sterne-Hotel ›Three Sisters‹ residiert.

Dahinter rechts führt die Tolli zur Lai mit der **St.-Olaikirche** (Oleviste kirik) aus dem 13. Jahrhundert, deren Turm hoch über die Dächer der Altstadt ragt. Der Turm kann über eine enge und steile Wendeltreppe – nichts für Klaustrophobiker – bestiegen werden. Der beschwerliche Aufstieg wird belohnt mit einer Sicht über den Hafen, die Bucht von Tallinn und das gesamte Stadtgebiet. Die Turmspitze wurde ehemals vom KGB als Funksender genutzt.

Gleich an der Ecke Pikk 59 und Pagari 1 ist ein großes düsteres Gebäude zu sehen, dessen Kellerfenster mit Ziegelsteinen zugemauert sind: die **ehemalige KGB-Zentrale**. Auf einer Gedenktafel ist zu lesen: ›Dieses Gebäude beherbergte das Repressionsorgan der sowjetischen Besatzungsmacht. Hier begann der Leidensweg für tausende von Esten.‹

### ■ Die Gildehäuser auf der Pikk

Wer die Tour ohne Abstecher fortsetzen möchte, begibt sich gleich in die Pikk, die längste Straße des alten Tallinn (pikk =lang). Bei Nummer 26 fällt das **Haus der Schwarzhäuptergilde** (Mustpeade vennaskonna hoone) ins Auge, zu erkennen an dem reich verzierten Steinportal

*Auf der Pikk*

und der farbenprächtigen Tür mit Metallbeschlägen in Blütenform. Die Bruderschaft der Schwarzhäupter war die Vereinigung der jungen ledigen Kaufleute. Der Name leitet sich von ihrem Schutzheiligen ab, dem dunkelhäutigen heiligen Mauritius. Die Renaissancefassade zeigt König Sigismund III. von Polen und Schweden und seine Gemahlin.

Auf derselben Straßenseite folgt das **Haus der Olaigilde** (Olevisti gildi hoone, Pikk 24), der Vertretung einfacher Handwerker, mit dem heiligen Olai (Olaf) als Schutzheiligen.

In der Pikk 20 schließt sich das dreigiebelige **Haus der Kanutigilde** (Kanuti gildi hoone) an – der Vereinigung der angesehenen Handwerker wie Goldschmiede und Uhrmacher. Die Tudorfassade zeigt Skulpturen von Martin Luther und vom heiligen Kanutus oder Knud, dem Schutzpatron der Gilde.

Schräg gegenüber findet sich schließlich das **Haus der Großen Gilde** (Suurgildi hoone, Pikk 17), der Vereinigung der Großkaufleute, also der reichsten Bürger der Stadt, aus deren Reihen die Ratsherren rekrutiert wurden. Das Gebäude ist leicht zu erkennen an der breiten Vordertreppe und dem Löwenkopf am Portal.

Gegenüber der Großen Gilde steht die **Heiliggeistkirche** (Pühavaimu kirik) aus dem 13. Jahrhundert. Blickfang an der Außenfassade ist eine farbenprächtige Uhr mit barocken Holzschnitzereien. Beachtung verdient der Altar des Lübekker Meisters Bernt Notke aus dem Jahr 1483 mit einer bemalten hölzernen Skulpturengruppe im Mittelteil.

### ■ Dominikanerkloster

An der Längsseite der Kirche folgt man der abschüssigen Pühavaimu in die Vene, in der sich gleich links an der Ecke das **Tallinner Stadtmuseum** (Tallinna Linnamuuseum) befindet, das in einem ehemaligen Kaufmannshaus untergebracht ist.

Folgt man der Vene nach rechts, öffnet sich auf der linken Seite nach wenigen Metern ein Innenhof (Dominiiklaste hoov), der von der strahlend weißen Vorderfassade der **St.-Peter-und-Paul-Kirche** (Rooma Katoliku kirik), die Mitte des 19. Jahrhunderts im Stil des Historizismus erbaut wurde, begrenzt wird. Über diesen Hof gelangt man zu einem ehemaligen Dominikanerkloster (Dominiiklaste klooster). Die erhaltenen Gebäude des 1246 gegründeten und während der Reformation 1524 aufgelösten Ordenshauses gruppieren sich verschachtelt um einen stillen Innenhof. Heute sind noch ein Teil der Klosterkirche, der Kreuzgang, der Kapitelsaal und einige Räume des Ostflügels zu besichtigen.

*Das Schwarzhäupterhaus*

## Leuchttürme

Zu allen Zeiten haben Leuchttürme die Phantasie der Menschen angeregt. So stellten Piraten falsche Leuchtfeuer auf, um Seeleute in Untiefen zu locken und aus gestrandeten Schiffen Beute zu ergattern.

Schon viele Jahrhunderte vor Christus haben Leuchtfeuer den Menschen auf See gezeigt, wo es langgeht. Der älteste bekannte Leuchtturm stand auf der Insel Pharos, die vor dem ägyptischen Alexandria liegt. Er gilt als eines der antiken Weltwunder. Erst im Jahr 1302 stürzte er bei einem Erdbeben ein.

An der Ostsee errichteten die Hansestädte Lübeck und Wismar bereits im 13. Jahrhundert sogenannte Kerzenlaternen, um ihre wertvolle Fracht in den sicheren Hafen zu lenken. Die späteren ›Kohlenblüsen‹ von Warnemünde brannten dauerhaft in einem Eisenkorb, der auf einem Holzgerüst oder einem steinernen Turm stand. Aus England und Skandinavien kam bald darauf das auf einem Balken schwenkbare Wippfeuer in den Ostseeraum. Damit wurden eindeutige Lichtsignale weit übers Meer möglich. Die Franzosen Almé Argand und Jean Augustin Fresnel brachten mit Petroleumlampen und ausgetüftelten Linsen Ende des 18. Jahrhunderts moderne Lichttechnik in die Türme. Später ersetzten Gasglühlichter oder elektrische Lampen die Ölleuchten.

An der Ostsee sind noch viele Leuchttürme zu bestaunen – und zu besteigen: zum Beispiel in Lübeck-Travemünde der älteste Leuchtturm an der deutschen Küste. Der ›Alte Turm‹ aus dem 16. Jahrhundert steht ganz nah bei seiner modernen Variante, die im 114 Meter hohen ›Maritim‹-Hotel untergebracht ist. Romantiker können auf Rügen im alten Leuchtturmwärterhaus am Kap Arkona Urlaub machen – oder im 1828 erbauten Schinkelturm heiraten. Weitere sehenswerte Leuchttürme stehen in Kiel-Holtenau am Nord-Ostsee-Kanal, Rostock/Warnemünde, im Hafen Nowy Port in Gdańsk, auf der Kurischen Nehrung bei Nida in Litauen, auf der Vasil'evskij-Insel bei St. Petersburg und in Porkkala westlich von Helsinki, außerdem in Sõrve auf der estnischen Insel Saaremaa und auf der Insel Hiiumaa der Leuchtturm Kõpu, der noch immer in Betrieb ist.

*Der Leuchtturm Kõpu auf der estnischen Insel Hiiumaa*

### ■ Katharinenpassage

Gleich neben dem Klostergebäude führt die St. Katharinenpassage (Katariina käik) von der Vene auf die Müürivahe. Ein Gildeschild über dem kleinen Torbogen weist auf den Durchgang hin, an dem man leicht vorbeilaufen kann – und das wäre schade, denn hier handelt es sich um die schönste Gasse Tallinns. Die Passage führt rechts von der Wand der ehemaligen Klosterkirche, der **St.-Katharinenkirche**, entlang und bietet Mittelalter wie aus dem Bilderbuch. Auf der schmalen Müürivahe angelangt, fällt der Blick sofort auf die Stadtmauer, die auf der gegenüberliegenden Seite steil aufragt. Wenn man der Gasse nach rechts folgt, passiert man eine Reihe von direkt an die Innenseite der Stadtmauer gebauten Verkaufsständen mit landestypischen Stricksachen und gelangt auf die Viru. Hier reihen sich Cafés, Kneipen und Souvenirgeschäfte aneinander, und Kellner in Mittelaltertracht werben für Restaurants in historischem Ambiente. Links sieht man die **Lehmpforte** (Viru värav), der sich anschließende Viru-Platz (Viru väljak) mit riesigem Einkaufszentrum und Hotels repräsentiert das moderne Tallinn.

*In der Katherinenpassage*

### ■ Rathaus

Folgt man der Viru nach rechts, gelangt man über die Vanaturu kael zum Rathausplatz (Raekoja plats). Hier ist das Zentrum des Touristenrummels, Bierkneipen und Restaurants säumen den Platz, der vom spätgotischen Rathaus (Raekoda) mit drachenförmigen Wasserspeiern und einer in der Sonne blitzenden Wetterfahne auf dem Turmhelm dominiert wird. Auf der gegenüberliegenden rechten Ecke des Platzes lohnt die **Ratsapotheke** aus dem Jahre 1422 (Raekoja plats 11) einen Blick. Die leckerste Schokolade der Stadt und selbstgemachten Kuchen gibt es gleich um die Ecke in der Pierre-Chocolaterie (Vene 6 im Hof).

### ■ St.-Nikolaikirche

Weiter geht es neben dem Rathaus in die Kullassepa zur St.-Nikolaikirche (Niguliste kirik), die dem Schutzheiligen der Seefahrer und Kaufleute, Nikolaus (estnisch: Nigul), geweiht ist. Ihre Ursprünge gehen auf das 13. Jahrhundert zurück, später wurde sie um die spätgotische Antoniuskapelle auf der Südseite und die Renaissancevorhalle auf der Nordseite ergänzt. Nach der Zerstörung während der Märzbombardierungen 1944 wurde das Gebäude erst in den 1980er Jahren als **Museum für mittelalterliche Kunst** und Konzertsaal wieder aufgebaut (Niguliste Muuseum/Kontserdisaal). Das Museum zeigt unter anderem den Silberschatz der Gilden und mittelalterliche Sakralkunst, wie den ›Totentanz‹ von Bernt Notke. In der St.-Nikolaikirche finden heute Orgelkonzerte statt. Das Programm ist schräg gegenüber in der Touristeninformation erhältlich, die Ausgangspunkt der Erkundungen war.

## Tallinn-Informationen

Die **Kreuzfahrtterminals** liegen nah am Zentrum, sogar ein Fußweg in die Altstadt ist in 20 Minuten zu bewältigen. Bus Nr. 2 fährt vom Terminal A alle 30 Minuten in die Innenstadt (7–0 Uhr).
Auch in der Altstadt ist alles bequem zu Fuß zu erreichen, bei der Fülle an Sehenswürdigkeiten empfiehlt sich die **Tallinn Card** für alle, die ›Sightseeing kompakt‹ im Programm haben.

### Allgemeine Informationen

**Vorwahl Estland**: 00372, Tallinn hat, wie alle Orte in Estland, keine eigene Ortsvorwahl.

**Tallinn Tourist Information Centre**, Kullassepa 4/Niguliste 2, Tel. 640-4411, www.tourism.tallinn.ee; Mai–Juni Mo–Fr 9–19, Sa/So 10–17, Juli/Aug. 9–20, Sa/So 10–18 Uhr, Sept. 9–18 Sa/So 10–17 Uhr, Okt.–April Mo–Fr 9–17, Sa 10–15 Uhr. Hier gibt es auch die Tallinn Card, die zum Besuch aller Museen (auch Zoo und anderes), berechtigt sowie zur Benutzung der öffentlichen Verkehrsmittel und zur Teilnahme an Stadtführungen. Ermäßigungen in Geschäften und Restaurants. www.tallinn.ee/tallinncard. Gegenüber befindet sich ein Zelt, die alternative **Traveller-Info**; Juni–Aug. 9–21 Uhr mit Infos, Veranstaltungshinweisen (auch Partys etc.), täglich 14 Uhr kostenlose Stadtführung.

### An- und Abreise
■ **Mit dem Auto**
Die **Via Baltica** (E 67), die von Polen über Kaunas in Litauen und über Riga nach Tallinn führt, tangiert einige der schönsten Landschaften des Baltikums. Entlang der Bernsteinküste geht es durch Seen- und Waldgebiete. www.respons.pp.fi/viabaltica (engl.).

■ **Mit der Bahn**
Tallinns **Hauptbahnhof**, Balti Jaam, Toompuiestee 35, befindet sich am Rand der Altstadt und bietet nationale Verbindungen wie nach Narva, Pärnu und Tartu, aber nur zwei internationale Verbindungen nach Moskau an.

■ **Mit dem Bus**
Im zweiten Stock des Busbahnhofs, Lastekodu 46, www.bussireisid.ee, befindet sich das Büro von **Luxexpress** (www.luxexpress.eu) das neben **Ecolines** (www.ecolines.net) die internationalen Busverbindungen von Tallinn aus betreibt, auch nach Berlin, Frankfurt am Main, Hamburg und München, Mehrmals täglich Verbindungen nach Riga, Vilnius und St. Petersburg.

■ **Mit dem Schiff**
Die **Passagierterminals**, Sadama tänav 25, befinden sich ganz in der Nähe der Altstadt. Information für Passagiere am Hafen: Tel. 6318550, www.portoftallinn.com.

*Blick von der Sängerfestwiese auf den Hafen*

Von und nach Helsinki gehen tägl. mehrere Fähren (ca. 4 Stunden) und von Frühjahr bis zum späten Herbst Schnellboote (ca. 90 Min.).
**Eckerö Line**, Tel. 63 18 60 06, www.eckeroline.ee.
**Tallink**, Tel. 640 98 08, www.tallinksilja.com.
**Viking Line**, Tel. 666 39 66, www.vikingline.ee.
**Linda Line Express** (Schnellboot), Tel. 699 93 33, www.lindaline.ee.
Von nach Stockholm mit Tallink, Tel. 640 98 08, www.tallinksilja.com.
Der **Bus Nr. 2** fährt ab 7 Uhr morgens etwa alle 30 Minuten vom A-Terminal in das Stadtzentrum und zum Flughafen.

■ **Mit dem Rad**
Eine Radkarte (jalgrattakaart) ist in der Tourismusinformation in Tallinn erhältlich. Sehr reizvoll ist ein Umweg von Tallinn über die Inseln Hiiumaa und Saaremaa nach Pärnu an der lettischen Grenze und dort an der Küste entlang nach Riga. Karten und Informationen gibt es auch unter www.bicycle.lt.

■ **Mit dem Flugzeug**
Vom Tallinner **Flughafen**, Lennujaama 2, Tel. 605 88 88, www.tallinn-airport.ee (engl.), gibt es Direktflüge nach Hamburg, Berlin und Frankfurt am Main, Wien, Riga, Vilnius, Stockholm, Helsinki und Kopenhagen. Air Baltic (www.airbaltic.de) fliegt tägl. aus vielen deutschen Städten nach Tallinn.

## Unterwegs in Tallinn
■ **Stadtrundgänge und -fahrten**
**Stadtführung** (dt.) Do, Sa unter anderem am Hotel ›Viru‹; Mai–Sept. um 10.30 Uhr, ca. 2,5 Std. Mit dem Bus nach Kadriorg, zum Sängerfeld und nach Pirita, es schließt sich ein Rundgang zu Fuß durch die Altstadt an.
**Fahrten mit dem Doppeldeckerbus** (engl.), www.citytour.ee; Abfahrt Mai–Sept. ab 9, sonst ab 10 Uhr halbstündlich vom Viru väljak, Tickets im Bus. Drei verschiedene Routen mit Unterbrechungsmöglichkeiten.
**Zweistündige Fahrradtour** durch Tallinn mit Führung zu Plätzen, die Touristen gewöhnlich nicht finden. Abfahrt in der Uus 33 um 11 Uhr (Apr.–Aug. auch 17 Uhr), Tel. 511 18 19, www.citybike.ee.

■ **Aussichtspunkte**
**Aussichtsterrassen des Domberges**, bequem zu erreichen.
**Turm der St.-Olaikirche**, Lai 50; Apr.–Okt. 10–18 Uhr.

■ **Öffentliche Verkehrsmittel**
Als öffentliche Verkehrsmittel (www.tak.ee) verkehren Elektrobusse und Straßenbahnen in der Innenstadt und Busse zu den Vororten in kurzen Abständen bis Mitternacht. Für alle drei gilt dasselbe Ticket (talong), erhältlich an Kiosken. Daneben gibt es Zeitkarten für 24 und 72 Std. An Bord müssen Tickets entwertet werden, außer beim Fahrer gekaufte. Einen Routenplan für Tram und Elektrobus enthält das kostenlose ›Tallinn this week‹.
In entlegenere Stadtteile fahren auch **Minibusse** vom Theater Estonia und der Pärnu mnt/Haltestelle ›Viru‹ auf festen Strecken.

■ **Taxi**
Taxistände befinden sich an wichtigen Kreuzungen und vor größeren Hotels. Der Grundpreis beträgt 2–5 Euro; jeder Fahrtkilometer kostet 0,5–1 Euro. Besser vorher auf der aushängenden

*Velotaxen*

Preisliste den ungefähren Fahrpreis nachsehen und nur bezahlen, was auf dem Taxameter steht.
**Velotaxis** (Fahrradtaxis) sind eine umweltfreundliche Möglichkeit, sich im Stadtzentrum von Tallinn fortzubewegen. Von März bis Oktober, Bestelltelefon: 508 88 10, www.velotakso.ee.

## Unterkunft
**Three Sisters Hotel**, Pikk 71/Tolli 2, Tel. 630 63 00, www.threesistershotel.com; DZ ab 292 Euro. Das Designhotel mit 5-Sterne-Komfort ist in drei Kaufmannshäusern aus dem 14. Jahrhundert untergebracht.
**Meriton Grand Conference & Spa Hotel**, Toompuiestee 27, Tel. 628 81 00, www.meritonhotels.com; DZ ab 77 Euro. Das brandneue 4-Sterne-Hotel liegt ruhig etwas außerhalb vom Trubel. Die Altstadt erreicht man zu Fuß über den Domberg in ca. 10 Min. Beste Ausstattung, schöne Zimmer. Die Benutzung von Schwimmbad und Spa-Bereich ist bis 10 Uhr gratis.
**Old House Hostel**, Uus 22, Tel. 641 12 81, www.oldhouse.ee; DZ ab 50 Euro. Gemütliches Gästehaus in der Innenstadt.

**Rasastra B&B**, Mere pst 4, Tel. 661 62 91 00, www.bedbreakfast.ee; Ü/F ab 40 Euro. Eine günstige Alternative zum Hotel. Nette Apartments in der Altstadt mit Frühstück.

## Gastronomie
**Gloria, Müürivahe** 2, Tel. 640 68 00, Mo–So 12–23 Uhr, www.gloria.ee. Gourmetrestaurant an der alten Stadtmauer. Die Kreationen von Küchenchef Dimitri Demjanov, Erfinder der ›Cuisine Nouvelle Estonienne‹, der das Beste aus französischer, russischer und estnischer Küche vereint, haben internationalen Ruf.
**Vanaema juures** (Bei Großmutter), Rataskaevu 10/12, Tel. 626 90 89, 12–22 Uhr, So 12–18 Uhr, Reservierung empfohlen. Typisch estnische Gerichte gibt es in diesem Kellerlokal in der Altstadt mit altmodischem Interieur.
**Olde Hansa**, Vana turg 1, Tel. 627 90 20, www.oldehansa.ee; 11–24 Uhr. Speisen wie im Mittelalter lässt es sich in diesem von Touristen frequentierten Lokal in der Nähe des Rathauses. Spezialitäten sind gewürzter Wein und Wildschweinbraten.

*Kneipe in der Altstadt*

**Must Lammas**, Sauna 2, Tel. 644-2031, www.mustlammas.ee; Mo–Sa 12–23, So 12–18 Uhr. Kaukasische Spezialitäten wie Huhn in Walnusssoße oder Pfannkuchen mit Kaviar in modernem Ambiente.

**Hosteria Roma**, Väike-karja 8. Netter ruhiger Italiener, gleich um die Ecke vom Rathausplatz mit leckeren Pannini, Pasta und gutem Wein.

## Cafés

**Spirit Café**, Mere puiestee 6 E, www.kohvikspirit.ee. Stylishes Café, außer leckeren Süßspeisen gibt es auch Suppen, Vorspeisen und Sushi.

**Wabadus**, Vabaduse väljak 10, www.wabadus.ee. So heißt das legendäre Café ›Moskva‹ heute; mit Club und Restaurant.

**Pierre-Chocolaterie**, Vene 6, im Hof; tägl. 8.30–24 Uhr. Gemütliches kleines Café in der Nähe des Rathausplatzes, selbstgemachte Kuchen und leckere Trinkschokolade.

■ **Nachtleben**

**Cafe Amigo**, Viru väljak 4 So–Do 22–4 Uhr, Fr/Sa 22–5 Uhr, www.amigo.ee. Beliebter Nachtclub im Hotel ›Sokos Hotel Viru‹, frisch renoviert. bekannte DJs und Live-Acts stehen auf dem Programm, guter Service.

**Clazz**, Vana turg 2, Tel. 6279022, www.clazz.ee; Mo–Do 17–3 Uhr, Fr–So 12–3 Uhr. Schicker Jazzclub mit Restaurant und Tischen im Freien. Gute Livekonzerte.

**Club Hollywood**, Vana-Posti 8, Tel. 6274770, www.clubhollywood.ee; Mi/Do 22–4 Uhr, Fr/Sa bis 5 Uhr. Der größte und populärste Club der Stadt.

**Hell Hunt**, Pikk 39, www.hellhunt.ee. Bei Touristen wie bei Einheimischen beliebte Bierkneipe.

Aktuelle **Veranstaltungstipps** und vieles mehr gibt es im kostenlosen ›Tallinn this week‹ (dt.), das in Hotels und der Touristeninformation ausliegt; tägliche Partytipps bei der alternativen Touristeninformation ›Traveller Info‹.

## Kultur
■ **Museen**

**Estnisches Architekturmuseum** (Eesti arhitektuurimuseum), Ahtri 2, www.arhitektuurimuuseum.ee; Mi–So 11–18 Uhr. Aus dem ›Nationalstein Estlands‹, dem Kalkstein, erbauter massiver Salzspeicher zwischen Hafen und Altstadt, in dem Ausstellungen moderner Architektur stattfinden.

**Dominikanerkloster**, Vene 16, www.kloostri.ee, Juni–August, 10–17 Uhr, sonst nach Vereinbarung.

**Estnisches Historisches Museum**, im Haus der Großen Gilde, Pikk 17, www.ajaloomuuseum.ee; Mai–Aug. tägl. 11–18, Sept.–April Do–Di 11–18 Uhr.

**Tallinner Stadtmuseum**, Vene 17; Mi–Mo 10.30–18, Nov.–Feb. bis 17 Uhr. Niguliste Museum (St.-Nikolaikirche), Niguliste 3, www.ekm.ee/niguliste; Mi–So 10–17 Uhr, Sa/So 16 Uhr Orgelkonzert. Kirchenkunst, mittelalterliche Grabsteine, Altargemälde und Tallinns berühmtestes Gemälde, der ›Totentanz‹ von Bernd Notke.

**Estnisches Museum für angewandte Kunst und Design**, Lai 17, www.etdm.ee; Mi–So 11–18 Uhr, Mitte Oktober bis Mitte November geschlossen. Das Museum befindet in einem alten Kornspeicher und zeigt angewandte Kunst des Landes vom Beginn des 20. Jahrhunderts bis heute.

**Kiek in de Kök**, Komandandi tee 2, www.linnamuuseum.ee/kok. Militär-

geschichte vom 13. bis 18. Jahrhundert. Unterirdische Tunnel, Führungen tägl. 10–17 Uhr, Reservierung erforderlich: Tel. 6446686.
**Kunstmuseum Kumu**, A. Weizenbergi 34, www.ekm.ee; Jan.–April und Okt.–Dez. Mi–So 11–18, Mai–Sept. Di–So 11–18 Uhr. Das Gebäude allein ist schon die Fahrt in das etwas außerhalb gelegene, größte und modernste Kunstmuseum des Baltikums wert. Von oben sieht es aus wie ein Halbmond. Ausgestellt ist estnische Kunst vom 18. Jahrhundert bis heute.

■ **Veranstaltungen**
Feste und Festivals gibt es in Tallinn fast das ganze Jahr durch. Vorschau auf aktuelle Veranstaltungen unter www.tourism.tallinn.ee. Hier eine Übersicht:
**Barockfestival**, Ende Januar, www.concert.ee.
**Chorfestival**, Anfang April, www.kooriyhing.ee, alle zwei Jahre, das nächste 2013. Das Chorfestival Tallinn gilt als Visitenkarte der traditionsreichen estnischen Chormusik, mit Chören aus aller Welt.
**Jazzkaar**, Ende April, www.jazzkaar.ee. Internationales Jazzfestival.
**Altstadttage**, Ende Mai/Juni, www.vanalinnapaevad.ee. Größtes Event in der Stadt, die gesamte Innenstadt verwandelt sich mit Schauspielern in Kostümen in ein Mittelalterspektakel.
**Õllesummer**, Anfang Juli, www.ollesummer.ee. Fünftägiges Open-Air-Bierfest mit Livebands und Gastronomie.
**Mittelaltertage**, Juli, www.folkart.ee. Die Innenstadt begibt sich auf Zeitreise, man erlebt, wie im Mittelalter gefeiert wurde.
**Birgitta Festival**, Mitte August, www.birgitta.ee. Klassik-Open-Air-Festival in den faszinierenden Ruinen des St. Brigittenklosters.
**Kammermusikfestival**, Ende August, www.plmf.ee. In den historischen Kirchen und Konzerthallen der Stadt treten Topsolisten und beste Ensembles auf.
**Weihnachtsmarkt**, Dezember. Auf dem Rathausplatz.

## Sport und Aktivitäten
**Bootfahren**: Bell-Marine, Klostri tee 6, Tel. 6212175, www.bellmarine.ee. Verleih von Motor- und Ruderbooten auf dem Fluss Pirita.

## Einkaufen
**Viru-Shopping-Center**, Viru Väljak, tägl. 9–21 Uhr. Im modernen Einkaufszentrum gibt es alles – vom estnischen Designerlabel, u. a. ›Hoochi Mama‹, bunt und extravagant, bis zum estnischen Handwerksprodukt.
**Katharinengilde**, Katharinenpassage, Vene 12; tägl. 12–18 Uhr. Nach alter Tradition haben sich Künstler zusammengeschlossen und Läden eröffnet.
**Nu Nordik**, Vabaduse Väljak 8, www.nunordik.ee; Mo–Fr 10–18, Sa 11–18 Uhr. Estnische Künstler haben diesen Laden gegründet, weil sie keine Geschäfte fanden, die die von ihnen kreierten Modelle verkaufen wollten. Accessoires, Kleidung sowie Wohnkultur im skandinavischen Design.
**Rewill Handarbeitsladen**, Vene 7, www.rewill.ee; Mo–Sa 10–18, So 10–16 Uhr. Kleiner Laden beim Dominikanerkloster mit großer Auswahl an handgefertigten estnischen Strickwaren: bunte Jacken, Mützen, Socken und Handschuhe mit ausgefallenen Motiven und originellem Design.

## Pirita

Pirita, ein städtisches Naherholungsgebiet, liegt etwa sechs Kilometer in nordöstlicher Richtung vom Stadtzentrum an der Tallinner Bucht. Anlässlich der XXII. Olympischen Sommerspiele in Moskau 1980 wurde an der Mündung des Pirita-Flusses ein Segelsportzentrum errichtet. Hafen, Yachtclub und olympisches Dorf sind etwas in die Jahre gekommen, aber der Blick über die Bucht von Tallinn auf die Stadt lohnt. Gleich gegenüber dem Yachthafen schließt sich ein beliebter Badestrand an. Seinen Namen verdankt

Tallin, Übersicht

der Stadtteil Pirita dem 1577 von Ivan IV. (der Schreckliche) zerstörten **St.-Brigittenkloster** (Pirita kloostri), dessen Ruinen sich schräg gegenüber dem Segelsportzentrum auf dem nördlichen Ufer der Pirita an der Straßenbrücke befinden.

Nach Pirita fahren die Busse Nr. 1 A, 8, 34 A und 38 vom Busterminal im ›Viru‹-Kaufhaus bis zur Haltestelle ›Pirita‹.

## Kadriorg

Östlich des Stadtzentrums direkt am Meer liegt der Stadtteil Kadriorg, dessen Zentrum ein von Zar Peter I. 1718 errichtetes Barockschloss (Kadrioru Loss) bildet. Kadriorg bedeutet ›Katharinental‹, in Anlehnung an die Gemahlin Peters, die russische Zarin Katharina I. Im Schloss befindet sich das **Museum für ausländische Kunst** mit der größten Sammlung des Landes von Werken ausländischer Künstler.

| 🚌 Kadriorg |
|---|
| Anfahrt: Tram Nr. 1 von der Mere pst oder Nr. 3 vom Hotel ›Viru‹ bis zur Haltestelle Kadriorg. |

| 🏛 |
|---|
| **Kunstmuseum Kadriorg**, A. Weizenbergi 37, www.ekm.ee/kadriorg; Mai–Sept. Di–So 10–17 Uhr, Okt.–April Mi–So 10–17 Uhr. |

## Rocca al mare

Der Stadtteil Rocca al mare am südlichen Ufer der Kopli-Bucht im Westen der Stadt verdankt seinen italienischen Namen, der ›Felsen am Meer‹ bedeutet, der Sommerresidenz eines Geschäftsmannes und Italienfreundes. 1964 wurde hier das Estnische Freilichtmuseum (Eesti Vabaõhumuuseum) mit historischen Bauerngehöften, Fischerhäusern und Windmühlen eröffnet. In der Dorfschenke kann man traditionelle Speisen kosten.

In Rocca al mare kann man auch den **Tallinner Zoo** (Tallinna Loomaaed) besuchen unter anderem mit Tigern, Wölfen, Kamelen, verschiedenen Aquarien und einem Elefantenhaus.

| 🚌 Rocca al mare |
|---|
| **Anfahrt Freilichtmuseum**: Bus Nr. 21 vom Bahnhof (Balti jaam) oder im Rahmen einer Stadtführung von Tallinn aus. |
| **Anfahrt Zoo**: Bus Nr. 6 vom Kaubamaja kõrvalt oder Nr. 7 vom Bahnhof (Balti Jaam) bis zur Haltestelle ›Zoo‹. |

| 🏛 |
|---|
| **Estnisches Freilichtmuseum**, Vabaõhumuuseumi tee 12, www.evm.ee; Ende Apr.–Ende Sept. tägl. 10–20 Uhr, Taverne 10–18 Uhr; Okt.–Mitte April tägl. 10–17 Uhr, Taverne 11–16 Uhr. Am 23. Juni wird im Freilichtmuseum zur Sommersonnenwende ein traditionelles Johannisfest (Jaanik) mit Johannisfeuer, Tänzen und alten Volksliedern gefeiert. |
| **Tallinner Zoo**, Paldiski mnt 145, www.tallinnzoo.ee; März/April und Sept./Okt. tägl. 9–17, Mai–Aug. 9–19, Nov.–Febr. 9–15 Uhr. Tiger, Wölfe, Elefanten, Eulen und noch etwa 350 anderen Tierarten begegnet man im Tallinner Zoo. |

*Im Freilichtmuseum Rocca al Mare*

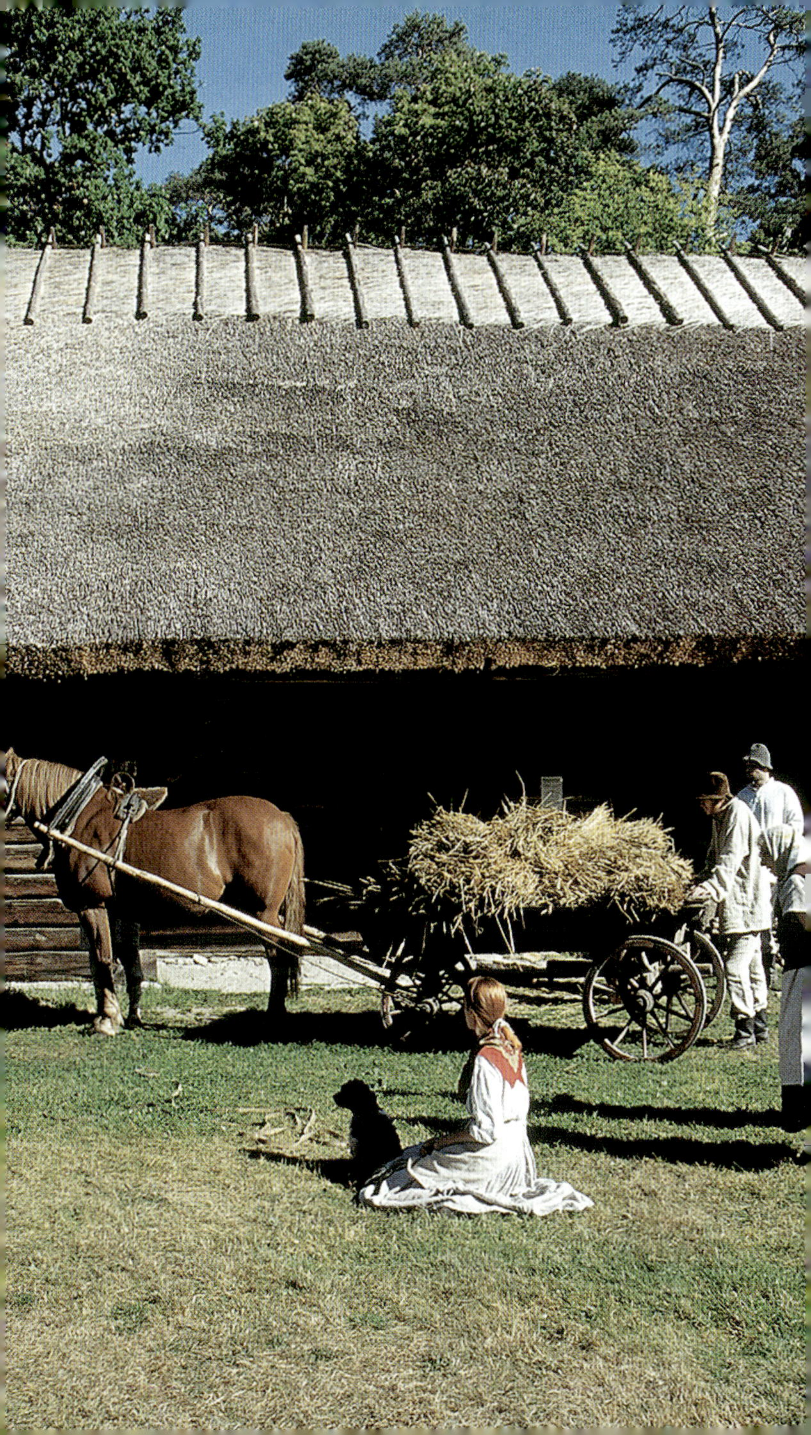

»In Petersburg kann sich alles verändern, nur nicht sein Wetter. Und nicht sein Licht.«

*Schriftsteller Iosif Brodskij*

# St. Petersburg

Als ›Museum unter freiem Himmel‹ wird die nördlichste Millionenstadt der Welt oft bezeichnet. Zar Peter I. ließ zu Beginn des 18. Jahrhunderts die Stadt an der Mündung der Neva bauen. Auf Geheiß der Zarenfamilie Romanov wurden 150 Prachtbauten errichtet. Dieses atemberaubende Ensemble hat bis heute nichts von seiner Schönheit eingebüßt: der Winterpalast mit der Eremitage, eine der größten Kunstsammlungen der Welt, die Smol'nyj-Kathedrale, Prunkstück des Petersburger Barocks, der pompöse Sommerpalast und die prachtvolle Isaaks-Kathedrale. Und der Nevskij-Prospekt – viereinhalb Kilometer pulsierende Lebensader: ein Designergeschäft neben dem anderen, der Delikatessenpalast ›Eliseevskij‹, private Kunstgalerien, aber auch Souvenirläden mit den unvermeidlichen Matrjoschkas. Für eine Pause drängeln sich heute Pizzerien, Coffeeshops oder russische Fastfoodketten mit Blinis sowie Sushirestaurants nebeneinander. St. Petersburg ist Kulturstadt, die Stadt von Dostoevskij, Puškin und Gogol. Der Besuch eines Balletts im Mariinskij-Theater ist ein Erlebnis, und in Clubs ist allabendlich Jazz, Rock oder Ska zu hören. Die Stadt liegt auf der Höhe von Alaska, die Sonne geht im Juni kaum unter. Wenn kurz vor Mitternacht der Himmel rotgolden leuchtet, wacht die Stadt erst richtig auf. In diesen Nächten bieten die sich öffnenden und schließenden Nevabrücken ein beeindruckendes Schauspiel.

## Stadtgeschichte

Ende des 17. Jahrhunderts reiste Zar Peter I. (1672–1721) nach Westeuropa, um sich militärisches, kulturelles und technisches Wissen anzueignen. Ferner suchte er Verbündete gegen die Schweden. Die hatten gerade die Vormachtstellung an der ehemals russischen Ostseeküste erworben. Im Jahr 1700 erklärte Zar Peter I. Schweden den Krieg, der als Großer Nordischer Krieg (1700–1721) in die Geschichte eingehen sollte. An seiner Seite kämpften

*Plausch am Kanal*

## Hauptstadt St. Petersburg

1713 wurde die Residenz von Moskau nach St. Petersburg verlegt, die Stadt erhielt den Hauptstadtstatus. 1721 endete der Nordische Krieg mit dem Sieg des Russischen Reiches, das somit die Kontrolle über den Zugang zur Ostsee gewonnen hatte. Peter I. nahm den Titel ›Vater des Vaterlandes, Peter der Große, Imperator von ganz Russland‹ an. Zum Dank für den Sieg wurde die Verkündigungskirche des Aleksandr-Nevskij-Klosters errichtet. 1724 wurde in Petersburg die Akademie der Wissenschaften gegründet. Der reiche Petersburger Hof lud Größen aus Kultur und Wissenschaft aus ganz Europa ein. Unter der 20-jährigen Regierungszeit von Zarin Elisabeth (1741–1762) avancierte St. Petersburg zur Großstadt europäischen Zuschnitts. Damals erreichte der so genannte Petersburger Barock seine Blüte. Bedeutendster Vertreter dieses Stils war Bartolomeo Francesco Rastrelli. Er verband auf einzigartige Weise westeuropäische und russische Bauformen, wie an der

*Blick auf die Peter-und Paul-Festung*

Dänemark und Sachsen gegen Karl XII. (1682–1718). 1703 eroberte Peter I. die schwedische Festung Nyenschanz und baute auf einer nahegelegenen Flussinsel der Neva (Haseninsel) das erste Bauwerk St. Petersburgs: die Peter-und-Paul-Festung. Die Lage war günstig gewählt. Sie bedeutete direkten Zugang zur Ostsee sowie die völlige Kontrolle der Neva, über die Angreifer ins Landesinnere gelangen konnten. Gegenüber der Festung, am anderen Ufer der Neva, ließ der Zar eine Werft bauen, die Admiralität. Russland sollte einen Handelshafen bekommen.

Peter begann rund um die Festung und die Werft mit dem Bau seiner Stadt, mitten im Sumpfgebiet. In vielen Gebieten war der Boden so weich, dass zehntausende von hölzernen Pfählen als Fundament gelegt werden mussten, um die Gebäude vor dem Sinken zu bewahren. Zehntausende von Leibeigenen, die in Hütten hausten, errichteten Erdwälle, die wenige Jahre später durch Steinmauern ersetzt wurden. Beim Bau der Festung starben mehr als 100 000 Menschen durch Fieber, Seuchen und an Entkräftung. Viele versanken in den Sümpfen.

*Der Eherne Reiter, Peter I.*

Smol'nyj-Kathedrale zu sehen ist. Im Jahr 1754 war Baubeginn von Rastrellis Winterpalast. 1757 gründete die Zarin die Akademie der Künste.

Elisabeth blieb trotz unzähliger Liebesaffären kinderlos und übergab den Thron an ihren Neffen, Karl Peter Ulrich von Holstein-Gottorf (1728–1762), einen Enkel Peter des Großen. 1762 bestieg nach einer Intrige am Hof seine Frau, die geborene Prinzessin Sophie Auguste von Anhalt-Zerbst, als Katharina II. (1729–1796) den Zarenthron. Sie fühlte sich als legitime Nachfolgerin Peters I., dem sie ein monumentales Denkmal setzen ließ, den Ehernen Reiter. Sie stiftete Schulen und Universitäten, unter anderem das Smol'nyj-Institut für Mädchen, die erste staatliche Mädchenschule. Ferner förderte sie Wissenschaft und Künste, für die sie sich selbst begeisterte. 1770 fanden erste öffentliche Kunstausstellungen in der Akademie der Künste statt. Ende des 18. Jahrhunderts glänzte Petersburg auch als kulturelles Zentrum des Landes.

▲ *Triumphbogen am Generalstabsgebäude*

## Industriezeitalter und Revolution

Nach dem Sieg über Napoleon im Jahre 1812 stieg Zar Aleksandr I., der von 1801 bis 1825 regierte, in den Kreis der europäischen Monarchen auf, ohne die keine Frage von internationaler Bedeutung entschieden wurde. Die Revolutionen der Jahre 1848 und 1849, an deren Niederschlagung auf Bitten der europäischen Regierungen auch Russland teilnahm, änderten die Situation. Am Ende der Herrschaft Nikolajs I. (1825–1856) ging der Einfluss Russlands etwas zurück. Nach den Worten des damaligen Kanzlers Gorčakov brauchte Russland Reformen und sollte sich auf diese konzentrieren.

Die Reformen folgten dann unter der Regierung Aleksandrs II. (1856–1881). Er hob die Leibeigenschaft auf, und die Menschen strömten auf der Suche nach Arbeit in die Städte, wo sie allerdings in den entstehenden Industriebetrieben noch schlechtere Lebensbedingungen vorfanden. Revolutionäre Unruhen begannen. Im Jahre 1881 wurde der Zar von einem Terroristen ermordet; am Ort des tödlichen Anschlags im Zentrum von Petersburg wurde die Erlöserkirche (Christi-Auferstehungs-Kathedrale) errichtet. Nach dem Sohn Aleksandrs II., Aleksandr III., bestieg Nikolaj II. 1894 den Thron. Seine Regierungszeit war von Krisen begleitet: Arbeiter- und Bauernaufstände, dann der Krieg mit Japan und der Erste Weltkrieg. 1914 wurde auch der Name der Stadt russifiziert. Im Kriegszustand gegen Deutschland sollte sie keinen deutsch klingenden Namen haben. Petersburg hieß nun Petrograd. 1917 trat der Zar zurück. Es bildete sich eine Doppelherrschaft aus einer bürgerlichen provisorischen Regierung und den Arbeiter- und Soldatenräten, den Sowjets. Im April traf Lenin am Finni-

*Vom Panzerkreuzer ›Aurora‹ kam der Startschuss für die Erstürmung des Winterpalastes*

schen Bahnhof ein, im Oktober ereignete sich der ›Sturm auf den Winterpalast‹. Die Sowjets waren an der Macht. 1924 starb der Revolutionsführer Lenin, und die Stadt erhielt seinen Namen: Leningrad.

## Zweiter Weltkrieg und Sowjetzeit

Am 22. Juni 1941 überfiel Deutschland Russland. Im September wurde Leningrad durch die Belagerung vom Rest des Landes abgeschnitten. Trotz erbittertem Widerstand durchbrachen im Januar 1943 die russischen Truppen die Blockade und schufen einen Korridor. Eine Million Menschen starben an Hunger, Krankheiten und Bombenangriffen. Zwar begann nach Kriegsende 1945 der Wiederaufbau, bei dem auch Zarenschlösser in der Umgebung der Stadt, die in der Frontlinie gelegen hatten und von der deutschen Armee zerstört worden waren, sorgfältig rekonstruiert wurden. Doch wirtschaftlich geriet Leningrad wie der Rest der Sowjetunion ins Hintertreffen. Lediglich den Ruf als oppositionelles Zentrum bewahrte sich die Stadt. Die Intellektuellen wurden vom mächtigen Gouverneur von Leningrad, Andrej Ždanov, verfolgt. Unter ihnen waren Dichter und Schriftsteller wie Anna Achmatova (1889–1966) und Michail Zoščenko (1895–1958). 1964 wurde der oberste Sowjet Nikita Chruščëv (Chruschtschow) entmachtet. Die folgende 18-jährige Regentschaft Leonid Brežnevs ging als ›Zeit der Stagnation‹ in die Geschichtsbücher ein. 1985 begann die Ära Michail Gorbačovs als Generalsekretär der Kommunistischen Partei. Glasnost und Perestroika waren der Anfang vom Ende des Sowjetkommunismus.

## St. Petersburg postsowjetisch

1991 scheiterte ein Staatsstreich konservativer Kommunisten gegen Gorbačov. Der geschwächte Reformer musste zurücktreten. So wurde Boris Jelzin Präsident der Russischen Föderativen Republik. Während in Moskau Panzer den Regierungssitz der Kommunisten angriffen, versammelte Anatoli Sobčak (1937–2001) Befürworter der Demokratie um sich. Auf dem Palastplatz vor dem Winterpalast versammelten sich Demonstranten für die Demokratie. Am 25. Dezember wurde die Sowjetunion aufgelöst und die Kommunistische Partei verboten. St. Petersburg erhielt seinen ursprünglichen Namen zurück und rief die ersten freien Wahlen aus. 1996 gewann Vladimir Jakovlev die Wahlen zum Amt des Gouverneurs und löste Anatoli Sobčak ab. Jakovlev war bis Juni 2003 Gouverneur von St. Petersburg. Bei den Wahlen im Herbst 2003 siegte Putins Sonderbeauftragte Valentina Matvienko.

## St. Petersburg als ›zweite Hauptstadt‹

Bei dem Festakt zum 300-jährigen Bestehen der Stadt 2003 war der heutige russische Staatspräsident Vladimir Putin, prominentester Bürger der Stadt, umjubelter Ehrengast. Die Stadt hatte sich herausgeputzt, viele der historischen Gebäude waren renoviert worden, aber auch viele Hinterhöfe erhielten ein neues Gesicht. Es wurde viel Geld in der Stadt investiert. Putin sorgte in der Folge dafür, dass St. Petersburgs Stellung in Russland mächtig wuchs. Deutlichster Ausdruck der neuen Rolle war der Umzug des russischen Verfassungsgerichts von der Moskva an die Neva im Mai 2008. Doch nicht nur die ungefähr 156 Millionen Euro Steuergelder, die für den Umzug anfielen, sorgten für den Unmut der St. Petersburger. Für die gediegenen Wohnungen der Richter mussten im Villenviertel der Krestowskij-Insel im Westen der Stadt viele Bewohner zwangsweise umziehen, ein Kinderheim und ein Kindergarten weichen. Nur etwa 700 000 Menschen wohnen noch in den Kommunalkas, den einst staatlichen Kommunalwohnungen, die nach dem Ende der Sowjetunion den jeweiligen Bewohnern geschenkt wurden.

## Bauboom und Fußball-WM 2018

Über fünf Millionen Menschen leben mittlerweile in der Stadt, die in den letzten Jahren einen enormen wirtschaftlichen Aufschwung erfahren hat. Heute präsentiert sich St. Petersburg ökonomisch als größtes internationales Handelszentrum und Verkehrsknotenpunkt in Russland. Das spiegelt sich besonders in der Errichtung von prestigeträchtigen Einkaufs- und Bürozentren wider. Im Norden entstand ein riesiges Neubauviertel, der ›Primorskij-Bezirk‹ mit Eigentumswohnungen (2500 Euro pro Quadratmeter), mit Blick auf die Ostsee, einem modernen Shoppingcenter und dem ›Park des 300-Jahrestages von St. Petersburg‹ (Park 300-letiya Sankt-Peterburga) direkt vor dem Ostseestrand. Von hier aus blickt man auf das neue Kreuzfahrtterminal im Westen der Insel Vasil'evskij, dessen erster fertiger Abschnitt im September 2008 feierlich eröffnet wurde. Seit 2010 ist die fast neun Milliarden Euro teure Hafeninfrastruktur mit einem

*Das Verfassungsgericht zog von Moskau nach St. Petersburg*

Stadtgeschichte [ 247 ]

*Das Neubauviertel Primorskij-Bezirk*

Areal von 400 Hektar komplett funktionsfähig. 12 000 Passagiere können dort täglich an Land gehen. Weitere, auch internationale Großprojekte wurden zwischenzeitlich wegen der Wirtschaftskrise auf Eis gelegt, etwa der Bau eines ›Suzuki‹-Werks im Industriegebiet Šušary. Ehrgeizige Vorhaben wie der Bau des Orlow-Tunnels unter der Newa und die neue Admiralitäts-Brücke wurden ebenfalls vorläufig zu den Akten gelegt. Doch seitdem Russland den offiziellen Gastgeber-Status der Fußball-WM 2018 erhalten hat und feststeht, dass Sankt Petersburg Austragungsort sein wird, klopfen erneut Planer ambitionierter Großprojekte an die Tür: Der Petersburger Flughafen Pulkowo soll ausgebaut werden, und die Nord-Süd-Stadtautobahn durch zwei Bahnlinien an die Stadt angeschlossen werden. Neben der länger geplanten Straßenbahn wird es auch eine privat finanzierte Zuganbindung geben. Natürlich soll auch ein neues modernes Stadion gebaut werden, knappe 70 000 Zuschauer sollen Platz haben. Star-Architekt Kisho Kurokawa hat es entworfen – es soll einem Raumschiff ähneln. Nach Finnland flitzt bereits der ›Allegro‹ in dreieinhalb Stunden, 2017 soll es eine neue Hochgeschwindigkeitsstrecke zwischen Moskau und St. Petersburg geben. Die Petersburger Stadtregierung hat auch bereits einen Wettbewerb um das beste Verkehrskonzept zur Fußball-Weltmeisterschaft 2018 ausgeschrieben, so kommt viel Hightech in die Zarenstadt.

## Stadtrundgang

Knapp 70 Flüsse und Kanäle durchziehen die Stadt. Sternförmig breitet sich die Metropole aus, mit großen Plätzen, die sich zum Wasser hin öffnen. Inseln wie die Vasil'evskij-Insel gehören zur Stadt und sind durch Brücken miteinander verbunden. Der Nevskij-Prospekt ist eine der drei Magistralen, die bei der Admiralität, dem Zentrum der Stadt, beginnen und in die Außenbezirke führen. Am östlichen Ende mündet der Nevskij in den Platz des Aufstands (pl. Vosstanija) direkt an der Kreuzung zum Ligovskij-Prospekt.

*Auf dem Nevskij-Prospekt*

## Nevskij-Prospekt

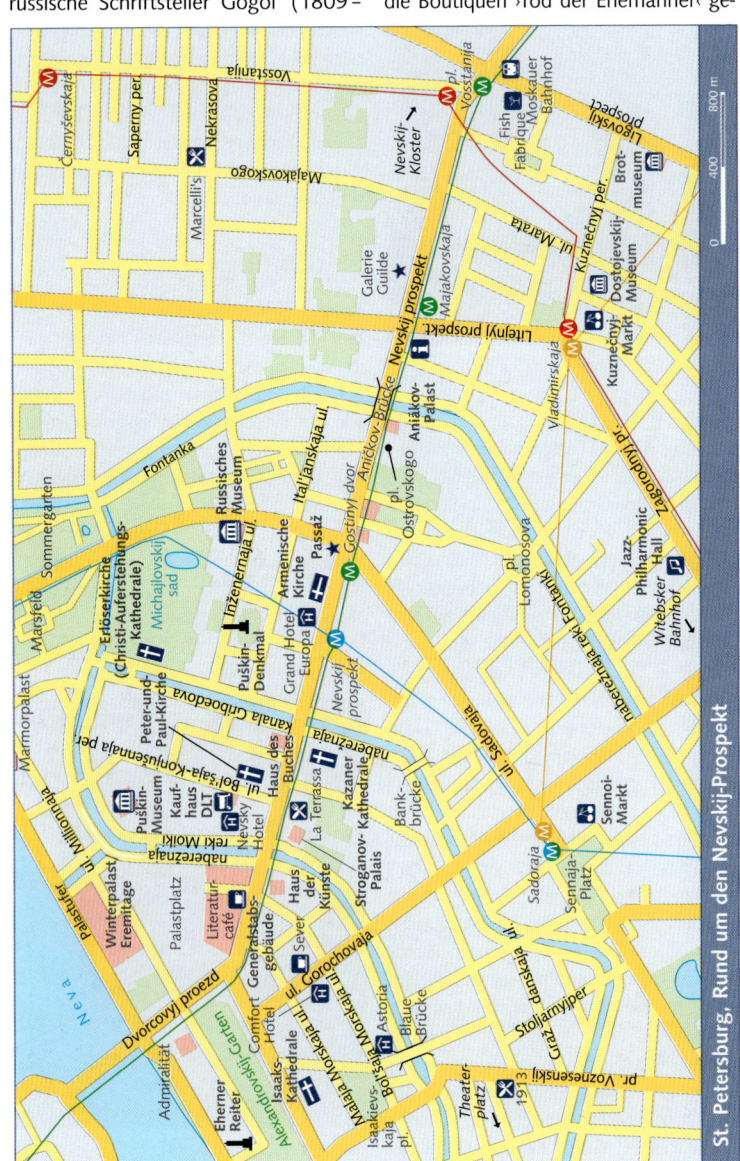

»Kaum betrittst du den Nevskij, riecht's auch schon nach Bummeln«, schrieb der russische Schriftsteller Gogol' (1809 – 1852). Schon im 19. Jahrhundert entwickelte sich der Nevskij-Prospekt zu einer mondänen Flaniermeile. Damals wurden die Boutiquen ›Tod der Ehemänner‹ genannt, und das trifft noch heute zu. Prada, Gucci und Co. sind ebenso vertreten wie die Modezarin der Stadt, Tatjana Parfionova. Viele Petersburger kaufen hier nur ein, wenn im Ausverkauf alles bis zu 80 Prozent günstiger ist. Aber der 4,5 Kilometer lange Boulevard ist ein Treffpunkt. Zu jeder Tageszeit herrscht Gedränge auf den breiten Gehsteigen.

### ■ Kazaner Kathedrale

Ein guter Ausgangspunkt für einen Stadtrundgang ist der Platz vor der Kazaner Kathedrale (Kazanskij sobor) auf dem Nevskij-Prospekt. Hier kann man im Park noch mal kurz auf einer Bank in die Sonne blinzeln und den Springbrunnen genießen, der im Sommer die Luft kühlt. Die Kathedrale mit mächtigen halbrunden Kolonnaden aus 56 korinthischen Säulen wurde von den Sowjets zum Atheismusmuseum umfunktioniert, heute feiert hier die orthodoxe Gemeinde wieder Gottesdienste. Die Kirche wurde von Zar Paul I., der von 1796 bis 1801 regierte, in Auftrag gegeben, mit der Vorgabe, sie solle dem Petersdom in Rom gleichen. Das Ergebnis war ein Glanzstück des Klassizismus.

*Das heutige Haus des Buches*

### ■ Singerhaus

Auf der anderen Seite des Nevskij steht das granitverkleidete Singerhaus. Ursprünglich sollte das Haus höher gebaut werden, doch nach den Bauvorschriften durfte außer Kirchen kein Gebäude die Höhe des Winterpalastes überschreiten. Die Nähmaschinenfirma ›Singer‹ unterlief das Verbot, indem sie dem gläsernen Eckturm während seines Baus 1902 bis 1904 eine Weltkugel aufsetzen ließ. Heute ist auf einem Metallstreifen um den Globus die Aufschrift **Dom Knigi** (Haus des Buches) zu lesen, in dem Gebäude ist die größte Buchhandlung der Stadt untergebracht.

### ■ Erlöserkirche

Auf der rechten Seite verläuft der Griboedov-Kanal. Dort zieht die Erlöserkirche die Aufmerksamkeit auf sich. Von dieser Stelle aus hat man den besten Blick auf die eigenwillige Konstruktion mit den bunten Zwiebeltürmen. Sie wirkt wie eine Kopie der Moskauer Basiliuskathedrale und sticht aus dem ansonsten eher westlichen Stadtbild hervor. Sie wurde an der Stelle errichtet, an der Zar Aleksandr II. gegen Ende des 19. Jahrhunderts dem Attentat einer revolutionären Organisation zum Opfer gefallen war. Daher stammt auch im Volksmund der Name der Kirche: Erlöser auf dem Blute (eigentlich Christi-Auferstehungs-Kathedrale).

### ■ Peter-und-Paul-Kirche

Weiter Richtung Admiralität findet sich der nächste bemerkenswerte Bau auf der rechten Seite. Es ist die gelbe Peter-und-Paul-Kirche, die 1993 der lutherischen Gemeinde zurückgegeben worden ist. In diesem 1838 eingeweihten Haus befand sich lange ein Schwimmbad. Am Reformationstag 1992 wurde nach 55 Jahren wieder die

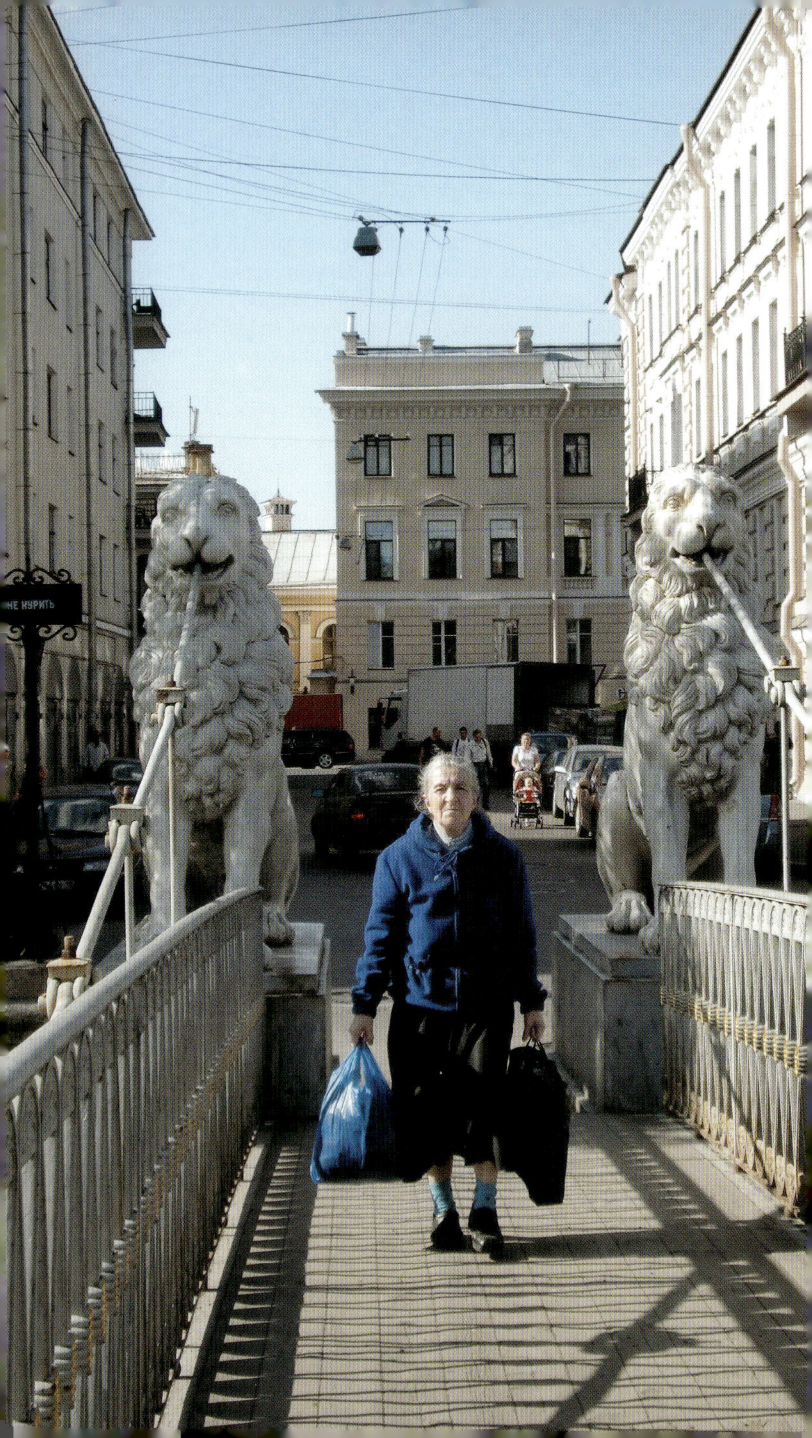
НЕ КУРИТЬ

erste Messe gelesen, am Rande des gefliesten Beckens.

## ■ Stroganov-Palais

Auf der Nordseite des Nevskij-Prospekts war es nicht-orthodoxen Gemeinden erlaubt, Kirchen zu erbauen. In das grüne Gebäude der ehemaligen Holländischen Kirche sind inzwischen Geschäfte und eine Bibliothek eingezogen. Auf der anderen Seite an der Kreuzung mit der Mojka-Uferstraße (naberežnaja reki Moiki) steht ein prächtiger Palast: die barocke Fassade in rosa mit den weißen Säulen ist ein Werk des Architekten Bartolomeo Rastrelli aus dem Jahre 1754. Die reiche Stroganov-Familie, die seit dem 16. Jahrhundert einen weitreichenden Salzhandel führte, war bis zur Revolution Besitzer des Palastes. Die Stroganovs waren leidenschaftliche Kunstsammler und besaßen eine der größten Petersburger Sammlungen.

## ■ Abstecher zu den Kanälen

Wem die Geschäftigkeit auf dem Nevskij schon zu viel geworden ist, der kann über den Mojka-Kanal mit einem beschaulichen Abstecher unterbrechen. Über den Griboedov-Kanal führt eine der schönsten Fußgängerbrücken der Stadt, die Bankbrücke, die 1825 bis 1826 über den fünf Kilometer langen Kanal angelegt wurde. Die Eisenseile der Hängebrücke enden in den Mäulern von vier sitzenden Greifenfiguren mit vergoldeten Flügeln, die von Pavel Sokolov geschaffen wurden. Wer die Stadtbesichtigung per Boot fortführen möchte, hat hier Gelegenheit dazu. Die meisten Fahrten beinhalten die Fontanka mit ihren klassizistischen Palästen, die belaubte Mojka und den romantischen Griboedov-Kanal. Die Mojka entlang in nördlicher Richtung führt ein Spaziergang durch die ältesten und schönsten Stadtviertel.

## ■ Haus der Künste

Nur wenige Gehminuten von der Mojka befindet sich in der ul. Bol'šaja-Konjušennaja das **Kaufhaus DLT**. Auf der linken Seite des Nevskij ist bei Hausnummer 15 ein frühklassizistischer Bau zu sehen. In den 1920er Jahren war das ›Haus der Künste‹ Treffpunkt von Literaten und Künstlern. Heute befindet sich ein Kino in dem Gebäude.

Gegenüber an der Ecke Nevskij und Mojka befindet sich das **Literaturcafé**, in dem angeblich Puškin seinen letzten Kaffee trank, bevor er sich duellierte und dabei starb. Das Café ist heute in erster Linie wegen seiner beeindruckenden Inneneinrichtung einen Besuch wert. Von hier aus geht es in die Verlängerung der ul. Bol'šaja Morskaja, die den Nevskij-Prospekt mit dem Palastplatz und dem Isaaks-Platz (pl. Isaakievskaja) verbindet. Geht man rechts in die Gasse, betritt man den Palastplatz durch die Paradeeinfahrt der Zaren.

## ■ Palastplatz

Der Palastplatz (Dvorcovaja pl.) hat enorme Dimensionen. Die geschwungene, fast 600 Meter lange Fassade des **Generalstabsgebäudes** im Süden des Platzes wurde im klassizistischen Stil von Carlo Rossi (1775–1849) entworfen. Das Gebäude liegt dem grünen **Winterpalast** gegenüber und wird von einem monumentalen Triumphbogen durchbrochen. Wie dieser Triumphbogen ist

*Die Löwenbrücke über den Griboedov-Kanal*

*Der Winterpalast*

auch die Steinsäule in der Mitte des Platzes zum Zeichen des Sieges über Napoleon errichtet worden. Die fast 48 Meter hohe und 700 Tonnen schwere Säule wurde 1834 von 2000 Männern mit Hilfe von Pferden und Flaschenzügen in die Vertikale gebracht. Sie heißt **Aleksandrsäule** – nach dem Zaren, der diesen Sieg errungen hat. Auf dem Platz ist immer viel los, junge Leute verabreden sich, Kutschen und Fahrradrikschas warten auf Kundschaft, gelegentlich finden vor der majestätischen Kulisse Popkonzerte vor bis zu 50 000 Zuschauern statt. 1917 begann hier die Oktoberrevolution mit dem Sturm auf den Winterpalast. Heute birgt ein großer Teil des Meisterwerks Rastrellis, das sich über 230 Meter an der Neva entlang erstreckt, eines der berühmtesten Kunstmuseen der Welt, die **Eremitage**. Katharina die Große erwarb Werke bedeutender Maler wie da Vinci, Tizian, Michelangelo und Rubens, zu sehen in über 150 Ausstellungsräumen. Am Palastplatz rechts vorbei gelangt man zur **Neuen Eremitage** an der ul. Millionnaja, eines der fünf Eremitage-Museen.

Der nahe liegende **Sommergarten**, der älteste und schönste Park der Stadt, ist bis 2012 wegen Renovierungsarbeiten geschlossen.

## ■ Peter-und-Paul-Festung

Am Neva-Ufer angelangt, fällt der Blick auf die andere Uferseite, zur Peter-und-Paul-Festung, wo Peter der Große begann, seine neue Hauptstadt zu bauen. Die hölzerne **Johannesbrücke**, die älteste Brücke der Stadt, führt durch zwei Tore über die Haupthalle zur Peter-und-Pauls-Kathedrale, erbaut zwischen 1712 und 1733 nach Entwürfen von Domenico Trezzini. Gegenüber der Kathedrale befindet sich die **Münze Petersburg** von 1724. Hier werden bis heute Sondermünzen, Medaillen und Metromünzen geprägt.

Schon kurz nach Fertigstellung wurde die Festung, die nie einen Kanonenschuss abbekam, als Gefängnis für Gegner des Zarenregimes genutzt. Dostoevskij wurde hier inhaftiert, bevor man ihn nach Sibirien deportierte. Man kann die gesamte Anlage besichtigen, mit einem Touristenzug eine Führung unternehmen oder sich als Zar und Zarin

*Die Petersburger Münze*

*Blick auf die Kunstkammer am rechten Neva-Ufer*

verkleiden und fotografieren lassen – gegen Bezahlung, versteht sich.
Die Petersburger kommen heute gern zum Sonnenbaden auf die Festung. Unweit liegt auf der Neva der **Panzerkreuzer Aurora** vor Anker, den man besichtigen kann. 1917 gab der Kreuzer mit einem Platzpatronenschuss das Startsignal für die Erstürmung des Winterpalais.

■ **Neva-Ufer**
Auf der rechten Seite des Palastufers säumen der **Palast des Großfürsten Vladimir Aleksandrovič** (Dvorcovaja naberežnaja 26) sowie der **Marmorpalast** (ul. Millionnaja 5/1) das Ufer. Dieses architektonische Denkmal ließ Katharina II. 1785 für ihren Liebhaber Graf Orlov von Antonio Rinaldi erbauen. Heute ist hier die **Abteilung für Moderne Kunst** des Russischen Museums untergebracht. Geht man an der Vorderseite der Eremitage links am Ufer weiter vorbei am **Denkmal Peter der Große als Zimmermann**, laden Stände mit Getränken und Snacks zu einer kleinen Rast ein. Besonders am Feierabend genießen die Petersburger hier bei einem Bier die bezaubernde Atmosphäre und den Blick auf die Peter-und-Paul-Festung. Im Sommer ist an der Neva bis spät in die Nacht hinein etwas los: flanierende Pärchen, junge Leute, die Musik machen, und andere, die einfach nur entspannen, an- und ablegende Boote.

■ **Admiralität**
Richtung Westen folgt die Admiralität, die ehemalige Werft Peters des Großen. Dass nicht das Schloss, sondern die Werft der zentrale Punkt der auf dem Reißbrett entworfenen Stadt wurde, hatte Symbolgehalt: Nach dem Willen Peters des Großen sollte St. Petersburg aus Russland eine Seemacht machen. So laufen alle Hauptstraßen der Stadt auf die 72 Meter hohe Turmspitze der Admiralität zu, in der heute eine Marineschule untergebracht ist.

■ **Dekabristenplatz**
Durch den **Aleksandrovskij-Garten** gelangt man auf den Dekabristenplatz, auf dem das **Denkmal Peters I.** steht. Zum Thronjubiläum Peters des Großen ließ Katharina die Große das Denkmal enthüllen. Bereits im Jahr 1770 hatte sie einen Granitfindling, der 1600 Tonnen wog, aus der finnisch-russischen Grenzregion Karelien holen lassen. Über 1000 Tagelöhner schleppten mehr als vier Monate, um den Monolithen an die Anlegestelle zu bringen. Puškin hatte das Denkmal als ›Ehernen Reiter‹ besungen. Mehrmals täglich finden sich hier Brautpaare ein, um der Tradition nachzukommen, sich vor den bedeutendsten Sehenswürdigkeiten der Stadt fotografieren zu lassen. Das Standesamt ist gleich um die Ecke an der Neva, und hier meist der erste Stopp. Wenn man nun auf das

andere Neva-Ufer blickt, auf die Vasil'evskij-Insel, ist in gelber Farbe die **Akademie der Wissenschaften** zu sehen, daneben in Rot-Weiß die **Universität** und die **Philologische Fakultät**. Beherrschendes Gebäude ist die ehemalige **Börse**, die mit den 44 sie umgebenden dorischen Säulen einem Tempel ähnelt.

### ■ Isaaks-Kathedrale

In südwestlicher Richtung erhebt sich die Isaaks-Kathedrale, die prächtigste Kirche St. Petersburgs, die ein Bauwerk des Architekten Auguste Montferrand (1786–1858) ist. Vor der Kirche gibt es das ganze Jahr über Matrjoschkas, Pelzmützen und sowjetischen Kitsch für viel Geld zu kaufen. Wer die 256 Stufen zur goldenen Kuppel hinaufsteigt, wird mit einem atemberaubenden Blick auf die schönsten Plätze des alten St. Petersburg belohnt. Diese riesige Goldkuppel mit 26 Metern Durchmesser dominiert die Silhouette der Stadt. Die Isaaks-Kathedrale, die größte Kirche Russlands, wurde in 40 Jahren, von 1818 bis 1858, erbaut und sollte die Position Russlands als neue europäische Großmacht demonstrieren. Beeindruckend sind die 112 monolithischen Granitsäulen auf dem Portikus und rund um die Kuppel, von denen jede 40 Tonnen wiegt.

Nicht weit von der Isaaks-Kathedrale, im südlichen Teil des Isaaks-Platzes, ist die breiteste Brücke der Stadt zu bewundern. Die **Blaue Brücke** – einst war es russische Tradition, Brücken durch Farben zu kennzeichnen – überspannt den Mojka-Kanal und ist 97 Meter breit. Ursprünglich 1818 errichtet, wurde sie 1844 rekonstruiert und erweitert. Bis heute ist der untere Teil blau bemalt. Von hier aus kann man am Mojkakanal zurück zum Nevskij gehen.

## Der südliche Nevskij-Prospekt

Wer jetzt noch Energie hat, kann sich zu einem zusätzlichen Besichtigungsrundgang aufmachen. Es geht den Nevskij entlang in Richtung Aničkov-Brücke, die über den Fontanka-Fluss führt. Auf der Höhe der Michajlovskaja ul. steht St. Petersburgs ältestes und schönstes Hotel, das ›Grand Hotel Europe‹. Blickt man die Straße links hinunter, ist der Platz der Künste (pl. Iskusstv) zu sehen, auf dem sich mitten in einem Park das **Puškin-Denkmal** befindet.

### ■ Gostinyj Dvor

Als nächstes fällt die schöne frühklassizistische Fassade des Gostinyj Dvor auf. Der Bau, 1761 bis 1785 nach Plänen von Rastrelli erbaut, nimmt ein ganzes Viertel ein und wurde in vielen russischen Städten kopiert. In nördlicher Richtung fällt der Blick auf die blau-weiße **Armenische Kirche**.

### ■ Aničkov-Brücke

Es folgt der Ostrovskij-Platz mit einem der 40 St. Petersburger Theater, dem

▲ *Die Isaaks-Kathedrale*

*Rossbändiger vor dem Aničkov-Palais*

berühmten **Aleksandrinskij-Theater**, dem Puškin-Dramentheater der sowjetischen Ära. Es wurde 1828 von der Gemahlin Nikolajs I. gegründet. Der Platz erinnert an Aleksandr Nikolaevič Ostrovskij (1823–1886), den Dramatiker und Schöpfer des nationalen russischen Theaters. Das einzige erhaltene Denkmal Katharinas der Großen befindet sich hier. An der Aničkov-Brücke beeindruckt das klassizistische **Aničkov-Palais**, das älteste Gebäude am Nevskij mit der Skulpturengruppe der Rossbändiger des deutschstämmigen Bildhauers Baron Peter Clodt von Jürgensburg (1805–1867).

■ Nevskij-Kloster

Weiter geht es über den riesigen Platz des Aufstands (pl. Vosstanija) in östlicher Richtung. Dieser Teil des Nevskij ist wesentlich ruhiger, Luxusboutiquen reihen sich aneinander. Nobellokale, die Sushi oder mediterrane Köstlichkeiten anpreisen, komplettieren das Bild. Am Ende befindet sich das Nevskij-Kloster, geplant vom damals führenden Architekten Domenico Trezzini. Wie die Straße ist auch das 1710 gegründete Kloster nach dem legendären Novgoroder Fürsten Aleksandr benannt, der 1240 die Schweden am Fluss Neva schlug und daraufhin den Beinamen Nevskij erhielt. Der gesamte Komplex umfasst elf Kirchen und Kapellen sowie vier Friedhöfe. Bekannte russische Künstler liegen auf dem **Tichviner Friedhof** begraben: Pjotr Čaikovskij, Igor Stravinskij, Michail Glinka und Fëdor Dostoevskij.

## Heumarktviertel

Etwas abseits der großen Routen, aber unbedingt sehenswert ist das weniger pompöse, dafür aber lebensechte Heumarktviertel, der Petersburger Bauch. Es ist der Ort der Handlung russischer Romane von Puškin über Dostoevskij bis hin zu moderneren Krimiautoren. Vom Dostoevskij-Haus aus starten Touren mit deutschsprachiger Führung zu den Schauplätzen seiner Romane. Sie gehen bis zum Griboedov-Kanal, an dem viele Szenen aus ›Verbrechen und Strafe‹ (Schuld und Sühne) spielen (→ S. 256).

*Im Heumarktviertel*

# Fëdor Dostoevskij

*»Dostoevskij – das ist Russland. Es gibt kein Russland ohne Dostoevskij.«*
*Alexej Remisov, russischer Autor 1927*

»Raskolnikov hatte eine Vorliebe für diese Gegend, ebenso für die Gassen in der näheren Umgebung«, beschreibt Fëdor Dostoevskij die Verbundenheit seines Romanhelden aus ›Verbrechen und Strafe‹ zum Heumarktviertel. Zur damaligen Zeit war die Gegend eines der ärmsten Viertel der Stadt, in dem er selbst nach seiner Rückkehr aus der Gefangenschaft in Sibirien im ständigen Kampf gegen Krankheit, Spielsucht und drückende Schulden lebte. Die Stadt beschreibt er in seiner Novelle ›Weiße Nächte‹ als ›kränkliches Mädchen von unaussprechlicher Schönheit und unbändigem Lebenswillen‹, St. Petersburg war für ihn die ›phantastischste Stadt der Welt‹. Am Schreibtisch seiner Sechszimmerwohnung in der Kuznečnyj pereulok entstand sein letzter Roman ›Die Brüder Karamasow‹, der wie viele seine Romane, unter anderem ›Der Idiot‹, die Regungen der menschlichen Seele bis zu Extremsituationen erforschten. Er beeinflusste Schriftsteller des 20. Jahrhunderts wie Hermann Hesse, Albert Camus, Ernest Hemingway oder Gabriel Garcia Marquez.

Bereits als 24-jähriger hatte Dostoevskij mit ›Arme Leute‹ Erfolg als Schriftsteller. Wegen Kontakten zu Zarengegnern wurde er vier Jahre später zum Tode verurteilt, das Urteil wurde jedoch in zehn Jahre Haft in einem sibirischen Lager umgewandelt. 1866 erschien das erste Werk, das später zur Weltliteratur gehören sollte: ›Verbrechen und Strafe‹, die Geschichte des heruntergekommenen, armen Studenten Rodion Romanovič Raskolnikov, der aus Hochmut zum Mörder wird. Als Dostoevskij 1881 starb, gaben ihm 60 000 Menschen das Geleit. Er liegt auf dem Friedhof des Nevskij-Klosters begraben.

Fëdor Dostoevskijs letzte Wohnung wurde in ein kleines Museum umgewandelt. Die Wohnung wurde liebevoll restauriert. Briefe, Fotos und Dokumente aus Dostoevskijs Leben sind Teil der Ausstellung. Samstags und sonntags werden Ausschnitte aus den sowjetischen Verfilmungen seiner Romane gezeigt. Das Museum organisiert Exkursionen zu den Schauplätzen seiner Romane und zu seinen ehemaligen Wohnungen. Kuznečnyj pereulok 5; Di–So 11–17.30 Uhr.

*Dostoevskij-Denkmal in St. Petersburg*

# St.-Petersburg-Informationen

Das neue Kreuzfahrtterminal im Westen der Vasil'evskij-Insel verfügt seit 2010 über sechs Anlegestellen.

Das Angebot an Hotels, Cafés und Restaurant hat in den letzten Jahren einen guten Standard erreicht. Die den Hotels sind besonders die vielen Mini-Hotels interessant, die sehr preiswert sind und meist über gute Ausstattung und englischprechendes Personal verfügen. In der Gastronomie ist von russischen Fastfood-Ketten (etwa ›Teremok‹) mit hervorragenden Blinis zum Spottpreis bis zum guten ›Italiener‹ mittlerweile alles vertreten.

*Im Witebsker Bahnhof*

## Allgemeine Informationen
**Vorwahl Russland**: 007.
**Vorwahl St. Petersburg**: 812.
www.visit-petersburg.com.
**Städtisches Touristeninformationszentrum**, Sadovaja 14, Mo–Fr 10–19 Uhr, Sa 10–18 Uhr, Informationspavillons am Palastplatz (Dvorcovaja pl.) und im Internationalen Flughafen Pulkovo-2; Mo–Fr 10–19 Uhr.

## An- und Abreise
### ■ Mit dem Auto
Mit dem Auto am besten über Finnland fahren. Von Helsinki sind es noch 400 Kilometer nach St. Petersburg auf bestens ausgebauten, mäßig befahrenen Straßen. Ein anderer Weg führt über Suomi per Schiff und über eine gut ausgebaute Trasse via Wyborg zwei bis drei Stunden.

### ■ Mit der Bahn
Mit dem Zug geht es nur über Berlin (mit Kurswagen, ca. 36 Stunden) nach St. Petersburg (über Weißrussland mit Visumpflicht). Auskünfte auch über Rabatte unter www.gleisnost.de. Seit 2010 verkehren zwischen St. Petersburg und Helsinki moderne Pendolino-Expresszüge. Die Fahrtzeit zwischen den beiden Metropolen beträgt mit dem ›Allegro‹ 3,5 Stunden (www.vr.fi/en/index/ulkomaat/venaja/allegro.html). Den Fahrplan für innerrussische Züge findet man im Internet unter www.poezda.net/train.htm (engl.).

### ■ Mit dem Bus
Busse der **Deutschen Touring** (www.touring.de) fahren direkt nach St. Petersburg, die Fahrt dauert von Berlin aus 40 Stunden.

Vom **Busbahnhof** (nab. Obwodnogo kanala, 36, Auskunftsbüro des Busbahnhofs: 7–13, 14–20 Uhr, Tel. 766 57 77) aus fahren komfortable Busse in die Städte Russlands, Weißrusslands, Estlands, Finnlands.

### ■ Mit dem Schiff
**Finnlines** fährt ab St. Petersburg (Mi und Sa um 20 Uhr über Ventspils und Sassnitz) nach Lübeck (Ankunft Sa

bzw. Di 7 Uhr morgens, Fahrzeit bis 55 Stunden (www.finnlines.com). Ferner wird diese Strecke von **Trans-RussiaExpress** (www.tre.de) gefahren.

**St-Peter-Line** (www.stpeterline.com) fährt regelmäßig nach Helsinki (Fahrzeit ca. 14,5 Stunden) und Tallinn (Fahrzeit ca. 12 Stunden) und über Mariehamn weiter nach Stockholm. Der neue **Passagierhafen Morskoy Fasad** liegt im Westen der Vasil'evskij-Insel. Vom Hafen erreicht man das Stadtzentrum nach 30-minütiger Bus- oder Taxifahrt (15 Min.).

### ■ Mit dem Flugzeug
Von vielen deutschen Städten über Riga aus mehrmals die Woche mit Air Baltic, www.airbaltic.de. Die Petersburger Fluglinie ›Pulkovo‹ fliegt aus Deutschland, der Schweiz und Österreich von und nach St. Petersburg, www.pulkovo.ru. Von Berlin aus fliegt Air Berlin; www.airberlin.com.

## Unterwegs in St. Petersburg
### ■ Öffentliche Verkehrsmittel
Busse, Trolleybusse und die Straßenbahn fahren ab 5.45 bis 24 Uhr. Fahrkarten können beim Schaffner gekauft werden. Der Fahrpreis ist immer der gleiche, egal, wie viele Kilometer man zurücklegt. Außerdem gibt es ein weitverzweigtes Metronetz, die Züge fahren tagsüber alle zwei Min., abends alle fünf Min. Es gibt keine Fahrscheine, sondern Jetons sowie Plastikkarten, die man an den Schaltern der Metros erhält.

Zwischen 2 und 4 Uhr nachts sind die Neva-Brücken offen (während der Navigationsperiode Mai–Oktober), um den Schiffsverkehr passieren zu lassen.

### ■ Taxi
Preise für ein Taxi sollten vor der Fahrt aus- bzw. heruntergehandelt werden. Englische Taxibestellungen unter Tel. 277 40 32, 274 20 60, 35 60 01, sonst unter 312 00 22, 068, 100 00 00.

Seit Sommer 2010 verkehren auf vier Petersburger Strecken Wassertaxis (Aquabus), auf den Newa-Armen im 10–15 Minuten-Takt. Weitere Linien sind geplant.

### ■ Stadtrundgänge und -fahrten
Im **Touristeninformationszentrum** kann man auch individuelle Touren buchen, zu Fuß, mit dem Auto, auch Ausflüge nach Carskoe Selo zum Bernsteinzimmer.

Individuelle Touren in perfektem deutsch bietet **Elena Lixačova** (Lichatschowa) mit fachkundigen Kommentaren und vielen Geschichten aus der Stadt, mit dem Auto oder zu Fuß (auch Abholservice vom Flughafen), Tel. 007/911/997 36 14, www.tourbegleitung.com.

**Bootsfahrt**, ab Mittag alle 30 Minuten an der Fontanka nahe der Aničkov-Brücke oder am Griboedov-Kanal, Mai–Okt. 11–19 Uhr (im Sommer bis

*Velotaxi auf dem Palastplatz*

in die Nacht), jede der vier Routen 1–1,5 Stunden.

■ **Aussichtspunkte**
Von der **Isaaks-Kathedrale** hat man die schönste Aussicht über die Stadt.

## Unterkunft
**Hotel Astoria**, Bol'šaja Morskaja 39, Tel. 494 57 57, www.thehotelastoria.com; DZ ab 350 Euro. Eines der besten und schönsten Häuser der Stadt. Es gibt Zimmer mit Isaaks-Kathedralen-Ausblick, was vor allem nachts atemberaubend ist.
**Grand Hotel Europa**, ul. Michajlovskaja 1/7, Tel. 329 60 00, www.grandhoteleurope.com; DZ ab 280 Euro. 1824 erbaut und 1991 rekonstruiert, nahe dem Platz der Künste, antike Ausstattung, mehrere Restaurants, luxuriöse Einrichtung.
**Comfort Hotel**, ul. Bol'šaja Morskaja 25, Tel. 570 67 00, www.comforthotel.org, DZ ca. 100 Euro. Kleines Hotel ganz in der Nähe von Eremitage und Isaaks-Kathedrale.
**Nevsky Hotel**, Moyka 5, Tel. 601-06 36, www.nevskymoyka5hotel.com. Das familiär geführte 3-Sterne-Hotel im Herzen von St. Petersburg hat 26 kleine, aber gemütlich eingerichtete Zimmer. 10 Min zu Fuß vom Nevskij, gratis W-Lan.

## Gastronomie
**1913**, Voznesenskij pr. 13/2, Tel. 315 51 48, www.restaurant-1913.spb.ru; 12–1 Uhr. Romantisches Ambiente, hervorragende klassische russische Küche. Tipp: die kalte Borščsuppe. Zivile Preise.
**La Terrassa**, Kazanskaya ul. 3 A, Tel. 937 68 37, www.terrassa.ru. Gourmetrestaurant mit Showküche. Hervor-

*Sushirestaurant auf dem Nevskij Prospekt*

ragende russische, italienische und asiatische Gerichte. Von der großen Terrasse genießt man einen traumhaften Ausblick auf die Kazaner Kathedrale und den Nevskij. Am Wochenende reservieren.
**Caviar-Bar**, Michajlovskaja ul. 1/7, im ›Grand Hotel Europe‹; 17–23 Uhr. Klassisches Ambiente mit Live-Musik, russisches Menü mit grandioser Auswahl an bestem Wodka und Kaviar.
**Idiot**, Naberezhnaja reki Mojki 82, Tel. 315 16 75; tägl. 11–1 Uhr. Atmosphäre und Einrichtung erinnern an Dostoevskij und seine Zeit. Russische und europäische Küche, auch vegetarisch, gelegentlich Livemusik.
**Marcelli's**, Vosstanija ul. 15, Tel. 702 80 10, www.marcellis.ru; 11–1 Uhr. Netter Italiener mit Tischen im Freien, fernab vom Trubel, sehr gute italienische Küche, extrem freundlicher Service und selbstgebrautes trübes Bier.

■ **Cafés**
**Sladkoežka**, u. a. ul. Marata 2, www.sladkoezka.com.ru; tägl. 8.30 –23.30 Uhr. Petersburger Kaffeehauskette mit superleckerem Kuchen.

**Sever**, (СЕВЕР), u. a. Nevskij-Prospekt 44, http://tort.spb.ru; 10–21 Uhr. Wo das Logo mit den zwei Eisbären zu sehen ist, erwartet einen das Kuchenparadies, auch Cappuccino und Espresso sind lecker.

**Literaturcafé**, Nevskij-Prospekt 18, www.litcafe.restoran.ru; tägl. 11–1 Uhr. Der Besuch an dem historischen Ort – Čaikovski (Tschaikowski) und Puškin waren hier – lohnt in erster Linie wegen der Einrichtung mit beeindruckenden Stehleuchtern. Gelegentlich Lesungen und Livemusik.

### ■ Nachtleben

**Griboedov**, ul. Voronežskaja 2 a; Do–Sa ab 22 Uhr. Independent-Club nahe dem Moskauer Bahnhof in ehemaligem Bunker, Livemusik von Reggae bis Funk.

**Jazz-Philharmonic Hall**, Zagorodnyj pr. 27, www.jazz-hall.spb.ru; Mo–So ab 19 Uhr. Jazz-Klassiker, Konzerte von Dixielandjazz bis Oldies, gediegenes Ambiente.

**Fish Fabrique**, ul. Puškinskaja 10, www.fishfabrique.spb.ru; Do–So 20–6 Uhr. Einer der traditionsreichsten Clubs der Petersburger Musikszene, der seinen Charakter bewahrt hat; Billardtisch, DJ-Musik, ab und zu Liveauftritte, sehr junges Publikum.

**Metro**, Ligovskij Prospekt 174, www.metroclub.ru. Riesendisko, drei Levels, Musik von russischem Rock bis R'n'B.

## Kultur
### ■ Museen

**Eremitage**, Dvorcovaja pl. 2, www.hermitage.ru; Di-Sa 10.30–18, So 10.30–17 Uhr, Kasse bis 16 Uhr. Ein Teil dieses Kunstmuseums ist im Winterpalast untergebracht, in der Kleinen Eremitage und in der Alten Eremitage, Haupteingang an der Flussseite des Winterpalastes.

**Russisches Museum**, Inženernaja ul. 2–4, www.rusmuseum.ru; Mi–So 10–18, Mo 10–17 Uhr, Kasse bis 16 Uhr. Weltgrößte Sammlung russischer Malerei, Ikonographie, Skulpturen und Graphik, Führung empfehlenswert. Sonderausstellungen im Stroganovpalais und Zweigstelle im Marmorpalast.

**Dostoevskij-Museum**, Kuznečnyj per. 5/2, Tel. 571 40 31; tägl. außer Mo 11–17.30 Uhr, nur nach telefonischer Anmeldung für Gruppen, Einzelpersonen frei, oder über die deutschsprachige Führung.

**Puškin-Wohnmuseum**, nab. Reki Mojki 12, Tel. 314 00 06, 571 35 31; tägl. außer Di und letztem Fr des Monats 10–18 Uhr, Kasse bis 17 Uhr, Museumsführungen (Audioguide deutsch, englisch). Vom Nevskij-Prospekt kommend durch das zweite Holztor des Hauses Nr. 12 an der Mojka-Uferstraße den schönen Innenhof mit dem Puškin-Denkmal betreten. Das erste Holztor (mit Hinweisschild) ist immer verschlossen.

*Im Club Fish Fabrique*

## ■ Veranstaltungen

Aktuelle Veranstaltungshinweise unter http://petersburgcity.com.

**Mariinskij-Theater für Oper und Ballett**, Teatral'naja pl. 1. Traditionelle Inszenierungen von Čajkovskij-Balletten und Opern der russischen Komponisten Borodin oder Glinka; Karten über die Touristeninformation und in den großen Hotels oder im Internet unter www.mariinsky.ru.

**Stadtgeburtstag**, letzter Sonntag im Mai. Auf dem Gelände der Peter-und-Paul-Festung wird der Geburtstag mit einem Volksfest gefeiert.

**Musical Olympus**, Ende Mai/Anfang Juni, www.musicalolympus.ru. Internationales Festival mit den Gewinnern der renommiertesten internationalen Musikwettbewerbe, begleitet von Petersburger Orchestern, unter anderem in der Šostakovič Philharmonic Hall und dem Theater der Eremitage.

**Weiße Nächte,** Ende Juni. Ballett-, Theater- und Musik-Festival mit internationalen und nationalen Spitzen-Ensembles sowie ›Swing of the White Nights‹ mit Jazzmusik.

## Einkaufen

**Gostinyj Dvor**, Nevskij-Prospekt 35; tägl. 10–22 Uhr. Ältestes und größtes Kaufhaus der Stadt mit schöner Architektur.

**Passaž**, Nevskij-Prospekt 48 (www.passage.spb.ru/en). Einkaufspassage im Neo-Renaissance-Stil, im Untergeschoss Gastronomieabteilung.

**DLT**, Bol'šaja Konjušennaja 21. Großes Kaufhaus mit Architektur im Pariser Stil.

**Baltiysky Fashion Gallery**, Bolšoi pr. 68, www.fashiongallery.spb.ru; 11–21 Uhr. Modernes Shoppingcenter mit 100 Boutiquen. Viele aktuelle russische Designer sind vertreten.

*Kino im Hinterhof*

**Tatjana Parfionova**, Nevskij-Prospekt 51, www.parfionova.ru; 12–20 Uhr. Eigenwillige Kreationen aus Seide und Spitze aus der Hand der Modezarin.

**LFZ**, Nevskij-Prospekt 60, www.lfz.ru. In dieser St. Petersburger Manufaktur gibt es das berühmte Porzellan in klassischem und modernem Design.

**Dom Knigi**, Nevskij-Prospekt 28, tägl. 9–24 Uhr. Größte Buchhandlung der Stadt.

**Kuznečnyj Rynok**, Kuznečnyj per. 3. Lebendigster Bauernmarkt der Stadt, im Heumarktviertel.

**Sennoi-Markt**, Moskovsky pr. 4a, tägl. 9–20 Uhr. Populärer Markt. Hier kostet das Gemüse im Vergleich zum Kuznečnyj-Markt die Hälfte; daneben befindet sich ein großes Shoppingcenter, in dem die Petersburger gern ihre Kleidung kaufen, auch Markenware.

**Private Kunstgalerien** mit großartigen Werken St. Petersburger Künstler. u. a. **Guild of Masters**, erste private Kunstgalerie von St. Petersburg, Nevskij-Prospekt 82, tägl. außer Mo 12–20 Uhr (inkl. Zollpapierservice) und **N-Prospect**, Nevskij-Prospekt 78, www.n-prospect.ru, 11–20 Uhr.

## Carskoe Selo

25 Kilometer südlich von St. Petersburg präsentiert sich die ehemalige Sommerresidenz des Zaren als großartiges Ensemble von Gebäuden und Parkanlagen, in dessen Zentrum der barocke Katharinenpalast steht. Katharina I. ließ 1718 den Palast vom deutschen Bildhauer und Architekten Johann Friedrich Braunstein (1714–1828) errichten. Zur Zarin gekrönt, beauftragte Elisabeth I. ihren Hofbaumeister Bartolomeo Rastrelli 1752 mit der Erweiterung des Palasts. Rastrelli schuf einen der schönsten Barockpaläste Europas. Im Zweiten Weltkrieg wurde das Schloss von den Deutschen zerstört. Die Restaurierungsarbeiten begannen in den 1950er Jahren. Höhepunkt ist das 2003 eröffnete rekonstruierte Bernsteinzimmer.

### Carskoe Selo

**Info**: www.tzar.ru.
**Öffnungszeiten**: Mi–Mo 10–17 Uhr, am letzten Mo im Monat geschlossen. Wegen des großen Andrangs bucht man die Eintrittskarte am besten über das Touristenbüro.

Zu erreichen ist Carskoe Selo vom Vitebsker Bahnhof mit der Električka, weiter mit den Bussen 371, 382 bis zu den Parks; Bus N 287, von der Metrostation ›Moskowskaja‹, Linientaxi 299, 545.

## Peterhof

Peter I. ließ die Sommerresidenz der Zaren, oft ›russisches Versailles‹ genannt, an der südlichen Küste des Finnischen Meerbusens 1714 errichten. Unter Leitung von Johann Friedrich Braunstein entstand der Große Palast. In der ganzen Schlossanlage gibt es 140 Fontänen und Springbrunnen sowie Pavillons und kleine Paläste. Der Lieblingspalast Peters des Großen war der kleine ›Monplaisir‹ am Ufer der Ostsee. Die Residenz in Peterhof ist heute eine Rekonstruktion. Nur Schutt und Asche hatte die deutsche Wehrmacht während des Zweiten Weltkriegs hinterlassen. Die Restaurierungsarbeiten wurden sehr sorgfältig ausgeführt. So wurden etwa die Seidentapeten mit der Originaltechnologie wiederhergestellt. Für 15 Zentimeter Tapete arbeitete eine gesamte Schicht, bestehend aus drei Leuten, neun Stunden lang. Besonders sehenswert ist die große Kaskade vor dem Schloss mit ihren wasserspeienden goldenen Skulpturen – die größte Brunnenanlage der Welt.

### Peterhof

**Info**: www.peterhofmuseum.ru.

Am Neva-Ufer bei der Eremitage fahren Tragflügelboote (raketa) nach Peterhof (30 Minuten). Über Land fährt die Električka vom Baltischen Bahnhof bis zur Station Novyj Petergof (40 Min.), danach Busse Nr. 348, 350, 351, 352, 356 bis zum Park oder zu Fuß.

**Öffnungszeiten im Sommer**: Park tägl. 9–20 Uhr, Fontänen 11–18 Uhr, Sa/So bis 19 Uhr. Palast 10.30–18 Uhr, geschlossen Mo und letzter Di des Monats.

*Die Erlöserkirche in St. Petersburg*

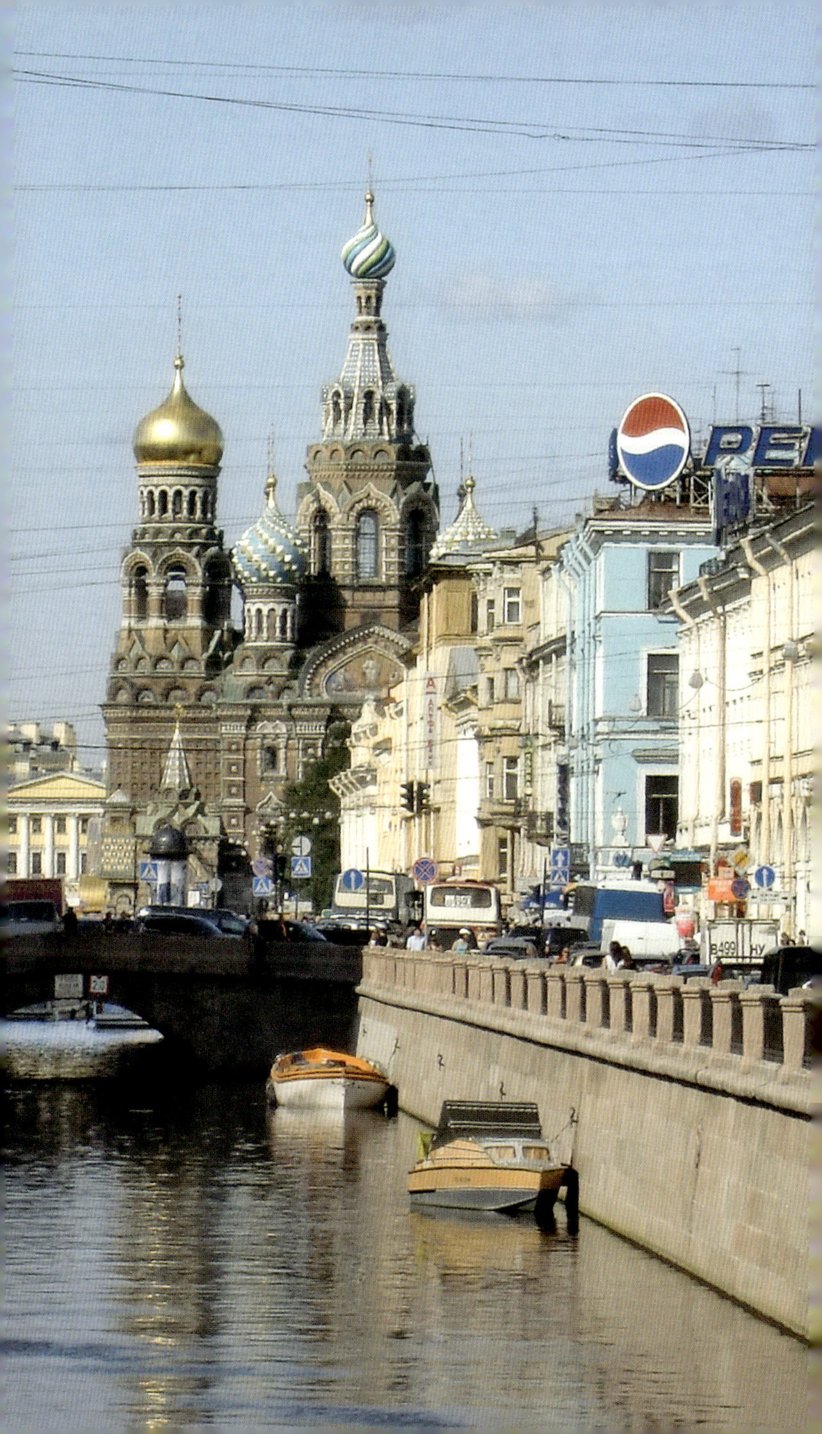
PEPSI

Im Sommer die hellen Nächte durchfeiern, im Park an der Prachtstraße Esplanadi bei einem Picknick spontaner Live-Musik lauschen, auf dem Design-Walk die verrücktesten Kreationen entdecken und in der ›Sauna-Bar‹ ein Bier trinken. Helsinki im Sommer ist Kunst, Kultur, Kreativität – und einfach Lebensfreude.

# Helsinki

Wenn im Juli die Sonne kaum noch untergeht, füllen sich auf der **Esplanadi** die breiten Gehsteige mit Tischen und Stühlen – und die vielen kleinen und großen Parks mit Picknickdecken. Der leuchtende **Kuppeldom** auf dem **Senatsplatz**, dem Zentrum der weißen Stadt des Nordens, erhebt sich weithin sichtbar über die Stadt. Gleich daneben am **Marktplatz Kauppatori** steht der Havis-Amanda-Brunnen mit Meerjungfrau. Nirgendwo schmeckt ein Fischbrötchen leckerer als hier so ganz frisch vom Fischer.

Die Architektur begeistert in ihrer Vielfalt, die **Uspenski-Kathedrale** etwa ist die größte orthodoxe Kirche in Westeuropa, eine kleine Erkundungstour durch das Stadtviertel **Kamppi** überrascht mit Jugendstilbauten, und die skurrile **Felsenkirche** ist ein Beispiel des architektonischen Expressionismus der 1960er Jahre. Zu Helsinki gehören auch die alten Fabriken, in denen heute Kunst und Theater gemacht wird, die Bars und Cafés, die elegant modernstes Design zelebrieren oder das Flair der 1950er heraufbeschwören – immer mit Stil, immer mit einer originellen Note. Die knapp 600 000 Einheimischen und zwei Millionen Touristen jährlich können aus dem Vollen schöpfen – vom Sternerestaurant über die Hardrock-Karaoke-Bar bis zum ultra-gestylten Club.

Zauberhaft sind auch die beschaulichen Ecken, die Seen mitten in der Stadt oder der Tierpark auf einer Insel. Auf keinen Fall entgehen lassen sollte man sich einen Ausflug mit dem Boot zur **Festungsinsel Suomenlinna**, romantischer Spaziergang und baden in der Bucht inklusive.

## Stadtgeschichte

Das Schicksal Helsinkis war von Anfang an bestimmt vom Konflikt der rivalisierenden Mächte des Ostens und Westens. Zuerst bemächtigte sich der westliche Nachbar des Landes: Ende des 13. Jahrhunderts wurde Finnland schwedisches Großherzogtum. Die heutige Hauptstadt entstand wesentlich später: 1550 ließ König Gustav I. Vasa Helsinki

▲ *Am Havis-Amanda-Brunnen*

gründen – als Konkurrenz zu Tallinn (Reval). Die baltische Hansestadt dominierte den Handel im Finnischen Meerbusen. Um die Stadtentwicklung voranzubringen, verordnete König Gustav I. den Umzug von Angehörigen des Bürgertums verschiedener Städte nach Helsinki, allerdings mit wenig Erfolg. Der Hafen gewann zwar militärische Bedeutung während der Kriege Schwedens mit Russland, dem Baltikum und Deutschland, doch in friedlichen Zeiten brachte man der neuen Siedlung kaum Interesse entgegen – sie war zu abgelegen. 1640 verlegte man Helsinki von der Vantaanjoki-Mündung weiter nach Süden, dorthin, wo heute das neoklassizistische Zentrum steht.

Mit der Herrschaft Zar Peters I. (1672–1721) verschoben sich die Machtverhältnisse. Das modernisierte Russland stieg wieder zur europäischen Großmacht auf. Um ihre Ostgrenze besser zu sichern, errichteten die Schweden im Jahre 1748 vor Helsinki eine Seefestung namens Sveaborg (finnisch Viapori). Heute heißt sie Suomenlinna (Insel der Finnen) und gehört seit 1991 zum Weltkulturerbe der UNESCO. Im Windschatten dieses Großbauprojektes blühte auch Helsinki auf, wenngleich die zuvor unbewohnten Festungsinseln bald mehr Einwohner zählten als die Stadt. 1808 sollte sich die als uneinnehmbar gepriesene Festung zum ersten Mal bewähren, die Schweden kapitulierten jedoch nach kurzer Belagerung durch die Russen.

### Unter dem Zaren

Ein Jahr später ernannte Zar Aleksandr I. Finnland zum autonomen Großfürstentum des russischen Reiches. Die Zarenherrschaft brachte dem damals unter 5000 Einwohner zählenden Helsinki einen Entwicklungsschub – auf Kosten Turkus, das sowohl den Hauptstadttitel (1812) als auch die Universität (1828) abgeben musste.

An der Stelle des im Krieg zerstörten Zentrums aus Holzhäusern ließ Aleksandr zudem ein repräsentatives Zentrum im neoklassizistischen Stil errichten. Mit der Planung beauftragte er Johan Albrecht Ehrenström und den Berliner Carl Ludwig Engel. 1840 war der Wiederaufbau abgeschlossen. Ein kräftiges Bevölkerungswachstum begleitete Helsinkis Blüte als Industriestadt und neues finnisches Zentrum. Zur Jahrhundertwende war die Einwohnerzahl auf 100 000 gestiegen. Die erste Eisenbahn zwischen Helsinki und Hämeenlinna rollte 1862. Auch in der Architektur spiegelte sich der neue Wohlstand. Mitte bis Ende des 19. Jahrhunderts baute man viele neue Gebäude in historischen Baustilen, wie sie zu jener Zeit in weiten Teilen Europas in Mode kamen. Typische Neorenaissancebauten finden sich im Zentrum Helsinkis an der Esplanade und am Platz Erottaja. Die Einflüsse Kontinentaleuropas wuchsen ausgerechnet unter russischer Herrschaft.

### Unabhängigkeit und Bürgerkrieg

Zur Jahrhundertwende wurden die Finnen zunehmend selbstbewusster. 1906 garantierte die finnische Verfassung Frauen dieselben politischen Rechte wie den Männern. Und in der Architektur entwickelte sich mit der Nationalromantik ein eigener Stil, in den je nach Ausprägung Elemente des europäischen Art Déco und der traditionellen finnischen Holzbauweise einflossen. Besonders gut lässt sich dieser Stil in den damals neu entstandenen Stadtteilen Katajanokka, Ullanlinna und Eira studieren.

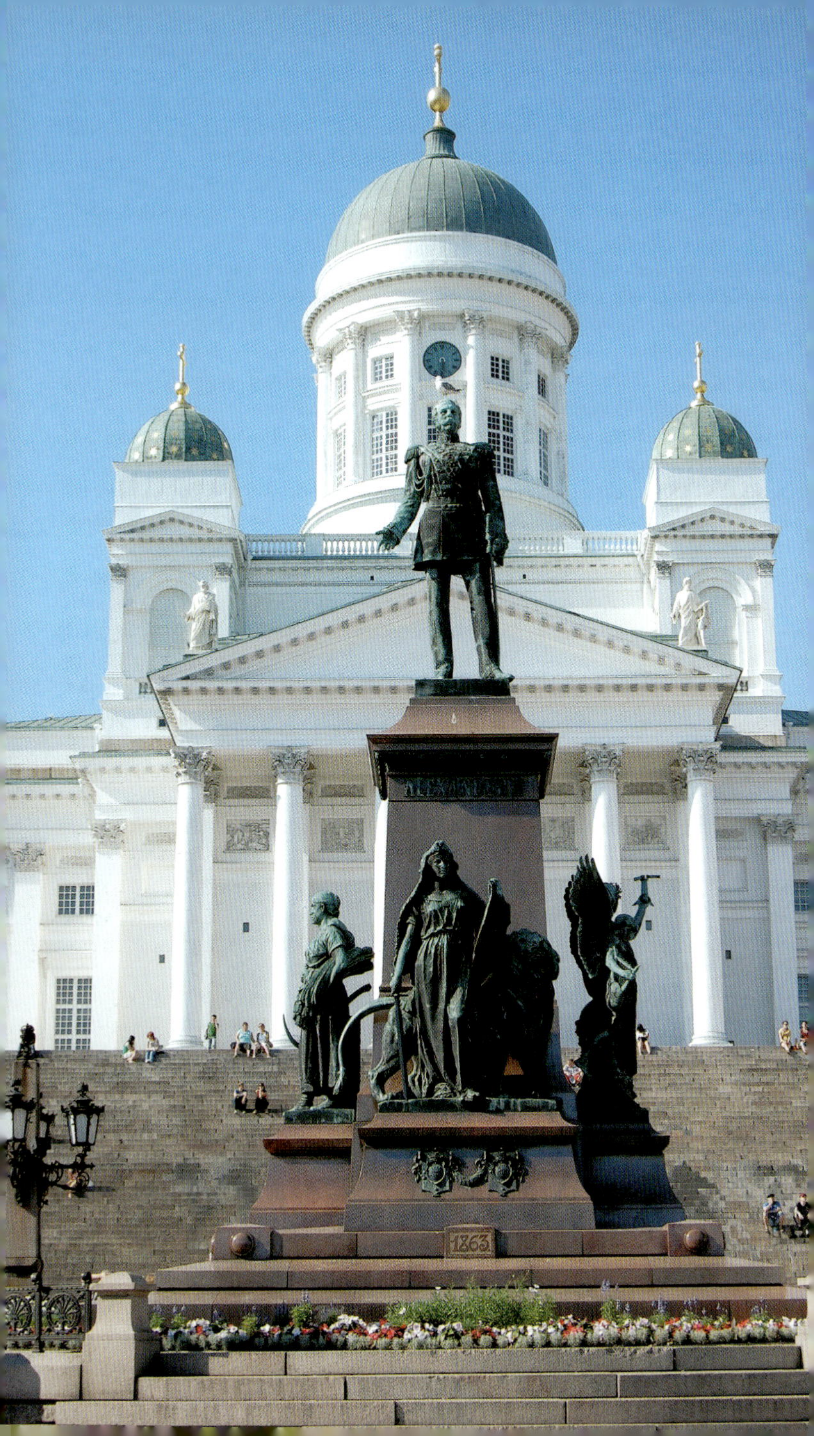
1863

Um die Jahrhundertwende trat auch Finnlands bedeutendster Komponist auf die Bühne: Jean Sibelius (1865–1957), dessen Werke oft die finnische Natur und Nation thematisieren. Sein bekanntestes Stück, ›Finlandia‹, das 1899 uraufgeführt wurde, entwickelte sich zur heimlichen Nationalhymne, woraufhin die russischen Behörden seine Aufführung einige Jahre lang verboten. Nach der russischen Oktoberrevolution 1917 erlangte Finnland seine Unabhängigkeit. Die Freude währte nicht lange: Ein Jahr später standen sich rote und weiße Garden auch in Finnland gegenüber. Ein Bürgerkrieg entflammte, den die konservativen Kräfte um General Carl Gustaf Mannerheim gewannen. 1919 wurde Finnland Republik, die Konflikte zwischen linken und rechten Kräften schwelten jedoch weiter. Im Zweiten Weltkrieg geriet Finnland erneut zwischen die Ost-West-Fronten. Zuerst marschierte die Rote Armee ein, dann die deutsche Wehrmacht. Die sowjetischen Luftangriffe überstand Helsinki ohne größeren Schaden.

## Nach dem Zweiten Weltkrieg

Nach 1945 band sich Finnland durch einen Freundschaftsvertrag an die UdSSR, blieb jedoch neutral. Wirtschaftlich wandelte sich das Agrarland zum Industrieland. Helsinki wuchs mit den Städten Espoo (westlich) und Vantaa (östlich) zusammen. Im Sommer 1952 holte die Hauptstadt die für 1940 geplanten Olympischen Spiele nach. Das Stadion im funktionalistischen Stil markierte den Höhepunkt dieses Trends, der in den 1930er Jahren begonnen hatte und viele öffentliche Gebäude prägte. In den 1960er Jahren begegnete Helsinki wie viele andere Großstädte dem wachsenden Bedarf an Wohnraum mit dem Bau unpersönlicher Wohnblöcke. Doch bereits Anfang der 1980er Jahre besann man sich architektonisch wieder auf den finnischen Einfallsreichtum.

In der zweiten Hälfte des 20. Jahrhunderts machte sich Helsinki einen Namen als Gastgeber internationaler Begegnungen, zum Beispiel der KSZE-Konferenz 1973 und 1975, und leistete seitdem einen wichtigen Beitrag zur Verständigung zwischen Ost und West.

## Helsinki heute

1995 wurde Finnland schließlich Mitglied der Europäischen Union, und im Jahr 2000 feierte Helsinki gleich zweimal: als europäische Kulturhauptstadt und das 450. Stadtjubiläum. Bereits 1998 hatte die Eröffnung des Museums für Moderne Kunst, dem ›Kiasma‹ des berühmten New Yorker Architekten Steven Holl, einen Wendepunkt markiert. Das Kiasma gilt als Symbol für Helsinkis Aufbruch, und in den letzten zehn Jahren formulierte Helsinki das Ziel, die Kultur, die Nähe zur Ostsee und die Natur hervorheben. Im Zentrum der Stadt wurden jede Menge Straßen zu Fußgängerzonen umfunktioniert; neue Stadtteile am Hafengebiet sollen entstehen.

2009 wurde vom ›Finnish Innovation Fund Sitra‹, und der Stadt Helsinki ein Wettbewerb für nachhaltige Stadtentwicklung ins Leben gerufen, für den Bau eines Blocks im Western Harbor. Niedriger $CO_2$-Verbrauch, Energie-Effizienz und hochwertiges Design sind bedeutende Kriterien. 2012 feiert Helsinki 200-jähriges Hauptstadtjubiläum und ist ›World Design Capital‹.

*Statue Alekander II. vor der Domkirche*

## Stadtrundgang

Die Stadt kann hervorragend zu Fuß erkundet werden. Perfekter Ausgangspunkt ist der Marktplatz (Kauppatori) am Kopf der Bucht, der den Hafen mit der Innenstadt, der Flanier- und Einkaufsmeile Esplanadi, den Hafenstraßen und dem neoklassizistischen Zentrum verbindet.

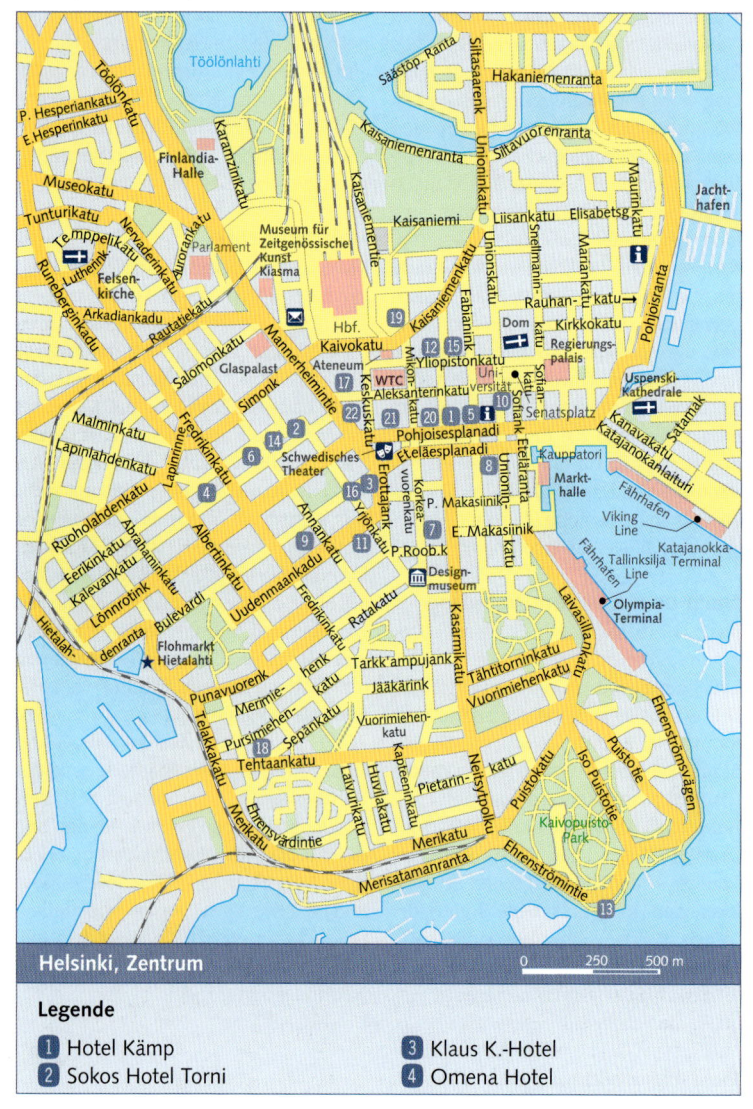

**Helsinki, Zentrum**

### Legende

1. Hotel Kämp
2. Sokos Hotel Torni
3. Klaus K.-Hotel
4. Omena Hotel

- 5 Café und Restaurant Aino
- 6 Restaurant Lappi
- 7 Restaurant Juuri
- 8 Café Kappeli
- 9 Café Ekberg
- 10 Café Engel
- 11 Bar No 9
- 12 Café Karl Fazer
- 12 Café Ursula
- 14 Kafe Moskova/Dubrovnik Bar
- 15 Arctic Ice Bar
- 16 Restaurant Gaijin
- 17 Bar Zetor
- 18 Karaokebar Restroom
- 19 Bar On the Rocks
- 20 Modegeschäft Marimekko
- 21 Akademische Buchhandlung
- 22 Kaufhaus Stockmann

### ■ Marktplatz Kauppatori

Am Hafen legen die großen Fähren aus Tallinn und Stockholm an, kleinere Ausflugsboote fahren zu den nahe gelegenen Inseln wie Suomenlinna und Korkeasaari, und die Fischer bieten auf ihren Kuttern den frischen Fang manchmal gleich vom Boot aus feil. An den Imbissständen am Marktplatz Kauppatori treffen sich die Leute zur Mittagspause. Und die leckeren Fischgerichte, die in riesigen Pfannen frisch zubereitet werden, sehen in der Tat einladend aus. Nur den Kampf mit den Möven muss man gewinnen, die putzen einem nämlich die komplette Portion weg, wenn man nur einen Moment unaufmerksam ist. Der Platz ist immer belebt. An den Verkaufsständen gibt es neben Rentierfellen, handgehäkelten Mützen und ›puukkos‹, den Finnenmessern, noch allen möglichen Touristenschnickschnack zu kaufen. Bevor man sich zum Stadtrundgang aufmacht, lohnt ein Abstecher zur etwa 200 Meter entfernten **Markthalle** (Kauppahalli), einem renovierten rot-weißen Backsteingebäude aus dem Jahre 1888, randvoll mit Leckereien.

### ■ Senatsplatz

Gleich zu Beginn der Allee Pohjoiesplanadi, die vom Marktplatz nach Westen führt, steht das heimliche Wahrzeichen Helsinkis: der **Brunnen Havis Amanda**, auf dem ein nacktes Mädchen posiert. Von diesem Platz aus kann man durch die Gasse Sofiankatu einen Blick auf das offizielle Wahrzeichen werfen: die **Domkirche** (Tuomiokirkko). Die Sofiankatu mündet in den rechteckigen Senatsplatz (Senaatintori), das neoklassizistische Zentrum Helsinkis. Wenn der Besucher die Treppenstufen emporsteigt, hinauf zu dem leuchtend hellen Bauwerk, dessen Kuppel von fast jedem Aussichtspunkt der Stadt sichtbar ist, entfaltet der **Dom** seine ganze Pracht. Interessanter als das schmucklose Innere der Kirche ist der Blick über den Senatsplatz. Im Sommer verwandelt er sich in eine stimmungsvolle Kulisse für Klassik- und Popkonzerte.

*Am Senatsplatz*

Die großen Gebäude an diesem Platz und darüber hinaus viele Gebäude, die in diesem Viertel östlich der Unioninkatu stehen, entstanden während des planmäßigen Wiederaufbaus im 19. Jahrhundert. Der war notwendig geworden, nachdem dieser Stadtteil im Nordischen Krieg abgebrannt war. Zudem entschied der russische Zar Aleksandr I., dass Helsinki das weiter westlich gelegene Turku als finnische Hauptstadt ablösen sollte. Doch fehlten der Stadt Bauwerke, mit der sich die neue Macht gebührend repräsentiert fühlte. Mit dieser Aufgabe beauftragte Aleksandr I. unter anderem den Berliner Architekten Carl Ludwig Engel, der zuvor schon in den Ostseestädten Reval (Tallinn), St. Petersburg und im finnischen Turku gewirkt hatte. Neben dem Bebauungsplan entwarf Engel auch drei Gebäude am Senatsplatz: den Dom, die Universität an der Westseite des Platzes und das Regierungspalais an der Ostseite, das für Touristen leider nicht geöffnet ist. Wegen der überwiegend hellen Fassaden in diesem Viertel wird die Stadt auch ›City of Light‹ genannt.

### ■ Aleksanterinkatu

An der Südseite grenzt der Senatsplatz an die Straße Aleksanterinkatu. Die anliegenden Gebäude sind ehemalige Kaufmannshäuser, in denen es sich heute verschiedene Behörden und der Stadtrat gemütlich machen. Engel ließ die Häuser teilweise renovieren und umgestalten.
Die Statue in der Mitte des Senatsplatzes zeigt Aleksandr II. (1818–1881). Die Figuren zu seinen Füßen symbolisieren Gesetz, Frieden, Licht und Arbeit. Auf der Rückseite des Doms befindet sich der Eingang zur Krypta, deren Räume auch ein Café beherbergen und für Ausstellungen und Konzerte genutzt werden.

Im traditionsreichen **Café Engel** in einem Gebäude aus dem 18. Jahrhundert an der Straßenecke Aleksanterinkatu und Sofiankatu kann man sich stilvoll an einer reichen Auswahl an Kaffeesorten und Kuchen erfreuen. In östlicher Richtung führt die Aleksanterinkatu zum Yachthafen.
Gegenüber dem Regierungspalais, auf der Südseite des Platzes, steht das **Sederholm-Haus**, 1757 von einem reichen Kaufmann erbaut. Heute ist dort ein Museum eingerichtet, das unter anderem das Stadtleben im 18. Jahrhundert dokumentiert.

### ■ Katajanokka

Am Yachthafen beginnt die Halbinsel Katajanokka, deren bekanntestes Gebäude die **Uspenski-Kathedrale** (1868) ist, ein dunkelroter Ziegelbau, der wie der Dom auf einem Hügel errichtet wurde und somit auf Augenhöhe mit ihm ist. Zur Kirche gelangt man, wenn man der Straßenbahnlinie (Kanavakatu) folgt, bis links ein Weg abzweigt, oder – von der anderen Seite – wenn man ein Stück den Kai nördlich der Kirche entlanggeht. Vom Kirchenplatz reicht der Blick zum Fährhafen und zum Yachthafen. Im Gegensatz zum protestantischen Dom glänzt die russisch-orthodoxe Kirche vor allem innen mit goldverzierten Heiligenbildern und bemalten Säulen. Die Ikonen wurden damals von Malerschülern angefertigt, die Kirche galt zu jener Zeit schließlich als Provinzkirche.
Wieder unten an der Pohjoisesplanadi fällt am Hafen ein Quader auf, dessen Fassade mit einem weißen Marmorgitter gegliedert ist. Das **Enso-Haus** (Kanavaranta 1), 1962 nach Entwürfen des berühmtesten finnischen Architekten Alvar Aalto (1898–1976) erbaut, gehört einem Holzverarbeitungskonzern.

*In der Uspenski-Kathedrale*

### ■ Kappeliesplanadi

Die Fassaden an der Pohjoisesplanadi und der Eteläesplanadi lassen sich am besten von der zwischen den Straßen verlaufenden Fußgängerzone Kappeliesplanadi und deren Fortsetzung Runeberginesplanadi betrachten. Die Eisen-Glas-Konstruktion des stets gut besuchten Restaurants und **Cafés Kappeli** (1867) erinnert an ein viktorianisches Gewächshaus.

Auf der kleinen Tribüne gegenüber dürfen Bands und Ensembles ab 17 Uhr spontan bis zu einer Stunde lang auftreten. Im Sommer wird dieses Angebot reichlich genutzt. Viele der Häuser entlang der Pohjoisesplanadi stammen aus dem 19. Jahrhundert: Im Eckgebäude zur Unioninkatu ist die **Touristeninformation** von Helsinki untergebracht.

### ■ Pohjoisesplanadi

Auf beiden Seiten der durch die Fußgängerzone getrennten Straßen reihen sich Restaurants, Hotels, Boutiquen und Designerläden aneinander, darunter das historische Hotel ›Kämp‹, in dessen großem Spiegelsaal sich kurz vor Finnlands Unabhängigkeit Literaten und Politiker zu hitzigen Debatten trafen. Eine Filiale des finnischen Modelabels ›Marimekko‹ befindet sich in der Pohjoisesplanadi 31. In den 1960er und 1970er Jahren brachte es Farbe in die internationale Mode und ist heute europaweit Kult.

Das westliche Ende der ansteigenden Esplanade bildet das **Schwedische Theater**. Von der ursprünglichen Holzversion (1827) ist allerdings nichts übrig geblieben. Die heutige Fassade ist mehr als 100 Jahre jünger. Ein weiteres Gebäude von Alvar Aalto beherbergt die **Akademische Buchhandlung** (1969) am Ende der Pohjoisesplanadi (Nr. 39). Vom Untergeschoss gelangt man direkt zum **Kaufhaus Stockmann** (Aleksanterinkatu 52), einem der größten Warenhäuser Skandinaviens, das ein großes Angebot an bekannten finnischen und internationalen Labels führt.

*Sommerlicher Hochbetrieb vor dem Kaufhaus ›Stockmann‹*

## ■ Mannerheimintie

Am Platz Erottaja beginnt eine der Hauptstraßen Helsinkis, die Mannerheimintie, benannt nach dem finnischen General Carl Gustaf Mannerheim, der von 1944 bis 1946 finnischer Präsident war. Sie führt in nordwestlicher Richtung aus dem Zentrum. Die Fortsetzung der Mannerheimintie in südlicher Richtung heißt Erottajankatu. An der Ecke zum Bulevardi steht ein Geschäftshaus aus dem Jahre 1883. Wer Behörden mit geschmacklosen Gebäuden verbindet, wird an der nächsten Ecke (Uudenmaankatu) eines Besseren belehrt: In dem Neorenaissance-Gebäude residiert der Zoll. Geht man die Uudenmaankatu entlang, sieht man etwa auf halber Höhe zur nächsten Kreuzung (Annankatu) auf der linken Straßenseite ein Haus mit nationalromantischer Fassade, erbaut Anfang des 20. Jahrhunderts (Otava-Verlag). Es geht nun weiter geradeaus bis zur Frederikinkatu, dort rechts hinein und an der nächsten Kreuzung erneut rechts.

## ■ Alleestraße Bulevardi

In dieser breiten Straße dominieren Wohnhäuser aus der Übergangszeit zwischen dem 18. und dem 19. Jahrhundert. Gleich am Anfang links auf Nummer 2 entspannen zuweilen die Gäste des ersten Designhotels der Stadt, ›Klaus K‹, auf Liegestühlen. Vor ihnen rattert gemütlich die Straßenbahn vorbei. Bei der Nummer 6 drängeln sich mittags die Gäste vor dem angesagten Restaurant ›Gaijin‹, das koreanische und andere asiatische Speisen serviert. Ein Stückchen weiter auf der rechten Seite lädt die älteste Café-Konditorei der Stadt (seit 1862), das Café ›Ekberg‹ (Bulevardi 9), im Stile eines Wiener Kaffeehauses zu einer kleinen Rast ein.

Linker Hand weiter die Straße entlang taucht ein merkwürdiger Park auf. Zwischen den Wegen liegen und stehen Grabsteine, am anderen Ende sieht man eine Kirche. Carl Ludwig Engel hat sie entworfen, und der Kirchenpark wurde in der Tat bis in die 1920er Jahre des 19. Jahrhunderts als Friedhof genutzt. Biegt man die Lönnrotinkatu hinter der Kirche nach rechts und die nächste Querstraße Yrjönkatu (Georgsgatan) nach links, stößt man an der nächsten Kreuzung auf ein sehenswertes Hochhaus, unterteilt in zwei Gebäude, eines errichtet im Jugendstil, das andere im Art Déco. Das 1931 erbaute Traditionshotel ›Torni‹ (Yrjönkatu 26) hat im obersten Stockwerk eine Bar, die ›Ateljeebar‹, von deren Terrasse aus man die ganze Innenstadt überblickt.

## ■ Ausgehmeile Eerikinkatu

Die Yrjönkatu um das Hotel ›Torni‹ herum (links–rechts–links) gelangt man in die Eerikinkatu, eine der Adressen für den Abend, auch den sehr späten. Hier reihen sich Restaurants mit Gerichten aus aller

# Rauch und Birkenpeitschen – finnische Saunakultur

Ursprünglich hatte es rein praktische Gründe: Im bäuerlichen Finnland gab es auf dem Hof keinen anderen Ort, um sich zu reinigen. Bis ins vorletzte Jahrhundert wurde die Sauna, weniger stark geheizt, als Wirtschaftsraum, Waschraum, sogar für die Krankenpflege genutzt. Finnen, die in der Sauna geboren wurden, trifft man heute noch.

Später diente der Saunagang der Entspannung und der Geselligkeit – und gehört bis heute zum Alltag der Finnen. In fast jeder auch noch so kleinen Wohnung – selbst im Appartement – gibt es eine Sauna, und statt zum Videoabend lädt man die Freundinnen zum Saunaabend ein. Gemeinsame Saunabesuche von Geschäftspartnern gehören zur Businessetikette – für Nicht-Finnen etwas gewöhnungsbedürftig, doch man ist der Auffassung, etwaige Unstimmigkeiten lösen sich im ›Dampf‹ auf. Selbst unter widrigen Umständen muss der Saunagenuss möglich sein – deshalb findet man die Sauna als Floß-, Zelt- oder Höhlenversion sogar im Gepäck der finnischen Armee.

Das eigentliche Aroma der finnischen Sauna sind Rauch und Birkenduft. Ein prickelndes Erlebnis kann man sich mit grünen Birkenzweigen verschaffen: Ein blättriges Büschel wird zur Vorbereitung in Wasser getaucht und im Dampf über dem Ofen geschüttelt. Dann klopft man es sich auf die Haut: Das regt die Durchblutung an! Nach dem Schwitzen geht es ab ins Wasser. Im Sommer in den See, im Winter in den Schnee.

Im 19. Jahrhundert gab es in Helsinki öffentliche Saunen fast an jeder Ecke, sie waren beliebte Treffpunkte. Dort schwitzte man in geselliger Runde und verließ die Sauna erst, nachdem man sich von einer Wäscherin gründlich hatte abschrubben lassen, was heute nur noch selten im Angebot ist, ebenso wie die öffentlichen Saunen an sich. Die traditionelle Kotiharjun-Sauna (seit 1928), Harjutorinkatu 1, (www.kotiharjunsauna.fi) bietet aber bis heute noch das originale Erlebnis. Saunafreudigen sei in Helsinki ein Besuch der Saunainsel Saunasaari empfohlen (www.saunasaari.fi).

*Abkühlen vor der Sauna in Helsinki*

Herren Länder und coole Bars aneinander, darunter die ›Dubrovnik Bar‹. Legendäre Bars gehören den Film-Brüdern Aki und Mika Kaurismäki: das ›Kafe Moskova‹ (Nr. 11) und gleich daneben die ›Corona Bar‹, beide sind im Stil der 1950er und 1960er Jahre eingerichtet.

### ■ Jugendstil in Kamppi

Beim Spaziergang durch den Stadtteil Kamppi lernt man eines der Jugendstilviertel Helsinkis kennen. Gegen Ende der Eerikinkatu geht es rechts in die Hietalahdenkatu, dann rechts in die Ruoholahdenkatu und schräg gegenüber links in die Lapinrinne, immer geradeaus bis zur Fredrikinkatu, eine zweite wichtige Straße für die späteren Stunden. Dort links, und man gelangt direkt zur **Felsenkirche** (Temppeliaukion kirkko; Lutherinkatu 3). Hinter dem unscheinbaren Eingang, der eher eine U-Bahnstation vermuten lässt, verbirgt sich ein sehens- und hörenswerter Innenraum. Ende der 1960er Jahre wurde hierfür eine Höhle in den Fels gesprengt. An der Decke des kreisförmigen Saals wurde ein Dach aus Kupfer und Glas eingesetzt, die Wände beließ man im Original. Um in den Genuss der exzellenten Klangwirkung zu kommen, sollte man den Besuch mit einem Konzerttermin zu verknüpfen.

In östlicher Richtung mündet die Temppelikatu in die Nervanderinkatu. Die Querstraße Aurorankatu nach links passiert einen kleinen Park (Eduskunta puisto) und endet an der Mannerheimintie.

### ■ Finlandia-Halle

Schräg gegenüber sieht man einen großen weißen funktionalistischen Bau: Die berühmte Finlandia-Halle (Mannerheimintie 13), ein Spätwerk Alvar Aaltos, wurde in den 1970er Jahren gebaut. Sie wird für Konzerte und Kongresse genutzt. Nach dem Tod des großen Architekten wurde die Halle zusammen mit seinem Porträt auf der 50-Finmark-Banknote abgebildet.

Gleich dahinter, im Norden, liegt der **Töölönlahti**, einer der Stadtseen, von den Straßen und Schienen durch Grünflächen abgetrennt. Eine Umrundung zu Fuß nimmt etwa 30 Minuten in Anspruch und lohnt sich schon wegen der schönen Pippi-Langstrumpf-Villen auf der Ostseite.

### ■ Abstecher zum Sibelius-Park

Zu einem Spaziergang in westlicher Richtung lockt der Sibelius-Park, Mechelininkatu 38, der auch mit dem Bus 24 oder der Straßenbahn 3T zu erreichen ist. Das große orgelförmige Sibeliusdenkmal zwischen Birken und glatten Felsen erinnert dort an den bekanntesten finnischen Komponisten Jean Sibelius, nach dem der Park anlässlich seines 80. Geburtstags benannt wurde.

### ■ Museum für Zeitgenössische Kunst Kiasma

Nur ein paar Meter sind es von der Finlandia-Halle die Mannerheimintie entlang Richtung Zentrum bis zum Parlament. Das neoklassizistische Gebäude aus den 1920er Jahren trägt bereits funktionalistische Züge.

Auf der anderen Straßenseite, ein Stück südlicher, glänzt eines der vielen gelungenen modernen Bauwerke Helsinkis: das Museum für zeitgenössische Kunst Kiasma (Mannerheiminaukio 2). Hell und elegant – außen wie innen – zeigt es eine Sammlung finnischer und internationaler Kunst ab den 1960er Jahren sowie wechselnde Ausstellungen, zum Beispiel Fotokunst, Design, Installationen oder Elektronische Kunst.

Stadtrundgang [ 277 ]

Das danebenstehende Gebäude mit einem Stahlgerüst und einer Glasfassade gehört dem größten finnischen **Medienkonzern Sanomat**, der unter anderem die auflagenstärkste Tageszeitung der Stadt, ›Helsingin Sanomat‹, herausgibt. Ein drittes auffälliges Gebäude gesellt sich zu den beiden: die **Post** aus dem Jahre 1937 mit einer wundervollen Schalterhalle und einem **Postmuseum**, in dem Briefmarkenfreunde garantiert ein paar Exemplare finden, die sie noch nicht in ihrer Sammlung haben.

## ■ Hauptbahnhof

Die Straße nach dem Postgebäude (Postikatu) links führt zum 1919 erbauten Hauptbahnhof, ein Werk des Architekten Eliel Saarinen (1873–1950). In dem Gebäude mit der markanten Fassade – besonders stechen die beiden muskulösen Zwillingsskulpturen mit Lampen in ihren Händen hervor – mischen sich verschiedene Stilrichtungen: Jugendstil, Nationalromantik und Funktionalismus. Auch der mit einer Glas-Stahl-Konstruktion überdachte Bahnsteig ist sehens-

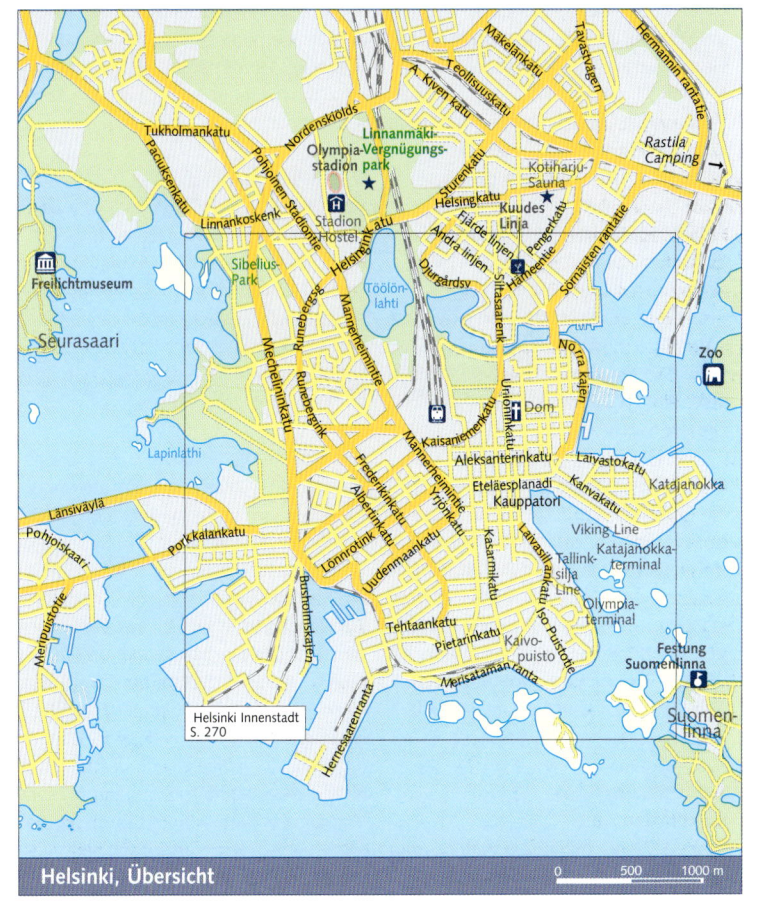

Helsinki, Übersicht

wert. Schräg gegenüber vom Bahnhof befindet sich das staatliche **Kunstmuseum Ateneum** (Kaivokatu 2), mit der ältesten und umfangreichsten Gemälde- und Skulpturensammlung Finnlands.
An der Westseite des Ateneums geht es ein Stück die Keskuskatu hinunter, dann links in die Aleksanterinkatu. Gleich das erste Haus auf der linken Seite beherbergt in einem ehemaligen Bankgebäude von 1921 das **World Trade Center** (Aleksanterinkatu 17). Die Straße führt geradewegs zum Senatsplatz. Über die Sofiankatu oder eine der parallel verlaufenden Gassen kommt man zurück zum Ausgangspunkt, dem Marktplatz.

## Helsinki-Informationen

Kreuzfahrtschiffe aus Stockholm legen am Katajanokka-Terminal und am Olympia-Terminal an, aus Tallinn am Westhafen und aus Deutschland am Hansa-Terminal in Vuosaari.
Helsinkis Innenstadt ist überschaubar. Wer wenig Zeit hat, dem sei eine Führung empfohlen für eine kompakte Tour zu den Highlights.

### Allgemeine Informationen
**Vorwahl Finnland**: 00358.
**Vorwahl Helsinki**: 09.
**Fremdenverkehrsamt**, Pohjoisesplanadi 19, nahe Marktplatz, Tel. 310133 00, www.visithelsinki.fi; Mai–Sept. Mo–Fr 9–20, Sa/So 9–18, Okt.–April Mo–Fr 9–18, Sa/So 10–16 Uhr.

■ **Stadtrundgänge und -fahrten**
Die **Helsinki Card** bietet die kostenlose Benutzung öffentlicher Verkehrsmittel einschließlich der Fähre nach Suomenlinna, verbilligten oder kostenlosen Eintritt in viele Museen und Sehenswürdigkeiten. Verkauft wird sie u. a. am Flughafen, an den Fährterminals, in Hotels und bei der Touristeninformation; www.helsinkicard.fi.

### An- und Abreise
■ **Mit dem Auto**
Von den finnischen Ostseehäfen Turku (165 Kilometer) und Hanko (127 Kilometer) ist der Weg nach Helsinki ausgeschildert. Von St. Petersburg über die E 18 (teils Autobahn) nach Viborg, weiter zum Grenzübergang Vaalimaa und die E 18 immer an der Küste entlang nach Helsinki, Distanz ca. 465 Kilometer.

■ **Mit der Bahn**
Von Deutschland, Österreich und der Schweiz gibt es zwei Zuglinien, beide über Stockholm (→ S. 304) und Turku. Seit 2010 verkehren zwischen St. Petersburg und Helsinki moderne Pendolino-Expresszüge. Die Fahrtzeit zwischen den beiden Metropolen beträgt mit dem ›Allegro‹ nur noch 3,5 Stunden.
Finnland besitzt drei gute Hauptverbindungen nach Turku im Westen, Tampere im Norden und Lahti im Nordosten; www.vr.fi.

■ **Mit dem Bus**
**EuroLines-Busse** fahren aus verschiedenen deutschen Städten über Kopenhagen und Stockholm. Dort gibt es Anschluss über Turku nach Helsinki, www.eurolines.com.

■ **Mit dem Schiff**
**Von Deutschland** fahren täglich Autofähren von Travemünde nach Helsinki (www.finnlines.com) sowie im Som-

*Ein Kreuzfahrtschiff am Hafen*

mer von Rostock (vier Überfahrten pro Woche, 26 Std., www.tallinksilja.com).

**Von Schweden**: Täglich von Stockholm über Mariehamn nach Helsinki (ca. 17,5 Std., www.tallinksilja.com, www.vikingline.de).

**Von Estland**: Zwischen Tallinn und Helsinki verkehren ganzjährig mehrmals täglich verschiedene Fähren (ca. 4 Stunden) und von Frühjahr bis zum späten Herbst Schnellboote (ca. 90 Min.), Eckerö Line, www.eckeroline.fi; Tallink, www.tallinksilja.com; Viking Line, www.vikingline.de; Linda Line Express (Schnellboot), www.lindaline.fi (Sommer).

**Ins Zentrum**: Es gibt drei Fährhäfen in Helsinki (www.portofhelsinki.fi). Der **Südhafen** mit dem direkt im Zentrum liegenden **Katajanokka-Terminal** (von und nach Tallinn und Stockholm).

Vom **Westhafen** (Fähren von und nach Tallinn) kommt man mit dem Bus 15 und 15A zum Bahnhof (ca. 20 Min.). Vom **Passagierhafen Vuosaari** (Autofähren von und nach Rostock und Travemünde) geht es mit der Buslinie 90A direkt vor dem Hansa-Terminal zum Bahnhof oder man nimmt erst Bus 90B und dann die Metro.

■ **Mit dem Flugzeug**
Direktflüge verschiedener Airlines nach Helsinki (u. a. www.finnair.com, www.airberlin.com, www.lufthansa.de) gibt es beispielsweise von Düsseldorf, Frankfurt am Main, Hamburg, München, Stuttgart, Wien und Zürich sowie von den Ostseestädten Kopenhagen, Riga, Stockholm und St. Petersburg (u. a. mit Air Baltic (www.airbaltic.com). Der **Flughafen Helsinki-Vantaa** liegt etwa 20 km nördlich des Zentrums.

**Airport Taxi Yellow Line** (www.airporttaxi.fi) ca. 30 Min., HSL-Linienbusse (www.hsl.fi) alle 10–30 Minuten ins Stadtzentrum von Helsinki.

## Helsinki-Informationen

■ **Mit dem Fahrrad**
Mit dem Fahrrad kann man auf der Königsstraßen-Route entlang der Südküste Finnlands radeln, die Strecke folgt der ehemaligen Postroute von Helsinki nach Turku.

## Unterwegs in Helsinki

■ **Stadtführungen und -rundfahrten**
**Individuelle und Gruppenführungen** sind zu buchen unter www.helsinkicard.fi, www.helsinkiexpert.fi/guides oder als **Busrundfahrt** unter www.helsinkiexpert.fi; Abfahrt am Esplanadenpark (›Helsinki Expert‹-Stand); Bustour mehrmals täglich (je nach Saison) zwischen 10 und 14 Uhr zu den wichtigsten Sehenswürdigkeiten mit Erläuterungen via Kopfhörer in elf Sprachen (ca. 1,5 Std.).
Eine günstige Variante sind die **Straßenbahnlinien 3 B und 3 T**, die an einer ganzen Reihe von Sehenswürdigkeiten (Senatsplatz, Finlandia-Halle, Felsenkirche) vorbeifahren. Einsteigen kann man z. B. entlang der Aleksanterinkatu. Fahrtdauer ca. 1 Std., 2 Euro.
Die **Broschüre Helsinki Stadtwanderungen** enthält fünf detailliert erläuterte Tourenvorschläge. Erhältlich beim Fremdenverkehrsamt.
**Design District Helsinki**, www.designdistrict.fi, Mo und Fr 13.30 geführter Rundgang durch 25 Straßen mit über 170 Läden, Hotels, Manufakturen und Museen, die sich dem finnischen Design widmen.

■ **Fahrrad**
Wer Lust auf eine Radtour hat, kann sich ein Rad (inklusive kompletter Ausrüstung, Helm, Kindersitz, Fahrradkarten etc. ausleihen, (ab ca. 20 Euro/Tag) etwa bei **Fahrradverleih Greenbike** (im Sommer), Tel. 050/40 40 400, www.greenbike.fi, oder bei **Ecobike**, Savilankatu 1 B, Tel. 0400/84 43 58, www.ecobike.fi.

■ **Aussichtspunkte**
**Turm des Olympiastadions** (72 Meter), www.stadion.fi; ganzjährig Mo–Fr 9–20, Sa/So 9–18 Uhr. Weitsicht über den Töölönlahti zum Zentrum.
**Vergnügungspark Linnanmäki**, www.linnanmaki.fi; Juni–Sept., 10–17/22 Uhr. Im Park bieten Riesenrad und Panoramaturm (Gyro Tower) eine schöne Aussicht.
Von der **Dachterrasse des Hotels ›Torni‹** (Ateljee Bar) ist die Aussicht auf Helsinki am besten.

■ **Öffentliche Verkehrsmittel**
Helsinki hat ein exzellentes öffentliches Verkehrsnetz mit U-Bahnen, Bussen, Straßenbahnen und Fähren. Straßenbahnen fahren auch nachts. Tickets erhält man in den Bussen, an Automaten und Kiosken.
Für **Taxis** gilt die Sammelrufnummer 01 00 07 00, für ein Flughafentaxi wählt man 06 00 55 55 55.

## Unterkunft

Unterkünfte kann man über das Hotel-Buchungszentrum von Helsinki Expert am Hauptbahnhof buchen, hotel@helsinkiexpert.fi, oder auch bei der Touristeninformation.

■ **Hotels**
**Hotel Kämp**, Pohjoisesplanadi 29, Tel. 57 61 11, www.hotelkamp.com; DZ ab 280 Euro. Das Luxushotel ist in Helsinki die Nummer eins, traditionsreich seit 1887 mit allem Komfort, hervorragendem Service und exzellenter Gastronomie. Im Angebot sind Wellness-Center, Fitnessstudio und Sauna.

**Sokos Hotel Torni**, Yrjönkatu 26, Tel. 12 346 04, www.sokoshotels.fi; DZ ab 180 Euro. Stilvolles Traditionshotel.

**Klaus K.-Hotel**, Bulevardi 2, Tel. 7704700, www.klauskhotel.com; DZ ab 120 Euro. Helsinkis erstes Designhotel liegt mitten in der Stadt, jedes Zimmer ist individuell gestaltet. Großartiges Frühstück, alle Zutaten kommen aus der Region. Mit Restaurant, Bar und Club.

**Omena Hotel**, Eerikinkatu 24, Tel. 600 180 18 ab 45 Euro pro Zimmer (bis zu vier Personen), www.omenahotels.com. ›Selbstbedienungshotel‹, kein Zimmerschlüssel (nur Tür-Code), keine Rezeption (nachts ein Sicherheitsangestellter).

### ■ Hostel
**Stadion Hostel**, Pohjoinen Stadiontie 3 B, Tel. 47 78 48-0, www.stadionhostel.fi; ab 20 Euro p. P. im Schlafsaal. 162 Betten, direkt im Olympiastadion gelegen.

### ■ Camping
**Rastila Camping**, Karavaanikatu 4, Tel. 321 65 51, www.rastilacamping.fi; ganzjährig. Im Osten Helsinkis (Vuosaari), direkt an einer Bucht.

## Gastronomie
### ■ Restaurants
**Café und Restaurant Aino**, Pohjoisesplanadi 21, Tel. 62 43 27, www.marcante.fi; Mo–Do 11.30–22 Uhr, Fr 11.30–22.30, Sa 12–22.30. Vorzügliche finnische Gerichte, traditionell, aber mit modernen Varianten.

**Restaurant Lappi**, Annankatu 22, Tel. 64 55 50, www.lappires.com; Mo–Fr 12–22.30, Sa/So 13–22.30 Uhr. Reservierung erforderlich. Rustikale Einrichtung und lappländische Spezialitäten (Fisch und Rentier), gehobene Preisklasse.

**Juuri**, Korkeavuorenkatu 27, www.juuri.fi; tägl. 12–14 und 16–22 Uhr. Die Spezialität des Hauses sind die Sapas (finnische Tapas), zum Beispiel marinierte Renke in Schwarzer-Johannisbeer-Soße oder Lachs mit Preiselbeeren auf Malzbrot.

**Gaijin**, Bulevardi 6, Tel. 698 01 01, www.gaijin.fi. 2011 neu eröffnetes Restaurant mit exzellenten koreanischen und chinesischen Speisen. Reservierung empfohlen.

### ■ Cafés
**Café Ekberg**, Bulevardi 9, Tel. 81 18 60, www.cafeekberg.fi; Mo–Fr 7.30–19, Sa 8.30–17, So 10–17 Uhr (im Sommer wechselnde Öffnungszeiten, siehe Website). Kuchen und Gebäck, leckeres Lunch.

**Café Engel**, Aleksanterinkatu 26, Tel. 65 27 76, www.cafeengel.fi; Mo–Fr 8–22, Sa 9–22, So 10–22 Uhr. Kleine Gerichte und Desserts, große Auswahl

*Das Cafe No 9*

an Kaffee und Tee, Blick auf Senatsplatz und Dom.
**Bar No 9**, Uudenmaakatu 9, Tel. 621 40 59, www.bar9.net; Mo–Fr 11–2 Uhr, Fr/So 12–2 Uhr. Sympathische Bar mit großer Auswahl an Bar-Snacks und Mahlzeiten zu günstigen Preisen. Lecker: thailändische Currygerichte mit Huhn.
**Café Karl Fazer**, Kluuvikatu 3, Tel. 020/729 67 02, www.fazercafe.fi; Mo–Fr 7.30–21, Sa 9–16 Uhr. Hier gibt es die leckeren finnischen Schokoladenspezialitäten mit Minzschokolade.

■ **Nachtleben**
**Kafe Moskova**, Eerikinkatu 11, Tel. 61 12 00; tägl. 18–2 Uhr. Bar der Filmbrüder Aki und Mika Kaurismäki im Sowjetstil der 1950er Jahre. Direkt daneben, ebenfalls im Kaurismäki-Besitz, die coole ›Corona Bar‹ mit Billard.
**Dubrovnik Bar**, Eerikinkatu 11, Tel. 64 20 02; geöffnet nur bei Veranstaltungen (Club Nights oder Konzerte). Noch ein Kaurismäki-Projekt und Teil des ›Andorra‹-Kulturensembles, zu dem auch das Kino namens ›Kino‹ gehört.
**Arctic Ice Bar**, Yliopistonkatu 5, Eingang vom Restaurant ›Popkellari‹, Tel. 040/545 46 66, www.arcticicebar.fi; Mi–Sa 16–2 Uhr, So 16–1 Uhr. Die Bar ist komplett aus Eis, bei minus fünf Grad werden die Drinks serviert.
**Zetor**, Mannerheimintie 3–5, Tel. 66 69 66, www.zetor.net; So/Mo 15–1, Di 15–3, Mi–Fr 15–4, Sa 11–4 Uhr. Originelle Bar, finnischer Country-Stil mit Traktoren, Mopeds, ausgestopften Hühnern und Lampen aus Küchengeräten. Große Speisekarte, zentral, immer voll. Es wird viel gefeiert und getrunken.

*In der ›Zetor‹-Bar*

**Karaokebar Restroom**, Tehtaankatu 23 A, Tel. 67 27 43, www.karaokebar.net/restroom.html; Mo–Do 15–3 Uhr, Fr 12–3 Uhr, Sa/So 12–2 Uhr. Urfinnisches Schlagergefühl bei der Nationaldisziplin Karaoke.
**Kuudes Linja**, Hämeentie 13, www.kuudeslinja.com; Di–Do 21–3, Fr/Sa 22–4, So 21–3 Uhr. Beliebter Club mit DJ-Musik.
**On the Rocks**, Mikaelsgatan 15, www.ontherocks.fi; tägl. ab 18 Uhr. Bar und beliebter Treffpunkt mit Billard, Musik, Live-Hard-Rock.

## Kultur
■ **Museen**
**Ateneum**, Museum für finnische Kunst, Kaivokatu 2, gegenüber Hauptbahnhof, www.ateneum.fi; Di, Fr 9–18, Mi/Do 10–20, Sa/So 11–17 Uhr. Die Nationalgalerie Finnlands, finnische Kunst von der Mitte des 17. Jahrhundert bis zu den 1960er Jahren.
**Felsenkirche**, Lutherinkatu 3, www.helsinginseurakuntayhtyma.fi; 16. Mai–15. Sept. Mo/Di, Do/Fr 10–20,

Mi 10–18.45, Sa 10–18 Uhr, So 11.45–13.45 und 15.30–18 Uhr; 16. Sept.–15. Mai Mo 10–17, Di 10–12.45 und 14.15–17, Mi 10–18, Do/Fr 10–20, Sa 10–18, So 11.45–13.45 und 15.30–18 Uhr (keine Besichtigungen während der Gottesdienste).
**Dom**, Senatsplatz, Sommer tägl. 9–24 Uhr, Winter Mo–Sa 9–18, So 12–18 Uhr. Orgelmusik So 20 Uhr, Juni und Aug. zusätzliche Orgelkonzerte.
**Kunstausstellungen in der Krypta des Doms**, geöffnet nach Vereinbarung. Eingang auf der Rückseite des Doms. Mit Café ›Krypta‹, tägl. 11–17 Uhr (Juni–Aug.).
**Museum zeitgenössischer Kunst Kiasma**, Mannerheiminaukio 2, www.kiasma.fi; Di 10–17, Mi–Fr 10–20.30, Sa–So 10–18 Uhr. Finnische und ausländische, vor allem skandinavische, baltische und russische Kunst ab den 1960er Jahren.
**Finnisches Nationalmuseum**, Mannerheimintie 34; Di/Mi 11–20, Do–So 11–18 Uhr. Die Dauerausstellungen sind den Stationen der finnischen Geschichte – von prähistorischen Zeiten bis zur Gegenwart – gewidmet.
**Stadtmuseum Helsinki**, Sofiankatu 4, www.helsinginkaupunginmuseo.fi; Mo–Fr 9–17, Do bis 19 Uhr, Sa/So 11–17 Uhr. 450 Jahre Stadtgeschichte.
**Designmuseum**, Korkeavuorenkatu 23, www.designmuseum.fi; Mi–So 11–18 Uhr, Juni–Sept. tägl. 11–18 Uhr. Die permanente Ausstellung thematisiert zentrale Phänomene der angewandten Kunst in Finnland, dazu gibt es wechselnde Sonderausstellungen.

■ **Veranstaltungen**
**April Jazz**, Mitte April, www.apriljazz.fi. Großraum Helsinki, wichtigstes Jazzfestival der Stadt.
**Helsinki-Tag**, 12. Juni, www.hel2.fi/helsinkipaiva. Stadtgründungsfest mit Programm in allen Stadtteilen, u. a. Esplanadenpark, Kaisaniemi-Park, Kaivopuisto-Park.
**Love & Anarchy** (Rakkautta & Anarkia), September, www.hiff.fi. Internationales Filmfestival, verschiedene Kinos im Stadtzentrum von Helsinki.
Um den 24. Juni: **Mittsommerfest**, größte Party auf der Insel Seurasaari mit Volkstanz und Johannisfeuer (→ S. 286).
Ein aktueller Veranstaltungskalender findet sich auf www.visithelsinki.fi oder in **Helsinki this Week**, www.helsinkiexpert.fi (Touristeninformation). Weitere Veranstaltungstipps unter www.festivals.fi.

## Sport und Aktivitäten
In der Umgebung von Helsinki gibt es viele Wandermöglichkeiten. Helsinki hat ca. 350 Kilometer **Wanderwege**, 1000 Kilometer **Radwege** und im Winter ca. 200 Kilometer präparierte **Langlaufpisten**. Infos über die Touristeninformation.

■ **Baden und Sauna**
**Serena Water Park**, Tornimäentie 10, Espoo, www.serena.fi; ganzjährig geöffnet. Vergnügungsbad westlich von Helsinki.
**Kotiharju-Sauna**, Harjutorinkatu 1, www.kotiharjunsauna.fi; Di–Fr 14–20, Sa 13–19 Uhr. Öffentliche holzgeheizte Sauna im Stadtteil Kallio. Masseur und Wäscher auf Bestellung.

■ **Zoo/Aquarium**
**Helsinki Zoo**, Insel Korkeasaari, erreichbar u. a. via Fähre vom Kauppatori, Tel. 169 59 69, www.korkeasaari.fi; Mai–August, täglich 10–20; Septem-

ber 10–18 Uhr; Oktober–März, täglich 10–16 Uhr; April täglich 10–18 Uhr.
**Sea Life**, Aquarium, Tivolitie 10, beim Linnanmäki-Vergnügungspark, www.sealifehelsinki.fi; ganzjährig tägl. ab 10 Uhr (Schließung je nach Saison zwischen 17 und 22 Uhr).

## Einkaufen

**Aarikka**, Pohjoisesplanadi 27 und ›Forum Shopping Centre‹. Geschenke, Schmuck und Deko aus Holz und anderen Naturmaterialien.
**Artek**, Eteläesplanadi 18, www.artek.fi; Mo–Fr 10–18, Sa 10–16 Uhr. Möbel im Stil Alvar Aaltos.
**Iittala**, Pohjoisesplanadi 25, www.iittala.com; Mo–Fr 9–18, Sa 9–16 Uhr. Design-Küchenzubehör.
**Marimekko**, Pohjoisesplanadi 2 und 31, www.marimekko.fi. Farbenfrohes finnisches Kultlabel.
**Kankurin Tupa**, Pohjoisesplanadi 35 und Mannerheimintie 40, www.kankurintupa.fi. Finnische Strickwaren und Souvenirs.
**Helsinki 10**, Eerikinkatu 3, www.helsinki10.fi. Kleidung, auch Second-Hand, Schuhe, Taschen, witzige Wohn-Accessoires von finnischen Designern.

*Finnish Design*

Weitere gute Adressen sind das **Forum**, Mannerheimintie 20, und das **Kaufhaus Stockmann** Aleksanterinkatu 52.
**Flohmarkt Hietalahti**, Hietalahdentori. Am unteren Ende der Bulevardi; Mo–Fr 9–17, Sa 8–16 Uhr, Mai–Sept. Mo–Fr 8–19, Sa 8–18 und So 10–16 Uhr. Beliebter Treff, zu kaufen gibt es Trödel und Gebrauchtes.

## Kaivopuisto

Der Kaivopuisto-Park (Brunnenpark) grenzt an das gleichnamige Diplomaten- und Villenviertel und ist eine der schönsten Parkanlagen der Stadt. Entspannend ist ein Picknick auf dem Rasen oder auf den Felsen mit Blick auf das offene Meer. Vom Aussichtspunkt auf dem Berg hat man einen schönen Blick auf den Yachthafen. Am Ufer des Parks befindet sich eine der Teppichwaschstellen, die zur Sehenswürdigkeit geworden ist.

*Teppichwaschstelle am Kaivopuisto-Park*

🚋 🚌 **Kaivopuisto**
Anreise mit Straßenbahn 3B und 3T sowie Bus 14 von Kamppi.

☕ **Café Ursula,** Tel. 65 28 17, Ehrenströmintie 3, http://ursula.fi/kaivopuisto; tägl. 9–19 Uhr. Große Terrasse und Blick aufs Meer.

## Suomenlinna

In den Schären vor Helsinki fand das Königreich Schweden Mitte des 18. Jahrhunderts (Finnland gehörte damals zu Schweden) den perfekten Ort, um sich im Osten gegen die Herrscher in Petersburg zu schützen. So wurde Artillerieoffizier Augustin Ehrensvärd mit der Aufgabe beauftragt, eine Festung zu bauen. Das Vorhaben brachte viele Arbeiter nach Helsinki und belebte die Stadt und den Handel. Doch 30 Jahre später war das ›Gibraltar des Nordens‹, wie es genannt wurde, noch immer nicht vollendet, der Militärbaumeister jedoch bereits verstorben. Als die Festung dann 1808 im schwedisch-russischen Krieg sich als Bollwerk beweisen sollte, ergaben sich die Militärs ohne jeglichen Widerstand, und die russische Flagge wehte fortan für 110 Jahre auf dem Festungsturm. Suomenlinna war zeitweilig mit über 13 000 Soldaten besetzt. 1818 wurde die Hauptstadt von Turku nach Helsinki verlegt, so stand die Festung nun vor der wichtigsten Stadt des Landes.

Im Krimkrieg 1855 wurde Suomenlinna tagelang von Schiffen der englischen und französischen Kriegsflotte mit Kanonen beschossen. Die Festung konnte zwar nicht erobert werden, wurde aber stark beschädigt. Danach erneuerten die Russen die Festungsanlagen und schütteten zur See hin einen neuen Wehrwall auf.

Nach dem Bürgerkrieg von 1918 diente die Festung als Lager für rote Kriegsgefangene. Noch im Zweiten Weltkrieg spielte Suomenlinna eine Rolle für die Flugabwehr und diente als U-Boot-Stützpunkt. Im Jahre 1973 ging Suomenlinna in die Hände der Zivilverwaltung über, lediglich eine Marineschule blieb von der militärischen Vergangenheit erhalten. Die Bauwerke wurden saniert, und seit 1991 ist die Anlage in die Liste des UNESCO-Weltkulturerbes aufgenommen.

Heute ist die Festung ein Stadtteil von Helsinki mit 850 Bewohnern sowie ein beliebter Ausflugsort mit jährlich rund 650 000 Besuchern. Die etwa einstündige Führung ist eine unterhaltsame Reise durch die Geschichte. Auch ein Spaziergang über die Insel, vorbei an Wiesen mit Obstbäumen und bunten und pastellfarbenen Villen, ist empfehlenswert. Parks, Gärten, Cafés und der Strand machen einen Aufenthalt auf Suomenlinna zu einem kleinen Extraurlaub.

*In der Festung Suomenlinna*

## Suomenlinna

**ℹ Suomenlinna**

**Touristeninformation**, Besucherzentrum mit Inselmuseum direkt am Halteplatz der Fähre, www.suomenlinna.fi; Mai–Sept. tägl. 10–18, Okt.–April 10–16 Uhr. Witzige Führungen in englisch im Sommer um 11 und 14 Uhr, im Winter nur am Wochenende, www.suomenlinnatours.com.

**🚤**

Vom Marktplatz kann man mit dem Boot nach Suomenlinna fahren; Mai–Aug. alle 20 Min., Sept.–April alle 40–60 Min., Fahrt mit der Helsinki Card gratis.

**☕**

**Café Piper**, Suomenlinna B 56; 8. Mai–31. Mai und 14. Aug.–17. Sept. tägl. 10–17, 1. Juni–13. Aug. tägl. 10–19 Uhr. Terrassenvilla in paradiesischer Lage.

**Café Vanille**, Suomenlinna C 18 III, gegenüber der Kirche; 7. Jan.–30. April Sa 11 (So 12)–17, Mai Di–Fr 11–16, Sa 11 (So 12)–17 Uhr, Juni–Aug. Mo–So 11–18, Sept. Di–So 11–17 Uhr.

**🎵**

Im August finden die **Segelregatta Viaporin Tuopp** und das **Jazzfestival** statt; www.viapori.fi/jazz.

## Seurasaari

Die Insel Seurasaari liegt ein gutes Stück nordwestlich des Zentrums, ist aber mit einem schönen Spaziergang entlang der Küste prima zu Fuß zu erreichen, wahlweise auch mit dem Rad oder Bus. Ein langer Holzsteg führt auf die dicht mit Kiefern und Birken bewaldete Insel.

Hauptattraktion sind die alten Holzhäuser und Siedlungen aus der Zeit vom 18. bis zum 20. Jahrhundert aus allen Regionen Finnlands sowie eine Holzkirche von Karuna (1685) im **Freilichtmuseum** der Insel. Der jährliche Höhepunkt ist die Sommersonnwende, die mit einem großen Feuer gefeiert wird.

**ℹ Seurasaari**

**Seurasaari-Stiftung**, www.seurasaarisaatio.fi.

**🚌**

Mit dem Bus Nr. 24 ab dem Marktplatz zu erreichen oder von der Haltestelle Erottaja/Schwedisches Theater; ca. 15 Minuten Fahrtzeit.

**☕**

**Café-Restaurant 1952**, 1.5.–31.8. 11–20 Uhr, 1.9.–30.4. Sa/So 11–18 Uhr.

**🏛**

**Freilichtmuseum**, www.seurasaari.fi; 15.5.–31.5. und 1.9.–15.9. Mo–Fr 9–15, Sa/So 11–17 Uhr; 1.6.–31.8. tägl. 11–17 Uhr. Eintritt mit der Helsinki Card gratis. Regelmäßig finden hier Folkloreaufführungen und Konzerte statt.

*Auf dem Weg zur Insel Seurasaari*

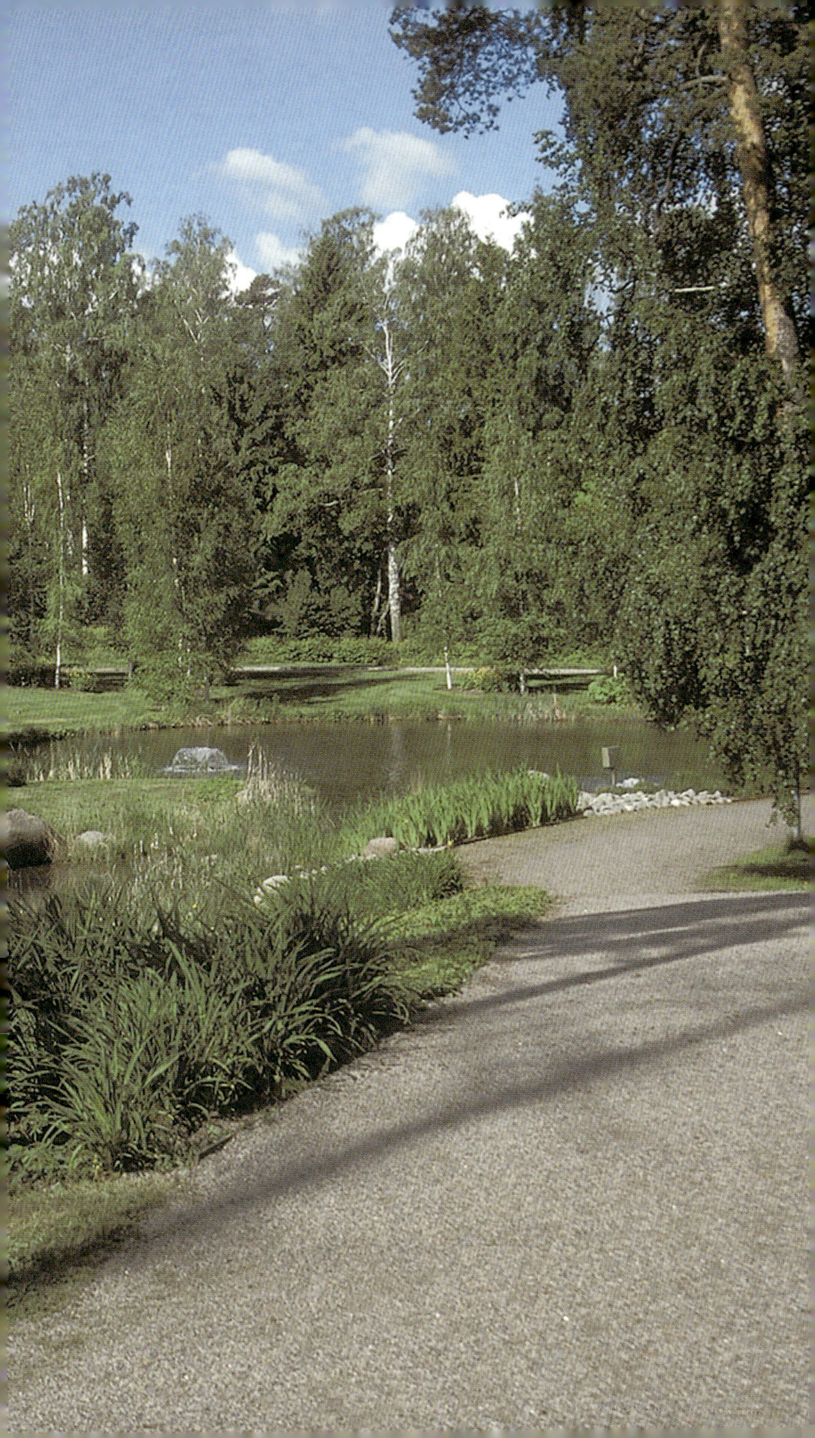

Das Hauptmerkmal Stockholms ist nicht die Architektur, sind nicht die schönen Häuser, sondern die Lage: die Inseln auf dem Wasser, die Felsen und Buchten – eine Gabe der Natur eher als Menschenwerk. Die Inseln liegen wie Teppiche auf einem großen, glänzenden Fußboden. Der Wechsel zwischen Hügeln, Tälern und Wasser macht Stockholm eher zu einer Landschaft als zu einer Großstadt.

*Per Wästberg*

# Stockholm

Es bedarf einer außergewöhnlichen Perspektive, um sich diese Stadt zu erschließen. Der eine Weg führt übers Wasser, mit dem Boot rund um die zentralen Inseln **Stadsholmen/Gamla Stan**, **Kungsholmen**, **Skeppsholmen**, **Södermalm** und **Djurgården**. Der andere ist der Blick von oben, aus dem Heißluftballon oder von einem Aussichtspunkt wie dem Fernsehturm. Erst dann versteht man allmählich, warum Stockholm trotz des riesigen Stadtgebiets weniger als 800 000 Einwohner zählt. Zehn Prozent der Stadtfläche bestehen aus Wasser, weitere große Flächen auf den 14 Inseln sind Park und Wald. Kaum verwunderlich, dass der erste städtische Nationalpark der Welt in Stockholm liegt.

Umgeben von so viel Grün und Wasser, lässt sich die Kultur erst recht genießen. Viele Stockholmer Museen und Sehenswürdigkeiten verwöhnen den Besucher nicht allein durch ihre Kunst und Architektur, obendrein gibt's einen Spaziergang durchs Grüne und fantastische Aussicht. Nirgendwo ist Sightseeing zugleich so erholsam wie hier. Stockholm hat ein unverwechselbares Stadtbild, historische Gebäude und Stadtteile, erstklassige Museen, eine große Auswahl an Cafés und Restaurants mit internationaler Küche und eine lebendige Musik- und Clubszene – gleichwohl ist Stockholm eine Großstadt, kein skandinavisches Disneyland. Die Stadt hat auch ihre verkehrstechnischen Bausünden, besonders am zentralen Platz Sergels Torg, und führt ein Eigenleben abseits der Touristenströme.

## Stadtgeschichte

Stockholm ist ein Kind der Hanse. Um 1250 gründete der schwedische Fürst Birger Jarl eine Handelsniederlassung am Übergang zwischen der Ostsee und dem Mälarsee westlich von Stockholm. Am Mälarsee war schon im 8. Jahrhundert die erste Stadt Skandinaviens entstanden, der Wikingerhafen Birka (UNESCO-Weltkulturerbe). Birka, das damalige Zentrum des schwedischen

▲ *Ein Platz an der Abendsonne: Café an der Evert Taubes Terrass auf Riddarholmen*

Ostseehandels, lag relativ weit im Landesinneren. Durch die Gründung Stockholms gelangte der Warenumschlagplatz näher an die Ostsee. Stockholm wuchs schnell und tauschte ausgiebig mit der Hanse. Aus Schweden kamen Eisen und Hering, aus Deutschland Salz und Bier. Den Kaufleuten aus dem Süden gewährte man große Privilegien. Heute noch erinnern Straßen, Plätze und Bauwerke in der Stockholmer Altstadt an die deutschen Händler. Etwa die Deutsche Kirche (Tyska Kyrkan) oder die Deutsche-Schule-Gasse (Tyskaskolan Gränd). Zeitweise waren die Deutschen so einflussreich, dass die Schweden versuchten, deren Macht gesetzlich einzuschränken. Als dann noch Albrecht von Mecklenburg 1364 zum schwedischen König gewählt wurde und seine Politik immer mehr zu Gunsten der Deutschen ausrichtete, verbündete sich der schwedische Adel mit Dänemark und Norwegen gegen König Albrecht, der unterlag. Um langfristig gegen die Hanse zu bestehen, gründeten die nordischen Länder auf Initiative von Königin Margarethe I. von Dänemark Ende des 14. Jahrhunderts die Kalmarer Union.

*Relikt der Hansezeit: die deutsche Kirche*

## Stockholmer Blutbad

Nach dem Tod Margarethes I. zerbröckelte die Kalmarer Union, zumal es ständig Streit um die Vorherrschaft gab. Traurige Berühmtheit erlangte das Stockholmer Blutbad 1520. In jenem November ließ der dänische König Christian II., der kurz zuvor zum schwedischen König gewählt wurde, 100 schwedische Adelige auf dem Großen Platz (Stortorget) hinrichten, obwohl er ihnen eine Amnestie zugesichert hatte. Ein Adeliger, der dem Blutbad entkommen war, besiegte wenige Jahre später Christian II. und wurde König Gustav I. Vasa. Er führte den Protestantismus ein und machte Stockholm zur Residenz. Die Stadt erweiterte sich auf die Inseln Norrmalm und Södermalm. Um 1600 hatte Stockholm rund 10 000 Einwohner. Die Nachfolger Gustavs I. bauten Schweden im 17. Jahrhundert zur europäischen Großmacht auf, während die Hanse immer mehr an Bedeutung verlor, auch weil sie weltpolitische Entwicklungen wie den wachsenden Überseehandel verschlafen hatte.

## Dreißigjähriger Krieg

Gustav II. Adolf, in dessen Amtszeit der peinliche Untergang des Kriegsschiffs ›Vasa‹ bei seiner Jungfernfahrt fiel, zog an der Seite Frankreichs in den Dreißigjährigen Krieg und eroberte viele norddeutsche Gebiete. Seine Tochter Kristina liebte den Prunk und die Wissenschaften. Sie holte den französischen Denker René Descartes nach Stockholm, der dort allerdings kurz darauf

*Stortorget: Der alte Marktplatz mit dem Nobel-Museum*

starb. Den Niedergang des schwedischen Reiches besiegelte der Große Nordische Krieg mit Russland und Dänemark Anfang des 18. Jahrhunderts. Pest und Brände entvölkerten Stockholm. Die Macht des Königs schwand. Ein letztes Aufbäumen der Monarchie war die Ära des absolutistischen Königs Gustav III. Der Kunstförderer wurde bei einem Maskenball in der Stockholmer Oper ermordet.

## Die große Auswanderung

1810 gab sich Schweden eine neue Verfassung, in der die Gewaltenteilung festgelegt wurde. Im 19. Jahrhundert nahm die schwedische Bevölkerung sprunghaft zu. Schlechte Ernten und Mangel an Arbeit führten zu großer Armut. Viele wanderten aus. Zwischen 1850 und 1930 verließen nahezu zwei Millionen Schweden das Land. Wer es nicht bis Amerika schaffte, versuchte sein Glück in Stockholm. Um 1800 hatte Stockholm rund 75 000 Einwohner, um 1900 waren es 300 000 und 1930 schon eine halbe Million.

Schwedens Antwort auf diese Entwicklung war der Wohlfahrtsstaat, ein Erfolgsmodell das sich bis in die 1980er Jahre hielt. Schweden wandelte sich vom Agrarland zum Industrieland, was Stockholms Einfluss noch verstärkte. Im Zweiten Weltkrieg blieben die Schweden offiziell neutral. Dennoch erlaubten sie den Nazis, ihre Truppen über schwedisches Territorium zu transportieren, und lieferten Waffen an Finnland. Auch den Handel mit Deutschland hielten die Schweden aufrecht – die Nachbarländer waren von den Deutschen besetzt oder mit diesen verbündet. Durch eine List rettete der Stockholmer Diplomat Raoul Wallenberg mehrere hundert ungarische Juden vor der Deportation.

## Musterland

1950 wurde die erste Metrolinie eröffnet. An dem Versuch, eine autogerechte Stadt zu schaffen, leidet die City noch heute. In den 1960er und 70er Jahren entstanden in Stockholm riesige Wohnsiedlungen wie überall in Europa. Politische Neutralität bewahrte Schweden auch nach dem Krieg, engagierte sich aber umso mehr bei der UNO und welt-

*Kreuzfahrtschiff vor Södermalm*

weit für Menschenrechte. Als Ministerpräsident Olof Palme 1986 in Stockholm auf offener Straße erschossen wurde, starb der letzte große Fürsprecher des schwedischen Wohlfahrtsmodells.

Der Dienstleistungssektor dominiert Stockholms Wirtschaft zu über 80 Prozent, der Rest entfällt vor allem auf IT und Elektrotechnik. ›Ericsson‹ (Mobilfunk) und ›Electrolux‹ (Haushaltswaren) haben ihren Firmensitz in Stockholm. Der Stadtteil Kista hat mittlerweile den Spitznamen ›Science City‹. Nicht erst seit dem Fall des Eisernen Vorhangs gewinnt Stockholm zunehmend ein internationales Gesicht, mit Touristen aus aller Welt und einer enorm vielfältigen Gastroszene, die vom asiatischen Imbiss bis zum Spanier mit Michelin-Stern reicht. Vorbildlich ist Schwedens Metropole im Umweltschutz: Die Europäische Union ernannte Stockholm zur ersten Europäischen Umwelthauptstadt 2010.

## Stadtrundgänge

Drei dicht nebeneinander liegende Inseln formen Stockholms Altstadt: **Riddarholmen**, **Gamla Stan** beziehungsweise **Stadsholmen** und **Helgeandsholmen**. Brücken verbinden sie untereinander und mit den größeren Inseln **Södermalm** im Süden und City beziehungsweise **Norrmalm** im Norden.

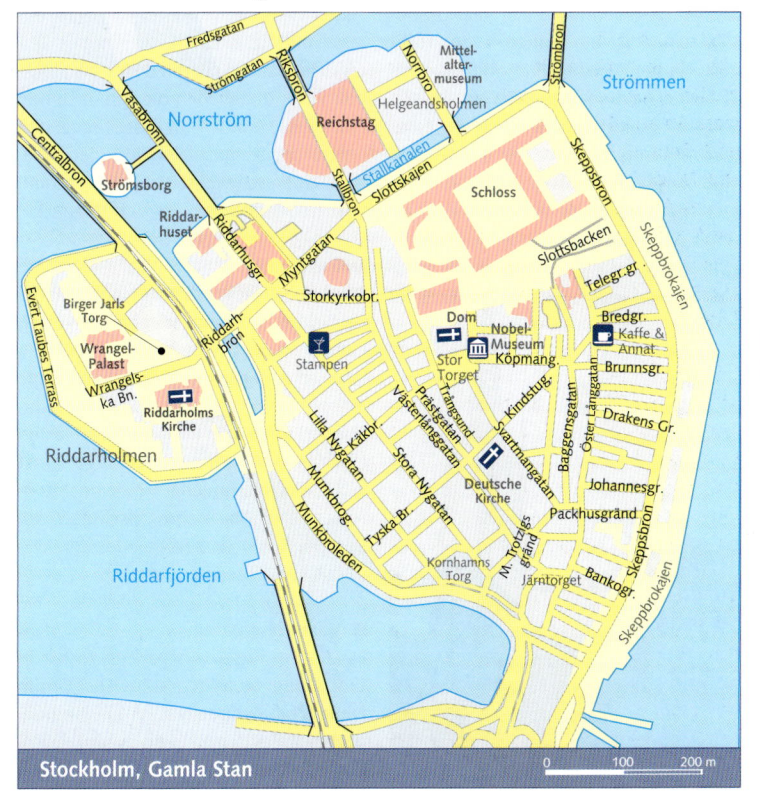

Stockholm, Gamla Stan

Auf der kleinen Insel **Helgelandsholmen** befindet sich das Mittelaltermuseum, die Insel **Djurgården** lockt mit verschiedenen Museen, Freizeitparks und viel Natur.

## Die Altstadt

Der Rundgang startet auf der westlichen Insel Riddarholmen am dreieckigen Platz **Birger Jarls Torg**, benannt nach dem Stadtgründer Birger Jarl. In Rittermontur blickt dieser zufrieden von einer Säule herab auf sein Werk.

### ■ Riddarholms Kirche

In der mittelalterlichen Klosterkirche (Riddarholmskyrkan) auf der Südseite des Platzes befinden sich die Gräber aller schwedischen Könige – vom 1632 gestorbenen Gustav II. Adolf bis zum 1950 verstorbenen Gustav V., der am längsten regierte, als erster unter einer parlamentarischen Demokratie. Nur Königin Kristina, die Tochter Gustavs II., wurde im Petersdom in Rom begraben. Untypisch für eine Kirche sind die vielen Familienwappen an den Wänden. Das zugehörige Kloster bestand nur bis zur Reformation im 16. Jahrhundert.

### ■ Wrangel-Palast

Auf der Westseite des Birger Jarls Torg lag im 18. Jahrhundert knapp 60 Jahre lang die Übergangsresidenz des Königs (Wrangelska Palatset), nachdem die Stadtfestung Drei Kronen (Tre Kronor) abgebrannt war. Anschließend wurde die ehemalige Residenz zum Gerichtsgebäude umfunktioniert.

### ■ Evert-Taube-Terrasse

Hinter dem Palast breitet sich eine Terrasse mit Café aus (Evert Taubes Terrass). Im Sommer sitzen dort viele Stockholmer und genießen die Abendsonne. Eine Statue erinnert an Evert Taube, den Matrosen, Schauspieler und Liedermacher, einen schwedischen Freddy Quinn und Troubadour des 20. Jahrhunderts.

### ■ Ritterhaus

Über den Birger Jarls Torg und die Brücke Riddarholmsbron kommt man nach Gamla Stan. Gleich nach der Brücke links schimmert die prächtige Fassade eines Adelspalastes aus dem 17. Jahrhundert mit einem kleinen Barockgarten (Riddarhuset). Im Rittersaal tagte einst die Adelsversammlung. Heute noch treffen sich hier Nachfahren der Ritter, außerdem feiern dort Mitglieder der Akademie der Wissenschaften.

### ■ Västerlånggatan

Nach dem Ritterhaus geht es rechts in die Straße Stora Nygatan. Die Große Neue Straße wurde erst im 17. Jahrhundert angelegt, nach einem verheerenden Brand. In der Stora Nygatan haben

▲ *Hier ruhen Schwedens Könige*

*Beliebte Einkaufsgasse: Västerlånggatan*

sich vor allem Cafés, Restaurants und diverse Läden angesiedelt. Schmale kurze Gassen verbinden sie mit der parallelen Västerlånggatan, der Haupteinkaufsstraße der Altstadt mit Kunstgalerien, Boutiquen, Buchläden, Cafés, Kunsthandwerk-, Schmuck- und Souvenirgeschäfte. Im Sommer sind viele Läden bis in den späten Abend geöffnet. Über Nummer 37 wohnte der schwedische Ministerpräsident Olof Palme. Am südöstlichen Ende mündet die Västerlånggatan in den Järntorget, im Mittelalter ein wichtiger Handelsplatz. An einem der Häuser lehnt eine weitere Evert-Taube-Statue.

### ■ Deutsche Kirche

Ein Stückchen die Österlånggatan entlang und dann links über die Beinickenbrinke in die Svartmangatan, wörtlich Schwarzer-Mann-Straße, in Anspielung auf die dort lebenden Dominikanermönche mit ihren schwarzen Umhängen. In dieser Gasse häufen sich auch die Hinweise auf die zahlreichen deutschen Bewohner. In der Nähe liegen der Deutsche-Brunnen-Platz (Tyska Brunnsplan), die Deutsche-Schule-Gasse (Tyska Skolsgrän) und die Deutsche Kirche (Tyska Kyrkan) aus dem 16. und 17. Jahrhundert, mit einer separaten Königsloge und einer Kanzel aus Alabaster und Ebenholz.

### ■ Stortorget

Die Svartmangatan endet an einem großen Platz, dem Stortorget. In dem klassizistischen Gebäude an der Nordseite war früher die Börse (Börshuset) untergebracht. Mittlerweile zeigt dort das **Nobel-Museum** (Nobelmuseet) wechselnde Ausstellungen zu diversen Nobelpreisträgern und dem Stifter Alfred Nobel. Der Marktplatz war im 16. Jahrhundert Schauplatz des Stockholmer Blutbads: König Christian II. ließ an die hundert Adelige ermorden. Wer die historischen Fassaden am Platz genauer betrachtet, entdeckt eine getürkte Kanonenkugel und authentische Tafeln mit Inschriften in deutscher Sprache.

### ■ Dom

Direkt hinter dem Börshuset steht der Dom (Storkyrkan). Innen ist er weit beeindruckender als außen: Gotische Backsteinbögen und nachträglich angebrachte Barockverzierungen, dazu einige Kostbarkeiten wie die Skulptur vom Heiligen Georg im Kampf mit dem Drachen aus dem 15. Jahrhundert und die älteste Stadtansicht Stockholms aus dem 16. Jahrhundert. Im Juni 2010 heiratete hier die schwedische Kronprinzessin Victoria.

## ■ Königliches Schloss

Zur Hochzeit hätte die königliche Familie praktisch zu Fuß gehen können, das Schloss befindet sich direkt neben dem Dom. Allerdings wird dieses Schloss eher repräsentativ genutzt, die Wohnräume der Familie sind in Schloss Drottningholm (→ S. 310). Im 18. Jahrhundert ersetzte dieser Bau die abgebrannte Festung Drei Kronen (Tre Kronor): außen schlicht, innen pompös. Man sollte sich reichlich Zeit nehmen für den Rundgang durch Prunksäle, Reichssaal, Schlosskirche, Rüstkammer, Schatzkammer und das **Museum Tre Kronor**. Täglich um 12.15

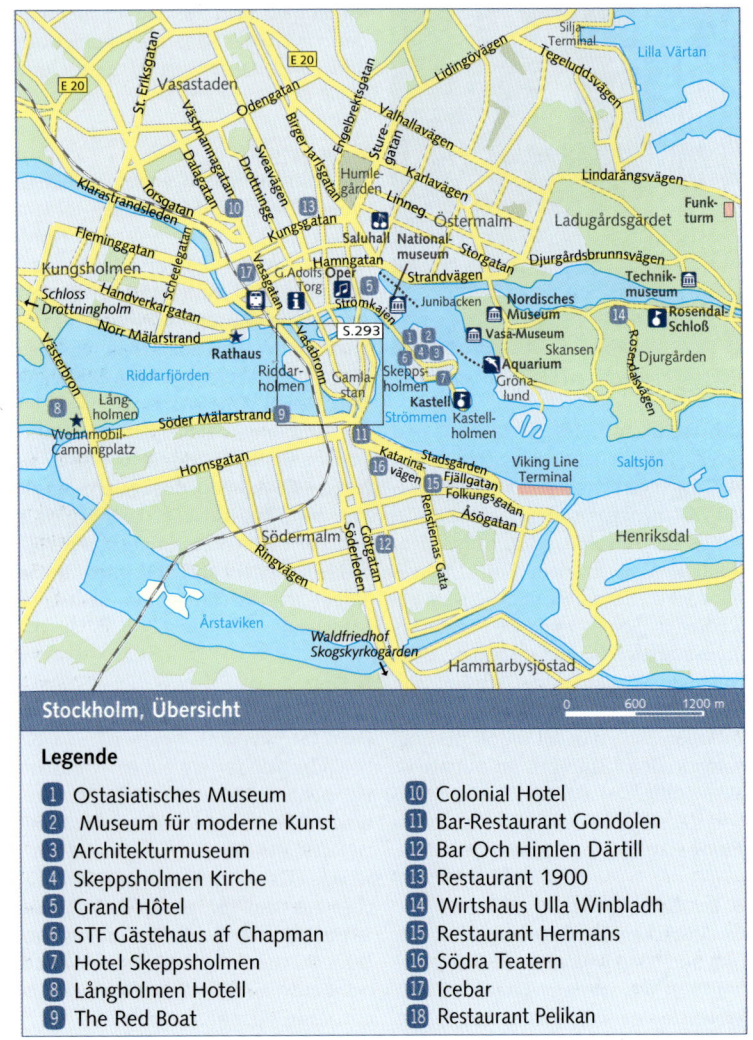

### Stockholm, Übersicht

### Legende

1. Ostasiatisches Museum
2. Museum für moderne Kunst
3. Architekturmuseum
4. Skeppsholmen Kirche
5. Grand Hôtel
6. STF Gästehaus af Chapman
7. Hotel Skeppsholmen
8. Långholmen Hotell
9. The Red Boat
10. Colonial Hotel
11. Bar-Restaurant Gondolen
12. Bar Och Himlen Därtill
13. Restaurant 1900
14. Wirtshaus Ulla Winbladh
15. Restaurant Hermans
16. Södra Teatern
17. Icebar
18. Restaurant Pelikan

Uhr (So 13.15 Uhr) geben die Schlosswachen mit blitzenden Helmen und hartnäckiger Zackigkeit vor dem Eingang eine Vorstellung.

## Helgelandsholmen

Auf der Mini-Insel nördlich des Königsschlosses befindet sich der **Reichstag** (Riksdagshuset), Sitz des schwedischen Parlaments. Östlich davon, jenseits der Brücke Norrbro, öffnete das **Mittelaltermuseum** (Medeltidsmuseet) 2010 wieder – nach zwischenzeitlichem Umzug ins Kulturhaus (Kulturhuset). Ein sehr anschaulicher Spaziergang durch die frühe Stockholmer Stadtgeschichte wird dort geboten. Auf der Straße Slottskajen entlang des Schlosses kommt man in westlicher Richtung wieder zum Ausgangspunkt, den Birger Jarls Torg. Alternativ führt die Norrbro nach Norden Richtung City, zum Platz Gustav Adolfs Torg, dem Ausgangspunkt weiterer Erkundungen.

## Blasieholmen, Skeppsholmen, Kastellholmen

Vom Gustav Adolfs Torg am Wasser entlang geht es auf die beiden Inseln Skeppsholmen und Kastellholmen. Wem die Strecke für einen Fußmarsch zu weit ist, der kann von hier den Bus 65 nach Skeppsholmen nehmen. Gustav Adolfs Torg ist umgeben von Regierungsgebäuden und der Königlichen Oper im Osten. In der Mitte sitzt Gustav Adolf hoch zu Ross und genießt den Blick auf das Schloss.
Auf der Wasserseite geht es die Strömgatan entlang nach Osten. An die Oper schließt sich ein Parkstreifen an, der Platz Karl XII:s Torg und der Kungträdgården. Nach der Brücke Strömbron beginnt die Uferpromenade Strömkajen.

*Vor dem Nationalmuseum*

### ■ Strömkajen

Ausflugsboote und Sightseeing-Busse reihen sich aneinander, auf der anderen Straßenseite thront das **Grand Hôtel**, seit 1874 erste Adresse für Kinolegenden, Präsidenten und Rockstars. Auch die Nobelpreisträger wohnen während der Preisverleihung in dem rosafarbenen Fünf-Sterne-Tempel. Ein paar Gebäude weiter, kurz vor der Brücke Skeppsholmbron, fällt der Blick auf das **Nationalmuseum**, Schwedens größte Kunstsammlung mit Skulpturen, Grafiken, Gemälden und Design. Schwerpunkt sind schwedische Maler des Fin de Siècle, dem Übergang von 19. zum 20. Jahrhundert, darunter Carl Larsson, Bruno Liljefors und Anders Zorn.

### ■ Skeppsholmen

Auf der Brücke mit den goldfarbenen Königskronen am Geländer gleitet man wie über einem roten Teppich nach Skeppsholmen, eine idyllische kleine Insel, halb Park, halb Museumsgelände. Weithin sichtbar ist der 1888 gebaute Dreimaster **Af Chapman**, nunmehr seit 60 Jahren Jugendherberge.

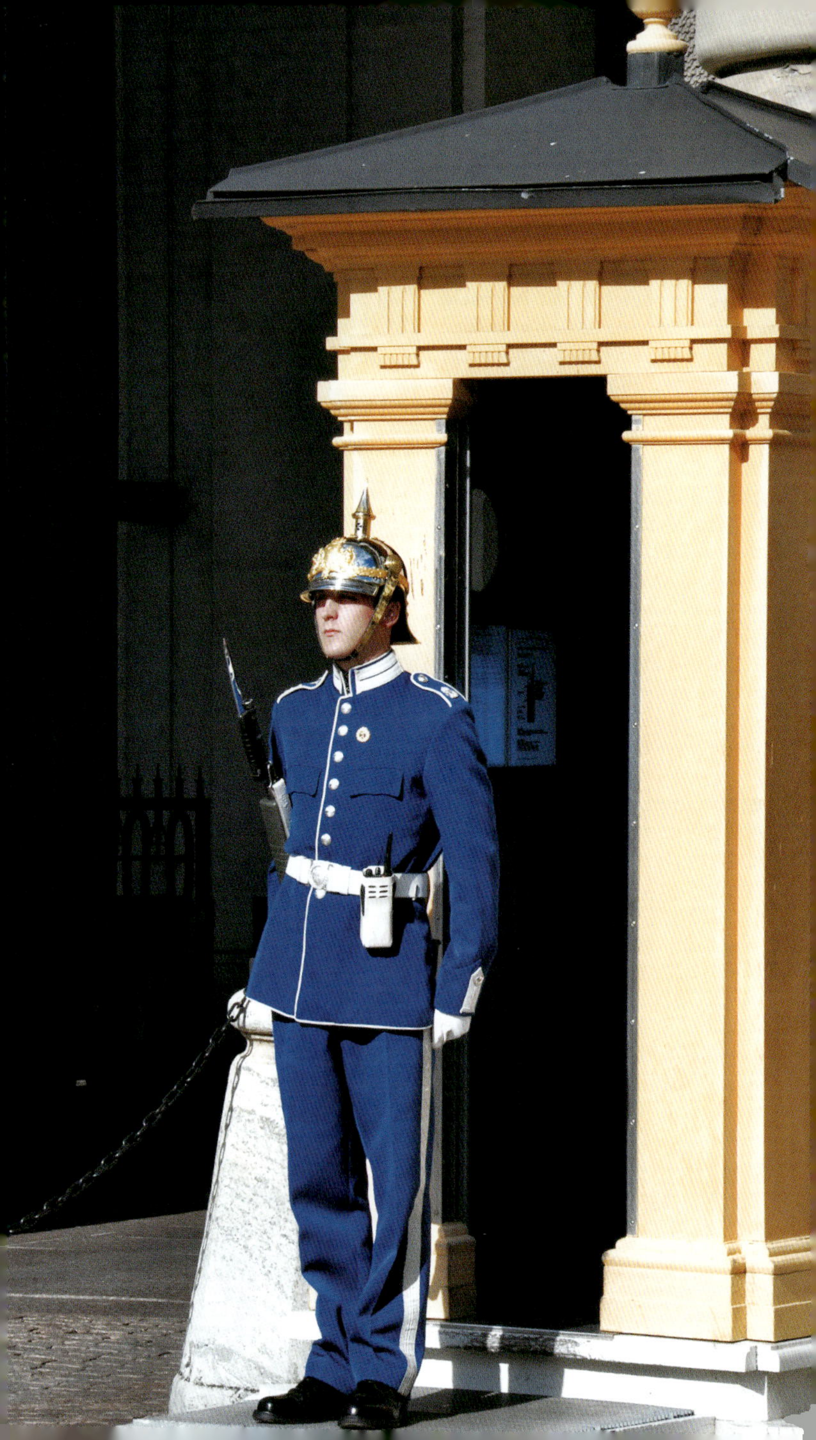

Das extravagante rosarote **Schlösschen** auf dem Hügel war im 17. Jahrhundert Sitz der königlichen Admiralität, heute sind dort Büros des schwedischen Tourismusverbandes untergebracht – allerdings nur interne, ohne Besucherservice.

Der lauschige Uferweg führt an der ›Af Chapman‹ vorbei bis zum Asphaltweg Flaggmansvägen, und ein Stückchen inseleinwärts sieht man die schrillen Figuren von Niki de Saint Phalle durch die Bäume leuchten. Zusammen mit den kinetischen Skulpturen Jean Tinguelys gehören sie zum **Museum für Moderne Kunst** (Moderna Museet) oben auf dem Hügel. Schwerpunkt der Sammlung und Sonderausstellungen sind Fotografien ab Mitte des 19. Jahrhunderts sowie Malerei und Skulpturen des 20. Jahrhunderts. Museumsarchitekt ist der Spanier Rafael Moneo.

Direkt angegliedert ist das **Architekturmuseum** (Arkitekturmuseet). Sammlung und Wechselausstellungen fokussieren schwedische Architektur und schwedisches Design sowie die Arbeiten ausländischer Architekten in Schweden anhand von Fotos, Zeichnungen und Modellen. Ein weiteres wiederkehrendes Ausstellungsthema sind urbane Entwicklungen weltweit.

Richtung Nordwesten an der Skeppsholmenkirche (Skeppsholmskyrkan) vorbei zum **Ostasiatischen Museum** (Östasiatiska Museet). Neben einer großen Sammlung von Keramiken, Porzellan und Skulpturen hat das Museum jährliche mehrere Wechselausstellungen, zum Beispiel aktuelle Kimono-Trends aus Japan oder die legendäre Terrakottaarmee.

Die Straße Svensksundsvägen, zwischen Moderna Museet und den bunten Skulpturen von Niki de Saint Phalle, kreuzt Richtung Osten den Amiralsvägen. Dieser Weg führt abwärts direkt zur Brücke nach Kastellholmen.

### ■ Kastellholmen

Namensgeber der winzigen Insel ist das leuchtend rote **Kastell** (Kastellet) auf dem Hügel. Der Architekt Fredrik Blom baute es Mitte des 19. Jahrhunderts im schwedischen Empirestil. Auch die Skeppsholmenkirche (Karl Johans Kyrka) beim Museum für Moderne Kunst stammt von Blom. Als Verteidigungsanlage kam es nie zum Einsatz, doch hisst die königliche Marine jeden Tag ihre Flagge. Leider kann das Kastell nicht besichtigt werden, nur für Konferenzen wird es vermietet. Bei schönem Wetter setzt man sich auf einen der Felsen vor dem Kastell und kann stundenlang zusehen, wie am Hafen von Södermalm die großen Schiffe und Fähren ein- und auslaufen. Nach Osten hat man freie Sicht auf den Vergnügungspark Gröna Lund und im Norden sieht man das Vasa-Museum. Zurück in die Stadt fährt von der Nordseite der Brücke Kastellholmsbron ein Bus.

## Djurgården

Ein leuchtend blaues Tor mit goldenen Hirschen und einem Konterfei der griechischen Jagdgöttin Artemis markiert den Eingang zum einstigen Wildpark des Königs gleich nach dem Überqueren der Brücke Djurgårdsbron. Im westlichen Teil der Insel, entlang der Hauptstraße Djurgårdsvägen, sind Museen und Freizeitparks. Den östlichen Teil

*Leben im Stillstand: Königliche Schlosswache*

*Der Fernsehturm Kaknästornet*

kennzeichnen Wald, Wiesen und ein kleiner See – ideal für einen Spaziergang vom blauen Tor bis zum Fernsehturm Kaknästornet.

### ■ Aquaria
Weniger auf Spektakel als auf Lernen setzt das Wassermuseum (Vattenmuseum) Aquaria. Sehr anschaulich und sinnlich dargestellt sind die Lebensräume tropischer Regenwald, nordische und tropische Gewässer.

### ■ Gröna Lund
Das beste an diesem Rummelplatz ist seine Lage direkt am Wasser. Von einigen Fahrgeschäften eröffnet sich eine spektakuläre Aussicht über die angrenzenden Inseln. Zum Vergnügungspark gehört auch eine Open-Air-Konzertbühne, auf der im Sommer regelmäßig internationale Stars gastieren.

### ■ Junibacken
Der Name klingt nach Kindergeburtstag. Genauso geht es zu in diesem Museum, an dem Astrid Lindgren persönlich mitgewirkt hat. Ein Märchenzug ruckelt durch begehbare Szenen aus Pippi Langstrumpf, Karlsson auf dem Dach und anderen skandinavischen Kindergeschichten. Auch auf der Theaterbühne werden die Abenteuer zum Leben erweckt.

### ■ Liljevalchs
Die wechselnden Ausstellungen der Kunsthalle zeigen bevorzugt schwedische und internationale Künstler des 20. Jahrhunderts. Jedes Jahr werden im Frühlingssalon neueste Trends vorgestellt. Auch Nachwuchskünstler bekommen ein Forum.

### ■ Nordisches Museum
Auf vier Etagen dokumentiert diese Sammlung (Nordiska Museet) schwedischen Alltag vom 16. Jahrhundert bis zur Gegenwart: Kleidung, Möbel, Schmuck, Spielzeug und Werkzeug einfacher und nobler Leute, ergänzt von Sonderausstellungen. Der Hauptsaal des Neorenaissancebaus erinnert an ein Kirchenschiff, durch das Deckenlicht wirkt er allerdings heller und freundlicher. Auch König Gustav I. thront dort – als überdimensionale Holzskulptur des Bildhauers Carl Milles (→ S. 309).

### ■ Skansen
Auf dem weitläufigen Gelände kann man einen ganzen Tag verbringen, besonders mit Kindern. Das 1891 eröffnete Freilichtmuseum versammelt über hundert historische Häuser und Bauernhöfe aus ganz Schweden, das älteste stammt aus dem 14. Jahrhundert. In einem rekonstruierten Stadtviertel aus

dem 19. Jahrhundert zeigen Handwerker, wie man zu jener Zeit Möbel und Schmuck herstellte, Brot backte und Bücher druckte. Im nordöstlichen Teil befindet sich ein skandinavischer Tierpark mit Bären, Wölfen, Luchsen und Elchen. Walpurgis (30. April), Mitsommer (Juni), Lucia (13. Dezember) und andere Feste feiert man im Skansen auf traditionelle Art.

### ■ Vasa-Museum

Stockholm spektakulärstes Museum (Vasamuseet) ist einem einzigen Objekt gewidmet. Sogar die Form des Baus wurde daran angepasst. 1628 sank die Vasa, damals das teuerste Kriegsschiff, bei der Jungfernfahrt noch im Stockholmer Hafen. Alle Bergungsversuche blieben vergeblich. Nur ein Großteil der 60 Kanonen ließ sich später heraufholen, dank einer Taucherglocke. Jahrhundertelang blieb die Vasa vergessen. Erst in den 1950er Jahren entdeckte ein Forscher das Wrack in etwa 30 Metern Tiefe vor der Insel Beckholmen, südlich von Djurgården. Mit ungeheurem Aufwand wurde es geborgen und renoviert und ist heute in seiner ganzen Pracht zu sehen. Wie ein Trockendock ist das ganze Museum um die Vasa gebaut, so können die Details von mehreren Etagen aus bestaunt werden. So seeuntauglich das Schiff war, so umwerfend ist es durch seine schiere Größe und die opulenten Ausstattung mit Schnitzereien, Statuen und Kanonen.

*Djurgårdens Rummelplatz: Gröna Lund*

## Die Bergung der Vasa

Fünf Jahre lang forscht Anders Franzén in Archiven, studiert historische Karten und Chroniken, durchsucht das Wasser am Stockholmer Hafen. Am 25. August 1956 ist es soweit. Der Schiffsingenieur macht die entscheidende Entdeckung. Ein Stück schwarzes Eichenholz hängt an seinem Lot. Wenige Tage später sucht ein Taucher die Fundstelle ab. Er findet ein gigantisches Schiff. In 30 Metern Tiefe, südwestlich der Insel Beckholmen. Kein Zweifel: Da unten liegt das Wrack der Vasa. Das teuerste, imposanteste Kriegsschiff des 17. Jahrhunderts, gesunken 1628, während der Jungfernfahrt, irgendwo im Stockholmer Hafen. Das Wrack ist in einem beeindruckenden Zustand. Franzén ahnt es. Die Ostsee besteht aus Brackwasser. Diese Mischung aus Salz- und Süßwasser hat einen sehr niedrigen Salzgehalt, zu niedrig für den Schiffsbohrwurm, eine Muschel mit dem Beinamen ›Termite der Meere‹. Das größte Abenteuer steht noch bevor: die Bergung. Niemand hat Erfahrung mit einem so großen Schiff. Ein Rumpf von beinahe 50 Metern Länge und bis zu 12 Metern Breite, bei einer Heckhöhe von 20 Metern. Über 1000 Tonnen Gewicht. Ein verrückter Vorschlag lautet, die Vasa einzufrieren und zu warten, bis sie mit dem Eis an die Oberfläche steigt. Dann müsse sie nur noch an den gewünschten Ort bewegt und aufgetaut werden. Ein anderer Plan sieht vor, das Schiff mit so vielen Tischtennisbällen zu füllen, bis es nach oben steigt.

Das Bergungsunternehmen ›Neptunbolaget‹ hat einen anderen Plan. Es dauert allerdings weitere drei Jahre, bis die Aktion durchgeführt werden kann. Inzwischen haben Taucher Tunnel gegraben und Stahlseile unter der Vasa hindurch gezogen. Eine extrem aufwändige und gefährliche Arbeit. Jeden Moment kann das Schiff auseinanderbrechen und die Taucher unter sich begraben. Die Enden der Seile werden an Schwimmkörpern befestigt, die mit Wasser gefüllt sind. Als Luft in die Schwimmkörper gepumpt wird, steigen sie nach oben, straffen die Seile und heben auch das Schiff an. Zunächst kommt die Vasa an eine seichtere Stelle, bleibt aber unter Wasser. Wieder müssen Taucher ran. Sie dichten den Rumpf ab, der mit tausenden Löchern übersät ist und setzen fehlende Planken ein. Dann endlich kommt der zweite große Moment: Das Schiff wird bis zur Oberfläche gehievt und ausgepumpt. Am 24. April 1961 taucht die Vasa vollständig auf – 333 Jahre nach dem Untergang.

*333 Jahre nach dem Untergang ist die Wasa bestens erhalten – samt Besatzung*

■ **Der östliche Teil**
Nach der Djurgårdenbrücke führt die Tour links durch das blaue Tor und am besten immer den kleinen Weg am Wasser, den Djurgårdsbrunnsviken, entlang, der nach Osten hin immer schmaler wird und schließlich in einen Kanal übergeht. Zwischenzeitlich mündet der Weg in die Asphaltstraße Rosendalsvägen. Nach etwa 15 bis 20 Minuten gabelt sich Rosendalsvägen. Auf der rechten Abzweigung kommt man direkt zum **Schloss Rosendal** (Rosendals slott). Das Gebäude im Empirestil diente König Karl XIV. Johann als Sommersitz. Die Räume sind überladen mit kostbaren Teppichen, Möbeln und Geschirr aus dem Besitz des Regenten. Weiter bergauf streift der Rosendalsvägen die biologische Blumen- und Gemüsegärtnerei **Rosendals Trädgårdard** mit Biergarten und Obstbäumen und einem Wintergarten-Café. Nach der Kaffeepause führt die Straße wieder bergab am Schloss Rosendal vorbei. Unten trifft man wieder auf den Weg entlang des Djurgårdsbrunnsviken.
Weiter in östlicher Richtung geht es durch einen Wald und bald erhebt sich hinter den Bäumen der **Fernsehturm Kaknästornet**. Nach weiteren 10 bis 15 Minuten erreicht man die Kanalbrücke Djurgårdsbron. Auf der anderen Kanalseite befinden sich eine Bushaltestelle und ein Café. Dann geht es die Asphaltstraße Djurgårdsbrunnsvägen nach Norden, nach etwa zehn Minuten rechts in den Kaknäsvägen und gleich wieder links in die Mörka kroken. Der Fernsehturm selbst ist nicht besonders schön, umso mehr verzückt die Aussicht von Stockholms höchstem Punkt. Die gemütliche Panorama-Bar mit großem Kuchensortiment ist der perfekte Ort, um den Sonnenuntergang über der Altstadt gebührend zu würdigen. Eine Etage höher gibt es Gelegenheit zu einem Freiluftrundgang. Zurück in die Stadt fährt ein Bus von der Djurgårdsbrunnsvägen.

## Stockholm-Informationen

Kreuzfahrtschiffe legen am zentralen Stadsgårdskajen in Södermalm oder an den beiden Terminals Värtahamnen und Frihamnen südlich der Brücke nach Lidingö an. Von allen Terminals ist die Stockholmer City gut mit öffentlichen Verkehrsmitteln zu erreichen. Das Stockholm Tourism Center liegt zentral, und man kann von dort gleich zur Erkundung von Altstadt oder der benachbarten Museumsinseln aufbrechen. Ein weiteres befindet sich im Flughafen Arlanda, im Terminal 5.

### Allgemeine Informationen
**Vorwahl Schweden**: 00 46.
**Vorwahl Stockholm**: (0)8.

**Stockholm Tourist Center** (City/Norrmalm), Vasagatan 14, Tel. 50 82 85 08, touristinfo@stockholm.se, www.visitstockholm.com; Mai–Mitte Sept. Mo–Fr 9–19, Sa 10–17, So 10–16 Uhr. Mitte Sept.–Apr. Mo–Fr 9–18, Sa 10–17, So 10–16 Uhr. Beratung, Hotelbuchung, Stadtpläne, Stockholm Card, Tickets für Ausflüge und Rundfahrten, Geldwechsel, Internet, Telefon.
Die **Stockholm Card** kostet 49/68/82/104 Euro (Kinder: 24/28/31/34 Euro) und gilt 24/48/72/120 Stunden als Fahrschein für Bus, Tram und Metro/S-Bahn (T-Bahn) in Stockholm (SL) und auf dem Boot ›M/S Emelie‹ nach Djurgården sowie als Eintrittskarte in rund

*Sightseeing per Schiff*

75 Museen und Sehenswürdigkeiten, zum Beispiel Vasa-Museum, Königsschloss und Skansen. Die Stockholm Card gibt's bei der Touristeninfo, an Metroschaltern (SL), an Kiosken, in Museen, Hotels und an Fährterminals. Am Eingang zur Metro muss die Stockholm Card am Schalter vorgezeigt werden.

## An- und Abreise
### ■ Mit dem Auto
Mit dem Auto geht es über Kopenhagen, Malmø, Helsingborg, Jönköping und Linköping auf der durchgehenden Autobahn E 4. (Entfernung Malmø-Stockholm ca. 600 km/6 Std.). Von Göteborg über Borås bis Jönköping auf der Hauptverkehrsstraße Riksväg 40. Alternativen: → Fähren, S. 385 (die meisten transportieren Pkw).

### ■ Mit der Bahn
Auf dem Landweg gibt es eine Verbindung von Hamburg über Kopenhagen (umsteigen) nach Stockholm. Der Schnellzug X 2000 verbindet die von Deutschland per Fähre erreichbaren Städte Malmö im Süden mit Stockholm in ca. 4,5 Std. und Göteborg im Südwesten mit Stockholm in ca. 3 Std. Details auf der Website der schwedischen Bahn (Statens Järnvägar/SJ): www.sj.se (engl.).

### ■ Mit dem Schiff
Regelmäßige Fährverbindungen zwischen Deutschland und Schweden: Kiel-Göteborg (Südwestschweden) in ca. 14 Std., Lübeck/Travemünde-Malmø und Trelleborg (beide Südschweden) in 9 und 7,5 Std., Rostock-Trelleborg in ca. 5-7,5 Std., Sassnitz (Rügen)-Trelleborg in ca. 5-7 Std., Sassnitz (Rügen)-Trelleborg in ca. 4 Std. Fährverbindungen mit Stockholm bieten unter anderem Helsinki (Fahrtzeit 16 Std.), Riga (17 Std.), Tallinn (16-17 Std.) und St. Petersburg (25-35 Std.). Ferner gibt es Verbindungen von Gdańsk und Visby (Gotland) nach Nynäshamn (Fahrtzeit 3 Std. und 18 Std.), von dort geht eine S-Bahn nach Stockholm (ca. 1 Std.). Weitere Infos: www.ferrylines.com.

Stockholms wichtigste Fährhäfen sind **Stadsgårdskajen** in Södermalm (Viking-Line) und die aneinander angrenzenden **Värtahamnen** und **Frihamnen** südlich der Brücke nach Lidingö (Silja-Line). Der Stadsgårdskajen liegt ca. 100 Meter von der Metro-Station ›Slussen‹ (eine Station bis Altstadt/Gamla Stan, zwei Stationen bis Hauptbahnhof/T-Centralen). Von Värtahamnen/Frihamnen fährt Bus 76 zur Station Slussen.

### ■ Mit dem Flugzeug
Der wichtigste Flughafen für Verbindungen aus Deutschland ist **Stockholm-Arlanda** (www.arlanda.se), ca. 40 km nördlich der City. Linienflüge bieten beispielsweise Lufthansa (www.lufthansa.com) und ihr Partner Scandinavian Airlines (www.sas.se) von Berlin, Düsseldorf, Frankfurt, Hamburg und München; Germanwings (www.ger

manwings.com) von Berlin und Köln-Bonn. Flugzeiten ca. 1,75–2,5 Std. Anbindung an die Stockholmer City gibt es mit dem schnellen, aber relativ teuren Zug **Arlanda Express** (ca. 20 Min.). Der **Flughafenbus** braucht etwa doppelt so lang, kostet dafür weniger als die Hälfte.

## Unterwegs in Stockholm

### ■ Stadtrundgänge und -fahrten

Das Angebot ist riesig: Von geführten Stadtrundgängen über Bus- und Bootstouren bis hin zur Ballonfahrt und zur geführten Tour über Stockholms Dächer, Info: www.upplevmer.se (engl.). Eine Übersicht der Angebote bekommt man beim **Stockholm Tourist Center**. Tolle Perspektiven bieten die **Bootsausflüge** um die inneren Stadtinseln, außerdem sind diverse entferntere Sehenswürdigkeiten im Archipel per Boot erreichbar, etwa Schloss Drottningholm: Stockholm Sightseeing, Tel. 12 00 40 00, www.stromma.se (engl.).

### ■ Öffentliche Verkehrsmittel

Auch auf eigene Faust lässt sich die Stadt prima erkunden: Stockholm hat ein sehr gut ausgebautes öffentliches Verkehrsnetz mit Bus, Straßenbahn, Metro (T-Bahn) und Zügen in die Vororte. Infos und Verbindungen: www.sl.se (engl.).
Am Wochenende von April bis Dezember (Juli/August tägl.) fährt die **Museums- bzw. Café-Tram** auf der Djurgårdslinie 7N mehrmals tägl. vom Norrmalmstorg (City) bis Waldemarsudde auf der Parkinsel Djurgården, www.sparvagssallskapet.se (dt., engl.). Tickets gibt es an den Metrostationen, Automaten und an Kiosken mit SL-Zeichen, nicht jedoch in den Bussen.

### ■ Aussichtspunkte

Eine Stadt verteilt auf viele hügeligen Inseln, da ergeben sich allerhand famose Aussichten.
**Zentral**: Vom 106 m hohen **Rathausturm** (→ S. 308).
**Osten**: vom 155 m hohen **Fernsehturm** (Kaknästornet) im Stadtpark Ladugårdsgärdet, Mörka kroken 28–30, Tel. 667 21 80, Sept.–Mai Mo–Sa 10–21, So 10–18, Juni–Aug. tägl. 9–22 Uhr, Bus 69, 69K (→ Rundgang Djurgården, S. 303).
**Süden**: **Bar-Restaurant Gondolen**, Stadsgården 6, Södermalm (→ S. 307). Zur noblen Panoramaterrasse kommt man mit dem historischen **Aufzug Katharinahissen**, Blick auf Altstadt und Saltsjön.
**Weitere Aussichtspunkte**: diverse Fahrgeschäfte im Vergnügungspark **Gröna Lund** (→ S. 300), die Sky-Bar **Och Himlen Därtill** auf 104 m Höhe (→ S. 307) und natürlich vom Wasser aus.

## Unterkunft

Wie überall haben auch viele Stockholmer Hotels variable Preise, abhängig von der Auslastung. Zimmer in den teureren Hotels sind manchmal deut-

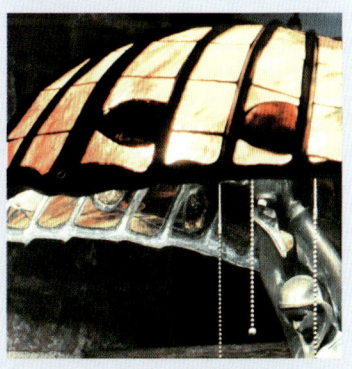

*Metro-Kunst: Station Fridhemsplan*

lich unter dem angegebenen Richtwertpreis zu haben.
**Grand Hôtel Stockholm**, Södra Blasieholmshamnen 8, Blasieholmen, Tel. 679 35 00, www.grandhotel.se; DZ ab ca. 400 Euro. Seit 1874 ist das Fünf-Sterne-Hotel Stockholms nobelste Unterkunft.
**Hotel Skeppsholmen**, Gröna gången 1, Skeppsholmen, Tel. 60 13 0 05 (Reservierung), www.hotelskeppsholmen.com; DZ ab ca. 200 Euro. Um 1700 entstand das langgezogene Gebäude als Unterkunft für Mitglieder der königlichen Marine. Im Oktober 2009 öffnete darin ein Design-Hotel, gestaltet vom schwedischen Architekten- und Designer-Trio Claesson Koivisto Rune.
**Långholmen Hotell**, Långholmsmuren 20, Långholmen, Tel. 720 85 00, www.langholmen.com; DZ ca. 185 Euro. Originelles Hotel in ehemaligem Gefängnis (1874–1975) mit Museum; zusätzliche Zimmer im Hostel, Einzelzelle um 60 Euro/Nacht.
**The Red Boat**, Södermälarstrand Kajplats 10, Södermalm, Tel. 644 43 85, www.theredboat.com; DZ ab 130 Euro (Jugendherberge DZ ab ca. 80 Euro ohne Frühstück). Das Hotel (5 Zimmer) und die Jugendherberge (32 Zimmer) mit zusammen 98 Betten verteilen sich auf zwei benachbarte, liebevoll hergerichtete Schiffe. Das eine war ein Kanal-Dampfer, das andere ein Vermessungsschiff. Der Liegeplatz ist am Söder Mälarstrand auf Höhe von Riddarholmen.
**Colonial Hotel**, Västmannagatan 13, City, Tel. 21 76 30, www.colonial.se; DZ ca. 120 Euro. Preiswertes kleines Kolonialstil-Hotel in einem Gebäude aus dem 19. Jahrhundert.
**STF Gästehaus Af Chapman**, Flaggmansvägen 8, Skeppsholmen, Tel. 463 22 66, www.stfchapman.com; DZ ca. 80 Euro (mit Frühstück, für Mitglieder, sonst Zuschlag von ca. 5,50 Euro (50 SRK). Zur Jugendherberge gehören ein frisch renoviertes Segelschiff und das gegenüberliegende Gebäude, beide aus dem 19. Jahrhundert.

■ **Camping**
Långholmen: **Wohnmobil-Campingplatz**, Tel. 669 18 90, www.stockholmparkering.se; Juni-Aug., ca. 25 Euro/Tag (mit Strom); Achtung: nur für Wohnmobile (keine Zelte!).

## Gastronomie
■ **Restaurants**
**Och Himlen Därtill**, Götgatan 78, Södermalm, Tel. 660 60 68, www.restauranghimlen.se (engl.); Mo–Do 17-1, Fr/Sa 17-3 Uhr. Vom luxuriösen Restaurant mit Sky-Bar im 25./26. Stock eines Wolkenkratzers überblickt man die ganze Stadt.
**1900**, Regeringsgatan 66, Norrmalm, Tel. 20 60 10, www.r1900.se; Mo–Fr 11.30-14 und Mo/Di 17-23, Mi–Fr 17-2, Sa 18-2 Uhr. Angesagtes Restaurant gehobener Preisklasse (mit Cocktailbar), in dem TV-Koch Niklas

*Alter Segler für junge Leute: Jugendherberge ›Af Chapman‹ vor Skeppsholmen‹*

Ekstedt schwedische Klassiker modern interpretiert.
**Wirtshaus Ulla Winbladh**, Rosendalsvägen 8, Djurgården, Tel. 53 48 97 01, www.ullawinbladh.se (engl.); Mo 11.30-22, Di-Fr 12-23, Sa 12.30-23, So 12.30-22 Uhr. Das Restaurant mit hübschem Garten logiert in einem Pavillon von 1897. Serviert wird traditionelle schwedische Küche auf hohem Niveau und mit entsprechenden Preisen.
**Pelikan**, Blekingegatan 40, Södermalm, Tel. 55 60 90 90, www.pelikan.se; Mo-Do 16-24, Fr/Sa 13-1, So 13-24 Uhr. Schwedisch futtern wie bei Muttern ist das Motto dieses gediegenen Lokals mit viel Holz, hohen Decken und bunt gemischtem Publikum.
**Hermans**, Fjällgatan 23 b, Södermalm, Tel. 64 39 48 0, www.hermans.se; Juni-Aug. tägl. 11-23, Sept.-Apr. tägl. 11-21 Uhr. Vegetarisches Café und Restaurant mit Terrasse über dem Saltsjön und leckeren selbst gebackenen Kuchen und Torten, im Sommer Mi/Fr/Sa Live-Musik.
**Gondolen**, Stadsgården 6, Södermalm, Tel. 64 17 0 90, www.eriks.se; Mo-Fr 11.30-1 Uhr, Sa 16-1 Uhr. Terrassenrestaurant und -bar mit Panoramablick auf Altstadt und Saltsjön.

■ **Cafés**
**Rosendals Trädgårdscafé**, Rosendalsterrassen 12, Djurgården, Tel. 54 58 12 70, www.rosendalstradgard.se (engl.); Mai-Sept. Mo-Fr 11-17, Sa/So 11-18 Uhr, Rest des Jahres Mo geschlossen sowie jeweils nachmittags kürzer; Jan. geschlossen. Das Café der Bio-Gärtnerei beim Schloss Rosendals hat Plätze im Glashaus und im Garten. Köstliche warme und kalte Gerichte, Kuchen und Gebäck – alles Bio, dazu Bio-Bier und Bio-Weine.

**Kaffe & Annat**, Österlånggatan 9, Gamla Stan, Tel. 23 74 00; tägl. 11-17 Uhr. Nettes kleines Altstadtcafé im Souterrain eines historischen Gebäudes. Selbst gemachter Kuchen!

■ **Nachtleben**
**Stampen**, Stora Nygatan 5, Gamla Stan, Tel. 20 57 93, www.stampen.se (engl.), Mo-Do 20-1, Fr/Sa 20-2, So (unregelmäßig) 13-17 Uhr. Charismatische Jazz- & Blues-Kneipe mit gut gemischtem Publikum und mehreren Live-Konzerten pro Woche.
**Södra Teatern**, Mosebacke Torg 1-3, Södermalm, Tel. 55 60 98 90, www.sodrateatern.com (teilw. engl.); Bühnen: Mo-Fr 17-1, Sa/So 11.30-1; Biergarten: (Sommer/je nach Wetter) So-Do 11.30-22, Fr/Sa 11.30-23 Uhr. Event-Location mit Theater- und Musikbühne, Bar/Restaurant und Terrassen-Biergarten mit Blick auf City und Altstadt.
**Icebar Stockholm**, Nordic Sea Hotel, Vasaplan 4, City, Tel. 50 56 35 20, www.nordicseahotel.se (engl.); Juni-Mitte Sept. So-Mi 11.15-24, Do-Sa 11.15-1, Mitte Sept.-Okt. So-Do 15.30-23.45, Fr-Sa 15-1 Uhr, Rest des Jahres Öffnungszeiten bitte online prüfen. Ewiges Eis von den Möbeln bis zu den Gläsern – für alle, denen Stockholm nicht nördlich genug ist.

## Kultur
■ **Museen**
**Vasa-Museum** (Vasamuseet), Galärvarvägen 14, Djurgården, Tel. 5195 48 00, www.vasamuseet.se; Juni-Aug. tägl. 8.30-18 Uhr, Sept.-Mai tägl. 10-17, Mi 10-20 Uhr. Bus Nr. 44, 69, Tram 7.
**Königliches Schloss** (Kunglinga Slottet), Slottsbacken, Gamla Stan, Tel.

40 26 13 0 (Mo–Fr 9–12), www.kungahuset.se (engl.); Mitte Mai–Sept. tägl. 10–17, Okt.–Mitte Mai Di–So 12–16 Uhr.
**Rathaus** (Stadshuset) und Rathausturm (Stadshustornet), Hantverkargatan 1, Kungsholmen, Tel. 50 82 90-58 (tägl. 8–17 Uhr), www.stockholm.se. Rathausbesuch nur mit Führung möglich; Termine (engl.): ganzjährig tägl. um 10, 11, 12, 13, 14, 15 Uhr; Juni–Aug. tgl. halbstündlich 9.30–16 Uhr. Turm und Turmmuseum (Besuch ohne Führung möglich; Lift bis zur Hälfte/Museum): Mai und Sept. tägl. 9.15–16, Juni–Aug 9.15–17.15 Uhr. Bus 3, 62.
**Freilichtmuseum Skansen**, Haupteingang: Djurgårdsslätten, Djurgården, Tel. 442 80 00, www.skansen.se; Jan.–April, Okt. tägl. 10–16, Mai tägl. 10–19, Anf.–Mitte Juni tägl. 10–20, Mitte Juni–Aug. tägl. 10–22, Sept. tägl. 10–18, Nov./Dez. Mo–Fr 10–15, Sa/So 10–16 Uhr. Bus 44, Tram 7, Fähre von der Altstadt.
**Nationalmuseum**, Södra Blasieholmshamnen, Blasieholmen, Tel. 51 95 43 00, www.nationalmuseum.se (engl.); Juni–Aug. Di 11–20, Mi–So 11–17, Sept.–Mai Di/Do 11–20, Mi/Fr–So 11–17 Uhr. Bus 65 (direkt), Bus 2, 55, 62, 65, 76 (Karl XII:s torg; 4 Gehminuten).
**Stockholmer Mittelaltermuseum** (Stockholms Medeltidsmuseum), Strömparterren, Norrbro, Tel. 50 83 17 90, www.medeltidsmuseet.stockholm.se (engl.); Di, Do, Fr–So 12–17, Mi 12–19, Juli/Aug. zusätzl. Mo 12–17 Uhr. Metro: T-Centralen.
**Museum für moderne Kunst** (Moderna Museet), Exercisplan, Skeppsholmen, Tel. 51 95 52 00, www.modernamuseet.se (engl.); Di 10–20, Mi–So 10–18 Uhr. Bus 65.
**Nordisches Museum** (Nordiska Museet), Djurgårdsvägen 6–16, Djurgården, Tel. 519 546 00, www.nordiskamuseet.se (engl.), Mo–So 10–17, Sept.–Mai zusätzl. Mi bis 20 Uhr. Bus 44, 69, 76.
**Ostasiatisches Museum** (Östasiatiska Museet), Tyghusplan, Skeppsholmen, Tel. 51 95 57 50, www.ostasiatiska.se (engl.); Di–Do 11–20, Fr–So 11–17 Uhr. Bus 65 (bis Af Chapman).
**Architekturmuseum** (Arkitekturmuseet), Exercisplan, Skeppsholmen, Tel. 58 72 70 00, www.arkitekturmuseet.se (engl.); Di 10–20, Mi–So 10–18 Uhr. Bus 65 (bis Af Chapman).
Infos zu weiteren **Stockholmer Museen** unter www.stockholmsmuseer.org.
**Schloss Rosendal** (Rosendals Slott), Rosendalsvägen, Djurgården, Tel. 40 26 13 0, www.kungahuset.se (engl.); Juni–Aug. Di–So, Zutritt nur mit geführten Touren: 12, 13, 14, 15 Uhr.

■ **Kirchen**
**Dom** (Storkyrkan), Trångsund 1, Gamla Stan, Tel. 723 30 00 (Mo–Fr 9–12); Mitte Mai–Ende Sept. tägl. 9–18, Okt.–Mitte Mai tägl. 9–16 Uhr.
**Riddarholms Kirche** (Riddarholmskyrkan), Birger Jarls Torg, Riddarholmen, Tel. 40 26 13 0 (Mo–Fr 9–12), www.kungahuset.se (engl.); Mitte Mai–Ende Sept. tägl. 10–17 Uhr.

■ **Veranstaltungen**
**Stockholm Marathon**, Anfang Juni, www.stockholmmarathon.se (dt.). Traditionslauf seit 1912 über sechs Inseln.
**Stockholm Jazz Fest**, Sommer, www.stockholmjazz.com (engl.). Mehrtägiges Internationales Jazz-Festival.
**Kulturfestival** (Kulturfestivalen), Mitte August, Tel. 50 83 19 72, www.kulturfestivalen.stockholm.se (engl.). An sechs Tagen gibt es Theater, Kunst und

Musik unter freiem Himmel zwischen Kulturhaus und Königlichem Theater.
**Popaganda**, Ende August, www.popaganda.se (engl.). Zweitägiges Musikfestival mit überwiegend skandinavischen Bands, an jährlich wechselndem Veranstaltungsort.
**Ostseefestival** (Östersjöfestivalen), Ende Aug./Anfang Sept., Tel. 7841800, www.sr.se/berwaldhallen (engl.). Östermalm, eine Woche lang Klassikkonzerte mit Orchestern und Solisten aus den Ostseeanrainerstaaten.

## Einkaufen

**Design Torget**, Sergelgången 29, Kulturhuset, Norrmalm (sechs weitere Filialen), Tel. 219150, www.designtorget.se (engl.); Mo-Fr 10-19, Sa 10-18, So 11-17 Uhr. Originelle Designstücke junger und etablierter Designer: Schmuck, Möbel, Haushaltsgeräte, Geschenke.

**Grandpa**, Södermannagatan 21, Södermalm, Tel. 6436080, www.grandpa.se (engl.); Mo-Fr 11.30-18.30, Sa 11.30-17, So 12-16 Uhr. Gemütlicher Modeladen für Männer und Frauen mit neuester Markenkleidung, Retroklamotten der 60s und 70s und Schnickschnack fürs Büro. Manchmal gibt's sogar Live-Musik oder DJs.
**Sweden Bookshop**, Slottsbacken 10, Gamla Stan, Tel. 4537800, Mo-Fr 10-18 Uhr, www.swedenbookshop.com (engl.). Wer sein Schwedenwissen vertiefen will, ist hier richtig: 2000 Bücher in 47 Sprachen.
**Saluhall**, Östermalmstorg, Östermalm, www.saluhallen.com (engl.); Mo-Mi 9.30-18, Do-Fr 9.30-19, Sa 9.30-16 Uhr. In der Markthalle von 1888 lässt es sich prima durch die schwedische Küche schlemmen – einschließlich Süßigkeiten!

## Skulpturenpark Millesgården

Ein kleiner Mann balanciert auf einer großen geöffneten Hand, den Blick ängstlich nach oben gerichtet. ›Die Hand Gottes‹ schwebt über der unteren Terrasse des Millesgården. Immer wieder richtet sich der Blick des Betrachters nach oben. Viele der Skulpturen stehen auf hohen dünnen Säulen und wirken so noch entrückter. Bis 1931 lebte hier das schwedische Künstlerpaar Carl Milles (1875–1955) und Olga Milles (1874–1967). Über Treppen gelangt man zu weiteren Terrassen, auf denen Skulpturen wie Kinder zu spielen scheinen. Ständig eröffnen sich neue Pers-

*Skulptur im Millesgården*

## Skulpturenpark Millesgården

pektiven, auch in die Weite, denn Millesgården liegt über dem Meeresarm Lilla Värtan zwischen Stockholm und der Insel Lidigö.

> **Skulpturenpark Millesgården**
> Herserudsvägen 32, Lidingö, Tel. 446 75 90, www.millesgarden.se (engl.).

> Anfahrt: Metro T13 bis Ropsten, dann Bus 207 direkt bis Millesgården oder Bus 201, 202, 204-206 bis Torsviks torg; von da ca. 5 Minuten zu Fuß; Mai-Sept. tägl. 11-17 Uhr, Okt.-April Di-So 11-17 Uhr.

### Waldfriedhof Skogskyrkogården

Das Kreuz auf dem Hügel fängt den Blick ein und lässt ihn nicht mehr los, bis man dort angekommen ist. Links säumen Linden den Weg, rechts liegt ein breiter leerer Rasenstreifen. Skogskyrkogården entstand 1917-1920 und vereint Friedhof und Landschaftspark. Nichts an diesem Ort wirkt bedrückend, nichts wirkt erdrückend. Die meisten Gräber haben einfache Grabsteine. Selbst Greta Garbos Grab ist so schlicht, dass man Mühe hat, es zu finden. Seit 1994 gehört der Skogskyrkogården zum Weltkulturerbe der UNESCO. Im Besucherzentrum mit Café informiert eine Ausstellung über Entstehung und Symbolik.

> **Waldfriedhof Skogskyrkogården**
> **Visitor Center**, Tel. 50 83 17 30, www.skogskyrkogarden.se (engl.); Juni-Aug. tägl. 11-16 Uhr, Mai/Sept. So 11-16 Uhr, Haupteingang zum Friedhof ständig geöffnet. Geführte Touren (engl., ca. 1,5 Std.) Juli-Sept. jeweils So 10.30 Uhr (Haupteingang), private Führungen auf Anfrage.

> Metro T18 Richtung Farsta strand bis Skogskyrkogården, dann kurzer Fußweg bis zum Haupteingang Sockenvägän.

### Schloss Drottningholm

Aus dem einstigen Sommersitz ist seit 1982 eine dauerhafte Residenz der Königsfamilie geworden. Das schwedische Versailles aus dem späten 17. Jahrhundert liegt etwa zehn Kilometer westlich von Stockholm auf der Insel Lovön, eingebettet in einen großen Park, teils streng barock, teils englischen Landschaftsgarten. Die Schlossräume des UNESCO-geschützten Ensembles strotzen vor barocker Eleganz. Genial ist das zugehörige Theater mit seiner raffinierten Bühnentechnik, von Mai bis September gibt es Opern- und Ballettaufführungen.

> **Schloss Drottningholm**
> Info: Tel. 402 62 80, www.kungahuset.se (engl.). Schloss: Mai-Aug. tägl. 10-16.30, Sept. tägl. 11-15.30, Anf. Jan. tägl. 12-15.30, Mitte Jan.-März Sa/So 12-15.30, Apr./Okt. Sa/So 11-15.30, Nov.-Anf. Dez. 12-15.30 Uhr.

> Metro T17/19 bis Brommaplan; dann Bus 301-323 bis Drottningholm; Boot: ab Stadshusbron, Mai-Sept. mehrmals tägl.

Karte S. 296

*Einst königlicher Wildpark: Stadtpark Djurgården*

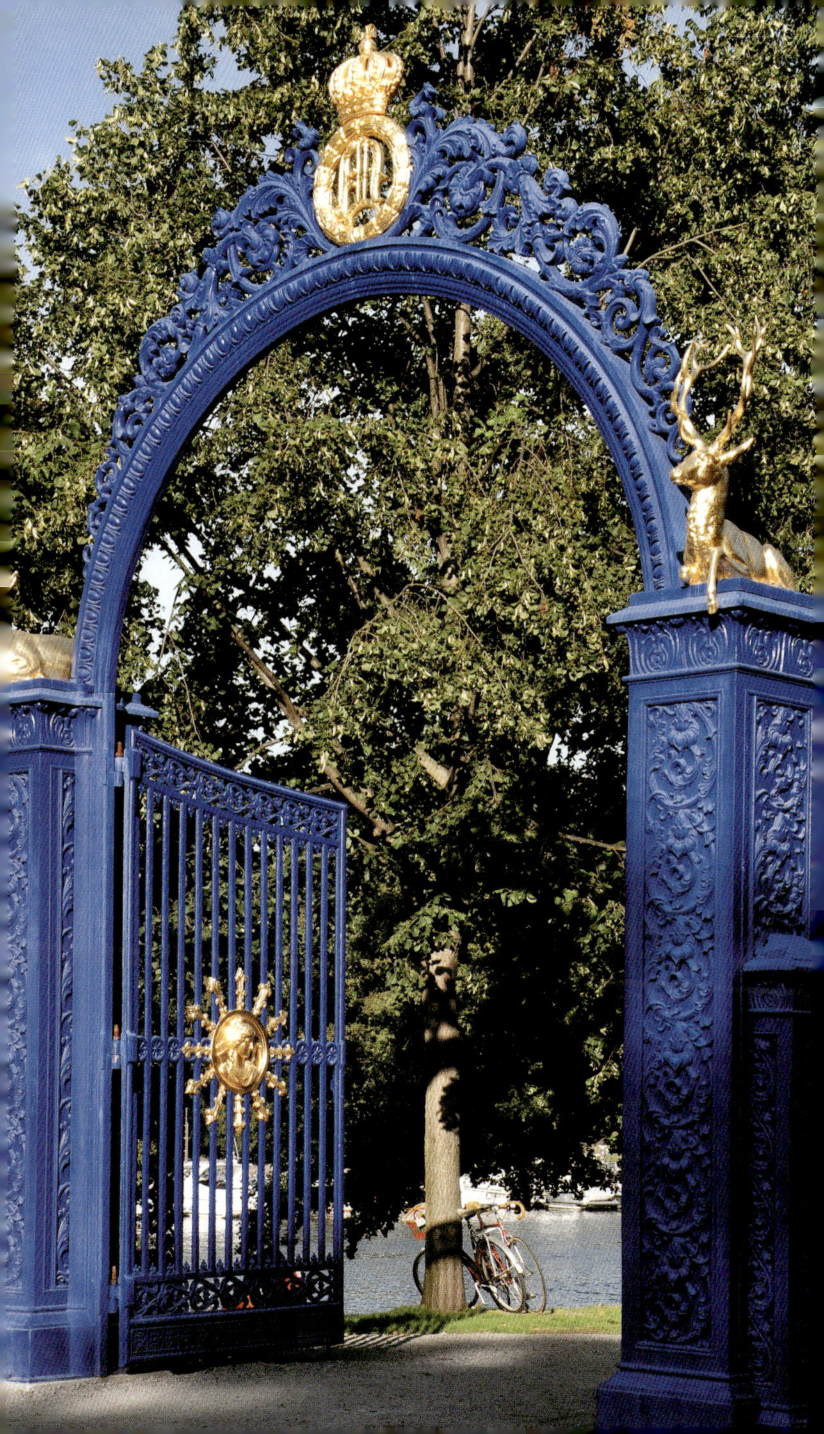

Eine leichte Brise streicht durch die Stadt, füllt die engen Gassen mit dem zarten Duft der Rosen. Sie blühen überall, vor den Häusern, ranken zwischen Kirchenruinen. Jahrhundertealte Gemäuer raunen Legenden vom Gold der Hanse und vom Wüten der Piraten. Wie ein impressionistisches Gemälde schimmert Visby im Abendlicht, die weiche Silhouette der Giebelhäuser und Türme, dahinter blau und weit das Meer.

# Visby auf Gotland

Es ist immer etwas ganz Besonderes, mit dem Schiff in einer Hansestadt anzulegen. Die einstigen Seehandelsstädte sind mit ihrer ganzen Pracht zum Wasser ausgerichtet. Doch Visby ist selbst für eine Hansestadt einzigartig. Wie auf einer Bühne präsentiert sich die Altstadt durch die Hanglage, unbehindert von Neubauten fällt die Sicht direkt auf die vielschichtige historische Skyline, klar umrissen und abgegrenzt durch die mächtige Stadtmauer. Statt der Gotlandfahrer mit ihren Hansekoggen voller Waren kommen nun täglich Fähren vom Festland und bringen Feriengäste auf Schwedens Sonneninsel. Das Mittelalter ist für Visby mehr als nur Fassade. Ob Küche, Kunsthandwerk oder Sportturnier – überall hat jenes stürmische Zeitalter seine Spuren hinterlassen. Das wichtigste Fest der Stadt führt eine Woche lang zurück ins Jahr 1361, das Ende von Visbys goldenen Zeiten. Die scheinen endlich wiederzukehren. Jahr für Jahr wächst die Zahl der neuen Gotlandfahrer, und viele kommen wieder. Visby mag klein sein, doch wie ein gutes Buch kann man diese Stadt immer wieder aufs Neue lesen, ob auf den Spuren deutscher Kaufleute oder der Drehorte der Pippi-Langstrumpf-Filme.

## Stadtgeschichte

Besiedelt war Gotland schon zur Steinzeit. Später kamen die Wikinger und machten Gotland zur Basis ihres Handels, dessen Verbindungen bis Bagdad und Byzanz reichten. Am Donnersplats nahe dem Hafen hatten die Wikinger einen Friedhof. Der Name Visby setzt sich zusammen aus Vi für Opferplatz und by für Dorf und ließe sich umschreiben als Dorf am Opferplatz. Die rund

▲ *Am Nordtor: Fast vollständig umschließt die Stadtmauer Visbys Altstadt*

Stadtgeschichte [ 315 ]

200 goldenen Jahre erlebte Visby erst ab Mitte des 12. Jahrhunderts. Die Kunde von Erfolg und Wohlstand verbreitete sich im gesamten Ostseeraum und zog von überall Kaufleute an, besonders aus Deutschland, Russland und Skandinavien, ferner Pilger, Kreuzfahrer, Abenteurer und Piraten. Urkundlich erwähnt wurde Visby erstmals 900 nach Christus. Unterstützt von Heinrich dem Löwen schlossen sich deutsche Kaufleute, die ›Gotlandfahrer‹, um 1160 in Visby zu einem Vorläufer der Hanse zusammen. Gemeinsam wollte man Rechtssicherheit schaffen und den Handel koordinieren. Später stifteten die Gotlandfahrer auch die einzig erhaltene Kirche aus jener Zeit, den Dom St. Maria.

*Rosen vor den Häusern sind ein Symbol der Stadt geworden*

1200 beteiligte sich Visby an der Gründung Rigas im heutigen Lettland, das ebenfalls Hansestadt wurde. Die Macht des Kaufmannsbundes über seine Niederlassungen wurde immer größer. Bald waren die Interessen der Städte identisch mit denen der Hanse.

## Konflikte und Kriege

Für Visby bedeutete der wachsende Einfluss als Hansestadt den Bruch mit der Gotländischen Union, die alle Händler der Insel vertrat. 1288 eskalierte der Streit zum Bürgerkrieg. Zu jenem Zeitpunkt hatte Visby längst mit dem Bau der Stadtmauer begonnen. Nach und nach verlor Visby seine führende Stellung innerhalb der Hanse an Lübeck. Immer mehr deutsche Kaufmänner kehrten Gotland den Rücken. Bis 1476 verblieb Visby jedoch im Hanseverbund.

## Pest und Niedergang

Die Pest von 1350 sollte ein dunkles Vorzeichen sein für die schweren Zeiten, die folgten: 1361 eroberte Dänenkönig Waldemar Atterdag die Insel – zuerst das Land, dann Visby, das immer noch mit Gotland verfeindet war. An jenes historische Datum erinnert jedes Jahr die Mittelalterwoche, das wichtigste und schönste Fest auf Gotland. Ende des 14. Jahrhunderts fiel Visby in die Hand der Vitalienbrüder um Klaus Störtebeker, die für König Albrecht von Schweden kämpften. Nach einigen Jahren wurden die Piraten von den Soldaten des Deutschen Ordens geschlagen. Wenige Jahre später ging Gotland an Dänemark. Im 15. Jahrhundert schnappte sich der abgesetzte dänische König Erik VII. alias Erich von Pommern Gotland und verdiente seine Brötchen mit Seeräuberei. Das erzürnte die Lübecker. 1525 griffen sie Visby an und plünderten die einstige Königin der Ostsee. All die Kirchenruinen gehen auf jene Zeit zurück.

## Schwedenzeit

Wenige Jahre später kam die Reformation. Nach den militärischen Erfolgen des schwedischen Königs Gustav II. Adolf im Dreißigjährigen Krieg ging Gotland 1645 an Schweden. Über Jahrhunderte wurde Visby dem Verfall überlassen, die Menschen waren verarmt, und die Kirchenruinen dienten nach der Reformation als Steinbruch. 1810 stellte man die Altstadt endlich unter Denkmalschutz. Aber erst mit dem Aufschwung Schwedens in den 1930er Jahren kehrte auch nach Visby der Wohlstand zurück. Zu jener Zeit wurden erstmals die Rosen gepflanzt, die heute überall in der Stadt blühen, am schönsten in den Ruinen. 1995 schließlich kam die Auszeichnung als UNESCO-Weltkulturerbe.

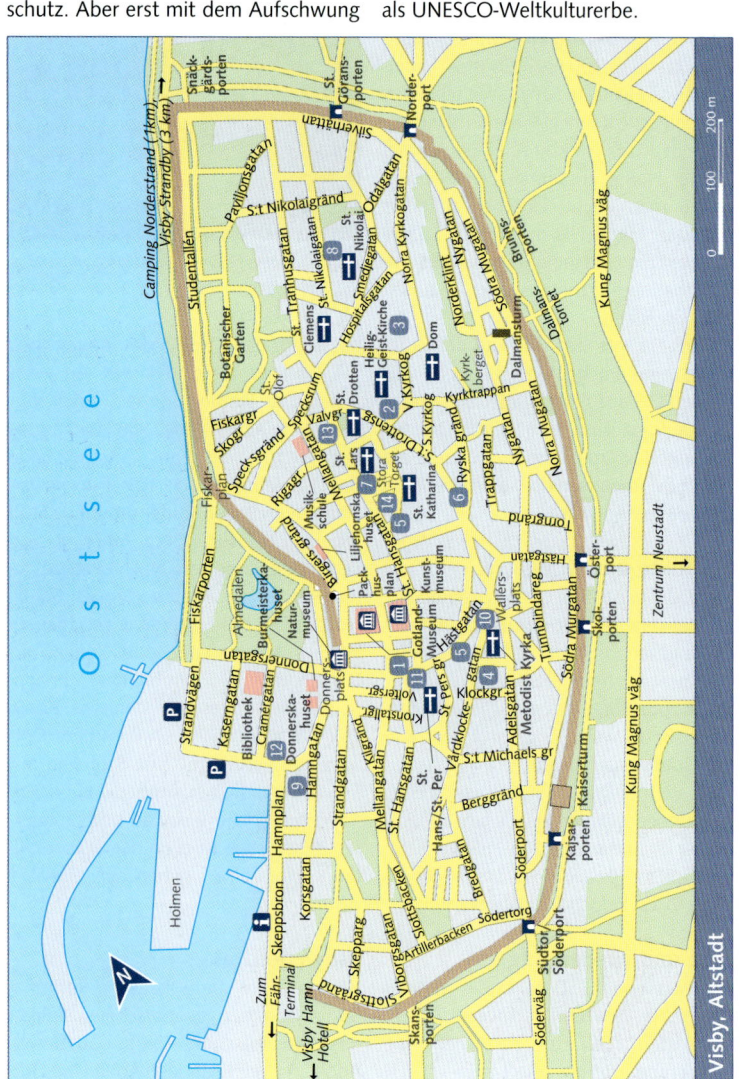

*Visby, Altstadt*

# Stadtrundgang

Ausgangspunkt des kleinen Altstadtrundgangs ist der Platz Hamnplan, am nordöstlichen Ende der Hafenstraße Skeppsbron. Hier ist eines der kurzen Stücke, wo die alte Stadtmauer fehlt. Über die Hamngatan kommt man zum Donnersplats.

### ■ Donnersplats

Auf diesem Platz im ältesten Teil Visbys begruben die Wikinger ihre Toten. Das gelbe Haus mit den beiden Seitenflügeln, **Donnerska huset**, war im Mittelalter in die Stadtmauer integriert. Im 18. Jahrhundert zog dort die Kaufmannsfamilie Donner ein. Ihr Unternehmen wuchs bald zu einem der umsatzreichsten Geschäfte der Insel und hielt diese Stellung über gut 100 Jahre. Nebenan im Holzhaus mit dem Fachwerkdach wohnte im 17. Jahrhundert der deutsche Kaufmann Hans Burmeister. Seine kostbaren Möbel, Wand- und Deckengemälde sind in einigen Räumen ausgestellt, können aber leider nur selten besichtigt werden. Das Haus gehört mittlerweile einem Privatunternehmen.

### ■ Gotland-Museum

Die Strandgatan am Burmeister Huset vorbei nach Nordosten steht zwischen zwei Gassen auf der rechten Seite ein großes ockergelbes Gebäude, das Gotland-Museum (Fornsal). 8000 Jahre Inselgeschichte sind dort dokumentiert. Nur auf Gotland fand man die sogenannten Bildsteine, behauene und bemalte Steinplatten aus dem 4. bis 11. Jahrhundert. Die ältesten menschlichen Spuren sind durch Grabfunde belegt. Aus der Wikingerzeit stammen große Silberschätze. Die Hansezeit erwacht im rekonstruierten Warenlager aus dem 13. Jahrhundert.

Im selben Gebäude befindet sich auch das Wissenschaftszentrum ›Fenomenalen‹. Kinder können dort spielerisch physikalische Gesetze erforschen. Das Gebäude selbst entstand im 18. Jahrhundert als königliche Schnapsbrennerei.

### ■ Kunstmuseum

Nach dem Museum geht es rechts in die Quergasse Dubbens Gränd bis zur zweiten Querstraße St. Hansgatan. Im Gebäude vor dem leeren Platz befindet sich das Gotländische Kunstmuseum (Konstmuseum) mit einer Sammlung von Gemälden, Skulpturen und Kunsthandwerk aus dem 20. Jahrhundert, ergänzt durch Werke zeitgenössischer Künstler aus Gotland.

### ■ Hauptplatz

Die St. Hansgatan etwa 100 Meter nach Norden, dann biegt rechts die Gasse St. Katarinagatan ab. Sie öffnet

---

### Legende

1. Lythberghaus
2. Kapitelhausgarten
3. Medeltidshotellet
4. Hotel Klockgränd
5. Visby Logi
6. Restaurant G:A Masters
7. Restaurant Bakfickan
8. Restaurant Frimis Visby
9. Restaurant Joda
10. crêperie & logi
11. Café St. Hans
12. Bar Hamnplan 5
13. Pub Black Sheep Arms
14. Restaurant/Bar Munkkällaren10

*Das Gotlandschaf: Wappentier der Insel*

sich in den Hauptplatz (Stora Torget). Leider ist ein großer Teil des schönen Platzes mit Autos zugeparkt – ähnlich wie der Södertorget im Süden. Von der gotischen **Klosterkirche St. Katarina** (auch St. Karin genannt) stehen nur noch die Säulen und einige Bögen, dennoch lässt sich ihre einstige Schönheit erahnen. Das zugehörige Kloster wurde im 13. Jahrhundert von den Franziskanern gegründet und bestand bis zur Reformation Mitte des 16. Jahrhunderts. Kurz davor war die Kirche bei einem Angriff der Lübecker zerstört worden, wie die meisten anderen Kirchen auch. Auf der Ostseite steht eine der historischen Telefonzellen, wie sie in Stockholms Altstadt Gamla Stan neben dem Dom zu sehen sind.

Von den kleinen Häusern am Hauptplatz trägt eines die Aufschrift ›Ryska Gården‹, wo die Gasse Nedre Finngränd abgeht. Im 12. Jahrhundert stand hier eine russische Kirche, erbaut von Händlern aus Nowgorod, wo sich ebenfalls ein Kontor der Hanse befand. In nordöstlicher Richtung sieht man bereits die drei Türme der Domkirche von Visby, St. Maria.

■ **Dom St. Maria**

Der direkte Weg zum Dom geht über die Gasse Södra Kyrkogatan. Um 1225 wurde die Kirche eingeweiht, das Geld hatten deutsche Kaufleute gesammelt, die regelmäßig in Visby anlegten. Als einzige Kirche Visbys wurde St. Maria nicht von den Lübeckern geplündert und zerstört. Nach der Reformation wurde Gotland zum protestantischen Bistum und St. Maria zum Dom geweiht. Die integrierte Kapelle Hansechor (Swertingska Kapellet) auf der Südseite ist eine Gedenkstätte für die Opfer von Schiffsunglücken in der Ostsee. Eine der Tafeln erinnert an die 1994 ertrunkenen Passagiere der Fähre ›Estonia‹. Der Taufstein stammt noch aus dem 13. Jahrhundert. Vom Kirchplatz führt eine Treppe auf den **Kirchenberg** (Kyrkberget) östlich der Kirche. Von dort blickt man über die Kirche, Ruinen und Hausdächer hinweg aufs Meer.

■ **Klinttorget**

Die Straße Nygatan in südlicher Richtung mündet nach 100 Metern in den Platz Klinttorget, umgeben von kleinen Häusern, viele noch aus Holz. Könnte

*Blick vom Hauptplatz auf die Türme des Doms St. Maria*

*Schöne Aussicht an der Stadtmauer*

ein sehr schöner Platz sein, wäre er nicht mit Autos vollgeparkt. Lange Zeit gab es hier einen Markt für Stroh und Brennholz, einmal die Woche gar Pranger und öffentliche Enthauptungen. 1970 dann tanzte Pippi Langstrumpf auf einem Seil über den Platz – später im Spielfilm ›Pippi außer Rand und Band‹ zu sehen. Viele Szenen der Pippi-Langstrumpf-Filme wurden auf Gotland gedreht. Im Freizeitpark Kneippbyn südwestlich von Visby steht noch die original Villa Kunterbunt (→ S. 328).

■ **Adelsgatan**

Über die Gasse Östra Tüllgränd kommt man direkt zum **Osttor** (Österport) – jenseits der Stadtmauer beginnt die Fußgängerzone der Neustadt mit dem Einkaufszentrum ›Öster Centrum‹. Touristisch ist dieser Stadtteil eher uninteressant. Entlang der Hästgatan geht es zurück in die Altstadt. In einem schmalen Haus am Wallérsplats ist das einladende Café ›crêperie & logi‹, ideal für einen Kaffee mit Ausblick von der Terrasse. Nach Süden beginnt am Wallérsplats die belebteste Straße der Altstadt, die Adelsgatan, voller Geschäfte, Banken, Hotels, Cafés und Imbissstuben. Gleich an der Ecke steht eine neuere Kirche, die **Metodist Kyrka**. Von dem Parkplatz daneben überblickt man durch das starke Gefälle einen großen Teil der Altstadt.

■ **Kirchenruine St. Hans**

Von der Adelsgatan geht es in die Gasse St. Michaels Gränd abwärts und die Treppe Trappgränd hinunter. Von den beiden benachbarten Kirchen St. Hans und St. Per sind nur unzusammenhängende Mauerreste vorhanden. An dieser Stelle stand vermutlich die älteste Holzkirche Visbys, errichtet von christianisierten Wikingern. Nach der Zerstörung durch die Lübecker und die anschließende Reformation dienten die meisten Kirchenruinen als Steinbruch. Auf dem Gras zwischen den Ruinen von St. Hans und St. Per stehen nun die Tische und Stühle des St.-Hans-Cafés.

■ **St. Hansgatan**

Neben der Adelsgatan gehört die St. Hansgatan zu den belebteren Straßen der Altstadt. Hier findet man vor allem

*Gemütliche Ruinen: St.-Hans-Café*

Kunsthandwerk und Mode aus Gotland. In nördlicher Richtung kommt man zum kleinen Platz St. Hansplan. Das Haus mit dem Treppenaufgang, **Lythbergska Huset**, ursprünglich mittelalterlich, wurde im 18. Jahrhundert mit Steinen der zerstörten Kirche St. Hans ausgebaut, von Johan Lythberg, einem reichen Kaufmann. Über die Gasse Hästgatan kommt man zurück zum Donnersplats und weiter zum Ausgangspunkt Hamnplan.

## Stadtmauer und Park

Die ursprüngliche Stadtmauer wurde um 1300 fertiggestellt und war fast 3,5 Kilometer lang. Sie schützte Visby vor Piraten und kriegerischen Staaten, ebenso wie vor den feindlichen Inselbewohnern. Mitte des 14. Jahrhunderts hatte die Stadtmauer 29 echte Türme und Tore, zusätzlich 22 aufgesetzte Türme. Die Höhe der Mauer maß zweieinhalb bis vier Meter. Seit 1995 gehören die Altstadt und die fast vollständig erhaltene Stadtmauer zum UNESCO-Weltkulturerbe: ›Der Festungswall aus dem 13. Jahrhundert und über 200 Lager- und Kaufmannshäuser aus derselben Zeit machen Visby zur besterhaltenen befestigten Handelsstadt Nordeuropas‹, heißt es in der Begründung.

### ■ Südtor

Startpunkt für diesen Rundgang entlang der Stadtmauer ist das Südtor (Söderport) am abschüssigen Platz Södertorg. Im 19. Jahrhundert wurde aus dem zeitweiligen Truppenübungsplatz ein Marktplatz. Dessen Geschäftigkeit belebte auch die Adelsgatan und sie entwickelte sich bald zur Hauptgeschäftsstraße. Hier und in der gesamten Altstadt, besonders an den Stadttoren, trifft man das Wappentier der Insel, das Gotlandschaf, als steinerne Skulptur.

### ■ Kaiserturm

Die erste Abzweigung von der Adelsgatan Richtung Mauer ist die Södra Murgatan. Sie verläuft innen an der Stadtmauer entlang bis zum Osttor (Österport). Der Kaiserturm (Kajsartornet) gleich nach dem Kaisertor (Kajsarporten) hält nicht, was der edle Name verspricht: Von etwa 1680 bis 1860 war er ein Gefängnis mit Verlies und einigen

Zellen mit Pritschen. Das über mehrere Stockwerke verteilte Museum zeigt sehr anschaulich, wem das Gesetz verpflichtet war. Drei Eier, vier Stückchen Brot und eine Handvoll Pflaumen waren die Diebesbeute eines hungrigen Mädchens von zwölf Jahren. Der Besitzer war ein reicher Mann. Das Urteil, Ende des 17. Jahrhunderts: ›Auspeitschen bis zur Ohnmacht‹. Bis 1875 gab es auf Gotland öffentliche Hinrichtungen.

■ **Osttor**
Entlang der Södra Murgatan (Südliche Mauerstraße), und nördlich des Osttors (Österport) bewegt man sich auf dem obersten Höhenniveau der Altstadt, immerhin bis zu 36 Meter über der niedrigsten Stelle, die etwa auf Meereshöhe liegt. Eine gute Gelegenheit, um die Altstadt zu verlassen und sie entlang der Mauer außen zu umrunden. Richtung Nordosten breitet sich eine wellige Wiese aus. Ein Feldweg führt dicht an der Mauer entlang.

*Kerker mit edlem Namen: Kaiserturm*

■ **Dalmansturm**
Der Dalmansturm (Dalmanstornet) ist ein Tor, durch das man direkt zum Kirchenberg kommt. Die Domspitzen kann man mit etwas Abstand zur Mauer von außen sehen. Über dem Torbogen hängt etwas bedrohlich ein Holzgatter. Von der Innenseite kann man Dank einer Treppe über die Mauer blicken. Auf der Außenseite geht es nach Norden bergab. Und immer wieder bieten sich tolle Ansichten des Mauerrings.

■ **Botanischer Garten**
**Snäckgärdsporten**, das letzte Tor, bevor man die Meerseite der Mauer erreicht, wurde zum Aussichtsturm ausgebaut. Einige Meter entfernt zeigt ein Modell, wie dieser Teil der Stadtmauer ausgesehen hat, als er noch zur Verteidigung genutzt wurde. Richtung Hafen wird der Park nahtlos zum kleinen Botanischen Garten (Botaniska Trädgården), der bereits 1855 angelegt wurde. Herzstück sind natürlich die Rosen, die in Gotlands Klima so gut gedeihen. Die neue Holzbüste, die wie eine Karikatur wirkt, zeigt Carl von Linné. 1841 studierte der schwedische Botaniker die Inselflora. Im Südosten des Parks steht eine weitere kleine Kirchenruine, **St. Olof**.

■ **Skogränd und Fiskarsgränd**
Hinter der Ruine befindet sich ein Ausgang zur St. Olofs Gränd. Nach einem kurzen Stück zweigt die Skogränd ab, die sich wiederum gabelt, in Skogränd und Fiskarsgränd. Wie intensiv in Visby die Rosen kultiviert werden, sieht man besonders gut in diesen Gassen. Fast an jeder Haus- und Gartenmauer ranken und blühen Rosen um die Wette. Beide Gassen münden in die Strandgatan, die einst auf Meeresniveau lag. Durch die Landhebung, von der Gotland genau

wie ganz Skandinavien betroffen ist, vergrößerte sich nach und nach der Abstand zum Meer. Zwischen Packhäusern und Meer fanden weitere Straßen und Häuserzeilen Platz.

### ■ Almedalen

Am Platz Fiskarsplan gelangt man durch die Stadtmauer in den idyllischen Park Almedalen. In der Mitte gibt es einen Teich mit Springbrunnen. Dahinter baut sich terrassenförmig die Altstadt auf, mit ihren Packhäusern, Mauertürmen und den Spitzen des Doms. Bei den Gebäuden im Südosten des Parks endet die Stadtmauer.

*Das Gotland Tourist Office*

## Visby-Informationen

Der Hafen von Visby liegt nahe der Altstadt.
Das **Gotland Tourist Office** liegt sehr günstig an der Straße vom Hafen zur Altstadt. Es gibt dort sogar Toiletten. In derselben Straße sind außerdem Restaurants und Cafés, sowie ein Fahrradverleih, direkt hinter der Touristeninformation.

### Allgemeine Informationen

**Vorwahl Schweden:** 00 46.
**Vorwahl Visby:** (0)498.
**Gotland Tourist Office**, Skeppsbron 4–6, Tel. 20 17 00, www.gotland.info; Okt.–Apr. Mo-Fr 8–16, Mai/Sept. Mo-Fr 8–16, Sa/So 10–16, Juni–Aug. tägl. 9–18 Uhr.

### An- und Abreise

#### ■ Mit dem Schiff

Visby ist mit drei schwedischen Fährhäfen verbunden: Nynäshamn (ca. eine Zug-Stunde südlich von Stockholm, → S. 385), Oskarshamn (Südschweden) und Grankullavik auf der Insel Öland.

Die Linie ›Destination Gotland‹, www.destinationgotland.se (dt.) fährt von Grankullavik und Nynäshamn ganzjährig bis zweimal tägl., im Sommer bis fünfmal tägl. (Nynäshamn) und transportiert auch Autos und Fahrräder. Fahrtzeit ca. 3 Std. (von Öland 2 Std.). Mit Öland gibt es nur Verbindungen in der Hochsaison. Anmeldung bzw. Buchung empfohlen! Weitere Infos: www.ferrylines.com.

Der **Hafen von Visby** liegt in Gehweite von der Altstadt. Vom Fährterminal fahren zudem Busse zur zentralen Busstation außerhalb der Stadtmauer zwischen den Stadttoren Söderport (Südosten) und Österport. Taxis dürfen auch in die Altstadt fahren.

#### ■ Mit dem Flugzeug

Der **Flughafen Visby** liegt ca. 5 km nordöstlich der Stadt und wird von mehreren skandinavischen Fluglinien bedient. Von Stockholm gibt es ganzjährig Flüge mit Skyways, www.skyways.se (engl.), und Gotlandsflyg, www.gotlandsflyg.se (dt.), Flugdauer ca. 40 Min. 2011 gab es im Sommer Direktflüge von Berlin und Helsinki. Ansonsten fliegt man von den meisten deutschen Städten via Stockholm oder nimmt dort Fähre (→ Mit dem Schiff).

Vom Flughafen kommt man mit dem Taxi in die Stadt, Fahrtdauer ca. 5–10 Min., Preis ca. 15 Euro. Es wird empfohlen, vorab zu reservieren: Tel. 20 02 00, vaxel@taxigotland.se; Taxi Visby: Tel. 20 70 70.

Mietwagen: → ›Unterwegs in Visby‹.

## Unterwegs in Visby

■ **Stadtrundgänge und -fahrten**

Die Altstadt von Visby lässt sich prima zu Fuß erschließen. Die Neustadt ist touristisch weniger interessant. **Individuelle, geführte Stadtrundgänge** gibt es Mitte Juni–Mitte Aug., Führungen für Gruppen ganzjährig. Für Fans der Autorin Mari Jungstedt gibt es eine kleine Broschüre zu 13 Schauplätzen ihrer Gotlandkrimis. Einige liegen in und um Visby, beschrieben in den Bänden ›Im Dunkeln der Tod‹ und ›An einem einsamen Ort‹.

Außerhalb der Altstadt verkehren mehrere **Buslinien**, auch ins Umland. Autos, Mopeds und Fahrräder lassen sich rund um die Altstadt mieten, **Fahrräder** beispielsweise bei **Gotlands Cykeluthyrning**, Skeppsbron 2 (direkt hinter der Touristen-Information), Tel. 21 41 33, Juni–Aug. tägl. 9–18 Uhr, Mai, Sept. reduzierte Öffnungszeiten, und beim **Visby HamnHotell**.

**Mietwagen** bekommt man u. a. bei **Wisby Biluthyrning**, Fährterminal, Tel. 21 21 27, www.wisby.se, tägl. ab 8 Uhr, Pkw ab ca. 30 Euro/Tag, ca. 165 Euro/Woche; und bei **Avis**, Donnersplats 2, Altstadt, Tel. 21 98 10, www.avis.com.

■ **Aussichtspunkte**

Innerhalb der Altstadt beträgt der Höhenunterschied zwischen unterer und oberer Stadtmauer 36 Meter. Immer wieder ergeben sich schöne Aussichten, etwa von der Methodistenkirche (Adelsgatan) und oberhalb des Doms, vom Hang an der Nygatan. Schöne Sicht hat man auch vom Turm Dalmanstornet (Osten) und dem ausgebauten Tor Snäckgärdsporten im Norden.

## Unterkunft

**Medeltidshotellet**, Norra Kyrkogatan 3–7, Altstadt, Tel. 29 12 30, www.medeltidshotellet.se; DZ ab ca. 158 Euro (HS). Das ›Mittelalterhotel‹ residiert in einem historischen Gebäude aus dem 14. Jahrhundert und hat 17 individuelle Zimmer in drei Kategorien: Ritterzimmer (groß), DZ im Gotland-Stil (mittel) und Jungfernkammern (klein). Alle Zimmer mit Internetanschluss.

**Visby HamnHotell**, Färjeleden 3, Hafen, Tel. 20 12 50 (Reservierung), www.visbyhamnhotell.se; DZ ab ca. 160 Euro (HS). Modern, freundlich, preiswert ist das Drei-Sterne-Hotel auf einem Hügel direkt gegenüber dem Fährhafen in Gehweite zur Altstadt. Die 208 Zimmer verteilen sich auf mehrere getrennte Gebäude. Zur Ausstattung gehören auch zwei Restaurants und ein Fahrradverleih.

**Klockgränd**, Klockgränd 3, Altstadt, Tel. 21 17 10, www.klockgrand.se; DZ ca. 120 Euro (HS). Nettes, engagiert betreutes Bed & Breakfast in einem renovierten Altstadthaus mit kleinem Garten und Frühstücksraum im Wintergarten. Vier Zimmer, jeweils mit Gemeinschaftsküche und -bad und zwei

*Café und Zimmer: ›crêperie & logi‹*

WCs. Drahtloser Internetzugang inklusive. Im Sommer steht unter der Woche eine weitere Wohnung mit zwei Zimmern Küche, Bad und WC zur Verfügung.

**Visby Logi**, Hästgatan 14 und St. Hansgatan 31, Altstadt, Tel. 070/75 20 55 (mobil), www.visbylogi.se; DZ (ohne Frühstück) ca. 100 Euro (HS). Das Bed & Breakfast hat zwei Standorte mit jeweils fünf Zimmern. Beide Häuser haben Gemeinschaftsküchen, -bäder und -toiletten.

■ **Camping**
**Visby Strandby & Norderstrand Camping**, Snäckbacken 72, Tel. 21 17 50, www.gtsab.se; Mai–Sept. Der Campingplatz für Zelte, Wohnmobile und Wohnwagen gehört zum Feriendorf Strandby, ca. 5 km nordöstlich des Fährhafens, zwischen Flughafen und Visbys Badestrand Snäkviken. Noch näher am Hafen (2,5 km) liegt **Norderstrand Camping**, Snäckgärdsvägen 56, Tel. 21 21 57, Juni–Aug. Skandinavische Camping Card ist Pflicht! Mindestalter 25 Jahre (Reisende ohne Kinder).

## Gastronomie
■ **Restaurants**
**G:A Masters**, Södra Kyrkogatan 10, Altstadt, Tel. 21 66 55, www.gamlamasters.com; tägl. 18–2 Uhr. Das kleine Feinschmeckerrestaurant zelebriert gotländische und internationale Küche, im Sommer mit Terrasse.

**Bakfickan**, Stora Torget 1, Altstadt, Tel. 27 18 07, www.bakfickan-visby.nu; Mo–Fr 11–23, Sa/So 12–23 Uhr (im Sommer auch länger). Ausgezeichnetes Fischrestaurant mit traditioneller gotländischer Küche. Mittlere bis gehobene Preisklasse.

**Frimis Visby**, Smedjegatan 17, Altstadt, Tel. 21 03 60 und 24 79 55 (Reservierung), www.frimisvisby.se; Mitte Juli–Mitte Aug. Di–So ab 17 Uhr, sonst für Gruppen reserviert. Das Gartenrestaurant liegt unverschämt romantisch in der Kirchenruine St. Nicolai. Begehrt sind die Lammgrillabende.

**Joda**, Bar & Kök, Skeppsbron 24, Hafen, Tel. 21 68 00; Mo 11.30–14.30, Di–Do 11.30–23, Fr 11.30–1, So 11.30–22 Uhr. Einfache preiswerte Gerichte und Blick auf den Hafen. Besonders am Abend schöne Atmosphäre.

■ **Cafés**
**Visby crêperie & logi**, Wallérsplats 3, Tel. 28 46 22, www.creperielogi.se; tägl. 11–›spät‹. Gemütliches Café, ganz in Weiß, nur die Tische sind aus dunklem Holz, und auf den Stühlen liegen dunkelgraue Schafsfelle. Crêpes und andere französische Gerichte kann man auch auf dem Balkon ver-

speisen. Nebenbei wird noch ein schönes Apartmentzimmer vermietet.
**St. Hans Café**, St. Hansplan 2, Tel. 21 07 72; Mo–Fr 10–18 Uhr. Café mit Garten: Der Garten des Speisecafés liegt inmitten der Kirchenruinen von St. Per und St. Hans.

### ■ Nachtleben
**Hamnplan 5**, Hamnplan 5, Hafen, Tel. 21 07 10, www.hamnplan5.com; Fr 17–22 Uhr (Afterwork), Fr/Sa 22–2 Uhr (Nachtclub mit Konzerten).
**Munkkällaren**, St. Hansgatan 40, Altstadt, Tel. 27 14 00, www.munkkallaren.se; Restaurant: Mi–Sa 18–2 (Fr ab 17 Uhr), Club: Fr 23–2, Sa 22–2 Uhr, Live-Jazz: meist Do ab 20.30 Uhr. Der Mönchskeller vereint Restaurant, Bar, Club und Konzertbühne in angenehm kleinem Rahmen.
**Black Sheep Arms**, St. Hansgatan 51, Altstadt, Tel. 21 56 00, www.blacksheeparms.se; Mo–Do 17–23, Fr/Sa 17–1, So 17–22 Uhr. Auch in diesem irisch-englischen Pub gibt's bisweilen Live-Musik, zudem wird praktisch jedes erdenkliche Ereignis gefeiert, von St. Patrick's Day bis zum Oktoberfest.

## Kultur
### ■ Museen
**Gotland Museum** (Fornsalen), Strandgatan 14, Altstadt, Tel. 29 27 00, www.lansmuseetgotland.se; Mai–Sept. tgl. 10–18, Okt.–Apr. Di–So 11–16 Uhr. Im Museumsshop gibt es auch gotländisches Kunsthandwerk.
**Gefängnisturm** (Fängelsetornet Kajsarn), Södra Murgatan, Altstadt, Tel. 29 27 00, www.lansmuseetgotland.se; Juli tägl. 11–16 Uhr.
**Kapitelhausgarten** (Kapitelhusgården), St. Drottensgatan 8, Altstadt, Tel. 24 76 37 und (0)707/98 30 62 (mobil), www.kapitelhusgarden.se; Ende Juni–Anfang Mittelalterwochen (August): Di–So 17–23, Mittelalterwoche: tägl. 12–1 Uhr, für Gruppen ganzjährig geöffnet.
**Kunstmuseum** (Konstmuseet), St. Hansgatan 21, Tel. 29 27 00, www.lansmuseetgotland.se; Di–So 12–16 Uhr. Ausstellung zeitgenössischer Künstler und Maler des 19. Jahrhunderts.

### ■ Kirchen und Ruinen
**St. Maria Dom** (Domkyrka), Västra Kyrkogatan, Altstadt, Tel. 20 68 00, www.visbydf.se; tägl. 10–17 Uhr.
**Ruine St. Katherina**, Stora Torget, Altstadt; Mai–Sept. tägl. 12–16 Uhr. Außerhalb dieser Zeiten kann man sich im Gotland Museum (Fornsal) gegen eine Gebühr den Schlüssel borgen.
**Ruine St. Clemens**, Smedjegatan, Altstadt, http://clemensruin.se; Mai–Sept. tägl. 11–17 Uhr. Rest des Jahres nach Vereinbarung: Hotell St. Clemens, Smedjegatan 3, Tel. 21 90 00, www.clemenshotell.se.

### ■ Veranstaltungen
**ÅF Offshore Race** (Stockholm-Gotland Runt), Anfang Juli, www.ksss.se. Rund 300 Segeljachten beteiligen sich an der Regatta rund um Gotland, beginnend in Sandhamn (Stockholmer Schären).
**Stånga Spiele** (Stångaspelen), 2. Wochenende im Juli (Do–So), in Stånga, ca. 50 km südöstlich von Visby. Das Turnier in altgotländischen Sportarten wie Steinwerfen und Ringkampf erinnert ein wenig an die schottischen Highland Games.
**Gotland Kammermusikfestival** (Kammarmusikfestival), Ende Juli/Anfang Augustin Visby, www.gotlandchamber.se.

**Mittelalterwoche** (Medeltidsveckan), August, 32. Kalenderwoche, Tel. 29 10 70, www.medeltidsveckan.se. Gotlands größtes Fest in Visbys Altstadt: Ritterturniere, Jahrmarkt, Gaukler, Musik, Theater – alles in historischen Kostümen.

### ■ Sport und Aktivitäten

Neben den altgotländischen Sportarten boomt vor allem der Golf, nicht zuletzt wegen der langen Saison von April bis November: **Gotska Golfklubben**, L:a Hästnäskviar 20, Nahe Flughafen, Tel. 21 55 45, www.gotskagk.se; **Visby Golfclub**, ca. 25 km südlich von Visby, Tel. 20 09 30, www.visbygk.com. Weitere Clubs: www.golfgotland.se.

## Einkaufen

Die wichtigsten Einkaufsstraßen in der Altstadt sind die Adelsgatan vom Söderport bis zum Wallérplats und die St. Hansgatan, jeweils mit überwiegend kleineren Läden: Kleidung, Kunst, Souvenirs, Sportartikeln sowie Restaurants, Cafés und Imbissstuben. Weitere Geschäfte findet man außerhalb des Stadttors Österport im Österväg, der Fußgängerzone in der Neustadt.

**Kränku Te & Kaffe**, St. Hansplan 4, Altstadt, Tel. 21 74 81, www.kraenku.se; Mo–Fr 10–18, Sa 10–16, So 12–16 Uhr (in der Hochsaison abends länger geöffnet). Hier bleibt man gern stehen, schon wegen des schnarchenden Männchens im Schaufenster. Im nostalgischen Laden gibt's Tee in großer Auswahl, auch gotländische Kräutertees. Außerdem, Kaffee, Süßigkeiten und Accessoires.

**G.A.D. – Gute Art & Design**, Hästgatan 10, Altstadt, Tel. 24 82 30, www.gad.se; Mo–Fr 10–18, Sa 10–16 Uhr. Modernes gotländisches Möbeldesign traditionell gefertigt.

**Kvinnfolki**, Donnersplats 2, Altstadt, Tel. 21 00 51, www.kvinnfolki.se; tägl. 10–18 Uhr. Boutique mit sehr einfallsreichem Kunsthandwerk; Keramik, Textilien, Lederwaren, Glas – natürlich von Gotland.

▲ *Gotlandschafe zum Mitnehmen*

# Visby-Informationen [ 327 ]

Gotland

Visby auf Gotland

## Wikingerdorf

**Tofta**, direkt am Meer gelegen und mit feinem Sandstrand gesegnet, lockt im Sommer viele Badegäste. Hauptattraktion ist jedoch das Wikingerdorf. Lange vor der Hanse war Gotland ein wichtiger Stützpunkt der Wikinger, die von hier aus Handel trieben. Vikingabyn erweckt ein über 1000-jähriges Wikingerdorf zum Leben. Schmiede bearbeiten Eisen, Krieger üben Stangenstoßen, Frauen backen Brot. Praktisch überall kann man mitmachen. Besondere Tage sind die Sommersonnwende Mitte Juni und das Wikingerfestival Anfang Juli. Ähnlich ausgerichtet, nur kleiner und mehr im städtischen Rittermilieu angesiedelt, ist der Kapitelhausgarten in Visby (→ S. 325).

### Wikingerdorf Vikingabyn
Tofta Strand (20 km südl. von Visby), Tel. 29 71 00, www.vikingabyn.se.

Durchgangsstraße 140 von Visby nach Süden; Vikingabyn ist ausgeschildert; Ende Juni–Mitte Aug. Mo-Sa 11–17 Uhr (individuelle Vereinbarungen für Gruppen möglich).

## Künstlerhaus Villa Muramaris

In einer Folge der ZDF-Krimiserie ›Der Kommissar und das Meer‹, in der es um Mord im Kunsthändlermilieu geht, führt eine Spur zur Villa Muramaris. Auch in Wirklichkeit lebte dort ein Kunstkenner, Johnny Roosval. Von 1915 bis 1917 entstanden die Villa und ein weitläufiger Barockgarten mit Skulpturen auf einem Klippenvorsprung am Meer. Einige Plastiken stammen von Roosvals Frau Ellen. In der Villa und den Ateliers werden Ausstellungen gezeigt, im netten Terrassenrestaurant kann man gotländische Kochkunst genießen.

### Villa Muramaris
Lummelundsväg, Visby, (ca. 5 km nördl. der Altstadt), Tel. 24 91 49 und 28 46 00, www.muramaris.se; Juni-Aug. tägl. 12–18 Uhr.

Durchgangsstraße 149 von Visby nach Norden (ausgeschildert).

## Freizeitpark Kneippbyn

Mit Kindern führt praktisch kein Weg daran vorbei. Schon allein der Abschnitt Wasserland (Vattenland) mit Pools und 15 Rutschen ist nachmittagfüllend. Im Kindertheater von Sommerland (Sommarland) stellt Pippi Langstrumpf die Welt auf den Kopf, und Erwachsene finden dort eine wahre Kultstätte ihrer Kindheit wieder: die original Villa Kunterbunt aus der TV-Serie mit Inger Nilsson. Mit 700 Gästebetten und einem großen Campingplatz ist Kneippbyn auch auf längere Besuche eingestellt.

Wer schon mal da ist, kann auch noch einen Abstecher zu den **Klippen Högklint** machen, man sieht von dort bis Visby.

### Kneippbyn
Kneippbyn 15 (ca. 5 km südöstl. des Hafens), Tel. 29 61 50, www.kneippbyn.se; Öffnungszeiten 2012: 17.–20. Mai, 25. Mai–26. August; in der Hochsaison (25. Juni–12. August) steigen die Preise deutlich (aktuelle Öffnungszeiten siehe Website).

Durchgangsstraße 140 von Visby nach Süden, Abzweigung Högklintsvägen (rechts) führt direkt daran vorbei; Kneippbyn und Klippen sind ausgeschildert.

## Hey, Pippi Langstrumpf!

›Zwei mal drei macht vier/Widdewiddewitt und drei macht neune/Ich mach' mir die Welt/Widdewidde wie sie mir gefällt ... Generationen von Kindern bekamen leuchtende Augen, wenn sie diese Liedzeile hörten, während die ersten Bilder über die Glotze flimmerten: Eine unwiderstehlich sommersprossige und rotzopfige Inger Nilsson als Pippi Langstrumpf reitet auf ihrem Schimmel ›Kleiner Onkel‹ über eine Wiese, dahinter ist eine Mauer mit Türmen zu sehen. Gotland-Urlauber erkennen sie sofort: Die Stadtmauer von Visby am Östergravar zwischen den Stadttoren Österport und Norderport.

Viele Szenen für die TV-Serie Pippi Langstrumpf aus den späten 60er Jahren wurden auf Gotland gedreht, vor allen in Visby und drum herum. Auf dem Weg zur Villa Kunterbunt reitet Pippi durch das Tor Brunnsporten in die Stadt hinein.

Die kunterbunte Gartenvilla steht heute allerdings ein paar Kilometer südlich von Visby im Feriendorf Kneippbyn. Man ist versucht, zu glauben, Visby wurde wegen des mittelalterlichen Stadtbilds auserwählt. Aber das wäre für die Geschichte gar nicht nötig gewesen – schließlich steht Pippis Villa laut Buch einfach nur am Rand einer ›kleinen, kleinen Stadt‹. Der schwedische Regisseur Olle Hellbom suchte per Zeitungsinserat eine passende Villa Kunterbunt. Er fand sie südlich von Visbys Altstadt auf dem Militärgelände P 18. Für die Filmaufnahmen wurde die Villa im Sommer 1968 an ihren jetzigen Standort verfrachtet. Bereits beim Stadtrundgang erwähnt wurde Pippis Seiltanzszene in ›Pippi außer Rand und Band‹ am Platz Klinttorget.

Selbst der Dom hat seinen Auftritt: Im selben Film macht Pippi mit Tommy und Annika (beide in Säcken, weil eine Kuh ihre Sachen gefressen hat) ein Picknick auf dem Hügel hinter dem Dom. Taka-Tuka-Land liegt eigentlich in der Südsee, aber für einige Szenen mit dem Piratenschiff musste die Filmcrew nur eine kurze Reise machen: An die Ostküste Fårös, Gotlands nördlicher Nachbar-insel – ohne Palmen, dafür mit feinen weißen Sandstränden.

Gotland Tourismus hat einen sehr netten Falter gemacht, der 19 Filmschauplätze vorstellt: ›Eine Rundreise auf Gotland mit Pippi Langstrumpf‹, erhältlich bei der Touristeninformation.

*Pippi-Nostalgie im Freizeitpark Kneippbyn*

Bizarr geformte Felsenküsten im hügeligen Norden, breite Sandstrände an der Südspitze, ausgedehnte Wälder mit tief eingeschnittenen Tälern und rauschenden Wasserfällen im Landesinneren: Die Insel Bornholm vereint das gesamte nordische Naturspektrum auf kleiner Fläche. Auch die Fischerdörfer, die sich die Felsenhänge hinaufziehen oder in die Buchten hineinducken, scheinen mit der Küste verwachsen zu sein.

# Rønne auf Bornholm

Wenn man es nicht besser wüsste, könnte man denken, Bornholm läge im Mittelmeer. Das milde Klima sorgt für mediterrane Vegetation mit Feigen- und Maulbeerbäumen, und im Juli brütet die Hitze wie in Griechenland. Und das Leben ist auch wie auf einer südlichen Insel: sehr beschaulich. Von Kopenhagen aus muss man weit um den Südzipfel Schwedens herumfahren, um Bornholm zu erreichen. Die Insel ist mit einer Nord-Süd-Ausdehnung von 40 Kilometern und einer Breite von 30 Kilometern überschaubar und durch ein effizientes Verkehrsnetz sowie eines der besten Fahrradnetze Europas mit mehr als 200 Kilometern Länge gut erschlossen.

Schon von weitem blitzen die ockergelb-gelb und blutrot gestrichenen **Fachwerkhäuser** in der Sonne, wenn sich das Schiff dem Hafen von Rønne nähert. Die Silhouette der **St. Nikolaikirche** in der Nähe des Hafens überragt den Rest der Altstadt. Rønne bildet mit rund 14 000 Einwohnern den wirtschaftlichen und kulturellen Mittelpunkt der Insel, deren Hauptattraktionen sicher nicht Museen und Nachtleben, sondern die historischen Städtchen und die Naturschönheiten sind.

▲ *Backsteinfassade in Rønne*

Überall auf der Insel liebt und pflegt man das Alte, die Fachwerkaltstädte ebenso wie die ursprünglichen Fischerdörfer.
Die größte kulturhistorische Sehenswürdigkeit ist die Burgruine Hammershus, die hoch oben auf den Klippen ganz im Norden thront. Im Landesinneren sind die mittelalterlichen Wehrkirchen einen Besuch wert.

# Geschichte

Aus dem Dunkel der Geschichte tritt Bornholm um das Jahr 960 nach Christus, als das dortige Königreich vom dänischen König Harald Blauzahn erobert wurde. Damals entstand auf Jütland und den vorgelagerten Inseln das Königreich Dänemark, und Bornholm wurde dem Reich einverleibt. Gamleborg (die ›alte Burg‹) in Almindingen wurde als Hauptbefestigung der Insel erbaut, und Bornholm von dort aus als Königslehen verwaltet.

Mitte des 12. Jahrhunderts wurde Bornholm dann zum Zankapfel zwischen dem dänischen König Christoffer I. und der Kirche. Die Machtkämpfe dieser Zeit prägen noch heute teilweise das architektonische Bild der Insel: Der König baute die Lilleborg (die ›kleine Burg‹) in Almindingen, der Erzbischof von Lund um 1250 die Festung Hammershus an der Nordspitze Bornholms, heute Nordeuropas größte Burgruine.

Die Insel wurde schließlich geteilt, die Kirchengüter wurden von Hammershus aus überwacht, die Besitzungen der Krone von Lilleborg aus. Mehrmals wurde Hammershus vom König eingenommen, doch jedes Mal wurde die Burg und damit auch der im Kirchenbesitz befindliche Inselteil an den Bischof zurückgegeben, bis die kirchliche Herrschaft Anfang des 16. Jahrhunderts endete.

## Bedrohung von der See

Rønne entstand im 12. Jahrhundert um einen der besten natürlichen Häfen der Insel herum. Eines der frühen Bauwerke war auch die hoch über dem Hafen stehende Nikolaikirche, die weithin sichtbar Orientierung für die einlaufenden Schiffe bot.

Die zentrale Lage in der Ostsee machte Bornholm schon früh zu einem wichtigen Knotenpunkt der Handelswege in der Ostsee. Landwirtschaft, Heringsfischerei, Handwerk und Handel brachten der Insel Wohlstand. Dies weckte fremde Begehrlichkeiten und machte Bornholm zu einem Ziel für feindliche Angriffe. Um gegen Seeräuber und Übergriffe aus den Nachbarländern besser geschützt zu sein, wurden zahlreiche Wehrkirchen errichtet, in die sich die Inselbevölkerung in Sicherheit bringen konnte.

*Wehrkirche in Østerlars*

## Die Lübecker Zeit

Kaum dass Bornholm wieder im vollständigen Besitz der dänischen Krone war, verpfändete es König Frederik I. im Jahr 1525 an Lübeck. Dies geschah als Gegenleistung dafür, dass die Hansestadt ihn bei seinem Aufstand gegen seinen Neffen unterstützt hatte, der bis 1523 als Christian II. den dänischen Thron innehatte. Die Bornholmer hatten keinen Nutzen von diesem Handel, hohe Steuern und Abgaben sowie Frondienste drückten sie schwer. 1535 kam es deshalb zu einem bewaffneten Aufstand in Rønne, der niedergeschlagen wurde.

Aber das Blatt begann sich zu wenden. König Frederik II. war es schließlich, der sich weigerte, weiter Abgaben an Lübeck zu zahlen. Er setzte die Hansestadt 1575 davon in Kenntnis, dass die seit 50 Jahren bestehende Verpfändung der Insel, die mit seinem Großvater vereinbart worden war, beendet sei und er selbst wieder Besitz von der Insel ergreifen würde. Obwohl die Schulden von dänischer Seite noch nicht beglichen waren, konnte die damals schon geschwächte Hansestadt Lübeck ihr Recht nicht durchsetzen.

## Unter schwedischer Herrschaft

Nach der Lübecker Zeit kam Bornholm als Lehen zur dänischen Krone, ein Lehnsmann herrschte über die Insel. Ruhe kehrte aber nicht ein. Jetzt war es Schweden, das sein Territorium zu erweitern versuchte. Während der dänisch-schwedischen Kriege in den Jahren 1643 und 1657 wurde Bornholm mehrmals von den Schweden besetzt. Und wieder drückte die Last der zusätzlichen Abgaben, diesmal in Form der Kriegssteuern. Widerstand begann sich zu formieren, der natürlich vom dänischen König gefördert wurde.

Mit der Ermordung des schwedischen Inselverwalters Printzensköld am 8. Dezember 1658 in der Storegade in Rønne

*Altes Fachwerkhaus am Hovedvagtstorvet in Rønne*

befreiten sich die Bornholmer unter der Führung von Jens Kofoed, Peder Olsen und Povl Anker. Sie übereigneten ihre Insel dem dänischen König Frederik III. und dessen Erben ›zu ewigem Besitz und Erbe‹.

Den Befreiern der Insel wurde mit auf ihre Namen getauften Fährschiffen von der Reederei ›Bornholms Trafikken‹ ein Denkmal gesetzt. Heute ist aber nur noch die ›Povl Anker‹ in Betrieb.

## Wirtschaftliche Blütezeit

Die folgenden zweieinhalb Jahrhunderte waren ruhige Zeiten für die Inselbewohner. Dass die Bornholmer dem Frieden anfangs nicht ganz trauten, zeigt, dass auf den nordöstlich vorgelagerten Erbseninseln, auf Christiansø, 1684 mit dem Bau von Festungsanlagen begonnen wurde, die bis heute dem dänischen Verteidigungsministerium unterstehen.

Auch Rønne begann 1688 eine Verteidigungsanlage zu bauen, die jedoch nie fertiggestellt wurde. Das am südlichen Hafenrand von Rønne gelegene Kastell mit dem runden Kanonenturm aus dieser Zeit ist heute ein Museum.

Die Städte wuchsen mit dem Aufblühen von Handwerk und Gewerbe wie der Uhrenfertigung, der Keramikherstellung und dem optischen Nachrichtenwesen. Hier war die Insel Vorreiter, auf Christiansø stand der erste Spiegelfeuer-Leuchtturm Dänemarks (1805). Die Heringsfischerei entwickelte sich ebenso zu einem wichtigen Wirtschaftszweig, die erste Räucherei wurde 1886 in Gudhjem gebaut. Und auch der Bergbau boomte im 19. Jahrhundert auf der Insel. Granit und Gneis wurden als Bau- und Pflastersteine gebrochen, aber auch Kaolin und Zement abgebaut. Umschlagplatz für diese Erzeugnisse war

Rønne, das dadurch zu großem Reichtum gelangte – wie heute noch an den großen Kaufmanns- und Kapitänshäusern in der Altstadt zu sehen ist. Im 19. Jahrhundert wurde der Hafen zum größten der Insel ausgebaut.

## Mühsamer Wiederaufstieg

Während des Zweiten Weltkriegs wurde die Insel im April 1940 wie das restliche Dänemark von deutschen Truppen besetzt. Bornholm entwickelte sich für Verfolgte des Naziregimes innerhalb Dänemarks zu einem wichtigen Sprungbrett ins neutrale Schweden. 1945 weigerte sich der deutsche Kommandant auf Bornholm, von Kamptz, vor den Russen zu kapitulieren. Am 7. und 8. Mai 1945 wurden Rønne und Nexø daraufhin von der Sowjetunion bombardiert. Die anschließende Besetzung der Insel durch russisches Militär dauerte elf Monate. Für den Wiederaufbau Rønnes und Nexøs erhielt Bornholm vom ehemaligen Erzfeind Schweden 300 Holzhäuser als Geschenk. Die damit errichteten Stadtviertel existieren noch heute. Nach einer langen Zeit, in der sich die Wirtschaft nur zögerlich entwickelte, übernahm im Jahr 1973 der dänische Staat die damalige Reederei ›Dampskibsselskabet af 1866‹ und gab ihr den neuen Namen ›Bornholms Trafikken‹. Seit 2010 heißt die Reederei nun ›Bornholmer Færgen‹. Viele ältere Bornholmer sagen noch immer, dass sie mit der ›66‹ fahren, wenn sie ›rüber‹ wollen.

## Industrie und Kunsthandwerk

Landwirtschaft und Tourismus sind heute die beiden größten Industriezweige der Insel. Die rund 40 000 Einwohner Bornholms sind stolz auf ihre regionalen Produkte. So versorgt sich die Insel selbst, angefangen vom einheimischen Bier, dem ›Bornholmer Bryg‹ aus Svaneke, bis hin zu Fleisch, Gemüse, Getreide und sogar Wein. Besondere Spezialitäten sind das Eis und der Blauschimmelkäse, für den die Bornholmer Genossenschaftsmeierei regelmäßig Preise gewinnt. Zum kulinarischen Pflichtprogramm gehört der silbrig glänzende Ostseehering: Den kann man zum Beispiel in Hasle probieren, wo eine der ältesten Räuchereien – in Betrieb seit 1897 – mit einem kleinen Museum steht. Etwas getrübt wird die Stimmung durch die EU-Fangquotenregelung, die die Fischerei – im 20. Jahrhundert einer der wichtigsten Wirtschaftszweige der Insel – in eine tiefe Krise stürzte. So wirken einige Häfen der Insel, wie in Hasle, mittlerweile überdimensioniert, da viele Schiffe abgewrackt wurden. Einen Teil der Kapazität nutzen heute Sportboote. Auch der Bergbau ist nach wie vor von Bedeutung. Es existiert noch eine ganze Reihe von Steinbrüchen, so am östlichen Ortsrand von Rønne, wo Granit für Pflastersteine gebrochen wird.

*Fischräucherei in Allinge*

[ 336 ]  Rønne auf Bornholm

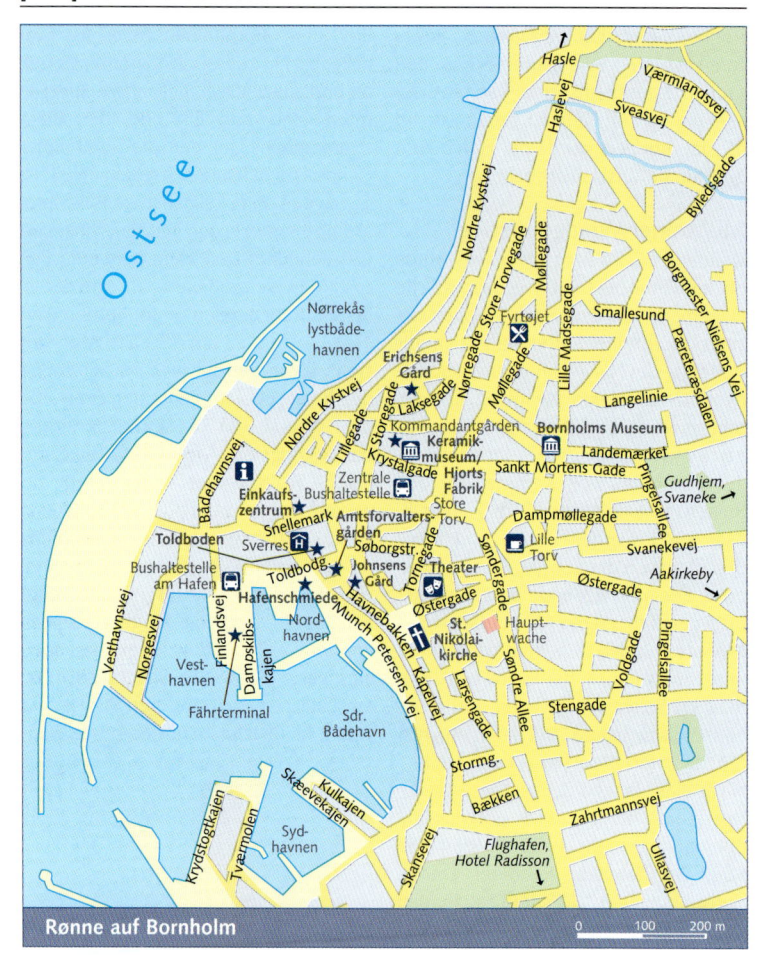

Und auch für schöngeistige Bedürfnisse ist gesorgt: Nirgendwo in Europa gibt es in Relation zur Einwohnerzahl so viele Kunsthandwerker wie auf Bornholm, wohl auch wegen des besonderen Lichts. In den meisten der rund 60 Werkstätten lassen sich Glasbläser, Schmuckdesigner, Goldschmiede, Bildhauer, Töpfer, Möbelschreiner und viele andere Handwerker gern bei der Arbeit zusehen.

## Stadtrundgang

Im alten Ortskern scheint die Zeit stehen geblieben zu sein: Kopfsteinpflaster, bunte Häuschen mit Fachwerk und Blumenschmuck, alte schmiedeeiserne Laternen und nur wenige Menschen. Scheu vor den Mitmenschen scheint es kaum zu geben. Die vorhanglosen Fenster sind in der Art von Schaufenstern mit altem Geschirr oder auch Puppen und Blumen dekoriert. Die Stadt versprüht dörflichen Charme und präsentiert sich so, wie sie früher war und wohl noch heute gern wäre. Nur Halteverbotsschilder stören die nostalgische Stimmung.

Vom Fährhafen führt der direkte Weg in die verwinkelte Altstadt vorbei an der Touristeninformation und einem Einkaufszentrum, dann weiter über den Snellemark.

### ■ Hafenschmiede

Wenn man erst zur Parallelstraße der Snellemark, zur Toldbodgade geht, sieht man auf der linken Seite des Munch Petersens Vej die alte Hafenschmiede (Havnesmedie) mit ihren beiden Kaminen. 1735 wurde sie als Munitionsdepot erbaut und später in ein Lagerhaus umfunktioniert, bevor sie zur Eisenbearbeitung diente.

Bevor man links in die Toldbodgade einbiegt, erblickt man linker Hand auf einer Mauer eine alte Galionsfigur, die in dem Roman ›Pelle der Eroberer‹ verewigt wurde. Der ›Satan zwischen zwei bellenden Höllenhunden‹ hatte dem kleinen Pelle große Angst eingejagt, als er in Rønne ankam. So könnte es dem Autor des Romans, Martin Andersen, auch ergangen sein, als er 1877 selbst als Achtjähriger nach Bornholm kam. Seine Familie zog ins Fischerdorf Nexø, dessen Namen er später an den seinen anhängte (→ S. 347).

### ■ Toldboden

In der Toldbodgade steht mit Hausnummer 1 eines der ältesten Häuser der Stadt aus dem Jahr 1684. Der rote Fachwerkbau wurde als Proviantdepot der dänischen Flotte erbaut und diente später als Zollhaus. Die schwarz gestrichenen Türen des Toldboden stammen angeblich von der Burg Hammershus, aus der im 17. Jahrhundert häufig Baumaterial beschafft wurde. Kurz bevor man vom Munch Petersens Vej in die

*Die alte Hafenschmiede*

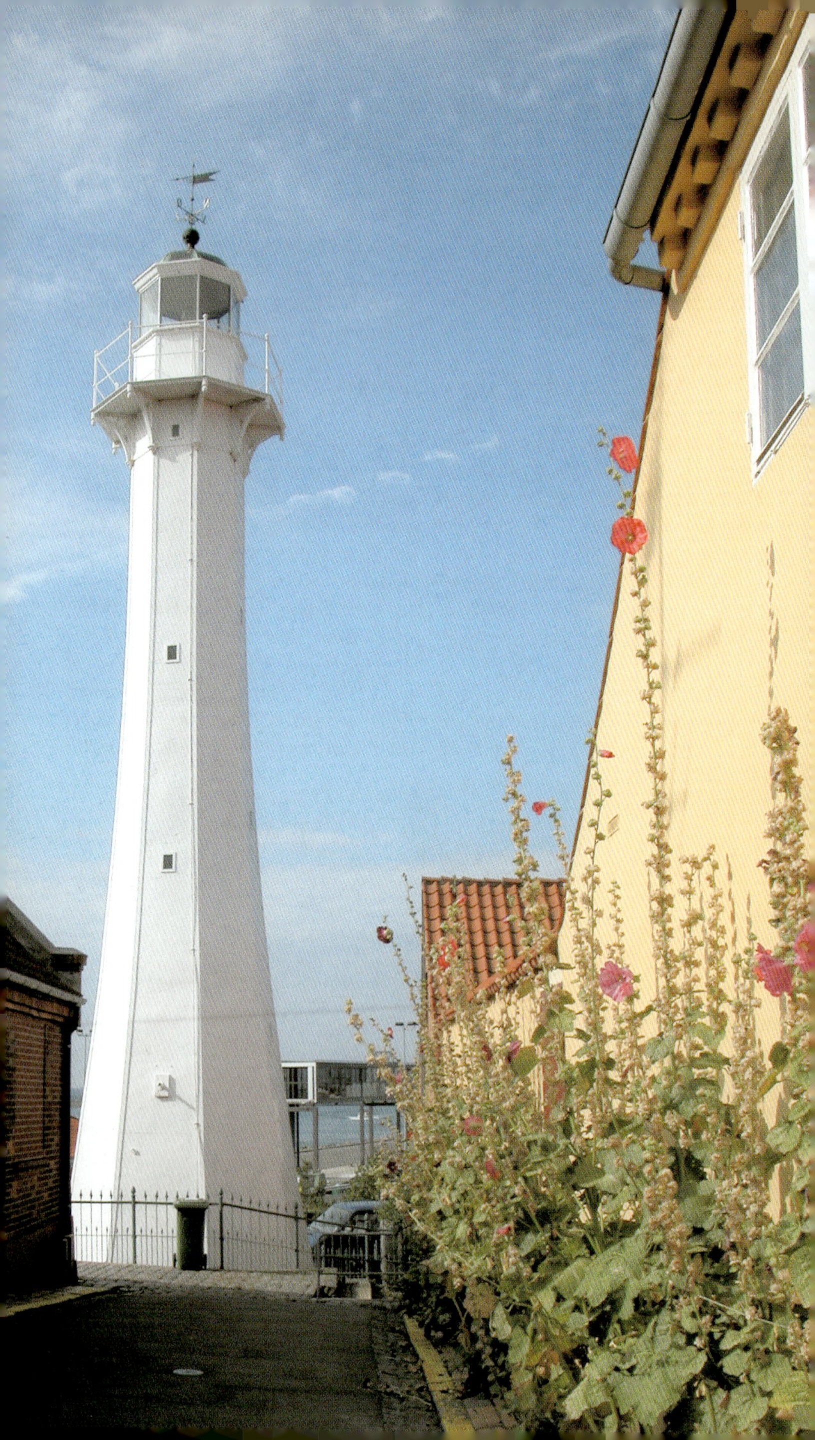

Havnebakken, die parallel zur Uferpromenade verläuft, einbiegt, fällt ein dreiflügeliges gelbes Gebäude mit einem schönen Garten auf: der **Amtsforvaltersgården**, dessen erster Besitzer im 17. Jahrhundert Statthalter auf Burg Hammershus war.

## ■ Johnsens Gård

Am Beginn der Havnebakken steht links das prächtige Haus eines Reeders und Kaufmanns auf einem massiven Fundament aus Feldsteinen. Vom Aussichtsturm des Johnsens Gård auf der Hafenseite behielt später wohl auch die bis 1883 darin untergebrachte Seemannsschule den Schiffsverkehr im Blick. Vorbei am filigranen weißen **Leuchtturm** von 1880 und an einer **Aussichtsplattform** führt die Havnebakken zum Kirkepladsen.

## ■ St. Nikolaikirche

Wuchtig ragt der Fachwerkturm des im 13. Jahrhundert erbauten und zwischen 1915 und 1918 grundlegend erneuerten Gotteshauses auf. Sehenswert sind in der St. Nikolaikirche das Gotländer Taufbecken aus dem 14. Jahrhundert und der Granitfußboden. Viele Kunstgegenstände aus dem ursprünglichen Gebäude befinden sich heute im Bornholms Museum.

Auf dem Vorplatz der Kirche hat man einen weiten Blick über den Hafen. Von hier sieht man auch den jüngeren Bruder des alten Leuchtturms von 1880 am Ende des Fährschiffkais stehen. Das alte Stadtbild rund um die Kirche ist gut erhalten, die durch sowjetische Bombenabwürfe 1945 entstandene Lücke an der Kirkestræde konnte durch Neubauten geschlossen werden, die den Gesamteindruck nicht beeinträchtigen. Nur einen Steinwurf entfernt hat sich in der **Storegade** einer der geschichtsträchtigsten Momente der Stadt abgespielt: Die Stelle, an der der schwedische Oberst Johan Printzensköld 1658 von Bornholmer Freiheitskämpfern getötet wurde, ist im Pflaster vor einem heute dort befindlichen Gymnasium gekennzeichnet.

Über die Vimmelskaftet, eine der besterhaltenen Straßen der Stadt, geht es links vorbei am **kleinsten Haus Rønnes** in die Bagergade, zum lindenbestandenen Hovedvagtstorvet mit seinem schönen Granitpflaster.

## ■ Hauptwache

Auf den ersten Blick wirkt das geduckte barocke Gebäude auf dem Platz etwas verloren. Kein Wunder, wurde die Hauptwache (Hovedvagten) doch 1744 errichtet, um ein früher hier stehendes Stadttor zu kontrollieren. Gebaut wurde das tiefrot leuchtende Gebäude mit Steinen aus der Burg Hammershus. Lange war die Hauptwache damit das einzige gemauerte Haus in der Stadt.

Bemerkenswert ist aber vor allem ein benachbartes **Fachwerkgebäude** von 1813 mit einem Aussichtsturm auf dem Dach. Der dort ansässige Kaufmann und Reeder namens Rønne behielt so den Hafen im Auge. Links davon kontrastiert dazu ein schönes Backsteingebäude von 1894.

Über die Bagergade und Østergade – vorbei an einer im Gegensatz zu den farbenfrohen Fachwerkhäusern streng wirkenden grauen Methodistenkirche – geht es zur links abzweigenden Teaterstræde.

*Der alte Leuchtturm von Rønne*

Rønne auf Bornholm

### ■ Theater

Gleich vorn an der Ecke befindet sich das 1823 gegründete Schauspielhaus, die älteste noch bespielte Provinzbühne Dänemarks. Während der Sommermonate werden im Rønne-Teater Stücke aufgeführt, auch internationale Gastspiele und Opern stehen auf dem Programm.

Weiter geht es an alten Fachwerkhäusern vorbei über die Tornegade zum Store Torv, dem großen Marktplatz.

### ■ Store Torv

Mittwoch und Samstag findet auf diesem zentralen Treffpunkt der Stadt ein **Wochenmarkt** statt, auf dem auch Keramik verkauft wird. Rund um den Store Torv gruppieren sich neben dem **ehemaligen Rathaus** von 1834, einem der ersten Ziegelbauten der Stadt, die wichtigsten Geschäfte und Banken. Im Sommer sitzen am Brunnen unter den Platanen eisschleckende und biertrinkende Touristen nebeneinander. Das moderne Granitkunstwerk im Zentrum stellt eine **Sonnenuhr** dar.

Entweder legt man hier in einem der Straßencafés oder Restaurants eine Pause ein oder geht noch ein Stückchen weiter, über die gesichtslose Fußgängerzone in der Store Torvegade zum schönen **Laksetorvet** mit seinen Cafés. Gestärkt geht es dann in die Laksegade, zur Hausnummer 7.

### ■ Erichsens Gård

Hier reiht sich wieder ein historisches Haus an das andere, und eines der schönsten und größten ist der Erichsens Gård, der sich als großbürgerliches Heim aus dem Jahr 1806 mit einem schönen Garten präsentiert. Im Innern unverändert, erlaubt der Fachwerkbau heute als **Museum** einen Blick in das Leben des Kanzleirates Thomas Erichsen und seiner Familie. Weiter geht es links ums Eck in die Storegade Nummer 42.

### ■ Kommandantgården

In der von Fachwerk geprägten Gasse fällt ein neoklassizistisches Gebäude mit hohem Giebel auf, der Kommandantgården aus dem Jahr 1846. Hier residierte der Kommandeur der Stadtverteidigung. Zu dem Besitz gehört ein ausgedehnter Garten, wie es für die großen Bürgerhäuser üblich war. Er verbirgt sich hinter der Granit- und Fachwerkmauer, die in der Rosengade anschließt. Das nächste Ziel ist eine Parallelstraße weiter, in der Krystalgade.

### ■ Hjorths Fabrik

Ein einstöckiges Backsteingebäude beherbergt dort seit der Mitte des 19. Jahrhunderts Hjorths Fabrik, heute ein **Keramikmuseum**. Aber nicht das ganze Innenleben ist museal. Auch heute wird hier noch Keramik hergestellt und verkauft. Das Gebäude ist eine von ehemals 25 Keramikfabriken, die in Rønne ansässig waren.

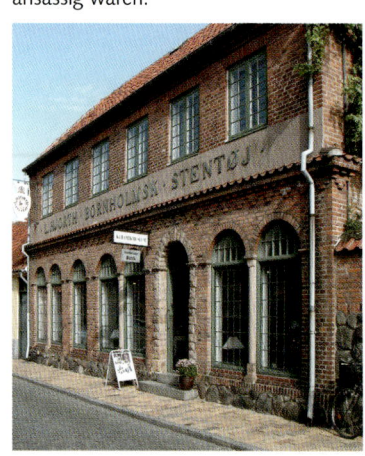

*Hjorths Fabrik*

Wenn man nun die Storegade zurück zum Snellemark geht, eröffnet sich über die abzweigenden Seitenstraßen ein Blick aufs Meer. In den hangabwärts gelegenen kleinen Gässchen befand sich das Fischerviertel, ganz in der Nähe des früheren Fischereihafens **Nørrekås**, der heute ein Sportboothafen ist.

Die Storegade führt zurück zum Snellemark, weiter vorbei an niedrigen Fachwerkhäusern mit bis zum Dach reichenden Stockrosen. Auf dem Snellemark befindet sich in der Nähe der zentralen Bushaltestelle auch die Haltestelle für den Shuttle-Service zu den Kreuzfahrtschiffen.

## Rønne-Informationen

In der Hochsaison schaffen die Fähren bis zu 300 Fahrzeuge innerhalb kürzester Zeit auf die Insel, und auch als Kreuzfahrthafen wird Rønne immer beliebter. Den Rest des Jahres geht es aber weiterhin sehr entspannt zu.
Für Kreuzfahrtschiffe gibt es seit 1993 einen neuen Anlegekai, **Krydstogtkajen** im Südhafen mit eigenem Informationscenter. Shuttlebusse befördern die Kreuzfahrtgäste von dort in zwei Minuten in die Altstadt.

### Allgemeine Informationen
**Vorwahl Dänemark**: 0045. Die achtstellige Telefonnummer wird ohne Ortskennzahl direkt im Anschluss gewählt.
**Postleitzahl**: 3700.
**Bornholms Velkomstcenter**, Touristeninformation, Nordre Kystvej 3, Tel. 56 95 95 00, www.bornholm.info; Mo–Sa 9–17 Uhr (in der Hauptsaison), ganzjährig Mo–Fr 9–16 Uhr. Das Velkomstcenter vermittelt Führer für Naturerkundungen in allen Teilen der Insel. Viele seltene Pflanzen und Tieresind zu sehen, zum Beispiel im Naturschutzgebiet Døndal, einem Spaltental an der Nordostküste.

### An- und Abreise
■ **Mit dem Auto/Mit dem Schiff**
Mit dem Auto geht es entweder durch Jütland bis Kolding und über Brücken auf die Insel Fünen, von dort über die Store-Bælt-Brücke nach Seeland und auf der E 20 nach Kopenhagen.
Eine gemütlichere Alternative ist die Fähre ab **Puttgarden auf Fehmarn** nach Rødby Havn (45 Min.), weiter über die E 47 nach Kopenhagen. Ab **Rostock-Warnemünde** setzt die Fähre in knapp zwei Stunden nach Gedser auf Falster über. Hier führt die E 55 nach Kopenhagen.
Von Kopenhagen geht es dann über die Øresundbrücke nach Ystad in Südschweden und von dort mit der Fähre weiter. Die **Schnellfähre Villum Clausen** braucht 80 Min., die konventionellen Schiffe 2,5 Std. Auch von **Køge** südlich von Kopenhagen gibt es eine

*Radelpause am Meer*

6,5-stündige nächtliche Fährverbindung nach Bornholm.
Direkt von Deutschland aus gelangt man über den Fährhafen **Sassnitz-Mukran** auf Rügen in 3,5 Stunden nach Bornholm. Fähren-Info unter www.scandlines.de und www.bornholmerfaergen.dk.
Im Juli und August geht es einmal pro Woche vom polnischen **Swinoujscie** aus in fünf Stunden nach Rønne; www.polferries.pl.
Der Fährterminal liegt in Laufweite zur Altstadt. Es bestehen regelmäßige Busverbindungen.

### ■ Mit dem Bus
Der dänische **Gråhundbus** fährt täglich ab Berlin-ZOB über Rostock und Gedser nach Kopenhagen und von hier weiter nach Bornholm (ab Ystad mit der Fähre nach Rønne); www.graahundbus.dk.

### ■ Öffentliche Verkehrsmittel
Ein gut funktionierendes Busnetz überzieht die Insel. Die zentrale Haltestelle des Unternehmens **BAT** ist am Snellemark 30 in Rønne. Fahrkarten, darunter ein 24-Stunden-Ticket (140 DKK), sind im Bus erhältlich, auch Fahrräder werden transportiert; www.bat.dk.

## Unterkunft
**Radisson Blu Fredensborg Hotel**, Strandvejen 116, Tel. 56 90 44 44, www.bornholmhotels.dk; DZ ab 180 Euro. Großes Haus mit allem Komfort am südlichen Ende von Rønne, in einem bewaldeten Naturschutzgebiet unmittelbar an der Ostsee gelegen; direkter Zugang zu Fahrradwegen.
**Sverres Hotel**, Snellemark 2, Tel. 56 95 03 03, www.sverres-hotel.dk; DZ ab 80 Euro. Familiär geführtes, gemütliches Hotel mit Garten zwischen Hafen und Altstadt.
**Private Unterkünfte** sind im Velkomstcenter zu buchen.

## Gastronomie
### ■ Restaurants
**Di 5 Ståuerna** (Die 5 Stuben), im Radisson-Hotel; tägl. 17–21.30 Uhr. Das beste Restaurant am Platz, schöne Terrasse, ausgewählte Fischgerichte; Wert wird auf die Verwendung lokaler Produkte gelegt.
**Restaurant Fyrtøjet**, Store Torvegade 22, Tel. 56 95 30 12, www.fyrtoejet.dk; Di–So 17.30–21 Uhr, Juli–Mitte Aug. tägl. 12–21 Uhr. Verschiedenes von Fisch bis Salat, Kaffeespezialitäten zu akzeptablen Preisen, Büffet oder à la carte.

### ■ Cafés
**Café Gustav**, Store Torv 8, Tel. 56 91 00 47. Kleine Gerichte; ideal, um dem Treiben auf dem Marktplatz zuzusehen. Freitag und Samstag Abend werden auch Platten aufgelegt. **Café Lille Torv**, Lille Torv 13, Tel. 56 95 70 13. Mit schöner Freisitzfläche.

*Souvenirstand am Hafen von Gudhjem*

*Eine Spezialität: Blauschimmelkäse*

### ■ Nachtleben
**Musikhuzet**, Store Torv 6, Tel. 56 95 94 04, www.musikhuzet.dk; freitags und samstags Konzerte mit dänischen Bands. Kartenvorverkauf: Musikexperten, Gågaden 8, Tel. 56 95 33 45; Mo-Do 9.30-17.30, Fr 9.30-18, Sa 9-13 Uhr.
**Palæcaféen**, Store Torvegade 20, Tel. 56 95 01 58; ab 23 Uhr DJs, teils auch Livemusik.

## Kultur
### ■ Museen
**Bornholms Museum**, Sankt Mortensgade 29, Tel. 56 95 07 35, www.bornholmsmuseum.dk; Ende Okt.-Mitte Mai Mo-Sa 13-16, Mitte Mai-Mitte Okt. 10-17 Uhr. Kulturhistorisches Museum mit prähistorischen und neuzeitlichen Exponaten aus der 10 000-jährigen Kulturgeschichte.
**Hjorths Fabrik**, Krystalgade 5, Tel. 56 95 01 50; Mitte Mai-Mitte Okt. Mo-Sa, Juli/Aug. auch So 10-17 Uhr, Mitte Okt.-Mitte Mai Mo-Fr 13-17, Sa 10-13 Uhr. Zu einem Keramikmuseum umfunktionierte Fabrik aus dem Jahre 1859, die auch noch als Werkstatt genutzt wird.
**Erichsens Gård**, Laksegade 7, Tel. 56 95 87 35; Mitte Mai-Mitte Okt. Mo-Sa, Juli/Aug. auch So 10-17 Uhr. Präsentiert die Wohn- und Lebenswelt des gehobenen Bürgertums.

## Sport und Aktivitäten
### ■ Radfahren
Ein gut ausgeschildertes Radwegenetz zieht sich über die ganze Insel. Den Führer ›Radwege auf Bornholm‹ gibt es im Velkomstcenter. Routenvorschläge und Karten gibt es auch unter www.fahrrad.bornholm.info.
**Bornholms Cykeludlejning**, Nordre Kystvej 5, Tel. 56 95 13 59, www.bornholms-cykeludlejning.dk; Mai bis Mitte Sept. tägl. 8-18 Uhr. Fahrradverleih direkt bei der Touristeninformation.

### ■ Baden
Strände mit feinem weißen Sand, Dünen und Kiefernwälder findet man an der Südspitze der Insel zwischen Boderne, Dueodde und Balka (Bus 7).

## Einkaufen
**Eva Brandt**, Larsegade 23, Tel. 56 95 13 32, www.evabrandt.dk; Mo-Fr 13-16 Uhr. Werkstattverkauf von Keramik.
**Ostehjørnet**, Østergade 40, Tel. 56 95 05 99; Mo-Fr 9-17.30, Sa bis 13 Uhr. Käse, Rapsöl, Senf und andere Bornholmer Erzeugnisse.
**Nina Schrøder**, Ahlstrandsvej 10, Tel. 56 95 75 75, www.acab.dk. Edler Schmuck, nur nach telefonischer Voranmeldung.

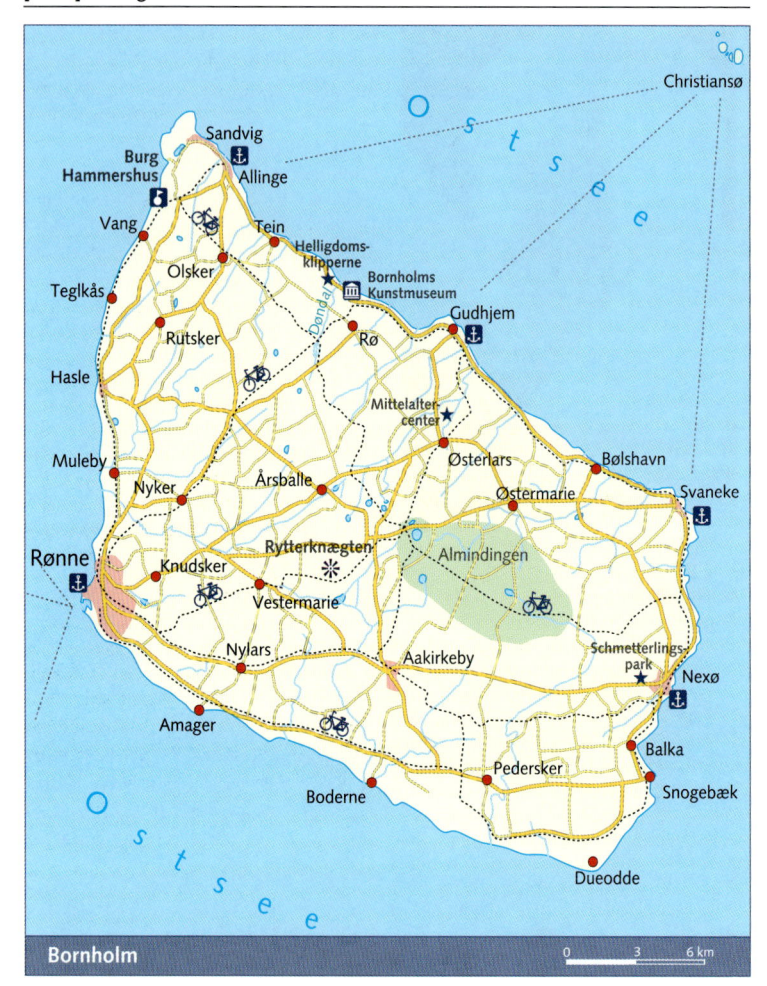

## Allinge

Bis nach Schweden reicht der Blick von der auf einem steilen Felsen gelegenen **Burg Hammershus** an klaren Tagen. Das Alltagsleben auf der Burg und die bewegte Geschichte des jahrhundertelangen Machtzentrums der Insel thematisiert ein Museum in Allinge. Die Burgruine ist mit Bus Nr. 2 ab Rønne erreichbar.

### Allinge

**Hammershus-Ausstellung**, Langebjergvej 26, Tel. 56 48 24 31; Apr.–Mitte Okt. tägl. 10–16 Uhr, Juni–Aug. bis 17 Uhr, Bus 1 ab Rønne. Die Burgruine Hammershus ist frei zugänglich.

## Hasle

Eine Ausstellung in Hasle zeigt, wie Heringe im offenen Kamin geräuchert werden. Auch ein Restaurant mit Blick auf die Ostsee ist den vorbildlich instandgesetzten Räuchereien am südlichen Ende des Hafens angeschlossen. Sonst hat der Ort bis auf den Stellmacherhof (Karetmagergaarden), in dem die Touristeninformation und eine Weberei untergebracht sind, allerdings wenig zu bieten. Um nach Hasle zu gelangen, steigt man in Rønne in Bus Nr. 1.

### Hasle

**Heringsräucherei** (Røgeri), Søndre Bæk 20, Tel. 56962002, www.hasleroegeri.dk; Mitte Apr.–Mitte Juni und Mitte August–September 10–18 Uhr, Mitte Juni–Mitte Aug. bis 21 Uhr.
**Grønbechs Gård**, Tel. 56961870, www.groenbechsgaard.dk; Mitte April–Mitte Okt. 10–17 Uhr. Zentrum für Kunsthandwerk in einem alten Kaufmannshof; nationale und internationale Ausstellungen; mit Café.

**Hafenfest in Hasle**, 2. Juliwoche.

## Rundkirchen

Bei den Rundkirchen in Olsker, Nyker, Østerlars und Nylars handelt es um mit Stützpfeilern verstärkte Festungsbauten, die der Bevölkerung Zuflucht bei Piratenangriffen boten. Neben einem Kirchenraum verfügen die mehrstöckigen Gebäude auch über Verteidigungsvorrichtungen und Waffenkammern. In **Østerlars** steht die schönste und älteste Rundkirche der Insel. Nach Olsker fährt Bus 1B ab Rønne, nach Nyker Bus Nr. 2, nach Østerlars Bus Nr. 3 und nach Nylars Bus Nr. 6.

### Østerlars

**Mittelaltermarkt im Mittelaltercenter in Østerlars**, Mitte Juli, Rågelundsgård, Stangevej 1, Gudhjem, Tel. 56498319, www.bornholmsmiddelaldercenter.dk.

## Gudhjem

Gudhjem ist Bornholms Touristenstadt. Die historische Handelsstadt mit vielen Eisdielen, Cafés, Kunsthandwerkläden und Souvenirgeschäften zieht sich einen steilen Hang am Meer hinauf. Oben thronen eine **Windmühle**, in der lokale Erzeugnisse verkauft werden, und die

*In der Heringsräucherei*

Kirche, die aus Granit erbaut wurde. Gudhjem ist mit Bus Nr. 3 ab Rønne zu erreichen.

Rund sechs Kilometer nordwestlich von Gudhjem, direkt an der Küste, liegt **Bornholms Kunstmuseum** mit einer hervorragenden Sammlung von Kunst und Kunsthandwerk. Schwerpunkt der Sammlung in einem Gebäude im Bauhaus-Stil ist die Bornholmer Schule. Das Museum ist mit dem Bus Nr. 2 ab Rønne oder ab Gudhjem mit dem Bus Nr. 7, ab Gudhjem mit dem Ausflugsschiff oder auch auf einem schönen Küstenweg zu Fuß zu erreichen.

### Gudhjem

**Bornholms Kunstmuseum**, Helligdommen, Rø, Tel. 56 48 43 86, www.bornholms-kunstmuseum.dk; April/Mai und Sept./Okt. Di-So 10–17, Juni-Aug. tägl. 10–17, Nov.-März Do/Fr 13–17, Sa/So 10–17 Uhr.

## Nexø

Einen Ausflug lohnt auch das Fischerstädtchen Nexø mit einer Kutterflotte und großen Betrieben am Hafen, in denen der Fang verarbeitet wird. Sehenswert sind der große **Schmetterlingspark** mit tropischen Faltern und das **Schwedenhausviertel** am Rande der Stadt. Dort stehen rund 70 Holzhäuser, die Schweden der 1945 schwer zerbombten Stadt für den Wiederaufbau schenkte. Die Busse 5, 6 und 7 fahren ab Rønne nach Nexø.

### Nexø

**Schmetterlingspark** (Sommerfuglepark), Gamle Rønnevej 14, Tel. 56 49 25 75, www.sommerfugleparken.dk; Mai-Mitte Okt. 10–17 Uhr.

**Ostseejazzwoche in Nexø**, 3. Juliwoche, www.ostersojazz.dk.
Weitere Informationen unter www.bornholm.net.

## Christianshøj

Christianshøj heißt das Ziel, wenn man einen Ausflug in den durch Wanderwege hervorragend erschlossenen **Almindinger Wald** machen will.

Auf dem felsigen Hochland mit Seen und Mooren befinden sich auch die Ruinen der königlichen **Burgen Gamleborg und Lilleborg**. Bus 4 fährt ab Rønne nach Christianshøj. Infos und Faltblätter zu weiteren Wanderrouten gibt es in der Touristeninformation in Rønne.

*Am Hafen von Gudhjem*

# Pelle der Eroberer

Einen Einblick in die jüngere Vergangenheit Bornholms gewährt der Schriftsteller Martin Andersen Nexø. Er wurde 1869 als viertes von elf Kindern in einem der ärmsten Stadtviertel von Kopenhagen geboren. Mit seiner Familie zog Martin 1877 nach Nexø auf der Insel Bornholm, von wo sein Vater, ein Steinhauer, ursprünglich stammte. Dort arbeitete Martin ab 1880 zunächst als Hütejunge und half beim Entladen der Schiffe im Hafen, dann als Knecht.

Um der Aussichtslosigkeit seines scheinbar vorgezeichneten Lebens in Armut zu entgehen, begann er 1884 eine Lehre als Schuhmacher in Rønne. Hier begann er Bücher zu lesen, mit denen er sich selbst Deutsch beibrachte, und sich heimlich in Theateraufführungen zu schleichen. Nach dem Abschluss der Lehre verdingte er sich ab 1889 im Sommer als Handlanger auf dem Bau und versorgte im Winter die Bornholmer Heimvolkshochschule mit Brennholz. Auf diese Weise konnte er kostenlos am Unterrricht teilnehmen, den er nach zwei Wintern mithilfe privater und staatlicher Unterstützung an der Heimvolkshochschule in Askov auf dem dänischen Festland fortsetzte.

1893 legte er das Lehrerexamen ab und fand eine Stelle in Odense auf Fünen. Zu der Zeit begann er auch, Artikel für Arbeiterzeitungen zu verfassen. Er fügte seinem Nachnamen den zweiten Bestandteil Nexø hinzu und nach ersten schriftstellerischen Erfolgen arbeitete Andersen hauptberuflich als Journalist für große Kopenhagener Tageszeitungen.

Sein berühmtestes Werk ist der sozialkritische Roman ›Pelle der Eroberer‹, dessen erster Band 1906 erschien. Drei weitere Bände folgten bis 1910. In dem autobiographisch geprägten Werk landet der 9-jährige Pelle zusammen mit seinem Vater Lasse Karlsson Ende des 19. Jahrhunderts mit einem schwedischen Auswandererschiff auf der Insel Bornholm. Die Hoffnung auf ein besseres Leben zerschlägt sich schnell. Lasse findet nur eine Anstellung als Knecht auf dem Hof der Kongstrups, wo sie in einem Verschlag neben dem Kuhstall hausen. Der Lohn ist karg, und zu essen gibt es tagein, tagaus Hering. Pelle wird Hütejunge, der gutmütige Vater leidet unter den Demütigungen des Vorarbeiters. Pelle aber lässt sich nicht unterkriegen und erobert sich seine Umwelt: Er lernt Dänisch, hält in der Schule mit und steigt schon bald zum Hilfsaufseher auf. In ihm reift der Plan, Bornholm zu verlassen, was er als 15-Jähriger schließlich auch macht. An dieser Stelle endet der erste Teil des Romans, der 1987 von Bille August mit Max von Sydow und Pelle Hvenegaard in den Hauptrollen verfilmt wurde. Im zweiten Teil des Romans geht Pelle nach Kopenhagen, wo er das Schusterhandwerk lernt. Der dritte und vierte Teil erzählen dann von Pelles Zeit als Arbeiter und seinem Aufstieg in der dänischen Arbeiterbewegung.

Andersen Nexø fühlte sich der Arbeiterklasse ein Leben lang verbunden. Als Mitglied der DKP wurde er 1941 im deutsch besetzten Dänemark verhaftet. 1943 gelang ihm die Flucht in die Sowjetunion.

Nach Kriegsende kehrte er zwar nach Dänemark zurück, ließ sich aber 1951 in der DDR nieder und lebte ab 1952 in Dresden, wo er 1954 starb. Heute ist Andersen Nexø nicht unumstritten, da er bis zum Ende seines Lebens linientreuer Kommunist war und den Aufbau eines sozialistischen Staates in der sowjetischen Besatzungszone begrüßte.

Es scheint, als liege Kopenhagen mehr auf dem Wasser als auf dem Land. Weit streckt die Ostsee ihre Arme in das von Kanälen gegliederte Stadtbild, und die kühn geschwungene Øresundbrücke rückt die dänische Hauptstadt nahe an das benachbarte Schweden. Auch liegen weite Gebiete der Stadt, wie Amager und Christianshavn, auf Inseln. Einen Hang zum Wasser beweisen zudem viele der spektakulären Neubauten, die sich an der Hafenfront angesiedelt haben.

# Kopenhagen

## [ 350 ] Kopenhagen

Was sofort auffällt, wenn man durch Kopenhagen geht, ist das Heer der Radfahrer. Nicht umsonst nennt sich Kopenhagen erste offizielle Fahrradstadt. Kostenlose Stadtfahrräder, breite Radwege, eine grüne Welle während der Hauptverkehrszeit und nicht zuletzt die horrende Kfz-Steuer und Parkplatzmangel machen das Radfahren attraktiv. Rund ein Drittel des Innenstadtverkehrs

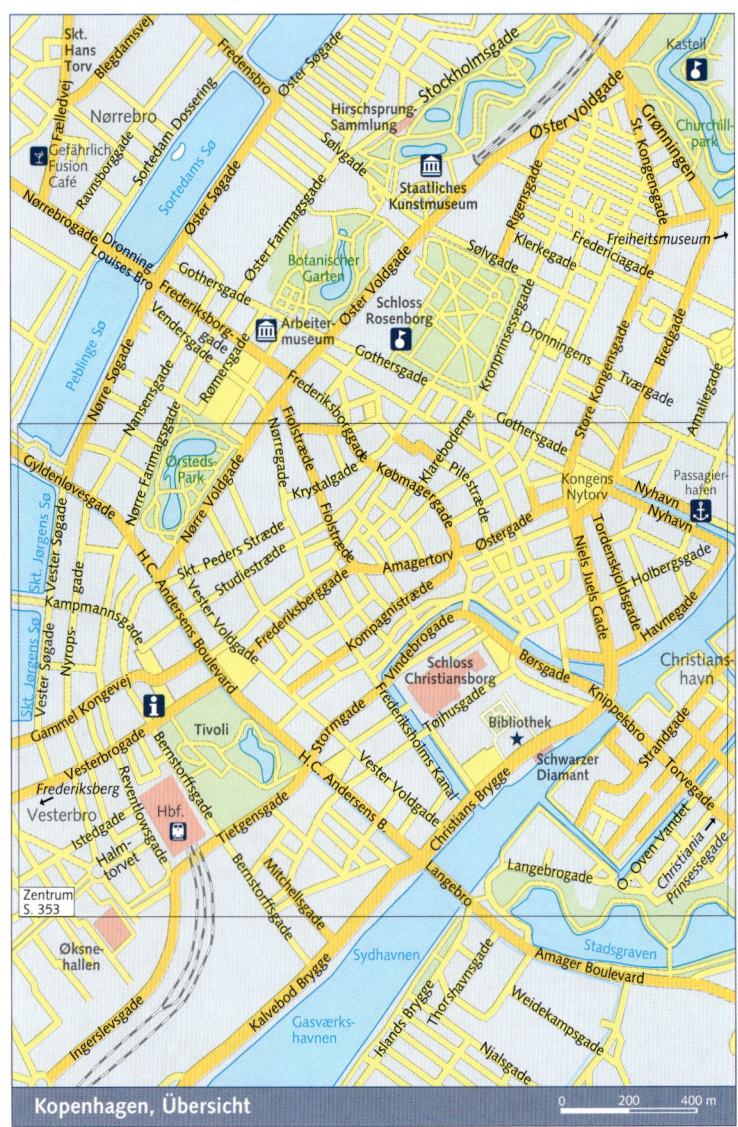

Kopenhagen, Übersicht

wird mit den Pedalen bestritten. Wie gern und wie häufig die Dänen das Zweirad nutzen, sieht man auch an der breiten Modellpalette, angefangen von Rikschas über stabile Shopping-Räder bis hin zu Gefährten, in deren Laderaum auch die Kinder sicher in die Kita gebracht werden können. Sporträder sind eher die Ausnahme, und Rad-Rowdys wird man so gut wie nie begegnen. Was spätestens auffällt, wenn man Kopenhagen von oben betrachtet, sind die vielen Parkanlagen, die besonders bei einsetzender Dämmerung manchmal geradezu verwunschen wirken, wie Frederiksberg Have, Rosenborg Have und Ørstedsparken.

Und natürlich die Verbundenheit mit dem Meer. Vor allem in Christianshavn scheint jeder eine eigene Yacht zu besitzen, zumindest gemessen an der Anzahl der mehr oder minder seetüchtig wirkenden Boote, die dort in den Kanälen vor Anker liegen. Kein Wunder, kann man doch praktisch von der Haustür aus direkt auf die Ostsee zum Segeln fahren.

*Stadtgründer Absalon am Højbro Plads*

## Stadtgeschichte

Ursprünglich war Kopenhagen ein kleines Fischerdorf, Havn genannt. Es befand sich auf der Insel Seeland und wurde 1043 erstmals schriftlich erwähnt. Der Aufstieg der Siedlung begann 1167, als König Waldemar I. der Große (1157–1182) dem späteren Bischof Absalon von Roskilde (1128–1201) das Gebiet am Øresund mit dem Ort Havn schenkte. Der streitbare Absalon ließ zur Befestigung seines Besitzes eine Burg bauen, dort, wo heute Christiansborg liegt. Die Ruinen der mittelalterlichen Burg Absalons können unter Schloss Christiansborg besichtigt werden.

Dank der verkehrstechnisch günstigen Lage entwickelte sich eine aufstrebende Kaufmannssiedlung, die Køpmandens Havn (Kaufmannshafen) genannt wurde, woraus später København wurde.

Der dänische König Erik VII. von Pommern (1412–1439) verlegte die dänische Hauptstadt 1417 von Roskilde nach Kopenhagen. Dies führte zu reger Bautätigkeit in der neuen Hauptstadt. Als der Wittelsbacher Christoffer III. Kopenhagen 1443 zu seiner Residenzstadt machte, lebten dort rund 10 000 Einwohner. Christian I., der später die Universität gründete, wurde 1448 als erster König in Kopenhagen gekrönt.

### Zerstörungen und Wiederaufbau

König Christian IV. (1588–1648) veränderte als großer Baumeister das Stadtbild grundlegend. Er gründete Christianshavn, eine neue Handelsstadt direkt vor den Toren Kopenhagens, und ließ mehrere prächtige Bauten im Renaissancestil errichten. Während seiner Regentschaft wurden der Runde Turm, die Börse und Schloss Rosenborg errichtet.

1625 führte er Dänemark in den Dreißigjährigen Krieg. Verwüstungen und Elend waren die Folge.

1728 machte ein Großfeuer etwa die Hälfte aller Häuser der Stadt dem Erdboden gleich. 1794 vernichtete ein zweiter Stadtbrand weitere historische Gebäude, unter ihnen das königliche Residenzschloss Christiansborg. Beim Wiederaufbau entstanden einige neoklassizistische Bauten, wie das Gerichtsgebäude am Nytorv.

Im Jahr 1807 kam es zu weiteren dramatischen Zerstörungen der Stadt: Napoleon hatte Dänemark gezwungen, der Kontinentalsperre gegen Großbritannien beizutreten. Die Briten sandten daraufhin ihre Flotte, um die dänische Flotte auszuschalten. Nach der Bombardierung Kopenhagens gaben die Dänen nach und lieferten ihre Kriegsschiffe aus.

Während des Preußisch-Dänischen Kriegs (1848–1850) setzte sich das nationalstaatliche Prinzip durch. Die Regierungsgeschäfte wurden jetzt vom Parlament aus geleitet. Die Königskrone verbannte man in die Schatzkammer von Schloss Rosenborg. Nie wieder zierte sie das Haupt eines Monarchen. Lediglich wenn heute ein Staatsoberhaupt stirbt, wird die Krone mit dem Säbel und allen Orden auf den Sarg gelegt. Zum letzten Mal war das beim Tod von Frederik IX. 1972 der Fall.

## Industrialisierung und Weltkriege

Im Jahr 1856 wurde die Stadtumrundung geschaffen. Es entstanden Parks und eine breite Ringstraße mit Prachtbauten im Stil des Historismus, und die Besiedelung außerhalb der Wälle wurde erlaubt. Im 19. Jahrhundert dehnte sich Kopenhagen infolge der Industrialisierung explosionsartig aus, von rund 139 000 Einwohnern im Jahr 1850 auf etwa 400 000 im Jahr 1900. Arbeitskräfte aus allen Teilen des Landes zogen in die Stadt. Sie lebten in den einfachen Behausungen jenseits der Wassergräben.

In den beiden Weltkriegen blieb Kopenhagen von Zerstörungen verschont, so dass bis heute fast alle Prachtbauten im Original zu besichtigen sind.

Allerdings besetzten im April 1940 deutsche Truppen das Land. König Christian X. zeigte sich gegenüber den Besatzern unbeugsam. Zum Eklat kam es im August 1943, als die dänische Regierung es ablehnte, den von den Deutschen geforderten Ausnahmezustand in ihrem Namen zu verhängen. Das führte zur Absetzung der Regierung, zur Auflösung des Reichstags und zur Entwaffnung des Heeres. Der König wurde auf Schloss Amalienborg unter Hausarrest gestellt. Die Hochachtung der Dänen für ihr Königshaus hängt nicht zuletzt mit der konsequenten Haltung zusammen, die der dänische König den deutschen Besatzern gegenüber einnahm.

## Monarchie und Freistadt

Margrethe Alexandrine Thorhildur Ingrid, die wenige Tage nach der Besetzung durch die Deutschen geboren wurde, folgte 1972 als Margrethe II. auf den Thron. »In Dänemark sind sogar die Gegner der Monarchie Anhänger der Königin«, scherzen die Dänen. Die Königin ist beliebt. Man schätzt ihr elegantes Auftreten, ihre Bildung und ihre künstlerische Begabung. Sie hat sich durch Entwürfe für Theaterkostüme und Bühnenbilder sowie als Malerin Anerkennung verschafft. Unter dem Pseudonym Ingahild Grathmer veröffentlichte sie Illustrationen zu John R. R. Tolkiens Roman ›Herr der Ringe‹.

## Stadtgeschichte [ 353 ]

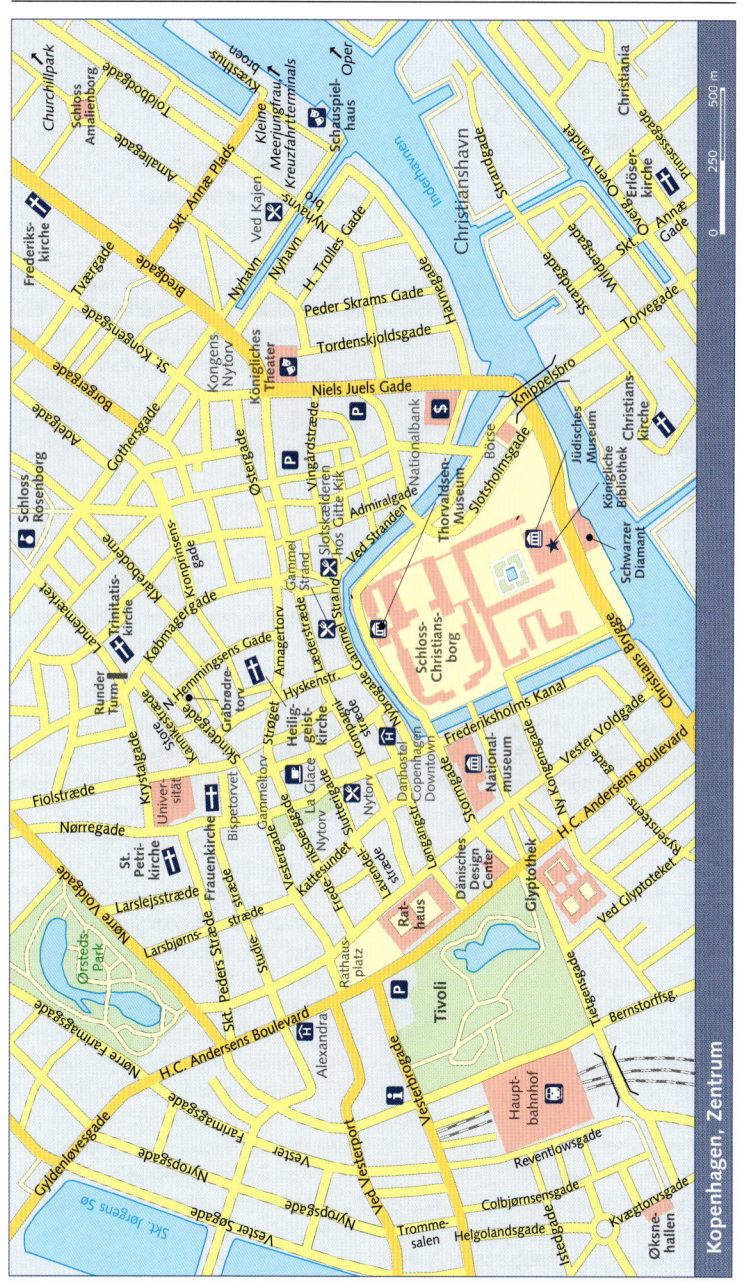

Kopenhagen, Zentrum

Fast zur selben Zeit, als Margrethe Königin wurde, wurde ein vom dänischen Militär verlassenes gut 30 Hektar großes ehemaliges Militärgelände mit Kasernen und Baracken im Stadtteil Christianshavn besetzt. Aussteiger, Alternative und Hippies, die eine basisdemokratische Gemeinschaft verwirklichen wollten, riefen Fristaden Christiania, die Freistadt Christiania, aus. Anfangs wurden die Besetzer von konservativen Kommunalpolitikern bekämpft, während viele Kopenhagener dem Experiment mit Sympathie gegenüberstanden. Es gab Räumungsbefehle und -versuche, Schlachten zwischen Polizei und den Bewohnern von Christiania. Darüber hinaus existierten Probleme mit Drogen, Gewalt und Kriminalität, die die selbstverwaltete Gemeinschaft mittlerweile im Griff hat: Heute wird sie staatlich geduldet, zahlt Steuern und bezieht Strom und Wasser von der Stadt. Viele der Freistadt-Bewohner arbeiten außerhalb des besetzten Geländes und täglich kommen mehrere tausend Besucher in die Cafés und Geschäfte der Kommune. Die Gewinne, die rund 900 Christianier aus Kneipen oder Kulturveranstaltungen erwirtschaften, stecken sie in eigene soziale und kulturelle Projekte.

Seit dem Sieg der Mitte-Rechts-Regierung unter Ministerpräsident Anders Fogh Rasmussen bei den Parlamentswahlen 2001 gab es erneut Diskussionen um die Legalität von Christiania. Im Dezember 2003 verlautbarten Anwälte der Regierung, eine Räumung der Siedlung sei legal, da das Gelände nur geliehen und nicht gepachtet sei. Und auch der ab 2009 regierende ebenfalls konservative Ministerpräsident Lars Løkke Rasmussen stand dem basisdemokratischen Experiment ablehnend gegenüber. Mittlerweile wurde aber eine Einigung erzielt. Die Bewohner Christianias stimmten 2011 dem Angebot des dänischen Staates zu, das besetzte Grundstück zu kaufen.

## Stadtentwicklung und moderne Architektur

Ihrem Image als Kulturmetropole und Designzentrum wird die Hafenstadt hingegen nach wie vor gerecht: 2002 wurde die vollautomatische Metro eingeweiht, die architektonisch und technisch eine Sehenswürdigkeit ist. Und die **Hafenfront**, die sich an beiden Ufern des Inderhavn (Binnenhafen) genannten Kanals erstreckt, hat sich zur architektonischen Visitenkarte Kopenhagens entwickelt.

Die neue **Oper** von Henning Larsen wurde 2005 eröffnet und präsentiert sich auf der Insel Holmen nördlich von Christianshavn mit ihrem ausladenden grauen Vordach und der mit Lamellen versehenen Glasfront als eine der modernsten Bühnen der Welt.

Auch das Sprechtheater hat mit dem **Schauspielhaus** auf der gegenüberliegenden Seite des Inderhavn 2008 eine neue Bleibe gefunden. Kantig und dunkel ragt der Bau gleich neben der Touristenflaniermeile Nyhavn auf. Und ein paar hundert Meter weiter südwestlich präsentiert sich mit dem **Schwarzen Diamanten**, dem Neubau der Königlichen Bibliothek, seit den 1990er Jahren ein weiteres spektakuläres Gebäude.

Mit einem breiten Spektrum moderner Gegenwartarchitektur wartet auch Kopenhagens jüngster Stadtteil **Ørestad** auf der Insel Amager auf. In dem neu entstehenden Wohn- und Geschäftsviertel findet sich zum Beispiel das 2009 eröffnete kubusförmige **Konzerthaus** Kopenhagen mit seiner blauen Glasfassade vom französischen Architekten Jean

Nouvel und das Hotel ›Cabinn Metro‹ von Daniel Libeskind mit seiner geschwungenen Fassade.

### Ausblick auf eine grüne Zukunft
Im Nachhall der UN-Klimakonferenz, die im Dezember 2009 in Kopenhagen stattfand, versucht sich Kopenhagen auch als ›Hauptstadt der Nachhaltigkeit‹ zu positionieren. So wetteifern die Hotels miteinander, die von ihnen verursachten $CO_2$-Emissionen zu drosseln, sie vermieten Elektroautos, bieten ›grüne‹ Meetings und Stadtführungen an, ein öffentlicher Elektrobus verbindet die Hauptsehenswürdigkeiten der Innenstadt, der Tivoli bezieht seine Energie komplett aus einem Windpark, $CO_2$-neutrale Festivals werden abgehalten, Designer thematisieren die Produktionsbedingungen und die ökologische Verträglichkeit ihrer Produkte oder überlegen sich, wie Design die Welt verbessern könnte. Zum praktischen soll nun auch der soziale Nutzen kommen. Inwieweit es sich bei diesen Bemühungen um Marketingmaßnahmen handelt oder ob ein ernsthafter Wille dahintersteckt, eine dauerhaft lebenswerte urbane Umwelt zu gestalten, wird sich zeigen.

## Stadtrundgang

Kopenhagens Innenstadt ist klein und überschaubar. Das alte Kopenhagen wird von Westen bis Norden nahezu halbkreisförmig von den Kanälen Skt. Jørgens Sø, Peblinge Sø und Sortedams Sø begrenzt, im Norden vom Kastellet, einer Befestigungsanlage mit sternförmigem Grundriss, neben dem auch die Kleine Meerjungfrau und der alte Kreuzfahrthafen an der Langelinie liegen, im Osten vom Inderhavn.

Zentraler Ausgangspunkt für einen Stadtrundgang ist der **Hauptbahnhof**. Schräg gegenüber vom Haupteingang befindet sich in der Vesterbrogade 4 A (Ecke Bernstorffsgade) das **Kopenhagener Touristenbüro**, von dem auch viele geführte Touren starten. Wer ein bisschen Zeit für seinen Rundgang mitbringt, der kann gleich mit einem Abstecher beginnen. Wenn man am westlichen

*Der ›Schwarze Diamant‹*

Ausgang des Bahnhofs (Hovedbanegården) die Reventlowsgade quert und die Istedgade entlanggeht, gelangt man ins neue In-Viertel Kopenhagens.

### ■ Szeneviertel Vesterbro

Anfangs reiht sich zwar noch Hotel an Hotel, doch schon wenn man links in die Helgolandsgade einbiegt und auf die **Øksnehallen** zusteuert, ändert sich das Bild. Der ehemalige Rotlicht-Bezirk Vesterbro wird nach und nach renoviert, bildet aber mit seinem hohen Anteil an Immigranten und seiner eigenwillig gemischten Umgebung – Gemüseläden, Designergeschäfte, Pornoshops – immer noch einen deutlichen Kontrast zur properen Innenstadt.

Aus dem ehemaligen Kuhmarkt Øksnehallen entstand ein alternatives Kunst- und Kulturzentrum, als sich die Stadt für viel Geld als Kulturhauptstadt 1996 herausputzte. Auf dem weiträumigen Platz vor der Halle verwöhnen schicke Cafés und Bars ihre Gäste. Geht man die Istedgade weiter in westlicher Richtung, gelangt man in eine eher gutbürgerliche Wohngegend.

▲ *Die Øksnehallen*

### ■ Frederiksberg

In dieser eigenen Kommune mit rund 85 000 Einwohnern liegt das gleichnamige **Schloss**, in dessen Park, dem **Frederiksberg Have**, die Kopenhagener gern ihre Wochenenden verbringen. Das um 1700 errichtete Lustschloss beherbergt eine Militärakademie und kann nicht besichtigt werden. In den drei um den Park angesiedelten Biergärten trifft man Kopenhagener, die hier feiern, am Wochenende auch mit Musik.

Gleich neben dem Schloss liegt der **Zoo**, der mit seinen zahlreichen Neubauten als einer der besten Europas gilt. Einen Blick wert ist das Elefantenhaus von Foster+Partners mit seinen Glaskuppeln und einem riesigen Freigelände, das vom Park aus einzusehen ist.

Auch das großzügige **Besucherzentrum der Ny Carlsberg Brauerei** liegt in unmittelbarer Laufweite in der Gamle Carlsberg Vej 11. Neben einem Skulpturengarten sind dort auch die Pferdeställe mit den Jütländern zu besichtigen. Und Bier wird selbstredend auch ausgeschenkt.

Wer hingegen vom Bahnhof in östlicher Richtung in die Vesterbrogade einbiegt, steht bald vor dem Eingangstor zu einem riesigen Vergnügungspark.

### ■ Tivoli und Rathausplatz

Kopenhagens berühmter Jahrmarkt ist ganzjährig geöffnet und existiert schon seit 1843. Im Tivoli gibt es neben zahlreichen Fahrgeschäften und Restaurants in jeder Preislage auch Konzertveranstaltungen. Besonders schön ist die Anlage nachts, wenn Lampions den Park erleuchten.

Geradeaus weiter geht es zum belebten Rathausplatz (Rådhuspladsen), wo gleich rechts unmittelbar an der Straße eine **Statue von Hans Christian Andersen** steht. Hier lassen sich die Touristen

*Eingang zum Tivoli*

gern auf dem Schoß des dänischen Schriftstellers fotografieren, dessen Hosenbeine schon ganz blankpoliert sind. Der weitläufige Rathausplatz ist von einigen Hauptverkehrsachsen umgeben und an den ruhigeren Sonntagen spielen dort Straßenmusikanten.

Das zwischen 1892 und 1905 von Martin Nyrop im italienischen Renaissancestil erbaute **Rathaus** (Rådhus) ist ein Ziegelsteinbau, dessen Turm mit über 100 Metern Höhe ein großartiger Aussichtspunkt ist. Auch die Grundfläche des Gebäudes von 128 mal 71 Meter ist imposant. Die Hauptfassade wird von einem vergoldeten Standbild des Gründers der Stadt, Bischof Absalon, geschmückt. Im Inneren des Rathauses findet sich das mechanische Wunderwerk der **Weltuhr** von Jens Olsen (1803–1873).

Des weiteren kann man auf dem Rathausplatz den **Drachenspringbrunnen** mit der Skulptur ›Kampf des Stieres mit dem Lindwurm‹ von Joakim Skovgård aus dem Jahr 1923 bewundern. Die vier Drachen, die jetzt direkt vor dem Rathaus stehen, gehörten ursprünglich zum Brunnen. Weil die Straße erweitert werden musste, wurden sie versetzt. Hinter dem Rathausplatz beginnt mit der Frederiksberggade der Strøget, die aus fünf sich aneinanderreihenden Straßen bestehende Einkaufsmeile Kopenhagens, die Fußgängerzone. Ruhiger und schöner ist die parallel verlaufende Lavendelstræde.

### ■ Nytorv und Gammeltorv

Wer den Weg über die Lavendelstræde wählt und sich den belebten Strøget für den Rückweg aufhebt, kann ein kurioses Detail an den Häusern beobachten. Die Häuserecken sind stark abgerundet. Nach zwei Stadtbränden 1728 und 1794, bei denen die sperrigen Löschfahrzeuge Schwierigkeiten hatten, zu ihren Einsatzorten zu gelangen, sollte dieser bautechnische Kniff künftige Löschaktionen erleichtern.

*Kiosk am Kongens Nytorv*

Über die Slutterigade, vorbei am neoklassizistischen **Gerichtsgebäude**, erreicht man Nytorv und Gammeltorv. Der ›neue‹ und der ›alte Platz‹, der früher ein Markt war, wurden nach den Bränden im 18. Jahrhundert zu einem riesigen rechteckigen Platz vereint. Der **Renaissancebrunnen** ist beliebter Treffpunkt für junge Leute. Im Mittelalter kam dem Brunnen eine zentrale Bedeutung bei der Wasserversorgung der Bewohner zu. Heute erhalten die Figuren, die die Caritas verkörpern, zum Geburtstag der Königin frisches Blattgold. Auch in der Vorweihnachtszeit ist hier spätabends trotz klirrender Kälte viel los. Nach einem Shoppingtag kehren die Touristen noch gern in eines der Restaurants am Platz ein für ein spätes Mahl, den Klassiker: Smørrebrød und einen Aquavit.

■ **Frauenkirche und St. Petrikirche**

Am Nytorv entlang in nördlicher Richtung biegt man in die Nørregade ein, um zunächst über den Bispetorvet, einen kleinen stillen Platz, zur **Frauenkirche** (Vor Frue Kirke) zu gelangen, eine Kathedrale im neoklassizistischen Stil. Zwölf Apostelstatuen dominieren das mächtige, helle Kirchenschiff. Wegen der guten Akustik finden hier häufig Orgelkonzerte statt.

Die Straße etwas weiter auf der linken Seite befindet sich hinter einer Ummauerung die **St. Petrikirche**, eine deutsche Kirche aus dem Jahr 1450 mit einem Turm aus dem Jahr 1757. Der dreiflügelige Bau mit den Grabkapellen und dem stillen Kirchhof wurde aufwändig restauriert und ist eine der besterhaltenen mittelalterlichen Gebäude der Stadt. Von der St. Petrikirche aus ist es über die Nørregade nicht mehr weit in ein weiteres Szeneviertel.

■ **Nørrebro**

Seit einigen Jahren zieht es vor allem junge Leute weg aus der teuren und schicken Kopenhagener Innenstadt. Rund um den **Skt. Hans Torv** ist eine multikulturelle, alternative Szene mit Cafés, Musikkneipen und kleinen Läden, darunter zahlreiche Trödlergeschäfte, gewachsen. Viele Studenten und auch junge Familien wohnen hier, der Ausländeranteil ist groß und die Atmosphäre weltoffen.

Etwas weiter südlich an der Nørrebrogade befindet sich der **Assistens Kirkegård**, ein parkähnlicher Friedhof, der Mitte des 18. Jahrhunderts eingerichtet wurde. Zahlreiche Berühmtheiten wie Hans Christian Andersen und Søren Kierkegård liegen hier begraben. Samstags findet an der Mauer ein Flohmarkt statt, und viele Kopenhagener nutzen

das Gelände für einen Spaziergang zwischen den Grabmälern.
Wenn man sich den Ausflug nach Nørrebro für später aufhebt, geht man von der St. Petrikirche zum gegenüberliegenden Frue Plads.

### ■ Universität

Christian IV. gründete hier die erste Universität Dänemarks. Sehenswert ist die große **Halle** aus dem Jahr 1836 von Christian Frederik Hansen (1756–1845), Dänemarks führendem Architekten des Neoklassizismus. Im Universitätsviertel, dem mittelalterlichen Teil der Stadt, spielt sich das studentische Leben vor allem in der Larsbjørnsstræde, Teglgårdsstræde, Skt. Peders Stræde und Studiestræde ab, wo Läden mit schräger Kleidung und kleine Kneipen angesiedelt sind. Buchläden gibt es dagegen in der Fiolstræde.

Weiter geht es geradeaus in die St. Kannikestræde, wo man **Det lille Apotek**, das älteste Lokal Kopenhagen, passiert, das bis auf das Jahr 1720 zurückgeht.

*Die Universität*

*Der Runde Turm*

### ■ Runder Turm

Bald blitzt links über den Dächern der Runde Turm (Rundetårn) auf, mit seinen 35 Metern Höhe und 15 Metern Durchmesser ein architektonisches Kuriosum. Unter Christian IV. in den Jahren 1640 bis 1642 erbaut, gelangt man auf einer schneckenartig gewundenen Auffahrt bequem zur Spitze des Turms. Von oben hat man einen weiten Ausblick über Kopenhagen. An schönen Tagen kann man bis nach Schweden blicken. In der Spitze des Turmes befindet sich eine **Sternwarte**, die nur im Winter geöffnet ist.

Auf halbem Weg nach unten hat man die Möglichkeit, den Dachboden der **Trinitatiskirche** zu betreten, einen Ausstellungsraum. Von außen ist der Turm am besten vom Hinterhof des aus derselben Zeit stammenden Studentenwohnheims zu betrachten, das man durch das große Holztor von der St. Kannikestræde 20 aus betreten kann. Links am Turm vorbei geht es weiter über die Landemærket.

## Dänisches Design

Klare Linien, clevere Lösungen, schlichte Eleganz: Gestalterische Probleme löst man in Dänemark auf einfache Weise. Niemals wird dabei außer acht gelassen, dass ein Produkt ein Gebrauchsgegenstand ist.

Weltberühmt wurde ›Danish Design‹ in den 1940er und 50er Jahren. Nach dem Zweiten Weltkrieg zwang der Mangel an Baumaterial zu rationellen Lösungen. So wurden offene Ebenen gestaltet, mit ineinander übergehenden Räumen. Der kühle klassische Modernismus mit reinen Proportionen und einfachen Formen, kombiniert mit neuen technischen Möglichkeiten, war geboren. Dänisches Design zeichnet sich durch ein Gefühl für Formen, Funktionalität und ein echtes Interesse am Zusammenspiel zwischen Benutzer, Gegenstand und Umgebung aus.

Namhafter Vertreter dieser Stilrichtung ist Arne Jacobsen (1902–1971), Modernist und Minimalist. Für das erste Hochhaus Kopenhagens, das ›Radisson SAS Royal‹-Hotel in der Nähe des Hauptbahnhofs, entwarf er neben der Glas- und Stahlfassade auch seinen berühmten eiförmigen Stuhl, heute ein Design-Klassiker.

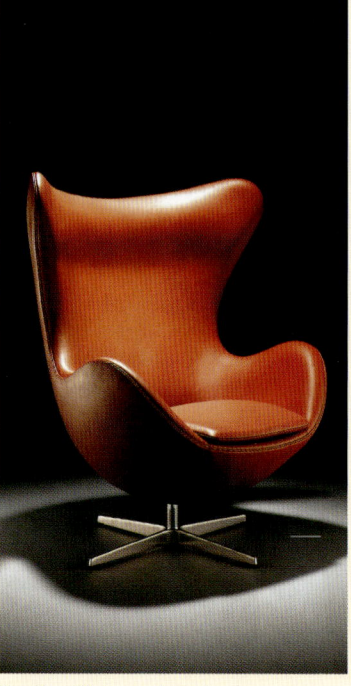

*Der Egg Chair von Arne Jacobsen*

Ein anderer innovativer Beitrag zur Kulturgeschichte des Sitzens stammt von Verner Panton (1926–1998). Er erfand den ersten freischwingenden Kunststoff-Stuhl, den Panton-Chair.

Auch über die Grenzen hinaus begeistern dänische Formen: Jørn Utzon (1917–2008) konzipierte das Opernhaus in Sydney mit seinem Dach aus sich überlagernden Schalen. Der kühl-modernistische Triumphbogen im Pariser Stadtteil La Défense stammt von Otto von Spreckelsen (1929–1987), das Gebäude der Elektrizitätswerke in Hamburg gestaltete Arne Jacobsen.

In der Tradition Jacobsens steht Henning Larsen (geb. 1925). Die neue Oper in Kopenhagen trägt seine Handschrift ebenso wie der klar strukturierte Erweiterungsbau der Ny Carlsberg Glyptothek.

Für eine Reihe der jüngsten Bauten in Kopenhagen zeichnet BIG verantwortlich, ein Zusammenschluss von mehr als 60 Architekten und Designern.

Über den letzten Stand der Stadtentwicklung informiert www.cphx.dk; dort werden Podwalks oder auch geführte Touren zu neuen Bauprojekten angeboten.

### ■ Schloss Rosenborg

Nach dem Überqueren der Gothersgade gelangt man durch einen schmalen Durchlass in der Mauer zum Schloss Rosenborg (Rosenborg Slot) mit der schönen Parkanlage (Rosenborg Have), wo nicht nur die Studenten auf den Rasenflächen und in den Rosengärten entspannen. Christian IV. ließ das Schloss 1606 erbauen, ursprünglich als bescheidenen Sommersitz, der damals noch von Feldern und Wiesen umgeben war. Das Renaissanceschloss, wie es sich jetzt präsentiert, stammt aus dem Jahr 1624. Seit 1833 dient das Gebäude als **Museum**, in dem die königlichen Sammlungen von unter anderem venezianischem Glas untergebracht sind. Die meisten Besucher dürften aber die **Kronjuwelen** anziehen, die im Keller sicher verwahrt werden.

Wer sich hingegen von der St. Kannikestræde in südlicher Richtung durch die Gässchen schlängelt, der gelangt zum Gråbrødretorv (Graubrüderplatz).

### ■ Gråbrødretorv und Amagertorv

Der Name leitet sich von einem am Anfang des 13. Jahrhunderts hier errichteten Franziskanerklosters ab, das es heute nach dem Stadtbrand von 1728 und nach dem Bombardement der Engländer 1807 nicht mehr gibt. Hier befinden sich heute Restaurants und Cafés, und mit den Tischen und Stühlen unter dem riesigen Baum mutet die Atmosphäre südländisch an, besonders wenn im Sommer Konzerte und Theatervorstellungen stattfinden.

Vom Platz aus in südlicher Richtung durch die kleine Niels Hemmingsens Gade, vorbei an der Heiliggeistkirche (Helligåndskirken), gelangt man direkt zum Amagertorv.

Rund um den **Storchenbrunnen** befindet sich der beliebteste Teil des Strøget. Straßenmusikanten und -künstler finden hier ein großes Publikum. Der Platz gilt als Jugendtreffpunkt, doch teure Geschäfte, die in historischen Häusern untergebracht sind, bestimmen das Bild. Das schönste Gebäude ist Haus Nr. 6,

*Schloss Rosenborg*

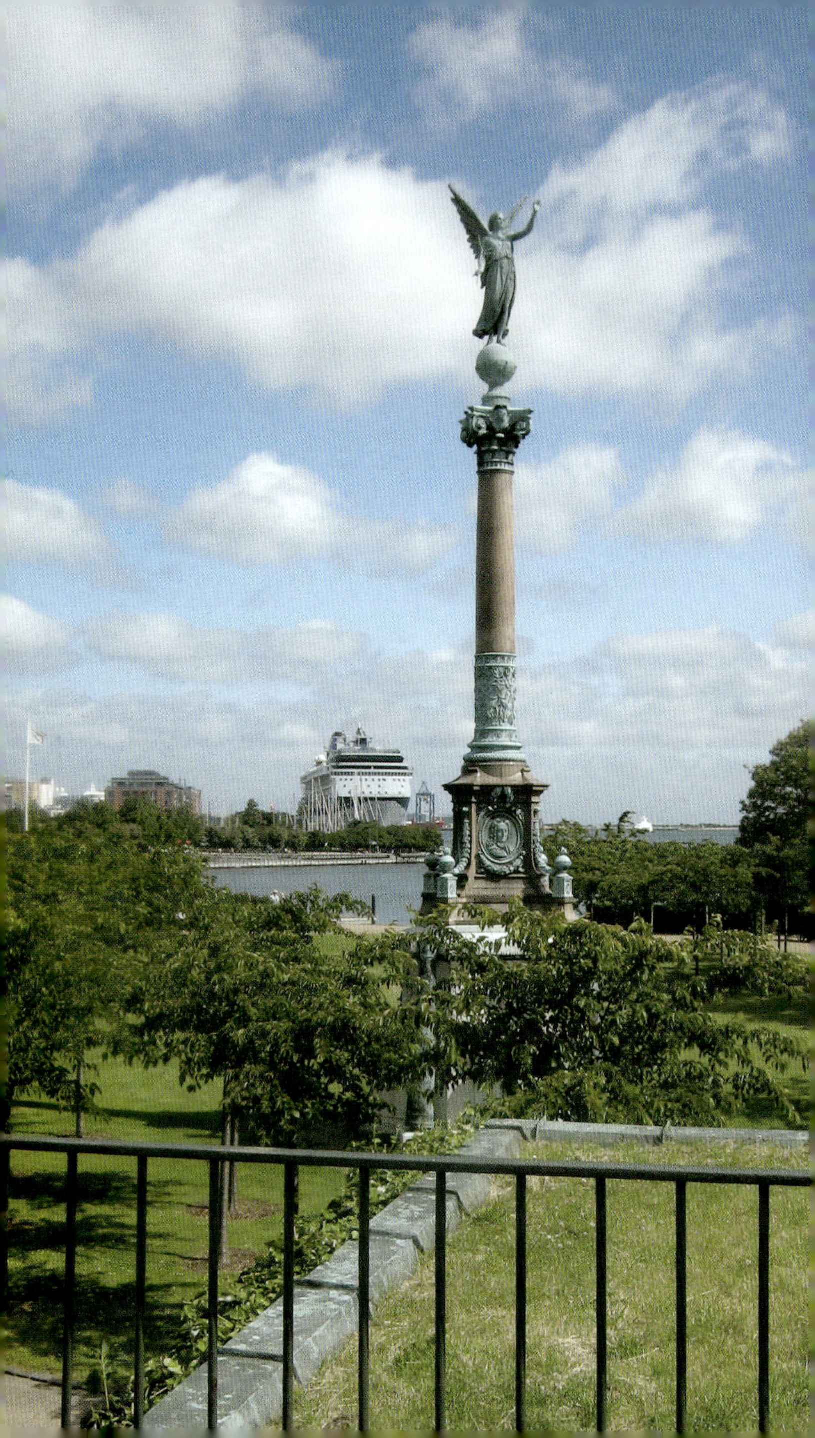

1660 im Stil der niederländischen Renaissance erbaut, das heute feines Porzellan verkauft. Edel ist auch das auffällige Bodenmosaik, mit dem der Platz gepflastert ist.

Die südliche Richtung beibehaltend, gelangt man über den Højbro Plads, auf dem eine **Reiterstatue des Stadtgründers Absalon** thront, zum Gammel Strand, dem alten Fischmarkt direkt am Kanal.

### ■ Gammel Strand

Heutzutage herrscht hier eine sehr gediegene Atmosphäre, und an die ehemalige Bestimmung des Platzes erinnert nur noch eine steinerne Fischersfrau, die seit über 100 Jahren Fisch verkauft. Bis in die 1950er Jahre befanden sich am Kanalufer Stände, an denen die Fischersfrauen ihren Fang feilboten. Hatte eine von ihnen alles verkauft, so erzählt man sich, ging sie zu ihrer Nachbarin, klatschte mit der Hand auf deren Fisch und spottete: ›Stinkt‹.

Heute findet hier an den Wochenenden ein Flohmarkt mit Antiquitäten und Geschirr statt. Die Stände gruppieren sich um eine Statue, die mit den sich gegenseitig tragenden Menschen symbolisiert, dass jede Generation die vorherige trägt. Die schöne Kulisse direkt am kleinen Kanal lädt zu einer kurzen Rast in einem der Restaurants und Cafés ein. Vom Gammel Strand aus starten auch die Boote zu einer Rundfahrt auf dem Wasser.

### ■ Bertel-Thorvaldsen-Museum

Direkt gegenüber dem Gammel Strand ist auf der Schlossinsel links die klassizistische **Schlosskirche** mit ihrer Kuppel zu erkennen und rechts daneben die ockergelbe Fassade des Bertel-Thor-

*Im Bertel-Thorvaldsen-Museum*

valdsen-Museums. Sehenswert sind dort nicht nur die klassizistischen Skulpturen des bedeutendsten dänischen Bildhauers, sondern auch die private Kunstsammlung des weitgereisten Künstlers, der für die Antike schwärmte. Da ist es nur konsequent, dass die Mosaikfußböden und Deckenausmalungen des Museums römischen Vorbildern nachempfunden sind.

### ■ Schloss Christiansborg

Hinter dem Bertel-Thorvaldsen-Museum erhebt sich Schloss Christiansborg. Als barocker Neubau der alten Burganlagen entstand 1733 bis 1745 die erste üppig ausgestattete Christiansborg. Nach mehreren Bränden wurde der heutige Bau 1928 fertiggestellt. Das Schloss ist Sitz des Parlaments (Folketing) sowie des Finanzministeriums. Etwas versteckt auf der Schlossinsel liegt das von Daniel Libeskind entworfene **Jüdische Museum** (Dansk Jødisk Museum) – in einem stillen Innenhof mit Garten hinter der Königlichen Bibliothek.

*Beim Kreuzfahrthafen*

## ■ Von der Schlossinsel zur kleinen Meerjungfrau

Mit den Barkassen geht es vom Gammel Strand unter anderem vorbei an der ebenfalls auf der Schlossinsel befindlichen **Börse** (Børsen), die von Christian IV. erbaut wurde. Den Turm bilden vier ineinander verschlungene Drachenschwänze. In dem Gebäude hat die Handelskammer ihren Sitz. Vorbei am neuen **Schauspielhaus** (Skuespillerhuset) und am **Opernhaus** (Operaen) führt die Tour dann zum Wahrzeichen der Stadt, der **kleinen Meerjungfrau** (Den lille Havfrue) in der Nähe des Kastells. Basierend auf der gleichnamigen Figur aus einem Märchen von Hans Christian Andersen (1805–1875) schuf Edvard Eriksen 1913 diese Figur, die einige Schritte vom Ufer entfernt auf einem Findling im Wasser sitzt und aufs Meer blickt. Der Liebe wegen opferte sie ihre Stimme, um an Stelle ihres Fischschwanzes zwei Beine zu erhalten.

Auf der Rückfahrt wird die Schlossinsel von der anderen Seite angefahren, so dass man auch noch den **Schwarzen Diamanten** (Den Sorte Diamant), den Erweiterungsbau der Königlichen Bibliothek in Form eines Kubus an der Hafenfront, ausgiebig in Augenschein nehmen kann.

Wer seine Erkundungen lieber zu Fuß fortsetzt, gelangt vom Amagertorv über den letzten Teil der Einkaufsmeile Strøget, die Østergade, von den Kopenhagenern das königliche Ende genannt, weil sich in diesem Teil die teuersten Geschäfte befinden, zu einem riesigen Platz.

## ■ Kongens Nytorv

Die Mitte des weiträumigen Platzes bildet die **Reiterstatue von Christian V.** aus dem Jahr 1688, die auch respektlos ›das Pferd‹ genannt wird. Als er König wurde, ließ er Kongens Nytorv, des Königs neuen Platz, nach französischem Vorbild erbauen, um seine absolutistischen Machtansprüche zu demonstrieren. Heute ist die Reiterstatue allerdings etwas gegenüber den prachtvollen Gebäuden, die den weiträumigen Platz säumen, ins Hintertreffen geraten. Der noblen Traditionsherberge **Hotel d'Angleterre** mit seiner strahlend weißen Fassade, dem **Kaufhaus Magasin du Nord** direkt neben dem Metroaufgang mit seiner kuppelgekrönten, ausladenden Front, dem **Königlichen Theater** (Det Kongelige Teater) mit den sitzenden Statuen zu beiden Seiten der Haupttreppe sowie **Charlottenborg**, dem Sitz der Königlichen Akademie der Künste am Nyhavn. Ein weiterer Prachtbau, der den Kreis schließt, ist heute Sitz der größten dänischen Bank. Wer kann, sollte sich eine kleine Pause gönnen und dem städtischen Treiben von einer Bank zu Füßen der Reiterstatue oder von einem der Straßencafés aus folgen, bevor es weiter Richtung Kanal geht.

▲ *Die Kopenhagener Börse*

*Der Kongens Nytorv*

### ■ Nyhavn

Direkt an den Kongens Nytorv schließt in östlicher Richtung der Nyhavn an. Einst war dieser Stichkanal, den Christian V. 1673 vom Hafen zum Kongens Nytorv anlegen ließ, die Adresse für Damen eines gewissen Gewerbes, eine Matrosenkneipe lag neben der anderen. Heute befindet sich hier eine Touristen-Flaniermeile mit teuren Restaurants, durch die abends oft kein Durchkommen mehr ist. Zu schön sitzt es sich auf den Terrassen am Kanal mit den teils historischen Schiffen vor der Kulisse der pastellfarbenen Häuser. Zu Hans Christian Andersens Zeiten war das noch anders. Er wohnte unter anderem im Haus Nr. 20.

### ■ Hafenfront

Am Ende des Nyhavn gelangt man zur Hafenfront. Von hier legen die Wasserbusse zur Oper, nach Christianshavn und zum Schwarzen Diamanten ab. Links ragt das kantige 2008 eröffnete **Schauspielhaus** ins Hafenbecken. An der gläsernen Front führt auf der Wasserseite eine Promenade aus Holzbohlen vorbei, von der sich das architektonische Panorama der Hafenfront betrachten lässt. Auf demselben Ufer südlich streckt der Schwarze Diamant seine Fassade Richtung Wasser, auf der gegenüberliegenden Seite stehen in Christianshavn zahlreiche auffällige Bürobauten und die nördlich gelegene Oper wirkt vor den Lagerhäusern auf Christiansholm wie ein vor Anker liegendes Schiff; vor allem auch nachts ein großartiges Bild.

Weiter geht es an der Hafenfront zum **Amaliehaven**, einem Yachtanlegeplatz mit einer kleinen Parkanlage, und links hinein zu Schloss Amalienborg.

### ■ Amalienborg

Ab 1750 wurden hier an Stelle des alten Schlosses vier Rokoko-Palais für Adelsfamilien gebaut. Bereits 1794 übernahm das Königshaus die Palais und heute dienen sie als Wohnsitz der königlichen Familie. Im Palais Christians VIII. können unter anderem die Privaträume früherer Regenten besichtigt werden.

*Der Wohnsitz der königlichen Familie*

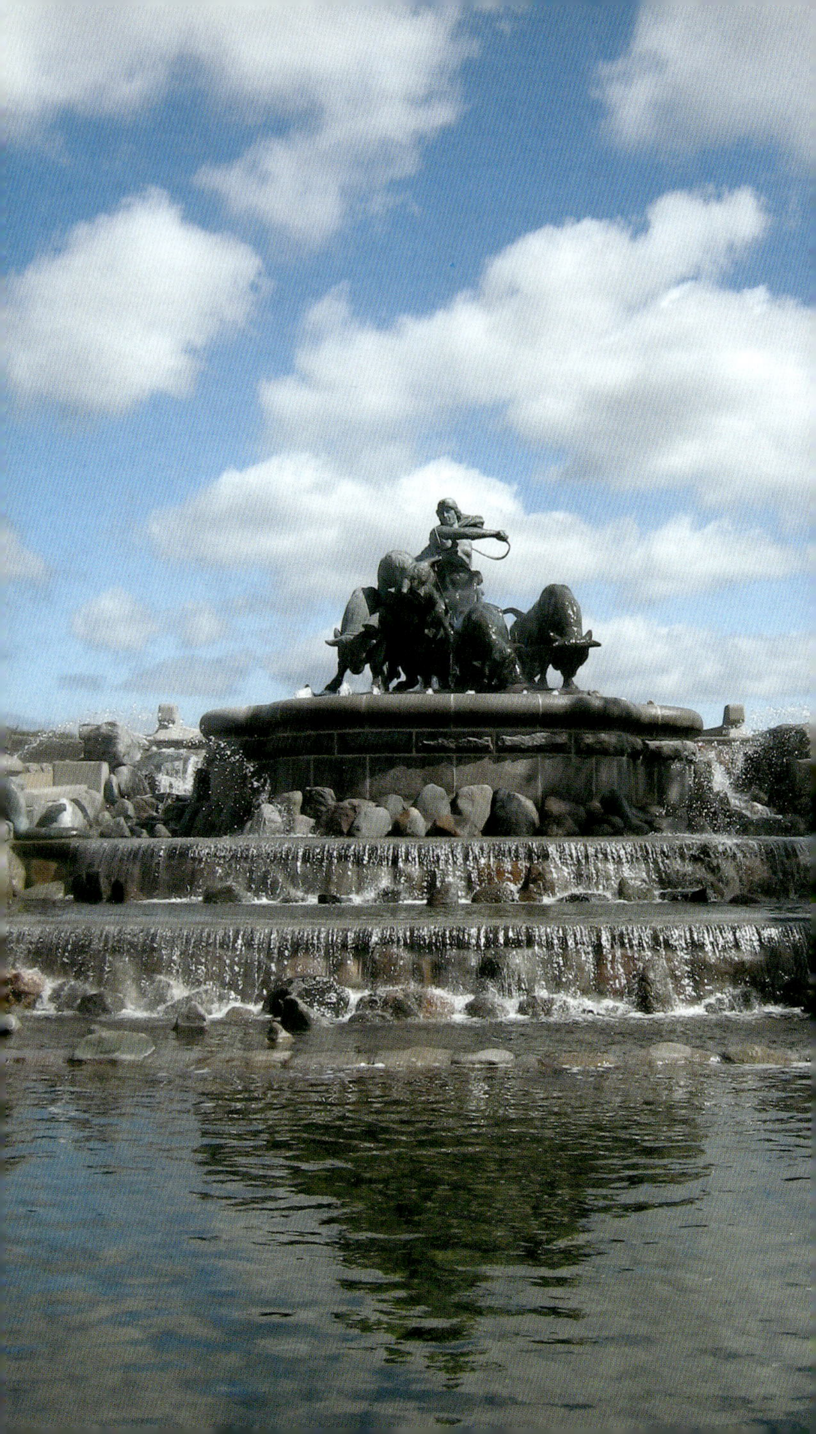

In der Mitte des Platzes befindet sich die Reiterfigur von Frederik V. Pünktlich um 12 Uhr findet jeden Tag die Wachablösung der königlichen Leibgarde statt, zu der sich stets zahlreiche Besucher auch von den Kreuzfahrtsschiffen einfinden. In westlicher Richtung sieht man die Kuppel der 1740 begonnenen **Frederikskirche** (Frederikskirken), die dem Petersdom in Rom nachempfunden ist. Innen ist die Kuppel, durch die auch Führungen veranstaltet werden, reich mit Fresken verziert. Wer will, kann von hier über die Bredgade weitergehen, erst zum verträumten **Churchill-Park**, dann vorbei am **Kastell**, einem Teil der alten Stadtbefestigung, dann weiter zum gern fotografierten **Gefionbrunnen**, der eine mythologische Szene zeigt, und schließlich zur kleinen Meerjungfrau in der Nähe des Kreuzfahrhafens.

■ Christianshavn

Wenn man dagegen vom Nyhavn mit dem Wasserbus über den Inderhavn (Binnenhafen) nach Christianshavn übersetzt, folgt man von der Haltestelle neben der Knippelsbro-Brücke zwischen den ins Wasser gebauten Bürogebäuden erst der Knippelsbrogade bis zur Strandgade.

Am rechten Ende der Strandgade erhebt sich die **Christianskirche**, die 1759 eingeweiht wurde. Der Innenraum ist gegliedert in dreistöckige Emporen, die wie Theaterlogen wirken. Die Krypta, die in der ganzen Länge der Kirche in durch schmiedeeiserne Gitter abgetrennte Grabkapellen unterteilt ist, kann täglich von 8 bis 17 Uhr besucht werden.

Geht man die Strandgade dagegen nach links und biegt dann rechts in die Skt. Annae Gade ein, gelangt man zur **Erlöserkirche** (Vor Frelsers Kirke), die aufwändig restauriert wurde. Hier sollte man auf den Turm steigen, um dessen Spitze sich eine Wendeltreppe windet, und den Rundblick über die Stadt genießen. Christianshavn erinnert mit seinen Kanälen, an denen zahlreiche Boote vertäut sind, ein wenig an Amsterdam. Errichtet wurde das Viertel 1617 bis 1622 unter Christian IV. Alle Straßen verlaufen im Schachbrettmuster. Von Stadtbränden verschont, konnte der Ortsteil in einigen Straßenzügen seine altertümliche Atmosphäre bewahren. Ein Farbklecks in dieser Idylle sind die graffitiverzierten Bretterzäune von Christiania fast unmittelbar hinter der Vor Frelsers Kirke.

■ Christiania

Mitten im beschaulichen Christianshavn an der Prinsessegade befindet sich das Gelände der Freistadt Christiania, das vor rund 40 Jahren besetzt wurde. Heute wird die Freistadt geduldet. Dennoch gibt es immer wieder Konflikte mit der Polizei. Inzwischen hat sich Christiania zur Sehenswürdigkeit gewandelt, zahlreiche Touristen rücken jedes Jahr an, viele nur, um zu sehen, wie die nunmehr dritte Generation im ›gesetzlosen‹ Raum lebt. Andere kommen, um hier legal ihren Joint zu rauchen. Die hier Lebenden bekennen sich offen zum Haschischkonsum, lehnen jedoch jede Form von harten Drogen strikt ab. Wer mehr darüber wissen will, kann an einer fast eineinhalbstündigen Führung teilnehmen.

*Der Gefionbrunnen*

## Kopenhagen-Informationen

Vom Kreuzfahrtterminal geht es per Taxi oder Bus Nr. 26 in zehn Minuten zum Hauptbahnhof.
Erster Anlaufpunkt in der Stadt ist meist die Touristeninformation in der Nähe des Hauptbahnhofs. Hier gibt es auch eine kleine Cafeteria und freien Zugang zum Internet.

### Allgemeine Informationen

**Vorwahl Dänemark**: 0045. Die Rufnummer wird unmittelbar danach gewählt, ohne Ortsvorwahl.
**Touristeninformation**, gegenüber dem Tivoli, Vesterbrogade 4A, 1577 Copenhagen V, Tel. 70 22 24 42, www.visitcopenhagen.com; Mo–Sa 9–18 Uhr (Juli/Aug. bis 20 Uhr); Juli/Aug. auch So 10–18 Uhr. Hier gibt es Informationen über Gratis-Fahrräder (Bycykler) und die **Copenhagencard** für freien Eintritt in mehr als 60 Museen, Rabatte für Schiffe und Mietwagen, kostenlose Benutzung von Bussen, Bahnen und Metro (24/72 Std. für 229/459 DKK).
Das Veranstaltungsmagazin **Copenhagen this week** erscheint monatlich und ist kostenlos in Geschäften, Hotels und Kneipen erhältlich, www.ctw.dk.

### An- und Abreise

■ **Mit dem Auto**
Anreisende aus Norddeutschland fahren am besten durch Jütland bis Kolding und gelangen über Brücken auf die Insel Fünen, von dort über die Store-Bælt-Brücke nach Seeland und auf der E20 nach Kopenhagen.
Eine gemütlichere Alternative ist die **Fähre ab Puttgarden** auf Fehmarn (24 Stunden, tagsüber alle 30 Min.) nach Rødby Havn (Vogelfluglinie), weiter über die E47 nach Kopenhagen. Ab Rostock-Warnemünde geht eine Fähre in knapp zwei Stunden nach Gedser auf Falster. Hier führt die E55 nach Kopenhagen; Fähren-Info unter www.scandlines.de.

■ **Mit der Bahn**
Zwischen Hamburg und Kopenhagen beträgt die Fahrdauer fünf Stunden. Die Züge verkehren oft, darunter auch mehrere Euro-Night-Züge, die auf Brücken über den Großen Belt geführt werden. Aus Süddeutschland bestehen Nachtreiseverbindungen über Fulda, Hannover und Hamburg nach Kopenhagen; www.bahn.de.

■ **Mit dem Bus**
Der dänische **Gråhundbus** fährt täglich ab Berlin-ZOB über Rostock und Gedser nach Kopenhagen und von hier weiter nach Bornholm (über Ystad nach Rønne), www.graahundbus.dk.

■ **Mit dem Schiff**
Häufige Fährverbindungen bestehen von Kopenhagen nach **Oslo/Norwegen** und über Ystad in Schweden (mit optionalem Bustransfer von Kopenhagen) nach **Swinoujscie/Polen**; www.dfdsseaways.de, www.polferries.pl.
Nur etwa zehn Minuten dauert es, bis man vom Kopenhagener Hafen, dem größten Kreuzfahrthafen Nordeuropas, mit dem Taxi oder mit dem Bus Nr. 26 den Hauptbahnhof erreicht hat, der idealer Ausgangspunkt für einen Stadtrundgang ist. Das neue Terminal Kronløbskaj am Nordhafen wurde Ende 2009 fertiggestellt, aber auch das alte Terminal an der Langelinie südlich davon wird noch angefahren.

## Mit dem Flugzeug
SAS und Lufthansa fliegen Kopenhagen von Berlin, Düsseldorf, Frankfurt am Main, Hamburg, Hannover, München und Stuttgart aus auf direktem Weg an. Es bestehen auch Direktverbindungen nach Österreich und in die Schweiz. Dazu kommen Air Berlin, Cimber Sterling oder Easyjet mit einigen Verbindungen nach Kopenhagen; www.cph.dk. Ein Taxi vom Flughafen in die Stadt kostet rund 250 DKK. Wesentlich günstiger fährt man mit Bus 250S zum Rathausplatz (alle 10 Min.) oder mit der Metro oder dem Zug in die Innenstadt.

## Unterwegs in Kopenhagen
### Stadtrundgänge und -fahrten
**City Safari**, Tom Kristensensvej 28, Tel. 33 23 94 90, www.citysafari.dk; Fahrradtour mit persönlichem Führer in mehreren Sprachen.
**Thementouren**, zum Beispiel Architekturführungen oder ›Auf den Spuren von Hans Christian Andersen‹; Infos bei der Touristeninformation oder www.copenhagen-walkingtours.dk, www.copenhagenhistorytours.dk.
Beliebt sind auch **Stadtrundfahrten auf dem Wasser**: ›DFDS Canal Tours‹, Tel. 32 96 30 00, www.canaltours.com. Abfahrt am Gammel Strand und Nyhavn Ende März–Mitte Okt.
**Führung durch Christiania**, Tel. 32 57 96 70, www.rundvisergruppen.dk.

### Aussichtspunkte
Die schönsten Aussichten hat man vom **Runden Turm** (Rundetaarn) in der Altstadt, Købmagergade 52 a, Tel. 33 73 03 73, www.rundetaarn.dk; tägl. 10–17, Ende Mai–Ende Sept. bis 20 Uhr, oder über Christianshavn von der **Erlöserkirche** (Vor Frelsers Kirke), St. Annæ Gade 29, Tel. 32 57 27 98, www.vorfrelserskirke.dk; tägl. Mai–Mitte Sept. 11–16 Uhr, Juli/Aug. bis 19 Uhr.

### Öffentliche Verkehrsmittel
Busse und Metro machen die Fortbewegung in der Stadt bequem, von frühmorgens bis spätnachts sind Busse, Tram und U-Bahn in Betrieb, zusätzlich verbindet ein gelber Elektrobus, **City-Cirkel**, die Hauptsehenswürdigkeiten (Nr. 11 A), und ein Wasserbus setzt ab Nyhavn zur Oper über. Tickets gelten immer für das gesamte Verkehrsnetz. Es gibt mehrere Tarifzonen, Zone 2 umfasst die gesamte Innenstadt. Einzelfahrscheine sind im Bus erhältlich, Mehrfahrtenkarten am Automaten und an Kiosken. Liniennetz unter www.byensnet.dk, www.a-bus.dk.

## Unterkunft
**Hotel Alexandra**, H. C. Andersens Boulevard 8, Tel. 33 74 44 44, www.hotelalexandra.dk; DZ ab 235 Euro. Ausgestattet mit Möbeln von den Pionieren des dänischen Designs, sehr stilvoll.
**Hotel Cabinn Metro**, Arne Jakobsens Allé 2, Tel. 32 46 57 00, www.cabinn.com; DZ ab 90 Euro. Neu eröffnetes riesiges Designhotel aus der Werkstatt des Stararchitekten Daniel Libeskind im auch sonst an moderner Architektur reichen Stadtteil Ørestad.
**Danhostel Copenhagen Downtown**, Vandkunsten 5, Tel. 70 23 21 10, www.copenhagendowntown.com; ab 22 Euro. Neu eröffnetes zentrales Hostel mit Restaurant und Straßencafé.
**Sleep In Heaven**, Struenseegade 7, Tel. 35 35 46 48, www.sleepinheaven.com; ab 18 Euro. Witziges, einfaches Hostel in Nørrebro in Citynähe.
**Bed & Breakfast** bucht man am besten unter www.visitcopenhagen.com.

## Gastronomie
### ■ Restaurants
**Slotskælderen hos Gitte Kik**, Fortunastræde 4, Tel. 33 11 15 37; Küche Di-Sa 11-15 Uhr. Besteht seit 1797, berühmtestes und bestes Smørrebrød-Restaurant in Kopenhagen, was man an den Preisen merkt. Zu den Brötchenvarianten wird viel Aquavit und Bier getrunken.
**Restaurant und Café Nytorv**, Nytorv 15, Tel. 33 11 77 06, www.nytorv.dk; 8.30-22 Uhr. Gemütliches Restaurant, in dem klassische dänische Gerichte serviert werden; mit großer Freisitzfläche auf dem Nytorv.
**Gammel Strand**, Gammel Strand 42, Tel. 33 91 21 21; Mo-Sa 12-15.30, und 17.30-22 Uhr, Apr.-Sept. auch So 12-15.30 Uhr. Gehobene Gastronomie in erstklassiger Lage, Smørrebrød, Fischgerichte und französische Küche, schöne Freisitzfläche mit Blick auf den Kanal und Schloss Christiansborg.
**Ved Kajen**, Nyhavn 43, Tel. 33 16 29 00, www.ved-kajen.dk. Stets gut besuchtes kleines Restaurant mit erschwinglichem Brunch und Menü.

### ■ Cafés
**La Glace**, Skoubogade 3, Tel. 33 14 46 46, www.laglace.com; Mo-Fr 8.30-17.30, Sa 9/So 11-17 Uhr. Älteste Konditorei Kopenhagens mit nostalgischem Interieur; ein Blick ins Schaufenster lässt alle Vorsätze vergessen.
**Café Sommerhuset**, Churchillparken 7, Tel. 33 32 13 14. Nur im Sommer von 8-24 Uhr geöffnetes Café mit großer Freisitzfläche in der Nähe des Churchillparks.

### ■ Nachtleben
**Tivoli**, Vesterbrogade 3, Tel. 33 15-1001, www.tivoligardens.com; Mitte

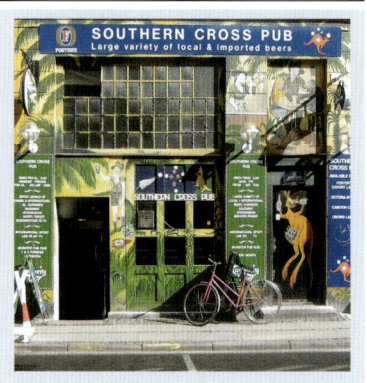

*Kneipe in der City*

Apr.-Mitte Juni und Mitte Aug.-Mitte Sept. So-Do, So 11-23, Fr/Sa bis 24 Uhr, Mitte Juni-Mitte Aug. tägl. 11-24 Uhr, Dez. tägl. 11-23 Uhr. Fahrgeschäfte, Läden, Konzerte, Shows, ein Aquarium: Ein Besuch in Kopenhagens traditionellem Vergnügungspark, der auch über teils ausgezeichnete Restaurants verfügt, macht auch Kindern viel Spaß.
**Café Nemoland**, Fabriksområde 52, Tel. 32 95 89 31, www.nemoland.dk; tägl. 10-2, Fr/Sa bis 3 Uhr. Christiania-Hippieladen mit kleinen Snacks und Getränken mitten in der freien Republik, am Wochenende auch mit DJ.
**Gefährlich Fusion Café**, Fælledvej 7, Tel. 35 24 13 24, www.gefaehrlich.dk; Di-Do 17-3 Uhr, Fr/Sa bis 4 Uhr. Mischung aus Café, Restaurant, Bar und Club in Nørrebro.
Weitere Club-, Café- und Kneipentipps unter www.aok.dk oder www.visitcopenhagen.de.

## Kultur
### ■ Schlösser/Museen
**Amalienborg**, Palast Christians VII., heute ein Museum mit wechselnden Ausstellungen, Tel. 33 12 21 86, www.dkks.dk; tägl. 10-16 Uhr.

**Christiansborg**, Slotsplads, Tel. 33926492, www.christiansborgslot.dk; Di–So 10–16, Mai–Sept. auch Mo 10–16 Uhr. Zu besichtigen sind u. a. die Repräsentationsräume der Königin.

**Rosenborg**, Øster Volgade 4A, Tel. 33153286, www.rosenborgslot.dk; tägl. 10–16, Juni–Aug. bis 17 Uhr, Nov.–April Di–Sa 11–16 Uhr. Hauptanziehungspunkt sind die Kronjuwelen im Untergeschoss.

■ **Darstellende Kunst**
**Ny Carlsberg Glyptothek**, Dantes Plads 7, Tel. 33418141, www.glypto teket.com; Di–So 11–17 Uhr. Zeigt unter anderem Impressionisten (Degas, Monet, Gauguin) und Arbeiten von Rodin; eine Attraktion ist auch der Wintergarten mit Palmen und Glaskuppel.

**Hirschsprung-Sammlung** (Den Hirschsprungske Samling), Stockholmsgade 20, Tel. 35420336, www.hirsch sprung.dk; Mi–Mo 11–16 Uhr. Alle Berühmtheiten dänischer Mal- und Bildhauerkunst sind hier unter einem Dach vereint.

*Skulptur vor dem Kunstmuseum*

**Thorvaldsen-Museum**, Bertel Thorvaldsen Plads 2, Tel. 33321532, www.thorvaldsensmuseum.dk; Di–So 10–17 Uhr. Mausoleum und Museum auf der Schlossinsel mit Thorvaldsens Skulpturen und seiner Privatsammlung.

**Staatliches Kunstmuseum** (Statens Museum for Kunst), Sølvgade 48–50, Tel. 33748494, www.smk.dk; Di–So 10–17, Mi 10–20 Uhr. Über mehrere Gebäude verteilte bedeutende Gemälde- und Skulpturensammlung mit Werken von der Renaissance bis zur Gegenwart; ambitionierte wechselnde Ausstellungen.

■ **Kultur- und Sozialgeschichte**
**Arbeitermuseum** (Arbejdermuseet), Rømersgade 22, Tel. 33932575, www.arbejdermuseet.dk; tägl. 10–16 Uhr. Geschichte und Kampf der dänischen Arbeiter.

**Dänisches Jüdisches Museum** (Dansk Jødisk Museum), Proviantpassagen 6,

*Im Wintergarten der Glyptothek*

Tel. 33 11 22 18, www.jewmus.dk; Di–Fr 13–16, Sa/So 12–17 Uhr, Juni–Aug. Di–So 10–17 Uhr. Jüdische dänische Geschichte, Kultur und Kunst in einem Bau von Architekt Daniel Libeskind auf der Schlossinsel.
**Freiheitsmuseum** (Frihedsmuseet), Churchillparken, Tel. 33 47 39 21, www.natmus.dk; Mitte Okt.–April Di–So 10–15, Mai–Sept. Di–So 10–17 Uhr. Dokumentation des dänischen Widerstands von 1940 bis 1945.
**Dieselhouse**, Elværksvej 50, Tel. 32 54 02 27, www.dieselhouse.dk; Mo–Fr 10–16 Uhr, Bus 30 und 65 E, S-Bahn Dybbølsbro. Entwicklung der Dieseltechnologie, Geschichte von ›Burmester & Wain‹, Dänemarks bekanntester Werft, gleichbedeutend mit der Geschichte des dänischen Schiffbaus.
**Carlsberg Besucherzentrum**, Gamle Carlsberg Vej 11, Tel. 33 27 12 82, www.visitcarlsberg.dk; Di–So 10–17 Uhr. Mit Bus 18 oder 26 zu erreichen. Nachdem die Brauerei einen Großteil der Produktion nach Fredericia in Jütland verlagert hat, wurde die Produktionsstätte aus dem 19. Jahrhundert zu einem Museum umfunktioniert. Bier gibt es dort aber immer noch.

■ **Galerien**
**Dänisches Design Center** (Danske Design Center), H. C. Andersens Boulevard 27, www.ddc.dk; Mo–Fr 10–17, Mi bis 21 Uhr, Sa/So 11–16 Uhr. Auf drei Stockwerken werden dänische und internationale Designer präsentiert.
**GL Strand**, Gammel Strand 48, Tel. 33 36 02 60, www.glstrand.dk; Di–So 11–17 Uhr (Mi/Do bis 20 Uhr). Wechselnde Ausstellungen zeitgenössischer Kunst.

## Veranstaltungen

Ende August/Anfang September: Während der **Copenhagen Architecture & Design Days** öffnen Bauten, die sonst nicht öffentlich zugänglich sind, ihre Türen für Besucher.
Ende August/Anfang September veranstaltet das Dänische Design Center die **Copenhagen Design Week**; www.copenhagendesignweek.dk
Erste Julihälfte: Beim **Copenhagen Jazz Festival** gibt es zahlreiche Gratiskonzerte; www.jazzfestival.dk.
Weitere Veranstaltungen unter www.visitcopenhagen.com/events.

## Sport und Aktivitäten
■ **Radfahren**
**Fahrradverleih Kopenhavns Cykler**, Reventlowsgade 11, Tel. 33 33 86 13, www.rentabike.dk; Mo–Fr 8–18 Uhr, Sa 9–14 Uhr, Juli–Sept. auch So 10–13 Uhr.
Informationen zu den kostenlosen **City Bikes** unter www.bycyklen.dk.

■ **Baden**
**Amager Strand**, künstlicher Sandstrand mit Lagune, mit der Metro-Linie 2 in wenigen Minuten vom Zentrum aus zu erreichen (Richtung Flughafen); www.amager-strand.dk.

## Einkaufen
■ **Industrie-Design**
**Royal Copenhagen Antiques**, Amagertorv 6, Tel. 33 13 71 81, www.royalcopenhagen.com; Mo–Fr 10–19 Uhr (Sa bis 17 Uhr), im Juli auch So 12–17 Uhr. Handbemaltes Porzellan mit floralen Mustern von ›Royal Copenhagen‹, schönes Gebäude mit Café in den Innenhöfen.
**Illums Bolighus**, Amagertorv 10, Tel. 33 14 19 41, www.illumsbolighus.com;

Mo–Fr 10–19, Sa bis 17 Uhr, im Juli auch So 12–16 Uhr. Modernes Design auf 4 Etagen: Glas, Geschirr, Teppiche, Textilien, Mode und Möbel.
**Le Klint**, Store Kirkestræde 1, Tel. 33116663, www.leklint.com; Di–Fr 10–18, Sa 10–16 Uhr. Raffiniert handgefaltete Lampen in Origami-Optik, verblüffend schlicht und einfach schön.

### ■ Kunsthandwerk
**Kunst & Håndværk**, Landemærket 9, Tel. 33116881, www.kunstoghaandvaerk.dk; Mo–Do 11–17.30, Fr 11–18, Sa 10–14 Uhr. Von mehreren Kunsthandwerkern gemeinsam geführter Laden mit Keramik, Kleidung und Schmuck in der Nähe des Runden Turms.
**Designer Zoo**, Vesterbrogade 137, Tel. 33249493, www.dzoo.dk; Mo–Do 10–17.30, Fr bis 19, Sa 10–15 Uhr. Hier arbeiten und verkaufen acht innovative Möbel-, Glas-, Mode- und Schmuckdesigner unter einem Dach.

### ■ Antiquitäten
**Gammel Strand**, edler Flohmarkt mit Verkaufsständen direkt am Kanal; Mai–Sept. Fr 7–18, Sa 8–17 Uhr.
Weitere Flohmärkte unter www.visitcopenhagen.de.
Viele Antiquitäten- und Kunsthandwerkläden finden sich neben zahlreichen Straßencafés in der Kompagnistræde und in der Læderstræde.

*Laden in der Kompagnistræde*

## Humlebæk
Moderne Architektur und Kunst in reizvoller Umgebung gibt es im **Louisiana Museum for Moderne Kunst** in Humlebæk, 30 Kilometer nördlich von Kopenhagen. Vom Skulpturengarten hat man einen weiten Blick über den Øresund.

**Louisiana Museum**, Gl. Strandvej 13, Humlebæk, www.louisiana.dk; Di–Fr 11–22, Sa/So 11–18 Uhr. Gut erreichbar mit der Bahn oder Bus 388, 731, 733 E.

## Frederiksborg
Das Renaissanceschloss liegt 35 Kilometer nordwestlich von Kopenhagen in Hillerød auf einer Insel im Schlosssee. Christian IV. ließ diese prunkvolle Anlage von 1602 bis 1620 bauen. Schloss Frederiksborg (Frederiksborg Slot) dient als Nationalhistorisches Museum. Es zeigt Malereien, Möbel und Kunsthandwerk aus 500 Jahren. Genauso beeindruckend sind die Gartenanlagen.

### Frederiksborg
**Nationalhistorisches Museum**, in Schloss Frederiksborg, 3400 Hillerød, Tel. 48260439, www.frederiksborgmuseet.dk; Apr.–Okt. 10–17 Uhr, Nov.–März 11–15 Uhr. Bus 325, 701, 702 und 703.

## Roskilde

Die frühere dänische Hauptstadt 30 Kilometer westlich von Kopenhagen bietet neben historischer Architektur und einer berühmten, als UNESCO-Weltkulturerbe ausgewiesenen **Kathedrale** auch ein **Wikingerschiff-Museum**. Dort sind unter anderem fünf Schiffe aus dem 11. Jahrhundert ausgestellt, die im Fjord von Roskilde ausgegraben wurden. Aber auch seetüchtige Gefährte werden dort hergestellt, man kann den Schiffszimmermännern beim Nachbau von Wikingerschiffen zusehen. Im Sommer werden diese Boote dann im Fjord zu Wasser gelassen, und man kann mitsegeln.

### Roskilde

**Roskilde Lejre Turistbureau**, Stændertorvet 1, 4000 Roskilde, Tel. 46 31 65 65, www.visitroskilde.dk. Mit dem Auto gelangt man von Kopenhagen in einer halben Stunde nach Roskilde; häufige Zug- und Busverbindungen (Bus 216, 607).

**Wikingerschiff-Museum** (Vikingeskibsmuseet), Vindeboder 12, 4000 Roskilde, Tel. 46 30 02 00, www.vikingeskibsmuseet.dk; tägl. 10–16 Uhr, Juli/Aug. bis 17 Uhr.

## Malmø

In der südschwedischen 300 000-Einwohner-Stadt sind die **Fachwerkaltstadt** sowie das **Kockska huset**, eines der schönsten nordischen Gebäude aus dem Mittelalter, sehenswert. Das **Stadtmuseum** mit einer Ausstellung zur Stadtgeschichte ist in der **Festung Malmøhus** untergebracht, es finden dort auch wechselnde Kunstausstellungen statt. In der Nähe befindet sich das Seefahrt- und Technikmuseum mit einem U-Boot aus dem Zweiten Weltkrieg.

### Malmø

**Malmø Turist and Kongres**, Centralstationen, 21120 Malmø, Tel. 040/34 12 00, www.malmo.se; Mo-Fr 9–18 Uhr, Sa/So 10–15 Uhr. Kopenhagen und Malmø sind über die Øresund-Brücke miteinander verbunden; häufige Bahnverbindungen (www.dsb.dk), Fahrzeit etwa eine Stunde.

## Bornholm

Auch im Rahmen eines Tagesausfluges zu erreichen ist Bornholm (→ S. 330) mit der Linie 866 ›Bornholmerbus‹ (www.bornholmerbussen.dk) ab Hauptbahnhof/Bernstorffsgade in drei Stunden. Mit dem Bus (oder auch mit der Bahn) geht es erst nach Ystad in Schweden und von dort mit der Schnellfähre nach Rønne auf Bornholm. Nach Allinge auf Bornholm und zu der Bornholm vorgelagerten Festungsinsel Christiansø werden organisierte Busausflüge angeboten (www.bornholmexpress.dk).

*Schloss Frederiksborg*

# Sprachführer

## Die polnische Sprache

Polnisch ist als westslawische Sprache dem Tschechischen, Slowakischen und Sorbischen am nächsten verwandt. Aufgrund des Schriftbildes gilt es als schwer aussprechbar, aber mit einigen Grundregeln kann man sich schon behelfen. Es wird immer die vorletzte Silbe betont. Bei den besonderen Buchstaben und Lauten sollte man sich merken: ś, sz und ci werden wie sch gesprochen, ć, cz und ci wie tsch, rz und ż wie stimmhaftes sch (wie in Garage), ê und zi ebenso, aber heller, ó wie u, ł wie englisch w, ą und ę wie die französischen Nasallaute, ń wie nj.

| Deutsch | Polnisch |
| --- | --- |
| Guten Tag | dzien dobry |
| Auf Wiedersehen | do widzenia |
| Hallo/Tschüss | cześć |
| Danke/Bitte (als Wunsch) | dziękuję/proszę |
| Keine Ursache | nie ma za co |
| Ja/Nein | tak/nie |
| Entschuldigung! | Przepraszam! |
| Sprechen Sie Englisch/Deutsch? | Czy Pan (m)/Pani (f) mówi po angielsku/niemiecku? |
| Haben Sie ...? | Czy Pan (m)/Pani (f) ma ...? |
| Ich möchte gern ... | Proszę ... |
| Wo ist ... (die Toilette)? | Gdzie jest ... (toaleta)? |
| für Damen/für Herren | dla pań/dla panów |
| Ich verstehe nicht. | Nie rozumiem. |
| Wie viel kostet das? | Ile to kosztuje? |
| eins, zwei, drei, vier, fünf | jeden, dwa, trzy, cztery, pięć |
| sechs, sieben, acht, neun, zehn | sześć, siedem, osiem, dziewięć, dziesięć |
| geöffnet/geschlossen | otwarty/zamknięty |
| Eingang/Ausgang | wejście/wyjście |
| Zum Wohl! | Na zdrowie! |
| Zahlen, bitte. | Płacić, proszę. |

## Die russische Sprache

Amtssprache in der Russischen Föderation ist Russisch. Die bedeutendste der slawischen Sprachen wird von rund 280 Millionen Menschen als Mutter- oder Zweitsprache benutzt. Sie gehört zu den sechs offiziellen Arbeitssprachen der UNO und ist nach Chinesisch, Englisch und Spanisch weltweit am meisten verbreitet. Am nächsten verwandt ist Russisch mit dem Ukrainischen und Weißrussischen, doch auch andere slawische Sprachen (etwa Polnisch, Tschechisch, Bulgarisch, Serbisch und Mazedonisch) weisen eine große Ähnlichkeit auf, da sich die slawische Sprachgruppe im Laufe der Zeit weniger auseinanderentwickelt hat als etwa die germanische. Die slawische Sprachgruppe bildet zusammen mit der baltischen und der germanischen einen gemeinsamen Zweig in der indoeuropäischen Sprachfamilie. Wer Russisch lernt, wird bald feststellen: Nicht die kyrillische Schrift ist das Problem, sondern die oft vertrackte russische Grammatik.

| Das russische Alphabet | | |
|---|---|---|
| **Buchstabe** | **Aussprache** | **Transliteration** |
| а | ›a‹ wie in Name | a |
| б | ›b‹ wie in Buch | b |
| в | ›w‹ wie in Wagen | v |
| г | ›g‹ wie in ganz | g |
| д | ›d‹ wie in dort | d |
| е | ›e‹ nach Konsonant – wie in eben; je im Anlaut und nach Vokal – wie in jeder | e |
| ё | ›jo‹ wie in Jochen | e |
| ж | ›j‹ wie in Journal | ž |
| з | ›z‹ stimmhaftes s wie in Saal | z |
| и | ›i‹ wie in dir | i |
| й | ›j‹ wie in ja | j |
| к | ›k‹ wie in klein | k |
| л | ›l‹ wie in englisch small | l |
| м | ›m‹ wie in Maus | m |
| н | ›n‹ wie in Nase | n |
| о | ›o‹ wie in Ort | o |
| п | ›p‹ wie in Peter | p |

| Buchstabe | Aussprache | Transliteration |
|---|---|---|
| р | ›r‹ wie in rot, aber mit der Zungenspitze gesprochen (gerollt) | r |
| с | ›s‹ stimmloses s wie in Maske | s |
| т | ›t‹ wie in Tasse | t |
| у | ›u‹ wie in Kuss | u |
| ф | ›f‹ wie in Foto | f |
| х | ch‹ wie in Krach, vor i, e wie in ich | ch |
| ц | ›z‹ wie in zehn | c |
| ч | ›tsch‹ wie in Kutsche | č |
| ш | ›sch‹ wie in Schatz | š |
| щ | ›schtsch‹ wie in Borschtsch | šč |
| ъ | sogenanntes ›hartes Zeichen‹. Es trennt einen Konsonanten vom nachfolgenden weichen Vokal | |
| ы | ›y‹ wie in Künstler | y |
| ь | sogenanntes ›weiches Zeichen‹. Es macht den vorstehenden Konsonanten weich | ' |
| э | ›e‹ offenes e wie in Männer | ė |
| ю | ›ju‹ wie in Jugend | ju |
| я | ›ja‹ wie in Jakob | ja |

| Basisvokabeln | | |
|---|---|---|
| Buchstabe | Aussprache | Transliteration |
| Guten Tag | Добрый день! | Dóbryj den'! |
| Auf Wiedersehen | До свидания | Do svidánija! |
| Hallo/Tschüss | Привет/Пока | Privét/Poká |
| Danke | Спасибо | Spasíbo |

| Buchstabe | Aussprache | Transliteration |
|---|---|---|
| Bitte (als Antwort auf ›Danke‹ und als Wunsch) | Пожалуйста | Požálujsta |
| Keine Ursache | Ничего [Ničegó, Aussprache Ničevó] | |
| ja/nein | да/нет | da/net |
| Ich weiß es (nicht). | Я (не) знаю | Ja (ne) znáju. |
| Entschuldigung! | Извините | Izviníte! |
| Sprechen Sie Englisch/Deutsch? | Вы говорите по-английски/по-немецки? | Vy govoríte po-anglíjski/po-nemécki? |
| Haben Sie …? | У вас есть Й? | U vas est' '…? |
| Ich möchte gern … | Я хотел/а бы Й | Ja chotél/a by … |
| Wo ist … (die Toilette)? | Где находится … (туалет)? | Gde nachóditsja … (tualét)? |
| für Damen/für Herren | женский/мужской | žénskij/mužskój |
| Ich verstehe nicht. | Я не понимаю | Ja ne ponimáju. |
| Wie viel kostet das? | Сколько это стоит? | Skól'ko éto stóit? |
| eins, zwei, drei, vier, fünf | один, два, три, четыре пять | odín, dva, tri, četýre, pjat' |
| sechs, sieben, acht, neun, zehn | шесть, семь, восемь, девять, десять | šest', sem', vósem', dévjat' |
| geöffnet/geschlossen | открыто/закрыто | otkrýto/zakrýto |
| Eingang/Ausgang | вход/выход | vchod/východ |
| Zum Wohl! | На здоровье! | Na zdoróv'e! |
| Ich möchte bezahlen, bitte. | Я хочу заплатить, пожалуйста. | Ja choču zaplatít', požálujsta. |

# Die litauische Sprache

Litauisch gehört zu den baltischen Sprachen und ist damit weder mit den germanischen noch den slawischen Sprachen direkt verwandt. Es ist eine sehr alte indoeuropäische Sprache, an der sich die Entwicklung der heutigen Sprachen besonders gut nachvollziehen lässt. Endungen und Betonungen wechseln häufig. Die diakritischen Zeichen wie bei ą, į, ų und ė, ū bewirken eine Dehnung der Vokale; č, š und ž sind die Zischlaute tsch, sch und stimmhaftes sch, y wird wie i ausgesprochen.

| Deutsch | Litauisch |
| --- | --- |
| Guten Tag | laba diena |
| Auf Wiedersehen | iki pasimatymo |
| Hallo/Tschüss | labas/iki |
| Danke/Bitte (als Wunsch) | dėkui, ačiū/prašom |
| Bitte (gern geschehen) | nera zu ka |
| Ja/Nein | taip/ne |
| Entschuldigung! | Atsiprašau! |
| Sprechen Sie Englisch/Deutsch? | Ar jūs kalbate angliškai/vokiškai? |
| Haben Sie ...? | Ar turite ...? |
| Ich möchte gern ... | Prašom ... |
| Wo ist ... (die Toilette)? | Kur yra ... (tualetas?) |
| Damen/Herren | moterims/vyrams |
| Ich verstehe nicht. | Aš nesuprantu. |
| Wie viel kostet das? | Kiek tai kainuoja? |
| eins, zwei, drei, vier, fünf, sechs | vienas, du, trys, keturi, penki, šeši |
| sieben, acht, neun, zehn | septyni, aštuoni, devyni, dešimt |
| geöffnet/geschlossen | dirba, atidaryta/nedirba, uždaryta |
| Eingang/Ausgang | įėjimas/išėjimas |
| Zum Wohl! | I sveikatą! |
| Die Rechnung, bitte. | Prašom sąskaitą. |

## Die lettische Sprache

Lettisch gehört mit Litauisch (und dem ausgestorbenen Altpreußisch) zum baltischen Zweig der indogermanischen Sprachfamilie. Betont wird meist auf der ersten Silbe. Diakritische Zeichen (Akzentzeichen u. a.) ändern Aussprache und Bedeutung der Wörter. Vokale mit einem Strich (ā, ē, ī, ū) werden wie Doppelvokale gedehnt. š wird wie sch, ž wie stimmhaftes sch ausgesprochen, č spricht man wie tsch, ģ, ķ, ļ, ņ klingen, als würde man ein j danach andeuten. Das c entspricht dem deutschen z, das lettische z dem deutschen (stimmhaften) s.

| Deutsch | Lettisch |
| --- | --- |
| Guten Tag | labdien |
| Auf Wiedersehen | visu labu |
| Hallo/Tschüss | sveiki/čau |
| Danke/Bitte (als Wunsch) | paldies/lūdzu |
| Keine Ursache | nav par ko |
| Ja/Nein | jā/nē |
| Entschuldigung! | Atvainojiet! |
| Sprechen Sie Englisch/Deutsch? | Vai jūs runājat angliski/vāciski? |
| Haben Sie …? | Vai jums ir …? |
| Ich möchte gern … | Es gribētu … |
| Wo ist … (die Toilette)? | Kur ir … (tualete)? |
| für Damen/für Herren | sievietēm/vīriešiem |
| Ich verstehe nicht. | Es nesaprotu. |
| Wie viel kostet das? | Cik tas maksā? |
| eins, zwei, drei, vier, fünf, sechs | viens, divi, trīs, četri, pieci, seši |
| sieben, acht, neun, zehn | septiņi, astoņi, deviņi, desmit |
| geöffnet/geschlossen | atvērts/slēgts |
| Eingang/Ausgang | ieeja/izeja |
| Zum Wohl! | Priekā! |
| Die Rechnung, bitte. | Lūdzu, rēķinu. |

# Die estnische Sprache

Die vokallastige estnische Sprache gehört zur finno-ugrischen Sprachfamilie. Mit ihren 14 Kasūs, den zahlreichen Wortendungen sowie dem fremdartig klingenden Vokabular handelt es sich um eine schwer zu erlernende Sprache. Man findet sich jedoch relativ gut zurecht, da viele Wörter aus anderen Sprachen entlehnt wurden.

Die Wörter werden auf der ersten Silbe betont, Doppelvokale lang und Konsonanten weich ausgesprochen. Das ›r‹ wird stark gerollt, das ›v‹ klingt wie ein ›w‹. ›Ae‹, ›ei‹ und ›eu‹ werden getrennt artikuliert, ›õ‹ ergibt ein sehr dunkles ›e‹.

| Deutsch | Estnisch |
|---|---|
| Guten Tag | tere päevast |
| Auf Wiedersehen | nägemiseni |
| Hallo/Tschüss | tere/head aega |
| Danke/Bitte (als Wunsch) | tänan/palun |
| Keine Ursache | pole tänu väärt |
| Ja/Nein | jah/ei |
| Entschuldigung! | Vabandage! |
| Sprechen Sie Englisch/Deutsch? | Kas Te räägite inglise/saksa keelt? |
| Haben Sie ...? | Kas Teil on ...? |
| Ich möchte gern ... | Ma sooviksin ... |
| Wo ist ... (die Toilette)? | Kus on ... (tualett)? |
| Damen/Herren | naistele/meestele |
| Ich verstehe nicht. | Ma ei saa aru. |
| Wie viel kostet das? | Kui palju see maksab? |
| eins, zwei, drei, vier, fünf, sechs | üks, kaks, kolm, neli, viis, kuus |
| sieben, acht, neun, zehn | seitse, kaheksa, üheksa, kümme |
| geöffnet/geschlossen | avatud/suletud |
| Eingang/Ausgang | sissepääs/väljapääs |
| Zum Wohl! | Terviseks! |
| Die Rechnung, bitte. | Arve, palun. |

## Die finnische Sprache

Zusammen mit Estnisch und Ungarisch gehört Finnisch zu den finno-ugrischen Sprachen. Diese sind eine Untergruppe der uralischen Sprachen, die in einigen Regionen Skandinaviens, Osteuropas und Nordwestasiens verbreitet sind. Im finnischen Alphabet fehlen die Buchstaben b, c, f, q, w, x, z und ß. Die Betonung liegt meist auf der ersten Silbe, Doppelvokale (aa) werden lang gesprochen, Doppelkonsonanten (kk) jeweils einzeln, ebenso die Kopplung zweier verschiedener Vokale (z.B. ie), h wird wie ch gesprochen, v wie w und y wie ü.

| Deutsch | Finnisch |
|---|---|
| Guten Tag | hyvää päivää |
| Auf Wiedersehen | näkemiin |
| Hallo/Tschüss | terve/heihei |
| Danke/Bitte (als Wunsch) | kiitos |
| Keine Ursache | ei kestä! |
| Ja/Nein | kyllä/ei |
| Entschuldigung! | Anteeksi! |
| Sprechen Sie Englisch/Deutsch? | Puhutteko englantia/saksaan? |
| Haben Sie ...? | Onko teillä ...? |
| Ich möchte gern ... | Haluaisin ... |
| Wo ist ... (die Toilette)? | Missä on ... (vessa) |
| Damen/Herren | naisille/miehille |
| Ich verstehe nicht. | En ymmärrä. |
| Wie viel kostet das? | Mitä se maksaa? |
| eins, zwei, drei, vier, fünf, sechs | yksi, kaksi, kolme, neljä, viisi, kuusi |
| sieben, acht, neun, zehn | seitsemän, kahdeksan, yhdeksän, kymmenen |
| geöffnet/geschlossen | avoinna/suljettu |
| Eingang/Ausgang | sisäänkäynti/uloskäynti |
| Zum Wohl! | Kippis! |
| Die Rechnung, bitte. | Saanko lasku, kiitos. |

# Die schwedische Sprache

Schwedisch gehört zu den indogermanischen Sprachen, zum germanisch-skandinavischen Zweig, am ähnlichsten ist es dem Dänischen. Das schwedische Alphabet entspricht dem deutschen, zusätzlich gibt es den Buchstaben ›å‹, dafür fehlen ›ü‹ und ›ß‹. Die Aussprache unterscheidet sich jedoch sehr. Zum Beispiel: o klingt wie u – u und y wie ü – å wie ein offenes o – g vor e, i, y, ä, ö und nach l und r wie j – k vor e, i, y, ä und ö wie sch – kj, sj, skj, stj und tj wie sch.

| Deutsch | Schwedisch |
| --- | --- |
| Guten Tag | goddag |
| Auf Wiedersehen | adjö |
| Hallo/Tschüss | hej/hejdå |
| Danke/Bitte (als Wunsch) | tack |
| Keine Ursache | för all del |
| Ja/Nein | ja/nej |
| Entschuldigung! | ursäkta (mig)/förlåt |
| Sprechen Sie Englisch/Deutsch? | Talar du engelska/tyska? |
| Haben Sie ...? | Har du ...? |
| Ich möchte gern ... | Jag skulle vilja ... |
| Wo ist ... (die Toilette)? | Var är/finns ... (toaletten)? |
| Damen/Herren | damer/herrar |
| Ich verstehe nicht. | Jag förstår inte. |
| Wie viel kostet das? | Vad kostar det? |
| eins, zwei, drei, vier, fünf | en, två, tre, fyra, fem |
| sechs, sieben, acht, neun, zehn | sex, sju, åtta, nio, tio |
| geöffnet/geschlossen | öppen/stängd |
| Eingang/Ausgang | ingång/utgång |
| Zum Wohl! | Skål! |
| Die Rechnung, bitte. | (Kan jag få) notan, tack. |

## Die dänische Sprache

Das Dänische, eng verwandt mit dem Schwedischen und auch dem Norwegischen, ist dem Deutschen von allen skandinavischen Sprachen am ähnlichsten. Allerdings ist die Aussprache abweichend. Auch beim Alphabet gibt es Unterschiede: æ entspricht dem deutschen ä (auch das a kann als ä gesprochen werden), ø dem ö, ü fehlt und wird durch das y dargestellt. Für das o gibt es zwei Zeichen: o und å. (Der Buchstabe å wurde bis 1948 aa geschrieben.) Das g wird nach hellen Vokalen zu einem j-, nach dunklen Vokalen zu einem u-Laut, d zwischen Vokalen wird zu einer Art weichem englischen th.

| Deutsch | Dänisch |
| --- | --- |
| Guten Tag | god dag |
| Auf Wiedersehen | farvel |
| Hallo/Tschüss | hej |
| Danke/Bitte (als Wunsch) | tak/værsgod |
| Bitte (gern geschehen) | det var så lidt |
| Ja/Nein | ja/nej |
| Entschuldigung! | Undskyld! |
| Sprechen Sie Englisch/Deutsch? | Taler du engelsk/tysk? |
| Haben Sie ...? | Har du ...? |
| Ich möchte gern ... | Jeg vil gerne ... |
| Wo ist ... (die Toilette)? | Hvor er ... (toilettet)? |
| Damen/Herren | damer/herrer |
| Ich verstehe nicht. | Jeg forstår ikke. |
| Wie viel kostet das? | Hvad koster det? |
| eins, zwei, drei, vier, fünf | en, to, tre, fire, fem |
| sechs, sieben, acht, neun, zehn | seks, syv, otte, ni, ti |
| geöffnet/geschlossen | åben/lukket |
| Eingang/Ausgang | indgang/udgang |
| Zum Wohl! | Skål! |
| Ich möchte gern zahlen. | Jeg vil gerne betale. |

# Reisetipps von A bis Z

Wer die Länder an der Ostsee kennenlernen möchte, hat dazu viele verschiedene Möglichkeiten: Am einfachsten und bequemsten geht es auf einer Kreuzfahrt, aber auch per Fähre, Bahn, Flugzeug, Auto oder sogar mit dem Fahrrad läßt sich die Vielfalt der Ostseeländer erkunden. In den Reisetipps von A bis Z werden zunächst Fährverbindungen und Kreuzfahrtveranstalter vorgestellt, es folgen allgemeine Reisetipps für Polen, Russland, Litauen, Lettland, Estland, Finnland, Schweden und Dänemark.

## Fähren

**Bornholmer Færgen**
Tel. 0045/70231515
www.bornholmerfaergen.dk
Schnellfähren von Sassnitz, Køge und Ystad nach Rønne.
**Colorline**
Tel. 0431/7300300
www.colorline.com
Ab Kiel nach Oslo und zu weiteren Zielen in Norwegen.
**Destination Gotland**
Korsgatan 2
SE-62157 Visby
Tel. 0046/771/223-300 (Mo–Fr 8–19, Sa 8–18, So 8–19 Uhr), Fax 0046/498/201390
www.destinationgotland.se
Verbindet die schwedische Ostküste mit Gotland: Täglich gehen Fähren von Nynäshamn, ca. 45 Zugminuten südlich von Stockholm, und Oskarsham nach Visby (Überfahrt 2,5–3,25 Std.).
**DFDS Seaways**
Högerdamm 41
20097 Hamburg
Tel. 01805/8901051 Fax 0431/20976102
www.dfdsseaways.de
Fährverbindungen Kiel–Klaipėda, Sassnitz–Klaipėda, und Kiel–St. Petersburg.
**Scandlines**
Hochhaus am Fährhafen/Am Bahnhof 3a
18119 Rostock-Warnemünde
Tel. (Buchung/Reservierung) 01802/116699 (6 ct./Anruf aus dem dt. Festnetz, dt. Mobilfunk max. 42 ct/Min.)
www.scandlines.de
Weitverzweigte Fährrouten nach Dänemark, Schweden und Lettland.
**Stenaline**
Schwedenkai 1
24103 Kiel
Tel. 01805/916666 (14 ct./min.)
Fax 0431/909200
www.stenaline.de
Von Kiel nach Göteborg, weitere Verbindungen in Skandinavien.
**Tallink Silja (Silja Line)**
Zeißstr. 6
23560 Lübeck
Tel. 0451/5899-222 (Mo–Fr 8.30–17 Uhr), Fax -203
info.eu@tallinksilja.com
www.tallinksilja.de
Bietet Verbindungen wie Helsinki–Tallinn, Stockholm–Tallinn, Stockholm–Helsinki und Stockholm–Riga.
**Viking Line**
Der Fährgesellschaft mit Sitz auf den Ålandinseln verbindet u. a. Helsinki mit Tallinn, Mariehamn auf den Ålandinseln und Stockholm.
**Büro Lübeck**:
Viking Line Finnlandverkehr GmbH
Große Altefähre 20–22
Tel. 0451/38463-0, Fax -99 (Mo–Fr 8.30–17 Uhr)
www.vikingline.de
Agenturen (Buchung):

*Fähre von Kiel nach Göteborg*

**Österreichisches Verkehrsbüro**
Ruefa Reisen
Kärntner Ring 10/Top 1
1010 Wien
Tel. 01/503 00 20-10, Fax -99 (Mo–Fr 9–18 Uhr)
www.faehren.at

## Reiseveranstalter
**Aida Cruises**
Am Strande 3 d
18055 Rostock
Tel. 03 81/20 27 06 00, Fax -1
www.aida.de
Kreuzfahrten ab Hamburg, Kiel und Warnemünde.
**Baldes Reisen**
Königstr. 68
53115 Bonn
Tel. 02 28/92 12 88-0, Fax -88
www.baldes.de
Studien- und Wanderreisen, z. B. St. Petersburg, Skandinavien.
**Peter Deilmann Reederei**
Am Holm 25
23730 Neustadt in Holstein
Tel. 045 61/396-0, Fax 82 07
www.deilmann-kreuzfahrten.de
Kreuzfahrten ab Hamburg, Kiel und Travemünde.

**DNV-Touristik**
Heubergstr. 21
70806 Kornwestheim
Tel. 071 54/131 83-0, Fax -3
www.dnv-tours.de
Schienenkreuzfahrten, Rundreisen, z. B. Gdańsk, Masuren, Kurische Nehrung, Kaliningrad, Baltikum.
**Go East**
Bahrenfelder Chaussee 53
22761 Hamburg
Tel. 040/896 90 90, Fax 89 49 40
www.go-east.de
Russland und Baltikum, z. B. Lübeck–St. Petersburg mit der Frachtfähre.
**Hapag-Lloyd Kreuzfahrten**
Ballindamm 25, 20095 Hamburg
Tel. 040/300 14 60-0, Fax -1
www.hlkf.de
Kreuzfahrten ab Cuxhaven, Hamburg, Kiel und Travemünde.
**Kompass Tours**
Friedrichstr. 185 –190
10117 Berlin
Tel. 030/20 39 19-50, Fax -60
www.kompasstours.com
Städtereisen St. Petersburg, Zugreise Bernsteinexpress.
**Litauen-Reisen**
Kaiserstr. 22, 97070 Würzburg
Tel. 09 31/842 34, Fax 864 47
www.litauenreisen.de
Rad- und Rundreisen ins Baltikum, nach Polen, Kaliningrad und St. Petersburg.
**Meinecke Touristik (MSC) Seereisen**
Isernhägener Str. 12
Großburgwedel (bei Hannover)
Tel. (Beratung): 08 00/545 43 00
Österreich, Schweiz: 00 49/51 39/95 90 90
Mo–Fr 9–20, Sa/So 10–18 Uhr.
www.msc-seereisen.de
Unter anderem Ostseekreuzfahrten ab Hamburg, Ijmuiden (NL), Kiel, Kopenhagen und Southampton (UK).

## Reiseveranstalter

**Ost & Fern Reisedienst**
An der Alster 40
20099 Hamburg
Tel. 040/28409570
Fax 28020 11, www.ostundfern.de
GUS und Baltikum, Gruppenreisen, Transsibirische Eisenbahn.

**Ost-Reisen**
Paulinenstr. 29
32657 Lemgo
Tel. 05261/288 26-00, Fax -26
www.ostreisen.de
Städte-, Studien- und Rundreisen an der Ostsee.

**Partner-Reisen**
Everner Str. 41
31275 Lehrte
Tel. 05132/588940
Fax 825585
www.partner-reisen.com
Flug-, Bus- und Schiffsreisen ins Baltikum, nach Kaliningrad und St. Petersburg.

**Phoenix Reisen**
Pfälzer Str. 14
53111 Bonn
Tel. 0228/9260-0, Fax -99
www.phoenixreisen.de
Kreuzfahrten ab Bremerhaven, Hamburg.

**Princess Cruises**
Arnulfstr. 31
80636 München
Tel. 089/51703-450, Fax -120
www.princesscruises.de
Österreich:
Tel. 05332/74-099, Fax -268
inter-connect@aon.at
Ostseekreuzfahrten ab Warnemünde.

**Schnieder Reisen**
Hellbrookkamp 29
22177 Hamburg
Tel. 040/3802060, Fax 388965
www.baltikum24.de
Reisen ins Baltikum, nach Polen und Russland.

**Studiosus Reisen**
Riesstr. 25
80992 München
Tel. 089/50060-0, Fax -100
www.studiosus.com
Kreuzfahrten ab Hamburg, auch Busreisen rund um die Ostsee.

**Ventus Reisen**
Krefelder Str. 8
10555 Berlin
Tel. 030/391003-32, -33, Fax 3995587
www.ventus.com
Spezialist für Osteuropa, den Nahen und den Fernen Osten; Rundreisen Polen, Baltikum, St. Petersburg, Kaliningrader Gebiet.

*Kreuzfahrtschiff im Kieler Hafen*

# Polen-Reisetipps von A bis Z

## Auto
Als **Geschwindigkeitsbegrenzungen** gelten in geschlossenen Ortschaften 50 km/h, außerhalb geschlossener Ortschaften 90 km/h, auf Schnellstraßen 100 km/h (einspurig) und 110 km/h (zweispurig), Autobahn 140 km/h. Es besteht **Gurtpflicht**.
**Abblendlicht** muss im Winter (Okt.–Feb.) rund um die Uhr eingeschaltet sein. Die **Promillegrenze** liegt bei 0,2, mehr als 0,5 Promille gelten bereits als Straftat. **Mobiltelefone** am Steuer sind nur mit Freisprechanlage erlaubt.
An den Autobahnen wird eine **Maut** erhoben.
Die polnische **Pannenhilfe** PZM) erreicht man polenweit unter Tel. 96 37 (→ auch ›Notfall‹). Bei **Unfällen** muss die Polizei verständigt werden: Tel. 997.

*Heißes Pflaster: Die Langgasse in Gdańsk*

## Bitte nicht!
In der Öffentlichkeit (Straßen, Plätze, usw.) darf kein Alkohol getrunken werden.

## Botschaften und Konsulate
**Generalkonsulat der Bundesrepublik Deutschland**
ul. Zwycięstwa 23
80-219 Gdańsk/Wrzeszcz
Tel. 058/340 65-00, Fax -38
www.danzig.diplo.de
Mo–Do 7.30–16.30, Fr 7.30–13.30 Uhr (Besucher: Mo–Fr 8–11 Uhr).
Im Notfall (außerhalb der Geschäftszeiten): Tel. 06 01/67 69 49.
Die deutsche Botschaft befindet sich in Warschau; Tel. 022/584 17 00, www.warschau.diplo.de.

## Einreisebestimmungen
Für Bürger der Bundesrepublik Deutschland, Österreichs und der Schweiz ist die Einreise und ein Aufenthalt von maximal drei Monaten ohne Formalitäten möglich, Personalausweis oder Reisepass ist ausreichend.

## Fest- und Feiertage
1. Januar: Neujahr
Ostermontag
1. Mai
3. Mai: Tag der Verfassung 1791, Fronleichnamstag
15. August: Maria Himmelfahrt
1. November: Allerheiligen
11. November: Tag der Unabhängigkeit (11. November 1918)
25./26. Dezember: Weihnachten

## Geld
Die Währung: 1 **Złoty** = 100 Groszy. Währungskürzel: Zł., PLN. Banknoten

gibt es im Wert von 10, 20, 50, 100 und 200 Zł.; Münzen zu 1, 2, 5, 10, 20 und 50 Groszy sowie 1, 2 und 5 Zł.

**Geldwechsel**: Auslandswährungen können an den Grenzübergängen, in Banken und Wechselstuben sowie in großen Hotels und Reisebüros gewechselt werden. In allen größeren Städten gibt es Geldautomaten, an denen man mit ec-Karten Bargeld abheben kann.

**Kreditkarten** wie Eurocard, Master Card, American Express, Diners Club und Visa werden akzeptiert. Mit ec-Bankkarte (mit dem Cirrus- oder Maestro-Symbol) und Pin-Nummer kann Bargeld in der Landeswährung von Geldautomaten abgehoben werden.

## Gesundheit

Der Abschluss einer **Reisekrankenversicherung** wird empfohlen, da alle Arzt- und Krankenhausrechnungen sofort bezahlt werden müssen. Kostenlos wird nur erste Hilfe geleistet. Notarzt: 999 (Festnetz) und 112 (mobil).

## Notfall

**Polizei** 997, **Feuerwehr** 998, **Notarzt** 999 (landesweit, via Festnetz). Mobiltelefonierer wählen die zentrale Notrufnummer 112.

Der **Pannendienst** des polnischen Kfz-Klubs ›Polski Zwiazek Motorowy‹ (PZM) ist unter Tel. 96 37 zu erreichen.

**ADAC-Auslands-Notruf**: 061/83 19 88 8 (Festnetz) und 00 48/61/83 19 88 8 (mobil).

## Öffnungszeiten

Polen hat kein Ladenschlussgesetz. **Supermärkte** (in großen Städten und touristischen Zentren): Mo–Fr 6–20/22 Uhr, Sa/So bis 13 Uhr. **Kaufhäuser**: Mo–Fr 9-20 Uhr. **Postämter**: Mo–Fr 10–18, Sa 9-14 Uhr, **Banken**: Mo–Fr 10–15/18 Uhr, in großen Städten auch Sa.

## Sicherheit

In größeren Städten sind oft **Taschendiebe** unterwegs. Sie sind oft in Gruppen organisiert und täuschen ein Gedränge vor. Vor allem beim Einsteigen in Busse oder Züge sollte man aufpassen.

**Autos** sollte man auf einem bewachten Parkplatz abstellen, in Gdańsk z. B. am weithin sichtbaren Hotel ›Mercure Hevelius‹, ul. Heweliusza 22.

## Telefonieren

**Öffentliche Fernsprecher** funktionieren mit Telefonkarten (Karta telefoniczna), die man am Kiosk kaufen kann.

Für **Auslandsgespräche** wählt man den Ländercode, nach Deutschland 0049, Österreich 0043, in die Schweiz 0041 anschließend die Ortsvorwahl ohne die erste 0. Für **Gespräche nach Polen** gilt die internationale Vorwahl 0048.

## Trinkgeld

Im allgemeinen werden zehn Prozent gegeben.

## Zoll

Innerhalb der EU-Länder ist der Warenverkehr für Reisende unbeschränkt, sofern die Waren für den Eigenbedarf bestimmt sind.

Bei **Tabak und Alkohol** gelten folgende Höchstmengen als Richtwert (Mindestalter: 17 Jahre): 800 Zigaretten oder 400 Zigarillos oder 200 Zigarren oder 1 kg Rauchtabak; 110 Liter Bier, 90 Liter Wein und 10 Liter Spirituosen. Für die Einfuhr aus Nicht-EU-Ländern gilt die Obergrenze von 200 Zigaretten bzw. 1 Liter Spirituosen (4 Liter Wein, 16 Liter Bier).

# Russland-Reisetipps von A bis Z

## Auto

Die **Höchstgeschwindigkeit** ist innerorts 60, außerorts 90, auf Autobahnen 110 km/h. Die **Promillegrenze** beträgt 0,0. Autos müssen mit einem Feuerlöscher ausgestattet sein.

Die Preise für **Kraftstoff** sind sehr niedrig und regional unterschiedlich. Das Angebot unterscheidet sich auch stark in der Qualität: Typ 76 ist eigentlich Terpentin, Typ 92 ist unser Normalbenzin, 95 ist Super und 98 ist Super Plus. Jeder **Verkehrsunfall** ist der Polizei (Miliz) zu melden. Die Unfallaufnahme erfolgt durch Beamte der staatlichen Kraftfahrzeuginspektion (GAI). Das Unfallprotokoll hat erhebliche praktische und rechtliche Bedeutung, weil es den Unfallverursacher, an den Schadenersatzansprüche zu richten sind, nennt. In Russland gibt es keine obligatorische Kfz-Haftpflichtversicherung. Schadenersatzansprüche können in der Regel nur direkt beim Schädiger/Fahrer (oder unter Umständen beim Halter) geltend gemacht werden. Schadensabwicklungen mit russischen Versicherungen sind sehr schwierig und langwierig. Ohne Hilfe eines russischen Anwaltsbüros sind Ansprüche kaum durchzusetzen. Die Verjährungsfrist für Schadenersatzansprüche aus Verkehrsunfällen beträgt drei Jahre.

**Pannenhilfe** beim ADAC durch den Automobilclub RAS Russian Automobile Society, Leontjevskij pereulok, 23, Moskau 103009, www.voa.ru.

## Botschaften und Konsulate

**Generalkonsulat der Bundesrepublik Deutschland**
Furštatskaja 39
191123 St. Petersburg
Tel. 007/812/3202400
www.sankt-petersburg.diplo.de
**Generalkonsulat der Bundesrepublik Deutschland**
Visowyj otdel

*Souvenirs aus Russland*

ul. Leningradskaja 4
236008 Kaliningrad
Tel. 007 40 12 92 02 30
www.kaliningrad.diplo.de
**Österreichische Botschaft Moskau**
Konsular- und Visaabteilung
Bolšoj Levšinskij per. 7
119034 Moskau
Tel. 007/495/956 16 60
Fax 63 74 268
**Österreichisches Honorargeneralkonsulat St. Petersburg**
(ohne Passbefugnis)
ul. Furštadtskaja 43, kw. 1
191123 St. Petersburg
Tel. 007/812/275 05 02, 275 04 96
Fax 275 11 70
**Generalkonsulat der Schweiz**
Černyševskogo pr. 17
191123 St. Petersburg
Russia
Tel. 007/812/327 08 17

## Einreisebestimmungen

Für die (ein- oder mehrmalige) Einreise nach Russland benötigen alle Ausländer ein **Visum**. Für einen Visumantrag (russisch vizovaja anketa) ist ein Einladungsbrief von der Pass- und Visaverwaltung oder von einem dafür bevollmächtigten Reisebüro erforderlich. Das Visum kann in der russischen Botschaft oder im russischen Konsulat des Heimatlandes ausgestellt werden. Wem die bürokratischen Formalitäten lästig sind und wer die Kosten nicht scheut, kann sich auch gegen Gebühr online bei der Beschaffung eines Russland-Visums helfen lassen, zum Beispiel durch www.visum.de, Tel. 02 28/36 79 90, oder www.visumexpress.de, Tel. 02 21/69 06 59 90. Viele Reisebüros bieten inzwischen einen Expressservice an, der für einen Aufpreis die Formalitäten in wenigen Tagen erledigt.

*Erstklässler in Kaliningrad*

## Sicherheit

Reisende sollten eine **Kopie von Reisepass und Visum** sowie vier Passbilder getrennt vom Originalpass mitnehmen. Die Unannehmlichkeiten bei Verlust der Dokumente werden dadurch erheblich reduziert. Reisepass, Visum, Zollerklärung usw. sind am besten an einem sicheren Ort in der Unterkunft aufgehoben. Es reicht aus, wenn während seines Aufenthaltes nur Kopien der Dokumente bei sich hat. Den Originalpass braucht man nur zum Geldwechseln.

## Fest- und Feiertage

1./2. Januar: Neujahr
7. Januar: Russisch-orthodoxes Weihnachtsfest
8. März: Tag der Frau
1./2. Mai: Tage der Arbeit
27. April: Russisch-orthodoxes Osterfest
9. Mai: Tag des Sieges
12. Juni: Unabhängigkeitstag
7. November: Tag der Eintracht und Aussöhnung (vormals Jahrestag der Oktoberrevolution)
12. Dezember: Tag der Verfassung

## Geld

Landeswährung ist der **Russische Rubel** zu 100 Kopeken. In Umlauf sind Banknoten zu 500, 100, 50 und 10 Rubel und Münzen zu 5, 2 und 1 Rubel. 1 Euro entspricht momentan rund 43 russischen Rubel.

Sämtliche **Wechselstuben** (russisch Obmen Waljuty) akzeptieren Euro. In großen Städten gibt es solche Stellen nahezu alle 100 Meter. Wechselkurse und -gebühren variieren, doch ist der Unterschied zu gering, als dass sich ein Vergleich lohnen würde. Zusätzlich kann man in vielen Hotels und Restaurants Bargeld tauschen, wenn auch manchmal zu einem ungünstigeren Kurs. Wichtig ist dabei die Vorlage des Reisepasses.

In russischen Großstädten finden sich ähnlich viele **Geldautomaten** wie in deutschen Städten. Die normale deutsche ec-Karte erlaubt ein problemloses Abheben von Rubeln zu einem günstigen Kurs. Bei vielen Banken gibt es gegen recht hohe Gebühren Bargeld auf **Kreditkarten** (Visa, Eurocard usw.).

*Markthalle in St. Petersburg*

In etablierten Geschäften und Restaurants werden die gängigen Kreditkarten und zunehmend auch ec-Karten akzeptiert. In St. Petersburg beispielsweise arbeiten etwa 40 verschiedene Banken, die alle üblichen Dienstleistungen anbieten. Die meisten Banken sind zumindest von 9–13 Uhr geöffnet, Wechselstellen in der Regel von 10–20 Uhr, in den Hotels auch rund um die Uhr.

## Gesundheit

Empfehlenswert in St. Petersburg sind die **Poliklinik Nr. 20** (Anmeldung unter Tel. 108 48 10), die **EuroMedClinic**, Tel. 327 03 01, oder das **American Medical Center**, Tel. 740 20 90.

## Notfallrufnummern

**Feuerwehr**: 01
**Polizei**: 02
**Notarzt**: 03.

## Öffnungszeiten

Die Öffnungszeiten sind in Russland recht unterschiedlich. In Großstädten sind manche Supermärkte und auch kleinere Läden rund um die Uhr geöffnet. **Staatliche Geschäfte** haben von 8, 9 oder 10 Uhr bis 18, 19 oder 21 Uhr geöffnet, mit einer Mittagspause von einer Stunde (13–14 oder 14–15 Uhr). Viele Läden sind Sa ganztags und So für ein paar Stunden geöffnet. An Feiertagen sind alle Geschäfte geschlossen.

Die **Museen** öffnen meist um 10 und schließen gegen 18 Uhr. Ein Tag in der Woche ist Ruhetag.

## Strom

Die Netzspannung in Russland beträgt wie in Deutschland 220 Volt. Für die russischen Steckdosen sind deutsche Schutzkontakt-Stecker manchmal etwas zu dick, Adapter gibt es überall preiswert zu kaufen. Deutsche Flachstecker passen in die russischen Steckdosen.

## Telefonieren

Die internationale Länderkennung für Telefonate von Deutschland nach Russland ist 007. Die Städtevorwahl von St. Petersburg ist 812. Die Städtevorwahl von Kaliningrad ist 4012. Die Städtevorwahl der Hauptstadt Moskau ist 495.
Für **Anrufe ins Ausland** wählt man: 8 (Freizeichen abwarten!)–10–Länderkennung ohne Null-Vorwahl ohne Null-Rufnummer; also z. B. nach München: 8-10-49-89-Rufnummer.

## Trinkgeld

Üblicherweise gibt man in Hotels und Restaurants etwa zehn Prozent der Summe als Trinkgeld, macht dies aber auch von der Qualität der Bedienung abhängig. Münzen griffbereit zu haben, ist sehr nützlich.

## Umgangsformen

Wer eine ältere oder übergeordnete Person anspricht, wählt die Anrede mit Vor- und Vatersnamen. ›Svetlana Ivanovna‹ lautet z. B. die Anrede für Svetlana, die Tochter des Ivan. Ihren Bruder Dmitrij würde man mit Dmitrij Ivanovič ansprechen. Bei offiziellen Anlässen bevorzugen die Russen jedoch die Anrede mit dem Titel und dem Nachnamen.
Es ist in Russland durchaus üblich, Freunde und Familienangehörige auch unangemeldet zu besuchen und mit ihnen dann in der Küche zu sitzen und sich zu unterhalten.
Besuche bei neuen Bekannten verlaufen dagegen meist etwas weniger ungezwungen. In der Regel ziehen Besucher vor dem Betreten einer Wohnung die Schuhe aus. Wenn jemand eingeladen ist, sollte er seinem Gastgeber ein Geschenk mitbringen. Mitbringsel sind zum Beispiel Blumen, Pralinen oder Vodka.

## Vorsicht!

Das Fotografieren von Militär-, Verkehrs- und Industrieobjekten ist in Russland verboten.
Es ist nicht ratsam, in Hotels Leitungswasser zu trinken.

## Zeitzonen

Der Zeitunterschied zwischen Kaliningrad und Deutschland beträgt Mitteleuropäische Zeit plus 1 Stunde, zwischen Deutschland und St. Petersburg MEZ plus 2 Stunden. Der Zeitunterschied bleibt immer gleich, da die Uhren, wie in Europa, von März bis Oktober auf Sommerzeit umgestellt werden.

## Zoll

Folgende Artikel können zollfrei eingeführt werden: 1000 Zigaretten oder 1000 g Tabakwaren, 1,5 l Spirituosen und 2 l Wein, Parfüm für den persönlichen Gebrauch, Geschenke und andere Waren bis zu einem Wert von 10000 US-Dollar.
Bei der Einreise muss eine **Zolldeklaration** ausgefüllt werden, die bis zur Ausreise aufzuheben ist. Auf diesem Formular müssen alle eingeführten privaten Gegenstände, einschließlich Devisen und Wertgegenstände, vermerkt werden. Devisenein- und -ausfuhr von Beträgen unter 3000 US-Dollar sind deklarierungsfrei.
Für die **Ausfuhr von Kunstwerken** muss grundsätzlich für alle Stücke, die älter als 100 Jahre sind, eine Genehmigung vorgelegt werden, aus der hervorgeht, dass sich nicht um ein bedeutendes Kulturgut handelt. Die meisten Antiquitätengeschäfte und Galerien erledigen das für ihre Kunden.

# Litauen-Reisetipps von A bis Z

## Auto
Die **Höchstgeschwindigkeit** in Ortschaften beträgt 50, auf Landstraßen 90, auf der Autobahn 130, von November bis März nur 110 km/h. Die **Promillegrenze** liegt bei 0,4, Anschnallen ist Pflicht, ebenso von September bis März ganztags das Fahren mit Abblendlicht! Ebenfalls vorgeschrieben sind das **Mitführen von Führerschein und Fahrzeugschein** bzw. Zulassungsbescheinigung Teil I sowie der grünen Versicherungskarte (in den dafür vorgesehenen Formularen muss das Länderkürzel (LT) ersichtlich ist, ein handschriftlicher Nachtrag ist nicht ausreichend), einer reflektierenden Sicherheitsweste und eines Feuerlöschers.

## Botschaften
**Botschaft der Bundesrepublik Deutschland**
Z. Sierakausko gatvė 24/8
03105 Vilnius
Tel. 003 70/52 10 64 00
Fax 52 10 64 46
www.wilna.diplo.de
**Österreichische Botschaft**
Gaono gatvė 6
01131 Vilnius
Tel. 003 70/52 66 05 80
Fax 52 79 13 63
www.bmeia.gv.at/botschaft/wilna
**Schweizerisches Generalkonsulat**
Lvovo 25
09320 Vilnius
Tel. 003 70/52 03 29 69, Fax -44
vilnius@honrep.ch

## Bitte nicht!
Das Trinken von Alkohol in der Öffentlichkeit ist verboten. Ausnahmen sind Lokale mit Plätzen im Freien.

## Einreisebestimmungen
Litauen ist dem Schengener Abkommen beigetreten, Personenkontrollen an den EU-Binnengrenzen finden nicht mehr statt. Dennoch muss im litauischen Inland mit Kontrollen gerechnet werden. Ein **Personalausweis** ist dabei für Bürger aus Staaten des Europäischen Wirtschaftsraumes (EWR) ausreichend. Diese Identitätspapiere müssen zum Zeitpunkt der geplanten Ausreise aus Litauen noch für mindestens drei Monate gültig sein. Kinder benötigen einen **Kinderausweis mit Lichtbild**. Weitere Informationen unter www.auswaertiges-amt.de.

## Elektrizität
220 Volt, 50 Hertz; alle Euro-Norm-Stecker (flacher Stecker ohne Schutzkontakt) sind verwendbar.

## Feiertage
1. Januar: Neujahrstag
16. Februar: Nationalfeiertag (Wiederherstellung der Souveränität 1918)
11. März: Wiedererlangung der Unabhängigkeit 1990
Ostermontag
1. Mai: Tag der Arbeit
24. Juni: Joninės (Johannistag/Mittsommer)
6. Juli: Staatsgründung (Krönungstag von König Mindaugas, 1250)
15. August: Mariä Himmelfahrt
1. November: Allerheiligen
25./26. Dezember: Weihnachten

## Geld
Die litauische Währung ist der **Litas** (Lt. oder LTL), der fest an den Euro gebunden ist: 1 Euro = 3,4528 Litas; 1 Litas = 0,2896 Euro; 1 Litas ist unterteilt in 100 Centas. Es gibt Banknoten zu 500, 200,

*Im Hafen von Klaipėda*

100, 50, 20 und 10 Litas sowie Münzen zu 5, 2 und 1 Litas und 50, 20, 10, 5, 2 und 1 Centas. Euro werden in Banken und Wechselstuben problemlos in die Landeswährung getauscht, Schweizer Franken haben eine etwas geringere Akzeptanz. In den Städten gibt es zahlreiche **Geldautomaten**, an denen man mit ec-Karte (Maestro) oder Kreditkarte Geld abheben kann. Einige Geräte geben die Karte nach der Transaktion allerdings erst zurück, wenn man einen dafür vorgesehenen Knopf betätigt. **Kreditkarten**, vor allem Eurocard, Mastercard und Visa, werden in den touristisch relevanten Regionen häufig akzeptiert. **Reiseschecks** werden nur in Banken und großen Hotels getauscht.

## Gesundheit

Neben der Mitnahme eines **Auslandskrankenscheins** (E-111-Formular) oder einer Europäischen Krankenversicherungskarte (EHIC) ist eine **Auslandsreise-Krankenversicherung** empfehlenswert. Eine akzeptable medizinische Versorgung gibt es nur in den größeren Städten.
Wenn man sich in ländlichen Gebieten aufhält, sollte man auch eine **Impfung** gegen die durch Zeckenbisse übertragene Frühsommer-Meningoenzephalitis (FSME) und eventuell auch gegen Hepatitis A und B sowie Tollwut in Erwägung ziehen.

## Notfall

Die Notrufnummern lauten vom Festnetz: **Feuerwehr** 01, **Polizei** 02, **Notarzt** 03; auf dem Handy wählt man pauschal die 112; **Pannenhilfe**: LAS Litauischer Automobilclub, Tel. 880 00 00 00, mobil 1888.

## Öffnungszeiten

**Banken** haben von in der Regel von 8 oder 9 – 16 Uhr geöffnet, einige auch Sa 9 – 13 Uhr; **Geschäfte** 10 – 19, Sa 10 – ca. 15 Uhr; in vielen Lebensmittelgeschäften kann man täglich von 8 bis 20 Uhr oder länger einkaufen.

*Die Fähre auf die Kurische Nehrung*

## Sicherheit

Litauen ist ein relativ sicheres Reiseland, doch besteht eine erhöhte **Diebstahlsgefahr**, und man sollte sich vor allem im Nachtleben umsehen, mit wem man sich abgibt. Autos besser nur auf bewachten Parkplätzen (saugoma automobilių stovėjimo aikštelė) abstellen. Sonst gelten die üblichen Vorsichtsmaßregeln: Kopien von Dokumenten anfertigen, nichts Wertvolles demonstrativ zur Schau stellen. Infos unter www.auswaertiges-amt.de.

Auch wenn man auf den Dünen der Kurischen Nehrung in der Nähe der **russischen Grenze** spazieren geht, sollte man sich vorsehen. Die Grenze ist nicht mit einem durchgehenden Zaun gekennzeichnet, und illegale Einreise ist auch in Russland kein Kavaliersdelikt.

## Telefonieren

Die meisten **öffentlichen Fernsprecher** in Litauen akzeptieren nur Telefonkarten (Taxofon), die an Kiosken und in Postämtern erhältlich sind. Um ins **Ausland zu telefonieren**, wählt man zunächst die 8 und wartet auf ein Tonsignal, dann die 10 und 49 für Deutschland (Österreich 43, Schweiz 41), anschließend die Ortsvorwahl ohne Null und die Teilnehmernummer. Innerhalb Klaipėdas einfach die Teilnehmernummer wählen, bei Telefonaten in eine andere Stadt eine 8 wählen und dann die Ortsvorwahl (Klaipėda 46, Kaunas 37, Vilnius 5) und die Teilnehmernummer.

Das **Handynetz** in Litauen ist fast flächendeckend, Roaming-Abkommen zwischen deutschen und litauischen Netzbetreibern bestehen. Prepaid-Karten sind von den litauischen Anbietern Tele 2, Omnitel oder Bitė erhältlich.

## Toiletten

Damentoiletten tragen ein ›M‹ (moteru) oder ein mit der Spitze nach oben zeigendes Dreieck an der Tür, Herrentoiletten ein ›V‹ (vyru) oder ein auf der Spitze stehendes Dreieck.

## Trinkgeld

Trinkgeld war lange Zeit nicht üblich, da der Service schon im Preis enthalten ist. Diese landesübliche Praxis, die auch für Taxifahrten gilt, wurde aber durch die zunehmenden internationalen Kontakte nach der Unabhängigkeit zumindest in den Städten allmählich aufgeweicht. So ist es gern gesehen, wenn man von dem erhaltenen Wechselgeld etwas zurücklässt.

## Zeitzonen

Litauen befindet sich in der osteuropäischen Zeitzone (MEZ plus 1 Std.).

## Zoll

Für Litauen gelten die innerhalb der EU üblichen Richtmengen für Zigaretten und Spirituosen (www.zoll.de). Die Ausfuhr von Antiquitäten aus Litauen ist genehmigungspflichtig; Genaueres unter www.cust.lt.

# Lettland-Reisetipps von A bis Z

## Auto

Der **EU-Führerschein** wird anerkannt, Besitzer eines älteren Führerscheins sollten einen internationalen Führerschein dabeihaben. Bei der Einreise mit einem Pkw muss neben den **Fahrzeugpapieren** auch die **grüne Versicherungskarte** (internationale Haftpflichtversicherung) mitgeführt werden. Das **Fahren mit Abblendlicht** ist das ganze Jahr über Pflicht, die **Höchstgeschwindigkeit** innerhalb von Ortschaften beträgt 50, außerhalb 90 km/h. Der **Promillegrenzwert** liegt bei 0,5, Fahren unter Alkoholeinfluss wird mit hohen Strafen geahndet und verbietet sich allein schon deshalb, weil die Letten einen ziemlich verwegenen Fahrstil pflegen.

Aufmerksamkeit verlangen auch die **Ampeln**. Bei Gelb keinesfalls mehr fahren, Grün blinkt zehn Sekunden vor dem Wechsel auf Gelb.

**Parken** in der Altstadt von Riga ist für Touristen kaum möglich, da die horrenden Parkgebühren mit einer SMS bezahlt werden, die von einer lettischen Mobilfunknummer losgeschickt werden muss.

*Feuerwehrauto am Domplatz in Riga*

## Botschaften

**Botschaft der Bundesrepublik Deutschland**
Raina Bulvaris 13
1050 Riga
Tel. 00371/67085100
www.riga.diplo.de

**Österreichische Botschaft**
Elizabetes iela 21a
1010 Riga
Tel. 00371/67216125
riga-ob@bmeia.gv.at

**Schweizerische Botschaft**
Elizabetes iela 2
1340 Riga
Tel. 00371/67338351
www.eda.admin.ch/riga

## Bitte nicht!

Das Verhältnis der Letten zur ehemaligen Besatzungsmacht ist nach wie vor gespannt. Man sollte deshalb seine Russischkenntnisse in den baltischen Staaten nicht allzu selbstverständlich anwenden. Es könnte sonst der Eindruck entstehen, dass man das Baltikum weiterhin der russischen Einflusssphäre zuordnet.

## Einreisebestimmungen

Lettland ist ein Schengen-Mitgliedsland, Personenkontrollen an den EU-Binnengrenzen finden nicht mehr statt. Dennoch muss man sich ausweisen können. Ein **Personalausweis** ist dabei für Bürger aus Staaten des Europäischen Wirtschaftsraumes (EWR) ausreichend. Diese Identitätspapiere müssen zum Zeitpunkt der geplanten Ausreise aus Lettland noch mindestens drei Monate gültig sein. Kinder benötigen einen **Kinderausweis mit Lichtbild**. Weitere Informationen unter www.auswaertiges-amt.de.

## Elektrizität

Die Spannung beträgt 220 Volt, die flachen Eurostecker passen in der Regel.

## Feiertage

1. Januar: Neujahr
Karfreitag, Ostermontag
1. Mai: Maifeiertag
4. Mai: Unabhängigkeitstag
23./24. Juni: Sommersonnenwende (Līgo und Jāņi)
18. November: Nationalfeiertag (Proklamation der Republik Lettland 1918, Wiedererlangung der Unabhängigkeit am 21. August 1991)
25./26. Dezember: Weihnachten
31. Dezember: Silvester

## Geld

Die Landeswährung ist der **Lats** (Ls/LVL), der in 100 Santīmu unterteilt ist. 1 Euro entspricht etwa 0,7 Lats; 1 Lats ungefähr 1,4 Euro. Es gibt Banknoten zu 500, 100, 50, 20, 10 und 5 Lats, Münzen im Wert von 2 und 1 Lats sowie 50, 20, 10, 5, 2 und 1 Santīms.

Als ›Finanzmetropole‹ verfügt Riga über zahlreiche **Banken und Wechselstuben**, die Euro und meist auch Schweizer Franken tauschen und Reiseschecks einlösen. In der Innenstadt von Riga existiert ein dichtes Netz von **Geldautomaten**, an denen man mit ec-Karte (Maestro) oder Kreditkarte Geld abheben kann. **Kreditkarten**, vor allem Eurocard, Mastercard und Visa, werden in den meisten Hotels, Geschäften und Restaurants gerne akzeptiert.

## Gesundheit

Gesetzlich Versicherte benötigen den **Versicherungsschein E111** oder die Europäische Versichertenkarte (EHIC). Die medizinische Versorgung entspricht nicht deutschem Standard. Für einen eventuell nötigen Rücktransport wird der Abschluss einer **Auslandsreisekrankenversicherung** empfohlen.

Neben einer **Impfung** gegen Hepatitis A wird für den Reisezeitraum April bis Oktober eine FSME-Zeckenimpfung (Frühsommer-Meningoenzephalitis) empfohlen, falls man sich viel im Grünen aufhalten will. Landurlaubern wird auch eine Impfung gegen Tollwut empfohlen. Zudem gibt es immer wieder Tuberkulosefälle.

## Notfall

Die Notrufnummern in Lettland aus dem Festnetz lauten 01 (**Feuerwehr**), 02 (**Polizei**) und 03 (**Ambulanz**); mobil tippt man pauschal 112. **Pannenhilfe**: Tel. 880 00 00 00 oder 1888 (mobil). Eine rund um die Uhr geöffnete **Apotheke** (aptieka) gibt es in Riga zum Beispiel in der Brīvības iela 74.

## Öffnungszeiten

**Banken** sind Mo–Fr 9–17, manche auch Sa 9–12 Uhr geöffnet. In **Geschäften** wird man Mo–Fr 9 oder 10–18 bzw. 19 Uhr bedient, Sa bis 16 oder 17, oft auch bis 22 Uhr. In **Lebensmittelgeschäften** kann man meist täglich von 8 oder 9 bis 20 oder 21 Uhr einkaufen.

## Sicherheit

Für **Autos** besteht eine relativ hohe Diebstahlsgefahr, fast alle Wagen in Lettland haben eine Alarmanlage. Das Auto möglichst nur auf bewachten Parkplätzen (apsargāta auto stāvvieta) abstellen.

Auch im **Nachtleben** drohen Gefahren. So sollte man besonders in der Gegend um den Līvu laukums überlegen, mit wem man sich abgibt. Oft dienen schöne Frauen als Lockvögel, die Gäste in

## Lettland-Reisetipps von A bis Z [ 399 ]

*Bar am Livenplatz in Riga*

Bars locken, in denen sie dann auch unter Gewaltandrohung abgezockt werden. In Notfällen hilft die englischsprachige Touristenpolizei unter der Telefonnummer 67 18 18 18.

### Telefonieren

**Telefonkarten** (Telekarte) zu 2 oder 5 Lats, die an Kiosken, in Geschäften und bei Postämtern erhältlich sind, passen in die meisten der öffentlichen Telefone. Für **Auslandsgespräche** nach der Landesvorwahl (Deutschland 0049, Österreich 0043, Schweiz 0041) die Null bei der Ortsvorwahl weglassen und die Teilnehmernummer eintippen. Lettland hat die Ländervorwahl 00371, bis auf wenige Ausnahmen sind die lettischen Telefonnummern achtstellig, Festnetzanschlüsse beginnen mit einer 6, Mobilnummern mit einer 2.

Bei einem **Anruf nach Lettland** wählt man 00371 und direkt im Anschluss die achtstellige Nummer.
Roaming-Abkommen mit lettischen Netzbetreibern bestehen. **Prepaid-Karten**, mit denen man die hohen Roaming-Gebühren umgeht, gibt es zum Beispiel bei Tele2, Bite oder LMT.

### Toilettenkennzeichnung

Herrentoiletten sind durch ein nach unten weisendes Dreieck oder ›V‹ bzw. ›K‹ gekennzeichnet, die Damen orientieren sich an einem mit der Spitze nach oben weisenden Dreieck oder ›S‹ bzw. ›D‹.

### Trinkgeld

Der Preis für die Bedienung ist in der Rechnung bereits enthalten, dasselbe gilt für Taxifahrten. Mittlerweile hat es sich durch den Tourismus zunehmend eingebürgert, einen Teil des Wechselgeldes als Anerkennung für freundlichen Service liegen zu lassen.

### Zeitzone

Lettland befindet sich wie seine südlichen und nördlichen Nachbarn Litauen und Estland in der osteuropäischen Zeitzone (MEZ plus 1 Std.).

### Zoll

Für Zigaretten und Spirituosen gelten die innerhalb der EU üblichen Richtmengen (www.zoll.de).
Für **Kunstgegenstände** oder historisch bedeutsame Objekte, die vor 1947 geschaffen wurden, gibt es bestimmte Regelungen. Ob eine Ausfuhrgenehmigung nötig ist, erfahren Sie bei der Staatlichen Inspektion zum Schutz der Kulturdenkmäler (Pils iela 20, Riga, Tel. 67 22 92 72, www.mantojums.lv). Viele Ladeneigentümer sind bei diesen Formalitäten behilflich, Quittung nicht vergessen.

# Estland-Reisetipps von A bis Z

## Auto

Der **EU-Führerschein** wird in Estland anerkannt, bei der Einreise mit dem PKW wird an der Grenze der Nachweis des Versicherungsschutzes durch eine grüne Versicherungskarte verlangt, der Fahrzeugschein muss im Original mitgeführt werden. **Absolute Nüchternheit** am Steuer ist ebenso Pflicht wie das Anschnallen, Fahren mit Abblendlicht zu jeder Tageszeit vorgeschrieben.

Die **Höchstgeschwindigkeit** beträgt 50 km/h innerhalb und 90 km/h außerhalb geschlossener Ortschaften. Das Straßennetz ist ausreichend, hat aber noch nicht durchgehend mitteleuropäischen Standard.

Die Fahrweise der Esten ist zum Teil abenteuerlich, die Zahl der Verkehrsopfer hoch.

## Botschaften

**Deutsche Botschaft**
Toom-Kuninga 11
15048 Tallinn
Tel. 003 72/62 75 30-0
www.tallinn.diplo.de

*Botschaft in der Tallinner Oberstadt*

**Österreichische Botschaft**
Vambola 6
10114 Tallinn
Tel. 003 72/627 87 40
Fax 631 43 65
www.bmeia.gv.at

**Regional Consular Centre Baltic States**
**c/o Schweizer Botschaft**
Elizabetes iela 2
1340 Riga
Lettland
www.eda.admin.ch/eda/en/home/reps/eur/vltu/livltu.html
Tel. 003 71/67 33 83-51, -52

**Generalkonsulat der Schweiz**
c/o Trüb Baltic AS
Laki 5
10621 Tallinn
Tel. 003 72/658 11 33

## Bitte nicht!

Esten sind sehr stolz auf ihre Tradition und Kultur. In den Jahrhunderten der Unterdrückung waren sie das einzige Mittel, mit dem Nationalbewusstseins ausgedrückt werden konnte. Auch nur vorsichtig abwertende Kommentare sollte man besser vermeiden.

## Einreisebestimmungen

Seit 2007 gehört Estland zum Schengener Abkommen. Für Staatsangehörige von EU-Mitgliedsstaaten gibt es keine Einreisebeschränkungen. Für Deutsche und Österreicher genügt ein **Personalausweis** zur Einreise, Schweizer Staatsangehörige brauchen einen Reisepass, der noch mindestens drei Monate nach der geplanten Wiederausreise gültig ist. **Kinderausweise** werden anerkannt, müssen aber ab dem siebten Lebensjahr mit einem Lichtbild versehen sein. Ist das Kind im Pass ei-

Estland-Reisetipps von A bis Z [ 401 ]

*Kellner vor Tallinner Kneipe*

nes Elternteils eingetragen, muss ebenfalls ab einem Alter von sieben Jahren ein Foto angebracht werden.

## Elektrizität

Die Spannung beträgt 220 Volt, Eurostecker sind für die meisten Steckdosen geeignet, vereinzelt passen nur die dünneren russischen Stecker.

## Feiertage

1. Januar: Neujahr
24. Februar: Nationalfeiertag (1918 Unabhängigkeitserklärung)
Karfreitag, Ostermontag
1. Mai: Maifeiertag
23. Juni: Siegestag (Jahrestag der Schlacht von Võnnu, Sieg über deutsche Truppen 1919)
24. Juni: Johannistag (Sommersonnenwende)
20. August: Wiedererlangung der Unabhängigkeit 1991
25./26. Dezember: Weihnachten
Die meisten Museen sind an den estnischen Feiertagen geschlossen.

## Gesundheit

Gesetzlich Versicherte benötigen eine europäische Versichertenkarte (EHIC) oder ein Ersatzdokument. Eine zusätzliche Auslandsreiseversicherung ist sinnvoll. Wer einen längeren Landaufenthalt plant, sollte sich nach Rücksprache mit dem Arzt eventuell gegen Frühsommer-Meningoenzephalitis (FSME) impfen lassen.

## Geld

Seit dem 15. Januar 2011 hat die estnische Krone ihre Gültigkeit als gesetzliches Zahlungsmittel verloren. In Estland wird mit dem **Euro** bezahlt. Die Preise im Einzelhandel sowie in anderen Geschäftsbereichen werden bereits seit Juli 2010 in beiden Währungen ausgewiesen. Mit der EC-/Maestro-Karte kann man an den **Bankautomaten** problemlos Bargeld abheben.
Größere Hotels, die meisten Restaurants und eine wachsende Anzahl von Geschäften akzeptieren **Visa, Mastercard und Eurocard**. Geldautomaten finden sich praktisch an jeder Ecke in der Innenstadt. American Express und Thomas Cook **Traveller Cheques** werden bei den meisten Banken eingetauscht.

## Notfall

Die wichtigsten Notrufnummern: 112 (**Feuerwehr**), 110 (**Polizei**), 112 (**Notarzt**).
Eine **Apotheke** (apteek), die 24 Stunden geöffnet hat, gibt es in Tallinn zum Beispiel in der Tõnismäe 5.

## Öffnungszeiten

**Banken** haben in der Regel Mo–Fr 9.30–18 Uhr geöffnet, **Geschäfte** Mo–Fr 9 oder 10–18 oder 19 Uhr (Kaufhäuser auch bis 21 Uhr), Sa 10–16 Uhr.

## Sicherheit

Für PKW besteht eine etwas erhöhte Diebstahlsgefahr, das Auto sicherheitshalber auf bewachten Parkplätzen abstellen (valvega autoparkla) und nichts im Auto liegen lassen – schon gar nicht sichtbar. In Tallinn sollte man auch ein wachsames Auge auf seine persönlichen Habseligkeiten haben, vereinzelt kommt es zu Taschendiebstählen.

## Telefonieren

Die zahlreichen öffentlichen Telefonzellen funktionieren mit **Telefonwertkarten**, die in größeren Geschäften, bei Tankstellen und an Kiosken zu kaufen sind. Teilweise können Sie mit der Kreditkarte telefonieren; Vorwahl nach Deutschland (0049), Österreich (0043) oder in die Schweiz (0041) eintippen, die Null bei der Ortsvorwahl weglassen und die Teilnehmernummer wählen. Estland hat die **Vorwahl 00372**, direkt im Anschluss folgt die siebenstellige Teilnehmernummer, bei Inlandsgesprächen nach Tallin ist eine 0 vor der siebenstelligen Teilnehmernummer zu wählen. Alle Tallinner Festnetznummern beginnen mit einer 6, mobile mit einer 0.
Der Sende- und Empfangsbereich für **Mobilfunk** ist lückenlos, Handys sind sehr weit verbreitet, Roaming-Abkommen zwischen deutschen Netzbetreibern und estnischen Anbietern bestehen.

## Toiletten

Ein mit der Spitze nach oben zeigendes Dreieck oder ein ›N‹ (naistele) steht für Damen, ein mit der Spitze nach unten zeigendes Dreieck oder ›M‹ (meestele) steht für Herren.

## Trinkgeld

Bis vor kurzem war Trinkgeld in Estland unüblich. Mittlerweile hat sich das durch die wachsende Zahl ausländischer Touristen etwas geändert. Es gibt aber keine feste Regel. Nichts falsch macht man, wenn man in einem Restaurant, in dem man eine komplette Mahlzeit gegessen hat, etwas Wechselgeld liegenlässt.

## Zeit

Die Ortszeit in Estland ist MEZ plus 1 Std.

## Zoll

Aus den baltischen Staaten dürfen nur 200 Zigaretten nach Deutschland mitgebracht werden. Für Spirituosen und Kaffee gelten die innerhalb der EU üblichen Richtmengen (www.zoll.de). Weitere Informationen zu den Zollvorschriften unter www.auswaertiges-amt.de.
**Kunstwerke** oder historisch bedeutsame Gegenstände, die vor 1700 hergestellt wurden, dürfen nicht ausgeführt werden. Für Artikel, die vor 1850 außerhalb Estlands und vor 1945 in Estland hergestellt wurden, benötigt man eine spezielle Erlaubnis. Diese Gegenstände werden auch mit 100 Prozent Zoll belegt. Die zuständige Abteilung des Zolls befindet sich in Tallinn, in der Sakala 14, Mo –Do 9 –17 Uhr, Fr 9 –15 Uhr, www.customs.ee (engl.), Tel. 696 74 35.

*Touristen in der Tallinner Altstadt*

# Finnland-Reisetipps von A bis Z

## Botschaften

**Deutsche Botschaft**
Krogiuksentie 4, 00340 Helsinki
Tel. 09/458 58-0
www.helsinki.diplo.de

**Österreichische Botschaft**
Unioninkatu 22
00130 Helsinki
Tel. 09/68 18 60-0
www.aussenministerium.at/helsinki

**Regional Consular Center for the Nordic Countries**
Embassy of Switzerland in Stockholm
Valhallavägen 64
Box 26143, S-100 41 Stockholm
Tel. 08/676 79 00
sto.vertretung@eda.admin.ch
www.eda.admin.ch/eda/en/home/reps/eur/vswe/RKC_sto.html

## Bitte nicht!

Besucher sollten nicht erstaunt oder gar beleidigt sein, wenn sie gleich mit Du angesprochen werden. Das Duzen ist in Finnland weitaus verbreiteter als in Deutschland, Österreich oder der Schweiz und gilt als freundschaftliche und unkomplizierte Anredeform.

## Einreisebestimmungen

Besucher aus Deutschland, Österreich und der Schweiz benötigen zur Einreise nur einen gültigen **Personalausweis**. Der Aufenthalt ist auf insgesamt drei Monate beschränkt. Für die Ein- und Ausfuhr von Zahlungsmitteln gibt es keine Begrenzung.

Wer ein **Haustier** (Hund oder Katze) mitnehmen möchte, braucht die Bescheinigung einer Tollwutimpfung (mindestens 30 Tage und höchstens zwölf Monate alt), eine tierärztliche Bestätigung über eine medikamentöse Behandlung gegen Fuchsbandwurm (nicht älter als 30 Tage) sowie einen Heimtierpass. Hunde und Katzen müssen mit einem Mikrochip oder einer Tätowierung gekennzeichnet sein.

**Autofahrer** benötigen einen nationalen Führerschein, die Zulassung und ein Landeskennzeichen. Das Mitführen der grünen Versicherungskarte ist keine Pflicht, wird aber empfohlen.

## Elektrizität

Wie in Deutschland, Österreich und der Schweiz.

## Feiertage

1. Januar: Neujahr
6. Januar: Dreikönigstag
Karfreitag, Ostermontag
1. Mai: Tag der Arbeit
Mai: Christi Himmelfahrt
Mai/Juni: Pfingstsonntag
Juni: Mittsommertag (ein Freitag Ende Juni)
Anfang November: Allerheiligen
6. Dezember: Unabhängigkeitstag
24.–26. Dezember: Weihnachten

*Café in Helsinki*

*Auf dem Marktplatz in Helsinki*

## Geld

In Finnland gilt der **Euro**. Geldwechsel ist bei allen Banken und teilweise auch in größeren Hotels und Kaufhäusern möglich. Mit einer ec-Karte kann bei den meisten sogenannten ›OTTO‹-Bankautomaten Geld abgehoben werden.
**Kreditkarten** sind weiter verbreitet als in Deutschland, Österreich und der Schweiz. Alle gängigen Karten werden akzeptiert, **Euroschecks** dagegen nur noch selten. Für die Ein- und Ausfuhr von Zahlungsmitteln gibt es keine Begrenzungen.

## Gesundheit

Im ganzen Land ist eine medizinische Versorgung von hohem Standard gewährleistet. Es steht landesweit ein gutes Netz der in Finnland üblichen Gesundheitszentren (Terveyskeskus), Krankenhäuser und Polikliniken bereit.
Neben den Einrichtungen des öffentlichen Gesundheitssystems gibt es (relativ teure) private Ärzte. Die zahnmedizinische Betreuung erfolgt fast ausschließlich in privaten Praxen. Die Kosten für eine ambulante oder stationäre Behandlung muss zunächst der Patient selbst tragen. Die Rechnung kann aber bei der eigenen Krankenversicherung zur Erstattung eingereicht werden.
Es bestehen auch **Sozialversicherungsabkommen** mit Deutschland und Österreich. Medikamente erhält man in den Apotheken (Apteekki) oft nur auf Rezept eines einheimischen Arztes. Besondere Gesundheitsrisiken bestehen in Finnland nicht. Es sind keine Impfungen vorgeschrieben.

## Notfall

Die einheitliche Notrufnummer für Polizei, Feuerwehr, Krankenwagen und Notarzt ist landesweit die 112.

## Öffnungszeiten

Öffnungszeiten von **Läden und Geschäften** sind Mo–Fr 9–20 und Sa

9–15 Uhr. **Kaufhäuser und Einkaufszentren** haben Sa gewöhnlich bis 18 Uhr geöffnet. Viele **Lebensmittelgeschäfte** schließen werktags erst um 21 Uhr. **Postämter** sind meist Mo–Fr 9–18 Uhr geöffnet, **Banken** Mo–Fr 9–16.30 Uhr.

## Sicherheit
Die Kriminalitätsrate in Finnland ist deutlich niedriger als in den mitteleuropäischen Staaten.

## Telefonieren
Internationale Gespräche kann man in den Telefonzellen, den Postämtern und den Hotels führen.

Die **Telefonzellen** funktionieren fast ausschließlich mit Karten. Diese kann man in Postämtern, Telefonshops und bestimmten Kiosken kaufen. **Kreditkartentelefone** können mit allen gängigen Kreditkarten benutzt werden. In Finnland gibt es mehrere verschiedene Telefongesellschaften, die auch jeweils eigene Telefonzellen mit eigenen Karten betreiben.

Für **Auslandsgespräche** wählt man zuerst entweder 00, 990, 994 oder 999 (verschiedene Telefongesellschaften!) und dann für Deutschland 49, für Österreich 43 oder für die Schweiz 41. Für **Gespräche nach Finnland** benutzt man die internationale Vorwahl 003 58. Anschließend wählt man die Ortsvorwahl ohne die erste 0.

## Trinkgeld
Trinkgeld wird in Finnland grundsätzlich nicht erwartet. In den Hotel- und Restaurantpreisen ist die Bedienung inbegriffen – in vielen Cafés und Restaurants gilt ohnehin Selbstbedienung. Auch Taxifahrer, Reiseführer und andere Dienstleister verlangen Fixpreise.

Eine Ausnahme stellen Gepäckträger und Portiers in Restaurants dar, denen man üblicherweise ein kleines Trinkgeld (zwischen 1 und 2 Euro) gibt. Wenn man mit einer Dienstleistung zufrieden war, ist es natürlich auch in Finnland nicht verboten, dies mit einem Trinkgeld zu honorieren.

## Zeitzonen
In Finnland gilt die osteuropäische Zeit (MEZ plus 1 Std.). Wie in Deutschland, Österreich und der Schweiz gilt auch die Sommerzeit.

## Zoll
Seit Anfang 2004 gelten in Finnland die Bestimmungen der EU-Länder. Bei der Einreise aus einem Mitgliedsstaat der EU dürfen von Personen über 20 Jahren folgende Mengen alkoholischer Getränke zollfrei eingeführt werden: 10 l Spirituosen, 20 l andere alkoholische Getränke bis 22 Prozent Alkoholgehalt, 90 l Wein (davon max. 60 l Schaumwein) und 110 l Bier. Tabakwaren können von Personen über 17 Jahren in folgenden Mengen eingeführt werden: 800 Zigaretten oder 400 Zigarillos oder 200 Zigarren oder 1 kg Rauchtabak.

**Achtung**: Bei Einreise aus einem Nicht-EU-Land nach Finnland gelten strengere Bestimmungen. Die zollfreie Einfuhr von alkoholischen Getränken und Tabakwaren ist stärker beschränkt. Bei der Einreise aus einem der neuen (seit Mai 2004) EU-Länder gibt es ebenfalls abweichende Bestimmungen. Bei Gruppenreisen dürfen alkoholische Getränke nur im persönlichen Handgepäck eingeführt werden.

Die Einfuhr von **Pflanzen, Schusswaffen und Medikamenten** unterliegt Beschränkungen, für die Ausfuhr von **Antiquitäten** gelten besondere Bestimmungen.

# Schweden-Reisetipps von A bis Z

## Auto

**Geschwindigkeitsbegrenzungen**: Autobahn/Schnellstraße 110 km/h (selten 120 km/h), Landstraßen 70–90 km/h, Ortschaften 50 km/h. Die **Promillegrenze** liegt bei 0,2 – also keinen Alkohol trinken! Fahren mit Abblendlicht ist rund um die Uhr Pflicht.

**Pannenservice**: Assistancekåren, Tel. 020/912912 (kostenfreie Nummer – nur innerhalb Schwedens). Über ausländisches Handy: 0046/8/6275757. In der Stockholmer Innenstadt gibt es wochentags eine **Maut** (6.30–18.30 Uhr).

## Botschaften

**Deutsche Botschaft**
Skarpögatan 9, 115 27 Stockholm
Post: Box 27832, 115 93 Stockholm
Tel. 08/6701500, Fax -72 (Mo–Do 8–12, 13–16.30, Fr 8–12, 13–15 Uhr)
Besuchszeiten (außer Visa): Mo–Fr 9–12, Do zusätzl. 13.30–15.30 Uhr
Notfälle (außerhalb der Geschäftszeiten, keine Visa): Tel. 070/8529420
www.stockholm.diplo.de

**Österreichische Botschaft**
Kommendörsgatan 35/V
11458 Stockholm
Tel. 08/6651770, Fax 6626928
stockholm-ob@bmeia.gv.at
www.aussenministerium.at/stockholm
Mo–Fr 9.30–12.30

**Schweizer Botschaft**
Valhallavägen 64
10041 Stockholm
Post-Box 26143
10041 Stockholm
Tel. 08/6767900, Fax 211504
Mo–Fr 9–12 Uhr.
sto.vertretung@eda.admin.ch
www.eda.admin.ch/stockholm

## Bitte nicht!

Die Impfbestimmungen für Haustiere haben sich für Einreisende aus EU-Ländern vereinfacht (→ Einreisebestimmungen), dennoch sollte man darauf achten, dass Hunde grundsätzlich an der Leine geführt werden und der Kot vom Hundehalter beseitigt wird.

## Einreisebestimmungen

Besuchern aus EU-Ländern und der Schweiz genügt zur Einreise ein gültiger **maschinenlesbarer Personalausweis**. EU-Bürger, die für ihren Unterhalt aufkommen, brauchen auch für längere Aufenthalte als drei Monate keine Aufenthaltserlaubnis mehr. Für die Ein- und Ausfuhr von Zahlungsmitteln und früher zollpflichtiger privater Waren gibt es keine Begrenzung mehr.

Wer ein **Haustier** (Hund, Katze) mitnehmen will, benötigt keine Genehmigung mehr. Vorgeschrieben sind ID-Kennzeichnung mit Mikrochip oder eine deutlich erkennbare Tätowierung, Tollwutimpfung, Antikörpertest, Entwurmung auf Zwergbandwurm. Dokument und Tier müssen bei der Einreise unaufgefordert vorgezeigt werden. Nicht mehr erforderlich sind: Gesundheitsattest sowie Impfungen gegen Leptospirose und Hundestaupe, diese Impfungen werden dennoch empfohlen. Weitere Infos unter www.visitsweden.com, beim deutschen Landwirtschaftsministerium, www.bmelv.de, und beim schwedischen Landwirtschaftsamt, www.sjv.se.

## Elektrizität

Wie in Deutschland, Österreich und der Schweiz.

*Gute Auswahl an Cafés und Restaurants: Visbys Hauptplatz Storatorget*

## Feiertage

1. Januar: Neujahr
6. Januar: Dreikönigstag
Ostern: Karfreitag, Ostersonntag und -montag
1. Mai: Tag der Arbeit
Mai: Christi Himmelfahrt
Mai/Juni: Pfingstsonntag
Juni: Mittsommerabend und -tag (jeweils der Freitag/Samstag, der am nächsten zum 24. Juni liegt)
Ende Okt./Anfang November: Allerheiligen
13. Dezember: Lucia
24.-26. Dezember: Weihnachten
31. Dezember: Silvester

## Geld

Die **schwedische Krone** (Einzahl: krona, Mehrzahl: kronor) unterteilt sich in 100 Öre. Es gibt Scheine zu 20, 50, 100, 500 und 1000 Kronen, Münzen zu 50 Öre, 1, 5 und 10 Kronen. Die Abkürzung ist SEK. Währungsrechner und weitere Infos zur Reisekasse: www.bankenverband.de.

Am einfachsten hebt man Geld am **Automaten** ab (EC, Maestro, usw.). Beim Tauschen sind Forex-Filialen (z. B. Flughafen, Fährterminal) meist günstiger als Banken, manche Kaufhäuser akzeptieren auch Euro (entsprechendes Symbol am Eingang).

Fast jede Bank hat einen Geldautomaten. Bezahlung mit **Kreditkarte** ist wesentlich normaler als in Deutschland, Österreich und der Schweiz. Alle gängigen Anbieter werden akzeptiert, Euroschecks werden nicht mehr angenommen. Für die Ein- und Ausfuhr von Zahlungsmitteln gibt es keine Begrenzungen.

## Notfall

112 ist die landesweit einheitliche Notrufnummer für Polizei, Feuerwehr und Notarzt.

## Öffnungszeiten

Ladenöffnungszeiten sind in Schweden nicht gesetzlich geregelt. Üblich (auch für die staatlichen Alkoholläden Systembolaget) sind Mo–Fr 9–18 und Sa 9–14/16 Uhr, **Kaufhäuser und Einkaufszentren** bis 20/22 Uhr, oft auch So 12–16 Uhr. Viele **Supermärkte** öffnen tägl.

8–20 Uhr, **Postämter** Mo–Fr 9–18, Sa 9–13 Uhr, **Banken** meist Mo–Fr 9.30–15 Uhr. Viele **Museen** sind montags geschlossen.

## Sicherheit

Schweden hat einen sehr hohen Sicherheitsstandard, die Kriminalitätsrate liegt weit unter dem EU-Durchschnitt. Allerdings wird nach wie vor empfohlen, **Wohnmobile** nur auf bewachten Plätzen abzustellen, möglichst auf Campingplätzen. Wie überall sollte man vorsichtig sein beim Einsatz von **ec- und Kreditkarten**. Weiterhin wird davor gewarnt, aus Dänemark Anhalter über die schwedische Grenze mitzunehmen.

## Telefonieren

Schweden ist ein Mobiltelefon-Land, es gibt etwa doppelt so viele Mobiltelefonanschlüsse wie Festnetzanschlüsse. Wer sein eigenes Handy mitbringt, braucht für schwedische Nummern keine Ländervorwahl zu wählen, sondern nur die jeweilige Ortsvorwahl.
**Telefonzellen** funktionieren durchweg mit Karten (auch mit Kreditkarten), erhältlich in Kiosken und Telefonläden (telebutik). Infos zu Callingcards und Callback unter www.teltarif.de/roaming/schweden. Die Auskunft der Telefongesellschaft ›Telia‹ erreicht man unter 11 81 18.
Für **Auslandsgespräche** wählt man den Ländercode, nach Deutschland 00 49, Österreich 00 43, in die Schweiz 00 41 anschließend die Ortsvorwahl ohne die erste 0. Für **Gespräche nach Schweden** gilt die internationale Vorwahl 00 46.

## Trinkgeld

In Cafés, Restaurants, Kneipen und beim Taxifahren ist es üblich, den Betrag aufzurunden.

*Historische Telefonzelle in Stockholm*

## Zeitzonen

In Schweden gilt die mitteleuropäische Zeit (MEZ) wie in Deutschland, Österreich und der Schweiz, einschließlich Sommerzeit.

## Zoll

Für die private Einfuhr von Alkohol und Zigaretten nach Schweden gilt für Reisende aus einem EU-Land keine Begrenzung. Für Reisende aus Nicht-EU-Ländern (auch Schweiz) gelten folgende Höchstmengen: 1 Liter Spirituosen oder 2 l Starkwein sowie 4 l Wein und 16 l Bier (für Person ab 20 Jahre), 200 Zigaretten oder 200 Zigarillos, 50 Zigarren oder 250 g Tabak (für Personen ab 18 Jahre).
**CB-Funkgeräte**, für die eine CEPT-Genehmigung vorliegt, dürfen uneingeschränkt eingeführt werden. Andere Funkgeräte brauchen eine Einfuhrgenehmigung (auch aus EU-Ländern).

# Dänemark-Reisetipps von A bis Z

## Auto

**Höchstgeschwindigkeit** 50 km/h in Ortschaften, 80 km/h auf Landstraßen und 130 km/h (teils 110 km/h) auf Autobahnen. In Dänemark muss auch tagsüber mit Abblendlicht gefahren werden. Die Promillegrenze liegt bei 0,5.

An allen Autobahnen gibt es **Notrufsäulen**. Die Abschleppwagen des Pannendienstes ›Falck‹ stehen rund um die Uhr zur Verfügung. Das deutschsprachige Büro in Dänemark ist tägl. 10–16 Uhr geöffnet. Eine **ADAC-Auslands-Notrufstation** ist eingerichtet. Sie bietet ADAC-Mitgliedern und Inhabern eines ADAC-Auslandskranken- und Unfallschutzes Hilfeleistungen. Die Notrufstation ist Mo–So 8.30–18 Uhr besetzt, Tel. 45 93 17 08; 24-Std.-Service in Deutschland: 0049/89/22 22 22; www.adac.de.

## Botschaften

**Botschaft der Bundesrepublik Deutschland**
Stockholmsgade 57
2100 Kopenhagen
Tel. 35 45 99 00, Fax 35 26 71 05
info@kopenhagen.diplo.de
www.kopenhagen.diplo.de

**Botschaft der Republik Österreich**
Sølundsvej 1
2100 Kopenhagen
Tel. 39 29 41 41, Fax 39 29 20 86
kopenhagen-ob@bmaa.gv.at

**Botschaft der Schweizerischen Eidgenossenschaft**
Amaliegade 14
1256 Kopenhagen
Tel. 33 14 17 96, Fax 33 33 75 51
vertretung@cop.rep.admin.ch

## Bitte nicht!

Dänen verhalten sich sehr diszipliniert, auch im Straßenverkehr. Selten sieht man jemanden bei Rot über die Ampel gehen, und Radfahrer benutzen die Gehwege nicht als Abkürzung oder Ausweichfläche. Auch wird das Rad über den Zebrastreifen geschoben. Man sollte sich also nicht als (Rad-)Rowdy gebärden.

## Einreisebestimmungen

Für Reisende aus Deutschland, Österreich und der Schweiz genügt der Personalausweis für einen (touristischen) Aufenthalt von bis zu drei Monaten.

## Elektrizität

Die Spannung beträgt wie in Deutschland 220 Volt. Eurostecker passen in die meisten dänischen Steckdosen. Es gibt allerdings auch Stecker mit dreiteiliger Verbindung.

## Feiertage

1. Januar: Neujahr
Gründonnerstag, Karfreitag, Ostermontag
Buß- und Bettag (4. Freitag nach Ostern)
Christi Himmelfahrt
5. Juni: Verfassungstag
Pfingstmontag
25./26. Dezember: Weihnachten

## Geld

1 **Dänische Krone** = 100 Øre. Währungskürzel: dkr, DKK. Banknoten gibt es im Wert von 1000, 500, 200, 100 und 50 DKK, Münzen in den Nennbeträgen 20, 10, 5, 2 und 1 DKK sowie 50 Øre. Dänemark ist kein Mitglied des Eurosystems, nimmt jedoch am Wechselkursmechanismus II (WKM II) teil, d. h., der

*Laden in der Kopenhagener City*

Wechselkurs der Dänischen Krone ist an den Euro angebunden, aber nicht festgelegt. Zur Orientierung gilt: 7,5 DKK = ca. 1 Euro. Es gibt zahlreiche **Geldautomaten**, an denen mit Kredit- oder Bankkarte Bargeld in der Landeswährung abgehoben werden kann. Die meisten Hotels und viele Geschäfte akzeptieren **Eurocard, MasterCard, American Express, Diners Club, Visa**. **Reiseschecks** werden in allen Banken umgetauscht.

## Gesundheit

EU-Bürger und Bürger von Mitgliedsstaaten des Europäischen Wirtschaftsraums (EWR), die sich vorübergehend in Dänemark aufhalten, haben Anspruch auf medizinische Erstversorgung. Als Nachweis ersetzt die europäische **Krankenversicherungskarte (EHIC)** das früher übliche Formblatt E 111. Während insbesondere die Notfallbehandlung in Krankenhäusern nach Vorlage der Krankenversicherungskarte kostenlos erfolgt, muss die Behandlung in Arztpraxen meist direkt bezahlt werden und dann mit der deutschen Krankenversicherung abgerechnet werden. Unabhängig davon sollte eine **Auslandsreise-Krankenversicherung** abgeschlossen werden, die Risiken abdeckt, die von den gesetzlichen Krankenkassen nicht übernommen werden (Rücktransport nach Deutschland, Behandlung bei Privatärzten).

In Teilen Dänemarks (Bornholm) kommt es von April bis Oktober zur Übertragung der Frühsommer-Meningoenzephalitis (FSME) durch Zeckenstiche. Eine Impfung ist zu überlegen.

## Mietwagen

Alle großen Anbieter haben Vertretungen in Kopenhagen, am Flughafen und in vielen Hotels; z. B. Europcar, www.europcar.dk; Mo–Fr 8–18 Uhr, Sa/So 8–14/16 Uhr.

## Notfall

Notruf: 112
Polizei: 114.

## Öffnungszeiten

Viele **Cafés** öffnen morgens um 5 Uhr, wenn die Nachtclubs schließen. Restaurants bieten meistens durchgehend warme Küche. **Geschäfte** haben in der Regel Mo–Do von 9/10–17/18 Uhr, Fr bis 19/20 Uhr, Sa bis zum früheren oder späteren Nachmittag geöffnet. **Banken** sind Mo–Mi, Fr 10–16, Do bis 18 Uhr und **Wechselstuben** bis Mitternacht geöffnet. Schalterzeiten der **Postämter** sind Mo–Fr 9–17.30, teils auch Sa 9–12 Uhr.

## Post

Die Postämter haben Mo–Fr 9–17.30 Uhr geöffnet, einige auch Sa 9–12 Uhr. Ein Postamt, das auch sonntags geöffnet hat, befindet sich im Kopenhagener Hauptbahnhof.

## Sicherheit

In Kopenhagen steigt in den Sommermonaten das Risiko von **Taschendiebstählen** stark an. Überall, wo sich Menschenmengen ansammeln, wie am Hauptbahnhof, auf dem Rathausplatz und bei der Wachablösung vor Schloss Amalienborg sollte man Rucksack, Handtasche und Portemonnaie sorgsam hüten.

## Telefonieren

Vorwahl aus Deutschland, Österreich und der Schweiz: 0045. Es gibt keine Ortskennzahl, alle Anschlüsse haben acht Ziffern. Vorwahl nach Deutschland: 0049, nach Österreich: 0043, in die Schweiz: 0041. Neben Münzfernsprechern gibt es **Kartentelefone**, die Karten (30, 50 oder 100 DKK) dafür erhält man in Postämtern und an Kiosken. Telefonzellen akzeptieren Euro-Münzen, teils auch Kreditkarten. Die Münzen, die man eingeworfen hat, erhält man allerdings nicht zurück, egal ob die Verbindung zustande kam oder nicht. Man kann sich an öffentlichen Fernsprechern zurückrufen lassen, die Nummer ist angeschlagen.

## Trinkgeld

In den Hotels und Restaurants ist bereits das Trinkgeld in den Rechnungen enthalten. Ausnahmen sind Toilettenpersonal und Gepäckträger.

## Zoll

Trotz der offenen Grenzen innerhalb der EU gibt es Beschränkungen. EU-Bürger über 17 Jahre dürfen 1 l Spirituosen und 200 Zigaretten einführen. Genaueres unter www.zoll.de

*Am Nyhavn in Kopenhagen*

# Die Ostseestädte im Internet

## Ostsee allgemein

www.blueflag.org Das Projekt ›Blaue Flagge‹ setzt sich für die Wasserqualität ein und verleiht die ›blaue Flagge‹ für saubere Strände.
www.leuchttuerme.net Hunderte von Leuchttürmen stehen an den Küsten der Ostsee. Viele sind zu besichtigen.

### Kiel
www.kiel.de Offizielle Seite der Stadt Kiel.
http://foerdefluesterer.de
www.kiel-magazin.de Konzerttipps, Partytermine und Kneipenführer.

### Lübeck
www.luebeck-tourismus.de
www.travemuende-tourismus.de Internetauftritte der Lübeck und Travemünde Tourist-Service GmbH mit Reiseangeboten und Szeneguide.
www.ultimo-luebeck.de
www.luebeck-szene.de Die beiden Stadtmagazine ›ultimo‹ und ›Lübeck-Szene‹ informieren über Veranstaltungen, Ausstellungen und das Wetter in Lübeck.

### Rostock
www.0381-magazin.de Stadt- und Kulturmagazin für Rostock und Umgebung: Aktuelles, Veranstaltungen, Adressen.
www.szenerostock.de Aktuelle Veranstaltungstipps des Stadtmagazins.

### Gdańsk
www.de.gdansk.gda.pl Offizielle Seite des Fremdenverkehrsamts Gdańsk.

### Kaliningrad
www.aktuell.ru Internetzeitung ›Russland-aktuell‹ (dt.).
www.kaliningrad.aktuell.ru Deutschsprachige, recht umfangreiche Onlinezeitung.
www.kaliningradcity.ru Portal mit vielen nützlichen touristischen Informationen, einem täglich aktuellen Veranstaltungskalender und den Gelben Seiten (dt.).
www.ostpreussen.net Viele Informationen zu Ortschaften außerhalb Königsbergs (dt.).
http://art-guide.ncca-kaliningrad.ru Das Kaliningrader Zentrum für zeitgenössische Kunst hat ein Internetprojekt zur Innensicht des jungen, intellektuell ausgerichteten Kaliningrad realisiert. Die Website versammelt viele sehr gute Essays zu Geschichte, Gesellschaft und Kultur (engl.).
www.klgd.ru/en Offizielle Website der Stadt Kaliningrad (ru.).

## Baltikum allgemein

www.baltikuminfo.de Seiten des baltischen Fremdenverkehrsamts (dt.).
www.balticsworldwide.com Nachrichten aus Politik, Wirtschaft und Kultur sowie Hintergrundinformationen zur Geschichte Estlands, Lettlands und Litauens liefert das englischsprachige ›City Paper‹ (engl.).

### Klaipėda/Litauen
www.travel.lt Litauisches Fremdenverkehrsamt (dt.).
www.nerija.lt Informationen zu Sehenswürdigkeiten und Unterkunftsmöglichkeiten sowie zur Natur und Geschichte der Kurischen Nehrung (engl.).

### Riga/Lettland
www.latviatourism.lv Seite des lettischen Fremdenverkehrsamts (dt.).

**www.traveller.lv** Informationen zu Urlaubsmöglichkeiten auf dem Lande in Lettland, aber auch in Estland und Litauen (dt.).

### Tallinn/Estland
**www.visitestonia.com** Seite des estnischen Fremdenverkehrsamts (dt.).
**www.maaturism.ee** Informationen zu Urlaub auf dem Lande in Estland (dt.).

### St. Petersburg
**http://petersburg.aktuell.ru** Internetzeitung St. Petersburg (dt.).
**http://eng.ispb.info** Website des City Tourist Information Centre (engl.).
**www.petersburg-info.de** Reisen und City-Infos zu St. Petersburg (dt.).

### Helsinki/Finnland
**www.visitfinland.com** Finnische Zentrale für Tourismus (dt.).
**www.hel2.fi/tourism** Tourismusbüro Helsinki (engl.).
**www.hel.fi** Offizielle Website der Stadt Helsinki (dt.)

### Stockholm/Schweden
**www.visitsweden.com** Schwedische Tourismuszentrale.
**www.visitstockholm.com** Die Stockholmer Touristeninformation (dt., eng.)

### Gotland/Schweden
**www.gotland.info** Tourismusverband Gotland (dt.).

### Bornholm/Dänemark
**www.bornholm.info** Offizielle Website von Bornholm (dt.).

### Kopenhagen/Dänemark
**www.visitcopenhagen.com** Gut gemachte Website der Tourismusbehörde in Kopenhagen, mit Veranstaltungstipps (dt.).

# Literaturtipps

## Ostsee Allgemein
**Wolfgang Froese**, Wikinger Germanen Nordische Königreiche: Die Geschichte der Ostseestaaten, Nikol Verlag, 2008. Spannende Darstellung der Geschichte der Völker und Staaten rund um die Ostsee von der Entstehung des Meeres bis in die Gegenwart. Mit anschaulichen Illustrationen und Karten.
**Christoph Neidhart**, Ostsee: Das Meer in unserer Mitte, Mareverlag, 2007. Länder, Städte und Inseln des Ostseeraums aus unterschiedlichen Perspektiven. Kenntnisreich und unterhaltsam.
**Müller, Christine und Bodo**, Über die Ostsee in die Freiheit. Dramatische Fluchtgeschichten. Bielefeld: Delius Klasing Verlag 1996. Die Ostsee als Fluchtweg aus der DDR.
**Roder, Hartmut** (Hg.), Piraten. Die Herren der Sieben Meere. Bremen: Edition Temmen 2000. Kompetente Autoren entführen in die Welt der Piraten, von der Antike bis zur Produktpiraterie des 20. Jahrhunderts, spüren Seeräuberlegenden und dem Piratenmythos aus Kino und Abenteuerliteratur nach.
**Konrad Halver**, Klaus Störtebeker, Hörspiel, Studio Europa (Miller International Schalplatten GmbH).
**Werner, Jan**, Ostseeküste 2. Travemünde bis Stettiner Haff. Bielefeld: Delius Klasing Verlag 2008. Törnführer für die Ostsee.

## Kiel
**Warschau, Kirstin**, Fördewasser: Ein Kiel-Krimi, Piper, 2008. Spannender Krimi.
**Karpf, Eva-Maria**, Geheimnisvolles Kiel. Gudensberg: Wartberg-Verlag 2003. Bild- und Textband für eine Entdeckungsreise durch Kiel.

## Lübeck

**Johannson, Lena**, Das Marzipanmädchen, München: Knaur 2007. Marie versucht gegen Ende des 19. Jahrhunderts, die väterliche Süßwarenmanufaktur vor dem Ruin zu retten.

**Dittrich, Konrad**, Kleine Lübecker Stadtgeschichte, Regensburg, Verlag Friedrich Pustet 2007. Schön bebilderter und gut strukturierter Abriss des Aufstiegs zur Königin der Hanse.

## Rostock

**Delius, Friedrich Christian**, Der Spaziergang von Rostock nach Syrakus, Rowohlt, 1995. Der Kellner Paul Gompitz aus Rostock will in den 1980er Jahren von Rostock nach Syrakus reisen, wie sein Idol Johann Gottfried Seume. Als die DDR-Behörden ihn nicht ausreisen lassen, flieht er über die Ostsee. Ebenso schöne wie spannende Erzählung.

## Gdańsk

**Huelle, Paweł**, Mercedes-Benz, 2001, dtv. Der 1957 geborene Autor aus Gdańsk war bei der Solidarność aktiv und ist heute einer der bekanntesten Autoren Polens. Während seiner Fahrstunden beim bezaubernden Fräulein Ciwle in Gdańsk erfährt man die Familiengeschichte des Erzählers und zugleich noch die Geschichte Polens im 20. Jahrhundert.

**Polyglott Sprachführer Polnisch**, 2005. Kompakt und praktisch nach Situationen/Themen gegliedert mit Bildwörterbuch und Wörterbuch in beide Richtungen. Sehr hilfreich ist die Aussprachehilfe zu jedem Wort.

## Klaipėda

**Sprindyte, Jurate und Berthel, Klaus** (Hg.), Von diesen Träumen ganz verschiedene. Zehn litauische Gegenwartsautoren und ihre literarische Prosa, Oberhausen: Athena-Verlag 2002. Zum Kennenlernen, unter anderem mit den in Litauen sehr bekannten Autorinnen Jurga Ivanauskaite (bekannt für ihren Roman ›Die Regenhexe‹) und Renata Serelyte.

**Butenschön, Marianna**, Litauen, München: C.H. Beck 2002. Fundierte Lektüre, die in die wechselvolle Vergangenheit und die von Aufbruchstimmung geprägte Gegenwart Litauens einführt.

**Jähnert, Katrin**, Litauisch Wort für Wort, Bielefeld: Reise Know-How Verlag (Kauderwelsch-Reihe) 2010.

## Riga

**Muktupāvela, Laima**, Das Champignonvermächtnis, Bonn: Weidle 2008. Die unterhaltsam erzählten Abenteuer einer lettischen Schwarzarbeiterin als Pilzerntearbeiterin in Irland.

**Ludwig, Klemens**, Lettland, München: C. H. Beck 2000. Detaillierte Hintergrundinformation zu Lettlands Geschichte, Politik, Wirtschaft und Kultur.

**Christophe, Bernard**, Lettisch Wort für Wort, Bielefeld: Reise Know-How Verlag (Kauderwelsch-Reihe) 2002.

## Tallinn/Estland

**Kross, Jaan**, Das Leben des Balthasar Rüssow. München: dtv 1999. Der historische Roman handelt von den sozialen und politischen Umwälzungen im Estland des 16. Jahrhunderts – die Bezüge zur jüngeren Geschichte sind unübersehbar.

**Marni, Nicola**, Die Tallinn-Verschwörung. Goldmann Verlag, 2010. Erschreckend realistischer Thriller um teuflische Machenschaften im Vatikan.

**Grönholm, Irja**, Estnisch Wort für Wort. Bielefeld: Reise Know-How Verlag (Kauderwelsch-Reihe) 2008.

## St. Petersburg/Russland

**Gogol, Nikolaj**, Petersburger Novellen. München: dtv 2002. Einer der russischen Klassiker des 19. Jahrhunderts, mit den Novellen ›Der Newskijprospekt‹, ›Aufzeichnungen eines Wahnsinnigen‹, ›Die Nase‹, ›Der Mantel‹.

**Karl Schlögel, Frithjof B. Schenk, Markus Ackeret** (Hg.), Sankt Petersburg: Schauplätze einer Stadtgeschichte, Campus 2007. Historischer Reiseführer von russischen und deutschen Autoren, der die Geschichte der Stadt zwischen den Jahren 1850 und 1950 lebendig darstellt.

**Elke Becker und Claudia Schmidt**, Kauderwelsch, Russisch Wort für Wort, Reise Know-How Verlag, Bielefeld, 2007.

## Helsinki/Finnland

**Schatz, Roman**, Der König von Helsinki. Oder wie ich der berühmteste Deutsche Finnlands wurde, Eichborn, 2010, Der Autor, der Liebe wegen nach Finnland ausgewandert, erzählt von seinem unaufhaltsamen Aufstieg in einem lustigen Land, das man sonst aus den melancholischen Filmen von Aki Kaurismäki kennt.

**Wessel, Katri**, Langenscheidt Sprachführer Finnisch: Für alle wichtigen Situationen auf der Reise, 2009.

## Stockholm

**Larsson, Stieg**, Millennium-Trilogie: Verblendung/Verdammnis/Vergebung, 2005-2007, Heyne. Hochspannende Krimiserie über ein ungewöhnliches Ermittlerteam aus dem Stockholmer Journalisten Mikael Blomkvist und der Hackerin Lisbeth Salander. Alle Bände erschienen nach dem Tod des Autors (1954-2004) und wurden 2009 verfilmt. Zu den Stockholmer Schauplätzen der Millennium-Trilogie gibt es einen eigenen Stadtplan bei der Stockholmer Touristeninformation.

**Merian Stockholm**, 8/2008. Diese Ausgabe des Reisemagazins hat Beiträge zu den Themen Untergang der Vasa, wie Schweden Einwanderer integriert und warum der Stadtteil Södermalm das neue Trendviertel ist. Außerdem zeigt die Krimiautorin Liza Marklund ihr Stockholm.

## Visby

**Svensson, Britt**, Guide to Visby, 2001, 2. Auflage, herausgegeben vom Gotland Museum (Gotlands Fornsal). Exzellenter, reich bebilderter und detaillierter Führer durch Visbys Altstadt; in jeder Buchhandlung Visbys erhältlich (engl., mit etwas Glück findet man auch ein deutsches Exemplar).

**Jungstedt, Mari**, Im Dunkeln der Tod, 2009, Heyne. Die schwedische Autorin Mari Jungstedt hat eine ganze Reihe Krimis geschrieben, die allesamt auf Gotland spielen und zum Teil vom ZDF verfilmt wurden – witzigerweise mit der Pippi-Langstrumpf-Darstellerin Inger Nilsson als Ermittlerin. Schauplatz dieses Krimis ist die Altstadt von Visby. Ein Kunsthändler wurde ermordet, seine Leiche hängt von einem Stadttor.

**Marco Polo Sprachführer Schwedisch**, 2009, Bildreicher, thematisch gegliederter Sprachführer mit Aussprachehilfe und sehr umfangreicher Speisekarte. Wenn man mal völlig sprachlos ist, helfen einem die Zeigebilder weiter.

## Über die Autoren

**Beate Kirchner**: Studium der Politikwissenschaft in Florenz und München. Lebt als freie Autorin und Redakteurin in München.
**Jonny Rieder** lebt als freier Autor in München.
**Renate Wolf** hat in Regensburg Anglistik und Germanistik studiert. Anschließend Tätigkeit als Lektorin bei verschiedenen Verlagen. Lebt heute als freie Redakteurin in München.
**Volker Hagemann** arbeitet als freier Autor und Journalist in Berlin. Für den Trescher Verlag hat er die Reiseführer ›Lettland‹ sowie ›Riga, Tallinn, Vilnius‹ verfasst.

## Danksagung

Heidi Authried, Esterbauer Verlag, Rodingersdorf, Österreich
Evely Baum, Estonian Tourist Board/Estonian Enterprise
Bettina Beermann, Hamburg Museum
Verner Buhl, Bornholm
Daniel Eriksson, Gotland Tourismus, Visby
Per-Erling Evensen, Destination Gotland, Visby
Paula Franz, Helsinki
Kajetan Hinner, (vormals Uni Rostock), München
Aneta Głębocka, Tourismusinformation Sopot
Andreas Kasperski, Fremdenführer, Gdańsk
Anita Kanenberga, Riga
Magdalena Korzeniowska, Polnisches Fremdenverkehrsamt, Berlin
Hanna Lange, Lübeck und Travemünde Marketing GmbH
Lina Markauskiene, Klaipeda Tourism and Culture Information Center
Johanna Nilsson, Stockholm Visitors Board
Arturas Petrauskas, Klaipeda Tourism and Culture Information Center
Anita Priedite, Riga Tourism Coordination and Information Center
Christiane Polus, Journalistin, Hamburg
Maret Põldveer, Tallinn City Tourist Office & Convention Bureau
Annette Schmiede, Journalistin, München
Elisabeth Schumann, Maritime Science Center, Rostock-Warnemünde
Annamari Thorell, Gotland Tourismus, Visby
Jenny Taipale, MikullaGoldmann PR, München
Carl Undéhn, VisitSweden, Hamburg
Sabine Weigend, Tourismuszentrale Rostock & Warnemünde
Petra Wulff, Lübeck und Travemünde Marketing GmbH
Eva-Maria Zeiske, Kiel-Marketing e.V.

# Ortsregister

## A
Åland-Inseln 55
Almindingen 332
Almindinger Wald 346

## B
Baltijsk 45, 159, 163
Birka 31, 290
Bornholm 374
Bottnischer Meerbusen 22

## C
Carskoe Selo 261
Christiansborg 351, 352
Christianshøj 346
Christiansø 334

## D
Daugava (Düna) 26, 198
Drottningholm 310

## E
Eckernförder Bucht 23
Eiderkanal 66

## F
Falster 40
Fehmarn 40
Fehmarnbeltbrücke 40
Festung Hammershus 332
Festung Nyenschanz 36, 243
Finnischer Meerbusen 22, 26, 53
Flensburg 38
Flensburger Förde 23
Frederiksborg 373
Frisches Haff 23
Fünen 40, 59

## G
Gamleborg 346
Gauja-Nationalpark 217
**Gdańsk 131–153, 230**
    Artushof 138
    Goldenes Tor 136
    Große Mühle 133
    Großes Zeughaus 139
    Grünes Tor 138
    Hohes Tor 136
    Krantor 139
    Langer Markt 137
    Langgasse 137
    Letnica 132
    Marienkirche 139
    Meeresmuseum 139
    Mottlau-Ufer 138
    Museumsschiff MS Sołdek 139
    Neptunbrunnen 137
    Neues Schöffenhaus 138
    Philharmonie 139
    Rechtstädtisches Rathaus 137
    Roads to Freedom 135
    Speicherstadt 133
    St.-Georg-Halle 136
    Stadtmuseum 136
    Stockturm 136
    Uphagenhaus 137
Gdynia 150–153
Gotland 31, 32, 35, 58
Greifswalder Bodden 24
Große-Belt-Brücke (Storebælt-Brücke) 40
Großer Belt 22, 26, 59
Gudhjem 345

## H
Hasle 345
Heiligendamm 129
Helsingør 57
**Helsinki 55, 265–287**
    Domkirche 271
    Eira 267
    Enso-Haus 272
    Finlandia-Halle 276
    Hauptbahnhof 277
    Havis Amanda 271
    Kamppi 276
    Katajanokka 267, 272
    Kauppatori 271

Kunstmuseum Ateneum 278
Markthalle 271
Museum für Zeitgenössische Kunst Kiasma 269, 276
Postmuseum 277
Schwedisches Theater 273
Sederholm-Haus 272
Senatsplatz 271
Seurasaari 286
Sibelius-Park 276
Suomenlinna 267, 285
Töölönlahti 276
Ullanlinna 267
Hiiumaa 230
Hillerød 373
Hinterpommern 35
Högklint 328
Hohe Düne 126
Holtenau 78, 230
Humlebæk 373

## I
Ingermanland 36

## J
Jantarnyi 172, 173
Jūrmala 216
Jütland 30

## K
Kadriorg 221
**Kaliningrad 45, 84, 155–177**
Amalienau 157, 167
Bernsteinmuseum 165
Börse 163
Christ-Erlöser-Kathedrale 166
Dohnaturm 165
Dom 161
Fischdorf 161
Friedländer Tor 160, 162
Geschichtsmuseum 165
Haus des Sowjets 164
Hufen 167
Immanuel-Kant-Universität (Albertina) 165
Königin-Luise-Gedächtniskirche 167
Königsberger Schloss 164
Maraunenhof 157, 167
Meeresmuseum 163
Museumshafen 163
Puppentheater 167
Sackheimer Tor 166
Schifffahrtsmuseum 163
Siegesplatz 166
Stadttheater 167
Südbahnhof 162
Universität 164
Zoo 167
Kap Arkona 230
Karelien 36
Kattegat 22, 24
**Kiel 38, 63–79**
Alter Markt 64, 69
Aquarium 70
Asmus-Bremer-Platz 69
Dänische Straße 69
Europaplatz 69
Geistkämpfer 69
Hauptbahnhof 67
Hiroshimapark 72
Holstenbrücke 69
Holstenplatz 67
Holstenstraße 65, 69
Howaldtswerke 67
Kielline 67
Kiellinie 70
Kloster 72
Kunsthalle 70
Museum Warleberger Hof 70
Neues Rathaus 67
Nikolaikirche 64, 69
Norwegenkai 67
Oper 72
Rathaus 72
Schifffahrtsmuseum 70
Schloss 65, 70
Schwedenkai 69
Seebad Düsternbrook 70
Sparkassen-Arena 69

Universität 65
Kieler Förde 23
**Klaipėda 50, 179–195**
  Altes Rathaus 188
  Börsenbrücke 187
  Burgmuseum 189
  Domšaitis-Galerie 188
  Hauptpostamt 188
  jüdischer Friedhof 186
  Markt 186
  Mažvydas-Skulpturenpark 189
  Melnragė 180
  Museum der Geschichte Klein-
    Litauens 186
  Ordensburg 189
  Philharmonie 187
  Schmiedemuseum 186
  Segelschiff Meridianas 187
  Smiltynė 190
  Theaterplatz 185
  Uhrenmuseum 188
Kleine-Belt-Brücke 40
Kleiner Belt 22, 26, 59
Kneippbyn 328, 329
**Kopenhagen 59, 349–374**
  Amagertorv 361
  Amaliehaven 365
  Amalienborg 365
  Assistens Kirkegård 358
  Bertel-Thorvaldsen-Museum 363
  Börse 351, 364
  Charlottenborg 364
  Christiania 354, 367
  Christianshavn 367
  Christianskirche 367
  Churchill-Park 367
  Drachenspringbrunnen 357
  Erlöserkirche 367
  Frauenkirche 358
  Frederiksberg 356
  Frederikskirche 367
  Gammel Strand 363
  Gammeltorv 357
  Gefionbrunnen 367
  Gerichtsgebäude 358
  Gråbrødretorv 361
  Hafenfront 365
  Hauptbahnhof 355
  Holmen 354
  Inderhavn 354
  Jüdisches Museum 363
  Kastell 367
  kleine Meerjungfrau 364
  Kongens Nytorv 364
  Königliches Theater 364
  Konzerthaus 354
  Nørrebro 358
  Ny Carlsberg Glyptothek 360
  Nyhavn 365
  Nytorv 357
  Øksnehallen 356
  Oper 354, 360, 364
  Ørestad 354
  Rathaus 357
  Runder Turm 351, 359
  Schauspielhaus 354, 364, 365
  Schloss Christiansborg 363
  Schloss Rosenborg 351, 361
  Schwarzer Diamant 354, 364, 365
  St. Petrikirche 358
  Storchenbrunnen 361
  Tivoli 356
  Trinitatiskirche 359
  Universität 359
  Vesterbro 356
  Weltuhr 357
  Zoo 356
Kronstadt 38
Kubitzer Bodden 24
Kurische Nehrung 175, 194
Kurisches Haff 23, 49
Kurland 37

**L**

Laboe 79
Lesnoe 175
Leuchtturm Neufahrwasser 145
Lilleborg (Bornholm) 346
Lolland 40
Lovön 310

**Lübeck** 31, 32, 81–105
  Behnhaus 94
  Buddenbrookhaus 90
  Burgkloster 95
  Burgtor 95
  Dom 83, 86, 92
  Drägerhaus 94
  Dummersdorfer Ufer 86
  Ganghäuser 96
  Günter-Grass-Haus 93
  Heiligen-Geist-Hospital 94
  Herrenwyk 86
  Holstentor 91
  Kunsthalle St. Annen 92
  Marienkirche 83, 86, 88, 89
  Petrikirche 83, 86, 90
  Priwallhalbinsel 86
  Rathaus 88
  Rathausplatz 87
  Salzspeicher 91
  Schiffergesellschaft 95
  Skandinavienkai 86
  St. Aegidienkirche 93
  St. Annen-Museum 92
  St. Jakobikirche 95
  St. Katharinenkirche 93
  Theaterfigurenmuseum 91
  Trave 90
  Willy-Brandt-Haus 94

**M**
Malärsee 31
Malmö 40, 59, 374
Marienburg 89, 156, 182
Markgrafenheide 127
Memel 31
Molfsee 79
Møn 40
Morskoe 176

**N**
Nemunas (Memel) 26, 49
Neva 26, 36
Nexø 335, 346, 347
Nida 194, 230

Nord-Ostsee-Kanal 66
Nyker 345
Nylars 345

**O**
Oder 26, 43
Olsker (Bornholm) 345
Øresund 26, 40, 57, 59
Østerlars 345

**P**
Palanga 195
Peterhof 261
Poel 35
Polen 43
Priwallhalbinsel 102
Puttgarden 40

**R**
Rathaus 82
Rīdzene 198
**Riga** 35, 52, **197–217**
  Anglikanerkirche 204
  Architekturmuseum 203
  Basteiberg 202
  Börse 204
  Domkirche 204
  Drei Brüder 203
  Freiheitsdenkmal 202
  Große Gilde 205
  Haus Mentzendorff 210
  Johannishof 209
  Katzenhaus 204
  Kleine Gilde 205
  Konventhof 208
  Kriegsmuseum 202
  Laima-Uhr 202
  Lettisches Historisches Museum 204
  Mater-Dolorosa-Kirche 204
  Museum für angewandte Kunst 208
  Museum für ausländische Kunst 204
  Okkupationsmuseum 210

## Ortsregister [ 421 ]

Porzellanmuseum 208
Pulverturm 202
Rahmerturm 202
Rathaus 210
Schloss 203
Schwarzhäupterhaus 210
Schwedentor 202
St. Georgikirche 208
St. Jakobskirche 203
St. Johanniskirche 208
St. Petrikirche 209
Rigaer Bucht 22
**Rønne auf Bornholm 331–347**
  Erichsens Gård 340
  Hafenschmiede 337
  Hauptwache 339
  Hjorths Fabrik 340
  Johnsens Gård 339
  Keramikmuseum 340
  Kommandantgården 340
  Leuchtturm 339
  Nikolaikirche 333
  St. Nikolaikirche 339
  Store Torv 340
  Theater 340
  Toldboden 337
  Roskilde 374
**Rostock 31, 107–129**
  Alter Markt 117
  Brunnen der Lebensfreude 114
  Hausbaumhaus 118
  Haus Ratschow 113
  Hohe Düne 111, 125
  Internationaler Klub der Seeleute 116
  Kempowski-Archiv 114
  Kerkhoffhaus 116
  Kloster zum Heiligen Kreuz 114
  Krahnstöverhaus 116
  Kröpeliner Tor 114
  Kuhtor 116
  Kulturhistorisches Museum 114
  Literaturhaus 116
  Marienkirche 112
  Mönchentor 117
  Möwenbrunnen 112
  Neuer Markt 112
  Nikolaikirche 117
  Petrikriche 117
  Rathaus 112
  Rosengarten 115
  Stadthafen 117
  Steintor 115
  Universitätsplatz 113
  Wallanlagen 115
Rybačij 175
Rybačij (Rossitten) 29

**S**

Saaler Bodden 24
Saaremaa 230
Schonen 30, 40
Seeland 40, 59
Sigulda 217
Sopot 146–150
Sovjetsk 181
**St. Petersburg 36, 37, 45, 241–263**
  Admiralität 253
  Aleksandrinskij-Theater 255
  Aleksandrovskij-Garten 253
  Aleksandrsäule 252
  Aničkov-Palais 255
  Armenische Kirche 254
  Blaue Brücke 254
  Dekabristenplatz 253
  Eremitage 252
  Erlöserkirche 249
  Fontanka 251
  Gostinyj Dvor 254
  Griboedov-Kanal 251, 255
  Haus der Künste 251
  Heumarktviertel 255
  Isaaks-Kathedrale 254
  Johannesbrücke 252
  Kazaner Kathedrale 249
  Marmorpalast 253
  Mojka-Kanal 251
  Münze 252
  Neue Eremitage 252
  Nevskij-Kloster 255

Anhang

Nevskij-Prospekt 247
Palastplatz 251
Panzerkreuzer Aurora 253
Peter-und-Paul-Festung 243, 252
Peter-und-Paul-Kirche 249
Singerhaus 249
Sommergarten 252
Stroganov-Palais 251
Vasil'evskij-Insel 230, 247
Stettiner Haff 23
**Stockholm 289–311**
　Aquaria 300
　Architekturmuseum 299
　Birger Jarls Torg 294
　Deutsche Kirche 291, 295
　Djurgården 299
　Dom 295
　Evert-Taube-Terrasse 294
　Gröna Lund 300
　Helgelandsholmen 297
　Junibacken 300
　Kaknästornet 303
　Kastellholmen 299
　Königliches Schloss 296
　Liljevalchs 300
　Millesgården 309
　Mittelaltermuseum 297
　Museum für Moderne Kunst 299
　Nationalmuseum 297
　Nordisches Museum 300
　Ostasiatisches Museum 299
　Riddarholms Kirche 294
　Ritterhaus 294
　Schloss Rosendal 303
　Skansen 300
　Skeppsholmen 297
　Skogskyrkogården 310
　Stortorget 295
　Vasa-Museum 301
　Wrangel-Palast 294
Storebælt-Brücke (Große-Belt-Brücke) 59
Stralsund 31, 89
Stutthof (Sztutowo) 133, 146
Svetlogorsk 174

T
**Tallinn 53, 219–239**
　Aleksandr-Nevskij-Kathedrale 225
　Aussichtsterrassen 226
　Dicke Margarete 227
　Domberg 224
　Dominikanerkloster 229
　Domkirche zu St. Marien 226
　Drei Schwestern 228
　ehemalige KGB-Zentrale 228
　Estnisches Freilichtmuseum 238
　Estnisches Kunstmuseum 226
　Freiheitskreuz 224
　Freiheitsplatz 224
　Garten des dänischen Königs 227
　Haus der Großen Gilde 229
　Haus der Kanutigilde 229
　Haus der Olaigilde 229
　Haus der Schwarzhäuptergilde 228
　Heiliggeistkirche 229
　Kadriorg 238
　Katharinenpassage 231
　Kiek in de Kök 224, 227
　Kohtuotsa 226
　Kumu Art Museum 223
　Langer Hermann 225
　Lehmpforte 231
　Mägdeturm 227
　Marstallturm 227
　Militärmuseum 225
　Museum für ausländische Kunst 238
　Museum für mittelalterliche Kunst 231
　Parlament 226
　Patkuli 227
　Pirita 223, 237
　Rathaus 231
　Ratsapotheke 231
　Rocca al mare 238
　Schloss auf dem Domberg 226
　St.-Johanneskirche 224
　St.-Katharinenkirche 231
　St.-Nikolaikirche 231
　St.-Olaikirche 228

St.-Peter-und-Paul-Kirche 229
Stadtmuseum 229
ukrainische Kirche 227
Zoo 238
Tofta 328
Trave 82
Travemünde 101, 230
Turaida 217

**T**
Ust-Luga 45

**V**
Vikingabyn 328
Villa Muramaris 328
**Visby auf Gotland 313–329**
　Almedalen 322
　Botanischer Garten 321
　Dalmansturm 321
　Dom St. Maria 315, 318
　Donnerska huset 317
　Gotland-Museum 317
　Kaiserturm 320
　Kirchenberg 318
　Kunstmuseum 317
　Metodist Kyrka 319
　Osttor 321
　Snäckgärdsporten 321
　St. Hans 319
　St. Katarina 318
　St. Olof 321
　Südtor 320
Vorpommern 35

**W**
Wakenitz 82
Warnemünde 123–127, 230
　Weichsel 43
　Wisła (Weichsel) 26
　Wismar 31
　Zelenogradsk 174, 175

# Personen- und Sachregister

**A**
Aalto, Alvar 272, 273, 276
Absalon von Roskilde 351
Achmatova, Anna 245
Adolf I. 65
Adolf III. von Schauenburg 101
Adolf IV. von Holstein 64
Al-Idrisi 220
Albert 198, 204
Albertina 156
Albrecht IV. 84
Albrecht von Brandenburg 156
Albrecht von Mecklenburg 291
Albrecht von Preußen 85
Albrecht von Schweden 315
Aleksandr I. 244, 267, 272
Aleksandr II 244
Aleksandr II. 249
Aleksandr III. 221, 244
Aleksandr Nevskij 255
Aleksandrovič, Vladimir 253
Andersen, Hans Christian 358, 364, 365
Andersen Nexø, Martin 337, 347
Anker, Povl 334
Ansip, Andrus 53
Argand, Almé 230

**B**
Backsteingotik 89
Baltijsk 160
Baltische Senke 24
Barlach, Ernst 69
Bartelmann, Wilhelm 110
Bernstein 173
Bernsteinzimmer 164
Birger Jarl 290
Blom, Fredrik 299
Bodden 23
Brandt, Willy 94
Braunstein, Johann Friedrich 261
Bremer, Asmus 69
Brodskij, Iosif 240

Bulczyński, Czesław 147
Burmeister, Hans 317

## C
Čaikovskij, Pjotr 255
Carl XVI. Gustaf 57
Christian Albrecht von Schleswig-Holstein-Gottorf 65
Christian I. 351
Christian II. 291, 295, 333
Christian III. 65
Christianisierung 30
Christian IV. 351, 359, 364, 367, 373
Christian V. 365
Christian VIII. 365
Christian X. 352
Christoffer I. 332
Christoffer III. 351
Chruščëv, Nikita 245
Conrad, Joseph 151
Corinth, Lovis 194

## D
Dach, Simon 185
Dandolo, Enrico 84
dänische Küche 60
dänisches Ostseereich 31
Dehnhardt, Guido 125
Descartes, René 291
deutsch-dänischer Krieg 66
Deutscher Orden 31, 34, 132, 156, 173, 181, 182, 199, 315
Dombrovskis, Valdis 51
Domscheit, Franz 188
Dostoevskij, Fëdor 252, 255, 256
Dreißigjähriger Krieg 34, 86, 109, 181, 291, 315, 352
Dritte Polnische Republik 43

## E
Ecke, Nikolaus 208
Ehrenström, Johan Albrecht 267
Ehrensvärd, Augustin 285
Eisenstein, Michael 207
Elisabeth I. 243, 261
Engel, Carl Ludwig 227, 267, 272, 274
Erasmi, Charlotte 84
Erik IV. 220
Eriksen, Edvard 364
Erik VII. von Pommern 315, 351
Erster Weltkrieg 37, 38, 157
estnische Küche 54
EU-Erweiterung 39

## F
Fähren 385
Falck, Johann 110
Fey, Fritz 91
finnische Küche 56
Fischfang 27
Fitzenreiter, Wilfried 124
Förden 23
Franzén, Anders 302
Frederik I. 333
Frederik III. 334
Frederik IX. 352
Freie Stadt Danzig 133
Fresnel, Jean Augustin 230
Friedensvertrag von Nystad 199
Frieden von Stettin 35
Frieden von Stralsund 32, 83
Friedrich I. 156
Friedrich II. 83, 182
Friedrich III. 156
Friedrich Wilhelm I. 156

## G
Galenos von Pergamon 84
Garbo, Greta 310
Gaspipeline Nord Stream 42
Genossenschaft deutscher Gotlandfahrer 31
Georg Albrecht I. von Brandenburg 161
Gerhard I. 64
Glinka, Michail 255
Gogol' 247
Gorbačov, Michail 134, 245
Gorčakov, Aleksandr 244

Gotlandfahrer 315
Grass, Günter 94
Gregor IX. 182
Gropius, Martin 227
Großer Nordischer Krieg 36, 199, 221, 242, 292
Gustav I. Vasa 266, 291
Gustav II. Adolf 199, 291, 315
Gustav III. 292

# H
Haffe 23
Hanse 31, 34, 83, 109, 132, 199, 290, 315
Hansekoggen 32
Hansen, Christian Frederik 359
Hanse Sail 111
Harald Blauzahn 332
Hein, Jeppe 72
Heinrich der Lette 198
Heinrich der Löwe 31, 82, 92, 108, 315
Hellbom, Olle 329
Helsinki-Kommission 28
Herder, Johann Gottfried 204
Hindenburg 157
Hitler-Stalin-Pakt 222
Holl, Steven 269
Holstein-Gottorf, Karl Peter Ulrich von 244

# I
Ilves, Toomas 53
Industrialisierung 37
Ivan IV. (der Schreckliche) 221, 237

# J
Jacobsen, Arne 360
Jakovlev, Vladimir 246
Jelzin, Boris 245
Johann I. 64
Jugendstil 200, 206
Jürgensburg, Peter Clodt von 255

# K
Kalinin, Michail 159

Kalmarer Union 291
Kant, Immanuel 157, 160, 161
Kaperbriefe 33
Karl Friedrich 65
Karl XII. 36, 243
Katharina I. 238, 261
Katharina II. (die Große) 66, 133, 226, 244, 252, 253
Kaurismäki, Aki 56
Kazimierz 44
Kempowski, Walter 114
Kerkhoff, Bartold 116
Kieler Matrosenaufstand 66
Kieler Umschlag 65
Kierkegård, Søren 358
Kinski, Klaus 147
Koch, Erich 159
Kofoed, Jens 334
Krimkrieg 285
KSZE 39, 269
Kubilius, Andrius 49

# L
Larsen, Henning 354, 360
Lenin, Vladimir I. 245
lettische Küche 52
Leuchttürme 230, 334
Libeskind, Daniel 355, 363
Liksom, Rosa 56
Lindgren, Astrid 300
Linné, Carl von 321
litauische Küche 50
Livländischer Krieg 35, 199, 221
Livländischer Orden 199

# M
Mann, Thomas 194
Mann, Thomas und Heinrich 90
Mannerheim, Carl Gustaf 269, 274
Marcks, Gerhard 93
Margarete I. 33
Margarethe I. 291
Margrethe II. 352
Marinesko, Alexander Iwanowitsch 165

Marzipan 84
Matrosenaufstand 38
Matvienko, Valentina 246
Mazowiecki, Tadeusz 134
Mažvydas, Martynas 189
Medwedew, Dmitri Anatoljewitsch 45
Memling, Hans 139
Milles, Carl 300, 309
Moneo, Rafael 299
Montferrand, Auguste 254
Munch, Edvard 123

**N**

Napoleon 133, 157, 182
NATO 39
Nehrungen 23
Niederegger, Johann Georg 84
Nikolaj I. 244
Nikolaj II. 244
Nilsson, Inger 328, 329
Nordischer Krieg 35, 272
Nordischer Siebenjähriger Krieg 35
Notke, Bernt 93, 229, 231
Nouvel, Jean 354
Numminen, M. A. 56

**O**

Olsen, Jens 357
Olsen, Peder 334
Osterlinge 32
Ostrovskij, Aleksandr Nikolaevič 255
Ostseeparlamentarierkonferenz 41
Ostseerat 39
Otto, Waldemar 112

**P**

Palme, Olof 293, 295
Panton, Verner 360
Paul I. 249
Pechstein, Max 194
Pēkšēns, Konstantīns 207
Pentarchie 37
Peter I. 36, 221, 238, 242, 261, 267
Peter III. 65
Piraten 32, 33, 315, 333

Polen-Litauen 37
polnisch-schwedischer Krieg 199
polnische Küche 44
Polnische Teilungen 37, 133
Pomatti, Wilhelm 85
Popiełuszko, Jerzy 134
Potsdamer Abkommen 159
preußisch-dänischer Krieg 352
Printzensköld, Johan 333, 339
Pruzzen 132
Puškin, Aleksandr 251
Putin, Vladimir 45, 246

**R**

Radbruch, Thomas 80
Rasmussen, Anders Fogh 354
Rasmussen, Lars Løkke 354
Rastrelli, Bartolomeo Francesco 243, 251, 252, 254, 261
Rat für gegenseitige Wirtschaftshilfe 39
Reformation 86, 181, 199, 209, 221
Reiseveranstalter 386
Remisov, Alexej 256
Rhazes 84
Rinaldi, Orlov von Antonio 253
Robben 29, 125
Roosval, Johnny 328
Rozentāls, Janis 207
Russisch-Schwedischer Krieg 199
russische Küche 46

**S**

Saarinen, Eliel 277
Salzgehalt 26
Sauna 275
ScanBalt 41
Schären 24
Schlacht bei Poltawa 36
Schlacht von Bornhöved 31
Schlacht von Tannenberg 157, 182
Schlögel, Karl 154
Schlöndorff, Volker 134
Schmidt-Rottluff, Karl 194
Schwarz, Michael 139

Schwedisch-Polnischer Krieg  35
schwedische Küche  58
Schwertbrüderorden  181, 198, 199, 203
Segeln  71
Sibelius, Jean  269, 276
Siebenjähriger Krieg  181
Singende Revolution  223
Skovgård, Joakim  357
Sobčak, Anatoli  245
Sokolov, Pavel  251
Solidarność  133, 134
Sowjetunion  39
Spreckelsen, Otto von  360
Stephan IV. Báthory  199
Störtebeker, Klaus  33, 315
Strandkorb  110
Stravinskij, Igor  255
Stroganov-Familie  251

**T**
Taube, Evert  294
Thorning-Schmidt, Helle  60
Tinguely, Jean  299
Tintoretto, Jacopo  93
Trezzini, Domenico  255
Tusk, Donald  43

**U**
Ulmanis, Kārlis  200
UNESCO-Weltkulturerbe  86, 135, 198, 220, 267, 285, 290, 310, 316, 320
Utzon, Jørn  360

**V**
Vapaavuori, Pekka  223
Vasa  302
Versailler Vertrag  133, 159
Vitalienbrüder  32, 33, 315

**W**
Waganow, Juri  167
Waldemar  227
Waldemar Atterdag  315
Waldemar I. der Große  351
Waldemar II.  31, 220
Walentynowicz, Anna  134
Wałęsa, Lech  133, 134
Wallenberg, Raoul  292
Warschauer Pakt  39
Wasserverschmutzung  27
Weichseleiszeit  24
Westerplatte  145
Wikinger  30
Wilhelm Gustloff  38, 165
Wilhelm II.  66, 147
Wilhelm III.  188

**Z**
Zaimoglu, Feridun  62
Zaleski, Szotyńscy  147
Ždanov, Andrej  245
Zoščenko, Michail  245
Zweiter Weltkrieg  38, 133, 145, 159, 183, 222, 245, 335, 352

## Bildnachweis

Titelbild: Leuchtturm in Warnemünde
Klappe vorne: Museumshafen Lübeck
Klappe hinten: Ankunft in Tallinn
S. 20/21: Bernsteinverkäufer in Zelenogradsk, Russland
S. 62/63: Kiel, Blick auf die Kieler Förde
S. 80/81: Lübeck, Blick auf das Holstentor von der St.-Petrikirche
S. 106/107: Rostock, Am Hafen
S. 130/131: Gdańsk, Altstadt am Mottlau-Ufer
S. 154/155: Kaliningrad, Dom und Fischdorf
S. 178/179: Klaipėda, Brücke über die Danė
S. 196/197: Riga, Stadtpanorama
S. 218/219: Tallinn, Blick über die Altstadt
S. 240/241: St. Petersburg, Palastplatz

[ 428 ] Bildnachweis

S. 264/265: Helsinki, Dom und Hafen
S. 288/289: Stockholm, Schloss und Rathaus
S. 312/313: Visby, Jachthafen
S. 330/331: Rønne, Hafen
S. 348/349: Kopenhagen, Blick von der Erlöserkirche

Archive of The National Maritime Museums, Stockholm: S. 302
Baltikum Tourismus Zentrale: S. 53
Bernd Chill: Titelbild, S. 129
Danish Design Centre: S. 360
Destination Bornholm, Rønne: S. 330/331, 333, 341, 343, 345,
Volker Hagemann: S. 20/21, 22, 26, 46, 154, 158, 160, 162, 163, 164, 165, 166, 167, 168, 170, 171, 172, 174, 175, 176, 177, 217, 391, 399
Andreas Hünnebeck: S. 273
Kiel-Marketing: S. 70, 71, 386, 387
Beate Kirchner: 36, 37, 38, 42, 45, 54, 55, 56, 62/63, 64, 65, 66, 67, 69, 70o., 72, 74, 77, 78, 79, 220, 221, 227, 228u., 232, 234, 240, 242, 243, 244, 245, 246, 247, 249, 250, 252, 253, 254, 255, 256, 257, 258, 259, 260, 261, 263, 264/265, 266, 268, 271, 274, 279, 281, 282, 284, 285, 390, 392, 400, 401, 402, 403, 404
Kneippbyn Resort Visby: S. 329
Korb GmbH, Heringsdorf: S. 110
Kotiharjun-Sauna, Helsinki: S. 275
Lübeck-Travemünde-Marketing: S. 82 (S.E. Arndt), 85 (Niederegger), 89 (Torsten Krüger), 94o.
Museum für Hamburgische Geschichte: S. 32

Claudia Quaukies: S. 206, 207
Jonny Rieder: S. 23, 25, 29, 30, 43, 58, 108, 111o., 114, 115, 119, 121, 122, 123, 124, 125, 130, 132, 135, 136, 137, 138, 139, 140, 143, 146, 152, 287, 288, 290, 291, 292, 294, 295, 297, 298, 300, 301, 304, 305, 306, 309, 311, 312, 314, 315, 318, 319, 320, 321, 322, 324, 326, 388, 407, 408
Klaus Schameitat: S. 49, 178/179, 180u., 191, 230, 396
Tallinn City Tourist Office & Convention Bureau: Klappe hinten (Port of Tallinn), S. 218 (Allan Alajaan), 222 (Ain Avik), 226 (Ain Avik), 228o. (Jaak Kadak), 229 (Kaido Haagen), 231 (Toomas Volmer), 239 (Toomas Volmer)
Tourismuszentrale Rostock & Warnemünde: S. 27, 106/107, 109, 111u., 112, 116, 117,
Touristeninformation Jurmala: S. 216
Touristeninformation Klaipėda: S. 51, 186, 190, 395
Renate Wolf: Klappe vorne, S. 16, 18, 34, 35, 50, 51, 52, 59, 61, 80/81, 83, 90, 91, 92, 93, 94u., 95, 97, 98, 99, 102, 103, 105, 180o.,182, 183, 185, 186, 187, 188, 189, 196/197, 199, 200, 202, 203, 204, 205, 208, 209, 210, 211, 214, 215, 280, 332, 334, 335, 337, 338, 340, 342, 346, 348/349, 351, 356, 357, 358, 359, 362, 363, 364, 365, 366, 370, 371, 373, 397, 410, 411
Wonderful Copenhagen: S. 28, 355 (Cees van Roeden), 361, 374 (Klaus Bentzen)

# Ostseestädte

*Ventus Reisen GmbH*
Spezialist für Gruppen- und
Individualreisen

**Ventus Reisen organisiert für Sie:**
Studien- und Städtereisen,
Geschäftsreisen, Rad- oder Wander-
touren, Flüge, Familienunterkünfte.
Ganz individuell nach Ihren
Wünschen. Fragen Sie uns!

www.ventus.com
office@ventus.com

Fon 030-391 00 332/-333, 030-398 49 641
Fax 030-399 55 87, Krefelder Str. 8, D 10555 Berlin

---

## GÜNSTIGER
Bequem mit dem eigenen PKW
über Nacht in die Ferien.
## INS BALTIKUM!

St. Petersburg
Ust-Luga
Riga
Klaipeda
Kiel • Sassnitz

### KIEL - KLAIPEDA

2 PERS. INKL. PKW AB **€ 214**[1]

Oder gehen Sie auf eine
3-Tage MiniKreuzfahrt ab **€ 84** p.P.[1]

KIEL – KLAIPEDA • SASSNITZ – KLAIPEDA • KIEL – UST-LUGA

WWW.DFDS.DE

**DFDS SEAWAYS**

[1] Angebot gilt bei Verfügbarkeit. Kinder bis 3 Jahre frei.          Stand 01/2012

**Trescher Verlag**
Der Spezialist für den Osten

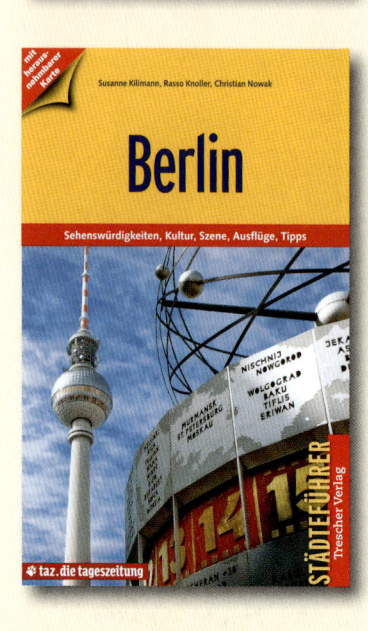

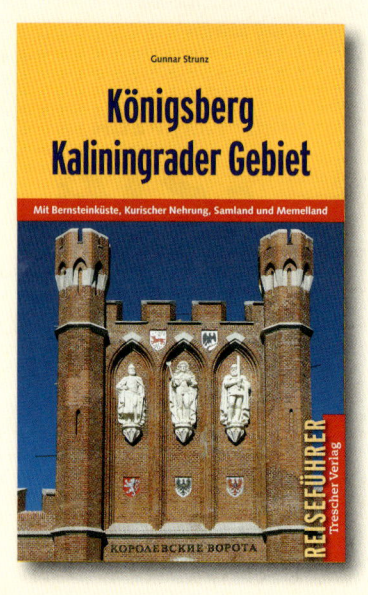

## Auswahl Städteführer

**Berlin**
Sehenswürdigkeiten, Kultur, Szene, Ausflüge, Tipps
16.95 Euro

**Bratislava**
Mit Donautiefland, Kleinen Karpaten und Záhorie
14.95 Euro

**Breslau**
Niederschlesien und seine tausendjährige Hauptstadt
14.95 Euro

**Bukarest**
Mit Brașov, Sibiu und Prahovatal
14.95 Euro

**Dresden**
Mit Meißen, Radebeul und Sächsischer Schweiz
11.50 Euro

**Kiev**
Rundgänge durch die Metropole am Dnepr
16.95 Euro

**Königsberg**
Kaliningrader Gebiet
Mit Bernsteinküste, Kurischer Nehrung, Samland und Memelland
18.95 Euro

**Lemberg**
Das kulturelle Zentrum der Westukraine
16.95 Euro

**Peking und Shanghai**
Unterwegs in Chinas Metropolen
18.95 Euro

**Posen, Thorn, Bromberg**
Mit Großpolen, Kujawien und Südostpommern
16,95 Euro

www.trescher-verlag.de

# Kartenlegende

- Aquarium
- Autofähre
- Bahnhof
- Bar
- Brunnen
- Burg, Schloss
- Busbahnhof
- Café
- Campingplatz
- Denkmal
- Fähre
- Flughafen
- Hafen
- Hotel
- Internetcafé
- Kirche
- Kloster
- Krankenhaus
- Leuchtturm
- Markt
- Museum
- Oper, Philharmonie

- Parkplatz
- Post
- Restaurant
- Sehenswürdigkeit
- Strand
- Geschäft, Shoppingcenter
- Theater
- Tor
- Touristeninformation
- Turm
- Zoo

- Autobahn
- Autobahn im Bau
- sonstige Straßen
- 243 Straßennummern
- Eisenbahn
- Grenzübergang
- Staatsgrenze
- Hauptstadt
- Stadt/Ortschaft

# Kartenregister

Bornholm 344
Gdańsk vordere Umschlagkarte
Gotland 327
Helsinki, Übersicht 277
Helsinki, Zentrum 270
Kaliningrad 161
Kiel 68
Klaipėda 184
Kopenhagen, Übersicht 350
Kopenhagen, Zentrum 353
Lübeck, Zentrum 87
Riga 201

Rønne auf Bornholm 336
Rostock, Altstadt 113
Rostock, Überblick 128
St. Petersburg, Zentrum hintere Umschlagkarte
St. Petersburg, Nevskij-Prospekt 248
Stockholm, Gamla Stan 293
Stockholm, Übersicht 296
Tallin, Altstadt 225
Tallin, Übersicht 237
Travemünde 101
Visby, Altstadt 316

**Trescher Verlag**
Der Spezialist für den Osten

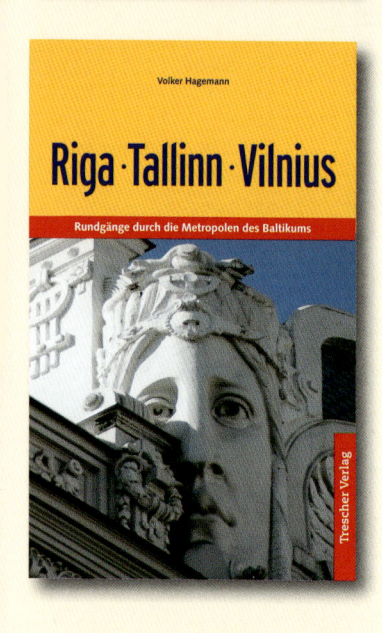

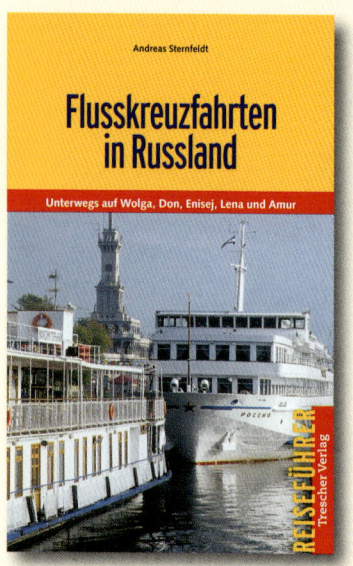

**Prag**
Mit Melnik, Karlstein und Böhmischem Bäderdreieck
12.95 Euro

**Riga, Tallinn, Vilnius**
Rundgänge durch die Metropolen des Baltikums
17.95 Euro

**Zagreb**
Die kroatische Hauptstadt und ihre Umgebung
15.95 Euro

## Auswahl Flusskreuzfahrten

**Donaukreuzfahrt**
Von Passau bis zum Schwarzen Meer
16.95 Euro

**Nordmeerkreuzfahrten und Hurtigruten**
Norwegen, Spitzbergen, Grönland, Kanada, Alaska, russische Arktis
18,95 Euro

**Flusskreuzfahrten in Frankreich**
Unterwegs auf Seine, Rhône und Saône
16.95 Euro

**Flusskreuzfahrten in Russland**
Unterwegs auf Wolga, Don, Enisej, Lena und Amur
16.95 Euro

**Flusskreuzfahrten Yangzi**
Von der Quelle bis zur Mündung
15.95 Euro

**Rhein-Main-Mosel Kreuzfahrten**
Zwischen Basel und Amsterdam, Trier und Frankfurt
14.95 Euro

www.trescher-verlag.de